生命科学核心课程系列教材

发酵工程

主　　编　杨生玉　张建新
副主编　常景玲　马歌丽
编　　委（按姓氏汉语拼音排序）
常慧萍　常景玲　胡晓冰
刘宇鹏　马歌丽　师会勤
杨生玉　张浩玉　张建新
张克胜

科学出版社
北　京

内 容 简 介

本书是一本系统介绍发酵工程基础理论和技术的教材，它以发酵工程为主线，紧密联系生产实践，突出了系统性、前沿性、科学性和实践性等特色。全书四篇共分33章，分别为发酵反应过程原理篇、产物分离和纯化过程篇、发酵工程生产设备篇、典型发酵工程过程篇，内容主要包括菌种的选育、微生物代谢调节、发酵工艺控制、产物分离和纯化、发酵生产设备、典型发酵工程过程等。参与编写者在教学与生产实践上均有较为丰富的经验。通过本教材的学习，可使学生全面掌握发酵工程的原理与应用，熟悉现代发酵工业的发展方向，为学生今后从事与发酵工业相关的生产、研究和开发打下良好的理论与技术基础。

本书既可作为高校生物工程、生物技术、生物化工、发酵工程、生物制药、食品科学与工程及环境工程等专业本科生、研究生的教材或教学参考书，又可作为相关企业技术人员的培训教材，对从事医药、食品、酶制剂、有机酸、溶剂等微生物发酵生产领域的生产、管理、研究和开发的科技人员也有一定的参考价值。

图书在版编目(CIP)数据

发酵工程/杨生玉，张建新主编．—北京：科学出版社，2013

生命科学核心课程系列教材

ISBN 978-7-03-037500-1

Ⅰ.①发…　Ⅱ.①杨…　②张…　Ⅲ.①发酵工程-高等学校-教材　Ⅳ.①TQ92

中国版本图书馆CIP数据核字（2013）第103374号

责任编辑：刘　畅　席　慧/责任校对：郭瑞芝

责任印制：张　伟/封面设计：迷底书装

科学出版社出版

北京东黄城根北街16号

邮政编码：100717

http://www.sciencep.com

北京凌奇印刷有限责任公司 印刷

科学出版社发行　各地新华书店经销

*

2013年7月第　一　版　　开本：787×1092　1/16

2024年1月第八次印刷　　印张：24

字数：606 000

定价：89.00元

（如有印装质量问题，我社负责调换）

前　　言

发酵工程是生物技术的支撑学科，是连接生物技术上下游过程的重要枢纽，是生物技术产业化的主要途径和关键。它作为最早的微生物学研究领域，在过去的几百年里为人类的生存、生活、社会的发展做出了重大的贡献，并且在当今国民经济和人民生活各方面仍在发挥着越来越大的作用。尤其是现代发酵工程，广泛应用基因工程、细胞工程、酶工程和生化反应工程等新技术，形成了 21 世纪最重要的生物工程支柱产业。为人类解决所面临的能源短缺、环境污染、疾病控制等重大难题提供全新的思路和途径，在人类可持续性发展的进程中，正显示着其巨大的优势。

发酵工程是当前最具发展潜力的重要理论与应用学科之一，为适应经济和社会发展需要，很多高校设有生物工程及生物技术或与之相关的本科专业，而发酵工程则是这些专业所开设的重要骨干课程。同时越来越多的相关专业，甚至一些文科及管理学科专业也相继设置发酵工程课程。基于这种需求和意愿，我们多所院校在科学出版社的大力支持下，编写了这本发酵工程教材。本书是一本系统介绍发酵工程基础理论和技术的教材，它以发酵工程为主线，紧密联系生产实践，通过本书的学习，使学生全面掌握发酵工程的原理与应用，熟悉现代发酵工业的发展方向，为学生今后从事与发酵工业相关的生产、研究和开发打下良好的理论与技术基础。

本书共 33 章，编写分工是：第 1、3、5（1～2 节）章由杨生玉编写，第 2、4 章由师会勤编写，第 5（3～5 节）、11、12、32 章由刘宇鹏编写，第 6、10、13 章由张建新编写，第 7、8 章由马歌丽编写，第 9、24 章由胡晓冰编写，第 14、17、18、19、27、29 章由常景玲编写，第 15、25、26 章由张克胜编写，第 16、20、21、22、23 章由张浩玉编写，第 28、30、31、33 章由常慧萍编写，全书由杨生玉和张建新统稿。本书既可作为高等院校生物工程、生物技术、生物化工、发酵工程、生物制药、食品科学与工程及环境工程等专业本科生、研究生的教材或教学参考书，又可作为相关企业技术工人的培训教材，对从事医药、食品、酶制剂、有机酸、溶剂等微生物发酵生产领域的生产、管理、研究和开发的科技人员也有一定的参考价值。

本书编者在教学与生产实践上都有较为丰富的经验，在编写过程中，力求简明扼要、易教易学、图文并茂、版式活泼，并突出以下特色。①系统性：本书将理论与实践相结合，力求使读者对发酵工程技术有一个概括性的掌握和了解，能够便捷的利用本书知识开展相关工作。②前沿性：在本书的编写过程中，我们参考了近几年来工业微生物及发酵工程在各个领域中应用的最新文献和科研成果，并将新理论、新技术、新方法融为一体，力求反映该学科的最新发展动态。③科学性：本书按照学习规律，循序渐进，对发酵工程技术都进行了深入浅出、简明扼要的介绍。④实践性：本书技术可靠，与实践结合紧密，适用于教学、生产和科研。

在本书编写过程中，我们参考引用了国内外相关的教材、图表、结论等文献资料，在此向各位前辈及同行致以衷心的感谢。在编写过程中，还得到了相关院校领导及有关部门的大力支持和关心。科学出版社的编辑对本书的出版做了大量辛勤细致的工作，在此谨致以衷心的感谢。

由于生物技术方兴未艾，尚在发展之中；加之编者经验有限，书中难免有疏漏之处，真诚希望广大读者提出宝贵意见与建议。

编　者

2013 年 5 月

目　　录

第一篇　发酵反应过程原理篇

第二篇 产物分离和纯化过程篇

第三篇　发酵工程生产设备篇

第四篇　典型发酵工程过程篇

第1章 概 论

内容提要： 发酵工程是传统发酵技术与现代生物工程相结合而发展起来的现代生物技术，是基因工程、酶工程、细胞工程等生物技术实现产业化的桥梁和关键技术。从传统的发酵技术到现代生物技术，其发展的时间和空间跨度越来越短。它记载着古代文明的足迹，又反映出近代生物技术发展的轨迹。它与人类生活密切相关，其应用范围遍及医药卫生、农林牧渔、轻工食品、化工能源、环境保护和冶金采矿等各个领域，为解决人类当今所面临的食物、健康、环境和能源等诸多重大问题提供了科学的手段并开辟了新的途径。

所谓发酵工程，即通过改造发酵所用的菌及应用技术手段控制发酵过程来大规模工业化生产发酵产品。工业生物技术的发展最早始于发酵生产。

发酵生产有着悠久的历史，春秋时代的孔子已经借酒助兴。《十国春秋》载："文王饮酒千钟，孔子百觚。"《诗经》三百篇，言酒者五十有余。有人说，翻开《诗经》就有浓烈的酒香散出，读多了还会醉在其中。

发酵（fermentation）这个术语在1600年就开始使用，它最初来源于拉丁语"发泡"（*fervere*），意思是指那些一般伴有气体放出的食物分解过程。例如，酒精发酵，盖·吕萨克1815年提出酒精发酵的化学式，糖——→酒精＋二氧化碳。

然而对发酵本质的认识和发酵工业的建立却只是近百年的事。发酵对不同的对象具有不同的意义：对生物化学或生理学家来说，发酵是指微生物在无氧条件下，分解各种有机物质从而产能的一种方式，或者更严格地说，发酵是以有机物作为电子受体的氧化还原产能反应。例如，葡萄糖在无氧条件下被微生物利用产生酒精并放出二氧化碳，同时获得能量；丙酮酸被还原为乳酸而获得能量等。

但对工业微生物学家来说，它的意义就广泛得多。工业上是泛指利用微生物制造或生产某些产品的过程，它包括厌氧培养的生产过程，如酒精、丙酮丁醇、乳酸等，以及好氧培养的生产过程，如抗生素、氨基酸、酶制剂等的生产。产品既有细胞代谢产物，也包括菌体细胞、酶等。

随着科学技术的发展，在应用微生物工业中，"发酵"一词的范围现在又扩展到泛指所有通过培养生物细胞（含动、植物细胞和微生物）来制得产物的过程，包括天然的发酵过程和人工控制的发酵过程。

1.1 发酵工程的发展简史

发酵技术是人类最早通过实践所掌握的生产技术之一，产品也很多，以传统的食品和饮料来说，在西方有啤酒、葡萄酒、面包、干酪；在东方有酱、酱油、醋、米酒；在中东和近东有乳酸等发酵产品。这些产品都是数千年来，凭借人类的智慧和经验，在没有亲眼见到微生物的情况下，巧妙地利用微生物所获得的产品。3000年前，中国已有用长霉的豆腐治疗皮肤病的记载，这很可能就是因为豆腐上长的霉菌中有些种类能产生青霉素之类抗生素的缘故。但是作为发酵工业却是近百年才发展起来的。它的发展大致经历如下几个阶段。

1.1.1 传统生物技术的追溯（即天然发酵阶段，1863 年之前）

始自家庭工业即食品酿造工业。从史前至 19 世纪末，人类利用自然接种方法进行发酵制品的生产。主要产品有酒、酱油、醋、干酪、酸乳等传统产品。但由于人们对微生物的本质缺乏认识，进展缓慢，当时实际上还谈不上发酵工业，而仅仅是家庭式或作坊式的手工业生产。生产技术只凭经验口传心授，且产品质量不稳定，多数产品为厌氧发酵，非纯种培养。

这个时期的一些生活或生产实践基本上是知其然而不知其所以然的实践，是一种经验发酵技术时期，因此在其后的相当长的时期中没有大的突破，但这些实践是很可贵的，它为以后发酵理论的建立创造了基础。

这个时期的产品：酒、醋、酱和酱油、泡菜、奶酪等。

这个时期的特点：地方性（因而形成了各种风味特色等）、经验性、偶然性、“知其然，不知其所以然”。

1.1.2 发酵技术发展的第一转折时期——纯培养技术的建立（即巴斯德时期，1863～1941 年）

1872 年，布雷菲尔德创建了霉菌的分离与纯培养技术。

1878 年，汉逊等创建了酵母菌的分离与纯培养技术。

1881 年，柯赫等创建了细菌的分离与纯培养技术。

从此，人类可以控制某种微生物的生命活动，把单一的微生物菌种用于各种发酵工业，从而使发酵的生产技术得到巨大的改良，由于采用纯种培养与无菌操作技术，包括灭菌和使用密闭式发酵罐，发酵过程避免了杂菌污染，生产规模扩大了，产品质量提高了，产品稳定性也提高了，这对发酵工业起到了巨大的推动作用。特别是在第一次世界大战（1914～1918 年）中，由于战争的需要（即社会的需要），丙酮、丁醇和甘油等工业飞快发展，不仅建立了真正的发酵工业，并使其逐渐成为化学工业的一部分，发酵工业开始了由食品工业向非食品工业的发展。因此可以认为纯培养技术的建立是发酵技术发展的第一个转折时期。从此，人类开始了人为地控制微生物的时代。

另一方面，布赫纳（Buchner）又阐明了微生物产生化学反应的本质。他用磨碎的酵母细胞制成酵母汁，加入大量蔗糖后，发现有 CO_2 和乙醇的形成。这时人们才知道，任何生物都含有产生发酵的物质（酶）。这就证明了酒精的发酵过程是由酶催化的一系列化学反应。后来对微生物的酶又进行了详细的研究。到了 20 世纪初，人们认识到，生物化学领域中研究过的肌糖酵解作用，与微生物引起的乳酸发酵和乙醇发酵，在本质上是相似的。这样就沟通了生物化学与微生物这两门学科。

这个时期的产品：乳酸、酒精、面包酵母、丙酮-丁醇、柠檬酸、淀粉酶、蛋白酶（采用表面培养法生产）。

这个时期的特点：产品分子结构简单（比起原料来更为简单）、初级代谢产物、厌氧发酵、表面培养（产品的生产过程也较为简单，对生产设备的要求不高，规模一般不大）。

延伸阅读——纯培养技术建立前的技术准备期

1675年，发现了细菌（在荷兰人列文虎克发明了显微镜以后）。

1857年，发现了发酵与微生物有关。

1860～1861年，曲颈瓶试验。

1863年，巴斯德消毒法。

1.1.3 发酵技术发展的第二转折时期——通气搅拌发酵技术的建立（即抗生素时期，1941～1956年）

在1900～1940年的几十年时间里，发酵技术取得了一系列的进展，如面包酵母发酵过程中所采用的逐步补加培养基成分的技术就是现今所称的补料分批培养法，通入空气的设施也改用喷射管，用低碳钢制造的圆柱形发酵罐，采用加压蒸汽灭菌和无菌接种技术，纯种培养新技术的建立等，这些都是当时为改进发酵工艺所取得的进展。

但是，这些进展只有在第二次世界大战（1939～1945年）期间，才得到了集中的应用和体现，当时由于战争的需要（即社会的需要），迫切需要大规模生产青霉素，但青霉素生产又是需氧发酵，很易受到杂菌污染，因此就借鉴了丙酮-丁醇的纯种厌氧发酵技术，成功地建立起深层通气培养法和一整套培养技术，包括向发酵罐中通入大量无菌空气、通过搅拌使空气均匀分布、培养基的灭菌和无菌接种等，使微生物在培养过程中的温度、pH、通气量、营养物的供给都受到严格的控制。这些技术都为以后的微生物工业提供了新的概念和模式，成为当代微生物工业兴旺发达的开端。当时青霉素的生产菌种的产量很低，为了提高菌种生产能力，又发展了改良菌种的技术。青霉素的中间试验和提取工艺的新技术也取得了比较迅速的进展。上述的深层培养法和操作技术，除用于其他抗生素发酵外，以后的微生物酶制剂、柠檬酸、维生素、氨基酸和甾类转化等产品的发酵生产，都采用这种方法。

延伸阅读——青霉素的问世

青霉素的问世开始于英国科学家弗莱明（Fleming）在1922年的一个伟大发现。

1922年，弗莱明发现“溶菌酶”。1922年，英国伦敦圣玛丽学院细菌学讲师弗莱明从人体鼻腔分泌物中观察到一种酶，即“溶菌酶”，具有抵抗微生物的能力。一种微生物能够抑制另一种微生物生长的现象，在微生物学中就叫做“抗生现象”。

1928年，弗莱明发现青霉素。1928年弗莱明又发现一种抗生现象，那就是青霉素的抗生作用。

1929年，弗莱明发表了题为《论青霉菌培养物的抗菌作用》的论文，这一年被视为“抗生素元年”。这个重要的发现限于当时的社会条件，没有得到重视，如提纯技术的限制、处于全盛时期的磺胺的压抑。

1940年，由弗洛里（Florey）和钱恩（Chain）提取并经临床证实青霉素具有卓越疗效并且低毒。

1941年，英美合作开发青霉素；一方面在美国的4个工厂采用表面培养法生产青霉素；另一方面着手进行沉浸培养法的研究开发。

1943 年，开发青霉素生产工艺成功。采用带有机械搅拌并通入无菌空气的密闭式发酵罐，对沉浸培养的青霉素进行培养并用离心萃取机和冷冻干燥机把青霉素从发酵液中提取和精制，使得青霉素的产量和质量均大幅提高。此后不久，链霉素、金霉素、新霉素等相继问世。

青霉素的成功轰动了全世界，很快，它被投入第二次世界大战的战地救护，拯救了许多濒临死亡的盟军将士的生命，就连患了肺炎的英国首相丘吉尔，也是靠它才得以恢复健康。人们把它同原子弹、雷达并列为二次大战中的三大发明。不同的是，原子弹和雷达是用于战争，而青霉素则是用于挽救生命。1945 年，弗莱明、弗洛里和钱恩，因发明青霉素而共同分获了诺贝尔生理学或医学奖。

青霉素的问世，给人类医疗保健事业作出了巨大贡献，使千百万生命免除了死亡的威胁，同时在发酵工业发展史上也开创了崭新的一页。由抗生素发酵开始发展起来的通气搅拌液体发酵技术是现代发酵工业最主要的生产方式，它使需氧菌发酵生产从此走上了大规模的工业化生产途径，并且逐渐形成和建立起生化工程学科。与此同时也有力地促进了甾体转化、微生物酶与氨基酸发酵工业的迅速发展，因而认为通气搅拌发酵技术的建立是发酵技术发展的第二个转折时期，是现代发酵工业的开端。

这个时期的产品：抗生素等。

这个时期的特点：产品分子结构复杂、次代谢产物、纯种深层培养。

1.1.4 发酵技术发展的第三转折时期——代谢控制发酵技术（即后抗生素时期，1956～1973 年）

代谢控制发酵技术包括利用调控代谢的手段进行微生物的菌种选育和发酵条件的控制。该技术在 20 世纪 50 年代末谷氨酸发酵取得成功后，发酵工业进入第三转折期——代谢控制发酵时期，并在其后的年代里得到飞跃的发展和广泛应用，取得了引人注目的成就。1956 年日本首先成功地利用野生型菌株中的生物素缺陷型菌株进行谷氨酸发酵生产。此后，赖氨酸、苏氨酸等一系列氨基酸都采用该发酵法生产。显然，利用微生物生产氨基酸是以代谢调控为基础的新的发酵技术。

代谢控制发酵大体过程如下。以生物化学和遗传学为基础，研究代谢产物的生物合成途径和代谢调节机制，选择巧妙的技术路线，通过遗传育种技术获得解除或绕过微生物正常代谢途径的突变株，如营养缺陷菌株或抗代谢类似物菌株，从而人为地使有用产物选择性地大量合成和累积。代谢控制发酵的关键，取决于微生物代谢调控机制是否能够解除，能否打破微生物正常的代谢调节这一天然屏障，人为地控制微生物的代谢。代谢控制育种和发酵过程的代谢控制培养是实现这一目标的两个手段，而代谢控制育种则为主要支柱技术。由氨基酸发酵而开始的代谢控制发酵，使发酵工业进入了一个新的阶段。随后，核苷酸、抗生素及有机酸等也利用代谢调控技术进行发酵生产。

代谢控制发酵的出现与发展，与以下几个方面是密不可分的：生物化学的发展，确立了代谢图谱，同时发现了代谢过程中的各种调节机制；分子生物学和分子遗传学的发展，可以人为地在 DNA 分子水平上改变微生物的代谢，多方面利用微生物的代谢活性，使微生物的菌学特性按人为的目标变化；合理控制环境，采用过程控制方法，完善受控参数，对发酵过程进行最优化控制，使目的产物大量积累。

这个时期的产品：氨基酸、酶制剂、单细胞蛋白（SCP）、高果糖浆、细菌多糖（黄原胶）、废水生物处理。

这个时期的特点：产品类型多，不但有初级代谢产物（氨基酸、酶制剂、有机酸等），也有次级代谢产物（抗生素、多糖等，其分子结构较基质更为复杂），还有生物转化（甾体化合物等）、酶反应等产品（6-氨基青霉素烷酸等）。

技术要求高，主要表现为生产过程要求在纯种或无菌条件下进行，大多数属于好氧发酵，在发酵过程中需通入无菌空气（药品或食品等产品的生产过程中，质量要求非常严格）；规模巨大，从发酵罐看，搅拌通气罐可大至500m^3，该时期技术最高、规模最大的单细胞蛋白工厂的气升式发酵罐的容积已超过2000m^3；技术发展速度快，菌种（发酵工业提高产量和质量的关键）的活力及性能获得了惊人的提高，以青霉素发酵的菌种为例，其活力提高了1500倍左右。此外，在产品品种的更新、新技术及新设备的应用方面都达到前所未有的程度（该时期可认为是常规发酵工业的全盛时期）。

1.1.5 发酵技术发展的第四转折时期——基因工程技术（即现代生物技术时期，1973年以后）

1953年，Watson和Crick发现了DNA双螺旋结构，为DNA的重组奠定了基础。

1969年，发明了细胞和酶的固定化技术，用于DL-氨基酸的拆分。

1973年，波伊尔（Boyer）和科恩（Cohen）首次在实验室实现基因转移（为基因工程开启了通向现实的大门，使人们在实验室中组建按人们意志设计出来的新的生命体成为可能）。

1975年，科勒（Kohler）和米尔斯坦（Milstein）发明杂交瘤技术，可获得杂交瘤细胞，在体外培养可产生单克隆抗体（Mab）。

1977年，波伊尔（Boyer）首先用基因操纵手段获得生长激素抑制基因的克隆。

1978年，吉尔勃脱（Gilbert）获得鼠胰岛素的克隆，几年后利用基因工程技术生产出第一个基因工程产品人胰岛素。

1997年，克隆动物如多莉羊。

基因工程产品不能迅速投产的原因：①从培养液中将目标产物提取出来并加以纯化并非易事，因为目标产物（一般为某种蛋白质或多肽）在培养液中的含量非常低（以胰岛素为例，其含量约为6.3×10^{-2}g/L，单克隆抗体约为6.3×10^{-4}g/L），有的还包含在细胞内，而存在于培养液或细胞体内的其他蛋白质或多肽（对于产物而言均属杂质）往往有上千种；②在重组菌的培养中往往采用高密度培养，以尽量获得重组菌体（这就需要研究高密度培养的工艺条件），但在实践过程中发现虽然获得高浓度的菌体，然而得不到高浓度的目标产物（因为重组菌存在不稳定性，导入的嵌有外源基因的质粒容易从宿主细胞内脱落而使外源基因无法表达），其一需设法提高在DNA重组过程中其在宿主内的稳定性以增加表达量，其二需研究提高稳定性的培养工艺；③作为药品或食品的基因工程产品的安全试验批准手续比常规产品更为严格。

目前，用于基因工程的宿主主要是大肠杆菌、枯草杆菌和酵母等微生物。此外，研究人员对某些动物细胞持有浓厚兴趣，虽然动物细胞培养比微生物培养复杂得多，但以微生物为宿主获得的目标产物蛋白质中氨基酸顺序尽管是正确的，然而常因其蛋白质立体结构有误而不具有活性，需要通过进一步重折叠后才能获得具有活性的目标产物。而由动物细胞进行表达时所获得的目标产物就没有上述缺点，所以基因工程也推动了动物细胞培养技术的发展。

植物细胞的大规模培养历史早于动物细胞，可以生产某些稀少珍贵的植物次生代谢产物（如生物碱、甾体化合物等，属于现代生物技术范围内的产品）。

这个时期的产品：基因工程产品如干扰素、胰岛素、白细胞介素、生长激素、乙肝疫苗、促红细胞生长素（EPO）、表皮生长因子（EGF）、单克隆抗体、DNA 探针，利用基因工程菌生产的抗生素、氨基酸和维生素等。

这个时期的特点：运用现代生物技术——DNA 重组技术、细胞融合技术等成果进行生产。

Cohen 和 Boyer 1973 年首次成功地完成了 DNA 分子的体外重组实验，宣告基因工程（gene engineering）的诞生，也为发酵工业带来了一场革命，使发酵工业又进入一个崭新的阶段。基因工程技术可以在生物体外重组生物细胞的基因，并克隆到微生物细胞中，构成所谓工程菌。由于微生物是单细胞，且结构简单，是基因工程理想的表达载体，因此许许多多来自于不同界别的物种（人体、动物、植物等）的基因都被成功地克隆到微生物细胞中并获得表达。基因工程方法不但可以完全突破物种间的障碍，实现真正意义上的远缘杂交，而且这种远缘既可跨越微生物之间的种属障碍，还可实现动物、植物、微生物之间的杂交，使人们可以有目的地进行自然演化过程中不可能发生的新的遗传组合，创造全新的物种。因此而发展的各种获得异源基因并表达异源基因产物的微生物细胞（工程菌）都是新物种。利用工程菌的发酵，可以产生原来微生物所不能产生的产物（如胰岛素、干扰素等）。通过基因工程的方法生产药物，已获得包括治疗用药物、疫苗、单克隆抗体及诊断试剂等几十种批准上市的品种；通过基因工程方法提高菌株生产能力，已获得包括氨基酸类（苏氨酸、精氨酸、蛋氨酸、脯氨酸、组氨酸、色氨酸、苯丙氨酸、赖氨酸、缬氨酸等），工业用酶制剂（脂肪酶、纤维素酶、乙酰乳酸脱羧酶及淀粉酶等）及头孢菌素 C 的工程菌，并且都大幅度提高了生产能力；通过基因工程方法改造传统发酵工艺，如与氧传递有关的血红蛋白基因克隆到头孢菌素 C 产生菌中，降低了对氧的敏感性，在通气不足时，其目的产物产量可提高 4 倍；通过基因工程方法提高菌种抗性，构建包括活性干酵母和酵母工程菌，抗噬菌体谷氨酸工程菌在内的工程菌及利用工程菌处理工业废料和废水等。所以，现在的发酵工业已经不是单纯的天然微生物的传统发酵，而是包括天然微生物、人工组建的工程菌、植物细胞等的生物细胞的培养，形成了新型发酵。自 1973 年以来，世界上以基因工程方法创造的各种工程菌多得难计其数，仅用工程菌表达并已获批准的新型药物就有 40 多种。

但是，这方面困难依然很大，特别是目前分离纯的具有生物学活性的功能基因比较困难，以及由此产生的新种不一定能如愿地表达很多被载入基因的相应性状。尽管如此，基因工程在制造胰岛素、干扰素等许多方面已取得成功，并且在医疗、化工、食品、农业、矿业、能源、环境等领域都已看到了这种新的重大变革的可能性。

同时，20 世纪 70 年代还出现了原生质体融合技术、利用计算机控制发酵技术、固定化细胞连续发酵技术等，这些技术都为发酵工业带来了重大变化。原生质体融合技术可使一些未发现有转化、转导和接合等现象的原核生物之间，以及不同种、属、科甚至更远缘的微生物细胞间进行融合，获得新物种。固定化细胞发酵已用于厌氧发酵的酒精工业生产中，并且取得了好效果。新的生物反应器和传感器的开发和应用，在发酵工艺的控制中占有相当重要的位置，促进了生产水平的提高。总之，包括基因工程、细胞工程、酶工程、发酵工程和生化工程 5 门学科的生物技术的出现，给传统的发酵工业带来了巨大推动力，开辟了新的领域，提高了生产水平。所以，今后的发酵工程技术要与其他工程技术密切结合，才能促使发酵工业不断地向前发展。

总之，发酵技术的发展历史可总结如表 1-1 所示。

表 1-1 发酵技术的发展历史

时间	发酵阶段	主要产品	主要技术
古代～1863 年	天然发酵	酒、醋、酱油、干酪、酵母	天然接种、分批培养
1863～1941 年	纯培养技术	乙醇、丙酮、丁醇	密闭纯培养
1941～1956 年	通气搅拌技术	抗生素、有机酸、酶、维生素	通气搅拌技术、连续培养技术
1956～1973 年	代谢控制技术	氨基酸、核苷酸	选育代谢调节和缺陷生产菌株
1973 年以来	基因工程技术	胰岛素、干扰素等	基因工程菌、原生质体融合等

1.2 发酵工业的特征

发酵和其他化学工业的最大区别在于它是生物体所进行的、由酶所催化的化学反应。其主要特征如下。

(1) 反应条件温和。作为生物化学反应，发酵过程通常都是在常温常压下进行，反应安全，因此没有爆炸之类的危险，各种发酵设备都不必考虑防爆问题。还有可能使一种设备具有多种用途。

(2) 生产原材料来源广、价格低廉。发酵所用的原料通常以淀粉、糖蜜或其他农副产品等糖类为主，一般不需要精制，只要加入少量的有机和无机氮源就可进行反应。

(3) 反应能自动调节。反应是以生物体的自动调节方式来进行的，因此，数十个反应过程能够如单一反应一样，在发酵罐等单一设备内很容易地进行。

(4) 高度的专一性和选择性。由于生物体本身所具有的反应机制（酶类生产），能够专一性地和高度选择性地对某些较为复杂的化合物进行特定部位的氧化、还原、官能团导入等反应，可以很容易地生产复杂的高分子化合物。

(5) 全过程的无菌生产。杂菌和噬菌体污染是发酵工业的致命伤，因而维持无菌条件是发酵成功的关键。

(6) 在不增加设备的情况下增加产量。微生物菌种是进行发酵的根本因素，利用原有设备，通过菌种的改良，可使生产飞跃上升。

(7) 对环境污染小。一般情况下，发酵的三废物质对环境污染较小，不对生物体有害（抗癌抗生素生产等除外）。

(8) 工业发酵与其他工业相比，投资少，见效快，并可以取得较显著的经济效益。

基于以上特点，发酵工程工业日益引起人们重视。和传统的发酵工艺相比，现代发酵工程除了上述的发酵特征之外更有其优越性。除了使用微生物外，还可以用动植物细胞和酶，也可以用人工构建的工程菌来进行反应；而反应设备也不只是常规的发酵罐，而以各种各样的生物反应器取代，自动化连续化程度高，使发酵水平在原有基础上有所提高和创新。

1.3 发酵工业的应用范畴

发酵工业应用范围很广，区分的方法也多种多样。尤其是现代发酵工程，已使发酵工业的范畴突破了利用天然微生物的传统发酵，逐步建立起新型的发酵，生产天然菌体所不能产生或产量很少的特殊产物。所以，按其重要性可以分为以下几个方面。

1.3.1 微生物菌体发酵

这是以微生物菌体细胞为产品的发酵工业，包括酵母，各种单细胞蛋白，作为生物防治的苏云金杆菌及各种人、畜疾病防治用的疫苗等。细胞物质的发酵生产特点是细胞的生长与产物积累成平行关系，生长速率最大时期也是产物合成速率最高阶段，生长稳定期细胞物质浓度最大，同时也是产量最高的收获时期。面包酵母是最古老的发酵工业之一，早在19世纪末已形成大规模工业生产。以酵母菌生产人类食物蛋白质早在第一次世界大战时期已经开始，但是直到20世纪60年代后，由于作为饲料蛋白质的微生物细胞需求量急剧增长，单细胞蛋白的生产才有了长足的进展。目前，已经利用包括烃类等各种不同的碳源来进行大规模连续发酵生产菌体蛋白质，建立起了单细胞蛋白的发酵工业。

1.3.2 微生物酶发酵

动植物及微生物细胞中都存在各种各样的酶。最早，人们都是从动植物组织中提取酶。例如，从动物胰脏和植物麦芽中提取淀粉酶，从动物胃膜、植物菠萝中提取蛋白酶等。但随着酶制剂的应用日益广泛，目前工业应用的酶大都来自微生物发酵。因为微生物具有种类多、产酶的品种多、生产容易和成本低等特点，所以现在已有生产各种酶的发酵工业。

微生物酶制剂有广泛的用途，多用于食品和轻工业中，如微生物生产的淀粉酶和糖化酶用于生产葡萄糖，氨基酰化酶用于拆分DL-氨基酸等。酶也用于医药生产和医疗检测中，如青霉素酰化酶用来生产半合成青霉素所用的中间体6-氨基青霉烷酸，胆固醇氧化酶用于检查血清中胆固醇的含量，葡萄糖氧化酶用于检查血中葡萄糖的含量等。现在，酶的固定化开发研究也取得了明显的进展，因而促使发酵工业和酶的应用范围发生了重大变化。

1.3.3 微生物代谢产物发酵

以微生物代谢产物为产品的发酵生产是发酵工业中数量最多、产量最大，也是最重要的部分。它们包括初级代谢产物、中间代谢产物和次级代谢产物。初级代谢产物如氨基酸、核苷酸、蛋白质、核酸、类脂、糖类等；次级代谢产物如抗生素、生物碱、细菌毒素、植物生长因子等。次级代谢产物中最重要的就是抗生素。它们已是最大的一类发酵产品，在医疗上和其他方面占有重要的地位。抗生素不仅具有广泛的抗菌作用，而且还有抗病毒、抗癌和其他生理活性，因而得到了大力发展，已成为发酵工业的重要支柱和其他发酵工业的基础。

1.3.4 微生物转化发酵

微生物转化就是利用微生物细胞的酶或酶系把一种化合物转变成结构相关的更有经济价值的产物的生化反应。在这里微生物细胞的作用仅仅相当于一种特殊的化学催化剂引起底物某一特定部位的反应。可进行的转化反应包括脱氢、氧化、羟化、还原、缩合、脱羧、氨基化、脱氨和异构化等。转化收率一般都很高。生物转化最明显的特点是特异性强，包括反应特异性（反应的类型）、结构位置特异性（分子结构中的位置）和立体特异性（特殊的对映体），其中以反应的立体特异性显得特别重要。生物转化与化学反应相比具有许多优点，如反应条件温和、对环境污染小等。最简单的生物转化例子是微生物细胞将乙醇氧化形成乙酸，即醋的生产过程。生物转化还可用于把异丙醇转化成丙醇，甘油转化成二羟基丙酮，L-酪氨酸转化成L-多巴，葡萄糖转化成葡萄糖酸，进而转化成2-酮基葡萄糖酸或5-酮基葡萄糖酸，山梨醇转化成L-山梨糖等。其中把山梨醇转化成L-山梨糖，再用两种菌株自然组合的菌种进行第二步转化，将 L-山梨糖转化成 2-酮基-L-古龙酸的“二步发酵法”，已用于维生素 C 的生产。

但是发酵工业中最重要的生物转化是甾体的转化。甾类激素包括乙酸可的松等皮质激素和黄体酮等性激素，是用途很广的一大类药物，过去制造甾类激素是采用单纯化学方法，工序复杂，收率很低。利用微生物转化后，合成步骤大为减少。例如，从胆酸化学合成可的松，需要 37 步，用微生物转化方法可减少到 11 步。又如，从胆固醇化学合成雌酚酮，需经 6 步反应，用微生物法就可省去 3 步。因而促使这类药物得到了很快的发展，我国和世界其他国家生产这类药物均采用微生物转化法。还有抗生素的生物转化，即用微生物来修饰抗生素以获得新抗生素，如用环状芽孢杆菌来修饰卡那霉素 A 而得丁胺卡那霉素。还有前列腺素的微生物转化等。这些生物转化反应都在深入开发研究中。

1.3.5　现代生物技术的生物细胞发酵

这是指利用生物技术所获得的生物细胞，如 DNA 重组的工程菌，细胞融合所得的“杂交”细胞，以及动植物细胞或固定化活细胞等，进行培养的新型发酵，其产物可以是各种各样的。

例如，像基因工程所获得的工程菌，许多哺乳动物的基因克隆在大肠杆菌等宿主中能够得到表达等。使用小鼠体内法生产单克隆抗体，产品常含有毒性杂质及具有不易大量生产等缺点，目前也采用同微生物发酵一样的发酵罐来培养杂交瘤细胞生产单克隆抗体。发酵技术在细胞条件下，也用于直接培养高等植物细胞和动物细胞，以直接获得像生物碱和尿激酶等产物。酶工程中的固定化细胞（或酶）也可用类似发酵罐的生物反应器来进行催化反应，获得所需的产物。计算机技术用于发酵控制也逐渐广泛。所用的发酵设备是各种类型的新型生物反应器。发酵工艺也与传统工艺有所不同。

1.3.6　微生物处理废水

主要是分解各种有毒有害物质，或者利用废物作为营养物生产单细胞蛋白或沼气，或者直接降解含氰、含酚及农药等有毒物质。

1.3.7　其他

例如，微生物湿法冶金等，它是利用微生物对某些金属氧化物的氧化还原反应，使低品位矿中的某些金属成为可溶性的化合物而得以冶炼。

上面介绍的是依据微生物产物的性质而区分的几类。但若从产品或行业来看，则包括如下几方面：①酿酒工业；②酒精、有机溶剂；③发酵食品；④抗生素、医药；⑤有机酸；⑥酶制剂；⑦氨基酸；⑧核苷酸；⑨维生素；⑩激素、甾体类；⑪单细胞蛋白；⑫菌苗和疫苗；⑬微生物农药；⑭环保及其他。

1.4　发酵工程在生物工程中的位置

生物工程主要包括基因工程、细胞工程、酶工程、蛋白质工程和发酵工程 5 个部分。

从基因工程和细胞工程的研究结果来看，目前大多需要通过发酵工程和酶工程来实现产业化。基因工程、细胞工程和发酵工程中所需要的酶，往往是通过酶工程来获得；酶工程中酶的生产，一般要通过微生物发酵的方法来进行。由此可见，生物工程各个分支之间互相交叉渗透，发酵工程是基因工程、酶工程、细胞工程等生物技术实现产业化的桥梁和关键技术（表 1-2）。

表 1-2　发酵工程在生物工程中的位置

生物工程	主要操作对象	工程目的	与其他工程的关系
基因工程	基因及动物细胞、植物细胞、微生物	改造物种	通过细胞工程、发酵工程使目的基因得以表达
细胞工程	动物细胞、植物细胞、微生物细胞	改造物种	可以为发酵工程提供菌种、使基因工程得以实现
发酵工程	微生物	获得菌体及各种代谢产物	为酶工程提供酶的来源
酶工程	微生物	获得酶制剂或固定化酶	为其他生物工程提供酶制剂
蛋白质工程	基因及动物细胞、植物细胞、微生物	改造或创造蛋白质	通过基因工程、细胞工程、发酵工程生产出新型蛋白质

1.5　现代发酵工程的意义和展望

发酵工程工业，产品类型多、涉及面广。产品广泛用于医药、食品、轻工、农牧等领域中，在国民经济中具有重要的地位与比例，具有广泛的社会效益。目前发酵工业在整个国民经济中占1%左右，在有些发达国家中，发酵工业的总产值约占国民经济总生产值的5%，产品市场的年平均增长率达7%左右。从长远发展看，随着整个科学技术的发展特别是生物科学技术和分子生物学的发展，发酵工程工业的产值将有较大的发展，发酵工程工业将会成为作为21世纪特征的工业而崛起，正如作为20世纪特征的以化学和物理学为基础的工业一样。

生物技术的迅速发展，已提供出更多的生物细胞，而这些生物细胞又必须通过发酵过程才能取得商业化的产品，成果或效益必须以成品来体现。在基因工程和细胞工程中，基因重组或细胞融合获得的新品种，必须进行微生物发酵和产物的分离纯化研究，使之获得产品和经济效益才能体现出生物工程的优越性。可见基因工程和细胞工程离开发酵工程就无法最终体现出它的新的生命力。在酶工程中，目前多数具有工业化意义的酶基本上都是微生物发酵获得的。离开发酵工程，酶工程将成为无本之木，因此酶工程与发酵工程有着十分密切的依赖关系。所以，现代发酵工程是生物技术的重要内容之一、是生物技术实行工业化的基础和必由之路、是生物工程的归宿。从另一方面来说，发酵生产从菌种、发酵调控到管理都与当前的技术进步密切相连。现在菌种选育不仅能利用现代化科技进行高效的常规选育，而且已经应用基因工程等最新生物技术将外来基因引入微生物细胞内，使微生物细胞按照人类的需要合成某些产品；发酵条件控制也在进行积极探索，按照微生物生理和代谢特性及产物的合成途径进行调控；在工程方面，不仅设计了多种类型的发酵设备，以满足各类微生物和各种产品的生产，同时随着电子计算机的应用，各种敏感的测试元件的出现，发酵工程工业已经广泛应用微机控制进行发酵生产；对发酵数学模型的研究，也将进一步促使发酵工程工业朝着模拟化、自动化、最优化方向发展。因此，发酵工程工业已经发展成为规模庞大的现代化企业，今天的发酵工程工业与过去相比，具有范围更广、技术更复杂、要求更高等特点。随着分子生物学、量子生物学、遗传学和生化工程学等学科和技术的发展，发酵工程工业必将发生新的划时代的变化。

本章小结

发酵工程既是一个广阔的技术领域，又是一个多学科的杂交体系，通过本章的学习，要注重如下几点：①掌握发酵工程的定义及其与其他学科的关系；②熟悉发酵工程的应用概况；③了解发酵工程的发展简史及其发展趋势，对发酵工程学科有一个总体的了解。

复习题

1. 名词解释：生物工艺学、发酵工程、生物工程。
2. 简述传统生物技术与现代生物技术的区别。
3. 简述发酵工业的历史和特征。
4. 发酵工程的发展方向是什么？

主要参考文献

曹军卫，马辉文. 2002. 微生物工程. 北京：科学出版社
江宁. 2008. 微生物生物技术. 北京：化学工业出版社
罗大珍，林稚兰. 2006. 现代微生物发酵及技术教程. 北京：北京大学出版社
吴松刚. 2004. 微生物工程. 北京：科学出版社
周世宁. 2007. 现代微生物技术. 北京：高等教育出版社

第一篇　发酵反应过程

原 理 篇

第2章 菌种的来源

内容提要： 以微生物为基础的发酵工程产品的工业生产水平由三个要素所决定，一是生产菌种的性能，二是发酵及提纯工艺条件，三是生产设备。其中优良的菌种是发酵工业的关键。目前生产上应用的菌种绝大多数都是从自然界中分离得到的，并经过许多行之有效的选育最终应用于工业生产。

在地球上，微生物的分布可以说是无孔不入，无所不至。除了火山的中心区域外，从生物圈、水圈直至大气圈、岩石圈，到处都有微生物的踪迹。自然界尤其土壤是取之不尽的菌种宝库。但自然环境下的微生物是混杂的，要想得到理想的菌株，就需要采取一定的方法将它们分离出来。一般通过以下几个途径收集菌种、采集样品和分离筛选，即从大自然中采集样品分离；根据资料直接向有关科研单位、高等院校、工厂或菌种保藏部门索取或购买；从一些发酵制品中分离筛选目的菌株。

2.1 生物物质产生菌的筛选

微生物资源是人类赖以生存和发展的重要物质基础和生物技术创新的重要源泉。生命科学研究、预防医学研究、生物技术及其产业的研发、食品科学的研发等大多是建立在微生物资源基础之上。

2.1.1 生物活性物质的主要来源

微生物是获得各种生物活性产物的丰富资源，是地球上分布最广、物种最丰富的生物种群，它们既能生活在动植物生存的环境，也能生活在动植物不能生存的环境中。尤其是极端微生物为耐受极端环境而进化出的许多特殊代谢机制，使一些新的生物技术手段成为可能，各种具有特殊功能的酶类及其他活性物质，在医药、食品、化工、环保等领域有着重大的应用潜力，也为生物技术的进一步发展提供了一个更广阔的资源基地。因此微生物永远是生物圈上下限的开拓者和各项生存纪录的保持者，也是人类获取生物活性物质的丰富资源。

生物活性物质很多，并且许多都是由微生物代谢产生的，如微生物的初级代谢产物及次级代谢产物等。要获得所需生物活性物质，关键是生物产物的来源（尤其是微生物）及采用的筛选方案（检测系统）。

过去筛选出许多有用的代谢物的菌种多半是从普通环境微生物中获取的，因此从普通环境微生物中寻找新的活性物质难度越来越大。新物种必然有新的基因，新的基因产生新代谢产物的可能性较大。因此在采用新技术的同时，稀有放线菌、海洋微生物、极端环境微生物等微生物资源已越来越受重视。实践证明，这些微生物资源是新药及其先导化合物最重要的来源之一。表 2-1 所列的是可用于生物工程及化工领域的主要极端环境微生物产生的活性物质。

表 2-1　可用于生物工程及化工领域的主要极端微生物活性物质

应用领域	活性物质	优点	来源微生物
制药	多不饱和脂肪酸、甘油，可相容的溶质、胡萝卜素	成本低廉	嗜冷菌、嗜盐菌
抗生素	热红菌素、嗜盐菌素、冷霉素、丁酰苷菌素等		嗜盐藻类嗜热菌、嗜盐菌嗜冷菌、嗜碱菌等
RNA、DNA 测序、DNA 标记	DNA 聚合酶	高温稳定，使 PCR 自动化得以实现	嗜热菌
生物传感器	脱氢酶		嗜冷菌
药用表面活性剂	膜		嗜盐菌
水解淀粉制可溶性糊精、麦芽糖糊精和玉米糖浆、减少面包焙烤时间	α-淀粉酶	稳定性高、耐酸	*Bacillus stearothem ophilus*（G2ZYME G995）
食品工业、酿酒、清洁剂	蛋白酶	高温下稳定	嗜热菌
奶酪、奶制品工业	中性蛋白酶	高温下稳定	嗜热菌
纸张漂白	木聚糖酶	减少漂白剂用量	嗜冷菌
清洁剂	蛋白酶、淀粉酶、脂肪酶、纤维素酶	增强清洁剂去污力、高 pH 下稳定	嗜碱菌

延伸阅读

极端微生物是亟待研究和开发的领域，如果能够成功应用其特性，对节约能源、提高效率将产生重要的影响。把分子生物学和基因组学研究往前推了一步的 PCR（聚合酶链式反应）技术，就是因为应用了嗜热微生物的酶而得以实现的，使得在很短的时间内体外复制 DNA 成为可能。而 PCR 技术的发明人穆利斯（Mullis）也因此于 1993 年获得诺贝尔化学奖。自然界中低温环境分布广泛，80%以上生物圈为常年低于 5℃的永久低温地区，因而从北极、高山、南极的土壤，以及阿拉斯加的地下水、南极海水和海冰等低温环境获取石油烃降解微生物逐渐成为研究热点。

2.1.2　标本的采集

采集菌种标本时，采样地点的确定应根据筛选的目的、微生物的分布和菌种的主要特征及其与外界环境关系等，进行综合具体的分析来决定。原则上是材料的来源越广泛越有可能获得新的菌种，特别是在一些极端环境中存在的大量适应了各种环境压力的微生物类群，都是尚待开发的重要资源。

自然界含菌样品极其丰富，土壤、水、空气、枯枝烂叶、动植物病残体等都含有众多微生物，种类丰富、数量可观。但总体来讲土壤样品的含菌量最多。若不了解某种生产菌的具体来源，一般可从土壤中分离。

2.1.2.1　从土壤中采样

土壤是微生物聚集最丰富的场所，因土壤组成、有机物的浓度、pH 等条件的不同及季节变换，微生物的种群分布存在很大差异。一般菜园和农田耕作层土壤中由于含有丰富的有机质，营养充足，且土壤成团粒结构，通气保水性能好，因而微生物生长旺盛且数量多，尤其适合细菌、放线菌生长；而山坡上的森林土，由于植被厚，枯枝落叶多，有机质丰富，且阴暗潮湿，适合霉菌、酵母菌生长。

我国南方温度高，温暖季节长，雨水多，相对湿度高，植物种类多，植被覆盖面大，土壤有机质丰富，所以南方土壤比北方土壤中的微生物数量和种类都要多。不同季节微生物数量也有明显的变化。在经历了春夏季微生物充分生长繁殖后，秋季土壤中微生物数量达到最多。因此，秋季是采土样最理想的季节。

采土样的方法是在选好地点后，用小铲子将表层 5cm 左右的浮土除去，取离地面 5～25cm 处的土样 10～25g，装入预先消毒好的牛皮纸袋或塑料袋中扎好。北方土壤干燥，可在 10～30cm 处取样。给样品袋编号并记录采样时间、地点、土壤质地、植被名称、环境情况等。尽管土壤中芽孢杆菌、放线菌和霉菌的孢子忍受不良环境的能力较强，不太容易死亡，然而由于采样后环境条件与天然条件有着不同程度的差异，一般样品取回后应马上分离，以免微生物死亡。当样品较多或异地取样难以做到及时分离时，可以事先用选择性培养基做好试管斜面，随身携带。取样后将土样撒到试管斜面上，可避免菌株因不能及时分离而死亡。

2.1.2.2　根据微生物营养类型和生理特性采样

根据微生物营养类型能得到较理想的菌株。每种微生物对碳、氮源的需求不一样，分布也有差异。例如，有较多枯枝烂叶及腐朽木头的森林里适合利用纤维素作碳源的纤维素酶产生菌的生长；在肉类加工厂附近和饭店排水沟的污水污泥中采样易分离到蛋白酶和脂肪酶的产生菌；在面粉、糕点、酒类等加工厂采样容易分离到产淀粉酶、糖化酶的菌株。Hartman 等曾从乙烯氯化物的工厂附近分离到一株以乙烯氯化物为碳源和能源的分枝杆菌；有人从含油污泥中筛选出能以 20＃机械润滑油为唯一碳源的 3 株石油降解菌菌株，分别为动胶菌（*Zoogloea* sp.）、氮单胞菌（*Azomonas* sp.）和假单胞菌（*Pseudomonas* sp.）。

另外根据微生物独特的生理特性到相应的地点采样可得到一些具有特殊性质的微生物。例如，利用高温可将嗜热微生物和非嗜热微生物分开；通过控制供氧可将好氧和厌氧微生物分开；控制不同的 pH 条件，可分离嗜酸或嗜碱微生物；使用高糖或高盐培养基进行培养，可获得耐高渗的微生物。

2.1.3　样本的预处理

在分离之前，若对含微生物的样本进行预处理，可大大提高菌种分离的效率。表 2-2 列出处理放线菌材料的各种方法。

表 2-2　含微生物材料的预处理方法

方法	处理方法	材料	分离出的菌株
物理方法	55℃，6min	水、土壤、粪肥	嗜粪红球菌、小单孢菌属等
	100℃ 1h 或 40℃ 2～4h	土壤	链霉菌属、马杜拉菌属、小双孢菌属等
	膜过滤法	水	小单孢菌属、内孢高温放线菌
	离心法	海水、污泥	链霉菌属
	在沉淀池中搅拌	发霉的稻草	嗜热放线菌
化学方法	含 1%几丁质培养基	土壤	链霉菌属
	用 $CaCO_3$ 提高 pH 进行培养	土壤	链霉菌属
	用涂石蜡的棒置于碳源培养基中	土壤	诺卡菌
诱饵法	花粉	土壤	游动放线菌属
	蛇皮	土壤	小瓶菌属
	人的头发	土壤	角质菌属

物理方法有加热、过滤、离心等。由于放线菌的繁殖体、孢子（如链霉菌）和菌丝片段（如红球菌属 *Rhodococcus*）比革兰氏阴性细菌细胞更加耐热，因此常采用热处理方法减少材料中的细菌数，当然也相应减少放线菌数目。

当样品中的细胞数较少时常用膜过滤法浓缩样品中的细胞。滤膜的性质对收集菌的类型有重要的影响。处理放线菌繁殖体含量很低的海水，可先将样品离心后再过滤。

收集在腐烂的稻草和其他植物材料中的嗜热放线菌孢子可在空气搅动下进行，并可用一风筒或简单的沉淀室收集孢子，然后用 Anderson 取样器将空气撞击在含培养基的平板上，可减少分离到的细菌数。也有在分离前加一些固体基质或洒些可溶性养分来强化培养基。

诱饵技术是将固体基质加到待检的土壤或水中，待其菌落长成后再铺平板。有人曾广泛地使用石蜡棒技术来分离诺卡菌；用各种诱饵法从土壤中分离耐酸放线菌、游动放线菌科的某些属产生的游动孢子。有人用花粉诱饵从土壤中分离出 13 株小瓶菌，其中有些是新种或亚种。

2.2　菌种的分离

自然界收集到的样品是多种微生物混杂在一起的。如果目标菌株较多时，一般采用平板划线或平板稀释法直接进行纯种分离。但大多数采集的样品中目标菌株不一定是优势菌。如果要分离的微生物在混杂的微生物群体中数量极少或者增殖过慢而难以稀释分离时，需要结合使用选择培养法，即选用仅适合于所要分离的微生物生长繁殖的特殊培养条件来培养混杂菌体，改变群体中各类微生物的比例，以达到分离纯化的目的，这种方法又被称为施加选择性压力分离法。为了增加分离效率，可通过集菌培养来增加待分离菌株的数量。

2.2.1　集菌培养

集菌培养是通过富集培养使混合微生物群体中目标微生物数量比例不断增高而引向纯培养的一种培养方法。主要是根据微生物的生理特点，利用不同微生物生长繁殖对环境和营养的要求不同，如碳源、氮源、pH、温度、氧气、渗透压等，设计一种选择性培养基，创造有利于目标菌株而不利于其他种类微生物生存的条件，使目标微生物在最适的环境下迅速生长繁殖，由原来自然条件下的劣势菌株变成人工环境下的优势菌株，以达到快速分离纯化的目的。能在该种培养基上生长的微生物不一定是单一菌株，而很可能是营养类型相同的微生物群。所以富集培养基的选择性只是相对的，它只是微生物分离纯化的一个步骤。

2.2.1.1　控制培养基的营养成分

在筛选某类微生物时，通过控制培养基的营养成分能达到较好的分离效果。微生物的代谢类型非常丰富，其分布状态随环境不同也有很大变化。若环境中含有的某种物质较多，则能分解利用该物质的微生物也很多。所以在分离该类菌株时可在富集培养基中加入相应的底物作唯一碳源或氮源。那些能分解利用该底物的菌株因得到充足的营养而迅速生长繁殖，而其他微生物则由于不能分解这类物质而使生长受到抑制。

例如，要分离纤维素酶产生菌，可在富集培养基中以纤维素作为唯一碳源，加入含菌样品，给目标微生物以最佳的培养条件进行培养，使能分解利用纤维素的菌类被富集；分离耐高渗酵母菌，首先要选择到含糖分高的花蜜、糖质中去取样，可达到富集的目的。

自然界存在着大量废物及污染物，如多环芳烃（PAH）、有机染料和颜料、表面活性剂、农药、酚类和卤代烃等。根据微生物对环境因子的耐受范围具有可塑性的特点，可通过连续富集培养的方法分离降解高浓度污染物的环保菌。例如，以苯胺为唯一碳源对样品进行富集培养，待底物完全降解后，再以一定接种量转接到新鲜的含苯胺的富集培养液中，如此连续移接培养数次。同时将苯胺浓度逐步提高，便可得到降解苯胺占优势的菌株培养液，采用稀释涂布法或平板划线法进一步分离，即可得到能降解高浓度苯胺的微生物。通过该方法分离 DDT、甲基对硫磷（MP）及甲胺磷等污染物降解菌都取得了良好的效果。

2.2.1.2　控制培养条件

利用某些微生物对 pH、温度、氧气、渗透压等培养条件的特殊要求加以控制培养，也能达到较好的分离效果。例如，细菌、放线菌的生长繁殖一般要求偏碱（pH 7.0～7.5），霉菌和酵母菌要求偏酸（pH 4.5～6.0）。将富集培养基的 pH 调节至被分离微生物要求范围可达到一定的筛选效果。

而极端环境下微生物的筛选需针对其特殊的生理特性设计适宜的培养条件达到富集的目的。例如，嗜酸菌（尤其是无机自养型细菌）在低品位矿生物沥滤回收贵重金属方面有巨大应用价值，它的生长上限为 pH 3.0，最适生长 pH 为 1.0～2.5。在富集培养时也需将 pH 调为酸性；碱性纤维素酶在洗涤剂工业及造纸工业有很好的利用价值；有人利用低温条件从南极极地微生物中筛选得到可以在 0～10℃低温条件下降解萘的动性球菌属（*Planococcus*）细菌 NJ41 和假交替单胞菌属（*Pseudoalteromonas*）细菌 NJ289。

工业发酵所用好氧菌较多，但也有不少厌氧菌，如产丙酮-丁醇的梭状芽孢杆菌，白酒增香用的丁酸菌、已酸菌及用于环境污水处理和水产养殖用的光合菌、反硝化菌、脱氮排硫杆菌等。它们生长于水底层及沉积物中，要从样品中分离这类菌，需采取厌气培养法，否则菌体会因接触氧气而死亡。

要培养厌氧菌必须创造一个无氧的环境。通常用培养基中加入还原剂，或用物理、化学方法去除环境中的游离氧，以降低氧化还原电势。例如，加入还原剂半胱氨酸、D 型维生素 C、硫化钠等，操作时以最快的速度划线分离，然后立即置于事先已抽真空密闭的容器内（充 CO_2 或 N_2 也可），于室温培养；焦性没食子酸法，利用焦性没食子酸和 NaOH 互相反应除去氧气；利用疱肉培养基、硫基乙酸钠培养基，牛心脑浸液培养基等专供厌氧菌分离、培养和鉴别用的培养基。

2.2.1.3　抑制其他微生物的生长

在富集培养基中加入抗生素，抑制其他微生物的生长，进而来增加选择性也是广泛采用的一种方法（表 2-3）。

表 2-3　分离不同微生物时常用的抗生素或试剂

欲分离菌种	抗生素或试剂/(μg · ml^{-1})	受抑制的微生物
一般细菌	放线菌酮（50～500），杀真菌素（100），抗滴虫霉素（500），优洛制霉素（30～100）	霉菌、酵母
革兰氏阳性菌	原虫霉素（5）、嘌呤霉素	原生动物
节杆菌	多黏菌素 B（5）	革兰氏阴性菌
革兰氏阴性菌	放线菌酮（100）	革兰氏阳性菌
肠内细菌	青霉素（1），硫酸化烷盐（2000）	革兰氏阳性菌
沙门菌	胆汁酸（1000～5000）	大肠杆菌
拟杆菌	结晶紫	革兰氏阳性杆菌和粪链球菌
硝化细菌，小单孢菌属	庆大霉素（5.5）	革兰氏阴性杆菌
链霉菌属，诺卡菌属	土霉素（100），竹桃霉素（100）	革兰氏阳性菌和阴性菌
普通高温放线菌	制霉菌素（50），亚胺环己酮（50）	真菌
马杜拉放线菌	亚胺环己酮（50），新生霉素（25），变红霉素（5～20），链霉素（0.5～2），棕霉素（0.5～2）	细菌、霉菌、细菌

2.2.1.4　培养方法

培养方法可采用分批式富集培养和连续富集培养两种不同的方式。分批式富集培养是指将培养物转接到新的同一种培养基中重新建立选择压力，重复移植几次后，再取此富集培养物接种到固体培养基上，以获得单菌落。在这种分批式富集培养中，转种的时间是关键，应在所需菌种占优势的情况下转种。

在连续培养时，可用恒化式富集培养技术即通过改变限制性基质浓度来控制两种菌的比生长速率，如图 2-1 所示。当基质浓度低于 r 时，菌株 B 将维持比菌株 A 高的比生长速率；而高于 r 时，菌株 A 的比生长速率较菌株 B 高。因此可通过改变稀释速率进行连续富集培养，获得所需要的菌种。用连续富集培养技术分离出的菌种，相对适合用于连续发酵生产。

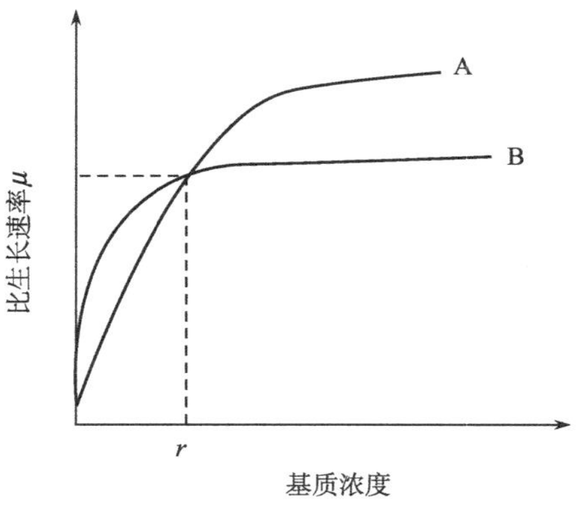

图 2-1　基质浓度对 A、B 两种不同的菌种比生长速率（μ）的影响（俞俊棠等，2003）

固体培养基常用于分离各种酶产生菌，其选择培养基中常含有所需的基质，以便促使酶产生菌的生长，并且往往会在其菌落周围形成透明圈。透明圈的大小虽不能与酶活力的高低完全成正比，但可以作为菌种初筛的判断标准。像蛋白酶、脂肪酶、纤维素酶等产生菌的筛选都可以用这个方法。

2.2.2　纯化分离

经富集培养的样品，目标微生物得到增殖并占了优势，但并不能获得纯种。虽然在富集培养过程中设置了许多限制因素，但其他微生物并没有死去，仅仅是数量相对减少。一旦遇到适宜条件仍会快速生长繁殖。所以富集后得到的培养物仍然是多种微生物的混合体。为了获得纯菌种还必须要进一步分离纯化即纯培养，把最需要的菌株从样品中分离出来。

常用的分离纯化方法很多，大体可分为两个层次，一个层次较粗放，一般只能达到“菌落纯”，并且已经建立了比较成熟的分离培养通用方法，即平板稀释分离培养法。经过划线或稀释后培养能得到单菌落，因此又称为单菌落分离法。主要包括划线分离法、涂布分离法和混合稀释法等。另一层次是较为精细的单细胞或单孢子分离，可达到“菌株纯”或“细胞纯”的水平。最简便的方法是利用培养皿或凹玻片等分离小室进行细胞分离。也可以利用复杂的显微操作装置进行单细胞挑取。若遇到不长孢子的丝状菌，则可用无菌小刀切到菌落边缘稀疏的菌丝尖端进行分离移植，也可用无菌毛细管插入菌丝尖端，以获取单细胞。

2.2.2.1　平板稀释分离法

利用固体平板分离获得单菌落最常用的几种方法是划线分离法、稀释涂布分离法和混合稀释法。在分离之前先取土壤样品，并用无菌水以 10 倍的级差对土壤样品进行稀释制备成一系列的土壤样品菌悬液，菌种制备好后可利用划线法或稀释法进行分离。

2.2.2.2　利用生化反应分离

利用平皿中的生化反应进行分离可显著提高菌株分离纯化的效率。这类分离方法所用的分离培养基是根据目标微生物特殊的生理特性或利用某些代谢产物生化反应来设计的，如透明圈法、呈色圈法、生长圈法、抑菌圈法等可有效提高分离纯化效率。

（1）透明圈法。利用透明圈法筛选水解酶产生菌，在以底物为唯一碳、氮源的平板培养基中加入溶解性较差的底物，使培养基混浊，能分解底物的微生物便会在菌落周围产生透明圈，圈的大小初步反映该菌株利用底物的能力。测定水解圈直径与菌落直径之比，把比例大的菌落移入斜面保藏，供进一步筛选。例如，脂肪酶、淀粉酶、蛋白酶、核酸酶产生菌都会在含有底物的选择性培养基平板上形成肉眼可见的透明圈，可以轻易地鉴别出来。在分离某种产生有机酸的菌株时，也通常采用透明圈法进行初筛。在选择性培养基中加入碳酸钙，使平板成浑浊状，将样品悬浮液涂抹到平板上进行培养，由于产生菌能够把菌落周围的碳酸钙水解，形成清晰的透明圈，可以轻易地鉴别出来。

(2) 呈色圈法。对于一些不易产生透明圈产物的产生菌，可在底物平板中加入指示剂或显色剂，使所需微生物能被快速鉴别出来。例如，利用刚果红（CR）染色法分离分解纤维素的纤维素酶产生菌和果胶酶产生菌；分离谷氨酸产生菌是利用溴百里酚蓝作为一种酸碱指示剂来进行鉴别；以单宁酸为底物，溴甲酚绿为显色剂，采用平板呈色法测定单宁酶的活力；在脂肪酶产生菌分离时，可采用维多利亚蓝作为指示剂来鉴别。分离内肽酶产生菌，除了用酪蛋白作底物平板产生透明圈进行鉴别外，还可以用吲羟乙酸酯为底物加到分离培养基中，产生蛋白酶的菌落由于水解吲羟乙酸酯为 3-羟基吲哚，后者能氧化生成蓝色产物，根据呈色圈便可选出平板上产蛋白酶的菌落。

(3) 生长圈法。生长圈法通常用于分离筛选氨基酸、核苷酸和维生素的产生菌。用一些有特别营养要求的微生物作为工具菌，若待分离的菌在缺乏上述营养物的条件下，能合成该营养物，或能分泌酶将该营养物的前体转化成营养物，那么在这些菌的周围就会有工具菌生长，形成环绕菌落生长的生长圈。工具菌往往都是对应的营养缺陷型菌株，如嘌呤营养缺陷型大肠杆菌（如 *E. coli* P264）与不含嘌呤的琼脂混合倒平板，在其上涂布含菌样品保温培养，周围出现生长圈的菌落即为嘌呤产生菌。利用酿酒酵母生长圈法可以筛选高产乙醇管囊酵母。野生酿酒酵母不能利用木糖作为碳源，但是可以利用乙醇作为碳源和能源。管囊酵母可以利用木糖生产乙醇。酿酒酵母可以利用管囊酵母生产的乙醇作为碳源。产生的乙醇越多，指示菌酿酒酵母的生长圈相对越大。

(4) 抑菌圈法。抑菌圈法常用于抗生素产生菌的分离筛选。工具菌采用抗生素的敏感菌。若被检菌能分泌某些抑制工具菌生长的物质，如抗生素等，便会在该菌落周围形成工具菌不能生长的抑菌圈，很容易被鉴别出来。采用该方法已经得到很多有用的抗生素，如春雷霉素和青霉素等。

由于现有抗生素种类多样，并且也有多种半合成的抗生素，得到新的抗生素越来越困难。但发现新的抗生素仍然有很大的吸引力。人们除了从一些特殊的地方如极端环境中采样分离抗生素的产生菌，也采用一些特殊的筛选方法，以期从普通土样中分离筛选到新的微生物及新的抗生素。除上述的抑菌圈法外，稀释法、扩散法、生物自显影法等也不同程度地得到应用。在这些方法中，检验菌的选择十分重要，直接关系到检出的灵敏度和筛选到的抗生素的活性和抗菌谱。例如，在筛选抗细菌抗生素时，传统上常用金黄色葡萄球菌和枯草芽孢杆菌作为检验菌来检验抗生素的抗性。采用联合检验菌，如枯草杆菌和绿色产色链霉菌或巴氏梭菌，可分离出抗菌活性低、对其他试验菌活性高的新抗生素，如黄色霉素族的抗生素，而这些抗生素在单独使用枯草杆菌时无法检出。

采用平皿快速检测法将复杂而费时的化学测定改为平皿上肉眼可见的显色或生化反应，能较大程度地提高筛选效率，这些方法较粗放，一般只能定性或半定量用，常只用于初筛，但它们可以大大提高筛选的效率。它的缺点是由于培养平皿上各种条件与摇瓶培养，尤其是与发酵罐深层液体培养时的条件有很大的差别，筛选效果不一定好。所以采用平皿检测方法前时最好与摇瓶培养方法作一些比较试验，如能找到一个效果较为一致的方法是可以提高筛选效率的。

2.2.3 纯培养的验证

确定分离纯化后获得的微生物是不是纯培养物，需要对一系列必要的鉴定指标进行测定。不同微生物往往有自己不同的鉴定指标，如形态特征、生理、生化及遗传特征等。通常把鉴定微生物的技术分为 4 个不同的水平。①细胞形态和习性水平的观察，即利用经典的研究方法，观察微生物细胞的形态特征，包括群体即菌落形态和个体形态等。菌落形态的观察包括其大小、形状、边缘、光泽、质地、颜色和透明程度等。霉菌菌落形态意义不是很大，鉴定霉菌最关键的还是对霉菌在显微镜下的形态学检查，包括其菌丝、小梗、分生孢子梗、分生孢子头、孢子、帚状枝等的形态结构。个体形态观察主要是通过染色，在显微镜下对其形状、大小、排列方式、细胞结构（包括细胞壁、细胞膜、细胞核、鞭毛、芽孢等）及染色特性进行观察，直观地了解细菌形态结构特性，根据不同微生物在形态结构上的不同达到区别、鉴定微生物的目的。另外还有其运动性、酶反应、营养要求和生长条件特性的考察。②细胞组分水平，包括细胞组成成分，如细胞壁成分、细胞氨基酸库、脂类、醌类、光合色素等的分析，所用的技术除常规实验室技术外，还使用红外光谱、气相色谱和质谱分析等新技术。③蛋白质水平，包括氨基酸序列分析、凝胶电泳和血清学反应等若干现代技术。④基因或 DNA 水平，包括核酸分子杂交、G+C 摩尔分数的测定，遗传信息的转化和转导，16S rRNA 或 18S rRNA 寡核苷酸组分分析，以及 DNA 或 RNA 的核苷酸顺序分析等。

在微生物分类学发展的早期，主要的分类鉴定指标尚停留在细胞的形态和习性水平上，从 20 世纪 60 年代起，后三个水平的分类鉴定的理论和技术开始发展，为探索微生物的自然分类系统打下了坚实的基础，这些方法再加上数值分类法，可称为现代的分类鉴定方法。

2.3 工业微生物分离的注意事项

筛选具有潜在工业应用价值的微生物除了要求获得高产菌株，还应考虑推广到生产中的经济问题。因此在筛选目标菌株时需考虑一些重要指标。

（1）菌株的营养特征。在发酵过程中，要求原料价廉或来源丰富，容易储藏，对人的身体无损害，影响发酵过程的杂质含量应当极少，或者几乎不含。此外应尽量少用或不用粮食原料，而利用工农副产物和植物纤维等原料，对于节约粮食有着重要意义。培养基的组成，除了考虑到菌体生长和产物形成的需要外，还要考虑到培养基的 pH 变化、泡沫的形成、氧化还原电位和微生物的形态等，而且还有前体和代谢抑制剂的需要。

（2）温度，常温或偏高。应选择生长温度高于 40℃ 的菌种。这样可以大大降低大规模发酵的冷却成本。因此利用高温来分离培养高温生产菌在经济上是有利的。另外菌株应对培养条件要求不高，培养条件易于控制。

（3）是否需要特殊设备，最好所分离的目标菌对所采用的设备和生长过程没有特殊要求。

（4）菌种的稳定性好，遗传稳定性好，不易变异和退化，以保证发酵生产和产品质量的稳定性。

（5）菌种的产物得率高，产物在培养液中的浓度高。具备高产目的代谢物的能力，这往往是菌种选育的主要目标。

（6）微生物产品容易提取，发酵过程不产生或少产生非目标副产物，有利于后期目标的提取。分离和纯化微生物产品是最终获得商业产品的重要环节，其所需费用也占了成本的很大部分。产品容易回收对于降低成本有就重要意义。

（7）菌体不是病原微生物，不产生任何有害的生物活性物质和毒素，如果是基因工程菌，要严格控制基因的转移，具备高度的生物安全性。

本章小结

优质菌种是微生物发酵工程研究及其成果产业化的重要基础，高质量种子是成功实现工程化的前提。目前工业生产上应用的优良菌种，绝大多数还是从自然界中分离得到，经过筛选、纯化及培养条件的优化而应用于工业生产的。

微生物是人类获取生物活性物质的丰富资源，要根据生产实际需要、目的产物的特性、可能产生所需产物微生物菌种的分类地位及这类微生物特性及生态环境等设计选择性高的分离筛选方法，把所需目的菌株从可能的环境和混杂的多种微生物中快速分离筛选出来。

一般菌种分离纯化和筛选步骤为样本采集、样本材料的预处理、富集培养、菌种初筛、菌种复筛及菌种保藏等。这些步骤都可引入选择压力，以提高筛选效率。

自然界中微生物是混杂生活在一起的，一般可采用平皿稀释分离获得单菌落的方法进行分离纯化。但大多数采集的样品中所需微生物并不一定是优势菌或数量有限，通过富集培养可增加待分离菌的数量。主要利用不同种类的微生物其生长繁殖对营养和环境条件要求的不同，如碳源、氮源、pH、温度、渗透压、溶氧等，人为控制这些条件，使之利于某类或某种微生物生长，而不利其他种类微生物的生存，以达到富集目的菌种的目的，并且得以快速分离纯化。

分离纯化后获得的菌株需进行鉴定，主要包括形态特征、生理生化及遗传特征等的鉴定指标的测定，并需对其进行生产性能和毒性的测定。

工业微生物菌株进行分离时除要求其为高产菌株外，还考虑其推广到生产过程时的经济问题。首先是菌株的营养特性，要求原料廉价、生长迅速、目的产物产量高；其次是易于控制培养条件，酶活性高，发酵周期短；再者是抗杂菌和噬菌体能力强；最后是菌种遗传性能稳定，不易变异和退化，不产生任何有害的生物活性物质和毒素，保证安全生产。

复习题

1. 试分析标本采集时考虑的主要因素。
2. 试述工业微生物菌种分离中富集培养的必要性及主要方法。
3. 常用的分离纯化方法有哪些，如何利用单菌种分离法进行分离纯化？
4. 利用平皿中的生化反应进行分离的方法有哪些？并举例说明。
5. 试设计一个从土壤中筛选纤维素酶产生菌的实验方案。
6. 试述如何对分离纯化后的菌株进行鉴定。

主要参考文献

曹军卫，马辉文，张甲耀. 2007. 微生物工程. 北京：科学出版社

岑沛霖，蔡谨. 2008. 工业微生物学. 北京：化学工业出版社

陈必链. 2010. 微生物工程. 北京：科学出版社

贾丽丽，卞立红. 2011. 极端微生物研究进展. 牡丹江师范学院学报（自然科学版），(1)：17～19
李庆. 2011. 嗜酸微生物的研究及其应用进展. 吉林农业，254 (4)：66
刘志恒. 2008. 现代微生物学. 北京：科学出版社
施巧琴，吴松刚. 2009. 工业微生物育种学. 北京：科学出版社
宋翔宇，徐会存，刘延霞，等. 2003. 难浸硫化金矿微生物氧化预处理工艺的发展现状及应用前景. 国外金属选矿，(5)：4～11
王世杰，王翔，卢桂兰，等. 2011. 低温微生物修复石油烃类污染土壤研究进展. 应用生态学报，22 (4)：1082～1088
俞俊棠，唐孝宣，李友荣，等. 2003. 新编生物工艺学（上册）. 北京：化学工业出版社
诸葛健. 2006. 工业微生物育种学. 北京：化学工业出版社
Christophe P，Gilles F，Pascal P，et al. 2007. Isolation and characterization of a gene cluster involved in PAH degradation in Myco-bacterium sp. strain SNP11：Expression in Mycobacterium smegmatis mc2155. Research in Microbiology，158 (2)：175～186
Fiedler H，Bruntner C，Riedlinger J. 2008. Novel aminofuran antibiotic and anticancer compounds isolated from marine strains of the actinomycete Verrucosispora. J Antibiot，61 (3)：158～163
Kwon H，Kauffman C，Jensen P. 2006. Antitumor-antibiotics of a new structure class from a marine actinomycete of the recently discovered genus "Marinispora". J Am Chem Soc，128 (50)：1622～1632
Marcon R，Bestetti G，Frati F，et al. 2007. Naphthalene and biphenyl oxidation by two marine *Pseudomonas* strains isolated from Venice Lagoon sediment. International Biodeterioration & Biodegradation，59 (1)：25～31

第3章 菌种的选育及保藏

内容提要： 菌种选育、发酵、提取精制是发酵工业的三个主要环节，其中以菌种的影响最大，它是发酵产品生产的关键。菌种选育不仅可提高目的物的产量、大大降低生产成本、提高经济效益，还可简化工艺、减少副产物、提高产品质量、改变有效成分组成，而且，可用来开发新产品。菌种选育也是科研工作的基础，通过菌种选育可了解菌种遗传背景、增加菌种遗传标记、分析生物合成机制和提供分子遗传学研究材料。

3.1 自然选育

自然选育（或自然分离）是一种纯种选育的方法。因微生物具有容易发生自然变异的特性，自然变异是偶然的、不定向的，其中多数是负向变异，而菌种退化变异的主要原因便是微生物群体中自然变异的负变多于正变，如果不及时进行自然选育，就有可能使生产水平较大幅度下降。通过分离、筛选排除负变菌株，从中选择维持原有生产水平的正变菌株。因此，它能达到纯化、复壮菌种，稳定生产的目的。自然选育有时也可用来选育高产量突变株，不过这种正突变的概率很低。

3.1.1 自然变异的产生

自然变异是指没有人工参与的微生物变异，但并不是说这种变异没有原因。自然界能引起微生物发生突变的因素多种多样，自发突变实际上就是这些众多因素长期综合诱变的结果。

1）环境因素

宇宙间各种各样的短波辐射，自然界一些多因素低剂量的诱变效应，以及温度、空气、水分、营养物质、培养条件等对于自发突变都是有影响的。微生物细胞内新陈代谢活动所产生的诱变物质也具有诱变作用，如过氧化氢、有机过氧化合物等，当这些物质在胞内累积到一定浓度时能诱发 DNA 结构的改变。

2）菌种遗传的不稳定性

DNA 碱基的互变异构效应，DNA 增变基因的诱发突变，DNA 死亡基因的诱发突变，DNA 代谢失调引起的突变，遗传基因型的分离，回复突变的产生，异核现象导致的微生物群体变异等。

自发突变的产生特点是变异速度比较缓慢，因为导致变异的不利因素不是强诱变因子；另外，一个基因发生突变不可能立即影响微生物群体的性状变异，变异要通过 DNA 复制才能传到下一代，并在一定的环境条件下才能体现出来。更重要的是必须在突变基因取得数量上的优势时，才能使群体表现出性状的变异。

3.1.2 自然选育的方法

常用的自然选育方法是单菌落分离法。

(1) 单孢子悬液的制备。用无菌生理盐水或缓冲液制备单孢子悬浮液并计数（显微镜计数或平板菌落计数）。

（2）单菌落分离培养。根据计数结果，定量稀释后，取适量（0.1～0.2ml）加到平皿培养基上，培养后长出的单菌落，以5～20个菌落/平皿为宜（依丝状真菌、放线菌菌落的大小不同而不同）。

（3）斜面种子。将分离培养后的单菌落，挑选接斜面培养，成熟后接入发酵瓶，测定发酵单位的过程称为筛选。它分初筛、复筛两个过程。

（4）摇瓶初筛。初筛指初步筛选，以筛选面宽、菌株数多为原则。因此，初筛时尽量不用母瓶，将斜面直接接入发酵瓶，测其产量；对一些生长慢的菌种也可先接入母瓶，生长好后再转入发酵瓶。初筛中高单位菌株挑选量以5%～20%为宜。

（5）摇瓶复筛。复筛是对初筛得到的高产菌株的复试，以挑选出稳定高产菌株为原则，要求菌株数少，测定准确。每一初筛通过斜面可进2～3只摇瓶，最好使用母瓶、发酵瓶两级，并要重复3～5次，用统计分析法确定产量水平。

（6）生产试验。复筛选出的高单位菌株至少要比对照菌株产量提高10%以上（以排除摇瓶单位波动的影响），并经过菌落纯度、摇瓶单位波动情况，以及糖、氮代谢等的考察，合格后方可在生产罐上试验。

（7）菌种保藏。初筛、复筛都要同时以生产菌株作对照。复筛得到的高单位菌株应制成沙土管、冷冻管或液氮管进行保藏。

3.2　诱变育种

菌种选育是建立在遗传和变异基础上的。人工诱变又是加速基因突变的重要手段。以人工诱发突变为基础的微生物诱变育种，具有速度快、收效大、方法简单等优点，它是菌种选育的一种主要方法，在发酵工业菌种选育上具有卓越的成就，迄今为止国内外发酵工业中所使用的生产菌种绝大部分是人工诱变选育出来的。诱变育种在抗生素工业生产上的作用更是无可比拟，几乎所有的抗生素生产菌都离不开诱变育种的方法。随着菌种选育取得重要成就，发酵工业生产得以发展、扩大和提高。时至今日，诱变育种仍是大多数工业微生物育种上最重要，而且最有效的技术。但是诱发突变缺乏定向性，因此诱发突变必须与大规模的筛选工作相配合才能收到良好的效果。

3.2.1　诱变育种的原理及诱变剂

基因突变是微生物变异的主要源泉。诱变育种就是以人工诱变手段诱发生物体基因突变，改变其遗传结构和功能，通过筛选，从各种变异体中筛选出目的变株，并且找出这个变株的最佳培养基和培养条件，使其在最适的环境条件下合成有效产物。这与自然选育比较，由于引进了诱变剂处理，因而加速了菌种突变的频率，扩大了变异的幅度，从而提高了获得优良特性的突变株的概率。

大多数工业微生物菌种经诱变剂处理后其遗传物质可发生两种类型的突变，即点突变和染色体突变（或称染色体畸变）。而点突变可分为碱基对的置换突变（包括转换A：T↔G：C和颠换A：T↔T：A）和码组错位突变（在基因中添加或缺失一个或几个碱基）。染色体畸变包括染色体结构的变化，如缺失、倒位、重复、易位及染色体数目的变化。大多数诱变剂在诱发生物体发生突变的同时造成生物体大量死亡。诱变剂种类很多，目前使用的诱变剂基本上可分为物理诱变因子、化学诱变因子和生物诱变因子三大类。经诱变处理后，微生物遗传物质的化学结构发生改变，从而引起微生物的遗传变异。应对不同诱变剂的作用原理、使用方法及诱变处理过程中的注意点有所了解。表 3-1 列出了一些常用的诱变剂种类及它们的性质、作用机制和主要生物学效应。

表 3-1　诱变因子的分类

类　别	名　称	性　质	作用机制	主要生物学效应
物理诱变因子	紫外线（UV）	非电离辐射	使被照射物质的分子或原子中的内层电子提高能级	①DNA 链和氢键断裂 ②DNA 分子内（间）交联 ③嘧啶水合作用 ④形成胸腺嘧啶二聚体 ⑤造成碱基对转换 ⑥修复后造成差错或缺失
	X 射线 γ 射线 快中子 高能电子流 β 射线（He）	电离辐射	使被照射物质分子或原子发生电子跃迁，使内外层失去或获得电子	①DNA 链断裂 ②碱基受损 ③造成碱基对转换 ④引起染色体畸变 ⑤修复后造成差错或缺失
化学诱变因子	氮芥（NM） 乙烯亚胺（EI） 硫酸二乙酯（DES） 甲基磺酸乙酯（EMS） 亚硝基胍（NTG） 亚硝基甲基脲（NMU）	烷化剂 （双功能基） （单功能基） （单功能基） （单功能基） （单功能基） （单功能基）	碱基烷化作用	①DNA 交联 ②碱基缺失 ③染色体畸变 ④碱基对转换或颠换
	亚硝酸（HNO_2）	脱氨基诱变剂	碱基脱氨基作用	①DNA 交联 ②碱基缺失 ③碱基对转换
	5-氟尿嘧啶（5-FU） 5-溴尿嘧啶（5-BU）	碱基类似物	代替正常碱基掺入到 DNA 分子中	碱基对转换
	吖啶橙、吖啶黄	移码诱变剂	插入碱基对之间	碱基排列产生码组移动
生物诱变因子	噬菌体 转座因子	诱发抗性突变	转导诱发突变 转化诱发突变 转座诱发突变	传递遗传信息

注：近年来，一些新型诱变因子在不断开发，如微波、激光、红外射线、离子注入等，其诱变机制和效应的研究工作正在进行

3.2.2　诱变育种的步骤

诱变育种工作包括诱发突变、突变株的筛选和高产变株最佳环境条件的调整。一般步骤如图 3-1 所示。

诱发突变由出发菌株开始，包括制出新鲜孢子悬浮液（或细菌悬液）作诱变处理，然后以一定稀释度涂平皿，至平皿上长出单菌落等步骤。因为诱发突变是使用诱变剂促使菌种发生突变，所以诱发所形成的突变与菌种本身的遗传背景、诱变剂（种类、剂量、合理使用方法）、影响诱变效果的因素等均有密切关系，也可说这三者是诱变部分的关键所在。突变株

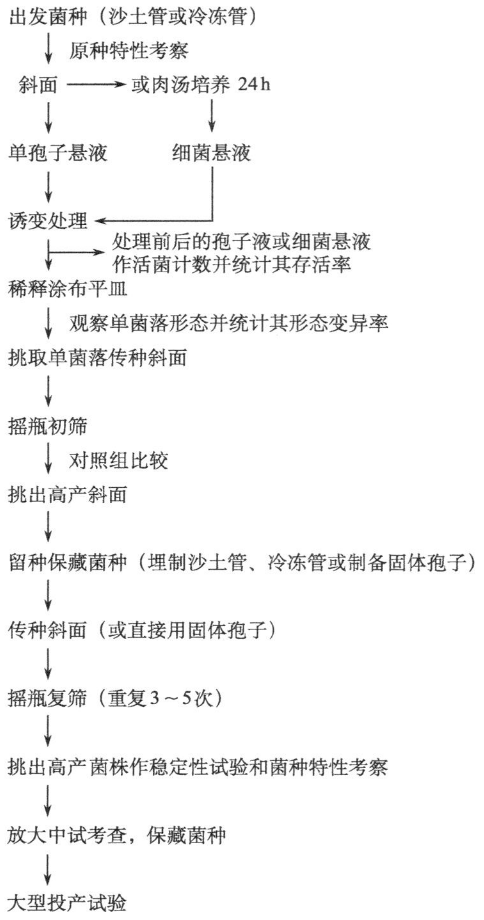

图 3-1　诱变育种的典型流程

的筛选包括筛选条件（培养基和培养条件）和选择一个简便、快速、有效的筛选方法。环境条件的调整是突变株的最佳培养条件改变，包括考察其稳定性、菌种特性、最适培养条件等。因此可以认为，诱变育种的整个过程主要是诱变、筛选和考察的不断重复，然后再进一步进行中试、放大，全面考察此变异株在工业化生产上的接受性。

3.2.3　影响诱变效果的主要因素

诱变育种在工业发酵育种史上创造了辉煌业绩，它具有方法简单、投资少、收获大等优点，但它最大缺点是缺乏定向性。对此，除了深入开展诱变机制研究外，在诱变育种过程中应注意出发菌株、诱变剂及诱变剂量的选择、诱变处理方式方法的应用、影响诱变效果的各种因素，以及结合有效的筛选方法等来弥补不足，以提高诱变育种的效率。

3.2.3.1　出发菌株的选择

出发菌株是用于诱变的原始菌株，挑选合适的出发菌株对提高育种效率有着重要意义。出发菌株的性能，如纯一性、系谱、形态、生理、传代、保存等特性，对诱变效果影响很大。挑选出发菌株应注意如下几点。

（1）选择纯系菌株作为出发菌株，以排除异核体或异质体菌株的影响，使发酵产量等指标稳定、波动范围小。如果诱变剂所处理的细胞是多核细胞，则细胞核（或核质体）愈少愈好，最好是处理单核细胞。对霉菌或放线菌等丝状菌，应尽量采用孢子进行处理，而且在处理前应用灭菌的玻璃珠把结成团的孢子打散。对芽孢杆菌，应处理芽孢而不是营养体，因为一般芽孢杆菌细胞中有两个核质体而芽孢中只有一个，而且芽孢比较稳定。所以采用单核细胞处理可以避免出现不纯菌落，并且实验数据重复率较高。如果出发菌株遗传性不纯，可以用自然分离或用温和诱变剂进行处理，以取得纯系菌株。这样虽然要花一些时间，但效果更好。

（2）选择的出发菌株应当具有所需要的代谢特性，如产量高、产孢子早而多、色素分泌正常、生长速度快等有利于发酵产物合成的性状。用当前的生产菌种或与生产密切相关的菌株作为出发菌株，常可收到好的效果，其优点是符合生产实际条件，获得的突变株比较容易适应生产工艺要求。但是，生产菌株的遗传背景比较复杂，要它在生产能力上有较大的突破比较困难。

（3）选择对诱变剂敏感的菌株作为出发菌株，可以提高变异频率。生产中经过长期选育的菌株，比较稳定，其遗传物质耐诱变剂的能力强，这些菌株用于生产是很有益的，但作为出发菌株则不适宜。在此情况下，应设法改变菌株的遗传型，以提高菌株对诱变剂的敏感性。杂交、诱发抗性突变和采用大剂量的诱变剂处理均能改变菌株的遗传型而提高菌株对诱变剂的敏感性。

（4）菌种的生理状态及不同的生长发育时间与诱变效应密切相关。因诱变剂对处于转录状态或翻译状态的菌种的效应要比静止状态或休眠状态的菌种敏感得多。一般细菌处理营养体，真菌和放线菌则处理它们的孢子。对数生长期的细菌对诱变剂的反应最为灵敏，霉菌和放线菌成熟的分生孢子都处于休眠状态，如果经过处理使孢子稍稍萌发，则可以提高诱变效果。出发菌株一般要求制备成单细胞（单孢子）悬浮液，并使细胞尽量处于分散状态。这样有利于细胞均匀地接触诱变剂，也可以部分地避免出现不纯的菌落。

3.2.3.2　诱变剂的选择

（1）根据出发菌株的种类和遗传背景来选择。诱变作用不但决定于诱变剂，还与菌种的种类和出发菌株的遗传背景有关。一般对于遗传上不稳定的菌株，可采用温和的诱变剂，或采用已见效果的诱变剂；对于遗传上较稳定的菌株则采用强烈的、不常用的、诱变谱广的诱变剂。要重视出发菌株的诱变系谱，不要经常采用同一种诱变剂反复处理，以防止诱变效应的“热点”饱和，并可弥补 DNA 分子对某种因子的不亲和性。但也不要频频变换诱变剂，以避免造成菌种的遗传背景复杂，不利于高产菌株的稳定。

（2）根据诱变剂本身的特点来选择。诱变剂的作用如下：①提高突变频率；②扩大产量变异的幅度；③使产量变异向正突变或负突变的方向移动。在诱变育种时，一般应首先考虑诱变频率比较高的常用诱变剂，如 UV、NUV、NTG、硫酸二乙酯等。还应该考虑诱变剂本身的特点，如紫外线主要作用于 DNA 分子的嘧啶碱基，而亚硝酸则主要作用于 DNA 分子的嘌呤碱基。紫外线和亚硝酸复合使用，突变谱宽，诱变效果好。电离辐射也有不少应用（如快中子、激光、微波处理等）。有些诱变剂在基因组上诱发的突变并不是均匀分布，而是在某些区段的突变率比较高即所谓突变热点。不同的诱变剂所形成的突变热点不同，然而，所导致的遗传性状的改变仍是随机的。诱变剂的选择主要是根据已经成功的经验，目前尚无规律可循，需要在工作中不断摸索和积累经验，根据目的变株出现的频率来选择诱变剂及其最适剂量。

（3）诱变剂量的选择。凡是既能增加变异幅度，又能促使变异向正变范围移动的剂量就是合适的剂量。剂量的大小一般是以诱变后的死亡率、形态变异率、营养缺陷型出现率来确定的。任何诱变剂都有杀菌和诱变两方面作用，一般情况下，诱变处理后的细胞死亡率越高，活下来的细胞的突变率也越高，故可用死亡率作为相对剂量。对诱变剂最适剂量的选择至今仍有不同看法，一般诱变效应随剂量的增大而提高，但达到一定剂量后，再增大剂量诱变率反而会下降。一般来说，高剂量（致死率在 90％以上）引起的变异范围大，变株比较多，适用于单位产量较低的菌株，而长期用于工业生产经过多次诱变选育的菌株，则宜用中等剂量（致死率为 70％～80％），甚至更低；低剂量处理能提高正突变率，并且更有利于高产菌株的稳定。

（4）复合诱变与助变剂。所谓复合诱变是指多种有效诱变因子的复合处理，因不同诱变因子对 DNA 分子作用的“热点”不同，采用多种有效的诱变因子复合处理可以扩大突变的范围，可以弥补一种因子多次诱变容易产生的“热点”饱和，也可以弥补 DNA 分子对某些因子的不亲和性，从而产生增变效应，提高诱变效果。但复合因子诱变后，由于突变的性状多而广，而且有些突变呈隐性状态，在传代过程中遗传分化大，不能符合纯种的要求，因此一次复合因子处理后需要多次分离纯化才能获得性状稳定的变株。所谓助变剂即指有些因子单独使用没有明显的诱变效果，但与其他诱变剂复合处理，效果相当显著。助变剂最常用的是轻金属盐类，如氯化锂，其本身并无诱变作用，但在抗生素产生菌的诱变育种中表明氯化锂与一些诱变因子具有协同作用。曾对氯化锂单一因子作系统的研究，以产黄青霉菌为材料，结果用0.5%～5%的一系列剂量，都不能诱发营养缺陷型的突变，也不能诱发获得高产量突变株。然而在土霉素产生菌育种中，用氯化锂与紫外线、乙烯亚胺等诱变因子复合处理或分代累积处理，曾多次选育得到高产变株。氯化锂使用剂量一般为0.5%。再如长波紫外线（360nm），其本身没有诱变作用，但与光敏化剂8-甲氧基补骨脂素结合照射，可以产生良好的诱变作用。其作用原理是光敏化剂在长波紫外线的作用下可以吸收其能量而与DNA分子中的胸腺嘧啶结合。这种处理方法曾有效地获得麦白霉素的高产菌株。在使用复合因子和助变剂时，要注意各因子的处理顺序，因处理顺序不同，效果也大不一样，有些是加强，有些是减弱。

3.2.3.3 突变株的筛选

所有的菌种选育工作都离不开“筛选”这一重要步骤，在诱变育种中尤为如此。它不仅重要，而且量大、艰难。菌体细胞经诱变剂处理后，因为突变的不定向性，优良突变株的产生频率极低，如何在较短的时间内从大量的变异菌株中把极少数具有优良性状的突变株筛选出来，需要设计一个高效率的筛选方案。常用的筛选方法有两种，即随机筛选和半理性化筛选。

1）随机筛选

随机筛选指菌种经诱变处理后，进行平板分离，凭经验随机选择一定数量的单菌落，其中包括未发生突变的野生型菌株和发生突变后的正向突变株及负向突变株，从中筛选优良菌株。为了提高筛选效率，可采用下列方法增大筛选量。

（1）肉眼观察法排除低产菌落。这是一种经验筛选方法。因为在诱变的菌株中，负突变是占绝大多数的。为了减少工作量，可先通过该方法将实践中被认为具有高产型表型的菌落保留下来，从而排除绝大部分低产型菌落。一般低产型菌落通常所具有的特征包括表面结构不均匀、光秃型不产生孢子、菌落长得过小或过大等；高产型菌落通常所具有的特征包括菌落偏小、孢子生长丰富、孢子颜色有减弱趋势、营养菌丝分泌的色素逐渐加深或变浅等。用肉眼观察法排除低产型菌落时，在保留的菌落中要有一定数量的主型菌落。因为群体中的主型代表了其表型特征，一个菌种的产量水平亦是其主型菌落产量水平的体现。主型菌落要尽可能地在每个碟子中随机挑选，这样可以使高产突变株的遗漏率降低。

（2）琼脂块筛选法。这是一种简便、迅速的初筛方法，尤其适用于抗生素高产菌种的选育。分离的单菌落培养2～4d，在形成丰满的气生菌丝，但还未分生孢子之前，用直径6～8mm的无菌打孔器将每个菌落连同一定厚度的琼脂块一同取出，移至空皿中，保持湿度，继续培养，使其在生长发育过程中合成的抗生素限制在琼脂块中。当孢子生长成熟后再移至生物检定平板上，同时合理放置对照菌落。对照菌落的数量必须不低于总琼脂块的20%，放置位置必须遍布检定平板各部位。测定每个琼脂块的抑菌圈大小，挑取抑菌圈明显大于对照菌的菌落，接种至斜面，以备进一步试验。琼脂块筛选法的优点是一次测定的菌落数量很大，操作简便，故作为排除低产菌落的粗筛，仍不失为一种好方法。但是，固体培养条件和液体培养条件之间是有差异的，利用此法所取得的初筛结果必须经摇瓶复筛加以验证。

（3）摇瓶筛选法。这是一种最经典的筛选方法，即将挑出的单菌落传种斜面后，再由斜面接入模拟发酵工艺的摇瓶中培养，然后测定其发酵生产能力。选育优良菌株的目的是要在发酵生产中推广应用，因此摇瓶的培养条件要尽可能和发酵生产的培养条件相近。但是，实际上摇瓶培养条件很难和发酵罐培养条件完全相同。摇瓶筛选的优点是培养条件与生产培养条件相接近，数据可靠且一般与生产水平相平行，但工作量大、时间长、效率低、操作复杂。

无论用哪种方法初筛后得到的目的菌株仍需 2～3 轮的复筛和自然分离，因为大多数初筛得到的目的菌株并非是稳定的基因突变所致。

2）半理性化筛选

传统的菌种选育是采用随机筛选的方法，由于正突变株出现的概率小，产量提高的范围往往在生物学波动的范围内，因而选出一株高产菌株需要耗费大量的人力、物力。而且，随着发酵产量不断提高，用随机筛选方法获得高产菌株的概率越来越小。近年来，随着遗传学、生物化学知识的积累，人们对生物合成途径及代谢调控机制的了解不断深入，筛选方法逐渐从随机筛选方法转向半理性化筛选方法。半理性化筛选是指运用遗传学、生物化学的原理，根据产物已知的或可能的生物合成途径、代谢调控机制和产物分子结构来进行设计和采用一些方法，以打破微生物原有的代谢调控机制，获得大量形成产物的高产突变株。根据这种推理性设计，人们得到了多种类型的突变株，如抗代谢物调节突变株、抗生素酶缺失突变株、形态突变株、耐前体及结构类似物突变株、膜渗透性突变株等，并得到了满意的结果（参见“代谢控制育种”）。

3）筛选自动化和筛选工具微型化

这是微生物菌种选育的一个发展方向。它省去了繁琐的劳动，大大提高了筛选效率。筛选自动化大致过程：将一叠 10 只平板（每只平板已长好 20 个左右菌落）送入接种机内，接种机根据已设定的程序进行扫描接种至发酵用小瓶中（接种针自动调换），这时就省去了制备斜面这一过程，然后由人工搬至培养室进行培养。培养后的小瓶送入提取机内，加入适量的溶媒，经振荡数分钟后静止分层。然后再由检定机吸取样品进行紫外检测，以筛选高单位的菌种。据称这一自动化操作过程每次能筛选 2000 个菌株，约比人工筛选效率提高 10 倍。筛选工具的微型化也是很有意义的，如将一些小瓶子取代现有的发酵摇瓶，在固定框架中振荡培养，可使操作简便，又可加大筛选量。

3.3　杂交育种

杂交育种是将两个基因型不同的亲株通过杂交使遗传物质重新组合，形成新的遗传型个体的过程。在诱变育种中，菌株经过多次诱变，诱变剂的诱变热点逐渐钝化，变异的幅度有所下降，菌种生活力逐渐衰退。杂交育种是选用已知性状的供体菌株和受体菌株作为亲本，把不同菌株的优良性状集中于组合体中。因此，杂交育种具有定向育种的性质。杂交后的杂种不仅能克服原有菌种生活力衰退的趋势，而且，杂交使得遗传物质重新组合，动摇了菌种的遗传基础，扩大了变异范围，也使得菌种对诱变剂更为敏感。通过杂交还可以改变产品质量和产量，甚至形成新的品种。可见杂交育种有它广泛的实用意义。但是，杂交育种技术条件要求较高、操作也较复杂，尤其是在准备工作上花时间较长，如两个亲株的选择、杂交前亲株的遗传标记等，这些都是杂交育种的不足之处。

传统的杂交育种在真核微生物中可以通过有性杂交及准性杂交两种途径进行；在原核微生物中（如细菌和放线菌）则可通过接合杂交进行。20 世纪 70 年代发展起来的原生质体融合杂交育种技术则有更大的实用意义，我国育种工作者也已普遍推广使用此种方法。

3.3.1　准性生殖

所谓准性生殖是指真菌中不通过有性生殖的基因重组过程。1952 年 Pontecorvo 首先在构巢曲霉中发现准性生殖，证实不产生有性孢子的微生物如真菌中的半知菌纲和放线菌，除了主要进行无性繁殖外，还能进行准性生殖。准性生殖的整个过程包括三个相互联系的阶段。

(1) 异核体形成。当具有不同性状的两个细胞或两条菌丝相互联结时，导致在一个细胞或一条菌丝中并存有两种或两种以上不同遗传型的核，这样的细胞或菌丝体叫做异核体。此种异核体一般比较稳定，这种现象叫异核现象，它多发生在孢子发芽初期，有时在孢子发芽管与菌丝间也可见到。

(2) 二倍体形成。随着异核体形成，异核体菌丝在繁殖过程中，偶尔发生两种不同遗传型核的融合，形成杂合细胞核。由于组成异核体的两个亲本细胞核各具有一个染色体组，所以杂合核是二倍体。在自然条件下，杂合二倍体的形成频率通常是很低的。杂合二倍体是杂交育种的关键。因为杂合二倍体本身不仅已经具备了杂种的特性，而且随着其染色体或基因的重组和分离，还能形成更多类型的杂种（重组体分离子），这就为杂交育种提供了丰富的材料。

(3) 体细胞重组。杂合二倍体只具有相对的稳定性，在繁殖过程中发生染色体交换和染色体单倍化，而形成各种分离子，用诱变剂处理则分离子的类型更多。有人把它们总称为体细胞重组。

在生产实践中，我国进行了不少霉菌杂交育种方面的工作并获成功，如青霉素产生菌高产重组体菌株、灰黄霉素产生菌高产重组体菌株等的获得，提高了菌株的发酵单位。

3.3.2 接合

在细菌和放线菌中，接合是最常见的杂交方式。二亲株的细胞在固体培养基上混合培养时，一亲株细胞的基因组片段进入另一亲株的细胞，发生部分染色体的转移或遗传信息的交换，形成部分合子，部分合子是由一个供体染色体片段与一个受体染色体的整体结合而形成的，但也可能两个亲本染色体都不完整。经过二次交换形成单倍重组体。在放线菌中可以经过一次单交换形成一种特殊的线形 DNA 结构，称为异核系，即杂合的无性繁殖系的细胞核，它有一个二体区，在不同的位点上再发生一次单交换即形成多种不同基因型的单倍重组体。异核系的菌落形态很小，遗传类型各不相同，能在基本培养基上或选择培养基上生长。异核系不稳定，所产生的孢子几乎全部是单倍体，而成为一个单倍的无性繁殖系，能长出各种类型的分离子。

接合杂交在工业微生物的菌种改良中也有一些成功的报道，但多数效果并不明显。

常规杂交除上述的准性生殖、接合外，还有转化、转导、溶原性转换和转染等技术，它们的特点见表 3-2。

表 3-2 微生物常规杂交形式

微生物类别	杂交方式	供体与受体细胞关系	参与交换的遗传物质
原核微生物	接合	体细胞间暂时沟通	部分染色体杂合
	转化	细胞不接触，吸收游离 DNA 片段	个别或少数基因杂合
	转导	细胞不接触，质粒、噬菌体介导	个别或少数基因杂合
真核微生物	有性生殖	生殖细胞融合或接合	整套染色体高频率重组
	准性生殖	体细胞接合	整套染色体低频率重组

3.3.3 原生质体融合

目前，对微生物育种来说，有性重组的局限性很大，有杂交现象的微生物为数不多，重组频率也不高，转化、转导等现象在微生物中也不普遍，但是，自从 1978 年第三届国际工业微生物遗传学讨论会上提出原生质体融合育种方法以来，微生物原生质体融合技术迅速发展起来，从而打破了这种不能充分利用遗传重组的局面。其主要操作程序是两个亲本菌株通过酶解作用，使其细胞壁脱除或部分脱除，制成原生质体，并在高渗条件下混合，用聚乙二醇（PEG）促进其发生融合，接着两亲本遗传物质交换，从而实现遗传重组。在适宜的条件下，融合细胞可再生成新的完整细胞，就有可能获得具有合乎理想的新遗传性状的重组子。

原生质体无细胞壁，易于接受外来遗传物质，它打破了微生物种属间的界限，不仅可能将不同种的微生物融合在一起，而且可能使属间，甚至门间也实现原生质体融合，这就为亲缘关系较远的、性能差异较大的菌株实现杂交，开辟了一条有效途径。原生质体易于受到诱变剂的作用，而成为较好的诱变对象。实践证明，原生质体融合能使重组频率大大提高。因此，通过此项技术能使来自两个甚至更多的菌株的多种优良性状，通过遗传重组，组合到一个重组细胞里。原生质体融合作为一项新的生物技术，为微生物育种工作提供了一条新的途径。原生质体融合一般包括如下 5 个步骤。

3.3.3.1　标记菌株的筛选

供融合用的两个亲株要求性能稳定并带有遗传标记，以利于融合子的选择。采用的遗传标记一般以营养缺陷型和抗药性等遗传性状为标记，也有采用温度敏感型，糖发酵和同化性能，呼吸缺陷和形态、色素标记等。为了尽量减少标记对菌株，尤其是工业生产菌株正常代谢的影响，在选择标记时，尽可能采用该菌株自身已带的各种遗传标记。

上述的遗传标记，很多是通过诱变方法获得，这不仅要耗费很大的人力和时间，并且往往对亲株的生产性能有重大的不利影响，可应用灭活原生质体融合技术替代遗传标记。该方法由于可以不用遗传标记等优点，在育种工作中已初见成效。灭活原生质体融合技术是指采用热、紫外线、电离辐射及某些生化试剂、抗生素等作为灭活剂处理单一亲株或双亲株的原生质体，使之失去再生的能力，经细胞融合后，由于损伤部位的互补可以形成能再生的融合体。灭活处理的条件应该适当温和一些，以保持细胞 DNA 的遗传功能和重组能力。该方法有单一亲株灭活和双亲株或多亲株灭活两种。前者是采用灭活一原养型亲株的原生质体，与另一带有营养缺陷型标记的非灭活亲株融合，然后筛选原养型重组体。一般认为，被灭活的亲株在融合中起遗传物质供体的作用。后者是双亲株原生质体灭活，只要其致死损伤不一致，就有可能通过融合而互补产生活的重组体。

3.3.3.2　原生质体的制备

将两亲株分别用酶处理，使细胞壁全部消化或薄弱部分破裂，原生质体即从细胞内逸出。对于细菌和放线菌，制备原生质体主要采用溶菌酶；对于酵母菌和霉菌，则一般采用蜗牛酶和纤维素酶。为了使菌体易于原生质体化，在用脱壁酶处理菌体以前可先用某些化合物对菌体进行处理，有利于原生质体制备。例如，在细菌培养液中加入 EDTA、甘氨酸、青霉素或 D-环丝氨酸等，在放线菌培养液中加入 1%～4%甘氨酸等，在酵母菌中加入 EDTA 和巯基乙醇等，其目的是为了增加菌体细胞壁对酶的敏感性。要注意酶浓度的影响，一般来说，酶浓度增加，原生质体的形成率也增大，超过一定范围，则原生质体形成率的提高不明显。酶浓度过低，则不利于原生质体的形成；酶浓度过高，则导致原生质体再生率的降低。温度对酶解作用有双重影响，一方面随着温度升高，酶解反应速度加快；另一方面，随着温度升高，酶蛋白变性而使酶失活。一般酶解温度控制在 20～40℃。充足的酶解时间是原生质体化的必要条件。但是如果酶解时间过长，则再生率随酶解的时间延长而显著降低。其原因是当酶解达到一定时间后，绝大多数的菌体细胞均已形成原生质体，因此，再进行酶解作用，酶便会进一步对原生质体发生作用而使细胞质膜受到损伤，造成原生质体失活。除此之外，菌体的生长状况，对原生质体形成的影响也很大。一般采用对数生长后期的菌体进行酶解处理。这个时期的细胞生长、代谢旺盛，细胞壁对酶解作用最为敏感，原生质体形成率高，再生率也高。一般来说，细菌以采用对数生长后期较好，放线菌以采用对数生长期到平衡期的转换期为合适。

为了防止破壁以后的原生质体破裂，必须把原生质体释放在高渗溶液或培养基中。

延伸阅读——原生质体分离中酶系统的选择

细菌原生质体分离最常用的酶：溶菌酶。

酵母菌及丝状真菌原生质体分离最常用的酶：蜗牛酶。

植物细胞原生质体分离最常用的酶：纤维素酶、半纤维素酶、果胶酶。

溶菌酶是从卵清、人的眼泪和鼻涕、部分细菌和噬菌体内中提取的一种酶，它能有效地水解细菌的肽聚糖，从而消化细菌的细胞壁。

蜗牛酶是从大蜗牛消化液、玛瑙螺胃液中提取的一种复合酶制剂，主要含有葡聚糖酶、几丁质酶、甘露聚糖酶、纤维素酶和脂酶等。土壤中一些细菌也具有分解真菌细胞壁的酶。制备真菌的原生质体时浓度适宜的复合酶较单一酶类更好，如加入溶菌酶。

纤维素酶是从绿色木霉中提取的一种复合酶制剂，主要含有纤维素酶C，作用于天然的和结晶的纤维素，具有分解天然纤维素的作用；还含纤维素酶CX，作用于定形的纤维素，可分解短链纤维素。另含有纤维素二糖酶、木聚糖酶、葡聚糖酶、果胶酶、脂肪酶、磷脂酶、核酸酶、溶菌酶等。

半纤维素酶可以降解半纤维素为单糖或单糖衍生物。

果胶酶是从根霉中提取的，使细胞间的果胶质降解，把细胞从组织内分离出来。

3.3.3.3 原生质体的融合

1）化学融合

正常情况下，由于原生质体表面有较强的负电荷，原生质体融合十分罕见。但是，在聚乙二醇（PEG）存在下，原生质体能够聚集、融合并伴随DNA的交换。目前普遍采用的化学融合方法是1974年建立起来的。当时人们发现PEG在Ca^{2+}存在下能促使植物原生质体融合，并显著提高融合频率。接着，PEG的促融作用很快在微生物中得到证实，成功地报道酵母菌、霉菌、放线菌和细菌等多种微生物的株内、株间、属间及种间的融合，从而使原生质体融合技术在微生物领域形成了一个系统。融合时PEG的浓度是关键，其最适浓度并不依赖于所用PEG的相对分子质量，而主要是单体的浓度，与聚合度无关。一般融合选用PEG的相对分子质量以4000～6000为好，融合时还加入二价阳离子Ca^{2+}和Mg^{2+}。使用PEG的最终浓度为30%～40%，$MgCl_2$为20mmol/L左右，$CaCl_2$为50mmol/L左右。

2）电融合

电融合，常用交流电场法与非交流电场法两种，特别是交流电场法电融合，与一般PEG介导的融合相比，融合频率比较高，操作简便，快速，可以在显微镜下进行，并可避免PEG对细胞的毒害作用。目前，电融合在细菌和动植物细胞中应用较多，在放线菌中报道较少。

电融合的方法多种多样，但基本上都包括下述过程：细胞在高频交变电场中极化成偶极子，并沿电力线排列成串珠状，在形成串珠的两极间施加数个直流高压电脉冲，使串珠中两个紧密接触的细胞膜击穿而形成连接两细胞间的孔洞，最后在细胞膨胀压的作用下，使细胞完成融合过程。在显微镜监控下，伴随电融合，两个或多个原生质体能被融合，甚至几个细胞能被融合成一个巨大细胞。另外，原生质体还能被诱导融合成人工磷脂囊，叫做脂质体。融合的比率为 80%～90%，比使用 PEG 作为融合剂获得 60%的比率要高得多。

3.3.3.4 原生质体的再生

原生质体没有细胞壁，仅有一层厚约 10nm 的细胞膜。尽管它们具有生物活性，但在普通培养基上不能生长，必须涂布在再生培养基上，才能使细胞壁再生长出来，再生培养基的必要条件是高渗透压，一般加 0.3mol/L 以上的蔗糖，否则原生质体容易破裂。在合适的再生培养基上，原生质体可再生出细胞壁成为完整的细胞，并恢复其分裂繁殖的能力。在再生培养基上长出的菌落，可以移至普通培养基上生长。影响原生质体再生的因素主要有菌种的特性、原生质体制备条件、再生培养基成分、再生培养条件等。

3.3.3.5 融合子的选择

融合子的选择主要依靠在选择培养基上的遗传标记，两个遗传标记能够互补，就可确定为融合子。但是，由于原生质体融合后会产生两种情况，一种是真正的融合，即产生杂合二倍体或单倍重组体；另一种是暂时的融合，形成异核体。两者均可以在选择培养基上生长，一般前者较稳定，而后者不稳定，会分离成亲本类型，有的甚至以异核状态移接几代。因此，要获得真正融合子，必须在融合体再生后，进行几代自然分离、选择，才能确定。

由上所述，原生质体融合在工业微生物育种中日益受到重视，逐渐取代了传统的杂交技术，改变了过去杂交育种的局面。它不仅重组频率高，育种范围广，而且原生质体的形成与再生本身就可作为一种育种方法。例如，通过原生质体的形成与再生有可能使某些链霉菌菌株产生抗生素的能力明显提高，也可能消除质粒或改变其耐药性等。目前对这些作用的机制虽还不清楚，但对链霉菌的育种来说仍有其实用意义，同时也可能有助于提高放线菌原生质体融合育种的实际效果。

但是该技术在微生物育种中的应用还有某些局限性。例如，有些微生物不同的种之间难以形成稳定的重组体，虽然对原生质体做适当的处理，如短时间的热处理等，可暂时抑制细胞的限制系统，但有时仍难解决这一问题。再如，原生质体融合所形成的融合体细胞内的基因重组仍是随机的，为了获得所需要的重组体菌株还必须进行大量筛选。

3.4 代谢控制育种

从工业微生物育种史来看，诱变育种曾取得了巨大的成就，使微生物有效产物成百倍，乃至成千倍的增加。但是诱变育种工作量繁重，盲目性大。在这种情况下，以 1956 年谷氨酸发酵成功为标志，发酵工业进入第三转折期——代谢控制发酵时期，其核心内容为代谢控制发酵技术，并在其后的年代里该技术得到了飞跃的发展和广泛应用，取得了引人注目的成就。

所谓代谢控制育种，即应用生物化学和遗传学原理，深入研究生物合成代谢途径及代谢调节控制的机制，设计出选择性筛子，通过遗传育种技术获得解除或绕过了微生物正常代谢途径的突变株，即定向选育某种特定的突变型，以达到大量积累有益产物的目的。代谢控制发酵的关键，取决于微生物代谢调控机制是否能够被解除，能否打破微生物正常的代谢调节，人为地控制微生物的代谢。代谢控制育种和发酵过程的代谢控制培养是实现这一目标的两个手段，而代谢控制育种则为主要支柱技术和有效的途径。代谢控制育种可以大大减少传统育种的盲目性，减轻了繁重的工作量，提高效率。代谢控制育种很快在初级代谢产物的育种中得到广泛的应用，成就也十分显著，几乎全部氨基酸和多种核苷酸生产菌株都被打上了抗性或缺陷型遗传标记。之所以这么活跃与初级代谢途径与调节机制研究得清楚有关。然而在次级代谢方面，由于比初级代谢复杂，理论的阐明跟不上实际需要，则相对比较落后。尽管如此，代谢控制育种在初级代谢产物中获得成功对次级代谢（如抗生素）生产来讲大有借鉴之处。

代谢控制育种的出现与发展，与以下几个方面是密不可分的：生物化学的发展，确立了代谢图谱，同时发现了代谢过程中的各种调节机制；分子生物学和分子遗传学的发展，可以人为地在 DNA 分子水平上改变微生物的代谢，多方面利用微生物的代谢活性，使微生物的菌学特性按人为的目标变化；合理控制环境，采用过程控制方法，完善受控参数，对发酵过程进行最优化控制，使目的产物大量积累。代谢控制育种的兴起标志着微生物育种技术发展到理性育种阶段，实现人为的定向控制育种。该技术广泛的应用，导致了氨基酸、核苷酸及某些次级代谢产物的高产菌种大批的推向生产，大大促进了发酵工业的发展。

代谢调节控制育种通过特定突变型的选育，达到改变代谢通路、降低支路代谢终产物的产生或切断支路代谢途径及提高细胞膜的透性，使代谢流向目的产物积累方向进行。表 3-3 列出微生物代谢控制育种措施。

表 3-3　微生物代谢控制育种措施

调节体系	育种措施
诱导 分解阻遏 分解抑制	①组成型突变株的选育 ②适应酶系统调节突变株的选育 ③代谢转化率突变株的选育 ④有效组分纯度高突变株的选育 ⑤突变生物合成新产物突变株的选育 ⑥抗分解调节突变株的选育 • 解除碳源分解调节突变株的选育 • 解除氮源分解调节突变株的选育 • 解除磷酸盐调节突变株的选育
反馈阻遏 反馈抑制	⑦营养缺陷型突变株的选育 ⑧渗漏型缺陷型突变株的选育 ⑨回复突变株的选育 ⑩抗性突变株的选育 • 抗自身代谢产物突变株的选育 • 抗终产物结构类似物突变株的选育 • 抗前体物突变株的选育 ⑪条件突变株的选育 ⑫代谢阻断突变株的选育
细胞膜渗透性	⑬营养缺陷型突变株的选育 • 生物素缺陷型 • 油酸缺陷型 • 甘油缺陷型 ⑭温敏突变株

3.5　基因工程育种

Cohen 和 Boyer 1973 年首次成功地完成了 DNA 分子的体外重组实验，宣告基因工程的诞生，也为微生物育种带来了一场革命。与传统育种方法不同的是，基因工程育种不但可以完全突破物种间的障碍，实现真正意义上的远缘杂交。而且这种远缘既可跨越微生物之间的种属障碍，还可实现动、植物及微生物之间的杂交。同时，利用基因工程方法，人们可以“随心所欲”地进行自然演化过程中不可能发生的新的遗传组合，创造全新的物种。这是一种自觉的、能像工程一样事先进行设计和控制的育种技术，是最新、最有前途的育种方法。

广义的基因工程育种包括所有利用DNA重组技术将外源基因导入到微生物细胞，使后者获得前者的某些优良性状或者利用后者作为表达场所来生产目的产物的新菌种。真正意义上的基因工程育种应该仅指那些以微生物本身为出发菌株，利用基因工程方法进行改造而获得的工程菌，或者是将微生物甲的某种基因导入到微生物乙中，使后者具有前者的某些性状或表达前者的基因产物而获的新菌种。基因工程的主要操作步骤可以概括如图 3-2。

基因工程的主要过程包括以下几个步骤：①目的基因的获得；②载体的选择与准备；③基因与载体的连接；④外源基因的导入；⑤重组体的筛选。

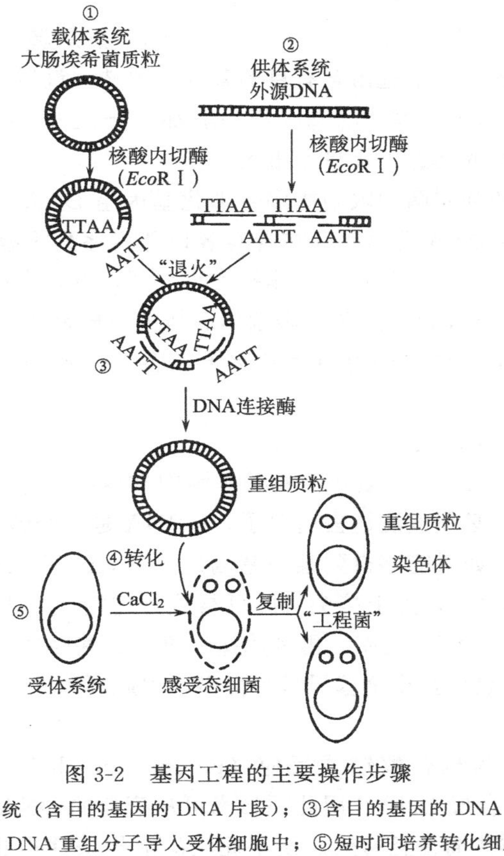

图 3-2　基因工程的主要操作步骤

①载体系统；②供体系统（含目的基因的 DNA 片段）；③含目的基因的 DNA 片段与载体相连接；④借助细胞转化手段将 DNA 重组分子导入受体细胞中；⑤短时间培养转化细胞，以扩增 DNA 重组分子，并将转化细胞进行筛选和鉴定

3.5.1　目的基因的获得

DNA 重组技术发展到今天，从生物体分离 DNA 已非难事，但要分离出一个具体基因还是比较困难的。因为不同基因在染色体 DNA 上是串在一起的，都是由 4 种碱基组成，基因与基因之间不易区分，多数基因在染色体上以单拷贝的形式存在。一个果蝇染色体约有

20万个基因，一个人的染色体上约有800多万个基因。以人珠蛋白的五链基因为例，其长度仅为整个染色体DNA的1.7×10^{-7}，所以直接分离基因有一定的困难。限制性内切酶的发现为实现目的基因的获得提供了可能。它们可识别DNA分子上特定的序列而进行切割，并不影响其他DNA序列。目前获得目的基因的方法有以下几种。

1）物理学分离法

（1）密度梯度离心法分离。有些基因的碱基组成和总体DNA有明显不同。基因片段中GC含量高，DNA片段的密度就大，这样就可以用密度梯度离心法分离。

（2）凝胶电泳分离富集。用限制酶处理染色体DNA，再用凝胶电泳法分离，依次分段收集大小不同的DNA片段，再用快速转化法测定哪一段DNA中含有所需的基因片段。这样取得的DNA虽仍然是一些片段的混合物，但目的基因已经得到相当程度的富集。

2）基因文库法

（1）“鸟枪法”。“鸟枪法”的特点是绕过了直接分离基因的难关，即用某种合适的限制酶将供体DNA酶切后得到的各种大小的DNA片段，直接与用产生同样末端的酶打开的载体DNA环相连接以得到各种不同的杂合载体（质粒），然后转入受体菌进行增殖，再用适当的筛选方法，由众多的菌落中选出含有目的基因的菌株，最后再从这个菌株中提取出重组DNA和回收目的基因。由于生物体的基因组一般都十分庞大，酶切后的DNA片段数目很大，因此，目的基因克隆的筛选工作量也很大。

（2）双酶消化法。即利用两种限制酶混合消化基因组DNA，以获得适于克隆的随机片段化的DNA群体。这些DNA群体间存在着有效地随机序列重叠现象。通过蔗糖梯度离心或制备凝胶电泳技术，可以把这些片段群体按大小分开，得到大小约为20kb的随机的DNA片段群体。这样大小的DNA片段适于λ噬菌体载体的克隆能力，经体外重组、包装和转化之后，可以获得足够数量的独立的重组体转化子克隆，构成几乎是完全的、代表性的基因文库。

3）cDNA法（互补DNA法）

cDNA法即为反转录法。由于真核生物的基因中常含有非编码间隔区（内含子），在原核受体中无法正常表达，必须设法消去内含子。mRNA是已经转录加工过的RNA，即无内含子的遗传密码携带者。如果能够得到某一基因的mRNA，在反转录酶作用下，以mRNA为模板反转录合成互补DNA，加上接头后即可与载体连接，再进行噬菌体的包装与转染或质粒DNA的转化而构建cDNA文库。再利用探针将目的基因从文库中“钓”出来。由于从细胞中提取的mRNA的数目要比全基因组小得多，因此利用此法可以大大地减少工作量。

4）PCR法

PCR扩增技术也称为聚合酶链式反应（polymerase chain reaction），是根据生物体DNA的复制原理在体外合成DNA。用此项技术可从痕量的DNA样品中特异性快速扩增某一区域的DNA片断，方法简便且有效。使用此法的前提条件是必须知道待扩增DNA区域两端16～24bp的序列。

5）人工合成

自1966年Khorana等完成世界上第一个人工合成基因后，DNA的合成有了极大的发展，现已可在电脑控制下通过合成仪合成，约20min即可加上一个碱基，因而通过人工合成来获得DNA片段已日益增多。世界上第一个人工合成并获表达的是生长激素释放抑制素基因。

3.5.2　载体的选择与准备

载体是用于传递运载外源 DNA 序列进入宿主细胞的运载工具，其本身也是 DNA 分子。用作载体的 DNA 分子应具有以下基本性质。①本身是一个复制子，能在宿主细胞中自主复制且稳定遗传。②应具有明显而方便的筛选标记。③应具有较多的单一限制性内切酶切点，且酶切点不在 DNA 复制区。④载体应尽可能小，这样既可在宿主细胞中复制成许多拷贝，又便于与较大的目的基因结合，也不易受到机械剪切。⑤有利于外源基因的表达，最好含有一个强启动子。⑥有一定的非必要区，在这段内插入外源基因不影响其复制。

在基因工程中用作载体的有质粒载体、噬菌体载体和根据特殊要求构建的其他载体三种类型。

1）质粒载体

质粒是存在于细胞质中能进行独立自我复制并具遗传性的一种细胞的核外基因。在一般情况下，这种核外基因并非是细胞生存所必需的物质，但质粒所具有的基因能赋予细胞以各种特性。许多质粒是环状双链 DNA，但在酵母菌和放线菌中也发现有线型双链 DNA 质粒和 RNA 质粒。

根据细胞中质粒拷贝数的多少，可将质粒分为两种类型。一种是严紧型质粒，其复制受宿主细胞严格控制，拷贝数低，这种质粒往往较大且是自身传递的。另一种是松弛型质粒，其复制不受宿主细胞的严格控制，拷贝数高，这种质粒往往较小且是非接合的。

已知的质粒所显示的特性有自我增殖性、细胞间的传递性、质粒间的不相容性（即两种质粒不能共存于一个细胞中）及在细胞内有一定的拷贝数等。早期常应用天然质粒，随着研究工作的进展，目前已经开发和构建了许多可作为基因工程载体的质粒，这为基因工程实验获得成功打下了基础。

2）噬菌体载体

噬菌体载体是指为了达到输送基因的目的而使用的大肠杆菌、枯草杆菌等的噬菌体。由于噬菌体的宿主专一性很强，因此作为载体比质粒更安全。另外，由于噬菌体基因组有一个很强的启动子，因此可以使插入噬菌体 DNA 的外援基因能够有效地表达。在大肠杆菌中，除了来自 λ 噬菌体的噬菌体载体外，还有纤维状噬菌体及 M13、fd 等具单链 DNA 的噬菌体载体系统。在枯草杆菌中，已知有 Φ105、ρ11 等噬菌体载体。

3）根据特殊要求构建的其他载体

（1）柯斯质粒（cosmid vector）。柯斯质粒也可称为黏性质粒，是一种带有 λ 噬菌体黏性末端的杂种质粒。由 λDNA 的 cos 区域（将 DNA 引入噬菌体头部时所必需的 DNA 碱基序列）与质粒 DNA 重组构建而成。它既有噬菌体载体的性质又有质粒载体的性质，而且能克隆巨大的（通常为 35～45kb）外源 DNA 片段。没有引入外源 DNA 的柯斯质粒太小，只有引入外源 DNA 片段的柯斯质粒才能包入噬菌体粒子中，它可用于构建基因文库。柯斯质粒的包入操作，既可直接在细胞内进行，也可在试管中进行，导入噬菌体粒子后可以进行转导。

（2）穿梭质粒（shuttle vector）。穿梭质粒也可称为沙特尔载体，是一种为了能在两种不同的宿主细胞中均能复制而构建的接合质粒。例如，把大肠杆菌质粒 pMB9 和酵母质粒 2μDNA 连接而成的 pJDB219 及把大肠杆菌的 pBR322 与含有酵母 DNA 复制起始区的 DNA 片段连接而成的 YRp7，都可在大肠杆菌或酵母的细胞中加以复制。把取自酵母的基因与该种质粒相连接，在大肠杆菌中使之扩增，然后再取出返回于酵母中。这一方法可用于研究特定基因的性状表达。像这样在原核生物大肠杆菌和枯草杆菌间往来的质粒也可称为穿梭载体。

在基因工程研究领域中，人们已构建了各种用于特殊要求的载体。除上述的柯斯质粒和穿梭质粒外，还有为筛选强启动子而构建的启动子筛选载体及为用于表达外源基因而构建的表达载体等多种载体。

3.5.3　基因与载体的连接

基因与载体的连接方式主要有两种，黏端连接与平头连接。常在体外由两种不同的DNA连接酶催化，这两种酶就是大肠杆菌DNA连接酶和T4噬菌体DNA连接酶。实际上在所有克隆用途中，T4噬菌体DNA连接酶都是首选酶。这是因为在正常反应条件下，它能够有效地将平头末端DNA片段连接起来。

当限制性内切酶进行错位切割时，能够产生互补的黏性末端，因此可以比较简单地进行DNA的体外重组，但其反应速度完全由互相匹配的DNA末端的浓度所决定，不论末端位于同一DNA分子（分子内连接）还是位于不同分子（分子间连接）都是如此。如果供体与载体的5′端及3′端产生平头，也用T4连接酶连接，但酶量要加大才行。这种情况常见于合成的供体DNA、双链cDNA或某种酶切下的片段；如果获得的外源DNA序列与载体欲插入位置的末端不能吻合，除修成平端外，过去常采用加同聚物尾端的方法，近年来由于DNA合成技术已趋成熟，更多的是加接头，甚至是多切口接头（接头是指两种DNA片段连接起来时所使用的核苷酸链，它含有效率极高的限制性内切酶所能识别切断部位的碱基序列）。

连接缓冲液使用含Mg^{2+}、ATP的缓冲液，同时也含有保护和稳定酶活性的物质如二硫苏糖醇（DTT）、小牛血清白蛋白（清蛋白）（BSA）等。虽然温度在37℃时有利于连接酶发挥最大的活性，但是在这个温度下黏性末端的氢键结合不稳定，所以在实际操作时，DNA分子黏性末端的连接反应的温度通常采用折中的温度即12～15℃，反应时间为12～16h。

3.5.4　外源基因的导入

当外源DNA分子与载体连接完成以后，需要将重组DNA分子引入寄主细胞。将重组DNA分子有效地引入寄主细胞是基因操作中的关键步骤，而寄主能够接纳重组DNA分子也必不可少。通常外源基因以质粒或噬菌体为载体，通过转化（对质粒而言）或转染（对噬菌体而言）导入宿主细胞；而更多的是使用质粒载体，所以转化是导入外源基因最常用的方法。目前实现转化的方法主要有以下四种。

（1）感受态转化。感受态转化即指经典的转化。大多数细胞在正常情况下并不发生转化，而只有极少数细胞才有可能发生转化作用。例如，枯草杆菌在一定的培养条件下，对数生长期后期、平衡期前为感受态时期，这时的细胞就能摄入外部DNA。

（2）原生质体转化。将菌体细胞脱去细胞壁，制备成原生质体，在聚乙二醇的帮助下，即可实现转化。应用此法可在许多微生物中达到转化目的。由于此法源于细胞融合，有人将DNA包以脂质膜，形成内含DNA的脂质体而成为人造小细胞，也可通过类似细胞融合的过程实现转化。Bibb等在Okanishi和他的合作者有关链霉菌原生质体的形成、再生和转染的工作基础上，发现有聚乙二醇存在时，质粒DNA可以很高的频率转化链霉菌原生质体。聚乙二醇使用的最终浓度大约为25%。

（3）碱土金属离子处理。大多数细菌转化方法都用Mandel和Higa提出的$CaCl_2$法。经过$CaCl_2$处理的受体细菌会被诱导而产生短暂的“感受态”，在此期间它们能够摄取各种不同来源的DNA。目前$CaCl_2$法已成功地用于大肠杆菌、葡萄球菌等，并对其他一些革兰氏阴性菌也有效。用此法也可使大肠杆菌摄入 RNA 和单链 DNA。也有人用乙酸锂、氯化铝等处理细胞成功地实现了 DNA 的转化。

(4) 高压电穿孔法（电转化法）。电穿孔法最初用于将 DNA 导入真核细胞，但后来也被用于转化大肠杆菌和其他细菌。其原理是在高压电场的作用下，使细胞产生瞬间通道（细胞壁产生小孔），DNA 分子由此进入。由于细菌细胞相对较小，因此与 DNA 导入真核细胞时相比较，大肠杆菌的电转移要求很高的电场强度，并且体积要小。通过优化各个参数（包括电场强度、电脉冲长度和 DNA 浓度等），当电场强度和电脉冲长度以一定方式组合而使细胞死亡率为 50%～75%时，其转化效率可以达到最高。采用电穿孔法，其转化频率可以与原生质体转化频率相当或更高，可以达到化学转化法制备的感受态细胞转化率的 10～20 倍。

另外还有渗压法、激光诱导融合及假噬菌体的感染等方法，使转化过程的实现更为有效。

3.5.5 重组体的筛选和产物的表达

3.5.5.1 重组体的筛选

要筛选和鉴定重组 DNA 分子，可从以下三个方面入手：①识别含有重组 DNA 分子的寄主细胞；②探测寄主细胞中的外源 DNA；③分析表达产物（蛋白质），间接探测外源 DNA。一般方法有遗传学直接筛选法和分子生物学间接筛选法。前者如抗药性、营养缺陷型、噬菌斑等；后者如酶切分子质量的大小、分子杂交、核苷酸序列分析、放射免疫等。通常可采用如下方法。

(1) 抗药性变化的检测。目前使用的质粒载体，几乎都带有某种抗药基因，这就给筛选重组子提供了极大的方便。以 pBR322 为例，该质粒有 *Apr*（抗氨苄西林）和 *Tcr*（抗四环素）两个抗药基因。重组时，将外源基因插入 *Bam*H Ⅰ切口，*Tcr* 的结构基因被破坏，宿主对四环素变得非常敏感。所以只需挑出 *Apr*、*Tcs*（对四环素敏感）的菌落，就能获得克隆株。

(2) 噬菌斑的形成。此法用于以噬菌体为载体构建的重组体的检测。如人们在对作为载体的 λ 噬菌体进行研究时发现，当其 DNA 长度小于野生型 λDNA 75%或大于 105%，则不能形成噬菌体颗粒，因而也不能形成噬菌斑。只有插入适当大小的片段才能包装成完整的噬菌体颗粒，从而在涂了指示菌的平皿上形成噬菌斑。此法常用于基因库的构建。

(3) 功能互补。利用宿主某些功能不足或缺陷，如克隆淀粉酶基因时，可选择淀粉酶基因缺陷（$amyl^-$）的菌株作为受体，因为克隆化后显示有较强淀粉酶活力的可能就是所需的重组转化体。

(4) 单菌落快速电泳法。即将抗药转化体随机挑出，用快速电泳法检测，找出比单纯载体分子量大的条带，将携带大分子质量质粒菌再进一步作酶切图谱检查，或作基因功能检查。

(5) 原位杂交或区带杂交。将重组质粒抽提出来，经酶切或不经酶切，电泳后将 mRNA 或 cDNA 用同位素标记，作为探针，进行分子杂交以检测出含目的基因序列的区带（区带杂交）。也可不用电泳，采用菌落原位杂交，将一种在硝酸纤维素滤膜上原位裂解细菌菌落并使释放出的 DNA 非共价结合于滤膜的方法，结合于滤膜上的 DNA 可与相应的放射性标记核酸探针进行杂交，通过放射自显影可将转化重组体鉴别出来。

(6) 限制性内切酶图谱。克隆子被筛出后，就可用限制性内切酶作用，看是否与已知的切口吻合，以确定是否为所需的重组子。

3.5.5.2 产物的表达

外源基因引入受体后，是否很好地得到表达，这是基因工程技术中一个很关键的问题。这个问题涉及供体细胞与受体细胞之间的亲缘关系，以及不同基因调控系统的协调问题，如外源基因转录启动子与受体细胞 RNA 多聚酶的统一，转录后的 mRNA 与受体细胞核糖体的结合部分与翻译间的协调，外源基因插入到复制子中的方向对表达的影响等都需要考虑。

产物鉴定的方法主要有以下几种：DNA 序列测定、产物活性的直接测定、功能或氨基酸序列测定、产物的免疫沉淀验证。

基因工程菌用于生产实践，已取得了可喜的成绩，但它的不稳定性，如质粒丢失、重组质粒 DNA 片段的脱落等问题也应该引起人们的高度重视。

3.6 微生物菌种的保藏与复壮

3.6.1 菌种保藏

3.6.1.1 菌种保藏的目的

微生物具有生命活动能力，其世代时期一般是很短的，在多次传代中，会发生遗传性的变异，而且退化性的变异是大量的，久置的菌种还会死亡，因此常常造成工业生产菌种的退化，并有可能使优良菌种丢失。所以微生物菌种应妥善保藏，保藏的主要目的有以下几点。

（1）保持。使之能长期保持存活、不退化、不死亡、不污染杂菌、保持或接近原种生产水平。

（2）储存。维持其遗传的纯一、遗传潜力的长期稳定、生产性能稳定。

（3）方便。便于传递、处理，便于生产和科研使用。

3.6.1.2 菌种保藏的原理

菌种保藏的原理是根据菌种的生理、生化特点，人工创造条件使菌体的代谢活动处于不活泼的状态。保藏时先挑选优良的纯种，最好是选取它们的休眠体（孢子、芽孢等），然后创造一个最有利于休眠的环境条件（如低温、干燥、缺氧和缺乏营养物质等），以降低菌种代谢活动的速度，抑制其繁殖能力，减少菌种变异，达到延长保存期的目的。一种好的保藏方法，首先应能长期保持菌种原有的优良特性和较高的存活率，但也要考虑方法本身的经济简便。至于具体采用哪种方法，要根据菌种特性及具体条件决定。

3.6.1.3 菌种保藏的方法

1）低温保藏法

低温保藏法是最早使用而且现今仍然普遍采用的方法。它利用低温降低菌种的新陈代谢，使菌种的特性在短时期内保持不变。保存温度 4℃，保存时间以 30d 以内为好。

斜面低温保藏法是一种短期、过渡的保藏方法，操作比较简单，不需要特殊设备。保存范围：固体斜面孢子；麸皮、大米、小米等制备的孢子；液体母瓶孢子；菌丝液；孢子悬浮液等。

2）定期移植保藏法

定期移植保藏法也称传代培养保藏法，包括斜面培养、穿刺培养、液体培养等。是指将菌种接种于适宜的培养基中，最适条件下培养，待生长充分后，于 4℃（或特定温度）保存并间隔一定时间进行移植培养的菌种保藏方法。

该方法适用于不产孢子的菌种或对一些采用冷冻保藏易死亡的菌种；但此法传代频繁，易变异，易染菌，很少用于工业生产菌株的保藏。

3）矿物油保藏法

矿物油保藏法以石蜡封存保藏法为代表。在培养成熟的菌种斜面上加入灭菌后的液体石蜡，用量高出斜面 1cm，可防止或减少培养基内水分蒸发，隔绝培养物与氧的接触，从而降低微生物的代谢活动，推迟细胞老化，延长了保存时间。试管直立，置于 4℃冰箱保存。保存期约 1 年。此法适用于不能以石蜡为碳源的菌种。液体石蜡经 121℃蒸汽灭菌 30min，然后在 150～170℃烘箱中干燥 1～2h，使水汽蒸发，石蜡油变清，在 40℃烘箱中烘干备用。

这种方法比较简便易行，比斜面低温保藏法的保藏时间长，但石蜡油管的转接和搬运都很不方便。部分工业上的生产菌株也不易用此法保藏，因容易造成生产能力的下降。

4）自然基质保藏法

这是根据我国传统制曲原理加以改进的一种方法，适用于产孢子的真菌。该法采用麸皮、大米、小米或麦粒等天然农产品为产孢子培养基，使菌种产生大量的休眠体（孢子）后加以保存。该法的要点是控制适当的水分。例如，在采用大米孢子保藏法时，先取大米充分吸水膨胀，然后倒入搪瓷盘内蒸 15min（使大米粒仍保持分散状态）。蒸毕，取出搓散团块，稍冷，分装于茄形瓶内，蒸汽灭菌 30min，最后抽查含水量，合格后备用。

将要保存的菌种制成孢子悬浮液，取适量加入已灭菌的大米培养基中，敲散拌匀，铺成斜面状，在一定温度下培养，在培养过程中要注意翻动，待孢子成熟后，取出置冰箱保存，或抽真空至水分含量在 10%以下，放在盛有干燥剂的密封容器中低温或室温保存。保存期 1～3年。

5）载体保藏法

载体保藏法是将微生物吸附在适当的载体，如土壤、沙子、硅胶、滤纸、瓷珠、玻璃珠上，而后进行干燥的保藏法。例如，沙土管保藏法就应用相当广泛，它适用于产孢子的放线菌、霉菌及产芽孢的细菌。其制备方法：取细沙除去有机杂质及铁屑，洗净，烘干，过 80 目筛；取 1m 以下贫瘠土，洗净，烘干，过 80～100 目筛。按沙土比例为(1～2)：1 混合均匀，分装于小试管中，装料高度约为 1cm，121℃间歇灭菌三次，无菌检查后备用。将斜面孢子制成菌悬液，接种 0.2～0.3ml 菌悬液入沙土管中，或将斜面孢子刮下直接与沙土混合，然后放在装有干燥剂（如无水氯化钙）的真空干燥器中，接通真空泵，抽干（一般 4～6h 即可抽干，管内沙土成松散状）。干燥后的沙土管放在干燥器内置 4℃冰箱中保存。一般保存期为一年左右。本法的缺点是存活率低，变异率高。

6）真空冷冻干燥保藏法

此法的原理是在低温下迅速地将细胞冻结以保持细胞结构的完整，然后在真空下使水分升华。这样菌种的生长和代谢活动处于极低水平，不易发生变异或死亡，因而能长期保存，一般为 5～10 年。具体的做法是将菌种制成悬浮液，与保护剂混合，分装到准备好的安瓿管中，－35℃下预冻 15min 到 2h，然后低温下进行真空干燥，最后将安瓿管真空熔封，低温避光保存。

保护剂一般采用脱脂牛奶或血清等。保护剂的作用可能是在冷冻干燥的脱水过程中代替结合水而稳定细胞成分（细胞膜）的构型，防止细胞膜因为冻结而被破坏。保护剂还可以起支持作用，使微生物疏松地固定在上面。牛奶可用离心或加热的方法脱脂。

真空冷冻干燥保藏法是目前常用的较理想的一种方法。它适用的微生物种类多，能使菌种长时间保持活力，又能减少经常移植引起的变异。除一些不产孢子的丝状真菌不宜采用此法外，大多数微生物都可以采用，其中，特别对那些不宜用移代保藏的抗生素生产菌种，采用此法保藏期长、生产性能稳定、保藏效果良好。另外我国大多数生物制品菌种都是采用该法保藏。这种保藏方法虽然需要一定的设备，要求也比较严格，但由于该方法保藏效果好，对各种微生物都适用，因此，国内外都已较普遍地应用。

7）冷冻保藏法

（1）普通冷冻保藏法（－20～－5℃）

对于不产孢子或芽孢的微生物，一般不能用沙土管保藏。为了方便可以采用甘油菌丝速冻法。由于该法的保藏温度为－20℃，为了避免微生物受损伤致死，需要甘油作为保护剂。甘油的浓度一般为10%～30%。方法如下：配制浓度为50%的甘油溶液，121℃灭菌后备用；制备菌悬液，一般菌悬液的浓度为10^{-10}～10^{-8}个/ml；然后将菌悬液和甘油溶液以等体积混合均匀后，置－20℃保藏。

（2）超低温冷冻保藏法（－80～－70℃）

将菌种保藏在－80～－70℃冰箱中以减缓细胞的生理活动进行冷冻的一种保藏方法。

在最适宜的培养条件下将细胞培养至静止期或成熟期，进行纯度检查后，悬浮于10%～30%的保护剂（甘油）中，混合均匀，分装。微生物培养物浓度以细胞或孢子不少于10^{-10}～10^{-8}个/ml为宜。将安瓿管或塑料冻存管置于－80～－70℃冰箱中保藏。

复苏时从冰箱中取出安瓿管或塑料冻存管，应立即放置38～40℃水浴中快速复苏并适当快速摇动。直到内部结冰全部溶解为止，需50～100s。开启安瓿管或塑料冻存管，将内容物移至适宜的培养基上进行培养。

（3）液氮冷冻保藏法

以上介绍的几种菌种保藏方法，在保存过程中菌种都有不同程度的死亡，特别对一些不产孢子的菌体保存效果不够理想。用液氮能长期保存菌种。这是因为液氮的温度可达－196℃，远远低于微生物新陈代谢作用停止的温度（－130℃），此时菌种的代谢活动已停止，退化变异等现象也随之消失。用液氮保存微生物菌种已获得满意的结果。

液氮超低温保藏法简便易行，其要点是取合适的培养物，用保护剂（10%～30%的甘油或二甲基亚砜）制成孢子悬液或菌悬液，浓度以大于10^{-8}个/ml为宜。将此悬液注入无菌的安瓿管或聚丙烯小管内（一般每管装量为0.2～1ml），密封。采用专用冷冻温度控制仪以每分钟降低1℃的速度，从0℃降至－35℃，然后放入液氮中（液相或气相均可，前者－196℃，后者－150℃）。把微生物从常温过渡到低温是液氮法的关键，这样在细胞接触低温前，使细胞内自由水通过膜渗出而不使其遇冷形成冰晶而伤害细胞。保藏的菌种如需用时，将安瓿管由液氮中取出，立即置于38～40℃温水浴中迅速解冻，当升温至0℃时即可打开安瓿管，将菌种移到适宜的培养基斜面上培养。

液氮超低温保藏法是近几年才发展起来的，此法国外已较普遍采用，国内已有部分单位采用。它能用微生物的多种培养材料进行保藏，不论孢子或菌丝体、液体培养或固体培养、菌落或斜面均可，是目前适用范围最广，也是最可靠的一种长期保存菌种的方法。但液氮保藏法在实际应用中尚存在一些问题，如需要经常补充液氮，保藏菌种的管理费用高，菌种的取出也不如冻干管方便。

8）寄主保藏法

此法适用于专性活细胞寄生微生物（如病毒、立克次氏体、螺旋体等）。它们只能寄生在活的动植物或其他微生物体内，故可针对宿主细胞的特性进行保存。例如，植物病毒可用植物幼叶的汁液与病毒混合，冷冻或干燥保存。噬菌体可以经过细菌培养扩大后，与培养基混合直接保存。动物病毒可直接用病毒感染适宜的脏器或体液，然后分装于试管中密封，低温保存。

9）基因工程菌保藏法

携带外源基因的重组质粒通常是不稳定的，容易丢失。一般情况，细胞丢失了质粒，生长会加快。基因工程菌的保藏是利用在抗性培养基中只有含重组质粒的细胞才能生长的原理，将其保藏在含一定浓度选择剂的培养基中。

由于微生物的多样性，不同的微生物往往对不同的保藏方法有不同的适应性，迄今为止尚没有一种方法能被证明对所有的微生物均适宜。因此，在具体选择保藏方法时必须对被保藏菌株的特性、保藏物的使用特点及现有条件等进行综合考虑。对于一些比较重要的微生物菌株，则要尽可能多的采用各种不同的手段进行保藏，以免因某种方法的失败而导致菌种的丧失。

在上述的菌种保藏方法中，以低温保藏法、定期移植保藏法、矿物油保藏法、宿主保藏法最为简便，沙土管保藏法、自然基质保藏法、普通冷冻保藏法和超低温冷冻保藏法次之；以液氮冷冻保藏法和真空冷冻干燥保藏法最为复杂，但其保藏效果最好。应用时，可根据实际需要选用。

在国际著名的美国典型培养物收藏中心（ATCC），仅采用两种最有效的保藏法，即保藏期一般达 5～15 年的冷冻真空干燥保藏法与保藏期一般达 15 年以上的液氮冷冻保藏法，以达到最大限度地减少传代次数，避免菌种变异和衰退的目的。我国菌种保藏多采用 3 种方法，即定期移植保藏法、液氮冷冻保藏法和真空冷冻干燥保藏法。

3.6.1.4　菌种保藏的注意事项

（1）在整个保存处理过程中要防止杂菌污染，并一定要做无菌检查。

（2）保藏所用的菌种要在新鲜的斜面上生长丰满，生长时间不宜过长。

（3）保藏过程中要防止菌种退化现象的发生，及时采用有效方法复壮，传代次数过多容易退化。

3.6.2　菌种的复壮

3.6.2.1　菌种退化的原因

所谓菌种退化，主要指生产菌种或选育过程中筛选出来的优良菌株，由于进行移接传代或保藏之后，群体中某些生理特征和形态特征逐渐减退或完全丧失的现象。集中表现在目的代谢产物合成能力降低，产量下降，有的是发酵力和糖化力降低。以生长代谢来说，孢子数量减少或变得更多、部分菌落变小或变得更大、生长能力更弱、生长速度变慢，或者恰好相反。

导致菌种退化的原因是基因突变和连续移代。退化不是突然发生的，而是从量变到质变的逐步演变过程。开始时，在群体细胞中仅出现产量下降的个别突变细胞，不会使群体菌株性能明显改变。经过连续传代、负变细胞达到一定数量，在群体中占了优势，从整体菌株上反映产量下降及其相关的一些特性发生了变化，表型上便出现了退化。

防止菌种退化的措施一般有控制传代次数、创造良好的培养条件、利用不同类型的细胞进行移种传代、采用有效的菌种保藏方法。

3.6.2.2　菌种复壮的主要方法

狭义的复壮是指在菌种已发生退化的情况下，通过纯化分离和测定生产性能等方法，从退化的群体中找出少数尚未衰退的个体，进一步繁殖，以达到恢复该菌种原有典型性状的一种措施，它是一种消极的措施。广义的复壮是指在菌种的生产性能尚未退化前就经常有意识地进行纯种分离与生产性能的测定工作，以保持菌种稳定的生产性状，甚至使其逐步有所提高，它是一种积极的措施。

由于菌种衰退包括菌种遗传特性的改变和菌种生理状况的改变这两个根本原因，衰退菌种的复壮也应该考虑这两个原因。一般衰退菌种的复壮措施如下。

1）纯种分离

通过纯种分离，可以把退化菌种的细胞群体中一部分仍保持原有典型性状的单细胞分离出来，经过扩大培养，就可恢复原菌株的典型性状。常用的分离纯化方法很多，一类较粗放，一般只能达到“菌落纯”的水平，即从种的水平来说是纯的，如平板表面涂布法、琼脂培养基倾注法、平板划线分离法；另一类是较精细的单细胞或单孢子分离方法，它可以达到细胞纯，即“菌株纯”的水平，如用“分离小室”进行单细胞分离、用显微操纵器进行单细胞分离、用菌丝尖端切割法进行单细胞分离。

2）淘汰衰退的个体

淘汰已衰退的个体。如将芽孢产生菌经高温（80℃）处理，则不产芽孢的个体被淘汰；经低温处理（−10～30℃、5～7d），其死亡率达到80%，在抗低温的存活个体中，留下了未衰退的健壮个体，从而达到了复壮的目的。

3）选择合适的培养条件

一般来说将保藏后的菌种接种在保藏前所用的同一培养基上，有利于菌种原有性状的恢复。但菌种经过多次传代培养或保藏后，其生理状态可能发生较大的变化，特别是可能出现某些生长因子的缺乏。而菌种分离培养基和菌种斜面培养基的营养成分相对贫乏，在这样的培养基上连续传代很可能导致菌种群体的生理特性衰退。所以，可通过改变培养基配方、选择合适的培养条件的方法来使菌种复壮。

4）宿主体内复壮法

对于寄生性微生物的退化菌株，可通过接种至相应的昆虫等动、植物宿主体内的措施来提高它们的活性，即通过宿主体内生长进行复壮。

3.6.3 菌种保藏机构和分工

菌种保藏可按微生物各分支学科的专业性质分为普通、工业、农业、医学、兽医、抗生素等保藏管理中心。此外，也可按微生物类群进行分工，如沙门菌、弧菌、根瘤菌、乳酸杆菌、放线菌、酵母菌、丝状真菌、藻类等保藏中心。

目前，世界上约有550个菌种保藏机构。其中著名的如下所示。

(1) 美国典型菌种保藏中心（ATCC，马里兰）。1925年建立，是世界上最大的、保存微生物种类和数量最多的机构，保存病毒、衣原体、细菌、放线菌、酵母菌、真菌、藻类、原生动物等约29 000株，都是典型株。

(2) 荷兰真菌菌种保藏中心（CBS，得福特）。1904年建立，保存酵母菌、丝状真菌约8400种，18 000株，大多是模式株。

(3) 英国全国菌种保藏中心（NCTC，伦敦）。保存医用和兽医用病原微生物约2740株。

(4) 英联邦真菌研究所（CMI，萨里郡）。保存真菌模式株、生理生化和有机合成等菌种2763种，8000株。

(5) 日本大阪发酵研究所（IFO，大阪）。保存普通和工业微生物菌种约9000株。

(6) 美国农业部北方利用研究开发部［北方地区研究室（NRRL），伊利诺伊州皮契里亚]。收藏农业、工业、微生物分类学所涉及的菌种，包括细菌 5000 株，丝状真菌 1700 株，酵母菌 6000 株。

1970 年 8 月在墨西哥举行的第 10 届国际微生物学代表大会上成立了世界菌种保藏联合会（WFCC），同时确定澳大利亚昆士兰大学微生物系为世界资料中心。这个中心用电子计算机储存全世界各菌种保藏机构的有关情报和资料，1972 年出版《世界菌种保藏名录》。

我国于 1979 年成立了中国微生物菌种保藏管理委员会（CCCCM，北京）。下设如下所示的 6 个菌种保藏管理中心。

（1）普通微生物菌种保藏管理中心（CGMCC）。中国科学院微生物研究所，北京（AS）：真菌，细菌。中国科学院武汉病毒研究所，武汉（AS-IV）：病毒。

（2）农业微生物菌种保藏管理中心（ACCC）。中国农业科学院土壤肥料研究所，北京（ISF）。

（3）工业微生物菌种保藏管理中心（CICC）。轻工业部食品发酵工业科学研究所，北京（IFFI）。

（4）医学微生物菌种保藏管理中心（CMCC）。中国医学科学院皮肤病研究所，南京（ID）：真菌。卫生部药品生物制品检定所，北京（NICPBP）：细菌。中国医学科学院病毒研究所，北京：病毒。

（5）抗生素菌种保藏管理中心（CACC）。中国医学科学院抗生素研究所，北京（IA）。四川抗生素工业研究所，成都（STA）：新抗生素菌种。华北制药厂抗生素研究所，石家庄（IANP）：生产用抗生素菌种。

（6）兽医微生物菌种保藏管理中心（CVCC）。农业部兽医药品监察所，北京。

本章小结

菌种选育的目的是通过一定的方法，改良菌种的特性，使其符合目的要求，所以，在本章的学习过程中，要注重：①掌握菌种自然选育的一般方法和步骤，诱变育种的一般方法和步骤，杂交育种的一般方法和步骤，菌种保藏的一般方法和步骤；②熟悉菌种选育的基本原理，DNA 重组技术；③了解菌种选育方法的发展动态，工业微生物育种的特点。通过这些方法获得新的变种或杂种，满足生产和科研等方面的要求，这是当前菌种选育的基本内容。

复习题

1. 名词解释：自然选育、随机筛选、理性化筛选、目的筛选、杂交育种、原生质体融合。
2. 菌种选育的含义、基本原理及主要方法有哪些？
3. 自然选育有哪些不足，为什么？
4. 初筛和复筛的要求有什么不同？复筛的目的是什么？
5. 简述诱变育种的一般步骤。
6. 如何进行诱变因子的分类、有效因子的判别？
7. 菌种退化变异的原因是什么？
8. 如何筛选抗性菌株？
9. 简述常见的几种突变株的筛选。
10. 如何选择出发菌株和诱变剂？

11. 如何进行营养缺陷型菌株的筛选？
12. 微生物杂交的基本程序是怎样的？杂交育种常用的遗传标记有哪些？
13. 简述原生质体融合的一般步骤。
14. 抗噬菌体菌株的选育的方法有哪些？
15. 什么是代谢调节控制育种？其常用方法有哪些？
16. 试述原生质体融合育种的优点及其育种过程和操作要点。
17. 菌种保藏的原理是什么？
18. 如何防止菌种退化？
19. 常用的工业微生物菌种保藏技术有哪些？

主要参考文献

岑沛霖，蔡谨. 2008. 工业微生物学. 北京：化学工业出版社

江宁. 2008. 微生物生物技术. 北京：化学工业出版社

金志华，林建平，梅乐和. 2006. 工业微生物遗传育种学原理与应用. 北京：化学工业出版社

刘仲敏，林兴兵，杨生玉. 2004. 现代应用生物技术. 北京：化学工业出版社

施巧琴，吴淞刚. 2003. 工业微生物育种学. 北京：科学出版社

吴剑波. 2002. 微生物制药. 北京：化学工业出版社

吴淞刚. 2004. 微生物工程. 北京：科学出版社

余龙江. 2006. 发酵工程原理与技术应用. 北京：化学工业出版社

俞俊棠，唐孝宣，邬行彦，等. 2003. 新编生物工艺学（上册）. 北京：化学工业出版社

俞俊棠，唐孝宣，邬行彦，等. 2003. 新编生物工艺学（下册）. 北京：化学工业出版社

诸葛健. 2006. 工业微生物育种学. 北京：化学工业出版社

Ahuja S. 2000. Handbook of Bioseparations. San Diego：Academic Press

Asenjo J A. 1990. Separation Processes in Biotechnology. New York：Marcel Dekker

Betina V. 1994. Bioactive secondary metabolites of microorganisms in industry microbiology. Elsevier Amsterdam，30：66

Demodena J A，Gutiérrez S，Velasco J，et al. 1993. The production of cephalosporin C by Acremonium chrysogenum is improved by the intracellular expression of a bacterial hemoglobin. Bio/Technology，11 (8)：926～929

Dennison C. 1999. A Guide to Protein Isolation. Dordrecht：Kluwer Academic Publishers

Hitzmann B，Marose S，Lindeman C，et al. 1998 //Yoshida T，Shioya S. Proceeding of the 7th International Conference on Computer Application in Biotechnology，Osaka. Oxford：Elsevier Science：231

Neidhardt F C，Ingraham J L，Schaechter，M. 1990. Physiology of the Bacterial Cell：A Molecular Approach. Sunderland，M. A.：Sinauer Associate Inc

Randolph T W，Marison I W，Martens D E，et al. 1990. Calorimetric control of fed-batch fermentations. Biotechnol Bioeng，36：678～684

Shu C H，Yang S T. 1990. Effects of temperature on cell growth and xanthan production in batch cultures of *Xanthomonas campestris*. Biotechnol Bioeng，35 (5)：454～468

第4章 微生物代谢调节

内容提要：微生物细胞内各种代谢反应错综复杂，并具有比任何其他生物更为明显的自我代谢调节机能，使其保持各种代谢物浓度的相对稳定和整个代谢过程的动态平衡。微生物细胞的代谢调节方式很多，其中酶的调节是代谢最本质的调节，主要包括酶合成和酶活性两方面的调节，两者往往密切配合和协调，以达到最佳的调节效果。

微生物的代谢调节机制是通过自然选择而逐步完善的。它的高度严密的自我调节能力使中间产物或终产物不能过量积累也不能排出体外。为了使微生物大量积累中间代谢产物或终产物，则需解除或绕过微生物正常代谢途径，人为地控制微生物的代谢，使有用产物选择性的大量合成和累积。代谢控制育种和发酵过程的代谢控制培养是实现这一目标的两个手段，而代谢控制育种则为主要支柱技术。

近年来，随着基因工程的长足发展，使得利用基因工程改变代谢流，扩展和构建新的代谢途径，或通过关联酶将两个代谢途径连接形成新的代谢流的研究取得了令人瞩目的成绩，所以将这种涉及多个基因的基因工程称为代谢工程或途径工程。

4.1 微生物的代谢类型和自我调节

4.1.1 微生物的代谢类型

生物体的生长繁殖主要依靠新陈代谢即分解代谢和合成代谢来完成的。分解代谢是指生物体将各种营养物质和细胞物质降解成简单的产物，即由大分子物质降解成小分子物质并产生能量的过程。包括各种中心途径如三羧酸循环（TCA）、糖酵解途径（EMP）和戊糖磷酸途径（HMP），以及外周途径（指其他碳源、氮源物质通过分解后进入中心途径）。合成代谢是指将分解代谢所提供的能量和中间体或从环境中所吸收的小分子物质合成大分子物质的过程，如合成氨基酸、核酸等单体。分解代谢为合成代谢提供原料和能量，而合成代谢又为分解代谢提供物质基础，两者相辅相成、协调统一，在生物体内偶联着进行，使生命繁衍不息。

通常微生物细胞内具有一整套可塑性极强和极精确的代谢调节系统，使微生物的代谢速度和方向按照微生物的需要而改变。概括来说，微生物细胞的代谢调节机制有三种类型即酶活性调节、酶合成调节和通过细胞膜通透性来进行调节。

4.1.2 微生物自我调节的部位

许多化合物代谢的部位是受到控制的，微生物自我调节主要通过细胞透性的调节、代谢途径的通量扩展、限制基质的有形接近等几个方面来实现的。

4.1.2.1 细胞透性的调节

细胞质膜是养分吸收与分泌的通道。大多数亲水性分子难以透过细胞膜，某些基质的输入需要借助一些负责运输的酶系统，如透性酶，有些运输反应还需要能量。通过对透性酶本身的合成控制及ATP的供应，可以调节基质的输入。

4.1.2.2 代谢途径的通量扩展

微生物通过调节酶分子的数量及其活性来控制代谢物的流量。酶活性的调节可通过小分子化合物的激活或抑制作用调节酶反应速率，从而有效地控制各种代谢过程；调节现有酶的量可通过增加或减少途径中有关酶的合成或降解速率实现。

4.1.2.3 限制基质的有形接近

细胞具有复杂的膜结构，使其代谢活动只能在特定的部位上进行，即代谢活动是区域化的，其实质是控制酶与底物接触，使各个反应有序地进行。这种通过控制酶与底物的相对位置来控制代谢途径活性的方式被称作代谢通道控制作用。例如，在链孢菌属中发现有两个动力学性质不同的精氨酸库，一个在细胞质中，另一个在液泡中，这两处的参与精氨酸代谢的酶量有很大的差别。

微生物自我调节的三个部位实际上也就是微生物代谢调节的三种主要方式，这三种方式都涉及酶促反应调节。酶促反应调节的方式包括酶活性调节和酶合成调节两大类。

4.2 酶活性调节

通过改变酶分子的活性来调节代谢速率的调节方式称为酶活性的调节，这种调节方式迅速、及时、有效，是发生在蛋白质水平上的调节，包括酶的激活和抑制两个方面。酶的激活作用是指在某个酶促反应系统中，加入某种低分子质量的物质，使原来无活性的酶变成有活性，或使原来活性低的酶提高了活性的现象。酶的抑制作用和激活作用相反，是指由于某些物质的存在，降低酶活性。这种能引起酶的活力提高（或获得）或降低（或丧失）的物质称为酶的激活剂或抑制剂。它们可以是外源物质，也可以是机体自身代谢过程中产生与积累的代谢产物。

4.2.1 酶的激活作用与抑制作用

酶的激活作用和抑制作用是机体内存在的两个矛盾着的过程，并且普遍存在于微生物的代谢中。例如，天冬氨酸转氨甲酰酶（ATCase）催化嘧啶生物合成途径中的第一个反应（图 4-1），它的活力受到该途径的终产物胞苷三磷酸（CTP）的抑制。ATP 是 ATCase 的第二个效应物，它活化 ATCase，得以协调嘌呤和嘧啶的合成。

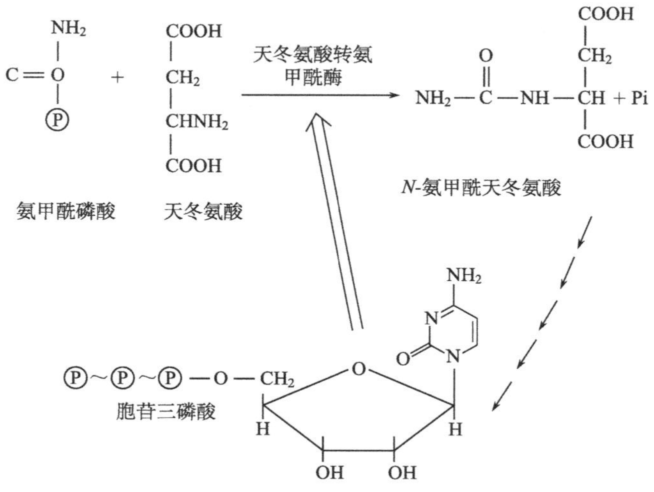

图 4-1 嘧啶生物合成的限速酶调节方式（俞俊棠等，2003）

又如，在大肠杆菌的代谢过程中，许多酶都有激活剂与抑制剂（表 4-1），在它们的共同作用下，糖的代谢能有效地受到控制。

表 4-1　大肠杆菌糖代谢过程中酶的激活剂与抑制剂

酶	抑制剂	激活剂	催化的反应
ADP-葡萄糖焦磷酸化酶	AMP	3-磷酸甘油醛、PEP、二磷酸果糖	1-磷酸葡萄糖＋ATP ⟶ ADP-葡萄糖＋PPi
果糖二磷酸酶	AMP		果糖二磷酸＋H_2O ⟶ 6-磷酸果糖＋Pi
磷酸果糖激酶	PEP	ADP、GDP	6-磷酸果糖＋ATP ⟶ 1，6-磷酸果糖＋ADP
丙酮酸激酶		二磷酸果糖	PEP ⟶ 丙酮酸
丙酮酸脱氢酶	NADH、乙酰 CoA	PEP、AMP、GDP	丙酮酸＋CoA ⟶ 乙酰 CoA＋CO_2
PEP 羧化酶	天冬氨酸、苹果酸	乙酰 CoA、GDP、GTP 二磷酸果糖	PEP＋CO_2 ⟶ 草酰乙酸
柠檬酸脱氢酶	NADH、酮戊二酸	Mg^{2+} 和 ATP	草酰乙酸＋乙酰 CoA ⟶ 柠檬酸
苹果酸脱氢酶	NaOH	磷酸盐、Mg^{2+}、Zn^{2+}	苹果酸→草酰乙酸

4.2.2　酶活性调节的机制

酶活性调节的机制研究得最为清楚的是酶的变构理论和酶分子的化学修饰调节理论。前者是通过酶分子空间构型上的变化来引起酶活性的改变，后者则是通过酶分子本身化学组成上的改变来引起酶活性的变化。

4.2.2.1　变构调节理论

变构调节理论是在变构酶的基础上提出来的。酶的变构调节是指一些小分子物质能够与酶的调节部位或亚基以非共价键形式结合，使酶的构象发生改变，使酶的活性增强或减弱，从而调控代谢反应，这种现象称为变构调节现象，这种受调节的酶称为变构酶，如前所述的 ATCase。

一般受反馈抑制的调节酶都是变构酶，它们往往是代谢网络中分支途径的第一个酶，其在代谢调节中起着重要作用。一般变构酶是具有多亚基四级结构的蛋白质。它们的亚单位除了有活性中心（也称催化部位或活性部位）外，还有调节部位（或称变构中心）。调节部位与某些化合物（变构剂）以非共价键特异结合，可以改变酶分子的构象，从而改变酶活性，这种改变或是增强酶的催化活力（激活），或是降低酶的催化活力（抑制）。在变构调节中，由于变构酶的氨基酸序列没有改变，仅仅是其三级或四级结构改变，因此变构调节是一种非常灵活、迅速的调节方式。

4.2.2.2　共价修饰调节理论

共价修饰是指通过化学基团的引入或除去，使其活性发生改变的酶称为共价调节酶。蛋白质共价结构发生改变，从而改变酶学性质，又被称为分子的化学修饰。由共价修饰引起酶活性共价调节酶所发生的共价修饰有多种形式，如磷酸化、甲基化、乙酰化等，其中以磷酸化修饰为最多见。

例如，大肠杆菌和鼠伤寒沙门菌的依赖 $NADP^+$ 的异柠檬酸脱氢酶（ID）受到磷酸化和脱磷酸化作用的调节；还有大肠杆菌及其他微生物中的受腺苷酰化和脱腺苷酰基作用的共价调节的谷氨酰胺合成酶（GlnS）（图 4-2），即通过共价修饰实现对 GlnS 调节的机制。

共价修饰作用可分为可逆的共价修饰和不可逆的共价修饰。上述两个实例就是酶的可逆共价修饰作用，即细胞中有些酶以活性形式和非活性形式存在，并且可通过共价修饰而互相转换。

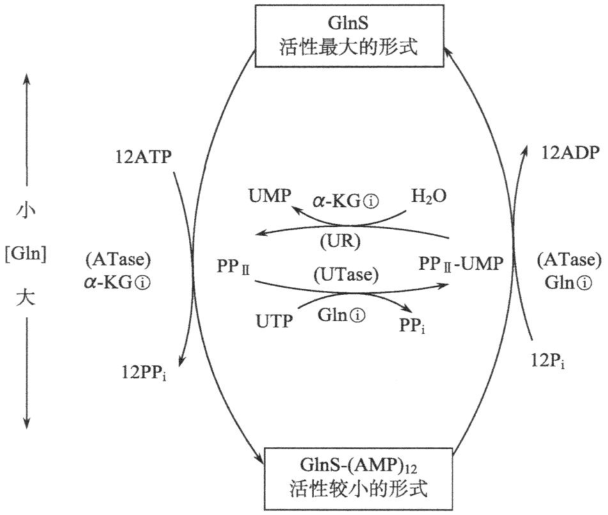

图 4-2　通过共价修饰对 GlnS 调节的机制（张星元，2011）

ATase-腺苷酰基转移酶；UTase-尿苷酰基转移酶；UR-脱尿苷酰基酶；α-KG①和 Gln①分别表示 α-KG 和 Gln 对酶的抑制作用；$PP_{Ⅱ}$-调节蛋白

不可逆共价修饰其典型的例子是酶原激活，即当功能需要时，无活性的酶原被相应的蛋白酶作用切去一小段肽链而活化，且酶原变为酶是不可逆的，一旦这些生成的蛋白酶完成它们的使命，便被降解而不再恢复为酶原。这种酶活性的关闭作用是极其重要的。胰蛋白酶原转变成胰蛋白酶的过程就是这种共价结构不可逆改变的例子，李友荣提供了不可逆的酶原活化方式（图 4-3）。

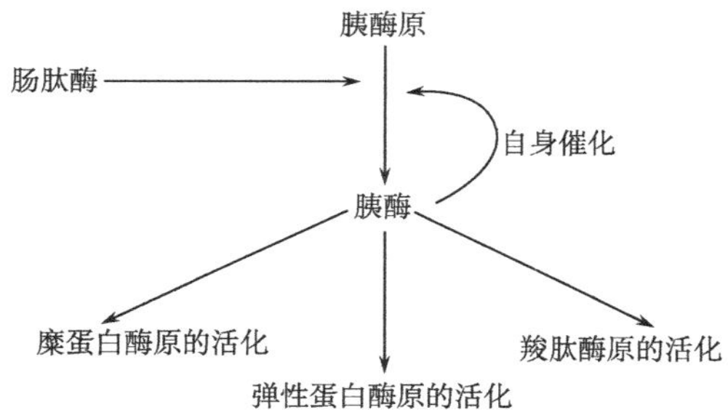

图 4-3　不可逆的酶原活化方式

4.2.2.3　其他调节方式

①缔合与解离，能进行这种转变的蛋白质由多个亚基组成，蛋白质的活化与钝化是通过组成它的亚单位的缔合与解离实现的。这类互相转变有时是由共价修饰或由若干配基的缔合启动的。②竞争性抑制，有些蛋白质的生物活性受代谢物质的竞争性抑制。例如，需要氧化型 NAD^+ 的反应可能受到还原型 NADH 的竞争性抑制；需 ATP 的反应可能受 ADP 或 AMP 的竞争性抑制；有些酶受反应过程中形成的产物的竞争性抑制。

4.3　酶合成调节

酶合成的调节是一种通过酶合成的量来控制微生物代谢速率的调节机制。与酶活性调节相比，酶合成调节则相对间接且缓慢，通过阻止酶的过量合成，有利于节约生物合成的原料和能量。在正常代谢途径中，两种调节方式同时存在，并能迅速、准确、有效地控制代谢过程。

在微生物中，酶合成的调节包括诱导和阻遏两种类型。诱导作用指在某种化合物（包括外加的和内源性的积累）作用下，导致某种酶合成或合成速率提高的现象。阻遏作用指在某种化合物作用下，导致某种酶合成停止或合成速率降低的现象。这两种现象同时存在，通过它们的协调作用能够有效地控制细胞内酶合成量的变化。

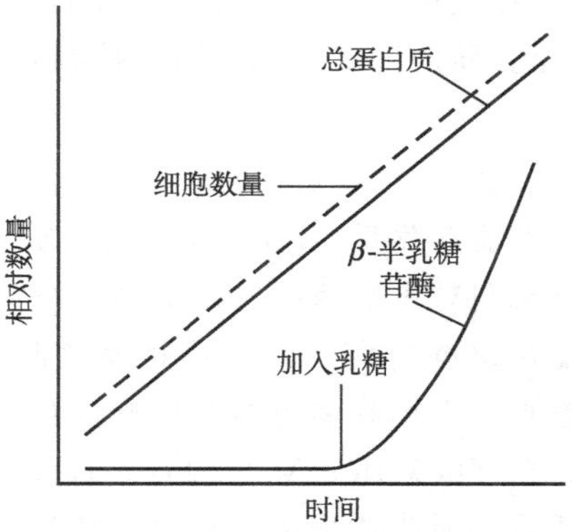

图 4-4 培养基中加入乳糖诱导 β-半乳糖苷酶的合成（杨生玉等，2007）

4.3.1 酶合成的诱导作用

根据酶的合成与环境影响的不同关系，可将酶分为两大类，即组成酶和诱导酶。组成酶为细胞固有的酶，它们的合成与环境无关，且其含量相对稳定。一般来说保持机体基本能源供给的酶是组成酶，如分解葡萄糖的糖酵解和三羧酸循环中的有关酶类。诱导酶是依赖于某种底物或底物类似物诱导而合成的酶（图 4-4）。

延伸阅读

早期诱导酶被称为“适应酶”，因为只有加入相应的底物才产生相应的酶，因此可以认为微生物是为了适应环境而生成了相应的酶类。但是在深入研究大肠杆菌的 β-半乳糖苷酶的适应过程中，发现了一些与酶的底物结构类似的物质，如硫代甲基半乳糖苷（TMG）和异丙基-β-D-硫代半乳糖苷（IPTG），可以和乳糖一样诱导 β-半乳糖苷酶的生成。而另一些可作为此酶底物却不能诱使 β-半乳糖苷酶产生，因此把适应酶改为诱导酶更为确切。大多数分解代谢酶类是诱导合成的。

4.3.2 酶合成的阻遏

在微生物的代谢过程中，当细胞内某种代谢产物积累到一定程度时，微生物的调节体系就会阻止代谢途径中包括关键酶在内的一系列酶的合成，通过这些反馈调节作用降低此产物的合成速率，从而彻底地控制代谢，减少末端产物生成，这种现象称为酶合成的阻遏。阻遏酶合成的物质称为阻遏物。阻遏的生理学功能是节约了生物体内有限的养分和能量。酶合成的阻遏主要有末端代谢产物阻遏和分解代谢产物阻遏两种类型。

4.3.2.1 末端代谢产物阻遏

在酶合成的阻遏中，某代谢途径末端产物的过量累积而引起的阻遏为末端代谢产物阻遏。这种阻遏方式普遍存在于氨基酸、核苷酸和维生素的生物合成途径中。这种现象最初是在大肠杆菌合成甲硫氨酸的途径中被发现的，它的特点是同时阻止合成途径中所有酶的合成。大肠杆菌的甲硫氨酸是由高丝氨酸经胱硫醚和高半胱氨酸合成的，在仅含葡萄糖和无机盐的培养基中，大肠杆菌细胞含有将高丝氨酸转化为甲硫氨酸的三种酶，但当培养基中加入甲硫氨酸时，这三种酶消失。

许多氨基酸合成途径的酶系列的合成不但受该氨基酸本身的调节，而且受其对应的氨酰 tRNA 的调节。前者是反馈阻遏，即氨基酸合成途径的末端产物（与合成途径相对应的氨基酸）作为辅阻物阻碍转录的发动（即转录的开始）；后者为叫做弱化的另一种类型的控制，这种控制涉及与合成途径的末端产物氨基酸相对应的氨酰 tRNA 和转录的中止，即当细胞中存在过量的对应氨酰 tRNA 时，已发动的转录会在操纵子的第一个结构基因被转录之前中止。简而言之，反馈阻遏控制转录的开始，弱化控制转录的中止。

延伸阅读

弱化作用（attenuation）。弱化作用是 Yanofsky 在研究大肠杆菌的色氨酸操纵子的调节机制时发现的一种新的调节机制。当细胞内有色氨酸存在时，可使转录过程未到终点之前，便有 80%～90%的转录停止。由于这种调节方式不是使正在转录的过程全部在中途停止，因此称其为弱化调节。弱化作用可能存在于细菌的所有氨基酸合成途径操纵子中。已在 The、Ile、Val、Trp、Leu、Phe 和 His 等多种氨基酸的合成中发现此种控制。事实证明，弱化作用是微生物对终产物氨基酸水平的轻微变动做出的分级响应。

由于微生物具有末端产物反馈阻遏的调节系统，使得微生物在已合成足够它所需要的物质时，或加入外源的这种物质时，就停止合成有关的酶类。当该物质被消耗利用后（如有氨基酸合成蛋白质），又可以合成这些酶，这就节约了能量和原材料，因此微生物在正常生理状况下不会合成过量的细胞物质。

4.3.2.2　分解代谢产物阻遏

当细胞内同时存在两种可利用底物（碳源或氮源）时，利用快的底物会阻遏与利用慢的底物有关的分解酶的合成。这种现象是在研究微生物对混合碳源利用所表现的二次生长现象的过程中被揭露出来的。首先在枯草杆菌中发现了二次生长现象，后来在大肠杆菌和许多其他物中都观察到了二次生长的现象，而且也不限于葡萄糖和阿拉伯糖。例如，大肠杆菌在含葡萄糖和山梨醇培养基中的二次生长（图 4-5）。

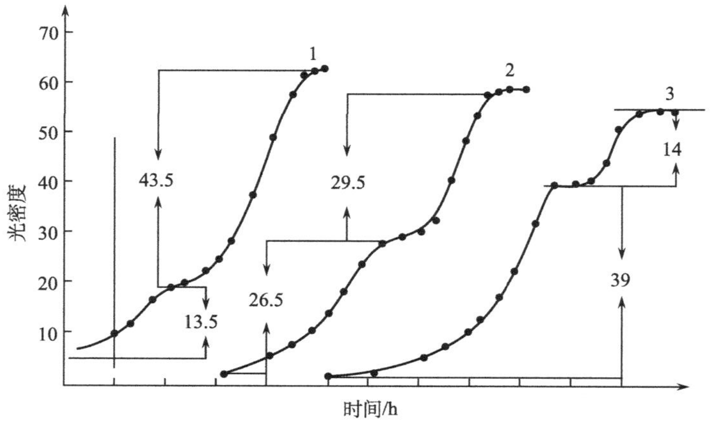

图 4-5　大肠杆菌在含葡萄糖和山梨醇培养基中的二次生长（岑沛霖和蔡谨，2008）

1-葡萄糖 50μg/ml，山梨醇 150μg/ml；2-葡萄糖 100μg/ml，山梨醇 100μg/ml；3-葡萄糖 150μg/ml，山梨醇 50μg/ml

最初以为这种酶的阻遏现象只限于葡萄糖，因而被称为葡萄糖效应。后来发现所有可以迅速利用或代谢的底物（氮源、磷源和硫源等）都能阻遏另一种被缓慢利用底物所需酶的形成，故称为分解代谢产物阻遏（carbon cata-bolite repression，CCR）或营养阻遏（nutritional repression）。这种阻遏并不是由于快速利用底物直接作用的结果，而是由这种底物分解过程中产生的中间代谢物引起的。

4.3.3　酶合成调节的机制

酶的诱导和阻遏以相反方向影响酶的生物合成，它们的作用机制是相似的。1996 年 Jacob-Monod 的操纵子模型较好地解释了酶合成的诱导和阻遏现象。每个操纵子由 3 种基因组成，即 RNA 聚合酶结合位点的启动基因、阻遏物结合部位并控制相邻结构基因功能的操纵基因和可转录为 mRNA 的结构基因。调节基因或在操纵子附近，或在操纵子内部，用于编码组成型调节蛋白。

4.3.3.1　酶的诱导作用的分子机制

大肠杆菌乳糖降解酶的诱导合成是较典型的酶诱导的例子（图 4-6）。在酶的诱导中，调节蛋白就是阻遏物。在没有诱导物时，由调节基因编码的阻遏蛋白与操纵基因结合，阻止 RNA 多聚酶对结构基因的转录，因而诱导途径的酶系没有合成；当有诱导剂时，阻遏物与诱导剂结合并发生变构作用，从操纵基因上脱落下来，这样 RNA 便获得可以进行结构基因转录的信息，诱导酶便被合成。

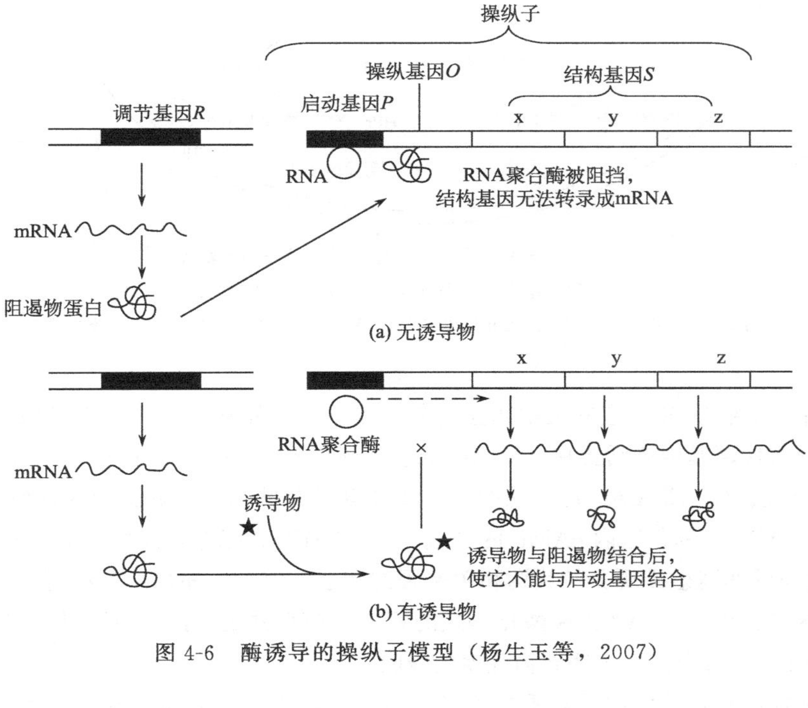

图 4-6　酶诱导的操纵子模型（杨生玉等，2007）

诱导的本质就是解阻遏，即诱导物解除了调节蛋白对操纵基因的阻塞。这种调节有正调节和负调节两种类型，正调节指在有诱导物存在下调节蛋白可转化为转录激活剂，是转录作用所必需的。属正控制的诱导作用的典型例子是阿拉伯糖操纵子（ara 操纵子），它负责大肠杆菌异化 L-阿拉伯糖的酶的合成，另有鼠伤寒沙门菌的组氨酸合成操纵子等。负调节是指调节蛋白阻止转录的进行，调节蛋白在与诱导物结合后即失活，转录开始进行。Jacob-Monod 模型中的诱导作用是一种负控制。

4.3.3.2　分解代谢物阻遏的分子机制

细菌在多种碳源共存的环境中优先利用一种碳源（通常是葡萄糖）的现象被称为分解代谢物阻遏效应（carbon catabolite repression，CCR）。关于 CCR 的产生机制还没有完全解释清楚，至于多数人强调的 cAMP 水平下降与 CCR 的关系目前正在面临挑战，至少已经确认 cAMP 水平下降不是 CCR 产生的主要原因。相对合理的解释可能是，CCR 产生的根本原因不是葡萄糖的存在，而是葡萄糖经 PTS（phosphoenolpyruvate：carbohydrate phosphotransferase system）系统向胞内运输同时偶联磷酸化的过程，其中与 CCR 效应直接相关的是葡萄糖 PTS 系统的关键组分 EⅡA^{Glc}（enzymeⅡA in glucose PTS）（图 4-7）。

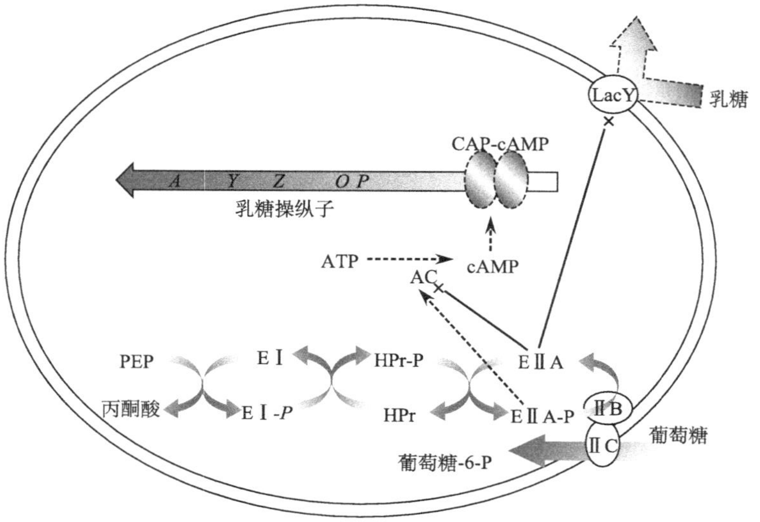

图 4-7 大肠杆菌 PTS 系统与葡萄糖对乳糖操纵子的分解代谢产物阻遏（Deutscher et al，2006）

EⅠ、HPr 和 EⅡ（EⅡA、EⅡB 和 EⅡC）是组成 PTS 转运系统的三类蛋白质

大肠杆菌中介导 CCR 效应的关键调控蛋白为转录激活因子 CRP（cyclic AMP receptor protein），又称分解代谢基因激活蛋白（catabolite gene-activator protein，CAP）。当培养基中不含葡萄糖时，转运蛋白的 EⅡA 结构域（EⅡA^{Glc}）处于磷酸化状态，能够激活腺苷酸环化酶（adenylate cyclase，AC），催化胞内 cAMP 的合成，而 cAMP 在浓度足够高时可与 CRP 结合形成复合体，然后激活非速效碳源分解代谢相关基因的转录；相反，葡萄糖存在时磷酸向葡萄糖的传递导致 PTS 关键组分 EⅡA^{Glc}去磷酸化形式的积累，该形式的 EⅡA^{Glc}可以与质膜上本底表达的乳糖透性酶 LacY 结合，阻止诱导物乳糖的吸收。

分解代谢物阻遏对微生物具有重要意义，微生物细胞在其所处的环境条件下，利用其细胞中已有的酶系首先降解最易利用的生长底物，必要时才会去合成用于降解另一种生长底物的酶系，体现了细胞运作的经济性和自我保障机制。

4.3.3.3 末端代谢物阻遏的分子机制和弱化调节机制

末端代谢物阻遏的机制也可以用操纵子学说解释。阻遏模型与诱导模型不同之处在于，由阻遏酶的调节基因 *R* 编码的阻遏蛋白本身没有与操纵基因 *O* 结合的活性，它必须受辅阻遏物（一般为生物合成途径的末端产物）激活后才可与 *O* 结合，从而阻止 RNA 聚合酶对结构基因的转录。前者是以效应物（阻遏物）的高浓度关闭操纵子，后者以效应物（诱导物）的高浓度打开操纵子。阻遏模型与诱导模型最大的相似之处是效应物（指辅阻遏物）与调节蛋白（阻遏物）的结合是可逆的。

弱化作用，色氨酸合成途径中氨酰 tRNA 的调节是典型的弱化调节。具有弱化控制机制的操纵子模式如图 4-8，它的第一个结构基因 S_1 与启动基因 P、操纵基因 O 之间有一段叫做前导 DNA 的核苷酸序列（leader sequence）或称弱化子（attenuator）。操纵子的转录必须经过前导区，才能进入结构基因区。当细胞内 Trp-tRNA 足够时，弱化子能起转录中止的信号作用；当细胞内 Trp-tRNA 缺时该弱化子就不起中止的信号作用。由此可见，弱化作用不是“全部或没有”的开关式的调节，而仅仅是对氨基酸水平的一种精细调控。

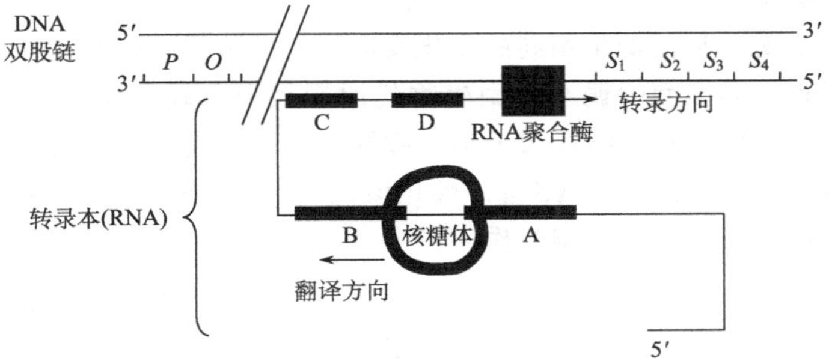

图 4-8　具有弱化控制机制的操纵子及其转录（模式图）（杨生玉等，2007）

色氨酸生物合成途径的调控作用主要有三种方式：阻遏作用、弱化作用及终产物 Trp 对合成酶的反馈抑制作用。其中色氨酸操纵子发挥着关键作用。色氨酸操纵子的阻遏系统对色氨酸来说是一个一级开关，即第一调控系统，它主管转录的启动与否。色氨酸操纵子的第二转录水平控制是色氨酸操纵子的弱化系统，是细菌辅助阻遏作用的一种精细调控，这个精细调控决定着已启动的转录是否能继续进行下去，并由色氨酸的浓度来调节这种过早终止的频率。

酶的诱导、分解代谢物阻遏和末端代谢物阻遏可以同时出现在同一微生物体内。这样，当某些底物存在时微生物体内就会合成诱导酶；几种底物同时存在时，优先利用能被快速或容易代谢的底物，而与代谢较慢的底物有关的酶的合成将被阻遏；当末端代谢物能满足微生物生长需要时，与代谢有关酶的合成又被中止。

操纵子学说是从原核微生物代谢调节的研究中建立起来的，对于真核微生物，情况更复杂。酶合成的调节除可发生在上述的转录水平外，也可能发生在翻译水平。

4.4　分支生物合成途径的调节

在微生物正常代谢过程中，各种调节控制协调而高效地参与到代谢活动中，使代谢产物不会过量积累。微生物代谢途径的调节方式是多种多样的，主要是酶活性调节与酶量调节，还有两者之间共同协调对代谢进行调节，如酶活性调节与酶量调节的配合，终产物反馈调节中反馈阻遏与反馈抑制的配合，酶的激活与抑制的配合等。

微生物代谢途径调节中，存在着直链式或不分支代谢途径即只有一个终端的途径，其代谢调节也比较简单，主要通过末端产物浓度变化，对该生物合成途径中的关键酶进行反馈调节（图 4-9）。

许多生物合成途径具有两种以上末端产物，其相应的调控体系也较为复杂。这些控制主要是通过末端产物浓度变化，对该生物合成途径中的关键酶进行反馈调节。末端产物的反馈阻遏一般是阻止该途径中所有酶的合成，而末端产物抑制往往是抑制该途径第一个酶的活性。

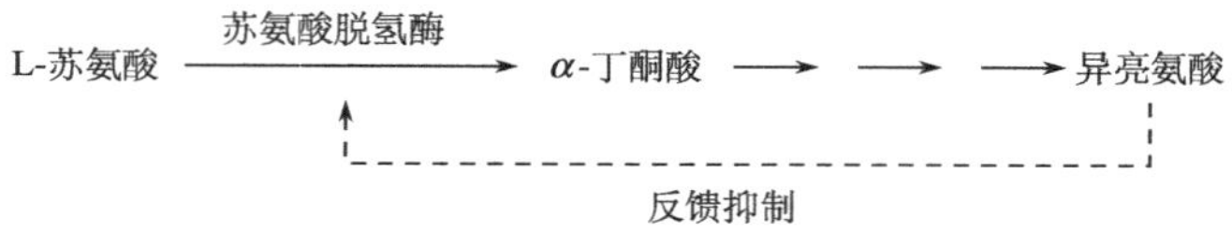

图 4-9 直链代谢途径中的反馈抑制（陈必链，2010）

4.4.1 同工酶调节

同工酶又称同功酶，是指催化相同的生化反应，但酶蛋白结构有差异，而且控制特征也不同的一组酶的通称。同工酶的调节是微生物代谢途径中比较普遍存在的调节方式［图 4-10（a）］，比较典型的例子是大肠杆菌天冬氨酸族氨基酸合成代谢中的调控，大肠杆菌有三个天冬氨酸激酶（AKⅠ、AKⅡ、AKⅢ）催化该途径的头一个反应，这三种同工酶分别受苏氨酸、赖氨酸、甲硫氨酸的反馈调节作用。

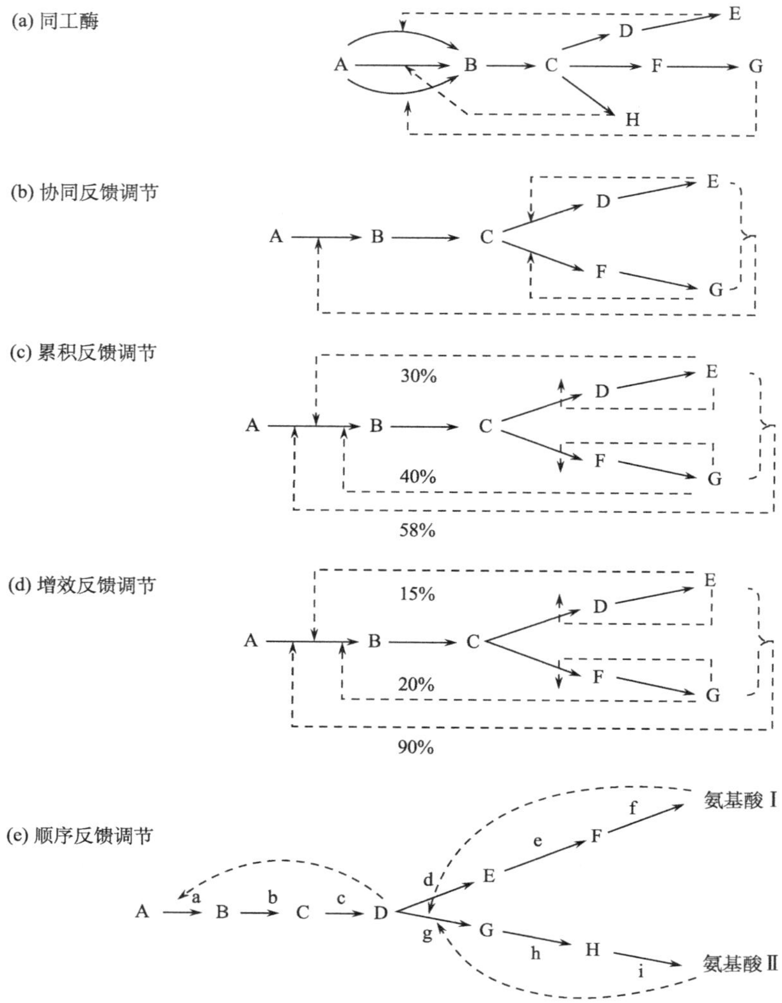

图 4-10 分支途径的反馈调节方式（熊宗贵，2000；储炬，2002）

a～i 代表催化各步反应的酶

4.4.2　协同反馈调节

分支途径中两个或两个以上的终产物单独存在时不能反馈调节共同途径中的第一个酶，只有几个终产物同时过量存在时，才能反馈调节此酶［图 4-10（b）］。例如，在谷氨酸棒杆菌合成苏氨酸与赖氨酸的控制中，天冬氨酸激酶受到终产物苏氨酸和赖氨酸的协同反馈抑制，当这两种终产物单独过量时则无抑制作用；在大肠杆菌的天冬氨基酸合成途径中，除了同工酶调节之外，还发现有协同反馈调节方式，即当胞内苏氨酸与赖氨酸同时积累，才能抑制天冬氨酸激酶的合成。

4.4.3　累积反馈调节

每个分支代谢途径的末端产物都独立于其他末端产物，以一定百分比控制该途径第一个共同的酶所催化的反应。各末端产物之间既无协同效应也无拮抗作用，它们对酶反应的抑制是累积的，只有当几种末端产物同时过量时，才使酶活力完全受到抑制，并且抑制的总百分数等于各单独抑制的百分数之和［图 4-10（c）］。累积反馈抑制最早在大肠杆菌的谷氨酰胺合成酶（GS）调节中发现，谷氨酰胺合成酶受 8 种末端产物的反馈抑制，但只有这 8 种末端产物联合才能有最强的抑制作用。

4.4.4　增效反馈调节

又称合作反馈控制，其与协同反馈控制类似，但是该体系中的末端产物都有较弱的独立控制作用。当所有的末端产物同时过剩时，会导致增效的抑制，即其阻遏或抑制程度比这些末端产物各自独立过量时的总和还要大［图 4-10（d）］。如催化嘌呤生物合成的谷氨酰胺磷酸核糖焦磷酸转移酶，该酶分别受 GMP、IMP 等 6-羟基嘌呤核苷酸和 ADP、AMP 等 6-氨基嘌呤核苷酸的反馈抑制，但当它们共同作用时，其抑制效果远大于各自抑制效果之和。

4.4.5　顺序反馈调节

在顺序反馈控制体系中，分支途径中的末端产物控制分支点后面第一个酶，使分支点产物积累，分支点产物又反馈控制共同途径中的第一个酶，最后使整个代谢途径停止［图 4-10（e）］。典型的顺序控制的例子是枯草杆菌芳香族氨基酸生物合成体系的调控。

4.4.6　联合激活或反馈调节

指两个独立不交叉的生物合成途径受一种生物合成的中间产物的控制，且中间产物浓度的变化会影响这两个独立代谢途径的代谢速率，这两个独立代谢途径之间往往就存在激活与抑制的联合调节方式。例如，在大肠杆菌中，精氨酸和嘧啶核苷酸合成途径是各自独立的，但它们有一个共同的中间体——氨甲酰磷酸。催化氨甲酰磷酸合成的酶（氨甲酰磷酸合成酶）可以被嘧啶代谢途径的代谢物尿苷酸（UMP）反馈抑制，又可被精氨酸合成途径的中间体鸟氨酸激活（图 4-11）。氨甲酰磷酸合成酶的活性就是通过精氨酸激活与 UMP 抑制的互相配合，使代谢流处于适当的水平，保证氨甲酰磷酸的含量即满足需要又无过剩。

4.4.7　酶的共价修饰

变构酶的活力是通过效应物分子诱导酶构象的改变来调节的，酶的共价修饰是通过形成或断开共价键导致酶化学组成发生变化来调节酶活力的。例如，大肠杆菌的谷氨酰胺合成酶活力变化就是通过特异的腺苷酸化酶来催化腺苷酰基加到谷氨酰胺合成酶上，或从其上移去来实现的。腺苷酸化的酶谷氨酰胺合成活性非常低。

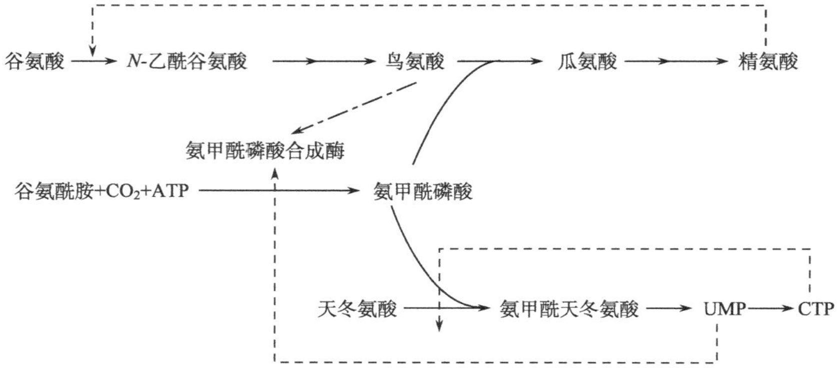

图 4-11 肠道细菌中氨甲酰磷酸合成酶活性的调节（杨生玉等，2007）

--- 抑制；— - — 激活

4.5 能荷调节

能荷（energy charge，EC）指细胞中 ATP、ADP、AMP 系统中可为代谢反应供能的高能磷酸键的量度。其数值为 0～1 能荷计算公式如下

$$
能荷=\frac{[ATP]+1/2[ADP]}{[ATP]+[ADP]+[AMP]}\times 100\%
$$

当腺苷酸库中全部是 AMP 时，能荷为 0；全部是 ADP，能荷为 0.5；全部是 ATP，能荷为 1。一般高能荷抑制补充代谢能的酶系，同时激活消耗 ATP 的酶系，如生物合成酶系；反之低能荷则抑制消耗代谢能的酶系，同时激活形成 ATP 的酶系。依赖能荷对生成 ATP 的反应和消耗 ATP 的反应的调节，微生物可以维持恒定的能量状态，即相对恒定的能荷值。如图 4-12 中，曲线 R 代表 ATP 合成的酶系统，如磷酸果糖激酶、异柠檬酸脱氢酶，柠檬酸合成酶等；曲线 U 代表 ATP 消耗的酶系统，如柠檬酸裂解酶、磷酸核糖焦磷酸合成酶等。在细胞中异柠檬酸脱氢酶和磷酸果糖激酶等分解酶受高能荷的抑制，而丙酮酸羧化酶、乙酰 CoA 羧化酶、天冬氨酸激酶却在同样高能荷下被活化。当能荷在 0.75 以上时，ATP 合成受到抑制，合成 ATP 的酶系活性急速下降，而消耗 ATP 的酶系活性急速上升。两系

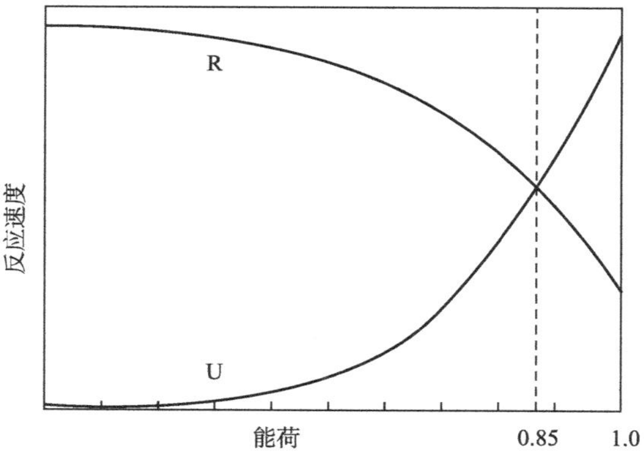

图 4-12 受能荷调节的酶系（杨生玉等，2007）

R 代表 ATP 合成的酶系统；U 代表 ATP 消耗的酶系统

统在大约 0.85 处交叉，表明此时两种酶系达到平衡。这种现象存在于许多类型的细胞和组织中。细胞通过调节腺苷酸的比例来协调发酵代谢与合成代谢的代谢速率。

4.6　代谢调控

微生物在正常代谢过程中通常不会过量积累初级代谢产物。即使在某种条件下过量积累了中间代谢产物，也能被诱导酶转化为次级代谢产物。但在人为控制条件下可以使微生物过量生产各种代谢产物。人为控制代谢、控制微生物发酵途径、提高发酵产率的方法因目的代谢产物不同，所采用的方法和途径也各有差异，归纳起来是控制发酵条件、改变细胞透性和改变微生物遗传特性，目的都在于解除（或加强）微生物的控制机制，但改变微生物遗传特性往往是控制代谢的更有效途径。

4.6.1　发酵条件的控制

发酵条件控制主要包括发酵培养基成分、温度、pH、溶解氧（通气量）等的控制，另外选育出的目的菌株还必须注意防止其发生变异。

4.6.1.1　培养基成分的控制

在发酵培养基中尽量避免使用引起分解代谢阻遏的碳源（或氮源），通常采用适量的速效和迟效碳源、氮源的配比或在后期限量流加葡萄糖的方法，来满足机体生长的需要并避免速效碳源或氮源可能引起的分解代谢物阻遏。例如，嗜热脂肪芽孢杆菌的 α-淀粉酶和荧光假单胞菌纤维素酶的合成分别受果糖和半乳糖的分解阻遏，若分别以甘油和甘露糖作碳源，酶活性可分别增加 25 倍和 1500 倍。青霉素发酵采用葡萄糖和乳糖以适当比例组合的混合碳源进行生产，葡萄糖被快速利用以满足青霉菌生长的需要，葡萄糖耗尽时才利用乳糖并开始合成青霉素。

在发酵过程中加入诱导剂可以有效地增加诱导酶的产量。例如，利用蔗糖单棕榈酸酯代替蔗糖作诱导剂可以使双孢拟内孢霉的转化酶产量提高约 80 倍。另外，在发酵培养基中添加产物的前体物质，绕过反馈阻遏这种方法可提高某些代谢产物的产量。例如，在色氨酸发酵过程中加入作为色氨酸前体的邻氨基苯甲酸，虽然色氨酸的反馈抑制仍然存在，但其合成却可以继续进行。

4.6.1.2　控制发酵条件

同一种微生物在同样的培养基中进行培养时，控制不同的发酵条件就可能获得不同的代谢产物。在谷氨酸发酵中，发酵条件不同，则发酵生成的主要产物也不同（表 4-2）。又如，啤酒酵母在中性和酸性条件下培养，可将葡萄糖氧化生成乙醇和二氧化碳；当在培养基中加入亚硫酸氢钠或在碱性条件下培养时，则并不产生乙醇，而是产生甘油。

表 4-2　发酵条件对谷氨酸产生菌代谢方向的影响

发酵条件	代谢方向
通气	乳酸或琥珀酸 $\underset{\text{不足}}{\overset{\text{适量}}{\rightleftharpoons}}$ 谷氨酸
NH_4^+	α-酮戊二酸 $\underset{\text{不足}}{\overset{\text{适量}}{\rightleftharpoons}}$ 谷氨酸 $\underset{\text{过量}}{\overset{\text{适量}}{\rightleftharpoons}}$ 谷氨酸胺
pH	谷氨酰胺＋N-乙酰谷氨酰胺 $\underset{\text{酸性}}{\overset{\text{中性、弱碱性}}{\rightleftharpoons}}$ 谷氨酸
磷酸	缬氨酸 $\underset{\text{不足}}{\overset{\text{适量}}{\rightleftharpoons}}$ 谷氨酸
生物素	乳酸或琥珀酸 $\underset{\text{过量}}{\overset{\text{亚适量}}{\rightleftharpoons}}$ 谷氨酸

控制不同的发酵条件，实际上是影响微生物自身的代谢调节系统而改变其代谢方向，使之按人们所需要的方向进行，进而达到获得高浓度积累所需要产物的目的。

4.6.2　发酵与分离过程耦合

工业发酵过程中，过量的末端代谢产物会启动菌体的反馈调节机制，从而限制了产量和原料转化率的提高。如果在发酵的同时不断地把部分发酵的终产物分离出去，使发酵体系中末端代谢产物的浓度始终处于较低的水平，就可能解除终产物的反馈调节效应，使菌体内代谢途径始终畅通无阻。与发酵过程耦合的分离手段很多，如膜分离、吸附分离、离子交换分离和萃取等，这些分离装置应该具有分离效率高、抗污染、易于重复使用等特点。

4.6.3　改变细胞透性

采用生理学方法，可以改变细胞膜通透性，可使细胞内代谢产物迅速渗透到细胞外，消除反馈控制，有利于提高发酵产量。控制生物素的含量就可以改变细胞膜的成分，进而改变膜的通透性，影响到代谢产物的分泌。例如，限制培养基中生物素浓度为1～5mg/L，就可以控制细胞膜中脂质的合成，如谷氨酸发酵生产中生物素的浓度控制在亚适量时才能大量分泌谷氨酸。

当培养液中生物素含量较高时，添加适量的青霉素也有提高谷氨酸产量的效果。其原因是青霉素可抑制细菌细胞壁肽聚糖合成中肽链的交联而造成细胞壁缺损，有利于代谢产物渗漏到胞外；另外添加表面活性剂如 Tween 80 或阳离子表面活性剂，将脂类从细胞壁中溶解出来，使细胞壁疏松，通透性增加；控制 Mn^{2+}、Zn^{2+} 的浓度，干扰细胞膜或细胞壁的形成。

4.6.4　菌种遗传特性的改变

改变微生物的遗传型来解除反馈调节，定向选育某种特定的突变型是控制代谢的较有效的途径，如筛选营养缺陷型突变株、抗反馈控制的组成型突变株、抗性突变株等。

4.6.4.1　营养缺陷型和渗漏缺陷型突变株的应用

利用营养缺陷型菌株协助解除代谢反馈调控机制，已经在氨基酸、核苷酸生产中获得应用。例如，赖氨酸的发酵生产即是运用营养缺陷型解除调控的一个实例。以谷氨酸棒杆菌（*Corynebacterium glutamicum*）为出发菌株，筛选获得了高丝氨酸缺陷型菌株，解除了正常的反馈抑制，获得赖氨酸的高产菌株（图 4-13）。发酵过程中需在培养基中补给适量（不构成反馈抑制的浓度）的高丝氨酸或苏氨酸和甲硫氨酸，以保证有足够的新增细胞量，生产大量的赖氨酸。

次级代谢产物青霉素与初级代谢产物赖氨酸是同一分支代谢途径的两个产物（图4-14）。它们的共同前体是 α-氨基己二酸。赖氨酸对合成 α-氨基己二酸的酶有反馈阻遏或抑制作用，当赖氨酸达到一定浓度后，便阻止 α-氨基己二酸的合成，也阻止了青霉素的合成。选育赖氨酸营养缺陷型，就可解除赖氨酸反馈调节，同时也切断了通向赖氨酸的代谢支路，使大量生成的 α-氨基己二酸用于青霉素合成。

渗漏缺陷型突变（leaky mutant）是一种不完全遗传障碍营养缺陷型，是一种酶活性下降的突变，自己能合成微量的某一代谢终产物但达不到反馈调节的浓度，所以不会造成反馈抑制而影响中间代谢产物的积累。与营养缺陷型不同的是不需外源添加所渗漏缺陷的物质。

4.6.4.2　组成型突变株的应用

组成型突变株是指在调节基因或操纵基因上突变引起酶合成诱导机制失灵，菌株不经诱

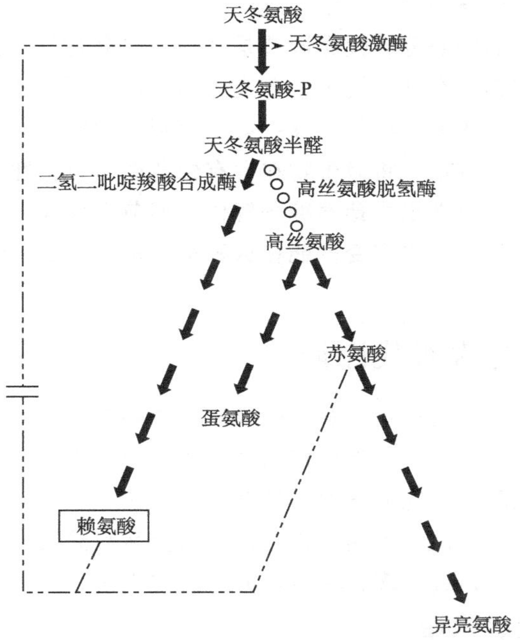

图 4-13　谷氨酸棒杆菌发酵生产赖氨酸（诸葛健，2006）

┤├反馈调节解除；----反馈抑制；○○○○突变株缺少；□过量生产

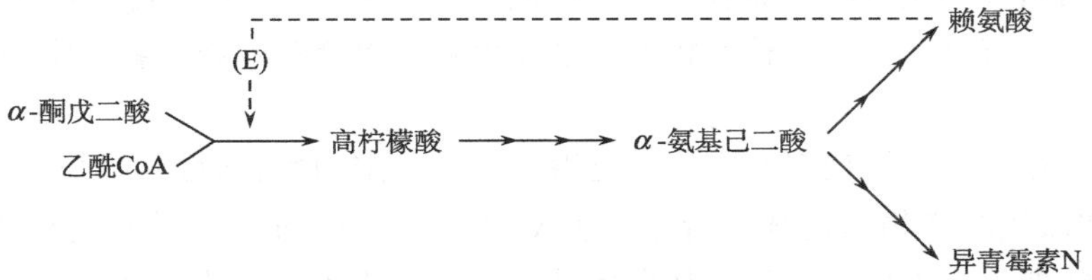

图 4-14　青霉素合成赖氨酸和青霉素中的
反馈抑制（岑沛霖和蔡谨，2008）

导也能合成酶，或不受终产物阻遏的调节突变型。对反馈抑制不敏感或对反馈阻遏有抗性的组成型突变株称为抗反馈突变株。选育组成型突变株的方法，其主要原则是创造一种利于组成型菌株生长而不利于诱导型菌株生长的培养条件，造成对组成型的选择优势及适当的识别两类菌落的方法，从而把组成型突变株选择出来。

常用末端代谢产物结构类似物筛选分离抗反馈突变株，因此又称为抗结构类似物突变株。在恒化培养器中以低浓度的底物诱导剂连续培养细菌，也能选育出组成型突变菌株。用这种方法已选出不需乳糖诱导就大量积累 β-半乳糖苷酶的大肠杆菌；采用在添加或不添加诱导剂的培养基中交替培养的方法，也可以从群体中筛选出抗反馈调节的菌株；利用在培养基中加入抑制诱导酶合成的物质来筛选组成型菌株。例如，以 β-半乳糖苷酶为例，将诱变后的菌种培养在含有抑制物邻硝基-β-D-岩藻糖苷和乳糖的培养基中培养，使组成型菌株被富集。

另外，可从营养缺陷型的回复突变菌株筛选抗反馈突变菌株。例如，谷氨酸棒杆菌的肌苷酸脱氢酶的回复突变株对其终产物鸟苷酸的反馈调节不敏感，从而提高了鸟苷酸的产量。

4.6.4.3 抗分解阻遏突变体的应用

抗生素生产中最常见的碳源分解代谢调节是“葡萄糖效应”，葡萄糖被快速分解代谢过程中所积累的分解代谢产物，在抑制抗生素合成的同时也抑制了其他某些碳、氮源的分解利用。因此，可利用这些碳（或氮）源作为唯一可供菌利用的碳（或氮）源，进行抗葡萄糖分解代谢调节突变株的筛选。例如，将微生物在含有葡萄糖（阻遏性碳源）和组氨酸为唯一氮源的培养基中连续传代后，可选出去葡萄糖分解代谢调节突变株。正常的组氨酸分解酶类是被葡萄糖分解代谢物阻遏的，如果突变株能在这种培养基中生长，说明它具有能分解组氨酸而获得氮源的酶。

4.7 次级代谢与次级代谢调节

次级代谢是存在于某些生物如植物和微生物中一类特殊的代谢类型，其概念是 1958 年由植物学家 Rohland 首先提出来的。他把植物产生的与植物生长发育无关的某些特殊的物质称为次级代谢物质，合成和利用它们的途径即为次级代谢。1960 年微生物学家 Bu’Lock 把这一概念引入微生物学领域。次级代谢产物与人类的生活和健康有着密切的关系，对其的研究也受到广泛的重视，其中研究最多、最著名的就是抗生素。

4.7.1 初级代谢与次级代谢

初级代谢是一类普遍存在于生物中的、与生物生存息息相关的一类代谢类型，它涉及能量的产生和消耗，它的产物称为初级代谢产物，如糖、氨基酸、脂肪酸、核苷酸及由这些化合物聚合而成的高分子化合物（如多糖、蛋白质、脂类和核酸等）。初级代谢产物的合成普遍存在并不停地进行着，任何一种产物的合成发生障碍都会影响微生物正常的生命活动，甚至导致死亡。

次级代谢是相对于初级代谢而言的，是微生物在一定的生长时期（通常是在生长后期或稳定期），以初级代谢产物为前体，合成一些对微生物的生命活动无明确功能的物质过程，这一过程的产物即为次级代谢产物，其大多是分子结构比较复杂的化合物。与初级代谢产物相比，次级代谢产物无论在数量上还是在产物的类型上都要比初级代谢产物多得多和复杂得多，不仅很明显地反映了种属间的差异，而且变种之间也会截然不同。迄今对次级代谢产物分类还无统一的标准，根据对次级代谢产物的结构特征与生理作用的研究，次级代谢产物大致分抗生素、毒素、激素、生物碱及色素等。

次级代谢与初级代谢关系密切，一方面初级代谢为次级代谢产物合成提供前体物和能量，而次级代谢则是初级代谢在特定条件下的继续和发展，避免初级代谢过程中某种或某些中间体或产物过量积累对机体产生的毒害作用。另一方面初级代谢产物合成中的关键性中间体也是次级代谢产物合成中的重要中间体物质，如糖降解过程中的乙酰 CoA 是合成四环素、红霉素的前体；β-内酰胺类抗生素是由半胱氨酸、缬氨酸等氨基酸形成。

4.7.2 次级代谢的调节类型

微生物的次级代谢和初级代谢一样，都受菌体代谢的调节，它们的代谢途径相互交错，调节控制相互影响。凡与次级代谢有关的初级代谢受到影响，也必然波及次级代谢。已知抗生素等次级代谢产物生物合成的调控类型包括诱导调节、次级代谢产物的自身反馈调节、初级代谢产物的自身反馈调节、分解代谢产物调节（碳、氮分解产物调节）、磷酸盐调节及细胞膜透性的调节。

4.7.2.1　酶合成的诱导调节

次级代谢途径中的某些酶也是诱导酶，如在链霉菌生产中，加入诱导物甘露聚糖，可使转化甘露糖链霉素为链霉素的甘露糖链霉素酶产量提高，进而提高链霉素的产量；卡那霉素-乙酰转移酶是在 6-氨基葡萄糖-2-脱氧链霉胺的诱导下才能合成；参与展青霉生物合成棒曲霉素的合成酶是被生物合成中的中间产物 6-氨基水杨酸、龙胆酰醛依次诱导合成的。另外蛋氨酸对提高头孢菌素 C 的产量起诱导作用；色氨酸对麦角碱的合成也是诱导作用等。

4.7.2.2　次级代谢产物的自身反馈调节

次级代谢自身产物的反馈调节是 Lagstor 在 1935 年发现的。例如，产生 50μg/ml 氯霉素的委内瑞拉链霉菌被 50μg/ml 外源氯霉素所抑制。Gordee 在 1972 年发现，产黄青霉加入 10μg/ml 外源青霉素对其生长无影响，而青霉素合成几乎完全被抑制，其他多种青霉素及其钠盐也有类似现象。有关链霉素、卡那霉素、四环素、金霉素和土霉素等氨基糖苷类抗生素的系统研究也证实了这一点。

4.7.2.3　初级代谢对次级代谢的调节

次级代谢产物的合成途径并不是独立存在的，而是与初级代谢产物合成途径存在着紧密的联系。例如，赖氨酸对青霉素生物合成的反馈调节（图 4-15）。α-氨基己二酸是青霉素和赖氨酸生物合成中的共同中间体。赖氨酸的过量抑制了本身合成途径中的第一个酶——同型柠檬酸合成酶的合成，进而抑制了 α-氨基己二酸的形成，这样既抑制了赖氨酸的合成，也使青霉素的合成受到影响。又如，缬氨酸过量会反馈抑制乙酰乳酸合成酶的活性，进而影响缬氨酸的合成，因此影响青霉素的合成。

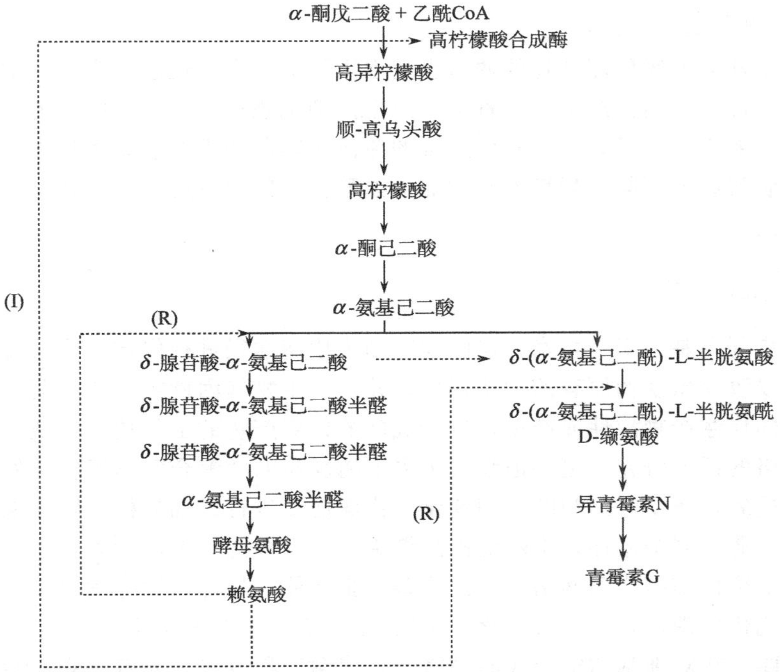

图 4-15　赖氨酸对青霉素生物合成的调节（何忠效等，1999）

(I) 反馈抑制；(R) 反馈阻遏；虚线表示要可能分支点

4.7.2.4 分解代谢产物调节

在许多抗生素发酵中，都发现了葡萄糖的抑制作用，如青霉素、盐霉素、春日霉素、吲哚霉素、放线菌素、卡那霉素、新霉素、杆菌肽等。20 世纪 40 年代初期就发现，青霉素发酵过程中，虽然葡萄糖被菌体利用最快，但对青霉素合成并不适宜。而乳糖利用虽然较为缓慢，却能提高青霉素产量。如果细菌在葡萄糖和乳糖的混合培养基中生长，那么在抗生素合成前，菌体一般首先利用葡萄糖，在葡萄糖耗尽后，抗生素合成开始，此时菌体才利用第二种碳源。

氮源分解调节是类似于碳源分解调节的一类分解阻遏方式。它主要指含氮底物的酶（如蛋白酶、硝酸还原酶、酰胺酶、组氨酸酶和脲酶）的合成受速效氮源，尤其是氨的阻遏。例如，研究 NH_4^+ 对青霉素生物合成的调节作用时发现，产黄青霉菌合成青霉素时只有在 NH_4^+ 浓度较低时才能获得最高产量，此时菌体的谷氨酰胺合成酶的活性和氨基酸库中的谷氨酰胺浓度都处于高峰。

4.7.2.5 磷酸盐的调节

磷酸盐对次级代谢产物生物合成的调节是普遍存在的。在抗生素等多种次级代谢产物合成中，高浓度磷酸盐表现出较强的抑制作用。在工业生产中，磷酸盐常常被控制在适合菌体生长的浓度以下，即所谓的亚适量。当磷酸盐的浓度为 0.3～300mmol/L 时，可促进菌体的生长；当浓度大于 10mmol/L 时，对许多抗生素的合成产生阻遏，如 10mmol/L 的磷酸盐就能完全抑制杀假丝菌素的合成。有些抗生素如链霉素、丁酰苷菌素等的合成过程中有许多中间体是磷酸化的，而终产物是非磷酸化的，参与反应的磷酸化酶对磷浓度就非常敏感。另外，在不同的磷酸盐浓度下同一菌株能合成不同的目的产物，如棒状链霉菌通过调节培养基中磷酸盐的水平，使头霉素与克拉维酸的合成分开进行。

4.7.2.6 细胞膜透性调节

细胞膜通透性对次级代谢产物的调节也是很重要的，主要通过改变某些次级代谢产物产生菌的膜的通透性来提高其产量。如青霉素产生菌细胞膜输入硫化物的能力是影响青霉素发酵单位的一个重要因素。又如产生新生霉素的弗氏链霉菌和不产生新生霉素的突变株，两者细胞膜上的脂肪酸组成不同，当培养基中加入油酸钠和氯化钠后不产生新生霉素的突变株又能合成新生霉素。

4.8 代谢工程

代谢工程指利用基因工程技术，定向地对细胞代谢途径进行修饰、改造或扩展、构建新的代谢途径，以改变微生物原有的代谢特性，并与微生物基因调控、代谢调控及生化工程相结合，提高目的代谢产物活性或产量，或合成新的代谢产物的工程技术领域。代谢工程是基于细胞代谢网络的系统研究，更多地强调了多个酶反应的“整合”作用。另外在其完成代谢途径的遗传改造后，还要对细胞的生理变化、代谢通量进行详细分析，以此来决定下一步遗传改造的靶点。通过多个循环，不断地提高细胞的生理性能（发酵能力）。

如何有效地调控细胞代谢网络，从而改善细胞性能（如提高细胞发酵生产能力、扩大底物利用范围、优化生理性能、合成新化合物），是代谢工程的核心思想，也是微生物发酵工业中的核心问题。在对细胞的整个代谢网络上，代谢工程设计主要有改变代谢流、扩展代谢途径和构建新的代谢流进行定性定量分析基础。

4.8.1 改变代谢途径

改变代谢途径是指改变分支代谢途径的流向，阻断其他代谢产物的合成，以达到提高目标产物的目的。改变代谢途径的方法如加速限速反应、改变分支代谢途径的流向、构建代谢旁路、改变能量代谢途径等。

4.8.1.1　加速限速反应

头孢菌素 C 代谢工程菌的构建是加速限速反应的最成功的一个例子（图 4-16）。在头孢菌素 C 的发酵过程中，异青霉素 N 的积累表明下一步酶反应是头孢菌素合成代谢中的限速步骤，通过克隆编码限速酶脱乙酰氧基头孢菌素合成酶基因 *cefEF*，再将该重组质粒导入头孢菌素 C 生产菌株顶头孢（*Cephalosporium acremonium*）中，所得工程菌株的头孢菌素 C 的产量提高了 25%，而异青霉素 N 的积累量减少至 1/15。

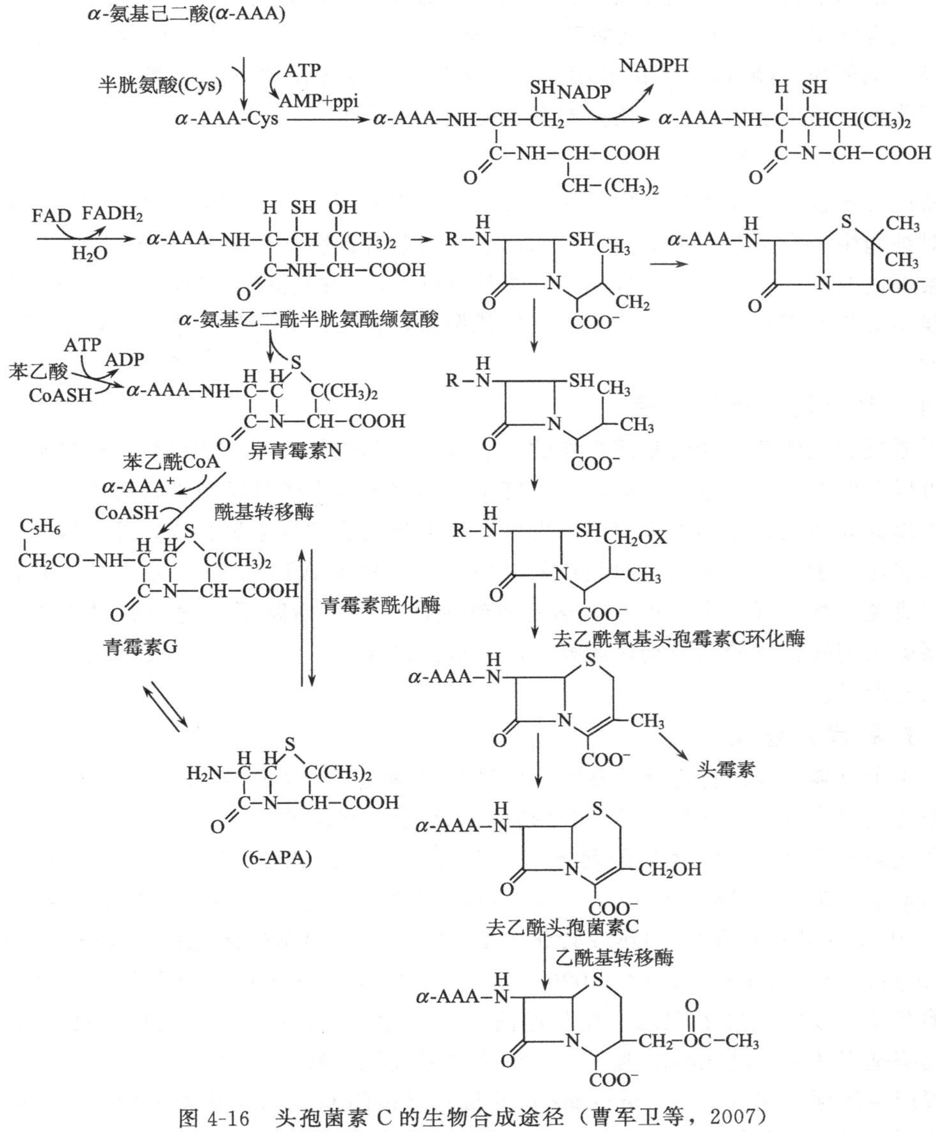

图 4-16　头孢菌素 C 的生物合成途径（曹军卫等，2007）

4.8.1.2　改变分支代谢途径的流向

增加限速酶拷贝有时并不一定有效，通过提高代谢分支点某一分支代谢途径酶系的活性，使其在与另外的分支代谢途径的竞争中占据优势来提高目的代谢产物产量往往更加有效，即改变分支代谢途径流向。例如，芳香族氨基酸合成中色氨酸、酪氨酸和苯丙氨酸三条支路上的任一条支路的酶活性被加强，其与另两条支路的竞争将占据优势；Ikeda 等将 Phe 生产菌种的编码 DAHP 合成酶（3-脱氧-D-阿拉伯庚酮糖-7-磷酸合成酶）、分枝酸变位酶和预苯酸脱水酶的三个基因克隆并连接在一起，然后转移到色氨酸（Trp）生产菌株中，使代谢流方向从终产物为 Trp 转向了 Phe，Phe 产量达到 28g/L。

赖氨酸工程菌的构建是改变分支代谢途径流向的另一个典型例子。高丝氨酸（Hom）脱氢酶缺陷型突变株由于缺乏催化天冬氨酸半醛为高丝氨酸的高丝氨酸脱氢酶，因此丧失了合成高丝氨酸的能力，从而使分支代谢流流向赖氨酸分支，通过克隆这一支路上的相关酶基因（如二氢吡啶-2，6-二羧酸合成酶基因），所得工程菌可以积累大量赖氨酸。相反，如果将编码高丝氨酸脱氢酶（HD）的基因连接在多拷贝的载体质粒上并克隆化，使该基因进行扩增，则代谢流将明显转到合成蛋氨酸和苏氨酸的支路上。

4.8.1.3 构建代谢旁路

高密度培养技术在发酵生产中是比较常用的。为实现大肠杆菌的高密度培养，必须阻断或降低对细胞生长有抑制作用的有毒物的产生。大肠杆菌糖代谢末端产物乙酸达到一定浓度后明显会抑制细胞的生长。利用代谢工程将枯草杆菌的乙酰乳酸合成酶基因克隆到大肠杆菌中，构建新的代谢支路，明显改变了细胞的代谢流，使乙酸处于较低水平，以实现高密度培养之目的。

4.8.1.4 改变能量代谢途径

除了通过相关代谢途径的基因操作的方法改变代谢流外，改变能量代谢途径或电子传递系统也可以有效改变代谢流。例如，将血红蛋白基因导入大肠杆菌或链霉菌中，在限氧条件下不仅可以提高宿主细胞的生长速率，也可以促进蛋白质和抗生素合成，这里表达的血红蛋白不是直接作用于生物合成途径而是在限氧条件下提高了 ATP 的产生效率。另外，将血红蛋白基因克隆到酿酒酵母中，由于表达的血红蛋白的存在活跃了氧化还原过程的电子传递链，间接影响到线粒体的乙醛歧化途径。由于这一途径产生的乙醇占总量的 1/3，因此可明显提高乙醇产量。

4.8.2 扩展代谢途径

在宿主中克隆、表达特定外源基因可以延长代谢途径，生产新的代谢产物，提高产率，或使原来的代谢途径向前延伸，可以利用新的原料合成代谢产物。

应用代谢工程合成维生素 C 的前体 2-酮基古龙酸（2-KLG）是扩展代谢途径的一个实例。已知草生欧文菌（*Erwinia herbicola*）可将葡萄糖转化为 2,5-二酮基-D 葡萄糖酸（2,5-DKG），但缺少进一步将 2,5-DKG 转化为 2-KLG 的 2,5-DKG 还原酶。Andson 等将棒状杆菌（*Corynebacterium* sp. ATCC31090）的 2，5-DKG 还原酶基因导入草生欧文菌中，使它能从葡萄糖直接转化为 2-KLG。在头孢菌素合成途径中，Isogai 等采用类似手段将 D-氨基酸氧化酶基因和 GL-酰化酶基因［戊二酰-7-氨基头孢烷酸（GL-7-ACA）酰化酶］克隆到头孢霉素产生菌顶头孢（*C. acremonium*）的碱性蛋白酶基因调控系列下游，所得转化子在发酵液积累 7-氨基头孢烷酸（7-ACA），可作为半合成头孢菌素的重要母核之一。

外源基因的导入，通过扩展代谢途径可使宿主菌能够利用自身的酶或酶系消耗原来不消耗的底物。Winter 等克隆假单胞菌的单加氧酶基因并在大肠杆菌中表达，获得的工程菌可有效降解三氯乙烯，降解力远大于原始菌株，可使三氯乙烯在水中的浓度降至 1/1000。

4.8.3　转移或构建新的代谢途径

真养产碱杆菌（*Alcaligenes eutrophus*）等一些细菌在限制生长和碳源过量条件下，在细胞内大量积累聚羟基丁酸（PHB）或聚羟基烷酸（PHA）等生物可降解原料。将真养产碱菌的 PHB 操纵子（包括编码 PGB 多聚酶、硫解醇和还原酶的基因）克隆到大肠杆菌中，所构建的工程菌和真养产碱菌一样，当氮源耗空时能积累大量 PHB，可达细胞干重的 50%。

克隆异于自身次级代谢产物的基因可生产具新结构的代谢产物。将质粒定向插入红色糖多孢菌（*Saccharopolyspora erythraea*）的编码红霉素合成途径中第一个酶 *reyF* 基因中，使其合成了一种新的抗生素 6-脱氧红霉素 A，这种红霉素的衍生物在胃中低 pH 环境下，要比红霉素稳定得多。同样方法将碳霉素生物合成基因转入螺旋霉素生产菌产二素链霉菌（*Streptomyces ambofaciens*）中，可以生成杂合抗生素 4′-异戊酰螺旋霉素。

Katasumata 等将一套合成色氨酸的多酸基因与 DS（达玛烯二醇合成酶）基因克隆到谷氨酸棒杆菌（*Corynebacterium glutamicum*）中，构建出 Trp 工程菌，它促使了 Trp 支路第一个产物氨茴酸 Ant 的生成，并通过突变解除 Trp 对该质粒所编码的 Ant 合成酶和 Ant 磷酸核糖基转移酶的反馈抑制，结果色氨酸产量达 43g/L。这些先导研究开辟了一条产生新抗生素的途径。

代谢工程作为一种有目的、有理性的代谢改造技术，在生物技术领域具有十分广阔的应用前景。分子生物学、细胞生物学、生理学等生物学科的不断发展，以及化学工程、数学理论及分析检测和信息控制技术等外源学科的发展大大推动了代谢工程的发展，使代谢工程有目的、有理性的改造更加可行和应用自如，代谢工程必将为经济发展起到不可估量的作用。

本章小结

如果把微生物细胞的代谢看做是经济运行的话，这个经济管理原则实际上是微生物细胞自然竞争能力之源。细胞经济假说的微生物学基础是微生物代谢的自动调节。这种自动调节使得微生物在任何特定时刻、特定的细胞空间，只合成必要的酶系（参与代谢的多种酶）和刚够用的酶量。并且已合成的酶活力受到许多调节机制的控制，以确保新陈代谢全面协调。

微生物代谢的自动调节最终借助于酶与膜来实现。而微生物酶的结构与功能，膜的结构、组成与功能，以及它们的自动调节机制的信息都存在于 DNA 中，在不同的环境条件下，微生物细胞遵循代谢自动调节规律，对其自身的遗传信息作自主的选择性的表达，从而对环境做出响应。

微生物代谢调节机制五花八门，主要可以归结为在反馈信息的触发下发生的抑制、激活、阻遏、诱导等基本调节机制。在这些调节机制的协同作用下，微生物细胞自主地进行经济运行。代谢调节的核心和关键是酶，所以对酶量和酶活性的调节控制是代谢调节最主要、最有效的调节方式。

微生物代谢途径的多样性、网络化和可调节能力为人们利用微生物细胞设计特定产物的生产提供了基础。以基因工程为基础的代谢工程使微生物育种技术发展到理性育种阶段，实现人为的定向控制育种，并且促进了发酵工业的发展。随着石油资源匮乏、价格飞速增长及全球气候变暖、环境恶化等问题的日益严重，以及系统生物学和合成生物学等新技术的迅速发展，代谢工程和微生物发酵工业在不久的将来会取得新一轮的辉煌。

复习题

1. 名词解释：酶的诱导与酶的阻遏、反馈抑制与反馈阻遏、同工酶与变构酶、末端代谢物阻遏与分解代谢物阻遏。

2. 酶活性调节与酶合成调节的关系。

3. 以乳糖操纵子为例说明微生物酶合成的调节机制。

4. 图示说明分解代谢物阻遏的分子机制。

5. 分支代谢途径中存在哪些反馈抑制类型？它们各自有哪些特点？

6. 什么是次级代谢产物？次级代谢产物的调节方式有哪些？

7. 以某种抗生素为例，说明次级代谢产物特点及如何利用次级代谢的调节机制来提高该抗生素的产量。

主要参考文献

曹军卫，马辉文，张甲耀. 2007. 微生物工程. 北京：科学出版社

岑沛霖，蔡谨. 2008. 工业微生物学. 北京：化学工业出版社

陈必链. 2010. 微生物工程. 北京：科学出版社

储炬. 2002. 现代工业发酵调控学. 北京：化学工业出版社

何忠效，张树政. 1999. 电泳. 北京：科学出版社

李季伦. 微生物生理学. 1993. 北京：北京农业大学出版社

刘志恒. 2008. 现代微生物学. 北京：科学出版社

罗立新. 2008. 微生物发酵生理学. 北京：化学工业出版社

马婉晴，章珍，刘悦琳，等. 2010. 大肠杆菌分解代谢产物阻遏效应研究进展. 遗传，32（6）：571～576

施巧琴，吴松刚. 2009. 工业微生物育种学. 北京：科学出版社

吴艳，顾阳，姜卫红，等. 2011. 微生物分解代谢物控制蛋白 CcpA 的研究进展. 生命科学，23（9）：882～887

熊宗贵. 2000. 发酵工艺原理. 北京：中国医药科技出版社

杨生玉，王刚，沈永红. 2007. 微生物生理学. 北京：化学工业出版社

俞俊棠，唐孝宣，邬行彦，等. 2003. 新编生物工艺学（上册）. 北京：化学工业出版社

张星元. 2011. 发酵原理. 北京：科学出版社

张学礼. 2009. 代谢工程发展 20 年. 生物工程学报，25（9）：1285～1295

诸葛健. 2006. 工业微生物育种学. 北京：化学工业出版社

Chatterjee R，Majumder K，Sengupta S. 2010. Tamarind kernel powder co-induces xylanase and cellulase production during submerged fermentation of *Termitomyces clypeatus*. Biotechnology and Bioprocess Engineering，15（5）：854～861

Chulkin A M，Vavilova E A，Benevolenskij S V. 2010. Transcriptional regulator of carbon catabolite repression CreA of filamentous fungus *Penicillium canescens*. Molecular Biology，44（4）：677～687

Deutscher J，Francke C，Postma P W. 2006. How phosphotransferase system-related protein phosphorylation regulates carbohydrate metabolism in bacteria. Microbiol Mol Biol Rev，70（4）：939～1031

Gorke B，Stulke J. 2008. Carbon catabolite repression in bacteria：Many ways to make the most out of nutrients. Nat Rev Microbiol，6（8）：613-624

Gregory N，Stephanopoulos A A，Aristidou J N. 2003. 代谢工程：原理与方法. 赵学明译. 北京：化学工业出版社

Heuser F，Schroer K，Lutz S，et al. 2007. Enhancement of the NAD（P）（H）pool in *Escherichia coli* for biotransformation. Eng Life Sci，7 (4)：343～353

Park J H，Lee S Y，Kim T Y，et al. 2008. Application of systems biology for bioprocess development. Trends Biotechnol，26 (8)：404～412

Sondej M，Sun J Z，Seok Y J，et al. 1999. Deduction of consensus binding sequences on proteins that bind ⅡAGlc of the phosphoenolpyruvate：Sugar phosphotransferase system by cysteine scanning mutagenesis of *Escherichia coli* lactose permease. Proc Natl Acad Sci USA，96 (7)：3525～3530

Zhang M，Eddy C，Deanda K，et al. 1995. Metabolic engineering of a pentose metabolism pathway in ethanologenic *Zymomonas mobilis*. Science，267 (5195)：240～243

第5章　发酵工业培养基的设计

内容提要： 培养基是指用于维持微生物生长繁殖和产物形成的营养物质。微生物为了生长、繁殖的需要从外界不断地吸收营养物质，从中获得能量并合成新的细胞物质，同时排出废物。研究微生物的营养成分，主要是了解微生物的营养特性和培养条件，以便能有效地控制其生长及代谢产物的合成，提高微生物生长速率和代谢合成效率。微生物的营养活动，是依靠向外界分泌大量的酶，将周围环境中大分子的蛋白质、糖类、脂肪等营养物质分解成小分子化合物，再借助细胞膜的渗透作用吸收这些小分子营养成分来实现的。因此，培养基的营养成分对微生物的生长、合成酶系及代谢途径的影响极大。

根据微生物生长、繁殖和发酵的不同要求，培养基的成分和含量也有所不同，所以培养基的种类很多。培养基组成对于菌体生长繁殖、产物的生物合成、产品的分离精制及产品的质量和产量都有重要的影响。能否设计出一个好的发酵培养基，是一个发酵产品能否成功实现工业化和商业化的非常关键一环。由于不同的发酵产品、不同菌种对发酵培养基的要求有较大的不同，因此可以在了解发酵培养基成分及其辅料特性的基础上，根据具体微生物和发酵产品的代谢特点对培养基进行合理地选择和优化。

5.1　发酵工业培养基的基本要求

发酵工业培养基是提供微生物生长繁殖和生物合成各种代谢产物所需要的，按一定比例配制而成的多种营养物质的混合物。

尽管不同微生物、合成不同发酵产物所需要的营养条件有所不同，但无论哪一种培养基，都应满足微生物生长、繁殖和发酵方面所需要的各种营养物质，如所有的微生物都需要碳源、氮源、无机盐、水及生长调节物质五大类物质。按照培养基组成物质的纯度，可以将培养基分为合成培养基、天然培养基和复合培养基。前者所用原料化学成分明确、稳定，主要适合于实验室等小型规模研究。但合成培养基存在营养单一、价格较高等缺点，不适用于大规模发酵工业生产，因而发酵培养基普遍使用天然培养基。

延伸阅读

一般来说，设计适宜于工业化大规模发酵的培养基应遵循原则：①营养物质的组成比较丰富、浓度恰当，能满足菌种生长繁殖需要，并且更重要的是能显示出产物合成的潜力；②在一定条件下，所采用的各种成分（生产上常称为原材料），彼此之间不能产生化学反应，理化性质相对稳定；③黏度适中，具有适当的渗透压；④要考虑所选用的原材料的品种和浓度与代谢产物生物合成过程中的调节关系，有利于主要产物的生物合成并能维持较长时间的最高生产速率，并将不需要产物的合成速率降至最低；⑤生产过程中，既不影响通气与搅拌的效果，又有利于产物的分离精制，并尽可能减少“三废”物质产生；⑥大生产中选用的原材料尽量做到因地制宜、质优价廉、成本低。

5.2　培养基的成分

工业微生物绝大多部分都是异养型微生物，同其他生物一样，微生物细胞需要不断从外界吸收营养物质，经一系列代谢反应获得能量并形成新的细胞物质，同时排出废物。

通过细胞成分分析得知，微生物细胞一般含有 80%水分和 20%干物质。干物质主要包括碳、氮、无机盐等成分。所以，在配制培养基时必须要有足够的碳源、氮源、无机盐和水分。此外，有些合成能力差的微生物还需要添加生长调节物质，以促进其正常生长和分泌代谢产物。

5.2.1　碳源

凡是用于构成微生物细胞和代谢产物中碳素来源的营养物质均称为碳源。微生物细胞中碳素含量相当高，一般占干物质的 50%左右。碳源是构成菌体细胞和产物碳架及供给菌种生命活动所需能量的营养物质，它是微生物发酵的主要原料，常用的碳源主要有各种糖类、脂肪、有机酸和醇、碳氢化合物等。不同菌种的酶系统有其特异性，对碳源的利用也各有不同。有的可直接利用多糖如淀粉作碳源，有的则只能用葡萄糖或乳糖等单糖或双糖作碳源。葡萄糖、麦芽糖、乳糖、糊精和淀粉等是霉菌和放线菌发酵常用的碳源。多糖物质由菌体产生的胞外酶先分解为单糖后再被利用，如淀粉需先经淀粉酶和糖化酶水解为葡萄糖，方能被菌体吸收利用。

5.2.1.1　糖类

工业发酵常用的糖类可分为单糖、双糖、多糖、淀粉质类和糖蜜等，如表 5-1 所示。

表 5-1　微生物发酵生产中使用的糖类

纯糖		天然原料	
单糖	葡萄糖、木糖等	糖蜜类	甘蔗糖蜜、甜菜糖蜜等
双糖	蔗糖、麦芽糖、乳糖等	糖类	麦芽汁等
多糖	淀粉、纤维素等	淀粉质类	山芋粉、马铃薯粉、玉米粉、燕麦粉、木薯粉、菊芋粉等
		其他	木材水解液、乳清、酒精废醪、丙酮丁醇废醪、柠檬酸废醪等

葡萄糖是工业发酵最常用的单糖，它是由淀粉加工制备的，其产品有固体粉状葡萄糖、葡萄糖糖浆（含有少量的双糖）。它们被广泛用于抗生素、氨基酸、有机酸、多糖、黄原胶、甾类转化等发酵生产中。我国生产的葡萄糖分为药用和工业用两种。木糖和其他单糖，生产中应用得很少。

糖蜜包括甘蔗糖蜜和甜菜糖蜜，是制糖工业的副产品。在制糖工业中，经过多次煮制，糖膏母液中的糖分逐渐减少，非糖分则相对地增加，最后集中于废糖蜜中。由于在各地方生产过程中，原料的品种和种植条件的影响及工艺过程操作条件的差异，生产出的废蜜中非糖分含量也会有相应的差别，但大致的成分差别不大。糖蜜一般含有 40%～50%（m/m）总糖（主要成分是蔗糖、葡萄糖和果糖），是发酵工业中较廉价的碳源原料。与葡萄糖或淀粉水解液比较，除了价格低廉外，糖蜜还含有多种微生物生长所需要的营养素如维生素，氨基酸和矿物质等，已经在工业上用于生产酒精、乳酸、柠檬酸、琥珀酸、氨基酸和多糖等。

玉米淀粉及其水解液是抗生素、氨基酸、核苷酸、酶制剂等发酵中常用的碳源。马铃薯、小麦、燕麦淀粉等用于有机酸、醇等生产中。淀粉呈小颗粒结构，难溶于水。在热水中淀粉颗粒膨胀成糊状物。糊化和液化淀粉可被微生物产生的胞外淀粉酶和糖化酶逐步分解成葡萄糖，被菌体吸收利用。

5.2.1.2 脂肪

霉菌和放线菌还可以用油脂作碳源。一般来说，当培养基中糖类缺乏或发酵至某一阶段时，菌体可以利用油脂。常见的油脂主要指动、植物油，如豆油、玉米油和猪油等。在发酵过程中加入的油脂起消沫和补充碳源的双重作用。菌体利用油脂作碳源时耗氧量增加，因此必须充分供氧，否则易导致有机酸积累，发酵液 pH 降低。

5.2.1.3 有机酸、醇和碳氢化合物

主要有乳酸、柠檬酸、延胡索酸、低级脂肪酸、高级脂肪酸、氨基酸、甲醇、乙醇、甘油等，用于单细胞蛋白、氨基酸、维生素、麦角碱和某些抗生素的发酵生产中。例如，嗜甲烷棒状杆菌（*Corynebacterium methanphila*）以甲醇作碳源生产单细胞蛋白，在分批发酵的最佳条件下，该菌的甲醇转化率达 47.4%。再如，乳糖发酵短杆菌能以乙醇为碳源生产谷氨酸。甘油是很好的碳源，常用于抗生素和甾类转化的发酵。山梨醇是生产维生素 C 的重要原材料。有机酸盐可作为碳源，它氧化产生的能量能被菌体用于生长繁殖和代谢产物的合成，同时对发酵过程的发酵液 pH 起调节作用，发酵液的 pH 随有机酸盐的氧化而升高。

许多石油产品作为微生物发酵的主要原材料正在深入研究和推广之中，现有的研究结果表明，在单细胞蛋白、氨基酸、核苷酸、有机酸、维生素、酶类、糖类、某些抗生素发酵中应用，均获得了较好的效果。例如，用裂烃棒状菌 R_T 的抗青霉素突变株生产谷氨酸，用正十六烷作碳源，在发酵液中加入一定浓度青霉素，发酵至 100h，谷氨酸产量达 84g/L。常用的烷烃有甲烷、乙烷、丁烷、C_{12}～C_{20} 的各种烷烃，其中正十六烷的效果最好。

5.2.2 氮源

氮源是构成菌体细胞物质（氨基酸、蛋白质、核酸、酶类等）和含氮目的代谢产物的营养物质。使用有机氮源的目的：①供给菌体生长繁殖所需要的营养物质；②作为某些目的产物合成的前体或氮素来源；③少数微生物可用作能源。

常用的氮源可分为有机氮源和无机氮源两类。有机氮源主要有黄豆饼粉、花生饼粉、棉子饼粉、玉米浆、蛋白胨、酵母粉、蚕蛹粉、麸质粉、酒糟、菌丝体等。无机氮源主要有硫酸铵、氨水、硝酸铵、硝酸钠、尿素、磷酸氢二铵、氯化铵等。

有机氮源大多数是农产品，除含有丰富的蛋白质、蛋白胨、多肽和游离氨基酸外，还含有少量的糖类、脂肪、无机盐和生长素，是微生物的良好营养物质。

放线菌、霉菌和细菌具有各种蛋白酶，能利用多种动植物性蛋白质。菌体利用蛋白质时，首先经蛋白酶类水解为小分子的肽类和氨基酸后，才能被吸收利用。微生物对氨基酸的利用有选择性。例如，缬氨酸最适合于红霉素产生菌合成红霉素，在合成培养基中，加入缬氨酸，红霉素的发酵单位就高，因为缬氨酸既可以供菌体作碳源，又可以作氮源来合成红霉素，而其他氨基酸则不能。蛋白质是否被分解利用有时与糖的存在及其数量有关，所以培养基的糖、氮要有一定的合适比例，有些霉菌和细菌往往先利用蛋白质和氨基酸作为碳源，利用时先经脱氨作用脱去氨基。因此，培养前期发酵液的 pH 容易偏高。

5.2.3 无机盐及微量元素

微生物在发酵生产过程中需要某些无机盐类和微量元素，虽然用量很少，但它们对菌体

生长发育和产物的生物合成影响很大。例如，磷、钙、镁、硫、铁、钾、钠、锌、钴、锰、铜、钼、氯等，可以促进各种生化反应。在天然培养基中已有足够的含量，一般不用另行添加，但由于各菌种的生理特性不同，其需要量就有差别，在发酵生产实践中，应根据不同菌种的特性及不同的发酵要求，选择和使用无机盐和微量元素的用量，对其浓度予以控制，发挥其在发酵过程中的功能。

生产培养基中常用的无机盐类和微量元素：磷酸氢二钾、磷酸二氢钾、硫酸镁、硫酸锌、硫酸铁、硫酸钴、硫酸铵、硝酸钠、硫代硫酸钠、碳酸钙、氯化锰、氯化钴、氯化钠、氯化铁等。

无机盐及微量元素的功能有五个方面：①可作为菌体细胞的组成成分；②有些具有调节pH、细胞渗透压等作用；③可作为某些酶的组成部分；④可调节酶活性；⑤某些自养型微生物可用其作能源。

5.2.4　水

水是所有培养基的重要组成部分，在微生物代谢过程中占着极其重要的地位。它的主要功能有三个方面：①微生物机体或目的产物的组成成分；②代谢反应的重要溶剂和介质；③可调节细胞温度。水的功能是多方面的，它为微生物生长繁殖和合成产物提供基础。

5.2.5　生长调节物质

5.2.5.1　生长因子

从广义上讲，凡是微生物生长不可缺少的微量有机物质，如氨基酸、嘌呤、嘧啶、维生素等均称生长因子。很多生长因子的主要功能是构成辅酶的组成部分，促进生命活动进行，一般需要量极少。比如，目前所使用的赖氨酸产生菌几乎都是谷氨酸产生菌的各种突变株，均为生物素缺陷型，需要生物素作为生长因子。生长因子不是所有微生物都必需的，有些微生物自己可以合成所需的生长因子，甚至在体内积累，而不需要外界供给。

5.2.5.2　前体

在产物的生物合成过程中，被菌体直接用于产物合成而自身结构无显著改变的物质称为前体。前体必须通过产生菌的生物合成途径，才能直接或间接地结合到产物分子结构中去，成为产物分子的一部分。前体能明显提高产品的产量，在一定条件下还能控制菌体合成代谢产物的方向。青霉素发酵培养基中加入苯乙酸或苯乙酰胺，不仅可以增加青霉素 G 的含量比例（可达青霉素总产量的 99%以上），还能提高青霉素的总产量。但是培养基中前体物质的浓度超过一定量时，对菌体的生长显示毒副作用。

微生物合成次级代谢产物的前体，有的是菌体自身合成的，如合成青霉素分子的缬氨酸和半胱氨酸。有的前体物质菌体不能合成或合成量很少，必须在发酵过程中加入外源性前体，如合成青霉素 G 的苯乙酸，合成青霉素 V 的苯氧乙酸，合成红霉素大环内酯环的丙酸盐等。这些外源性前体是培养基的组成成分之一。

前体使用浓度，加入量和加入的时间都要适当，一般说来，当前体是合成产物的限制因素时，前体加入量越多，产物合成的就越多，产量就越高。但前体浓度过大，则利用率低，且大多数前体对菌体有毒，故一次加入量不宜太多，一般可采用适时间歇补加或连续滴加的方式来加入为宜。一般前体价格都很高，因此用量要恰当，以合乎生产成本核算。

5.2.5.3　促进剂

在发酵培养基中，加入某些微量的化学物质，可促进某种产物的生物合成，这些物质称为产物促进剂（或称刺激剂）。例如，在四环素发酵培养中加入硫氰化苄或M-促进剂（2-硫基苯并噻唑）可控制三羧酸循环中某些酶的活力，能增强戊糖循环，对四环素的合成有促进作用，像硫氰化苄等物质就是四环素合成的促进剂，又如，巴比妥药物能增加链霉素产生菌菌丝的抗自溶能力，对链霉素生物合成的酶系统产生刺激作用等。

5.3 培养基的类型

微生物培养基的种类较多，一般可按照其纯度、状态和用途加以区分。

5.3.1 按纯度分类

5.3.1.1 合成培养基

合成培养基所用原料的化学成分明确、稳定、易于控制，但营养单一且价格昂贵，用这种培养基进行实验重现性好、低泡、呈半透明，适用于研究菌种基本代谢和过程的物质变化，不适用于大规模工业生产。

5.3.1.2 天然培养基

天然培养基的原料是一些天然的动植物产品，如花生饼粉、酵母膏、蛋白胨等。天然培养基的特点是营养丰富，适合于微生物的生长繁殖和目的产物的合成。一般天然培养基中不需要另加微量元素、维生素等物质，且组成培养基的原料来源丰富，价格低廉，适用于工业生产。但由于天然培养基的组分复杂，因此不易重复、不易控制。

5.3.1.3 复合培养基

或称半合成培养基，为天然培养基与合成培养基的复合。它综合了以上两种培养基的优点，营养丰富，来源广阔，配制方便，易于控制。用于工业生产的培养基多属此类。

5.3.2 按形态分类

5.3.2.1 固体培养基

外观是固体状态的培养基，称为固体培养基。固体培养基为微生物生长提供了一个营养表面，在这种表面上生长的微生物可以形成单菌落。它可用于菌种的分离、鉴定、菌落计数、杂菌检验、选种、育种、菌种保藏、抗生素的生物活性物质的测定、获得大量真菌孢子等。配制固体培养基时，常用的凝固剂有琼脂、明胶。

生产上还有直接用固体原料吸水后作孢子培养基的，如青霉素等制备孢子用的小米或大米培养基。其优点是表面积大，结构疏松，易于通气。用于大生产的固体培养基则多数是用比较粗糙的颗粒状农副产品加入适量水配制而成，如传统的制曲、食品发酵、酿酒及一些农用抗生素生产、发酵饲料等常用此类培养基。使用固体培养基发酵，具有设备简单、投产快、投资少、易于推广等优点。其缺点是占地面积大，劳动强度大。

5.3.2.2 液体培养基

液体培养基是指培养基中不加凝固剂而呈液体状态的培养基。培养基中的组分多以溶质状态存在，分布均匀，有利于微生物分解、吸收，有利于氧和物质的传递，有利于微生物的生长、繁殖、代谢和积累代谢产物。

液体培养基在微生物学实验和工业生产中应用极为广泛，在实验室中主要作各种生理和代谢研究。有些微生物在液体培养基中的生长情况可作为分类的依据。在工业生产上，为了获得大量菌体或其代谢产物，绝大多数发酵培养基都采用液体培养基。液体培养基具有制作方便，容易输送，便于连续生产等优点。

5.3.2.3　半固体培养基

在液体培养基中添加少量凝固剂（0.2%～0.8%的琼脂），使其呈半固体状态的培养基称为半固体培养基。半固体培养基在生产中应用较少，主要用于鉴定菌种、观察细菌运动特征及噬菌体的效价测定、各种厌氧菌培养及菌种保藏等。

5.3.3　按用途分类

5.3.3.1　孢子培养基

孢子培养基是供菌种繁殖孢子用的。对这种培养基的要求是能使菌种发芽生长快，产孢子量多，并且不会引起菌种变异。一般来说，孢子培养基中的碳源和氮源（特别是有机氮源）浓度相对较低，多了会只长菌丝，少长或不长孢子；无机盐浓度要作适当的选择和控制，否则会影响孢子的数量。

孢子培养基的组成因菌种而异，生产上常用的孢子培养基有麸皮培养基，小（或大）米培养基，用葡萄糖、蛋白胨、牛肉膏及氯化钠配制的琼脂斜面培养基等。麸皮和小（或大）米物料中碳和氮的含量都不太丰富，但含有微量元素和生长因子，有利于孢子的繁殖，用于配制孢子培养基比较合适。但是，麸皮、小米、大米都是天然有机物，所含成分常有波动，选用材料时要注意产地、品种、加工方法、储藏条件等因素影响，尽量做到原料来源固定、质量稳定，以保证培养基的质量。

5.3.3.2　种子培养基

种子培养基主要指摇瓶种子及种子罐用的培养基。这种培养基主要含有容易被利用的碳源、氮源、无机盐等，使孢子很快发芽、生长及大量繁殖菌丝体，并使菌体长得粗壮和使各种有关的初级代谢酶的活力提高。种子培养基要和发酵培养基相适应，成分不应相差太大，以避免进罐后的种子对新环境的适应时间延长。

5.3.3.3　发酵培养基

发酵培养基是供菌丝迅速生长繁殖，并最大限度地获得代谢产物的培养基。它既要使种子接种后能迅速生长达到一定的菌丝浓度，又要使长好的菌体能迅速合成所需的产物，因此，发酵培养基的组成除有菌体生长所必需的元素和化合物外，还要有产物所需的特定元素、前体和促进剂等。由于各种培养基的用途不同，其培养基的组成差异也很大。发酵培养基属于半合成培养基，其中的碳源和氮源都是天然原料。天然培养基原料来源广，容易加工制取，价格低。但是，由于天然物质质量规格较难控制，发酵培养基除采用天然原料外，还需要加入一定量的已知化学成分的营养物质，如葡萄糖、麦芽糖、乳糖、氨基酸及各种无机盐、缓冲剂和前体物质。

5.3.3.4　补料培养基

为了使工艺条件稳定，有利于产生菌生长和代谢，延长发酵周期，提高生产水平，常采用前期培养基稀薄一些，从一定时间起，开始间歇或连续补加各种必要的营养物质，如碳源、氮源、前体等。补料培养基一般按单一成分分别配制，在发酵中各自独立控制加入，也有按一定比例配制成复合补料培养基。它既要使种子接种后能迅速生长达到一定的菌丝浓度，又要使长好的菌体能迅速合成所需的产物，因此，发酵培养基的组成除有菌体生长所必需的元素和化合物外，还要有产物所需的特定元素、前体和促进剂等。由于各种培养基的用途不同，其培养基的组成差异也很大。中间补料有利于消除或减少易被利用的基质（如葡萄糖）引起的抑制作用，并使培养过程中的需氧量能适应培养设备的供氧能力，还可避免培养基中有毒组分（如青霉素发酵中作为前体的苯乙酸）对培养基的影响。此外，中间补料可为实现高密度培养创造条件。在工业生产中补料培养基对提高产物的产量起到了重要作用。

5.4 培养基的设计

一般来讲，培养基的设计首选是要确定培养基的成分，然后再决定各成分之间最佳的配方。由于培养基的组分、配比、缓冲能力、黏度、灭菌程度及原料种杂质的含量都对菌体生长和产物合成有影响，因此目前还不能完全从生化反应的基本原理来准确推断和计算出某一菌种的培养基配方。通常情况下，只能根据生物化学、细胞生物学、微生物学等学科的基本理论，参照已有文献报道的某一类菌种的经验配方，再结合所用菌种和产品的特性，采用摇瓶及实验室发酵罐培养菌体，按照一定的实验设计和实验方法选择出较为合适的培养基。

在考虑某一培养基的最优配方时，除了本章 5.1 中所述的基本要求外，还要从微生物细胞生长、产物合成的角度考虑以下几个方面。

5.4.1 菌体同化能力

一般认为只有小分子能够通过细胞膜进入胞内进行代谢，微生物能够利用复杂的大分子是由于微生物能够分泌各种各样的水解酶系，在胞外将大分子水解为微生物能够直接利用的小分子物质。由于微生物来源和种类的不同，所能分泌的水解酶系也均不相同，因此，在考虑培养基配方时，必须充分考虑菌种的同化能力，从而保证所选用的培养基成分是微生物能够利用的。因为许多碳源和氮源都是复杂的有机大分子，所以在选用淀粉、豆饼粉这类原料作为培养基时，必须考虑微生物是否具备分泌胞外淀粉酶和蛋白酶的能力，即其同化（利用）碳源和氮源的能力。

5.4.2 碳氮比

培养基中碳氮比对微生物生长繁殖和产物合成影响极为显著。碳氮比偏小，能导致菌体的旺盛生长，易造成菌体提前衰老自溶，影响产物的积累；碳氮比过大，菌体繁殖数量少，不利于产物的积累；碳氮比较合适，但碳源、氮源浓度过高，仍能导致菌体的大量繁殖，增大发酵液黏度，影响溶解氧浓度，容易引起菌体的代谢异样，影响产物合成；碳氮比较合适，但碳源、氮源浓度过低，会影响菌体的繁殖，同样不利于产物的积累。以某产四环素菌株发酵为例，发酵培养基中的碳氮比维持在 25：1 时，四环素产量相对较高。

一般来讲，因为碳源即作为碳骨架参与菌体和产物合成，又作为生命过程的能源，所以比例一般都较氮源高，常见的工业发酵培养基的碳氮比为 100：(0.2～20)。此外，需要注意的是，微生物在不同的生长阶段对碳氮比的最适要求也不一样。

5.4.3 pH

培养基的 pH 对微生物的生长和代谢产物的合成有较大的影响。在配制培养基时，为使培养基灭菌后的 pH 适于菌体生长，有时在灭菌前用酸或碱予以调整。如果培养基的配比不合适，出现 pH 偏低或偏高，在灭菌过程中，有可能加速营养成分的破坏。因此，确定培养基 pH 时，应以改变营养物质的浓度比例，尤其是生理酸性物质或生理碱性物质的用量来调节培养基 pH 为主，用酸碱调节为辅。

另外，在培养基中还可加入 pH 缓冲剂，如用 K_2HPO_4 和 KH_2PO_4 组成的混合物、$CaCO_3$、$MgCO_3$ 等来进行调节。培养基中存在的一些天然的缓冲系统，如氨基酸、肽、蛋白质都属于两性物质，也可起到缓冲剂的作用。

5.4.4　补料

为了解除底物抑制、产物反馈抑制和分解产物阻遏，以及避免在分批发酵中因一次投料过多造成细胞大量生长所引起的一切影响，改善发酵液流变学的性质，采用中间补料的培养方法是较为有效的。而且，这种方法可用作控制细胞质量的手段，以提高发芽孢子的比例；可作为理论研究的手段，为自动控制和最优控制提供实验基础；同连续培养相比，它不需要严格的无菌条件，产生菌也不会产生老化和变异等问题，适用范围也比连续培养广泛。中间补料又称补料分批培养或半连续培养，是指在分批培养过程中，间歇或连续地补加一种或多种成分的新鲜培养基的培养方法，是分批培养和连续培养之间的一种过渡培养方式，是一种控制发酵的好方法，现已广泛用于发酵工业。

目前，这种操作的补料方式类型很多。就补料方式而言，有的采用一次性大量或多次少量或连续流加的办法；连续流加方式又可分为快速、恒速、指数和变速流加。采用一次性大量补料方法虽然操作简便，比分批发酵有所改进，但是这种方法会使发酵液瞬时大量稀释，扰乱菌的生理代谢，难于将过程控制在最适合于生产的状态。少量多次虽然操作麻烦些，但是这种方法比一次大量补料合理，为国内大多数发酵车间所采纳。从补加的培养基组分来区分，又可分为单组分补料和多组分补料。从反应器中发酵体积来区分，又可分为变体积流加和恒体积流加。从反应器数目来区分，又可分为单级和多级。

5.4.5　影响培养基质量的其他因素

在工业发酵过程中，影响发酵水平的因素很多，培养基的质量是重要因素之一。培养基的质量主要取决于以下几个方面。

5.4.5.1　原材料质量的影响

工业发酵培养基所用的原材料大多为复合材料，其中不少天然原料成分复杂，如玉米浆、黄豆饼粉、花生饼粉、蛋白胨等往往因品种、产地、加工方法和储藏条件的不同而造成内在质量较大的波动。

5.4.5.2　水质的影响

水是构成培养基的主要原材料之一，水的质量对许多产品的生产有较大的影响。不同水源的水中的无机离子和有机物的含量是不同的。发酵工业所用的水有深井水、地表水、自来水和蒸馏水等。深井水的水质可因地质情况、水源深度、采水季节及环境不同而不同，地表水的水质受环境污染的影响更大。对于发酵工厂来说，恒定的水源是至关重要的，因为在不同水源中存在的各种因素对微生物发酵代谢影响甚大。水源质量的主要考虑的参数包括pH、溶解氧、可溶性固体、污染程度及矿物质组成和含量。

5.4.5.3　灭菌的影响

培养基必须经过灭菌方可使用，工业发酵中，目前大多数生产用培养基均采用高压蒸汽灭菌法。在灭菌过程中，培养基中的营养成分能产生降解或某些化学反应，蒸汽压力愈大或灭菌时间愈长，营养成分破坏得愈多，同时某些营养成分之间的化学反应愈强。这一系列作用均能使菌体需要的营养成分减少，同时产生某些对微生物代谢有毒副作用的物质，从而影响菌体的生长或某些代谢作用。例如，葡萄糖在高温下易与氨基酸和其他含氨基的物质反应，形成5-羟甲基糖醛和棕色的类黑精，对微生物有一定的毒性。磷酸盐与碳酸钙之间，磷酸盐、镁盐和铵盐之间也发生化学反应，生成沉淀或络合物，使可利用的磷酸根和铵离子的浓度大为降低。此外，蛋白质在高温下变性，维生素在高温下失活。因此，灭菌操作的不当不仅会减少培养基中有效的营养成分，还会产生一些有毒物质，给发酵带来不利的影响。

5.4.5.4 培养基黏度的影响

培养基中一些不溶性的固体成分，如淀粉、黄豆饼粉等增加了培养基的黏度，直接影响微生物对溶解氧的利用，给产品的后提取也带来不便。因此，在微生物发酵生产中往往喜欢所谓的“稀配方”，因为它既能降低成本、灭菌容易，又使氧传递容易而有利于目的产物的生物合成。如果营养成分缺乏，则可通过中间补料方法予以弥补。工业生产中还可采用精料发酵、基础原料液体化（即用蛋白酶水解各种饼粉），或采取补加无菌水的方法，来降低培养基的黏度，以提高发酵水平。

5.5 发酵培养基的优化方法

一般来说，选择培养基成分、设计培养基配方虽然有一些理论依据，但最终的确定还是通过实验的方法获得的。一般培养基设计与优化过程一般要经过以下几个步骤：①根据已有文献报道，参考前人的经验及在培养基成分确定时必须考虑的一些问题，初步确定可能的培养基成分；②通过单因子优化实验确定最适宜的各个培养基组分及最适浓度；③培养基成分和浓度范围基本确定后，最后采用一些合理的实验设计方法来进一步优化培养基中各成分的最适浓度。

作为一种适宜的培养基，首先必须满足产物最经济的合成，即所使用的培养基原材料的转化率要高。考察发酵过程的转化率的指标一般有两个：理论转化率和实际转化率。理论转化率是指理想状态下根据微生物的代谢途径进行物料衡算，所处的转化率的大小。实际转化率指实际发酵过程中转化率的大小，一般情况下该数值要小于理论转化率。因此，如何使实际转化率接近于理论转化率是发酵工艺控制的一个重要目标。

5.5.1 理论转化率的计算

对于确定的化学反应，其反应理论转化率可以通过反应方程式的物料衡算得出。微生物发酵实际上也是复杂的生物化学反应过程，因此理论转化率也是可以通过反应方程式的物料衡算得出来。由于生物反应的复杂性，要给出反应物和产物的代谢总反应方程式，必须对生物代谢过程的途径非常清楚，这一点对于有的发酵来说是相当困难的，单这方面的研究一直是发酵控制研究的重点问题。

例如，在利用葡萄糖转化生产酒精的过程中，代谢途径已比较清楚，其代谢总反应衡算式为

$$C_6H_{12}O_6 \longrightarrow 2C_2H_5OH + 2CO_2$$

因而，葡萄糖转化为酒精的理论得率：$Y=\frac{2\times 46}{162}=0.57$。

上面按照代谢反应方程式算出来的都是理论转化率，而在实际过程中还要考虑到用于菌体生长的维持消耗，对于前体还要考虑到实际利用率，其他营养物质也有相类似或另一些影响因素的存在，因而实际的转化率要小于理论转化率。但是理论得率为培养基成分在浓度确定时提供了重要参考。

5.5.2 培养基优化实验设计

在筛选培养基中确定使用的原材料种类和浓度配比时，经常采用的方法有单因子实验设

计、正交实验设计和响应面分析实验设计等。一般首先时通过单因子实验确定培养基的成分和浓度范围，然后通过多因子实验确定各组分的适宜浓度。

5.5.2.1　单因子实验设计

单因子实验是传统的有效方法，适用于培养基组成和单一培养成分的选择。在确认培养基基本组成之后，逐个改变某一种营养成分的品种或浓度进行试验，分析比较实验所得的菌种生长情况、碳氮代谢规律、pH 变化、产物合成速率等结果，从中确定应采用的原材料品种或配比浓度。

5.5.2.2　正交实验设计

单因子试验法在考察少数因素影响时经常采用。此法消耗大量的人力、物力和时间，其试验结果准确性不同。采用正交试验设计和均匀试验设计等数学方法，大大加速了试验的进程。例如，考察某发酵培养基中 8 种组分的组成与浓度配比试验，若采用单因子试验法，需作 7111 次实验，假如每个条件只做 2 只摇瓶，需 3 年 4 个月的时间才能完成。而采用正交实验设计法，只用了半年时间就选出优化的发酵培养基配方，其发酵单位提高了几倍。

例：确定某水解酶产酶培养基成分蔗糖、酵母膏、KH_2PO_4 的浓度。

首先根据经验值及单因子实验结果确定蔗糖、酵母膏、KH_2PO_4 的浓度变化见表 5-2，共 3 个因子，每个因子取三个水平。

表 5-2　因子水平表　（单位：g · L^{-1}）

水平	因子		
	A：蔗糖	B：酵母膏	C：KH_2PO_4
1	5	2	1
2	10	6	2
3	15	10	3

其次根据因子和水平数选择合适的正交表，这里选择 L_9（3^4）正交表，共安排 9 个实验点，正交表及实验结果见表 5-3。

表 5-3　正交表及实验结果

试验号	蔗糖（A）	酵母膏（B）	KH_2PO_4（C）	酶活/(U · ml^{-1})
1	1	1	1	34.95
2	1	2	2	32.64
3	1	3	3	26.54
4	2	1	2	41.05
5	2	2	3	34.80
6	2	3	1	25.79
7	3	1	3	33.76
8	3	2	1	31.30
9	3	3	2	24.82

实验结果及分析。正交实验结果统计分析方法有直观（极差）分析法和方差分析法两种。

1）直观分析法

直观分析法又称极差分析法。首先，分析因子 A（蔗糖）的影响情况：把因子 A 取 1 水平的三次实验（1，2，3）的实验结果取平均值，并计算 $k_1 = K_1/3 =$ (34.95 + 32.64 + 26.54)/3 = 31.37。

同理得因子 A 取 2 水平的 $k_2=33.88$，取 3 水平的 $k_3=29.96$。

由于正交表设计的特殊性，可以认为在比较因子 A 的 k_1、k_2、k_3 时，因子 B 和因子 C 对 k_1、k_2、k_3 的影响相同，k_1、k_2、k_3 之间的差异是由于因子 A 取三个不同的水平所产生的。而对于因素 A 的极差 $R=33.88-29.96=3.92$。

类似地，对于因子 B 和因子 C，可以算出相应的 k_1、k_2、k_3 和极差 R，结果见表 5-4。

表 5-4　正交实验直观结果分析结果

k 值	蔗糖（A）	酵母膏（B）	KH_2PO_4（C）
K_1	94.12	109.76	92.04
K_2	101.64	98.74	98.52
K_3	89.88	77.15	95.09
k_1	31.37	36.59	30.68
k_2	33.88	32.91	32.84
k_3	29.96	25.72	31.70
极差 R	2.51	10.87	2.16

为了直观起见，可以取因子的水平为横坐标，k_1、k_2、k_3 纵坐标，做出因子和实验结果的关系图，如图 5-1 所示。

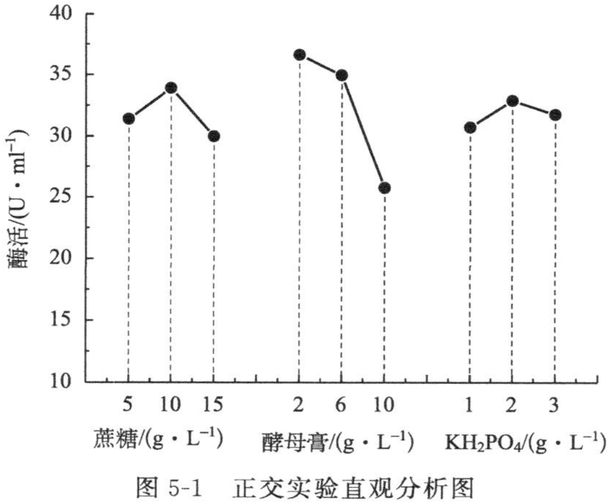

图 5-1　正交实验直观分析图

实验数据经过以上处理，就可以进行极差分析，步骤如下。

（1）比较各因子极差 R 的大小。极差越大，说明该因子的水平变动时，实验结果的变动越大，即该因子对实验结果的影响越大，从而可以按极差的大小来决定因子对结果影响的主次顺序。在本例实验中，影响顺序为：B＞A＞C。

（2）确定较适宜的配比。反映了因子各水平对实验结果的影响，因而最大的 k 值对应了最好的水平，对于本例较适宜的培养基配比为 $A_2B_1C_2$ 即蔗糖 10g/L，酵母膏 2g/L，KH_2PO_4 2g/L。

（3）进行趋势分析。对于本例，从图 5-1 中可见如果能进一步降低酵母膏的浓度，就有可能提高产酶水平。

2）方差分析法

直观分析法具有直观、简单的优点，因而得到了广泛的应用，但它的缺点是分析结果粗糙，往往不能从理论上给予确切的说明。而方差分析法是实验设计中传统的分析方法，其优点是通过统计分析的方法排除实验误差的干扰，得出比较科学的实验结论。对于本例实验，采用 SAS 8.0 分析统计软件对本正交实验各因素进行方差分析，结果见表 5-5。

表 5-5　正交实验方差分析结果

方差来源	偏差平方和	自由度	均方	F 值	Pr* ＞F	显著性
蔗糖	23.6	2	11.8	3.0	0.24	不显著
酵母膏	183.4	2	91.7	23.8	0.04	显著
磷酸盐	7.0	2	3.5	0.9	0.52	不显著
误差	7.69	2	3.84	—	—	—
总和	221.7	8	—	—	—	—
体系	214.1	6	35.7	9.3	0.10	较显著

* Pr＜0.05 表示显著；0.05＜Pr＜0.1 表示较显著；0.1＜Pr 表示不显著。

由上表可以看出，在葡萄糖、酵母膏和磷酸盐三个因素中，酵母膏的 Pr＜0.05，故属于对发酵结果有显著影响。此外，该正交实验体系的 $R^2=0.97$，0.1＞Pr＞0.05，考虑到生化实验的误差较大，故本例实验仍属于较显著。

5.5.2.3　响应面分析实验设计

响应面分析法（response surface analysis，RSM）方法是数学与统计学相结合的产物，它和其他统计方法一样，由于采用了合理的实验设计，能以最经济的方式、很少的实验次数和时间对实验进行全面研究，科学地提供局部与整体的关系，从而取得明确、有目的的结论。响应面分析法已经在食品、医药、生物工程、农业、天然物提取等领域被广泛应用。

利用微生物发酵生产各种有用代谢产物，其培养基成分种类繁多，各成分间的相互作用也错综复杂。因而，微生物培养基的优化工作就显得尤为重要。数学统计中的多种优化方法已开始广泛地应用于微生物发酵培养基的优化工作中，其中以响应面法的效果最为显著。

常用于相应面分析的软件有 SAS、METLAB、SPSS 等。现以 SAS 8.0 为例，介绍采用相应面分析法优化发酵培养基的组成。

例：采用相应面分析方法对某有机酸产生菌发酵培养基的主要组成葡萄糖、酵母膏和玉米浆进行优化。

（1）确定因子和水平。在考虑三种因素对产酸量影响时，采用 Box-Behnken 中心组合实验设计，用表 5-6 设置的三因素三水平方式分别进行 15 组实验，结果见表 5-7。

表 5-6　因子水平表　　（单位：$g \cdot L^{-1}$）

水平	因子		
	葡萄糖 X_1	酵母膏 X_2	玉米浆 X_3
−1	40	5	0
0	60	15	7.5
1	80	25	15

表 5-7　相应面实验安排及试验结果

实验号	列号			
	葡萄糖 X_1	酵母膏 X_2	玉米浆 X_3	产酸量 $Y/(g \cdot L^{-1})$
1	−1	−1	0	32.53
2	−1	1	0	27.87
3	1	−1	0	28.4
4	1	1	0	40.17
5	0	−1	−1	23.9
6	0	−1	1	36.1
7	0	1	−1	33.18
8	0	1	1	40.27
9	−1	0	−1	27.95
10	1	0	−1	34.46
11	−1	0	1	29.19
12	1	0	1	39.54
13	0	0	0	39.79
14	0	0	0	40.36
15	0	0	0	39.12

(2) 用 SAS 统计分析软件进行相应面优化。以产酸量为响应值，根据表 5-7 的试验结果用 SAS 统计分析软件进行多元回归分析。回归方程为

$$Y=39.7567+3.1287X_1+2.5700X_2+3.2012X_3-4.0458X_1^2-3.4683X_2^2$$
$$-2.9258X_3^2+4.1075X_1X_2+0.9600X_1X_3-1.2775X_2X_3$$

该回归分析的方差分析见表 5-8。

表 5-8　回归方程方差分析结果

参数	自由度	回归系数	均方差	t 值	Pr* > |t|	显著性
方程常数项	1	39.756 7	1.554 8	25.57	<0.000 1	显著
X_1	1	3.128 8	0.952 13	3.29	0.021 8	显著
X_2	1	2.570 0	0.952 13	2.70	0.042 8	显著
X_3	1	3.201 3	0.952 13	3.36	0.020 1	显著
X_1X_1	1	−4.045 8	1.401 4	−2.89	0.034 3	显著
X_2X_1	1	4.107 5	1.346 5	3.05	0.028 4	显著
X_2X_2	1	0.960 0	1.346 5	−2.47	0.056 2	较显著
X_3X_1	1	−3.468 3	1.346 5	0.71	0.507 8	不显著
X_2X_3	1	−1.277 5	1.346 5	−0.95	0.386 3	不显著
X_3X_3	1	−2.925 8	1.401 5	−2.09	0.091 2	较显著

* Pr<0.05 表示显著；0.05<Pr<0.1 表示较显著；0.1<Pr 表示不显著。

该方程体系 Pr 为 0.0285，属于显著范围，而回归系数 R^2 为 0.9187，考虑到微生物发酵实验的误差较大，该模型还是较适用于产酸量高低的理论预测。表 5-7 中表明 X_1、X_2、X_3 及 X_1X_2 交互项的影响都显著，X_3X_3较显著，而 X_2X_3 和 X_3X_1 不显著。

根据上述回归方程描绘出响应面分析图（图 5-2、图 5-4、图 5-6）及等高线图（图 5-3、图 5-5、图 5-7）。从响应面及等高线图可以看出随着葡萄糖、酵母膏、玉米浆浓度的增加，产酸量是增加的，但不是持续增大。当三种因素的浓度达到一定值后，产酸量反而开始下降。因此能通过此方法找到三因素的最佳配比，获得最佳理论结果。

为了进一步研究最佳响应值的范围，预测三因素最佳理论浓度，可利用 SAS 软件进行脊岭分析，通过脊岭分析得出回归模型存在最大值点时 X_1、X_2 和 X_3 取值分别为 0.840 298、0.773 012 和 0.516 163，产酸量的最大估计值为 42.89g/L，各因素相对应取值分别为葡萄糖 76.81g/L，酵母膏 22.70g/L，玉米浆 11.37g/L。

最后，需要在回归方程求出最佳的培养基因素条件下进行反复实验，以验证模型的可信度和准确性，从而优化发酵培养基的组成。

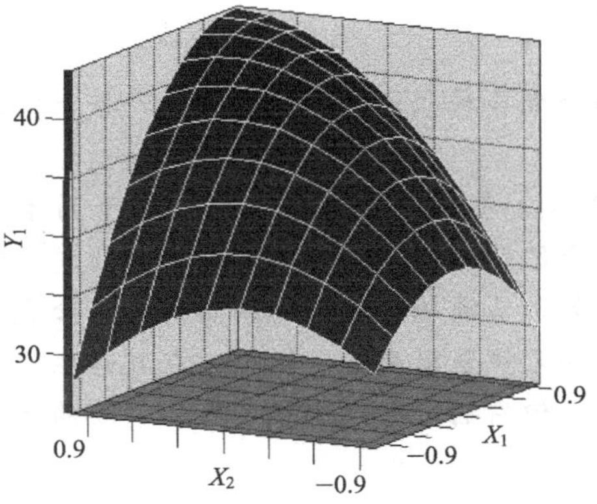

图 5-2　$Y=f(X_1, X_2)$ 响应面分析立体图（玉米浆 X_3=7.5g/L）

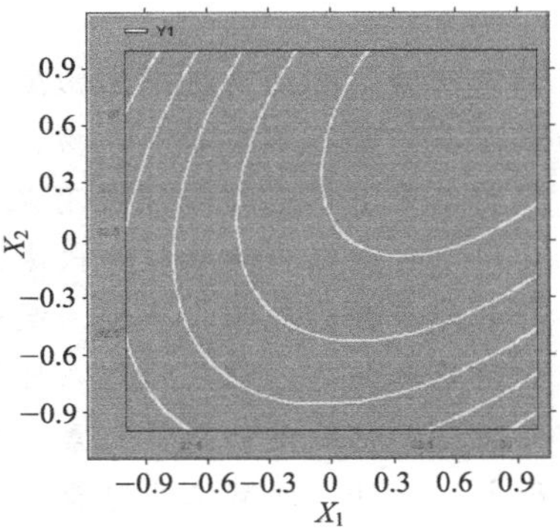

图 5-3　$Y=f(X_1, X_2)$ 响应面分析平面图（玉米浆 X_3=7.5g/L）

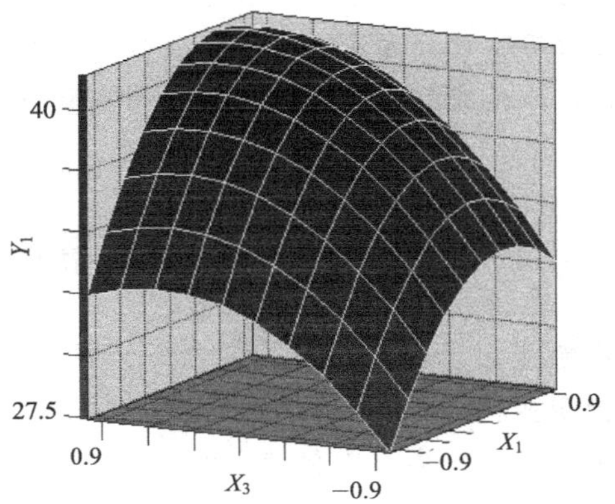

图 5-4　$Y=f(X_1, X_3)$ 响应面分析立体图（酵母膏 X_2=15g/L）

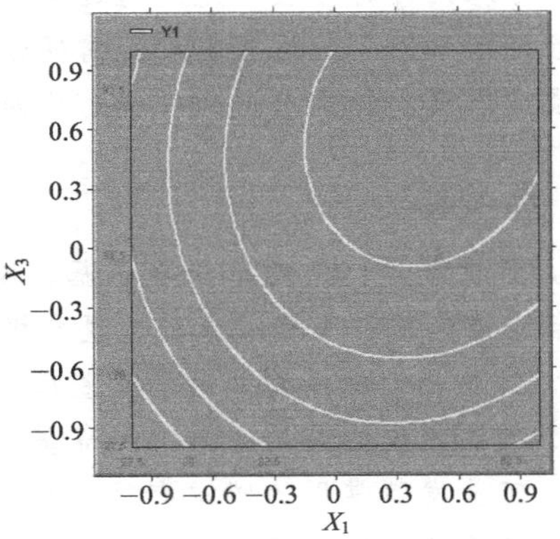

图 5-5　$Y=f(X_1, X_3)$ 响应面分析平面图（酵母膏 X_2=15g/L）

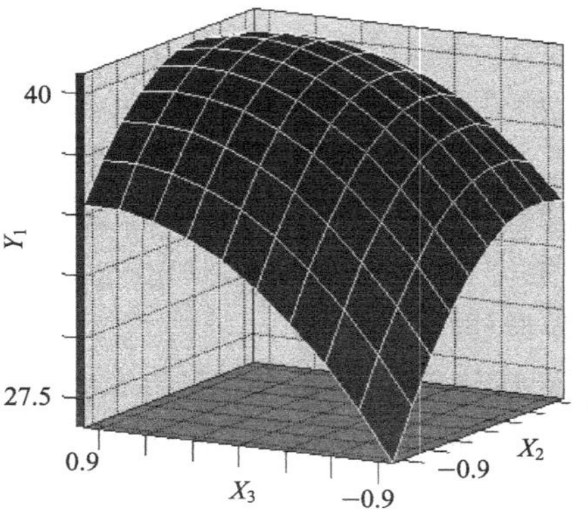

图 5-6　$Y=f(X_2, X_3)$ 响应面分析立体图（葡萄糖 $X_1=60g/L$）

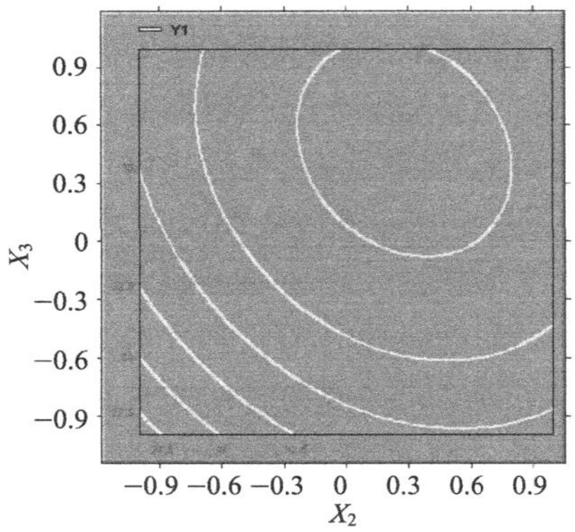

图 5-7　$Y=f(X_2, X_3)$ 响应面分析平面图（葡萄糖 $X_1=60g/L$）

本章小结

发酵工业培养基是提供微生物生长繁殖和生物合成各种代谢产物所需要的，按一定比例配制而成的多种营养物质的混合物。

在配制工业培养基时必须要有足够的碳源、氮源、无机盐、水分和生长调节因子等成分。凡是用于构成微生物细胞和代谢产物中碳素来源的营养物质均称为碳源，工业发酵常用的糖类可分为单糖、双糖、多糖、淀粉质类和糖蜜等。氮源是构成菌体细胞物质和含氮目的代谢产物的营养物质。常用的氮源可分为有机氮源和无机氮源两类。微生物在发酵生产过程中还需要某些无机盐类和微量元素，虽然用量很少，但它们对菌体生长发育和产物的生物合成影响很大。此外，发酵工业培养基中的成分还包括水、生长调节因子等。

微生物培养基的种类较多，按照纯度可分为合成培养基、天然培养基和复合培养基；按照状态可分为固体培养基、液体培养基和半固体培养基；按照用途可以分为孢子培养基、种子培养基、发酵培养基和补料培养基。

培养基设计时一般首先是通过单因子实验确定培养基的成分和浓度范围，然后通过多因子实验确定各组分的适宜浓度。需通过一些合理的实验设计方法来进一步优化培养基中各成分的最适浓度，经常采用的方法有单因子实验法、正交实验设计和响应面分析实验设计等。

复习题

1. 名词解释：发酵工业培养基、碳源、氮源、生长因子、前体、促进剂、响应面分析法、合成培养基、天然培养基、复合培养基。
2. 工业化大规模发酵的培养基应遵循原则有哪些？
3. 按照不同的分类方法，培养基的种类包括哪些？
4. 工业发酵常用的碳源有哪些？常用的糖类有哪些，各自有何特点？
5. 常用的无机氮源和有机氮源有哪些？有机氮源在发酵培养基中的作用？
6. 什么是前体？前体添加的方式？
7. 什么是生长因子？生长因子的来源？
8. 什么是产物促进剂？产物促进剂举例。

9. 什么是理论转化率？什么是实际转化率？

10. 培养基设计的一般步骤是什么？

11. 培养基优化的方法有哪些？

主要参考文献

白秀峰. 2003. 发酵工艺学. 北京：中国医药科技出版社

曹军卫，马辉文，张家耀. 2002. 微生物工程. 北京：科学出版社

黄方一，叶斌. 2006. 发酵工程. 武汉：华中师范大学出版社

黎锡流，曾利容. 1998. 甘蔗糖厂综合利用. 北京：中国轻工业出版社

李艳. 2007. 发酵工程原理与技术. 北京：高等教育出版社

刘志祥，曾超珍. 2009. 响应面法在发酵培养基优化中的应用. 北方园艺，(2)：127～129

姚汝华，云逢霖. 2004. 微生物工程工艺原理. 广州：华南理工大学出版社

余龙江. 2008. 发酵工程原理与技术应用. 北京：化学工业出版社

俞俊棠，唐孝宣，邬行彦，等. 2003. 新编生物工艺学（上册). 北京：化学工业出版社

俞俊棠，唐孝宣，邬行彦，等. 2003. 新编生物工艺学（下册). 北京：化学工业出版社

郑璞，朱蕾蕾，刘宇鹏. 2007. 琥珀酸放线杆菌发酵培养基的优化. 工业微生物，37 (5)：1～5

Ergun M，Mutlu S F. 2000. Application of a statistical technique to the production of ethanol from sugar beet molasses by *Saccharomyces cerevisiae*. Bioresour Technol，73：251～255

Kotzamanidis C，Roukas T，Skaracis G. 2002. Optimization of lactic acid production from beet molasses by *Lactobacillus delbrueckii* NCIMB8130. World J Microbiol Biotechnol，18：441～448

Liu Y P，Zheng P，Sun Z H，et al. 2008. Economical succinic acid production from cane molasses by *Actinobacillus succinogenes*. Bioresource Technology，99：1736～1742

第6章 发酵灭菌与空气的净化

内容提要：在发酵工业中，对微生物进行培养时，要求在没有任何杂菌污染的情况下进行，而生物反应系统中又常常有比较丰富的营养物质，极易滋生杂菌，从而使发酵过程受到破坏，会产生的不良后果如下。

(1) 杂菌滋生会使基质或产物损失，造成生成能力下降。

(2) 杂菌也会产生代谢产物，影响目标产物的分提取过程，造成得率降低，产品质量下降。

(3) 有些杂菌会分解产物，使生产失败。

(4) 杂菌大量繁殖后，会改变反应液的pH，使反应异常。

(5) 如果发生噬菌体污染，生产菌细胞将被裂解，使生产彻底失败。

正因如此，大多数培养过程要求必须在严格无菌的条件下培养，必须对生产设备、管道、培养基、消泡剂、通入的空气及补料等所有介质（生产菌除外）进行灭菌处理。同时，要对生产环境（车间、厂区等）进行消毒，防止发生污染。培养基灭菌的要求是达到要求的无菌程度（10^{-3}），在灭菌过程中尽量减少营养成分的破坏。

6.1 灭菌的方法

6.1.1 干热灭菌法

干热灭菌是利用电热或红外线在加热设备内将待灭菌物品加热到一定温度杀死微生物。干热对微生物造成氧化、蛋白质变性和电解质浓缩引起的中毒作用而使微生物死亡。由于微生物对干热的耐受力比对湿热强得多，干热灭菌所需要的温度高，时间也长，常用的干热灭菌条件为在160～170℃下保温1～2h（表6-1）。

表6-1 干热灭菌需要的温度和时间

灭菌温度/℃	170	160	150	140	121
灭菌时间/min	60	120	150	180	过夜

实验室通常使用电热干燥箱作为干热灭菌器。该法的使用范围：常用于空的玻璃器皿、金属用具和其他耐高温的物品的灭菌。其优点是灭菌器皿保持干燥。但带有胶皮、塑料的物品，以及培养基不能用干热法灭菌。

6.1.2 湿热灭菌法

利用饱和蒸汽进行灭菌的方法称为湿热灭菌法。由于蒸汽具有很强的穿透能力，而且在冷凝时会放出大量热能，使微生物细胞中的蛋白质、酶和核酸分子内部的化学键，特别是氢键受到破坏，引起不可逆的变性，造成微生物死亡。湿热灭菌的温度和时间需要根据灭菌对象和要求来决定。一般，水分含量增加，蛋白质凝固变性的温度降低。通常湿热灭菌条件为121℃，维持30min。

高压蒸汽灭菌是实验室、发酵工业生产中最常用的一种灭菌方法。一般培养基、玻璃器皿、无菌水、缓冲液、金属用具等都可以采用此法灭菌。

6.1.3　射线灭菌法

射线灭菌法是利用紫外线、X 射线、γ 射线、高速电子流的阴极射线或放射性物质产生的高能粒子进行灭菌的方法。其中，以紫外线最常用，以波长 260nm 灭菌效率最高。其杀菌作用主要是因为导致 DNA 胸腺嘧啶间形成胸腺嘧啶二聚体和胞嘧啶水合物，抑制 DNA 正常复制。此外，空气在紫外线辐射下产生的臭氧有一定杀菌作用。细菌芽孢和霉菌孢子对紫外线的抵抗力强，且紫外线的穿透力差，物料灭菌不彻底，只能用于物体表面、超净台及培养室等环境灭菌。

6.1.4　化学药剂灭菌法

某些化学试剂能与微生物发生反应而具有杀菌作用。常用的化学药剂有甲醛、漂白粉（次氯酸钠）、高锰酸钾、环氧乙烷、季铵盐（如新洁尔灭）等。由于化学药剂也会与培养基中的一些成分作用，且加入培养基后易残留在培养基内，因此，化学药剂不能用于培养基的灭菌，一般应用于器皿、生产小器具、双手、实验室、无菌室和发酵工厂环境的消毒。可采用浸泡、添加、擦拭、喷洒和气态熏蒸等方法。化学灭菌剂可分为三大类：表面消毒剂、抗代谢药物与抗生素。

1） 表面消毒剂

（1） 高锰酸钾。高锰酸钾溶液的灭菌作用是使蛋白质、氨基酸氧化，使微生物死亡，一般用 0.1%～0.25%的溶液。

（2） 漂白粉。漂白粉的化学名称是次氯酸盐（次氯酸钠），它是强氧化剂，也是廉价易得的灭菌剂。它的杀菌作用是次氯酸钠分解为次亚氯酸，后者不稳定，在水溶液中分解为新生态氧和氯，使细菌受强烈氧化作用而导致死亡，对杀死细菌和噬菌体均有效。漂白粉使用时配成质量分数 5%的溶液，用于喷洒生产场地，杀菌效果取决于喷洒的细度。

（3） 75%酒精溶液。75%酒精溶液的杀菌作用在于使细胞脱水，引起蛋白质凝固变性。对营养细胞、病毒、霉菌孢子均有杀死作用，但对细菌的芽孢杀死作用较差。常用于皮肤和器具表面杀菌。

（4） 新洁尔灭和杜灭芬。新洁尔灭（十二烷基二甲基苯甲基溴化铵）和杜灭芬（十二烷基二甲基乙苯氧基溴化铵）是表面活性剂类洁净消毒剂。它在水溶液中以阳离子形式与菌体表面结合，引起菌体外膜损伤和蛋白质变性。10min 能杀死营养细胞，但对细菌芽孢几乎没有杀灭作用。一般用于器具和生产环境的消毒，不能与合成洗涤剂合用，不能接触铝制品。

（5） 甲醛。甲醛（HCHO）是强还原剂，它能与蛋白质的氨基结合，使蛋白质变性，对氨基和蛋白质的变性有较强活性。使用时可以以 2 份 37%甲醛溶液与 1 份 $KMnO_4$ 混合，或者将 37%甲醛溶液直接加热，产生气态甲醛用于灭菌。甲醛灭菌的缺点是穿透力差。

（6） 戊二醛。戊二醛［$CHO(CH_2)_3CHO$］是近年来广泛使用的一种光谱、高效、速效杀菌剂，适用范围正逐渐扩大。戊二醛在酸性条件下，不具有杀死芽孢的能力，只有在碱性条件下（加入碳酸氢钠或碳酸钠），才具有杀死芽孢的能力，常用体积分数 2%的溶液，常用于器具、仪器和工具等灭菌。

（7） 过氧乙酸。过氧乙酸（CH_3COOOH）是强氧化剂，它是广谱、高效、速效的化学杀菌剂，对营养细胞、细菌芽孢、真菌孢子和病毒都有杀灭作用。一般使用 0.02%～0.2%的溶液。喷洒或喷雾进行空间灭菌。

(8) 酚类。苯酚(二元酚或多元酚)毒性较大,易污染环境,且水溶性差,使应用受到限制,而酚类衍生物的使用,扩大了作为消毒剂的使用范围。苯酚使用浓度 0.1%~0.15%,10~15min 杀死大肠杆菌。

(9) 焦碳酸二乙酯。焦碳酸二乙酯在 pH 8 的水溶液中,杀死细菌和真菌的浓度是 0.01%,pH 4.5 或以下时,杀菌效果更好,是比较理想的培养基灭菌剂。它还能杀灭噬菌体,切断噬菌体单链 DNA,抑制噬菌体 DNA 和蛋白质合成,并抑制寄生细胞自溶,是杀灭噬菌体有效的化学药剂。但它在水中的溶解度小,灭菌时应均匀加到培养基中,而且具有腐蚀性,避免接触皮肤。

2) 抗代谢药物

抗代谢药物是指能与体内代谢物发生特异性结合,从而影响或拮抗代谢功能的药物,通常它们的化学结构与体内的核酸或蛋白质代谢物相似。它能够竞争性地与特定酶结合而阻遏酶的活性,干扰正常代谢来抑制或杀死细胞。例如,磺胺类化合物取代对氨基苯甲酸对病原性球菌、痢疾杆菌起作用,抗硫胺素取代硫胺素对金黄色葡萄球菌起作用,异烟肼取代吡哆醇对结核杆菌起作用。

3) 抗生素

抗生素是很好的抑菌或灭菌剂,但各种抗生素对细菌和真菌的抑制或杀灭作用有选择性,一种抗生素不能抑制或杀死所有的微生物。例如,青霉素抑制细胞壁合成主要作用于革兰氏阳性菌(G^+)和部分革兰氏阴性菌(G^-),链霉素、卡那霉素等干扰蛋白质合成作用于 G^+、G^-、结核分枝杆菌,制霉菌素损害细胞膜作用于酵母菌、白色念珠菌,创新霉素抑制 RNA 合成作用于大肠杆菌等。

6.1.5 过滤除菌法

过滤除菌法是利用过滤方法阻留微生物,达到除菌的目的。此法仅适用于不耐高温的液体培养基组分和空气的过滤除菌。工业上常用过滤法大量制备无菌空气,供好氧微生物的液体深层发酵使用。

6.1.6 火焰灭菌法

利用火焰直接杀死微生物的灭菌方法称为火焰灭菌法。该方法简单,灭菌彻底,但适用范围有限,仅适用于金属小用具,如接种针、接种环、接种铲、小刀、镊子等及玻璃三角瓶口等器具的灭菌。

6.2 培养基和设备的灭菌

培养基灭菌的最基本的要求是杀死培养基中混杂的微生物,再接入纯菌以达到培养的目的。在发酵工业中,对于大量培养基和发酵设备的灭菌,最有效、最常用的方法是湿热灭菌法。衡量湿热灭菌的指标很多,最常用的是"热死时间",即在规定的温度下杀死一定比例的微生物所需要的时间。在培养基灭菌过程中,微生物被杀死的同时,培养基成分也会因受热而被部分破坏。所以,灭菌的要求是既要达到灭菌的目的,又要使培养基组成成分的破坏减少至最低。因此,恰当掌握加热温度和受热时间是灭菌工作的关键。为此,就必须了解在灭菌过程中温度、时间对微生物死亡和营养成分破坏的关系。

6.2.1 湿热灭菌的原理

6.2.1.1 微生物的热阻

每种微生物都有一定的生长温度范围。当微生物处于生长温度的下限时,代谢作用几乎停止而处于休眠状态；当温度超过生长温度的上限时，微生物细胞中的蛋白质等大分子物质会发生不可逆变性，使微生物在很短时间内死亡，加热灭菌就是根据微生物的这一特性进行的。一般微生物的营养细胞在 60℃下加热 10min 全部死亡。但细菌芽孢能耐受较高的温度，在 100℃需要数分钟甚至数小时才能被杀灭。某些嗜热菌的芽孢在 120℃下需 30min 甚至更长时间才能杀灭。所以，一般衡量灭菌彻底与否，是以能否杀灭芽孢细菌为标准。

杀死微生物的极限温度称为致死温度。在致死温度下，杀死全部微生物所需要的时间称为致死时间。在致死温度以上，温度愈高，致死时间愈短。由于不同种类微生物及微生物细胞和微生物孢子对热的抵抗力不同，它们的致死温度和致死时间也有很大差别。微生物对热的抵抗力称为热阻，指微生物在某一特定条件下（主要是温度）的致死时间。相对热阻是指某一微生物在某一条件下的致死时间与另一微生物在相同条件下的致死时间之比。表 6-2 是几种微生物对湿热的相对热阻。

表 6-2　各种微生物对湿热的相对热阻

微生物	相对热阻
细菌和酵母营养细胞	1.0
细菌芽孢	3×10^6
霉菌孢子	2～10
病毒和噬菌体	1～5

6.2.1.2　微生物热死的规律——对数残留定律

微生物的热死是指微生物的受热失活，但其物理性质不变。微生物虽然是一复杂的高分子体系，但受热死亡是由蛋白质变性所致。在一定温度下，微生物热死遵循分子反应速度理论。对微生物进行湿热灭菌时，培养基中的微生物受热死亡的速率与瞬间残存的微生物数量成正比，这就是对数残留定律。微生物营养细胞的均相热死动力学符合化学反应的一级反应动力学，即

$$dN/dt=-\kappa N \tag{6-1}$$

式中，N-培养基活菌体残留个数，个；t-灭菌时间，s；κ-反应速率常数，也称比死亡速率常数，1/s，与灭菌温度、菌种特性有关；dN/dt-活菌体的瞬时变化速率，即死亡速率，个/s。

积分上式，即

$$\int_{N_0}^{N_t} dN/dt=\kappa\int_0^t dt \tag{6-2}$$

$$N=N_0 e^{-\kappa t} \tag{6-3}$$

两边取对数，即

$$t=\frac{1}{\kappa}\ln\frac{N_0}{N_t}\text{ 或 }t=\frac{2.303}{\kappa}\lg\frac{N_0}{N_t} \tag{6-4}$$

式中，N_0-开始灭菌时原有的活菌数，个；N_t-经过 t 时间后残留活菌数，个。

上式是计算灭菌的基本公式，从中可知灭菌时间取决于污染程度（N_0）、灭菌程度（残留菌数 N_t）和 κ 值。在灭菌过程中需要考虑两个问题。①培养基中有各种微生物，不可能全部考虑，如果将全部微生物均作为耐热的细菌芽孢来计算灭菌温度和时间，就得延长灭菌时间和提高温度。因此，一般只将芽孢细菌和细菌的芽孢数之和作为计算依据比较合理。

②灭菌程度，即残留菌数。从式（6-4）还可看出，如果要求完全彻底灭菌，即残留菌数 $N_t=0$ 时，需要的灭菌时间为无穷大，事实上是不可能的。因此，工程上在进行灭菌设计时，一般采用 $N_t=0.001$，即在 1000 次灭菌中允许有一次染菌机会。

将存活率 N_t/N_0 对时间 t 在半对数坐标上标绘，可以得到一条直线，其斜率的绝对值即比死亡速率常数 κ。图 6-1 为某些微生物的残留曲线。

在实际过程中，某些微生物受热死亡的速率是不符合对数残留规律的。将其 N_t/N_0 对灭菌时间 t 在半对数坐标中标绘得到的残留曲线不是直线，图 6-2 为嗜热脂肪芽孢杆菌的芽孢在不同温度下的死亡曲线。呈现这种热死亡非对数动力学行为的主要是一些微生物芽孢。有关这一类热死亡动力学的行为，虽然可用多种模型来描述，但其中以 Prokop 和 Humphey 所提出的“菌体循序死亡模型”最有代表性。

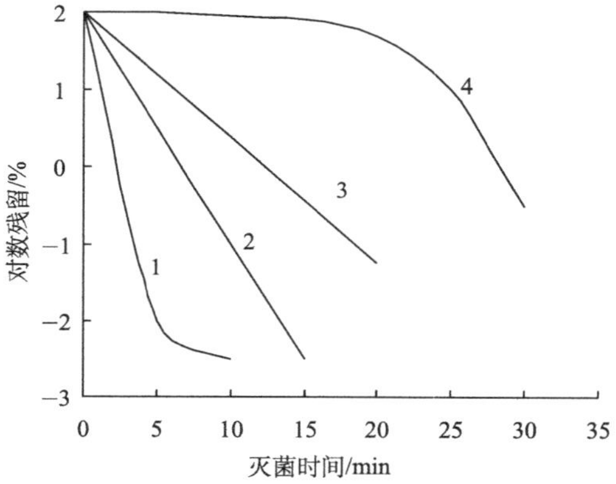

图 6-1 某些微生物的残留曲线

1-子囊青霉（ascospore of *Penicillium*）；2-腐化厌氧菌（*Putrefactive anaerobe*）；3-大肠杆菌（*E. coli*）；4-菌核青霉（sclerotia of *Penicillium*）

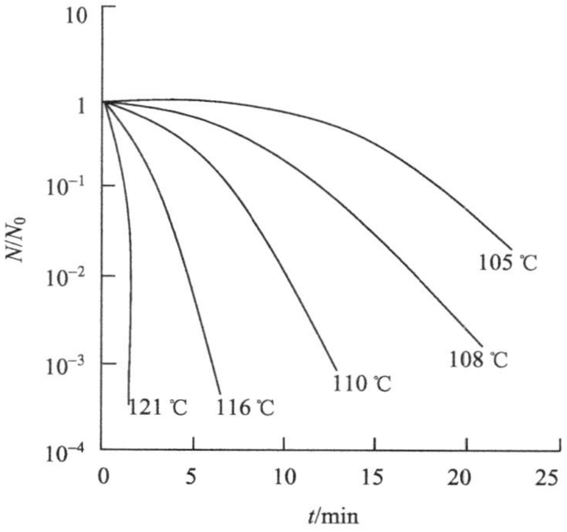

图 6-2 嗜热脂肪芽孢杆菌的芽孢在不同温度下的死亡曲线

“菌体循序死亡模型”假设耐热性微生物芽孢的死亡不是突然的，而是渐变的，即耐热性芽孢先转变为对热敏感的中间态芽孢，然后转变成死亡的芽孢。

6.2.1.3 反应速率常数

反应速率常数 κ 是微生物耐热性的一种特征，它随微生物种类和灭菌温度而异。相同温度下，κ 值越小，则此微生物越耐热。同一种微生物在不同灭菌温度下，κ 值不同，灭菌温度越低，κ 值越小，温度越高，κ 值越大。因此，提高灭菌温度，κ 值增大，灭菌时间显著缩短。在 121℃细菌芽孢的 κ 值约为 1min^{-1}，而营养细胞的 κ 值为 $10\sim10^{10}\text{min}^{-1}$。121℃某些细菌芽孢的 κ 值见表 6-3。

表 6-3 121℃某些细菌芽孢的 κ 值

细菌芽孢名称	κ 值/min^{-1}
枯草芽孢杆菌 FS5230	3.8～2.6
硬脂嗜热芽孢杆菌 FS1518	0.77
硬脂嗜热芽孢杆菌 FS617	2.9
产气梭状芽孢杆菌 PA3679	1.8

6.2.2 培养基灭菌温度的选择

培养基灭菌过程中，除微生物被杀死外，还伴随着培养基成分被破坏，在加热下氨基酸、维生素等受破坏。培养基灭菌时，必须选择既能达到灭菌目的，又能使培养基成分破坏减至最少的条件。

灭菌过程微生物死亡属于一级反应动力学类型。在其他条件不变时，反应速率 κ 与温度的关系可用阿累尼乌斯方程式表示，即

$$\kappa = A \cdot e^{-E/RT} \tag{6-5}$$

式中，A-比例常数；E-反应需要的活化能，4.18J/mol；R-气体常数，4.18×1.987J/(mol·K)；T-绝对温度，K。

式（6-5）改写为

$$\lg\kappa = \frac{-E}{2.303RT} + \lg A \tag{6-6}$$

以 $\lg\kappa$ 对 $1/T$ 作图得直线，其斜率为 $\frac{-E}{2.303R}$，截距为 $\lg A$，从斜率和截距可求得 A 和 E 值（图 6-3）。

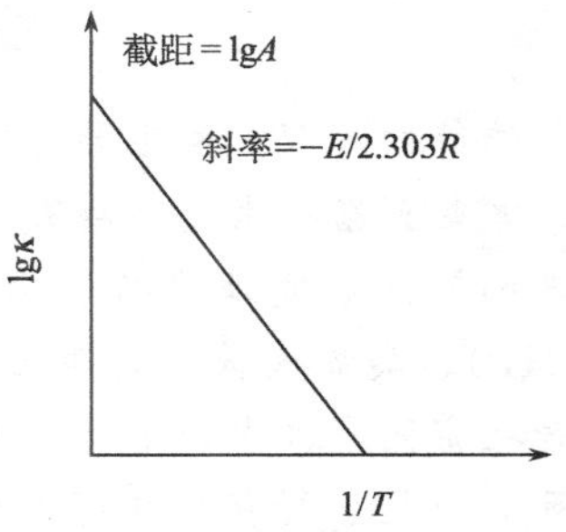

图 6-3 温度与速度常数的关系

培养基营养物质破坏反应动力学方程也符合以一级分解反应反应动力学。即

$$dC/dt = -\kappa' C \tag{6-7}$$

式中，C-反应物浓度，mol/L；t-反应时间，s；κ'-反应速率常数，1/s，随稳定与反应类型而变化。

在化学反应中，其他条件不变，培养基反应速率常数 κ' 与温度的关系同样可用阿累尼乌斯方程式表示，即

$$\kappa' = A' \cdot e^{-E'/RT} \tag{6-8}$$

式中，A'-比例常数；E'-营养物质破坏需要的活化能，4.18J/mol；R-气体常数，4.18×1.987J/(mol·K)；T-绝对温度，K。

在灭菌过程中，培养基受热时温度从 T_1 上升到 T_2 时，活菌比死亡速率常数 κ 和培养基破坏速度常数 κ' 的变化情况为

$$\kappa_1 = A \cdot e^{-E/RT_1} \tag{6-9}$$

$$\kappa_2 = A \cdot e^{-E/RT_2} \tag{6-10}$$

将两式相除并取对数得

$$\ln\kappa_2/\kappa_1 = E/R(1/T_1 - 1/T_2) \tag{6-11}$$

同样，对于培养基成分的破坏也可以得到类似关系，即

$$\ln\kappa'_2/\kappa'_1 = E'/R(1/T_1 - 1/T_2) \tag{6-12}$$

将式（6-11）和式（6-12）相除得

$$(\ln\kappa_2/\kappa_1)/(\ln\kappa'_2/\kappa'_1) = E/E' \tag{6-13}$$

由于灭菌时杀死微生物的活化能 E 大于培养基成分破坏的活化能 E'（表 6-4），因此，随着温度的上升，微生物比死亡速率常数增加倍数要大于培养基成分破坏分解速率常数的增

加倍数，也就是说，当灭菌温度升高时，微生物死亡速率大于培养基成分破坏的速率。根据这一理论，培养基灭菌一般选择高温快速灭菌法，换言之，为达到相同的灭菌效果，提高灭菌温度可以明显缩短灭菌时间，并可减少培养基因受热时间长遭到破坏的损失。

表 6-4 B 族维生素和细菌芽孢的活化能

名称	活化能 E
叶酸	16 800×4.18J/mol
泛酸	21 000×4.18J/mol
维生素 B_{12}	23 000×4.18J/mol
维生素 B_1	26 000×4.18J/mol
嗜热芽孢杆菌 1518	67 000×4.18J/mol
腐化嫌气菌	72 000×4.18J/mol
肉毒梭状芽孢杆菌	82 100×4.18J/mol

延伸阅读——新型非热灭菌技术

传统的灭菌方法主要为热灭菌，但即使是超高温瞬时灭菌也会对食品营养造成很大损伤。非热灭菌技术又称冷灭菌技术，就是不以热致死为主要机制的灭菌方法，保持食品的营养和最大限度地维持食品的色、香、味等品质，现在已经比较成熟的有超高压灭菌(UHP)、臭氧灭菌、超声波灭菌、辐照灭菌、脉冲电场灭菌等技术。超高压灭菌技术，就是在密闭容器内，用水作为介质对软包装食品等物料施以400～600MPa的压力，从而杀死其中几乎所有的细菌、霉菌和酵母菌，灭菌的机制是通过破坏菌体蛋白中的非共价键，使蛋白质高级结构破坏，从而导致蛋白质凝固及酶失活。臭氧是一种强氧化剂，在常温下能自行降解产生大量的自由基，最显著的是氢氧根自由基，因而具有强氧化性。同时，臭氧又是一种良好的灭菌剂。超声波是频率大于20kHz以上的声波，是一种机械振动在媒质中的传播过程。其作用原理是，当超声波强度超过某一空化阀值时，在液体中产生空化现象，即液体中微小的泡核在超声作用下被激活，它表现为泡核的振荡、生长、收缩及崩溃等一系列动力学过程。空化泡绝热收缩及崩溃的瞬间，产生强大冲击波，使细菌或病毒丧失毒力，甚至会使细菌形态结构破裂和溶解，从而起到杀菌作用。辐射灭菌主要是利用 ^{60}Co 或 ^{137}Cs 发出的γ射线，其穿透力强，当穿过生命有机体时，使得机体中的水和其他物质发生电离，从而起到杀虫、杀灭微生物的作用。脉冲电场灭菌是利用在两个电极间产生的瞬时高压，以脉冲电场作用于食品等物料进行灭菌处理。脉冲电场灭菌技术的主要原理是基于细胞结构和液态食品体系间的电学特性差异而进行。当把液态食品作为电解质置于电场中时，食品中微生物的细胞膜在强电场作用下产生不可修复的穿孔或破裂，使组织细胞受损，导致微生物灭活。随着现代科技的发展，新型的灭菌技术不断涌现，如微波灭菌、等离子体灭菌、光脉冲灭菌、磁力灭菌、半导体光催化灭菌、激光灭菌、电阻加热灭菌等技术。

6.2.3 培养基的分批灭菌

分批灭菌就是将配制好的培养基放入发酵罐或其他装置中，通入蒸汽将培养基和所用设备一起进行灭菌的操作过程，也称实罐灭菌或间歇灭菌（简称实消）。分批灭菌不需要专门的灭菌设备，投资少，设备简单，灭菌效果可靠。因此，分批灭菌是中小型发酵罐常用的一种灭菌方法。

6.2.3.1　分批灭菌工艺过程

分批灭菌过程包括升温、保温和冷却三个阶段，各阶段对灭菌的贡献：20%、75%、5%。在进行培养基灭菌之前，通常应先把发酵罐的分空气过滤器灭菌并用无菌空气吹干。开始灭菌时，应排放夹套或蛇管中的冷水，开启排气管阀，向夹套内通入蒸汽，当发酵罐的温度升至 80℃时，开始由空气管、取样管和放料管通入蒸汽，当发酵罐内温度达到 120℃，压力达到 1×10^5 Pa（表压）时，灭菌进入保温阶段。在保温阶段，凡液面以下各管道都应通蒸汽，液面以上其余各管道则应排蒸汽，不留死角，维持压力、温度恒定直到保温结束，再依次关闭各排气、进气阀门，并通过空气过滤器迅速向罐内通入无菌空气，维持发酵罐降温过程中的正压，且在夹套或蛇管中通入冷却水，使培养基的温度降到所需温度。

6.2.3.2　灭菌时间的计算

如果不计升温阶段所杀灭的菌数，把培养基中所有的菌均看作是在保温阶段（灭菌温度）被杀灭，这样可以简单地利用式（6-4），粗略地求得灭菌所需的时间。

例 6-1：有一发酵罐内装 40m^3 培养基，在 121℃下进行实罐灭菌。原污染程度为每 1ml 有 2×10^5 个耐热细菌芽孢，121℃时灭菌速度常数为 1.8min^{-1}。求灭菌失败率为 0.001 时所需要的灭菌时间。

解：　$N_0=40\times10^6\times2\times10^5=8\times10^{12}$（个）

$N_t=0.001$（个）　　$\kappa=1.8(min^{-1})$

灭菌时间为

$$t=\frac{2.303}{\kappa}\lg\frac{N_0}{N_t}=\frac{2.303}{1.8}\lg(8\times10^{12})=20.34(min)$$

但是实际上，培养基在加热升温时（即在升温阶段）就会有部分菌被杀灭，特别是当培养基加热到 100℃以上，这个作用较为显著。因此，保温灭菌时间实际上比上述计算的要短。严格地讲，在降温阶段也有杀菌作用，但降温时间短，在计算时一般不考虑。

6.2.4　培养基的连续灭菌

连续灭菌就是将配制好的培养基向发酵罐等培养装置输送的同时进行加热、保温和冷却等灭菌操作过程。连续灭菌时，培养基能在短时间内加热到保温温度，并能很快被冷却，因此，可比在分批灭菌更高的温度下灭菌，而保温时间则很短，这样就有利于减少营养物质的破坏，提高发酵产率。

培养基采用连续灭菌时，发酵罐应在连续灭菌开始前先进行空罐灭菌，以容纳经过灭菌的培养基。加热器、维持罐和冷却器也应先进行灭菌，然后才能进行培养基连续灭菌。

6.2.4.1　连续灭菌的流程

连续灭菌可采用高温短时灭菌，营养成分破坏少，有利于提高发酵产率；发酵罐利用率高；蒸汽负荷均衡；采用板式换热器时，可节约大量能量；适宜采用自动控制，劳动强度小。组成培养基的耐热性物料和不耐热性物料可在不同温度下分开灭菌，以减少物料受热破坏的程度，也可将糖和氮源分开灭菌，以免醛基与氨基受热发生反应生成有害物质。

喷淋冷却连续灭菌流程是常用的连续灭菌流程（图 6-4）。培养基由配料罐放出，通过蒸汽预加热后，用连消泵送入气液混合器或连消塔底端，料液被加热到灭菌温度（126～

132℃）后，由顶部流出，进入维持罐，维持 5～7min，再由维持罐上部侧面管道流出，维持罐内最后的培养液由底部排尽，经喷淋冷却器冷却到发酵温度，送入发酵罐。

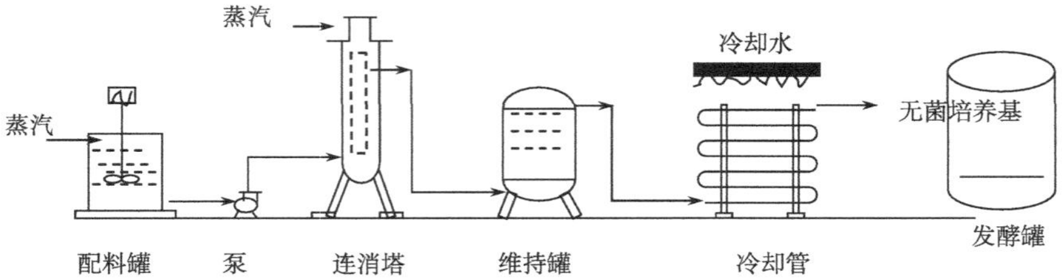

图 6-4　喷淋冷却连续灭菌流程图

喷射加热连续灭菌流程也是常用的连续灭菌流程（图 6-5）。蒸汽直接喷入培养基，因此培养基急速升温到预定的灭菌温度，在此温度下的保温时间由维持段管子的长度来保证，灭菌后培养基通过一膨胀阀进入真空冷却器，急速冷却。该流程由于受热时间短，故温度可升到 140℃而不会引起培养基的严重破坏。该流程能保证培养基先进先出，避免过热或灭菌不彻底的现象。

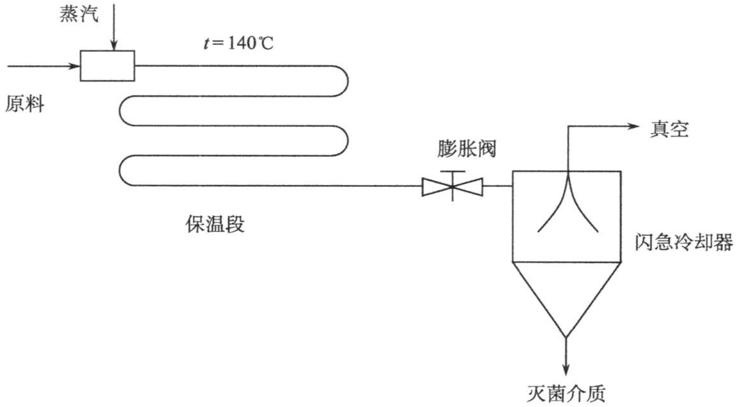

图 6-5　喷射加热连续灭菌流程

薄板换热器连续灭菌流程是比较节能的流程（图 6-6）。该流程采用了薄板换热器作为培养液的加热和冷却器，蒸汽在薄板换热器的加热段使培养液的温度升高，经维持段保温一定时间

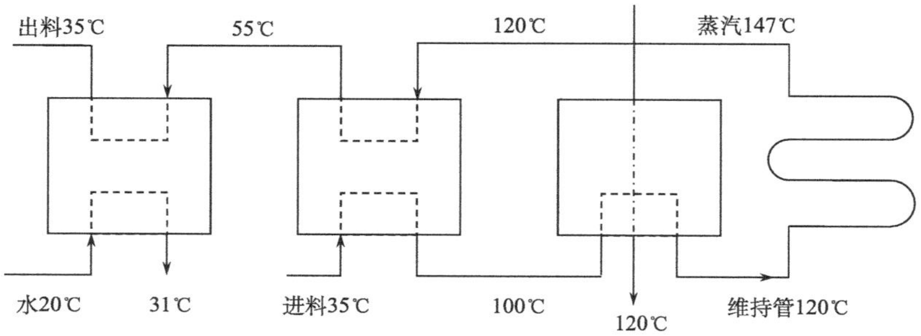

图 6-6　薄板换热器连续灭菌流程

后，培养基在薄板换热器的冷却段进行冷却，从而使培养基的预热、加热灭菌及冷却过程可在同一设备内完成。该流程的加热和冷却时间比喷射加热连续灭菌流程要长些，但由于在培养基的预热过程同时也起到了灭菌后培养基的冷却的作用，因而节约了蒸汽和冷却水的用量。

6.2.4.2　连续灭菌的计算

连续灭菌的时间，仍可用式（6-4）计算，但培养基中的含菌数，应改为每毫升培养基的含菌数。

例 6-2：若将例 6-1 中的培养基采用连续灭菌，灭菌温度为 131℃，此温度下灭菌速率常数为 15min^{-1}，求灭菌所需要的维持时间。

解：$N_0 = 2\times10^5$（个/ml）

$N_t = 1/(40\times10^6\times10^3) = 2.5\times10^{-11}$（个/ml）

$$t=\frac{2.303}{\kappa}\lg\frac{N_o}{N_t}=\frac{2.303}{15}\lg\left[2\times10^5/(2.5\times10^{-11})\right]=2.37\ (\text{min})$$

6.2.4.3　连续灭菌与分批灭菌的比较

连续灭菌与分批灭菌都有各自的优缺点，见表 6-5。由表可见，无论在理论上或者在实践上，与分批灭菌过程相比，连续灭菌的优点十分明显。因此，连续灭菌越来越多地被用于培养基的灭菌。

表 6-5　连续灭菌与分批灭菌优缺点比较

灭菌方式	优点	缺点
连续灭菌	①灭菌温度高，可减少培养基中营养物质的损失 ②操作条件恒定，灭菌质量稳定 ③易于实现管道化和自控操作 ④避免了反复的加热和冷却，提高了热的利用率 ⑤发酵设备利用率高	①对设备的要求高，需另外设置加热、冷却装置 ②操作较麻烦 ③染菌的机会较多 ④不适合于含大量固体物料的灭菌 ⑤对蒸汽的要求高
分批灭菌	①设备要求低，不需另外设置加热、冷却装置 ②操作要求低，适于手动操作 ③适合于小批量生产规模 ④适合于含有大量固体物质的培养基的灭菌	①培养基的营养物质损失较多，灭菌后培养基的质量下降 ②需进行反复的加热和冷却，能耗较高 ③不适合于大规模生产过程的灭菌 ④发酵罐的利用率较低

6.3　空气除菌

在发酵工业中，绝大多数是利用好气性微生物进行纯种培养，氧气则是微生物生长和代谢必不可少的条件。工业生产中通常采用空气作为氧气来源，但空气中含有各种各样的微生物，这些微生物随着空气进入培养液，在适宜的条件下，它们会迅速大量繁殖，消耗大量的营养物质并产生各种代谢产物；干扰甚至破坏预定发酵的正常进行，使发酵产率下降，甚至彻底失败。因此，必须除去或杀灭空气中的微生物。空气净化的方法很多，但各种方法的除菌效果、设备条件和经济指标各不相同，常采用介质过滤法。经冷却的压缩空气带有大量水分和油，也必须要除去。因此，无菌空气的制备就成为发酵工程中的一个重要环节。实际生产中所需的除菌程度根据发酵工艺要求而定，既要避免染菌，又要尽量简化除菌流程，以减少设备投资和正常运转的动力消耗。

6.3.1 空气除菌方法

发酵工业应用的“无菌空气”是指通过除菌处理使空气中含菌量降低在一个极低的百分数，从而能控制发酵污染至极小机会。此种空气称为“无菌空气”。生产上使用的空气量大，要求处理的空气设备简单，运行可靠，操作方便，现就各种除菌方法简述如下。

1）辐射灭菌

α射线、X射线、β射线、γ射线、紫外线、超声波等从理论上讲都能破坏蛋白质，破坏生物活性物质，从而起到杀菌作用。但应用较广泛的还是紫外线，它在波长为260nm时杀菌效力最强，通常用于无菌室和医院手术室。辐射灭菌一般仅用于物体表面及有限空间空气的灭菌，在大生产中应用还有很多问题。

2）加热灭菌

虽然空气中的细菌芽孢是耐热的，但温度足够高也能将它破坏。例如，悬浮在空气中的细菌芽孢在218°C下24s就被杀死。但是如果采用蒸汽或电热来加热大量的空气，以达到灭菌目的，这样太不经济。利用空气压缩时产生的热进行灭菌对于无菌要求不高的发酵来说则是一个经济合理的方法。利用压缩热进行空气灭菌，温度可以达到为200°C以上，压缩后的空气用管道或储气罐保温一定时间以增加空气的受热时间，促使有机体死亡。

3）静电除菌

近年来一些工厂已使用静电除尘器除去空气中的水雾、油雾和尘埃，同时也除去了空气中的微生物。对1μm的微粒去除率达99%，消耗能量小，每处理1000m^3的空气每小时只耗电0.4～0.8kW。空气的压力损失小，一般仅（3～15）×133.3Pa。但对设备维护和安全技术措施要求较高。静电防尘是利用静电引力来吸附带电粒子而达到除尘、除菌的目的。静电除菌缺点是设备庞大，需要采用高压电技术，且一次性投资较大；对发酵工业来说，其捕集率尚嫌不够，需要采取其他措施。

4）介质过滤除菌

介质过滤除菌是目前发酵工业上常使用的空气除菌方法。它采用定期灭菌的干燥介质来阻截流过的空气中所含的微生物，从而制得无菌空气。常用的过滤介质有棉花，活性炭或玻璃纤维，有机合成纤维，有机和无机烧结材料等。由于被过滤的气溶胶中微生物的粒子很小，一般只有0.5～2μm，而过滤介质的材料一般孔径都大于微粒直径几倍到几十倍，因此过滤机制比较复杂。

随着工业的发展，过滤介质逐渐由天然材料棉花过渡到玻璃纤维、超细玻璃纤维和石棉板、烧结材料（烧结金属、烧结陶瓷、烧结塑料）、微孔超滤膜等。而且过滤器的形式也在不断发生变化，出现了一些新的形式和新的结构，把发酵工业中的染菌控制在极小的范围。

6.3.2 介质除菌的原理

过滤除菌是工业上广泛使用的除菌方法，按过滤机制不同可分为绝对过滤和深层介质过滤。绝对过滤是利用微孔滤膜，如纤维树脂微孔滤膜（≤0.5μm），硅酸硼纤维微孔滤膜（0.1μm），聚四氟乙烯微孔滤膜（0.2μm或0.5μm），其空隙小于0.5μm，甚至小于0.1μm（一般细菌大小为1μm），将空气中的细菌滤除。深层过滤又分为两种，一是以纤维（棉花、玻璃纤维、尼龙）、颗粒状介质（活性炭）为过滤层（介质层厚），其空隙大于50μm，远大于细菌，因此，这种除菌不是真正的过滤，而是靠惯性、阻截、扩散和静电等作用将细菌截留；二是以超细玻璃纤维（纸）、石棉板、烧结金属板、聚乙烯醇、聚四氟乙烯等作为过滤介质（介质层薄），其空隙大于 0.5μm，因此，仍属于深层过滤的范畴。

6.3.2.1　惯性碰撞滞留作用

当微生物等颗粒随空气以一定速度流动，在接近纤维时，气流碰到纤维而受阻，空气就改变运动方向绕过纤维继续前进。但微生物等颗粒由于具有一定质量，在以一定速度运动时具有一定惯性，碰到纤维时，由于惯性作用而离开气流碰到纤维表面上，由于摩擦、黏附作用，被滞留在纤维表面上。

当气流速度达到一定时，惯性冲击滞留作用是介质过滤的主要作用。当气流速度下降时，微粒的运动速度也下降，动量减小，惯性力下降，微粒脱离主导气流的可能性也减小，相应纤维滞留作用减小，即捕获效率下降。气流速度下降到微粒的惯性力不足以使其脱离主导气流对纤维产生碰撞时，即在气流的任一处，微粒也随气流改变运动方向绕过纤维前进，纤维的碰撞滞留效率等于零，这时的气流速度称为惯性碰撞的临界速度。

6.3.2.2　阻截滞留作用

当气流速度在临界速度以下，颗粒不再由于惯性碰撞而滞留。但是，颗粒质量很小，在气流绕过纤维时，颗粒仍然随气流运动，在气流速度低时，在纤维周边形成一层边界滞留区，在滞流区内气流速度更慢，进入滞留区的颗粒缓慢接近纤维，并与之接触，由于摩擦、黏附作用而被滞留。这就是阻截（拦截）滞留作用。阻截作用在介质过滤除菌中并非主要作用，因为在实际过滤中气流速度不可能很慢。

6.3.2.3　布朗扩散运动作用

直径小于 1μm 的微粒在很慢的气流中能产生一种不规则的直线运动，即布朗运动，使较小的颗粒凝聚为较大颗粒，随即可能产生重力沉降或被过滤介质截留。微粒越小，分子运动的速度越大。空气流速低时，分子运动比较显著，微粒被去除的概率增加；气流速度大时，凝聚现象为惯性碰撞所取代。

6.3.2.4　重力沉降作用

微粒虽小，但仍具有重力。当微粒重力超过空气作用于其上的浮力时，即发生一种沉降加速度。当微粒所受的重力大于气流对它的拖带力时，微粒就发生沉降现象。就单一重力沉降而言，大颗粒比小颗粒作用显著，一般 50μm 以上的颗粒沉降作用才显著。对于小颗粒只有气流速度很慢时才起作用。重力沉降作用一般是与拦截作用相配合，即在纤维的边界滞留区内。微粒的沉降作用提高了拦截捕集作用。

6.3.2.5　静电吸附作用

许多微生物和孢子都带有电荷。有人测定微生物孢子带电情况时发现，约有 75%的孢子具有 1～60 负电荷单位，15%的孢子带有 5～14 正电荷单位，其余 10%则为中性，具有一定速度的气流通过介质滤层时，由于摩擦作用而产生诱导电荷，当菌体所带电荷与介质电荷相反时，即发生静电吸附作用。

在整个过滤过程中，以上 5 种作用机制将随参数变化发生复杂的变化。一般认为惯性、拦截和布朗运动的作用较大，而重力和静电引力的作用较小。

6.3.3　介质过滤效率和过滤器计算

6.3.3.1　介质过滤效率

介质过滤效率就是介质滤层所滤去的尘埃颗粒数与原来空气中颗粒数的比值，它是衡量过滤器过滤能力的指标，公式如下

$$\eta = \frac{N_1 - N_2}{N_1} = 1 - \frac{N_2}{N_1} = 1 - P \tag{6-14}$$

式中，N_1-过滤前空气中的尘埃颗粒数；N_2-过滤后空气中的尘埃颗粒数；η-过滤效率，%；P-穿透率，即过滤后空气中残留的颗粒数与原有颗粒数之比。

根据介质过滤除菌机制，它不是面积过滤，而是依靠很多细小的纤维将空气中粒子拦截在介质中，因此过滤效率是随滤层厚度的增加而提高的。在一定条件下，可以通过计算确定过滤层厚度。取滤床厚度中一段微小长度 dL，经过此厚度过滤介质过滤后，空气中颗粒数减少数 $-dN$ 可以用下式表示

$$-dN = KNdL \tag{6-15}$$

式中，N-空气中尘埃数，个；L-滤床厚度，cm；K-常数。

将上式移项后积分得

$$-\int_{N_0}^{N_S} \frac{dN}{N} = K\int_0^L dL \tag{6-16}$$

$$\ln \frac{N_S}{N_0} = -KL \tag{6-17}$$

$$L = \frac{1}{K}\ln \frac{N_S}{N_0} \tag{6-18}$$

式中，N_0-连续使用时间内通入的总空气的尘埃颗粒数，N_S-过滤后空气中含尘埃颗粒数。

式（6-18）称为“对数穿透定律”，表示进入滤层的微粒数与穿透滤层微粒数之比的对数，其是滤层厚度的函数。常数 K 值与气流速度、纤维直径、介质填充密度及空气中颗粒大小等有关。K 值可通过实验测得，也可通过计算求得，可参考有关资料。若令 $N=0$，则 $L=\infty$，事实上也不可能，一般取 $N=0.001$。

对数穿透定律表达式说明介质过滤不能长期获得100%的过滤效率，即经过滤的空气不是长期无菌，只是延长空气中带菌微粒在过滤器中滞留的时间。过滤介质使用时间长，滞留的带菌微粒就有可能穿过，所以过滤器必须定期灭菌。

6.3.3.2 影响介质过滤效率的因素

介质过滤效率与介质纤维直径关系很大，在其他条件相同时，介质纤维直径越小，过滤效率越高。对于相同的介质，过滤效率与介质填充厚度、填充密度和空气流速有关。

（1）介质填充厚度。表6-6为棉花过滤介质在装填密度不变时（180～185kg/m^3），其填充厚度对过滤效率的影响。

表6-6 棉花填充厚度对过滤效率的影响（$d_p \geqslant 0.3\mu m$ 粒子数）*

填充厚度/mm ＼ 残存粒子数** ＼ 流量/(L·min^{-1})	6	12	18	24	30	36	42	48	54	60
195（70g）	1.0	0.7	1.9	14.5	29.5	83.4	242.1	268.7	429.7	597.0
122.5（46.7g）	1.9	16.0	12.4	7.4	379.3	325.1	563.3	936.8	561.3	8237.1
85.5（31.1g）	12.0	12.3	13.7	20.8	10.0	11.4	21.3	58.8	135.5	592.8

* 以 $d_p \geqslant 0.3\mu m$ 粒子数作为空气洁净度的指标，作为各种介质性能比较（d_p 为粒子直径）。

** 残存粒子数，单位为个/500ml 样品。

（2）介质填充密度。在不同空气流量时，增加维尼龙和棉花的填充密度，可以提高过滤效率。

（3）空气流速。在空气流速很低时，过滤效率随气流速度增加而降低，当气流速度增加到临界值后，过滤效率随气流速度而提高。原因是空气流过过滤层时所产生的压力降，直接影响操作费用和通气发酵效率。因此，在选择过滤介质时，要考虑过滤效率，又要使压力减小。

总之，要提高过滤效率需要综合考虑过滤介质的直径、介质滤层厚度、介质填充密度和空气流速的关系。

6.3.3.3　提高过滤除菌效率的措施

（1）设计合理的空气预处理设备，选择合适的空气净化流程，以达到除油、水和杂质的目的。

（2）设计和安装合理的空气过滤器，选用除菌效率高的过滤介质。

（3）保证进口空气清洁度，减少进口空气的含菌数。

（4）降低进入空气过滤器的空气相对湿度，保证过滤介质能在干燥状态下工作。

本章小结

发酵灭菌主要是杀灭培养基、设备及生产环境的杂菌，方法有干热灭菌、湿热灭菌、射线灭菌、化学药剂灭菌、过滤除菌和火焰灭菌等，培养基灭菌最有效和常用的方法是湿热灭菌。湿热灭菌的规律遵循对数残留定律，灭菌温度和时间的选择最关键。湿热灭菌的方式主要有分批灭菌和连续灭菌。

空气除菌目的是为发酵微生物提供洁净的氧气，生产中空气除菌的最常用的方法是介质过滤除菌。介质过滤的原理主要是惯性碰撞滞留、阻截滞留作用、布朗扩散运动、重力沉降和静电吸附，介质过滤效率与介质纤维直径、填充厚度、填充密度及空气流速有关。

复习题

1. 发酵灭菌方法有哪几种？如何根据灭菌对象和要求的不同选用不同的方法？
2. 简述湿热灭菌的原理和优缺点。
3. 什么是对数残留定律？根据对数残留定律，如何确定培养基的灭菌时间？
4. 发酵工业生产中采用高温瞬时灭菌的依据是什么？
5. 什么是分批灭菌和连续灭菌？各有何优缺点？
6. 有一制药厂发酵罐内装 $40m^3$ 培养基，在 121℃温度下进行实罐灭菌。原污染程度为每 1ml 有 2×10^7 个耐热细菌芽孢，121℃时灭菌速率常数为 $1.8min^{-1}$。求灭菌失败率为 0.001 时所需要的灭菌时间。
7. 何谓无菌空气，发酵工业对空气无菌程度有什么要求？
8. 空气除菌的方法有哪些？简述这些方法的原理和优缺点。
9. 分析过滤除菌机制与影响过滤除菌的因素，考虑如何提高过滤除菌的效率。
10. 什么是过滤效率和对数穿透定律？

主要参考文献

曹军卫，马辉文. 2002. 微生物工程. 北京：科学出版社
李艳. 2007. 发酵工程原理与技术. 北京：高等教育出版社
姚汝华，周世水. 2005. 微生物工程工艺原理. 2 版. 广州：华南理工大学出版社

第7章 种子扩大培养

内容提要： 现代发酵工业的生产规模越来越大，发酵罐的容积也从几十立方米到几百立方米，要使微生物在几十个小时的有限发酵周期内完成巨大的发酵任务，需要巨大数量的微生物细胞。按10%左右的接种量计算，$100m^3$ 的发酵罐需要 $10m^3$ 种子量，如果有更大体积的发酵罐则需要更多的种子量，因此，发酵生产中需要一个种子扩大培养过程。

种子扩大培养是指将保存在沙土管或冷冻干燥管中的生产菌种在固体试管斜面活化后再经过扁瓶或摇瓶及种子罐逐级扩大培养，从而获得一定数量和质量纯种的过程。种子扩大培养的目的就是为每次发酵罐的投料生产提供足够数量活力旺盛的种子。

种子质量的优劣直接影响发酵的产量和质量，获得遗传性状稳定、生产能力强的优良种子是提高发酵生产水平的前提和保证。种子质量不仅与生产菌种本身的生理特性有关，还与种子扩大培养过程的操作条件如培养基、培养条件、种龄、种子罐的级数和染菌的控制等有直接关系。发酵时间的长短与接种量有关。将足够数量的优良种子接入发酵罐中，可以缩短发酵时间，减少发酵过程中的染菌机会，还可以提高发酵罐的利用率，降低生产成本。本章主要介绍种子的制备工艺和种子质量的控制措施。

7.1 种子制备工艺

种子扩大培养也称为生产种子制备，是指将保存在沙土管或冷冻干燥管中处于休眠状态的菌种先接入试管斜面进行活化，再经过扁瓶或摇瓶及种子罐逐级扩大培养，获得一定数量和质量的纯种的过程。这些纯种培养物称为发酵生产的种子。

种子制备的一般工艺流程：沙土孢子（冷冻干燥孢子）→母斜面孢子培养→子斜面孢子培养→摇瓶种子培养（母瓶）→摇瓶种子培养（子瓶）→种子罐培养。

从上面的种子制备流程可以看出，种子制备一般包括两个阶段，即实验室种子制备阶段和生产车间种子制备阶段。种子制备中采用的菌种培养方式有固体培养和液体培养两种。

7.1.1 实验室种子制备

实验室种子制备包括斜面菌种活化培养（孢子制备）和液体摇瓶种子培养（菌丝制备）两个步骤。

7.1.1.1 斜面菌种活化培养

保存在沙土管或冷冻干燥管中的菌种，在种子制备前需要先进行菌种活化。即将保藏斜面菌种接入适合孢子发芽或菌丝生长的斜面培养基中，培养成熟后再一次转接到试管斜面中进行培养，使保藏斜面菌种恢复其生产能力。

放线菌的斜面培养基中含有适合产孢子的营养成分，如麸皮、豌豆浸汁、蛋白胨和一些无机盐等，其中的碳源和氮源物质不要太丰富。因为碳源物质丰富容易造成生理酸性的营养环境，不利于放线菌孢子的形成，而氮源物质丰富有利于菌丝繁殖而不利于孢子的形成。一般碳源物质约占培养基的1%，氮源物质则不超过0.5%。碳氮比大一些可以产生大量孢子，避免菌丝的大量形成。放线菌的培养温度大多数为 28℃，部分菌种为 30℃或 37℃，培养时间一般为 4～7d，有的孢子培养需要 14d。

霉菌的活化培养基一般采用察氏斜面培养基，或采用大米、小米、玉米、麦麸、麦粒等天然农产品为培养基。这类培养基的表面积较大，营养物质来源丰富，可获得大量的孢子。霉菌的培养温度一般为 25～28℃，培养时间为 4～14d。

细菌的斜面培养基多采用碳源物质限量而氮源物质丰富的配方。有机氮源常用牛肉膏和蛋白胨。细菌培养温度大多数为 37℃，少数为 28℃，细菌培养时间一般为 1～2d，产芽孢的细菌则需要培养 5～10d。

孢子成熟后，于 4℃冰箱内保存备用。存放时间一般在一周内，少数品种可存放 1～3 个月。

7.1.1.2　摇瓶种子制备

摇瓶种子制备是将在固体培养基上获得的孢子或菌体转入到液体培养基中培养，使菌种繁殖成大量菌丝或菌体的过程。对于不产孢子或产孢子能力不强、孢子发芽慢的菌种，需要将斜面孢子或菌体经摇瓶液体培养后得到菌丝体悬浮液，后者称为摇瓶种子。在实际操作过程中，要根据菌种的特性来确定采用母斜面还是子斜面孢子接入摇瓶液体培养基培养。一般来说，采用子斜面孢子接入液体培养基可节约菌种用量；而采用母斜面孢子接入液体培养基则有利于防止菌种变异。

摇瓶液体培养基的营养要求丰富和完全，容易被菌体分解利用，尤其是培养基的氮源物质要丰富，有利于菌丝生长。培养基的各种营养成分不宜过浓。摇瓶液体培养包括母瓶和子瓶两级培养，子瓶培养基的浓度比母瓶培养基浓度略高些。摇瓶液体培养基的配方和培养条件与种子罐相似，尤其是子瓶培养基配方更接近种子罐的培养基配方。

7.1.2　生产车间种子制备

生产车间种子制备的目的是为大型发酵罐提供一定数量和质量的生产种子。生产车间的种子培养主要在种子罐中完成，也称种子罐种子制备。

种子罐的接种方法有两种。一种方法是孢子进罐法，即将斜面孢子制成孢子悬浮液直接接入种子罐。此方法具有操作方便、工艺过程简单、便于控制孢子质量等优点。另一种方法是摇瓶菌丝进罐法，就是将摇瓶液体培养的菌丝体接入种子罐。此法适用于某些生长发育缓慢的放线菌，可以缩短种子在种子罐内的培养时间。

种子罐扩大培养的次数，称为种子罐的级数。种子罐种子制备有一级种子、二级种子和三级种子的制备工艺。将孢子悬浮液（或摇瓶菌丝）直接接入到体积较小的种子罐中，经培养后形成大量菌丝，这样的种子罐种子称为一级种子，把一级种子转入发酵罐内发酵，称为二级发酵。如果将一级种子再接入到体积较大的种子罐中，经培养后形成更多的菌丝，这样的种子称为二级种子，把二级种子转入发酵罐内发酵，称为三级发酵。以此类推，使用三级种子的发酵，称为四级发酵。

7.1.3　影响种子质量的因素

种子质量的优劣，不仅取决于菌种本身的遗传特性，也和种子的培养条件有很大关系。一般来说，影响种子质量的因素主要有孢子质量、培养基、培养条件、种龄、种子罐的级数和接种量、染菌的控制等。

7.1.3.1　孢子质量

孢子的质量与孢子斜面培养基、孢子培养温度和湿度、培养时间和接种量等有关，这些因素相互联系、相互影响，因此必须综合考虑，认真加以控制。

制备孢子培养基的原材料产地、品种、加工方法和用量对孢子质量都有一定影响。为了保证孢子培养基的质量，制备斜面培养基所用的原材料中的主要营养成分如糖、氮、磷含量要保持相对稳定，需要对原材料进行化学分析及摇瓶发酵试验，合格后才能使用。生产上还要严格控制灭菌后斜面培养基的质量，如斜面培养基的水分要适中。一般在使用前，要将斜面培养基在适当温度下放置一定时间，使斜面无冷凝水。

要获得高质量的孢子，还要选择合适的孢子培养温度。不同菌种要求的孢子培养温度不同，需经实践考察确定。例如，龟裂链霉菌斜面培养温度为36.5～37℃，如果斜面培养温度高于37℃，则孢子成熟过早，易老化，将这样的斜面菌种接入发酵罐后，会出现菌丝对碳氮物质利用缓慢，氨基氮回升提前，发酵产量降低等现象。斜面培养温度控制低一些，则有利于孢子的形成。例如，将龟裂链霉菌斜面先放在36.5℃培养3d，再放在28.5℃培养1d，得到的孢子数量比在36.5℃培养4d所得孢子数量增加3～7倍。

培养斜面孢子时，培养室空气的相对湿度对孢子形成的速度、数量和质量也有很大影响。如果培养室空气的相对湿度偏低，斜面培养基表面的水分蒸发较快，会造成斜面上部干瘪，这时孢子长得较快，且从斜面下部向上长。如果培养室空气相对湿度高，斜面内水分蒸发较慢，这时孢子从斜面上部往下长，斜面下部常因积存冷凝水，致使孢子生长缓慢或孢子不能生长。一般来说，真菌对空气相对湿度要求偏高，而放线菌对空气相对湿度要求偏低。在北方，常将孢子培养室的空气相对湿度控制为40%～45%，而在南方，培养室的空气相对湿度控制为35%～42%。

孢子的培养时间对孢子质量有重要影响。丝状菌在斜面培养基上的生长发育过程可分为孢子发芽和基质菌丝生长阶段、气生菌丝生长阶段、孢子形成阶段、孢子成熟阶段和菌丝自溶阶段五个阶段。一般来说衰老的孢子不如年轻的孢子，因为衰老的孢子已在逐步进入发芽阶段，核物质趋于分化状态。孢子的培养时间应控制在孢子量多的孢子成熟阶段，过于衰老的孢子会导致生产能力下降。在孢子成熟阶段，显微镜下可见到成串孢子或游离的分散孢子，如果继续培养，则进入斜面衰老菌丝自溶阶段，表现为斜面外观变色（发暗或发黄），菌层下陷，有时出现白色斑点或发黑。白斑表示孢子发芽长出第二代菌丝，黑色显示菌丝自溶。过于年轻的孢子经不起冷藏。例如土霉素菌种斜面培养4.5d，孢子尚未完全成熟，冷藏7～8d菌丝即开始自溶，而培养时间延长半天（即培养5d），孢子完全成熟，可冷藏20d也不会自溶。

斜面孢子的冷藏时间对孢子质量也有影响，其影响程度随菌种不同而有所差别，总的原则是冷藏时间宜短不宜长。曾有报道，在链霉素生产中，斜面孢子在6℃冷藏2个月后的发酵单位比冷藏1个月的低18%，冷藏3个月后则降低35%。

7.1.3.2 培养基

培养基是微生物的营养来源，培养基的成分对于菌体的生长繁殖，酶的活性与产物产量都有直接影响。种子培养基的原材料产地、品种、加工方法和用量如果有变化，会导致培养基中的微量元素和其他营养成分含量发生变化，从而影响种子的质量，因此，在种子培养过程中，要保证培养基的原材料质量相对稳定。

种子培养基的营养成分与浓度应适合种子培养的需要。不同菌种所需要的培养基成分与浓度配比不完全相同，必须按照实际情况加以选择。产量提高是选择培养基的一个重要标准，但同时还应当考虑培养基来源丰富、价格便宜、组成简单等因素。一方面，种子培养基的营养成分要适当丰富和完全，易于被菌体直接吸收利用，且有利于孢子发芽和菌丝生长。种子培养基中的碳源物质如糖分比例可以少些，而对菌体生长起主导作用的氮源尤其是无机氮源所占的比例要大些，这样可以使菌体粗壮并具有较强活力。另一方面，种子培养基的营养配比要尽可能地接近发酵培养基，这样使处于对数生长期的种子接入到发酵罐后由于执行代谢活动的酶系已经形成，可立即实施代谢功能，大大缩短菌体生长的缓慢期。为了适应菌体培养，种子培养基的浓度以略稀薄为宜。另外，种子培养基的 pH 要比较稳定，以适合菌体的生长和发育，因为培养基 pH 的变化会引起各种酶活力的改变，对菌丝形态和代谢途径影响很大。

对于任何一个生产菌种和具体设备条件来说，最适宜的种子培养基配方和浓度，需要通过多因素的优化试验来研究确定，如果菌种的特性或设备条件（如罐型、搅拌的形式和转速等）变化较大，则培养基的配比应通过试验相应变更。只有选择合适的培养基，才能最大限度发挥菌种的特性，提高产物产量。

7.1.3.3　种龄与接种量

种龄是指种子的培养时间。一般种龄应该选择在菌体的对数生长期。在对数生长期的菌体，生命力旺盛，生长速率恒定，细胞成分平衡，群体生理特性比较一致。如果种龄过嫩，菌体浓度较低，接入下面培养工序会出现菌体生长缓慢，导致其培养周期延长。如果种龄过老，在发酵过程中菌种易于过早衰老，生产能力过早下降，从而降低产量。

接种量是指移入种子液的体积和培养液的体积比。接种量的大小直接影响发酵周期。在发酵培养基中接入大量成熟的种子液，可以缩短菌体生长的缓慢期，从而缩短发酵周期，相应节约了发酵培养的动力消耗，提高了设备利用率，并有利于减少染菌机会，所以一般都将菌种扩大培养，进行两级发酵或三级发酵。接种量缩短缓慢期是由于在大量移种过程中把微生物生长和分裂所必需的代谢物一起带进去，从而有利于菌种在发酵罐中很快进入对数生长阶段。但是，如果培养基内的营养物和气体张力对菌体生长适宜，则接种量的影响较小。一般来说，接种量和培养物的生长过程的缓慢期长短呈反比。接种量过多也无必要，因种子培养费时，而且过多地移入代谢废物，反而会影响正常发酵。

7.1.3.4　培养温度

从本质上讲，温度对微生物的影响主要是对微生物生命活动中酶活力的影响。由于菌体的生长、繁殖和代谢等生命活动大部分都可以看做是连续进行的各种酶催化反应，任何化学反应都与温度有关，通常在生物学范围内每升高 10℃，生物的生长速度就加快一倍，因此温度直接影响酶反应速度，因而影响生物体的生命活动。

温度和微生物生长的关系体现在两个方面。一方面每种微生物都有一个最适生长温度，在最适温度范围内，微生物的生长繁殖速度最快，且微生物的生长速度随温度升高而增加。大多数微生物的最适生长温度为 25～37℃。细菌的最适生长温度大多比霉菌高些。在实际生产中，如果所培养的微生物能承受稍高一些的温度进行生长繁殖，则可减少污染杂菌的机会和夏季培养时降温所需的辅助设备，这些有利于工业生产。另一方面，不同生长阶段的微生物对温度的敏感程度不同。例如，处于生长缓慢期的细菌对于温度变化十分敏感，如将细菌置于最适生长温度附近，可以缩短其缓慢期；如将其置于较低的温度，则要延长其缓慢期。另外，孢子萌发时间在一定温度范围内也随温度的上升而缩短。处于对数生长期的细菌，如果在略低于最适温度几度的条件下培养，即使在发酵过程中温度有所升高，对细胞的破坏作用也会比较弱。因为在最适生长温度范围内，组成菌体的蛋白质很少变性，所以在最适温度范围内适当提高处于对数生长期的菌体培养温度，对菌体的生长有利。处于生长后期的细菌，其生长速度主要取决于发酵液中的溶解氧，而不是温度，因此在培养后期最好提高一些通气量。当然，不管微生物处于哪个生长阶段，如果培养温度超过其最高生长温度，菌体都要死亡；如果培养温度低于微生物的最低生长温度，则微生物生长都要受到抑制。每种微生物都有其最高生长温度和最低生长温度。为了保证种子培养温度在一定范围内，生产上需要在种子罐上安装热交换设备，如夹套或蛇管。在寒冷的冬季，还要对通入的无菌空气进行加热。

7.1.3.5 培养基 pH

由于微生物的生命活动可以看作一系列的酶反应，因此培养基 pH 对微生物的生命活动有显著影响。各种微生物都有其生长与合成酶的最适 pH。即使同一菌种，其合成酶的类型与酶系组成也会随着培养基 pH 的改变而改变。例如，用黑曲霉合成果胶酶时，当培养基的 pH 在 6.0 以上时，果胶酶的活性受到抑制；当培养基 pH 在 6.0 以下时才形成果胶酶，且酶系组成随培养基 pH 不同而不同。当培养基 pH 为 6.0 时，泡盛酒曲霉突变株以产生 α-淀粉酶为主，糖化型淀粉酶与麦芽糖酶产生极少；当培养基 pH 为 2.4 时，泡盛酒曲霉转向糖化型淀粉酶与麦芽糖酶的合成，α-淀粉酶的合成受到抑制。

在微生物培养过程中，培养基 pH 会随着菌体对营养物质的代谢而发生改变。培养基中的阴离子（如乙酸根、磷酸根）或氮源物质被菌体吸收和利用后，由于 NH_3 的产生，则使培养基 pH 上升；培养基中的阳离子（如 NH_4^+，K^+）被菌体吸收后或由于有机酸的积累，则使培养基 pH 下降。一般来说，高碳源的培养基 pH 倾向于向酸性 pH 转移，高氮源的培养基 pH 倾向于向碱性 pH 转移。为了使微生物迅速生长繁殖和合成酶，培养基必须保持适当的 pH。一般在配制种子培养基时，要合理安排培养基的营养成分（尤其是碳源和氮源比例），使培养基的初始 pH 在一个合适的范围内，且培养基具有一定的 pH 缓冲能力。另外，在种子培养过程中，还可以通过流加酸碱溶液、缓冲液及各种生理缓冲剂（如生理酸性与生理碱性的盐类）来调节培养基 pH。

7.1.3.6 通气和搅拌

好氧菌或兼性好氧菌在生长繁殖和代谢过程中需要不断供给溶解氧才能进行正常的生命活动，这就要求在种子培养过程中不断地通气和搅拌。通气可以供给微生物大量的氧，搅拌则能促进氧气与培养液混合，保证氧气均匀分散和溶解在培养液中。不同微生物对氧的需求量不同，即使是同一菌种，不同生理时期对溶解氧的需求也不相同。因此，应根据菌种的特性、培养基的性质和种子罐的结构等因素综合考虑，并通过实验确定种子罐中适当的通气量和搅拌转速，保证种子培养过程有足够的溶解氧，满足菌种生长繁殖和代谢对氧气的需求。

种子培养过程中，通气量和搅拌速度的选择，主要从供氧和耗氧两方面考虑。只有当氧的溶解速度大于菌体对氧的消耗速度时，菌体才能正常生长繁殖。如果氧的溶解速度小于菌体对氧的消耗速度，培养基中的溶氧浓度就会逐渐降低。当培养基中氧的浓度降低到某一浓度（称临界溶氧浓度）时，菌体生长就开始减慢。因此，随着菌体的生长繁殖，呼吸增强，吸氧量也逐渐增多，必须通过加大通气量和搅拌速度来增加培养基中溶解氧的量。搅拌可以提高溶氧效果，有利于微生物的生长繁殖，但是过于剧烈的搅拌会增加剪切力，损伤微生物细胞，还增加了能量消耗，另外，强烈搅拌还导致培养液产生大量泡沫，造成逃液，增加染菌机会。

7.1.3.7 泡沫

由于培养基中含有一定的蛋白质或胶体物质，微生物利用培养基中的营养物质进行的代谢活动，以及通气和机械搅拌等原因，在种子培养过程中往往产生大量泡沫。泡沫的持久存在，将影响菌体对氧的吸收和二氧化碳的排除，进而影响菌体的生长和繁殖。由上面可知，泡沫的大量产生，还大大影响设备的利用率，甚至造成逃液，引起染菌，导致发酵失败。因此，在种子培养过程中，应该采取相应措施，对产生的泡沫加以控制。一方面是在配制培养基时选择合适的原料，尽量在种子培养过程中减少泡沫的产生，如在培养基配料中增加磷酸盐可以使消泡剂添加量成倍降低。另一方面，可以在种子培养过程中采用化学消泡剂和机械消泡装置来消除泡沫。常用的化学消泡剂有天然动植物油，矿物油，改性油，表面活性剂，有机硅聚合物如硅油、硅酮树脂等，机械消泡装置是在搅拌轴上安装消泡器，常用的消泡器有耙式、梳式和孔板式消泡器等。

7.1.3.8 种子罐的级数

种子罐的级数愈少，愈有利于简化工艺及控制。种子罐级数少，移种的次数就少，这样可减少操作工作量和染菌机会。但是，同时也应考虑到要尽可能提高发酵罐的生产效率，即要最低限度地占用发酵罐中非合成代谢产物的运转周期。所以种子罐级数的确定要综合考虑菌种的性质（如菌种传代后的稳定性）、孢子瓶中的孢子数、孢子发芽及菌丝繁殖速度及发酵罐中种子培养液的最低接种量和种子罐与发酵罐的容积比等因素。如果孢子瓶中的孢子数量较多，孢子在种子罐中生长较快，且对发酵罐的最低接种量的要求也较小，显然可采用一级种子（二级发酵）流程。例如，谷氨酸及其他氨基酸发酵所用的菌种是细菌，生长繁殖速度很快，所以采用一级种子（二级发酵）流程，即将种子罐中的菌丝直接移入到发酵罐中。而大多数抗生素生产中，因为所用的生产菌种为放线菌，细胞生长繁殖速度较慢，常用二级种子（三级发酵）流程，即将种子罐中的菌丝移植到较大的种子罐中扩大培养后，再移入发酵罐中。种子罐的级数随产物的品种及生产规模而定，也随工艺条件的改变作适当调整。例如，改变种子罐的培养条件，加速孢子的发育或改进孢子瓶的培养工艺后可大大增加孢子数量等，在此基础上均有可能使三级发酵简化为二级发酵。

7.2 种子质量的控制措施

7.2.1 种子质量标准

发酵工业中，菌种不同，产物不同，相同的菌种如果采用不同的工艺条件生产同一种产品，其种子的质量标准都不尽相同。因此，种子质量标准应根据具体的生产情况制定。一般来说，优良的种子应该具备以下条件：①遗传性状稳定，保证菌体生长和代谢过程稳定；②细胞生长活力强，移种到发酵罐后能迅速生长，迟缓期短；③具有适宜的菌体总量，能满足大容量发酵罐的需求；④无杂菌污染，确保整个发酵过程为纯种发酵；⑤生产能力稳定，保证最终产物持续稳定高产。

7.2.2 种子质量检查

判断种子质量优劣一般可以从菌体形态和菌体量、培养基营养成分及 pH 变化、产物生成量、酶活力、种子液的外观与气味等方面考虑，下面分别叙述。

7.2.2.1 菌体形态和菌体生物量

种子培养的目的是获得健壮和足够数量的菌体，因此，菌体形态和菌体量是判断种子质量的重要指标。在种子培养过程中，需要定期取样进行观察和检测。

菌体形态可通过适当的染色方法用显微镜进行观察。以单细胞菌体为种子时，要求菌体健壮、菌形一致、均匀整齐，有的还要求有一定的排列或形态；以霉菌或放线菌为种子的，要求菌丝粗壮，对染料着色力强、生长旺盛、菌丝分枝和内含物情况良好。以酵母菌为种子的，除了要求菌体健壮，还要求细胞出芽情况良好。

优良的种子除了有良好的菌体形态外，还要有足够的菌体数量。菌体数量一般用菌体浓度或生物量来表示。生产上，菌体浓度或菌体生物量的测定方法有细胞干重法、显微计数法、平板计数法和浊度法等。

延伸阅读——生物量的测定方法

细胞干重法：此法是测定细胞浓度的最基本方法，通常是把一定体积的培养液离心、收集细胞、洗涤、干燥、称重。细胞干重法测定的是所有细胞的浓度，不适用于含有其他不溶性物质的培养液。

平板计数法：对于单细胞菌体，可以采用显微计数法测定细胞浓度，即利用显微镜和血细胞计数器测定单位体积培养液中的细胞个数。平板计数法是将种子培养液用无菌生理盐水进行系列稀释，取一定量的稀释液均匀涂布在平板培养基上，经一段时间的培养，依据平板上长出的菌落数、涂布的稀释液体积及稀释倍数可以算出原培养液中的菌体浓度。此法测定的是活细胞浓度，适用于细菌、酵母等单细胞培养液或孢子悬浮液，但不适用于丝状菌的培养液。

浊度法：此法是利用微生物培养液的浊度或光密度与一定范围内的细胞浓度成正比关系，可通过分光光度计比色测定培养液的光密度，然后换算为细胞浓度。进行比色测定时，常用的波长范围是 600～700nm。浊度法简便快捷，是一种常用的细胞浓度测定方法，但需要注意的是，只有在较低细胞浓度时，光密度才与细胞浓度有线性关系。如果细胞浓度较高，细胞之间发生光的遮挡，光密度与细胞浓度之间就不再有线性关系，这时应将培养液稀释到一定浓度再进行比色。丝状微生物的培养液，可以先将微生物破碎，再进行比色。该法不能区分活细胞和死细胞。

7.2.2.2 培养基营养成分及其 pH 变化

在种子培养过程中，培养基的主要营养成分如糖、氮、磷含量变化和 pH 变化是菌体生长繁殖、物质代谢的综合反映，这种变化一般都具有一定的规律，因此，可以将种子培养过程中主要营养成分的变化情况绘制成生产代谢曲线作为参考依据，然后在每一次种子培养过程中通过对比相应阶段培养中基营养成分的利用和 pH 变化情况，间接判断菌体的生长和代谢情况，从而判断种子的质量优劣。

7.2.2.3 产物生成量

有些产品如抗生素的发酵生产时，在种子培养过程中，会有一定量的目的产物生成，因此可以将种子液中产物生成量的多少作为考察种子生产能力和成熟程度等种子质量的重要指标。但也有一些产品发酵时，要求在种子培养过程中不能有目的产物的积累，如果在种子液中有发酵产物积累说明可能是种子的培养时间过长导致的。因此，在种子培养过程中，要根据实际情况确定能否将产物生成量作为判断种子质量的依据。

7.2.2.4 酶活力

有些产品的发酵过程中，如果种子液中某种酶的活力与发酵产物产量存在一定关系，则可以通过测定种子液中该种酶的活力来判断种子的质量。例如，土霉素生产中，种子液中的淀粉酶活力与土霉素发酵单位存在一定关系，因此可以用种子液中淀粉酶活力作为判断种子成熟度的依据。

7.2.2.5 种子液的外观与气味

种子液的外观如颜色、黏度及气味也能够反应种子的质量好坏，因此，在种子培养过程中，常常通过种子罐的视镜或者取样观察种子液的外观来初步判断种子的质量。

7.2.3 种子的异常分析

如前所述，种子质量受各种各样因素的影响，在种子培养过程中，不可避免地会有种子异常的情况出现，这样将给发酵生产带来不良的影响。在生产中，要跟踪监测种子培养情况，对种子异常情况做到早发现、早解决。种子异常情况可以归纳为菌种生长发育缓慢或过快、菌丝结团、菌丝黏壁三个方面。

7.2.3.1 菌种生长发育缓慢或过快

菌种在种子罐中生长发育缓慢或过快主要与孢子质量和种子罐的培养条件有关。生产中，如果孢子生长活力较低，或通入种子罐的无菌空气温度较低，或者培养基的灭菌质量较差，都会影响种子的生长速度，造成菌种发育代谢缓慢。生产中，一般在培养基灭菌后取样测定其 pH，初步判断培养基的灭菌质量。

7.2.3.2 菌丝结团

在液体培养条件下，菌种生长繁殖的菌丝不分散舒展而是聚集成团状，称为菌丝结团。一个菌丝团可以由一个孢子生长发育而来，也可由多个菌丝体聚集在一起逐渐形成。这时通过培养液的外观能观察到白色的小颗粒存在，种子液中的菌丝团会影响菌体的呼吸和对营养物质的吸收及代谢废物的排放。如果种子液中的菌丝团较少，种子液接入发酵罐后，在良好的培养条件下，菌丝团可以逐渐消失，不会对发酵造成显著影响。但如果种子液中菌丝团较多，种子液移入发酵罐后往往会形成更多的菌丝团，这就影响发酵的正常进行。种子液中的菌丝结团与种子培养过程中的接种量小、搅拌效果差等有关，在种子培养过程中，要跟踪观察，根据情况加以调控。

7.2.3.3 菌丝黏壁

菌丝黏壁是指在种子培养过程中，菌丝从种子液中逐步黏附在种子罐壁上，有些还可能在罐壁上形成菌丝团的现象。以真菌为产生菌的种子培养过程中，发生菌丝黏壁的机会较多。菌丝黏壁的结果会造成培养液中的菌丝浓度减少，影响发酵的正常进行。菌丝黏壁可能是搅拌效果差、培养基泡沫过多或者种子罐装料系数过大等原因造成的。当种子液出现菌丝黏壁时，可以通过加入消泡剂、加速搅拌等措施来加以改善。

7.2.4 种子质量的控制措施

在种子制备过程中，必须首先确保菌种的生产稳定性，其次是提供种子培养的适宜环境条件，严格控制影响种子质量的各种因素，还要保证操作过程中无杂菌侵入，以获得性能优良的种子。

7.2.4.1 菌种稳定性实验

要保证菌种有稳定的生产能力，需要定期对菌种进行自然分离和筛选，通过摇瓶发酵，考察其生产能力，防止菌种生产能力下降。保存的菌种一般1年进行1次自然分离，从中选出形态、生产性能好的单菌落接种孢子培养基。制备好的斜面孢子，再经过摇瓶发酵试验，合格后才能用于发酵生产。

7.2.4.2 适宜的培养条件

在菌种生产能力稳定的基础上，要严格控制种子培养基的配比和浓度长期稳定，同时，在种子扩大培养过程中，要确保培养基pH、种龄和接种量、培养温度、通气和搅拌等均在适宜的条件下进行。

7.2.4.3 种子无杂菌检查

在种子制备过程中，每一个接种步骤均需要通过显微镜对种子液进行无杂菌检查，还要对种子液进行生化分析，考察菌种对营养物质和溶氧的利用情况、培养液的pH变化、发酵液的色泽和气味变化等是否正常，从而判断种子是否污染杂菌。如果发现菌种不纯，需要反复分离，直至完全为纯种为止。对于已出现杂菌污染的斜面菌种，应予废弃。在种子罐培养过程中，还要对培养基灭菌、空气灭菌、移种操作等严格把关，并认真检查发酵罐的死角、管道、阀门等有无泄露和污染，确保最终种子罐种子无杂菌，才能作为优质的种子接种到发酵培养基中。

本章小结

种子扩大培养的目的是为工业发酵生产提供足够数量的代谢旺盛的种子。种子扩大培养的过程包括实验室种子制备和生产车间种子制备。种子质量的好坏和数量直接影响后面的发酵生产。影响种子质量的因素有孢子质量、培养基、培养条件、种龄、种子罐的级数、接种量、染菌的控制等。优良的种子应该具备遗传性状稳定、细胞生长活力强、有适宜的菌体总量、无杂菌污染、生产能力稳定等条件，才能保证最终发酵产物持续稳定高产。发酵时间的长短与接种量有关。接种量大可以缩短发酵时间，减少发酵过程中的染菌机会，还可以提高发酵罐的利用率，降低生产成本。

复习题

1. 名词解释：种子、接种量、种龄、种子罐的级数。
2. 种子扩大培养的目的是什么?
3. 试叙述种子制备的一般工艺流程。
4. 影响种子质量的因素有哪些?
5. 优良的种子应该具备什么条件?
6. 生产上一般从哪几方面检查种子的质量?
7. 生产上怎样判断和处理种子异常现象?

主要参考文献

曹军卫，马辉文，张甲耀. 2007. 微生物工程. 北京：科学出版社
邓毛程，张邦建. 2007. 发酵工艺原理. 北京：中国轻工业出版社
贺小贤. 2003. 生物工艺原理. 北京：化学工业出版社
肖东光. 2004. 微生物工程原理. 北京：中国轻工业出版社

第8章 发酵工艺控制

内容提要：将经过扩大培养的种子接到发酵罐后，微生物就开始利用培养基中的营养成分进行生长繁殖和发酵过程。微生物的发酵过程极其复杂，一般都包括数十步甚至数百步的生物化学反应。影响发酵过程和发酵水平的因素有很多，除了微生物的生产能力这个主要因素外，发酵设备的选择和发酵工艺条件的调节和控制也非常重要。生产中，要研究和了解微生物的生长和代谢机制及其变化规律，熟悉发酵工艺条件和参数在发酵过程中的变化规律及其对发酵过程的影响情况，才能有效地调节、控制和优化发酵工艺，提高发酵水平和设备生产率。本章主要介绍对发酵生产影响较大、生产上经常需要进行监测的工艺条件和操作因素及其调节控制。

8.1 温度对发酵的影响及其调节控制

微生物的生长繁殖和代谢产物的合成都是在各种酶的催化下进行的，温度是影响酶活性的主要因素，因此，温度对发酵过程会产生重要影响。温度对发酵过程的影响体现在两个方面，一是温度对微生物的生长产生影响，二是温度对微生物代谢产物合成产生影响。在发酵生产中，要根据微生物的特性和发酵工艺要求提供合适的培养温度，才能保证发酵的正常进行。

8.1.1 温度对发酵的影响

8.1.1.1 温度对微生物生长的影响

微生物的生命活动可以看做是一系列连续进行的酶催化反应，温度因影响酶的活性而影响微生物的生长和繁殖。一般来说，微生物对低温的适应能力要强于对高温的适应能力。在低温环境中，微生物生长缓慢或受到抑制；在高温环境中，微生物细胞蛋白质会受热而变性，酶活性也易遭破坏，故微生物容易衰老甚至死亡。微生物的生长阶段不同，温度对其影响不同，而且在不同的温度范围内，温度对微生物的影响也不相同。一方面，在最适生长温度范围内，微生物的生长速度会随温度升高而加快，此时如果升高培养温度，可以缩短微生物的生长周期。另一方面，不同生长阶段的微生物对温度变化的反应也不一样，如处于延滞期的细菌对温度的反应十分敏感。若将细菌置于最适生长温度附近，可以缩短其生长的延滞期；若将细菌置于低于最适温度的环境中，细菌的延滞期则会延长。处于对数生长阶段的微生物，在其最适生长温度范围内，提高培养温度将有利于微生物的生长。如果温度偏离微生物的最适生长温度范围，微生物的比生长速率则会迅速下降。

8.1.1.2 温度对发酵过程的影响

温度对微生物发酵过程的影响体现在几个方面。第一，由于温度对微生物的生长产生影响，因此温度升高，微生物的生长和代谢速度会加快，发酵产物会提前生成。但温度过高可能会造成酶的受热失活，微生物菌体容易过早衰老和自溶，从而缩短发酵周期，降低发酵产量。第二，温度会影响某些微生物的生物合成方向。例如，以金色链霉菌为菌种发酵生产抗生素时，金色链霉菌可以合成四环素和金霉素，但其生物合成方向与温度有很大关系。当培养温度低于30℃时，金色链霉菌合成金霉素的能力较强，随着温度的升高，合成四环素的比例逐渐增大。当温度达35℃时，金色链霉菌只合成四环素，金霉素的合成几乎停止。第三，温度影响多组分次级代谢产物的比例，如在20℃发酵时黄曲霉所产生的黄曲霉毒素G1与B1的比例为3∶1，而在25℃发酵时此比例为1∶2，在30℃发酵时则为1∶1。第四，温度影响微生物的代谢调控机制。在20℃时，氨基酸合成途径中的终产物对第一个合成酶的反馈抑制作用比在正常生长温度37℃时要大。第五，温度对发酵液的物理性质如发酵液的黏度会产生影响。由于发酵液的物理特性受温度影响而发生改变，从而改变培养基中的营养成分和氧气在发酵液中的传递和溶解速度，进一步影响微生物对基质的吸收利用和代谢废物的排除，因此温度也会对发酵动力学特性和产物的生物合成产生主要影响。

8.1.2　影响发酵温度的因素

在发酵过程中，随着微生物对培养基中营养物质的吸收利用和通风发酵罐中的机械搅拌作用，会产生一定量的热量。同时，发酵罐壁向周围环境的散热和发酵液通过排气系统蒸发水分等也将带走部分热量。一般将发酵过程中产生的，能引起发酵液温度变化的净热量称为发酵热，以kJ/(m^3·h)为单位。发酵热包括生物热、搅拌热、蒸发热和辐射热等，发酵热的组成如式（8-1）所示

$$Q_{发酵}=Q_{生物}+Q_{搅拌}-Q_{蒸发}-Q_{辐射} \tag{8-1}$$

8.1.2.1　生物热（$Q_{生物}$）

在微生物生长繁殖和代谢产物合成过程中产生的热量称为生物热。生物热主要来源于微生物将培养基中的营养物质如糖类、脂肪和蛋白质等分解成CO_2、NH_3、水和其他物质时释放出来的能量。这些能量部分用来合成微生物细胞的高能化合物，供微生物合成和代谢活动需要，部分用来合成代谢产物，其余部分以热的形式散发出来。

在发酵过程中，生物热的产生有明显的阶段性。不同的生长阶段，微生物的呼吸和发酵作用强度不同，产生的热量也不同。在发酵初期，种子刚接入到发酵培养基中，微生物处于孢子发芽和生长适应期，细胞数量少，呼吸作用缓慢，产生的生物热较少。在发酵中期，微生物进入对数生长期，细胞数量急剧增加，细胞活力旺盛，呼吸作用激烈，此时将产生大量的生物热，该部分热量也是发酵热的主要贡献者，会引起发酵液温度的快速升高。在发酵后期，随着微生物细胞的逐步衰老和自溶，细胞活力下降，代谢活动减弱，细胞数量减少，生物热的产生量也逐渐减少，发酵液温度逐渐降低。另外，发酵过程中生物热的产生量还和培养基的成分有关，培养基的营养成分越丰富，产生的生物热就越多。

8.1.2.2　搅拌热（$Q_{搅拌}$）

在好氧发酵过程中，机械搅拌通风发酵设备都安装有大功率搅拌器，搅拌器带动发酵液作机械运动，造成液体之间、液体和设备之间的摩擦，使机械搅拌的动能转化为热能，产生大量的搅拌热。

搅拌热与搅拌功率有关，可用下式进行估算

$$Q_{搅拌}=3600P_G\eta \tag{8-2}$$

式中，$Q_{搅拌}$-搅拌热，kJ；3600-机械能转变为热能的热功当量，kJ/(kW·h)；P_G-通气条件下的搅拌功率，kW；η-热功转化率，经验值为η=0.92。

8.1.2.3　蒸发热（$Q_{蒸发}$）

在通气发酵过程中，空气进入发酵罐后与发酵液充分接触，部分氧气溶解到发酵液中被微生物利用，空气中大部分没有被利用的气体和微生物排出的废气从发酵液中溢出来，经排气管排放至大气中，从而引起水分蒸发和热量流失，水的蒸发热和废气因温度差异所带出的部分显热一起散失到外界，这部分热能称为蒸发热。

蒸发热可按下式进行计算

$$Q_{蒸发}=G(H_{出}-H_{进}) \tag{8-3}$$

式中，$Q_{蒸发}$-蒸发热，kJ；G-通入发酵罐的绝干空气质量流量，kg 干空气/h；$H_{出}$，$H_{进}$-发酵罐排气、进气的热焓，kJ/kg 干空气。

8.1.2.4　辐射热（$Q_{辐射}$）

由于发酵罐外壁和大气间的温度差异而使发酵液通过罐体向大气辐射散发的热量，称为辐射热。辐射热的大小取决于罐内温度与外界气温的差值，差值越大，散热越多。

8.1.3　发酵热的测定

发酵过程中的发酵热会随发酵时间发生变化，造成发酵温度的波动，在设计发酵设备时需要对发酵热进行测定，以便设计合适的传热面积来控制发酵温度，保证发酵过程在适宜的温度条件下进行。常用的发酵热测定方法有下面两种。

8.1.3.1　通过冷却水带走的热量测定计算发酵热

根据工艺设计的要求，选定同类型的发酵罐于气温最高的季节，选择主发酵期产生热量最快最大的时刻，通过测定冷却水进、出口温度及冷却水用量来计算单位体积发酵液每小时传给冷却器的最大热量，即

$$Q_{发酵}=\frac{W\cdot c_W(t_2-t_1)}{V} \tag{8-4}$$

式中，$Q_{发酵}$-发酵热，kJ/(m^3 · h)；W-冷却水流量，kg/h；c_W-冷却水在平均温度为（t_1+t_2）/2 时的比热容，kJ/(kg · ℃)；t_1、t_2-冷却水的进出口温度，℃；V-发酵液的体积，m^3。

8.1.3.2　通过发酵液的温度升高测定计算发酵热

在发酵过程中，先使发酵罐温度达到恒定，关闭冷却水，测定发酵液温度随时间上升的速度，然后按下式计算发酵热，即

$$Q_{发酵}=\frac{(m_1c_1+m_2c_2)\cdot S}{V} \tag{8-5}$$

式中，$Q_{发酵}$-发酵热，kJ/(m^3 · h)；m_1-发酵液的质量，kg；m_2-发酵罐筒体材料的质量，kg；c_1-发酵液的比热容，kJ/(kg · ℃)；c_2-发酵罐筒体材料的比热容，kJ/(kg · ℃)；S-发酵液温度上升速度，℃/h；V-发酵液的体积，m^3。

8.1.4　最适温度的选择与发酵温度的控制

最适发酵温度是个相对概念，在发酵过程中，最适温度的选择应根据微生物生长和产物合成的条件而定。不同微生物的最适发酵温度不同；即使同一种微生物，在不同发酵阶段下或者培养条件不同时，其最适温度也不同。多数情况下，微生物的生长和发酵产物的合成所需要的最适温度不一样。为了保证微生物具有最快的生长速度和最高的代谢产物生成率，在整个发酵周期内应根据生产菌种的特性及其在不同阶段对温度的要求选择不同的发酵温度。例如，在微生物生长阶段，以微生物的生长速度和生长量为目的，控制发酵温度在菌体的最

适生长温度范围内；而在产物形成阶段，则以产物生成为目标，选用的最适温度适合产物形成。例如，黄原胶的发酵，菌体生长的最适温度为 27℃，黄原胶的产生温度则在 32℃，所以在发酵前期，应控制温度在 27℃左右，以满足菌体生长需要；在发酵中后期，控制温度在 32℃，用以提高黄原胶的产量。又如，谷氨酸产生菌的最适生长温度为 30～34℃，而产生谷氨酸的温度则为 36～37℃，因此，在谷氨酸发酵前期，应为满足菌体生长繁殖的最适温度，若温度过高，容易使菌体衰老。当菌体达到一定数量，进入发酵的中后期，可适当提高发酵温度以利于谷氨酸的积累。

如前所述，发酵温度变化还与培养基的成分和浓度、发酵液中溶氧的浓度等因素有关，所以，发酵温度的选择还应综合考虑其他发酵条件的影响，灵活掌握。例如，当培养基浓度较低或培养基中的营养成分较易被菌体利用时，提高发酵温度则容易过早地耗尽培养基中的养分，导致菌体过早自溶，减少产量。在供氧条件较差的情况下，最适发酵温度可能比在良好的供氧条件下低一些。这是因为在较低的温度下可以增加氧在发酵液中的溶解水平，促进菌体生长，弥补因供氧不足造成的代谢异常。

8.2 pH 对发酵的影响及其调节控制

和温度一样，发酵液的 pH 也因影响酶的活性而对微生物的生命活动产生重要影响。在发酵过程中，要研究和掌握发酵液的 pH 变化规律，并在发酵过程中进行监测和调节控制。

8.2.1 pH 对发酵的影响

微生物生长和产物合成都有其最适 pH 和耐受 pH 范围。多数微生物生长都有最适 pH 范围及其变化的上下限，上限都在 8.5 左右，超过此上限微生物将无法忍受而自溶。一般认为，菌体内的 pH 在中性附近，大多数微生物生长适应的 pH 跨度为 3～4，其最佳生长 pH 跨度为 0.5～1。不同微生物的生长最适 pH 范围不一样。细菌和放线菌的最适 pH 为 6.5～7.5，所能忍受的 pH 上下限为 8.5 和 5；酵母生长的最适 pH 为 4～5，所能忍受的 pH 上下限为 7.5 和 3.5；霉菌的最适 pH 为 5～7，所能忍受的 pH 上下限为 8.5 和 3。

由于参与微生物生长和代谢产物合成的主要酶系不同，多数微生物生长和产物合成阶段的最适 pH 不同。例如，丙酮和丁醇发酵中，细胞生长的最适 pH 为 5.5～7.0，产物合成阶段的最适 pH 为 4.3～5.3。生产不同产物所需要的最适 pH 不同，如链霉素和红霉素的最适生产 pH 为 6.8～7.3，金霉素、四环素的最适生产 pH 为 5.9～6.3，青霉素的最适生产 pH 为 6.5～6.8，柠檬酸的最适生产 pH 为 3.5～4.0。

pH 对微生物生长和产物合成的影响主要有以下几个方面。

（1）影响酶的活性。微生物的生命活动由一系列酶催化的反应组成，当环境 pH 抑制菌体内某些酶的活性时，就会阻碍菌体的新陈代谢。

（2）影响微生物细胞膜的电荷状态。pH 影响微生物细胞膜所带的电荷，进而影响微生物的跨膜 pH 梯度，从而改变细胞膜的通透性，影响微生物对营养物质的吸收和代谢产物的排出，进一步影响微生物的生理作用和生长繁殖。

（3）影响培养基中某些组分和代谢产物的解离。培养基和代谢产物中许多两性物质如蛋白质等，环境 pH 影响这些物质的解离，进而影响微生物对这些组分的吸收和利用。

（4）影响微生物的生物合成方向。发酵液的 pH 变化往往引起菌体代谢途径的改变，对微生物的生物合成方向产生影响，从而使代谢产物的产量发生改变。例如，在谷氨酸发酵过程中，在 pH 处于中性和微碱性环境中，谷氨酸产生菌积累谷氨酸，而在酸性 pH 条件下则形成谷氨酰胺。又如，黑曲霉在 pH 2～3 时合成柠檬酸，在 pH 接近中性时积累草酸。

8.2.2　影响发酵 pH 的因素

引起发酵环境 pH 变化的主要原因是微生物利用培养基中的营养物质进行的代谢反应，所以，影响发酵 pH 的因素是培养基的成分和微生物的代谢特性。

凡是导致酸性物质的生成或碱性物质消耗的代谢过程，都会引起 pH 的下降，这些物质被称为生理酸性物质。凡是导致碱性物质的生成或酸性物质消耗的代谢过程，会引起 pH 的上升，这些物质被称为生理碱性物质。在发酵过程中，pH 的变化与微生物的代谢活动有关。培养基中的碳源物质被微生物代谢后，会造成有机酸或脂肪酸的积累，如糖类氧化不完全时产生了有机酸，脂肪不完全氧化时产生了脂肪酸等，这些都将引起发酵 pH 的下降。而培养基中的氮源物质被微生物利用后则产生了 H^+，如氮源中的 NH_3、NH_4^+ 和 NO_3^- 被利用后均以 $R-NH_3^+$ 的形式存在，在培养基中生成 H^+，最后使发酵 pH 上升。

在发酵过程中，微生物具有一定的自我调节 pH 的能力，但这种调节能力是有限的，如利用地中海诺卡菌发酵利福霉素 SV 时，培养基的初始 pH 分别为 6.0、6.8、7.5，结果发现初始 pH 为 6.8 和 7.5 的发酵液最终 pH 都达到 7.5 左右，菌体生长和发酵产物产量都正常；而初始 pH 为 6.0 的发酵液最终 pH 为 4.5，菌体浓度仅为 20%，且不产生发酵产物。

8.2.3　最适 pH 的选择和调节

发酵过程是微生物利用营养物质进行的多酶系复合反应，菌种不同或者发酵产物不同，各酶的最适 pH 也不相同。即使采用同一菌种，微生物生长和产物合成的最适 pH 往往也不一样。例如，链霉素产生菌的最适生长 pH 为 6.2～7.0，而其合成链霉素的最适 pH 为 6.8～7.3。

微生物生长最适 pH 和代谢产物形成最适 pH 的相互关系大致有以下四种情况，生产中应根据情况进行选择和调节。

(1) 微生物的比生长速率和产物比生产速率最大需要的最适 pH 范围相似且较宽。这种情况下发酵过程 pH 比较容易控制。

(2) 微生物的比生长速率和产物比生产速率最大需要的最适 pH 范围一个较宽，一个较窄。这种情况下发酵过程最适 pH 通常选择较窄的 pH 范围。

(3) 微生物的比生长速率和产物比生产速率最大需要的最适 pH 范围相同且较窄。此种情况下应在发酵过程中严格控制 pH，尽量避免发酵 pH 的波动。

(4) 微生物的比生长速率和产物比生产速率最大需要的最适 pH 范围不同，且有较大区别。这种情况下应该按发酵过程的不同阶段分别控制不同的 pH 范围。即在微生物生长阶段调节发酵 pH 在微生物最适生长 pH 范围内，而在代谢产物合成阶段，调节发酵 pH 在产物合成的最适 pH 范围内，使产物的产量达到最大。

由于发酵过程中的 pH 变化是微生物代谢反应的综合结果，因此，微生物的代谢特性和培养条件不同，发酵过程中 pH 变化规律（或称代谢曲线）也有所差别。从代谢曲线的 pH 变化可以推测发酵过程中各种营养物质（如碳源和氮源物质）的代谢进展情况等，从而判断发酵是否正常进行。在发酵过程中，只有选择好发酵培养基的成分和配比并控制好发酵工艺条件，才能保证发酵 pH 在一定培养时间内维持在最适范围内，使微生物生长和代谢产物合成速度达到最大。

最适发酵 pH 的选择要根据实验研究结果来确定。首先需要考虑的是发酵培养基的基础配方，在配制发酵培养基时尤其要注意生理酸性物质和生理碱性物质的配比，有时还需要加入磷酸盐等缓冲溶液，将发酵培养基调节成不同的初始 pH，并在发酵过程中定时测定 pH 和菌体生长情况，以菌体生长量为实验目标，绘制培养基初始 pH-菌体生长曲线，菌体生长量达到最大值时对应的 pH 为菌体生长的最适培养基初始 pH。同样，以产物生成量为实验目标，可绘制培养基初始 pH-产物合成曲线，得到产物合成的最适培养基初始 pH。但同一产品的合适 pH 还与所用的菌种、培养基组成和培养条件有关。在确定合适发酵培养基初始 pH 时，还要考虑培养温度的影响，若培养温度提高或降低，最适发酵 pH 也可能发生变动。

利用上述方法调节 pH 的能力是有限的，如果达不到要求，可以通过在发酵过程中补料或连续流加酸、碱的方法来控制发酵过程的 pH。当发酵 pH 和氨氮含量较低时，可以通过补加氨水来调节发酵 pH；反之，如果发酵 pH 较高，氨氮含量又低时，则可以通过补加 $(NH_4)_2SO_4$ 来调节发酵 pH。补料添加发酵可以同时达到补充营养物质、延长发酵周期、调节 pH 和培养液的特性等目的。正确的补料添加方法是少量多次，即每次添加量较少，添加间隔时间较短，而添加次数较多。连续流加可以使发酵液 pH 相对稳定，又可以不断补充营养物质，还可以解除由于底物的阻遏作用而对发酵产生的抑制作用，提高产物产量。调节发酵 pH 时，应尽量避免发酵液的 pH 波动过大和局部过酸和过碱现象，通常要借助于机械搅拌或空气搅拌使补充的酸碱物质快速均匀地分散到发酵液中。

8.3　氧对发酵的影响及其调节控制

工业发酵生产中多数为好氧发酵，如氨基酸、柠檬酸、糖化酶和多数抗生素的发酵均为好氧发酵，而有些微生物发酵过程属于厌氧过程，但该微生物的生长过程则是需氧过程，如酒精和啤酒的发酵。在液体深层好氧发酵过程中，必须不断供给无菌空气并将空气中的氧溶解到发酵液中，才能满足微生物生长繁殖和代谢产物合成的需要，因此，氧是影响好氧发酵过程的重要因素之一。

8.3.1　氧的传递和传质方程式

需氧微生物的氧化酶系存在于细胞的原生质中，微生物只能利用溶解在发酵液中的氧才能进行正常的生长繁殖和代谢活动，因此，无菌空气中的氧气必须先溶解在发酵液中，再从发酵液传递到微生物细胞内部，才能被微生物利用。氧气从气相传递到微生物细胞内需要克服一系列阻力，这些阻力包括供氧方面的阻力和耗氧方面的阻力两部分。供氧方面的阻力是指空气中的氧气从气泡通过气膜、气液界面和液膜扩散到发酵液体主流中所克服的阻力；耗氧方面的阻力是指液态氧自液体主流通过液膜、菌丝丛、细胞膜扩散到细胞内所克服的阻力。

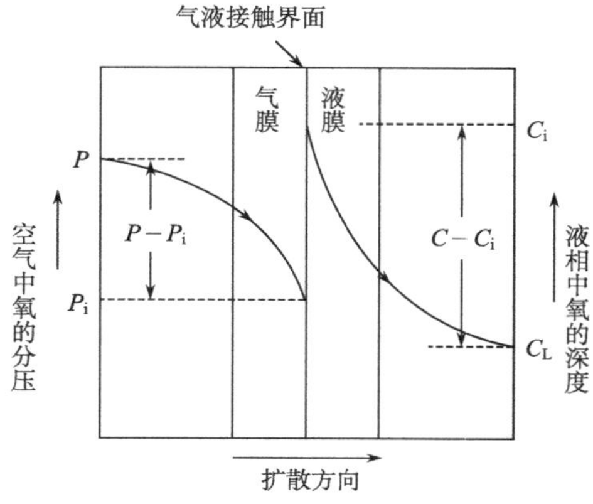

图 8-1　双膜理论的氧传递过程

氧的传递是一个相当复杂的过程，关于氧的传质理论有渗透理论、表面更新理论、双膜理论等，其中双膜理论是最早提出至今还在应用的假说。如图 8-1 所示，气液两相接触界面的两侧分别是气膜和液膜，氧由气相扩散到液相时必须穿过这两层膜，即氧由气相通过气膜到达气液两相接触界面，再通过液膜进入液相。

氧从气相扩散到气液界面这一段的推动力是空气中的氧气分压与界面处氧气分压之差，即 $P-P_i$，氧穿过气液界面扩散到液体中的推动力是界面处与液体中氧气的浓度之差，即 $C_i - C_L$。与两个推动力相对应的阻力是气膜阻力 $1/K_G$ 和液膜阻力 $1/K_L$。当气液传递过程处于稳态时，通过气膜和液膜的传递速率相等，可以用下式表示

$$n_{O_2} = \frac{推动力}{阻力} = \frac{P - P_i}{1/k_G} = \frac{P - P^*}{1/K_G} = \frac{C_i - C_L}{1/k_L} = \frac{C^* - C_L}{1/K_L} \tag{8-6}$$

式中，n_{O_2}-氧传递速率，mol/(m^3 · s)；P-气相中氧分压，Pa；P_i-气液界面氧分压，Pa；C_i-气液界面氧气浓度，mol/m^3；C_L-液相中氧浓度，mol/m^3；P^*-与 C_L 平衡的气相氧分压，Pa；C^*-与 P 平衡的液相氧浓度，mol/m^3；k_G-气膜传质系数，mol/(m^2 · s · Pa)；k_L-液膜传质系数，m/s；K_G-以氧分压为推动力的总传质系数，mol/(m^2 · s · Pa)；K_L-以氧浓度为推动力的总传质系数，m/s。

在一定压力下，氧的溶解度与氧的分压有关，氧的溶解度与氧分压的关系可用亨利定律表示

$$P = HC \tag{8-7}$$

式中，H-亨利常数，(Pa · m^3) /mol；P-氧分压，Pa；C-氧浓度，mol/m^3。

由式 (8-6) 和 (8-7) 可得

$$\frac{1}{K_G} = \frac{1}{k_G} + \frac{H}{k_L} \tag{8-8}$$

$$\frac{1}{K_L} = \frac{1}{k_L} + \frac{1}{Hk_G} \tag{8-9}$$

对于氧气这样的难溶气体，H 值很大，式 (8-9) 右边第二项 $1/(Hk_G)$ 可以略去，则式 (8-9) 可以变为下式

$$\frac{1}{K_L} \approx \frac{1}{k_L} \tag{8-10}$$

从式 (8-10) 可以看出，在氧传递过程中液膜阻力是主要影响因素。

式 (8-6) 中计算的是单位接触界面的氧传递速率，由于传质界面的面积很难测定，为了方便应用，引入一个比表面积 a，单位为 m^2/m^3，即 K_La 为以氧浓度为推动力的体积传质系数，K_Ga 为以氧分压为推动力的体积传质系数，K_La 和 K_Ga 又称为体积溶氧系数。那么，氧的传质方程为

$$\mathrm{OTR} = K_La(C^* - C_L) = K_Ga(P - P^*) = K_La\frac{1}{H}(P - P^*) \tag{8-11}$$

式中，OTR-单位体积液体中的氧传递速率，mol/(m^3 · s)；a-比表面积，m^2/m^3；K_La-以浓度为推动力的体积溶氧系数，1/s；K_Ga-以分压为推动力的体积溶氧系数，mol/(m^3 · s · Pa)。

在发酵过程中，为了满足微生物生长、繁殖和代谢对氧的需求，供氧和耗氧要达到平衡，此时存在如下关系

$$K_La(C^* - C_L) = Q_{O_2} \cdot X \tag{8-12}$$

移项后得

$$K_La = \frac{Q_{O_2} \cdot X}{C^* - C_L} \tag{8-13}$$

式中，Q_{O_2}-微生物的呼吸强度，mol/(kg · s)；X-发酵液中细胞浓度，kg/m^3。

在发酵过程中，培养液内某瞬间溶氧浓度的变化可用下式表示

$$\frac{dC_L}{dt}=K_La(C^*-C_L)-Q_{O_2}\cdot X \tag{8-14}$$

在稳定状态时，$\frac{dC_L}{dt}=0$。

若微生物在充裕的通气情况下，溶氧状态良好，此时 C_L 逐渐接近 C^*。反之，如果溶氧状态不好，C_L 则逐渐下降趋于 0，这时氧传递速率达到最大。

8.3.2 影响微生物对氧需求的因素

8.3.2.1 呼吸强度和耗氧速率

微生物的需氧量常用呼吸强度和耗氧速率两种方法表示。呼吸强度是指单位质量干菌体在单位时间内所吸收的氧量，以 Q_{O_2} 表示，单位为 mol/(kg · s) 或 mol/(L · h)。耗氧速率是指单位时间内单位体积培养液的吸氧量，以 r 表示，单位为 mol/(m³ · s) 或 mol/(L · h)。呼吸强度也称比耗氧速率，它表示微生物的相对需氧量。当培养液中有固体成分存在时，测定比耗氧速率有一定困难，这时可用耗氧速率来表示微生物的吸氧量。呼吸强度与耗氧速率之间的关系如下式所示

$$r=Q_{O_2}\cdot X \tag{8-15}$$

式中，r-微生物的耗氧速率，mol/(m³ · s)；Q_{O_2}-微生物的呼吸强度，mol/(kg · s)；X-发酵液中细胞浓度，kg/m³。

8.3.2.2 影响微生物对氧需求的因素

在发酵过程中影响微生物对氧需求的因素很多，归纳起来有以下几个方面。

1）微生物种类影响其需氧量

微生物的呼吸强度与溶液中氧浓度的关系可用下式表示

$$Q_{O_2}=(Q_{O_2})_m\frac{C_L}{K_O-C_L} \tag{8-16}$$

式中，Q_{O_2}-微生物的呼吸强度，mol/(kg · s)；$(Q_{O_2})_m$-微生物的最大比耗氧速率，mol/(kg · s)；K_O-氧的米氏常数，mol/m³；C_L-液相中氧浓度，mol/m³。

微生物种类不同，其 K_O 和 $(Q_{O_2})_m$ 不同，所以，其呼吸强度也不同，最大比耗氧速率不同，表 8-1 和表 8-2 列出了一些常用工业微生物的 K_O 和 $(Q_{O_2})_m$ 值。

表 8-1 常用工业微生物的 K_O 值

微生物	K_O/(mol · m⁻³)
好气气杆菌	3.10×10^{-5}
巨大芽孢杆菌	5.97×10^{-4}
弱氧化醋酸菌	1.57×10^{-3}
啤酒酵母	1.57×10^{-3}
德巴利酵母	1.57×10^{-3}
副流感嗜血菌	2×10^{-3}

表 8-2 常用工业微生物的 $(Q_{O_2})_m$ 值

微生物	$(Q_{O_2})_m$/(mol · kg⁻¹ · s⁻¹)
黑曲霉	8.3×10^{-4}
灰色链霉菌	8.3×10^{-4}
产黄青霉菌	1.1×10^{-3}
产气克雷伯菌	1.1×10^{-3}
啤酒酵母	2.2×10^{-3}
大肠杆菌	2.2×10^{-3}

2）发酵液中溶氧浓度影响微生物的呼吸强度

微生物的呼吸强度还与液体中的溶氧浓度有关。发酵液中的溶氧浓度对呼吸强度的影响

如图 8-2 所示。

从图 8-2 可以看出，当发酵液中的溶氧浓度较低时，微生物的呼吸强度随溶氧浓度的增加而显著增大，此时若限制发酵液中的溶氧浓度，会严重影响微生物的代谢活动；当溶氧浓度继续增加，微生物的呼吸强度达到最大值，此时的溶氧浓度是满足微生物呼吸的最低溶氧浓度，称为临界溶解氧浓度，用 $C_{临界}$ 表示。当发酵液中的溶氧浓度达到临界溶氧浓度后，微生物的呼吸强度保持恒定，不再随溶氧浓度变化而变化。工业发酵中，好氧微生物的临界溶解氧浓度一般为 0.003～0.05mmol/L。

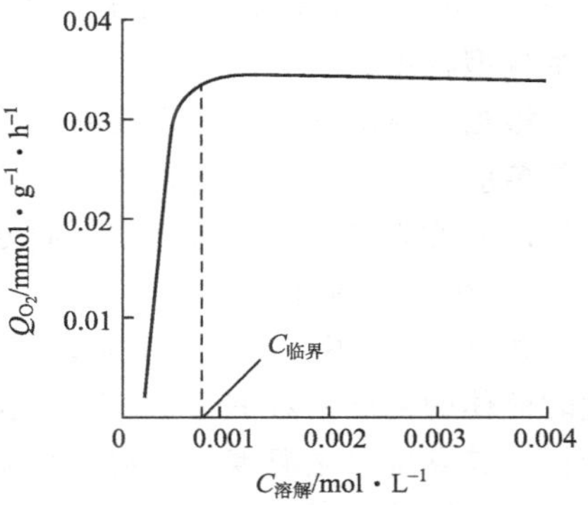

图 8-2　呼吸强度与溶解氧的关系

3）培养基的成分和浓度影响微生物需氧

培养基的成分和浓度显著影响微生物的生长繁殖，进一步影响培养基中的菌体浓度，因此间接影响了微生物的耗氧速率。当培养基中营养丰富时，细胞生长繁殖速度快，对氧的需求量大；当培养基浓度高时，微生物耗氧量也大。如果在发酵过程中采用补料或补糖工艺，微生物对氧的摄取量也随之增大。因此，好氧微生物在营养丰富的培养基中耗氧速率相对营养贫乏的培养基中耗氧速率要大。

4）微生物的菌龄影响其需氧量

微生物的需氧量会随着菌龄不同而有所差别。刚接入发酵培养基中的幼龄菌，由于生长旺盛，细胞的呼吸强度较大，需氧量大；随着培养时间延长，当微生物处于对数生长期时，细胞呼吸旺盛，需氧量大；在发酵后期，菌体进入衰老状态，需氧量自然减弱。另外，在菌体生长阶段和代谢产物大量形成阶段，微生物的需氧量也不同。在菌体生长繁殖阶段，虽然菌体的呼吸强度较大，但由于培养液中的菌体浓度较低，因此耗氧速率和总耗氧量有可能较低。在代谢产物产生阶段，虽然菌体的呼吸强度较弱，但由于此时菌体浓度较高，因此耗氧速率和总耗氧量有可能较高。

5）发酵条件影响微生物需氧量

发酵条件显著影响微生物的需氧量。如果在最适条件下发酵，微生物的生长和代谢处于最旺盛状态，则需氧量大；如果有个别发酵条件不合适，则必然影响微生物的生长和代谢，需氧量则小。另外，在发酵过程中，如果能及时排除微生物产生的有毒代谢产物如二氧化碳、挥发性酸和过量的氨等，也有利于提高菌体的摄氧量。

8.3.3　培养基的流变特性

发酵液是一个多相体系，包括固相（不溶性的培养基组分和微生物细胞）、液相（可溶性培养基和水分）和气相（通风培养时通入的多组分空气和微生物代谢产生的各种废气），另外，培养基中含有的营养成分非常复杂，除了溶于水的无机物外，还有很多多糖、蛋白质等有机高分子物质。在通风和搅拌作用下，使发酵液成为一个非常特殊的流体，具有特殊的流体力学特性。培养基的流变特性直接影响发酵过程中的传质、传热和能量交换，所以，在研究氧的传递时，有必要首先了解培养基的流变特性。

黏度是反映流体在流动时产生内摩擦力的物理量，根据牛顿黏性定律，流体的剪应力与切变率关系可用下式表示

$$\tau = K\gamma^{n} \tag{8-17}$$

式中，τ-剪应力，Pa；K-稠度系数，Pa · s；γ-切变率，1/s；n-流动特性指数，表示流体的非牛顿型程度。

根据流体的剪应力与切变率的关系，流体可分为牛顿型流体和非牛顿型流体两种类型。凡是剪应力与切变率符合正比关系的流体称为牛顿型流体，凡是剪应力与切变率不成正比关系的流体称为非牛顿型流体。下面分别介绍几种流体类型及其流变特性。

1）牛顿型流体

式（8-17）中，当 $n=1$ 时，表明流体的剪应力与切变率成正比关系，为牛顿型流体，此时流体的稠度系数 K 就等于牛顿流体的黏度 μ。牛顿型流体服从牛顿黏性定律，其主要特征是其黏度只是温度的函数，与流变状态无关。也就是说，发酵罐搅拌转速的快慢（相应的剪应力增减）对牛顿型流体的黏度没有影响，牛顿流体的黏度相当于静止液体的黏度，且在相同搅拌转速下，发酵罐内的全部培养液的黏度均相同。如上所述，发酵液是一个非常复杂的多相体系，所以，不属于牛顿型流体。

2）拟塑性流体

式（8-17）中，当 $0<n<1$ 时，流体为拟塑性流体，n 越小，流体的拟塑性越强。拟塑性流体属于非牛顿型流体，不服从牛顿黏性定律。拟塑性流体的主要特征是其黏度不是常数，它不仅是温度的函数，而且随剪应速率的增高而降低。许多高分子化合物如黄原胶、聚丙烯酸钠、羧甲基纤维素等的水溶液，许多丝状菌如青霉、曲霉、链霉菌等的培养液都表现出拟塑性流体的特性。在发酵罐中，具有拟塑性流体特性的发酵液的黏度不是一个固定值，会随其流动状态不同而发生变化。因此，在不同搅拌转速下，发酵液显示出的黏度不一样；即使在同一搅拌转速下，培养液和搅拌器的相对位置不一样，其黏度也不一样，因为培养液中的剪应速率随着离开搅拌涡轮的径向距离按指数倍数降低，所以，离开涡轮径向距离越远，黏度越高。

3）涨塑性流体

式（8-17）中，当 $n>1$ 时，为涨塑性流体，n 越大，其涨塑性越强。拟塑性流体也属于非牛顿型流体。链霉素、四环素和庆大霉素的前期发酵液，较稀的酵母悬浮液均呈现涨塑性流体特性。

4）平汉塑性流体

平汉塑性流体，其特征是当剪应力小于屈服应力时，液体不发生流动，只有当剪应力超过屈服应力时才发生流动，其流变特性可用下式表示

$$\tau=\tau_0+\eta\gamma \tag{8-18}$$

式中，τ_0-屈服应力在纵轴上的截距，Pa；η-刚度系数，Pa · s。

平汉塑性流体也属于非牛顿型流体，不服从牛顿黏性定律。黑曲霉、产黄青霉、灰色链霉菌等丝状菌的发酵液为平汉塑性流体。

5）凯松流体

凯松流体的流动模型可用下式表示

$$\tau^{\frac{1}{2}}=\tau_C^{\frac{1}{2}}+K_C\gamma^{\frac{1}{2}} \tag{8-19}$$

式中，τ_C-屈服应力，Pa；K_C-凯松黏度，$Pa^{\frac{1}{2}}\cdot s^{\frac{1}{2}}$。

凯松流体也属于非牛顿型流体，不服从牛顿黏性定律。青霉素发酵液为凯松流体。

非牛顿型流体没有确定的黏度值。通常把一定切变率下的剪应力与此切变率之比称为表

观黏度，即

$$\mu_a = \frac{\tau}{\gamma} \tag{8-20}$$

式中，μ_a-表观黏度，Pa·s。

平汉塑性流体、拟塑性流体和凯松流体的表观黏度随切变率的增大而减小，涨塑性流体的表观黏度则随切变率的增大而增大。

8.3.4 影响供氧的因素

从氧的传质方程式（8-11）可以看出，影响氧传递速率的因素有体积溶氧系数 K_La 和推动力（C^*-C_L），要想提高氧传递速率，必须设法提高体积溶氧系数和氧传递的推动力。对于发酵罐来说，影响 K_La 和（C^*-C_L）的因素主要有发酵罐的结构、操作变量、培养液的理化性质 3 部分。发酵罐的结构包括发酵罐的类型、发酵罐的尺寸比例、空气分布器的型式等；操作变量包括温度、压力、通风量和搅拌转速等；培养液的理化特性包括培养液的组成成分、黏度、表面张力、流动状态等。在发酵过程中，必须充分了解各因素对供氧的影响情况并加以适当调节和控制，才能满足微生物对氧的需求，保证发酵的正常进行。

8.3.4.1 发酵罐结构对供氧的影响

发酵罐的结构尺寸尤其是发酵罐的高径比（H/D）对体积溶氧系数有显著影响。研究发现，在空气流量和单位发酵液体积功率消耗不变时，通风效率随发酵罐高径比（H/D）的增大而增加。当发酵罐高径比（H/D）从 1 增加到 2 时，K_La 可增加 40%左右；当发酵罐高径比（H/D）从 2 增加到 3 时，K_La 增加 20%。但当发酵罐的高径比（H/D）太大时，罐内液柱过高，液柱压差大，气泡体积缩小，造成气液界面面积变小，对溶氧效果反而不利，与此同时，也使供气压力升高，能耗增加。目前，机械搅拌通风发酵罐的高径比（H/D）通常选取 2～3。

发酵罐的体积对溶氧也有影响。一般来说，在几何形状相似的条件下，大体积发酵罐的氧利用率可达 10%左右，且生产指标的稳定性较好；而小体积发酵罐的氧利用率只有 3%～5%，实际生产中的稳定性较差。因此，在发酵罐设计选型时尽可能选取体积较大的罐型。

8.3.4.2 搅拌和通气对供氧的影响

对于机械搅拌通风发酵罐，搅拌器可以明显改善通气效率，增加氧的传递和溶解。搅拌器的作用：①搅拌把大气泡击碎成小气泡，增加了气液接触面积；②搅拌使液体作涡流运动，延长了气液接触时间；③搅拌使发酵液呈湍流运动，降低了气泡周围的液膜厚度，减少了氧传递过程中的液膜阻力，从而增大了 K_La 值；④搅拌可以避免菌丝结团，减少菌体表面液膜的厚度，有利于氧的传递。对于没有机械搅拌的通风发酵罐，则利用空气带动液体运动，产生类似机械搅拌的作用。

K_La 值与搅拌功率、通气的表观线速度有如下关系式

$$K_La = K\left(\frac{P_G}{V}\right)^{\alpha}(\omega_s)^{\beta}N^{\gamma} \tag{8-21}$$

式中，K-有因次系数，与搅拌器型式、反应器的形状有关；P_G-通气情况下的搅拌功率，kW；V-培养液体积，m^3；ω_s-空气的表观线速度，m/s；N-搅拌转速，r/min；α、β、γ-经验指数。

α、β、γ 为经验指数，其数值与发酵罐的结构尺寸、搅拌器的型式及流体特性有关。一

般来说，α＝0.3～1.2；β＝0.2～1.0；γ＝0.5～2.6。当 α＝0.4，β＝0.5，γ＝0.5 时，式（8-21）称为 Richard 公式。

机械搅拌通风发酵罐一般采用圆盘涡轮式搅拌器，搅拌器的叶片有弯叶、直叶和箭叶等型式。圆盘涡轮式搅拌器的特点是直径小、转速快、搅拌效率高。

搅拌器的叶轮组数、叶轮的安装位置及叶片的型式对搅拌效果和溶氧都有影响。工业发酵中，机械搅拌通风发酵罐的搅拌叶轮组数多为 2 或 3 组，大型发酵罐也有采用 4 组搅拌器的。搅拌叶轮组数的确定主要根据发酵罐的高径比（H/D）、搅拌直径和发酵液的黏度等因素综合考虑。在发酵液的黏度较大、发酵罐的高径比较大、而搅拌器直径较小的情况下，一般选取较多的搅拌叶轮组数。若发酵罐中搅拌器叶轮组数较少，两档搅拌器之间的距离过大，发酵液会出现搅拌不到的“死区”，影响溶氧效果。若搅拌叶轮组数过多，搅拌叶轮之间的距离过小，两个搅拌器产生的流体则会互相干扰，甚至重复搅拌，这样不但会降低搅拌功率，还会影响搅拌效果。搅拌器的安装位置包括下档搅拌器与罐底的距离（C）和搅拌器之间的距离（S）。当下档搅拌器与发酵罐底距离过大，会造成下档搅拌器下面的液体循环不好，引起发酵液局部缺氧。发酵生产中，下档搅拌器与罐底的距离一般为 $C=(0.8\sim1)D_i$，D_i 为搅拌直径，两档搅拌器之间的距离一般为 $S=(2\sim5)D_i$。

不同搅拌器的搅拌效果不同，反映到式（8-21）中的经验指数也不同。表 8-3 列出了带有两组搅拌器的小型发酵罐中不同叶片的圆盘涡轮式搅拌器的 α 和 β 值。

表 8-3　不同搅拌器的 α 和 β 值

搅拌器型式	α	β
六平叶涡轮	0.933	0.488
六弯叶涡轮	1.00	0.713
六箭叶涡轮	0.755	0.578

机械搅拌发酵罐中是否安装挡板，对溶氧效果也有很大影响。圆盘涡轮搅拌器主要产生径向流，如果发酵罐中不装挡板且无冷却蛇管，在搅拌时液体会在搅拌器的轴心位置形成一个很深的凹陷旋涡，此时液体轴向流动不明显，靠近罐壁的液体径向流速很低，甚至造成最上面一档搅拌器暴露在液体之外，搅拌功率大大下降，气液混合不均匀，不利于氧的溶解。因此，一般带机械搅拌器的发酵罐中，都装有 4～6 块挡板或以冷却蛇管兼作挡板。挡板的作用就是改变液体的径向流为轴向流，消除涡流，提高气液混合效果，增加溶氧。据报道，每增设一块挡板，通气效率增加 20 倍之多。

在发酵生产中，还可以通过调节搅拌转速或通风量来控制溶氧。增大搅拌转速可以增强搅拌器对气泡的切割性能，使气泡分散得更加细小，这样就加大了气液两相的接触面积，增强了溶氧效果。机械搅拌通风发酵罐的体积溶氧系数 K_La 随空气量增大而增大，当通风量增加时，空气流速相应增加，从而增大了溶氧。但是空气量的增加也有一定限度，在搅拌转速不变时，如果通风量过大，空气流速过大，搅拌叶轮不能有效地将气泡打碎快速分散到液体中，大量气流形成的大气泡会在搅拌轴周围逸出，发生空气“过载”现象，使搅拌效率和溶氧速率都大大降低，此时 K_La 也不会随通风量的增加而增加。空气“过载”流速与搅拌器的型式、搅拌器组数、搅拌转速等有关，一般来说，平桨式、少组数、低转速的搅拌器的空气“过载”流速较低。研究表明，发酵罐中实际空气流速的上限为 1.75～2.0m/min。

8.3.4.3 压力对供氧的影响

从氧的传质方程式（8-11）可以看出，增加气液传递推动力（$C^{*}-C_L$）或（$P-P^{*}$），可使氧气的传递速率增加。提高气液推动力可以通过提高发酵罐的罐压或空气中氧分压的方法。提高罐压，可以增加氧的溶解度，但是过分增加罐压是不可取的，因为罐压增大，就必须增大无菌空气系统中空压设备的动力，从而导致动力消耗增大；另外，增大罐压，也会增加发酵液中 CO_2 的溶解度，且 CO_2 的溶解度比氧的溶解度增加得多，发酵液中溶解过多的 CO_2 对菌体生长不利。因此，增加罐压有一定的限度。发酵工业生产中，好氧发酵过程的罐压一般选为 0.05～0.10MPa。还可以用含氧气较多的空气或通入纯氧的方法来增加氧气的分压。但是，这样的方法会相应提高生产成本，在现实中很少采用。

8.3.4.4 发酵液性质对供氧的影响

在发酵过程中，由于微生物的生长繁殖和代谢，会引起发酵液的性质如密度、黏度、表面张力等发生变化，这些变化都对气泡的大小、气泡的稳定性、液体的湍动性及界面或液膜阻力等产生很大的影响，从而影响到氧的传递速率。特别是在发酵过程中，菌体的大量繁殖和代谢产物的大量积累会引起发酵液的浓度和黏度增大，产生的大量泡沫包围着菌体和搅拌器，不仅影响微生物的呼吸，也影响气液混合和氧的传递，K_La 值就会大大降低。因此，在选择和配制培养基时要考虑这些因素并加以调节控制，在发酵过程中还要采取一定措施消除泡沫，改善气液混合效果，提高氧的传递速率。还可以通过调节温度、液化培养基、补水、添加表面活性剂等工艺措施来改善溶氧水平。

8.3.4.5 微生物生长对供氧的影响

发酵液的需氧量受菌体浓度的影响最明显。发酵液的摄氧率随菌体浓度的增加而按比例增加，但是氧的传递速率则随菌体浓度的对数关系减少，因此，一般控制微生物的比生长速率比临界值略高一点的水平，使菌体达到最适浓度，用以控制最适溶氧浓度和耗氧速度。在工业生产中可以通过补料发酵来控制最适菌体浓度，如在青霉素发酵中，利用溶氧浓度的变化来调节补糖速率，间接控制供氧速率。

8.3.5 液相体积氧传质系数 K_La 的测定

K_La 的大小可以表示发酵设备通气效率的优劣，是发酵设备设计放大及发酵过程控制的基础。测定 K_La 的方法有化学法、极谱法、排气法、复膜氧电极动态测定法等，最常用的是复膜氧电极动态测定法，它可以直接反映发酵过程中的 K_La 的变化情况。

复膜氧电极动态法测定液相体积氧传质系数 K_La 的方法：在发酵过程中突然停气，保持搅拌，马上用氮气将发酵罐上部空气驱出罐外。随着微生物的呼吸作用，微生物利用发酵液中的氧，使溶解氧浓度迅速下降。待发酵液中溶解氧浓度达到一个较低点时，再恢复通气。如图 8-3 所示的 abcd 曲线。ab 段为一条直线，表明在停气后，由于微生物的呼吸作用发酵液中的溶解氧迅速下降。当发酵液中的溶解氧浓度下降至 b 点以后，因溶解氧浓度过低，对细胞呼吸产生一定的抑制作用，在 bc 段溶解氧浓度的下降速度减慢。b 点的溶解氧浓度可以认为是微生物呼吸的临界氧浓度。cd 段为恢复供气后溶解氧的浓度变化，反映出微生物的呼吸在受到短时间抑制后，供氧与需氧之差。

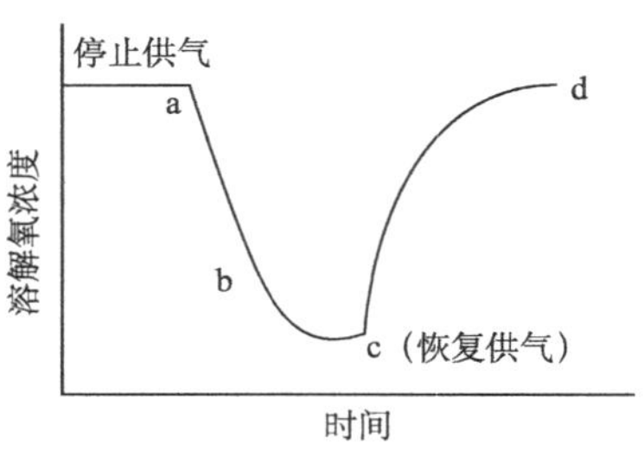

图 8-3　溶解氧浓度与通气变化的关系

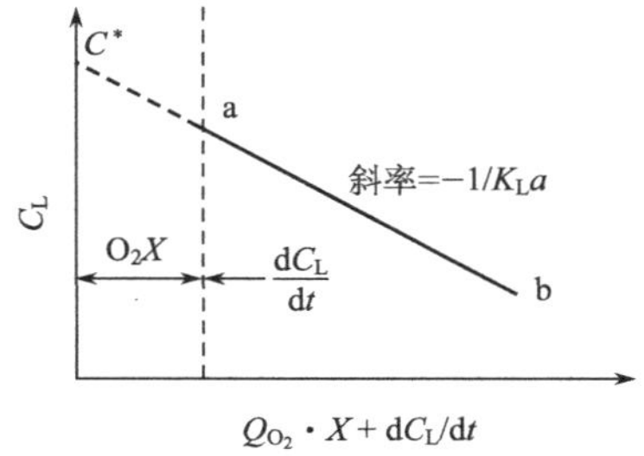

图 8-4　作图法求取 K_La

在停气后，发酵液中溶解氧浓度的变化率（dC_L/dt）可表示为

$$\frac{dC_L}{dt}=K_La(C^*-C_L)-Q_{O_2}\cdot X \tag{8-22}$$

$$C_L=-\frac{1}{K_La}\left(\frac{dC_L}{dt}+Q_{O_2}\cdot X\right)+C^* \tag{8-23}$$

以 C_L 为纵坐标，以（$dC_L/dt+Q_{O_2}\cdot X$）为横坐标作图，如图 8-4 所示。直线 ab 的斜率为$-\frac{1}{K_La}$；当$\frac{dC_L}{dt}=0$ 时，$C^*=C_L+\frac{Q_{O_2}\cdot X}{K_La}$，也可以将 ab 直线延长与纵轴相交，其截距即为 C^*。

8.4　二氧化碳对发酵的影响及其控制

8.4.1　二氧化碳的来源及其对发酵的影响

在发酵过程中，CO_2 是微生物呼吸和分解代谢的终产物，几乎所有发酵均产生大量 CO_2。CO_2 也是合成某些代谢产物的重要基质，如在精氨酸合成过程中其前体氨甲酰磷酸的合成就需要 CO_2 作为基质。

微生物代谢产生的 CO_2 积累在发酵液中，对微生物生长具有刺激或抑制作用。CO_2 和 HCO_3^- 分别作用于细胞膜的不同位点而影响细胞膜的结构和运输功能。溶解于发酵液中的 CO_2 主要作用于细胞膜的脂质核心部位，HCO_3^- 则影响细胞膜表面上的蛋白质。当细胞膜脂质中 CO_2 浓度达到某一临界值时，膜的流动性及表面电荷密度发生变化，从而导致细胞膜对许多基质的运输受阻，使细胞处于“麻醉”状态，生长受到抑制，细胞形态也发生改变。大多数微生物对发酵液中的 CO_2 适应浓度较低，一般为 0.02%～0.04%（体积分数）。当尾气中 CO_2 浓度高于 4%时，微生物的糖代谢和呼吸速率下降。例如，发酵液中的 CO_2 浓度达到 1.6×10^{-3}mol/L 时，就会严重抑制酵母菌的生长。又如，产黄青霉的菌丝形态随发酵液中 CO_2 浓度不同而改变。当发酵液中 CO_2 浓度为 0～8%时，产黄青霉菌丝体主要呈丝状；当 CO_2 浓度为 15%～22%时，菌丝体呈膨胀、粗短状；若 CO_2 分压提高至 0.08×10^5Pa 时，菌体呈球状。

CO_2 对微生物合成代谢产物也有影响。一般来说，CO_2 浓度对氨基酸、抗生素等发酵有抑制或刺激作用。例如，精氨酸发酵时需要 CO_2 的最适分压约为 0.12×10^5Pa，过高或过低都会影响其合成。牛链球菌发酵生产多糖时，空气中需含有 5%的 CO_2。又如，当排气中 CO_2 含量高于 4%时，即使溶解氧在临界氧浓度以上，菌体呼吸强度和青霉素合成都受到抑制；当进气中 CO_2 分压达到 0.08×10^5 Pa 时，青霉素的比生产速率下降 50%。

另外，CO_2 的积累还会引起发酵液的 pH 下降，或 CO_2 与其他物质发生化学反应，这些都会影响微生物的生长和发酵。例如，发酵液中的 CO_2 与微生物生长必需的金属离子容易形成碳酸盐沉淀，后者间接影响微生物的呼吸和代谢产物的合成。

8.4.2　二氧化碳浓度的控制

CO_2 在发酵液中的浓度变化受许多因素影响，如细胞的呼吸强度、发酵液的流变特性、通气搅拌、罐压、发酵设备规模等。发酵生产中对 CO_2 浓度的控制主要根据其对发酵的影响来执行，如果 CO_2 对发酵有促进作用，应该适当提高 CO_2 的浓度；反之，如果 CO_2 对微生物生长和产物合成不利，则应设法降低其浓度。

CO_2 浓度可以通过控制发酵罐罐压的方法来实现。增加罐压可以提高 CO_2 的分压，也就增加了发酵液中的 CO_2 浓度。如前所述，增大罐压的同时也会增加氧在发酵液中的饱和分压，从而增加了溶氧。由于 CO_2 在发酵液中的溶解度比氧大，因此随着发酵罐压力的增加，CO_2 浓度比氧气增加得更快。发酵罐的高径比（D/H）对 CO_2 浓度也有影响。高径比大的大容量发酵罐，液位差大，发酵液的静压力可达到 1×10^5 Pa 以上，再加上正压发酵，致使罐底的液体压强可达 1.5×10^5 Pa。此时罐低处发酵液中 CO_2 浓度很大，如果通气搅拌不改变，致使 CO_2 不易排出，在罐底形成碳酸，引起发酵液的 pH 下降，进而影响微生物细胞的呼吸和产物合成。因此，对 CO_2 敏感的发酵生产，不宜采用高径比大的发酵罐。

提高通气量和搅拌速度，也可以调节 CO_2 的浓度。在发酵过程中，CO_2 是从液相向气相传递的，当液相溶解的 CO_2 分压高于气相 CO_2 平衡时的分压时，才能发生液相和气相间 CO_2 的传递。提高通气量和搅拌转速，不但可以促进氧的溶解，使溶解氧保持在临界值以上，又可以使多余的 CO_2 随着废气排出，使液体中的 CO_2 维持在引起微生物生长和代谢抑制作用的浓度之下。相反，降低通气量和搅拌转速，则有利于提高 CO_2 在发酵液中的浓度。在四环素发酵中，发酵前期（前 40h）采用较小的通风量和较低的搅拌转速，增加发酵液中 CO_2 的浓度，发酵 40h 以后加大通风量和提高搅拌转速，降低发酵液中 CO_2 浓度，四环素产量提高 25%～30%。

CO_2 的产生还与发酵工艺密切相关。例如，在青霉素发酵中，采用补糖发酵工艺会增加发酵液中的 CO_2 浓度和降低发酵液的 pH。因为补加的糖可用于菌体生长、菌体维持和青霉素合成三方面，它们都产生 CO_2，使发酵液中的 CO_2 浓度增加，溶解在发酵液中的 CO_2 和代谢产生的有机酸，又使发酵液的 pH 下降。因此，在青霉素发酵中，补糖量、CO_2 浓度和 pH 三者之间具有一定相关性，生产上常利用排气中的 CO_2 含量变化作为控制补糖量的参考。

8.5　泡沫对发酵的影响及其控制

8.5.1　泡沫产生的原因

在好氧发酵过程中，产生泡沫的原因主要有四个方面：①发酵过程中连续不断地通入无菌空气；②剧烈的机械搅拌；③微生物生长和代谢过程中不断排出的废气（如氨气、CO_2 等）；④发酵液中含有糖类、蛋白质和脂肪等容易稳定泡沫的物质的存在。在这些产生泡沫的原因中，发酵液的理化性质对泡沫的形成和稳定起着决定性作用。气泡的稳定性主要与液体的表面张力、表观黏度和泡沫的机械强度有关。例如，气体在纯水中鼓泡，由于纯水的表面张力很低（$\sigma=0.072$N/m），生成的气泡稳定性等于零，气泡只能在气液界面维持瞬间，这是由其能学上的不稳定和围绕气泡的液膜强度很低所致。发酵液中的玉米浆、花生饼粉、黄豆饼粉、糖蜜等原料中所含的蛋白质，微生物细胞本身都具有稳定泡沫的作用。许多起泡物质都是表面活性物质，它们具有降低发酵液表面张力的作用，从而使发酵液容易起泡。这些表面活性物质具有一些极性的亲水基团和非极性疏水基团，分子带极性的一端向着水溶液，非极性的一端向着空气，并力图在表面作定向排列，这些分子排列增加了泡沫的机械强度。起泡物质分子通常是长链形的，其链越长，链间的分子引力越大，泡沫的机械强度就越强。蛋白质分子中除了分子间引力外，在羧基和氨基之间还有氢键引力，因而蛋白质物质形成的泡沫比较牢固和稳定。液体的黏度越大，气泡的液膜越厚，泡沫的机械强度越大，泡沫越稳定。此外，发酵液的温度、pH、基质浓度及泡沫的表面积对泡沫的稳定性也有一定作用。

8.5.2 泡沫对发酵的危害

好氧发酵过程中产生泡沫是正常现象，但过多的泡沫也会给发酵带来许多副作用，主要表现在如下几个方面。

（1）发酵液中过多的泡沫，使发酵罐的装料系数（料液体积/发酵罐容积）减小，降低了发酵产率。一般发酵罐的装料系数为60%～70%，而泡沫所占的体积约为培养基的10%。

（2）发酵液大量起泡，如果控制不及时，会引起发酵液溢出罐外（称为逃液），逃液不仅导致发酵产物流失，也有可能使发酵液溅到轴封处，增加了污染杂菌的机会。

（3）泡沫增加了微生物菌群的非均一性。由于泡沫液位高低变化，使处在不同生长周期的微生物随泡沫飘浮在发酵液表面或黏附在发酵罐壁上，这些不仅使培养基中的微生物菌体量减少，还会造成“逃走”的这部分菌体因缺乏营养而过早衰老甚至自溶，而菌体的自溶又反过来产生更多的泡沫，从而影响整体发酵效果。

8.5.3 泡沫的消长规律

发酵过程中泡沫的多少与通气搅拌的剧烈程度和培养基成分有关。首先，泡沫的产生量与通气量和搅拌速度成一定的正比关系。一般来说，泡沫随着通气量和搅拌速度的增加而增加，并且搅拌所引起的泡沫变化比通气量大得多。所以，当发酵液中泡沫过多时，可以适当减少通气量和搅拌转速。其次，泡沫的产生还和培养基中的原料性质有关。培养基中的玉米浆、蛋白胨、花生饼粉、黄豆饼粉、酵母粉、糖蜜等是发泡的主要因素，发酵液的起泡能力随这些物质的品种、产地、加工方法、储藏条件、配比等不同而有所差异。培养基如果含有丰富的花生饼粉或黄豆饼粉，发酵液的黏度比较大，在发酵过程中产生的泡沫量大而持久。糖类本身起泡能力很低，但在丰富培养基中高浓度的糖分可以使发酵液的黏度增加，起到稳定泡沫的作用。此外，培养基的灭菌方法、灭菌温度和时间也会改变培养基的性质，从而影响培养基的起泡能力。例如，糖蜜培养基的灭菌温度从110℃升高到130℃，灭菌时间为0.5h，起泡系数几乎增加一倍。

在发酵过程中发酵液的性质随微生物的代谢活动而不断变化，是泡沫消长的重要因素。发酵前期，泡沫的高稳定性与发酵液的高表观黏度和低表面张力有关。随着发酵的进行，微生物对碳、氮源物质的利用，起稳定泡沫作用的蛋白质的降解，发酵液黏度的降低和表面张力的上升，泡沫会不断减少。在发酵后期，由于菌体衰老自溶及发酵液中可溶性蛋白的增加，又促进泡沫的稳定性上升。

8.5.4 泡沫的消除和防止

在工业生产中，应首先研究和分析发酵过程中泡沫形成的原因与规律，然后从菌种特性、培养基的组成与配比、灭菌条件及发酵条件等方面综合考虑，尽量预防在发酵过程中形成过多的泡沫。如单细胞蛋白生产中可以筛选在生长期内不易形成泡沫的突变株；也可用混合培养的方法控制泡沫的形成，如将产碱菌、土壤杆菌与莫拉菌一起培养可控制发酵过程中泡沫的形成。在发酵过程中，一旦发酵液中大量产生泡沫，必须采取一定措施消除泡沫。发酵工业中，消除泡沫的方法可分为机械消泡法和化学消泡法两大类。

8.5.4.1 机械消泡法

机械消泡法是借机械引力或剧烈振动或压力变化来消除泡沫的。发酵工厂一般采用在发酵罐内安装消泡器与罐外采用分离器相结合的机械消泡方式。罐内消泡器是在搅拌轴上方安装消泡桨，型式有梳式、耙式和孔板式，消泡器随着搅拌轴旋转过程中借旋风离心力作用将泡沫击碎。也可将少量消泡剂加到消沫转子上以增强消泡效果。罐外消泡法是将泡沫引到发酵罐外的旋击分离器中，通过喷嘴的加速作用或离心力作用将泡沫粉碎，最后小颗粒液滴可汇集成大颗粒液滴，顺着分离器内壁回流至发酵罐内。旋击分离器的结构是将传统的旋风分离器加以改进，内部增设了导流叶片和螺旋翼片，当气-液混合物以一定速度进入分离器后，作高速螺旋运动，混合物流分别与导流叶片、螺旋翼片及圆筒内壁多次撞击，使泡沫破碎。实验表明，安装旋击分离器的发酵罐可节省30%左右的消泡剂用量。

机械消泡的优点是不需要向发酵液中添加消泡物质，可节省消泡剂，从而减少添加消泡剂时可能带来的染菌机会，也可以减少因消泡剂添加培养液性质的变化，对下游提取工艺无任何副作用。但机械消泡并不能完全消除发酵液中的泡沫，尤其对黏度较大的流态型泡沫作用微弱，故通常将机械消泡作为化学消泡的辅助方法。

8.5.4.2 化学消泡法

化学消泡法是使用化学消泡剂消除泡沫的方式，也是目前发酵工业应用最广泛的一种消泡方法。化学消泡剂是一种表面活性剂，其表面张力比发酵液的发泡物质低。将化学消泡剂添加到发酵液中，当消泡剂接触气泡的膜面时，可降低气泡膜面局部的表面张力，由于力的平衡受到破坏，气泡便会破裂。

发酵工业中常用的化学消泡剂分为天然油脂类、聚醚类、高级醇类和硅树脂类。常用的天然油脂类消泡剂有玉米油、豆油、米糠油、棉籽油、鱼油和猪油等。这些天然油脂除作为消泡剂外，还可以作为培养基的碳源物质被微生物利用。这类消泡剂的消泡能力不强，使用时还需注意其新鲜度，以免微生物生长和产物合成受到抑制。应用较多的聚醚类消泡剂有聚氧丙烯甘油和聚氧乙烯氧丙烯甘油（俗称泡敌），添加量一般为0.03%左右。聚醚类消泡剂的消泡能力比植物油大10倍以上。泡敌的亲水性好，在发泡介质中易铺展，消泡能力强，但其溶解度也大，消泡活性维持时间较短。泡敌在黏稠发酵液中使用效果比在稀薄发酵液中更好。化学消泡的优点是消泡作用迅速可靠，但消泡剂用量过多会增加生产成本，且有可能影响菌体的生长、代谢，对产物的提取和精制不利。

本章小结

在发酵过程中，除了微生物菌种的生理特性外，发酵设备的结构和尺寸、温度、pH、溶氧、CO_2、泡沫等工艺条件对发酵水平都会产生重要影响。最适发酵条件的选择应根据微生物生长和产物合成条件综合考虑。好气发酵过程中，控制溶氧必须从供氧和需氧两方面考虑。发酵液是一个非常复杂的非牛顿流体，其流变特性不仅使发酵液的黏度不再是一个常数，还直接影响发酵过程中传质、传热和能量交换。微生物生长、繁殖和代谢情况都通过各种参数变化反映出来，对发酵过程的各种参数进行有效检测和控制，可以了解物质代谢和发酵规律，优化发酵工艺，提高发酵产率。

复习题

1. 名词解释：呼吸强度、临界溶氧浓度、体积溶氧系数、呼吸商、反馈控制。
2. 影响发酵温度的因素有哪些？
3. pH 对发酵有哪些影响？
4. 发酵过程中如何控制溶解氧？
5. 何为非牛顿流体？非牛顿流体有何特性？
6. 发酵过程中泡沫产生的原因是什么？消除泡沫的方法有哪些？
7. 简单叙述体积溶氧系数 K_La 测定方法？

主要参考文献

曹军卫，马辉文，张甲耀. 2007. 微生物工程. 北京：科学出版社
邓毛程，张邦建. 2007. 发酵工艺原理. 北京：中国轻工业出版社
贺小贤. 2003. 生物工艺原理. 北京：化学工业出版社
梁世中. 2008. 生物工程设备. 北京：中国轻工业出版社
钱铭镛. 1998. 发酵工程最优化控制. 南京：江苏科学技术出版社
肖东光. 2004. 微生物工程原理. 北京：中国轻工业出版社

第9章 发酵过程的检测与自控

内容提要：生物发酵反应系统是一个非常复杂的三相系统，即气相、液相和固相的混合体，且三相间的浓度梯度相差很大，达到几个数量级。要想对如此复杂的系统进行监测与自控，使生产过程达到预期的目的，获得较高的产品得率，只有采取各种不同方法测定生物反应代谢过程中代谢变化的各种参数，掌握代谢过程的变化情况，结合代谢控制理论，才能有效控制发酵过程。美国麻省理工学院（MIT）的 Cooney 指出，要实现发酵过程的监测与控制，必须解决好五个问题：①生物模型；②传感器技术；③适用于生物过程的最优化技术；④系统动力学；⑤计算机-检测系统-发酵罐之间的接口技术。本章重点研究第二个问题，简单涉及第五个问题。

9.1 发酵过程检测

9.1.1 概述

发酵过程包括大量复杂的生化反应和迁移现象。发酵过程中底物浓度、菌体浓度、产物浓度随时间变化，发酵液物料的性质，如密度，黏度，流变学特性，表面张力，氧及其他性质如扩散系数、氧饱和浓度也随时间变化。由于一系列分解代谢和合成代谢的原因，引起了温度、pH、溶解氧、氧化还原电位、排气二氧化碳和排气氧的变化。为了能够有效地控制发酵，就需要获得发酵过程变量的变化信息，对发酵过程参数的变化进行检测。

发酵参数是发酵过程及其菌株的生理生化特征数据，反应环境变化和细胞代谢生理变化的许多重要信息，发酵参数的检测是为了获得各种信息，以便对于发酵过程实施有效的控制。

发酵参数可分为物理参数，如温度、压力、发酵液体积、气体流量、搅拌转速、功率消耗、泡沫、黏度等；化学参数，如 pH、溶解氧、溶 CO_2、氧化还原电位、气相成分等；生物学参数，如生物量、基质浓度、产物浓度、细胞形态等（表 9-1）。当然，并非所有的产品在发酵过程中都需要检测所有的参数，而是根据实际情况，从发酵的特点和可能的条件出发，有选择的检测部分参数。这些检测量，可提供反映环境和细胞代谢生理变化的许多重要信息，作为研究和控制发酵过程的基础。

9.1.2 发酵传感器

为了适应自控的需要，了解发酵过程变量变化的信息，应尽可能通过安装在发酵罐内的传感器检知，然后由变送器把非电信号转换为标准电信号，让仪表显示、记录，或传送给电子计算机处理。

9.1.2.1 发酵过程对传感器的要求

用于发酵过程的传感器，由于所面临的过程及检测对象的特殊性，除了常规要求外，还应当满足一些特殊要求。

表 9-1　发酵参数类型

参数类别	参变量	影响的状态
物理参数	温度	反应速度及稳定性
	压强	溶氧、无菌操作
	发酵液体积	操作稳定性、生产率
	泡沫高度	操作稳定性
	通气量	溶氧与搅拌速率
	培养基流加量	生物反应效率
	黏度	溶氧速率及混合状态
	搅拌功率	溶氧速率及混合状态
	搅拌转速	溶氧速率及混合状态
	加热蒸汽量	灭菌速度与时间
	冷却介质流量	反应稳定性
	湿度	固体发酵产量
化学参数	pH	反应速度及无菌度
	溶氧浓度	反应速度
	氧化还原电位	反应速度
	溶解 CO_2 浓度	反应速度
	尾气中氧的分压	氧利用速率及反应速度
	尾气中 CO_2 的分压	氧利用速率及反应速度
生物量参数	菌体浓度	反应速度和生产率
	产物浓度	反应速度和生产率
	培养基质及代谢物	反应速度和生产率

1）常规要求

(1) 可靠性。这是传感器最重要的特性，它包括物理强度、出现故障的频率及故障发生的方式。

(2) 准确性。是测量值与已知值或实际值之差的量度，或称之为误差。为提高测量的准确性，传感器必须定期（每天或每批）进行校准。

(3) 精准度。测量精确度是重复测量的概率，它受测量方法、所用仪器、操作人员、实验室条件等因素的影响，一般以实际值不发生变化的某一段时间内测量指示值的标准差来表示。

(4) 响应时间。在测量位点，有指示值与真实值之间的时间滞后，它是由反应滞后与传递滞后所造成。

(5) 分辨能力。又称识别能力，是指测量过程中所能分辨的最小变化值。对于模拟量，它主要是一个刻度的观察问题；对于数字量，是有意义的最小数字的单位变化。

(6) 灵敏度。对灵敏度有各种各样的描述方式，一般指的是传感器所能反映的最小测量单位。

(7) 测量范围。是传感器所能感受的最大值与最小值之差。但在实际应用中，一般只取测量范围的一部分，称为设计跨度。例如，电阻温度计量范围是－200～85℃，但一般在发酵工业中设计跨度为 0～150℃或 0～50℃。

(8) 特异性。传感器只与被测变量反应而不受过程中其他变量和周围环境条件变化影响。

(9) 可维修性。

2) 发酵过程对传感器的特殊要求

(1) 灭菌。传感器与发酵液直接接触，一般要求传感器能与发酵液同时进行高压蒸汽灭菌。

(2) 发酵过程中保持无菌。在发酵过程中保持无菌，要求传感器与外界大气隔绝，采用的方法有蒸汽汽封、O 形圈密封、套管隔断等。

(3) 避免传感器被培养基和细菌污染。发酵用传感器容易被培养基和细菌污染，应选用不易污染的材料如聚四氟乙烯或者抛光的不锈钢。

(4) 抗干扰能力。传感器只与被测变量有关而不受过程中其他变量和周围环境条件变化影响。

9.1.2.2 发酵传感器的分类

1) 按测量方式分类

(1) 离线传感器。传感器不安装在发酵罐内，由人工取样进行手动或自动测量操作，测量数据通过人机对话输入计算机。

(2) 在线传感器。传感器与自动取样系统相连，对过程变量连续、自动测定，如用于对发酵液成分进行测定的流动注射分析（FIA）系统和高效液相层析（HPLC）系统，对尾气成分进行测定的气体分析仪或质谱仪等。

(3) 原位传感器。安装在发酵罐内，直接与发酵液接触，给出连续响应信号，如温度、压力、pH、溶氧等的测量。

在线传感器和原位传感器统称为在线传感器，以区别于离线传感器。它们给出的信号不受操作者干预，可以直接输入计算机。

2) 按测量原理分类

(1) 力敏元件。包括各种压敏元件、速度与加速度元件、压差元件。

(2) 热敏元件。包括测温元件和测热元件。

(3) 光敏元件。如光导纤维、光电管等。

(4) 磁敏元件。利用各种磁效应的分析仪器。

(5) 电化学传感器。以电化学反应为基础，可将非电信号直接转换成电信号，如 pH 传感器、氧化还原电位传感器及溶氧传感器。

9.1.2.3 发酵过程的主要在线传感器

发酵过程的主要在线传感器有 pH 传感器、溶氧传感器、氧化还原电位传感器、溶 CO_2 传感器。

1) pH 传感器

pH 是微生物生长和产物合成的非常重要的状态参数，代谢活动的综合指标。因此必须掌握发酵过程中 pH 变化的规律，即时监控，使它处于生产的最佳状态。

目前，最常用也是最通用的 pH 传感器是复合 pH 电极，复合 pH 电极主要有塑料电极和玻璃电极两种，常用的是玻璃电极。玻璃电极是由玻璃支杆，以及由特殊成分组成的对氢离子敏感的玻璃微孔膜组成。玻璃微孔膜一般呈球泡状，球泡内充入内参比溶液，插入内参比电极（一般用银/氯化银电极），用电极帽封接引出电线，装上插口，就成为一支玻璃 pH 复合电极。通常来说，pH 电极的测定范围是 0～14，精确度达到 0.05～0.1，灵敏度为 0.1，响应时间为数秒至数十秒，能耐高温消毒（不超过 121℃）。复合 pH 传感器的结构见图 9-1。

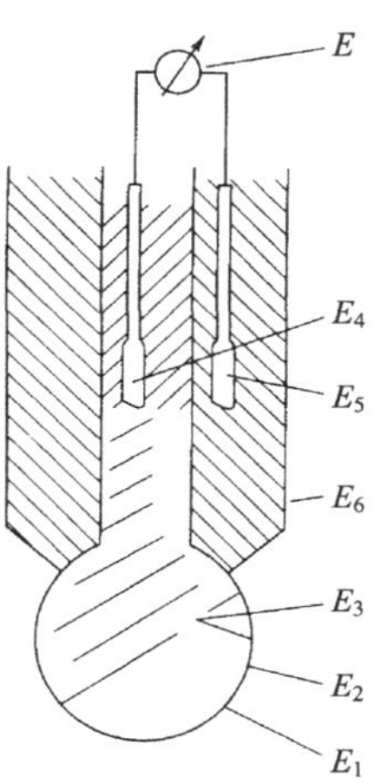

图 9-1　复合 pH 传感器的结构
E-测量电位；E_1-被测液体电位；E_2-玻璃电极外侧电位；E_3-玻璃电极内测电位；E_4-玻璃电极引出线电位；E_5-参比电极引出线电位；E_6-接液部分电位

pH 电极最重要的部分是玻璃微孔膜，此电极微孔膜容易受到蛋白质等大分子污染吸附，影响膜内外之间的质量传递，pH 传感器的灵敏度和响应时间会下降和延长，此时必须将蛋白质酶解溶出。为了使 pH 电极适应发酵要求，通常需要装在不锈钢护套内。护套可以使传感器从发酵罐上专门的插座上自由插入或取出，延长使用寿命。另外，温度对 pH 的影响是很大的，精度高于 0.1 的 pH 计都需要有温度补偿调节系统，如图 9-2 所示。

2）溶氧传感器

溶氧电极最早是由 1956 年 Clark 发明的。它是由一透气薄膜覆盖的电流型电极。这类电极可分为两类：原电池（galvanic）型和极谱（polargrafic）型。这两种电极在一定条件下和一定溶氧范围内其电流输出与溶氧浓度成正比。前者需外加 0.7V 稳压电源，多数采用白金和银-氯化银电极；后者具有电池性质，在有氧下能自身产生一定电流，多数为银-铅电极。这两种电极各有优缺点。极谱型电极由于其阴极面积很小，电流输出也相应小，且需外加电压，故需配套仪表，通常还配有温度补偿，整套仪器价格昂贵，但其最大的优点在于其电流输出不受电极表面液流的影响。这点正是原电池型电极所不具备的。原电池型电极暴露在空气中时其电流输出为 5～30μA（主要取决于阴极的表面积和测试温度），可以不用配套仪表，经一电位器接到电位差记录上便可直接使用。溶氧电极结构见图 9-3。

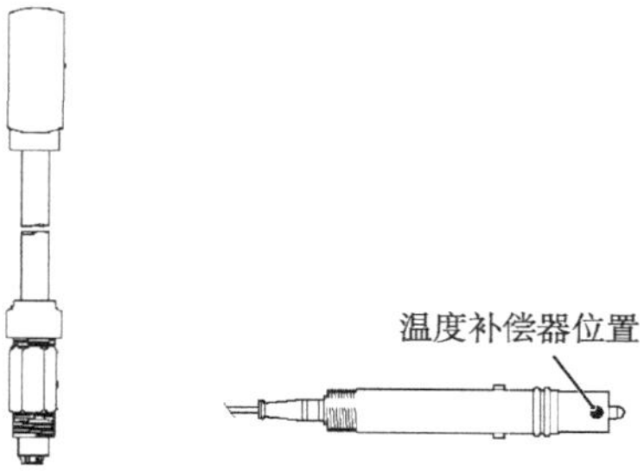

图 9-2　发酵罐中的 pH 电极
（a）有温度补偿的 pH 电极；（b）温度补偿器的一般位置

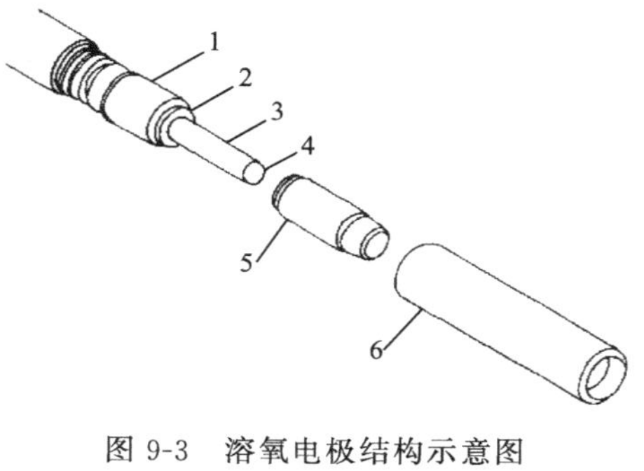

图 9-3　溶氧电极结构示意图
1-电解液槽；2-O 型密封圈；3-内电极；4-覆膜；5-溶氧膜；6-保护套管

3）氧化还原电位传感器

氧化还原电位传感器测量发酵液中氧化剂与还原剂之间的电位。对厌氧或氧限制发酵，由于发酵液中溶氧压低于溶氧传感器的测量下限，可以用此法测量厌氧或氧限制发酵底物的氧化还原电位。

4）溶 CO_2 传感器

发酵液中溶 CO_2 较高时可能抑制微生物生长并降低代谢物的产量。在通气良好的搅拌发酵罐中，溶 CO_2 分压可作为排气 CO_2 含量的粗略估计。溶 CO_2 传感器由一支 pH 探头和缓冲液组成。缓冲液与被测发酵液中的 CO_2 分压保持平衡，缓冲液的 pH 可间接表示发酵液中的 CO_2 分压。图 9-4 所示为可以原位校准的 CO_2 传感器。

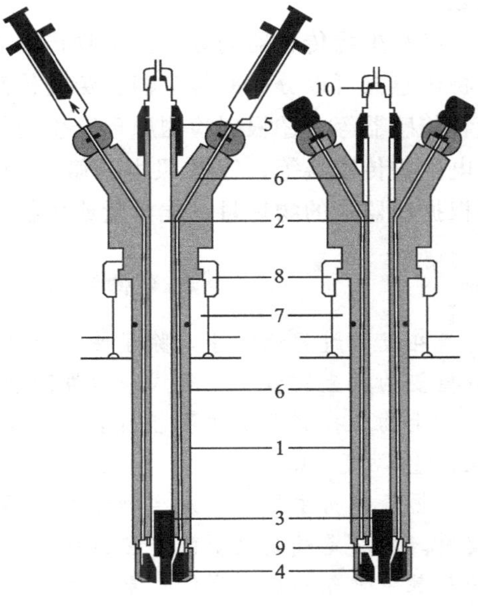

图 9-4　可以原位校准的 CO_2 传感器

1-保护管；2-内管；3-pH 电极；4-强化硅橡胶膜；5-紧固螺帽；6-给液管；7-发酵罐探头孔法兰；8-盖螺帽；9-电解液槽；10-电缆接头螺帽

9.1.2.4　发酵检测用新型传感器

1）离子选择电极

离子选择电极（图 9-5）是对某种离子呈特异反应的电化学传感器。离子选择电极依所用膜材料不同可以分成玻璃膜电极、固体膜电极、液体离子交换膜电极、天然载体液膜电极、气体敏感膜电极和离子选择场效应管。这些电极缺点是不能蒸汽灭菌，膜易黏着发酵液中的蛋白质和细胞。

2）生物传感器

生物传感器的研究始于 20 世纪 60 年代初期。随着传感技术、半导体技术、微机械加工技术、生物工程技术和生物电子学的发展，各种类型的生物传感器相继问市。生物传感器是由固定化的细胞、酶或其他生物活性物质与换能器如电极、热敏电阻、离子敏场效应管相配合组成的传感器。它是近年来生物医学和电子学、发酵工程学相互渗透而发展起来的一种新型信息技术。为了规范该领域，近来国际理论和应用化学联合会推荐一个非常严格的生物传感器定义：一个生物传感器应是一个独立的、完整的装置通过利用与换能器保持直接空间接触的生物识别元件生物化学受体，它能够提供特殊的定量和半定量分析信息。

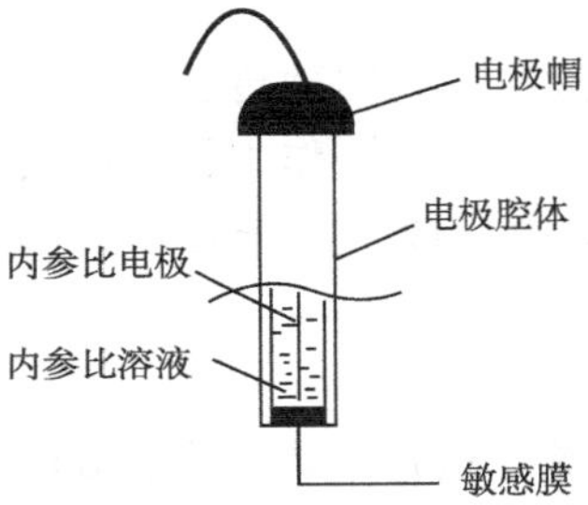

图 9-5　离子选择电极示意图

从它的定义可以看出生物传感器是能够将生物学敏感材料固定化的传感装置，它与适当的转换系统连接，将生化信号转化成可定量和可处理的电信号。生物传感器由以下三部分组成：①由酶、微生物、动植物组织、抗体和核酸组成的生物学元件；②将生物学元件感知的被检测物质转化成电信号的转换器；③数据处理电路和装置。由于生物学元件对蒸汽和化学灭菌不稳定，目前在发酵过程中还不能在线应用。

（1）生物传感器的特点。① 速度快，成本低，可以在 1min 内得到结果；在连续测定过程中，每例测定更加低廉；② 专一性强，生物传感器只对特定的底物起反应，而且不受颜色和浊度的影响，因此一般不需要进行样品的预处理，干扰少；③ 准确度高，一般相对误差可以达到 1%；④ 操作系统简单，容易实现自动分析；⑤ 作用广，应用价值大，有的生物传感器能够可靠地指示微生物培养系统内的供氧状况和副产物的产生，在生产控制中通过得到许多复杂的物理化学传感器综合作用才能获得信息，同时还指明了增加产物获得率的方向。现在生物传感器的应用，涉及发酵工业、疾病诊断、食品检测、环境监测、医疗保健等领域。

(2) 生物传感器的分类。生物传感器有许多种分类方式：①根据生物活性物质的类别，生物传感器可以分为酶传感器、免疫传感器、DNA 传感器、细胞传感器、组织传感器和微生物传感器等；②根据检测原理，生物传感器可分为光学生物传感器、电化学生物传感器和压电生物传感器等；③按照生物敏感物质相互作用的类型分类，可分为亲和型和代谢型；④根据所监测的物理量、化学量或生物量而命名为热传感器、光传感器和胰岛素传感器等。

延伸阅读——发酵过程其他重要检测技术

在发酵过程检测中，除了使用上述传感器外，还引入了其他一些现代分析技术，其中最重要的是生物量、尾气成分和发酵液成分检测。

生物量检测分析主要检测：①干细胞浓度；② DNA 含量；③ 沉降量或压缩细胞体积；④ 黏度；⑤ 浊度。

尾气分析主要用于对生物参数的间接估计，进行过程控制，已在一些发酵生产中推广使用。发酵尾气是重要的发酵过程间接变量。好氧发酵尾气中 O_2 的减少和 CO_2 的增加是培养基中营养物质代谢的结果，气体在线分析获得的耗氧率和 CO_2 释放率（CRR）是目前最有效的生物代谢指标。

发酵液成分分析主要是通过高效液相层析（HPLC）来对发酵液进行在线分析。

9.1.3 发酵过程检测的可靠性

用于监测发酵过程的传感器和分析仪一旦发生故障，将造成信息的消失或产生错误的信息。如果这种传感器和分析仪组成控制回路的一部分，那么故障所造成的控制失误将使发酵过程蒙受重大损失。

1) 各种传感器和仪器的可靠性

发酵中使用的各种传感器及仪器的可靠性如表 9-2 所示。一般来说，物理传感器（如温度、压力）是相当可靠的，而物理化学传感器［如 pH、溶氧压（DOT）］作为控制回路的一部分，使用时必须加倍小心。生化和生物传感器更加不可靠，故一般不用于自动控制系统中。

2) 分析数据的确认

为了保证分析结果的可靠，必须对传感器和分析仪所获得的数据进行确认，确认方法有以下几种。

(1) 校准。传感器和分析仪在使用一段时间后应当进行校准。对于不大可靠的传感器如 pH、DOT 和溶 CO_2 探头，每批发酵应至少校准一次。有条件的话，灭菌后也应校准一次，因为灭菌可能造成检测信号的飘移。

(2) 数据解析。发酵过程许多变量是相关的，如 pH 与溶 CO_2 和荧光相关，通气、搅拌、压力及残糖与 DOT 相关等，因此，可利用相关变量的检测数据进行解析，确认某些传感器的可靠性。

(3) 噪声分析。所有传感器和分析仪都不可避免的会出现一些噪声，对这种噪声的分析有助于确认测量数据的可靠性。在一般情况下，某种特征性噪声突然或缓慢消失，有可能是出现故障的信号。

表 9-2　一些传感器和分析仪的可靠性

测定项目	传感器或仪器类型	灭菌方法	平均故障间隔时间/周
温度	Pt100	直接蒸汽[a]	200
pH	复合玻璃电极	直接蒸汽[a]	48
DOT	原电池	直接蒸汽[a]	11
DOT	极谱	直接蒸汽[a]	20
CO_2	红外分析仪		52
O_2	顺磁分析仪		24
CO_2、O_2 等	质谱		24[b]

a-每周原位直接蒸汽灭菌一次；b-厂家访问服务间隔时间

9.2　发酵过程变量的间接估计

一般的发酵生产过程，都具有非线性、时变性和复杂的相关性，而能够在线准确测量的过程变量几乎都是环境变量，而一些反映菌种生理状态的变量却难以在线准确测量，只能离线取样分析。离线取样分析一般是采用化学方法，需要一定的操作时间，信息往往不够及时。操作者根据旧信息来操作控制，这样不能很好地克服一些扰动，严重地影响发酵的正常进行，降低了发酵的性能指标。所以，现代的发酵工业，要求有及时可靠的数据信息，从而可以随时对整个发酵过程进行准确的监测与控制。其中这些变量有的与传感器直接测量的变相相关，因此可以用相关模型进行估计，利用在线可测量的信息来估计发酵过程中不可直接测量的重要变量。通过对这些菌种生理变量的间接估计实施过程控制，比单纯控制环境变量在提高发酵产率方面常常能起到更加重要的作用。

9.2.1　与基质消耗有关变量的估计

1）基质消耗率

以补料分批发酵为例，根据基质平衡可得

$$v_s = \frac{F}{V}[c_r(\mathrm{S}) - c(\mathrm{S})] - \frac{\mathrm{d}c(\mathrm{S})}{\mathrm{d}t} \tag{9-1}$$

式中，v_s-基质消耗率，$\mathrm{kg/(m^3 \cdot h)}$；$F$-补料体积流速，$\mathrm{m^3/h}$；$V$-发酵液体积，$\mathrm{m^3}$；$c_r(\mathrm{S})$ -补料储罐中基质浓度，$\mathrm{kg/m^3}$；$c(\mathrm{S})$ -发酵液中基质浓度，$\mathrm{kg/m^3}$。

如果发酵过程达到准稳定状态，即对此 $\mathrm{d}c(\mathrm{S})/\mathrm{d}t=0$，$c(\mathrm{S})$ 为常数，那么，通过对补料体积流速 F 和发酵液体积 V 的在线测量，便可在线估计基质消耗率 v_s。

2）基质消耗总量

这一变量由基质消耗率对时间积分进行估计，即

$$-\Delta m(\mathrm{S}) = \int_0^t \left\{\frac{F}{V}[c_r(\mathrm{S}) - c(\mathrm{S})] - \frac{\mathrm{d}m(\mathrm{S})}{\mathrm{d}t}\right\}\mathrm{d}t \tag{9-2}$$

式中，$\Delta m(\mathrm{S})$ -在 t 时间内基质总消耗量，kg。

当 $\mathrm{d}m(\mathrm{S})/\mathrm{d}t=0$ 时，基质消耗总量为补料体积流速和发酵时间的函数。

9.2.2　与呼吸有关变量的估计

1）CO_2 释放率

通过对发酵尾气中 CO_2 含量及通气量的测量，可由下式估计 CO_2 释放率（CRR）

$$CRR = Q_{CO_2}c(X) = \frac{F_{进}}{V}\left[\frac{C_{惰进}C_{CO_2出}}{1-(C_{O_2出}+C_{CO_2出})} - C_{CO_2进}\right]f \tag{9-3}$$

式中，Q_{CO_2}-微生物比二氧化碳释放率，mol/(g·h)；c（X）-菌体干重，g/L；$F_{进}$-进气流量，mol/h；$C_{惰进}$、$C_{CO_2进}$-分别为进气中惰性气体、CO_2 的体积分数［进气量、尾气量要以惰性气体（如氮气）为参比气进行估计］；$C_{CO_2出}$、$C_{O_2出}$-分别为排气中 CO_2、O_2 的体积分数；V-发酵液体积，L；f-系数，$f=\frac{273}{273+t_{进}}P_{进}$；$t_{进}$-进气温度，℃；$P_{进}$-进气绝对压强，Pa。

2）O_2 消耗率

发酵过程中菌的耗氧速率（OUR）可通过热磁氧分析仪或质谱仪测量进气和排气中的氧含量计算而得，相关的函数表达式如下

$$OUR = Q_{O_2}c(X) = \frac{F_{进}}{V}\left[C_{O_2进} - \frac{C_{惰进}C_{O_2出}}{1-(C_{CO_2出}+C_{O_2出})}\right]f \tag{9-4}$$

式中，Q_{O_2}-呼吸强度，mol/(g·h)；OUR-菌耗氧速率，mol/(L·h)。

3）呼吸商

$$RQ = \frac{CRR}{OUR} \tag{9-5}$$

RQ 是碳能源代谢的指示值。在碳能源限制及供氧充分的情况下，碳能源趋向于完全氧化，RQ 应达到完全氧化的理论值，见表 9-3。如果碳能源过量及供氧不足，可能出现碳能源不完全氧化的情况，从而造成 RQ 异常。

表 9-3 一些碳能源基质的理论呼吸商

碳能源	呼吸商（RQ）	碳能源	呼吸商（RQ）
葡萄糖	1.0	乳酸	1.0
蔗糖	1.0	甘油	0.86
甲烷	0.5	植物油	0.7
甲醇	0.67		

9.2.3 与细胞生长有关变量的估计

1）生物量

测量生物量的方法虽然很多，但对于培养基中含有固形物及丝状菌来说，都不十分令人满意。因此，这类发酵过程的生物量，一般都以间接方法进行估计。估计方法主要有由耗氧率估计和由 CO_2 释放率估计两种。

由氧平衡可得

$$OUR \times V = m_0X + \frac{1}{Y_{GO}} \times \frac{dX}{dt} + \frac{1}{Y_{PO}} \times \frac{dP}{dt} \tag{9-6}$$

式中，m_0-生产菌以氧消耗率表示的维持因数，mol/(kg·h)；Y_{GO}-生产菌生长相对于氧消耗的得率常数，kg/mol；Y_{PO}-产物合成相对于氧消耗的得率系数，mol/mol；X-生物量，kg；P-产物量，mol；t-发酵时间，h。

将式（9-6）按差分方程展开，即

$$\mathrm{OUR}(t)V(t)=m_0X(t)+\frac{X(t+1)-X(t)}{Y_{\mathrm{GO}}}+\frac{P(t+1)-P(t)}{Y_{\mathrm{PO}}} \tag{9-7}$$

于是得

$$X(t+1)=Y_{\mathrm{GO}}\left[\mathrm{OUR}(t)V(t)+\left(\frac{1}{Y_{\mathrm{GO}}}-m_0\right)X(t)-\frac{P(t+1)-P(t)}{Y_{\mathrm{PO}}}\right] \tag{9-8}$$

如果 X 在 $t=0$ 时的初始值 $X(0)$ 已知，则可根据 $V(t)$、$P(t)$ 的在线测量和 $\mathrm{OUR}(t)$ 的在线估计结果，由式（9-8）递推估计各个时刻的生物量 $X(t)$。

同理，也可得出根据 CO_2 释放率估计生物量的递推式

$$X(t+1)=Y_{\mathrm{GO}}\left[\mathrm{CRR}(t)V(t)+\left(\frac{1}{Y_{\mathrm{GO}}}-m_0\right)X(t)-\frac{P(t+1)-P(t)}{Y_{\mathrm{PO}}}\right] \tag{9-9}$$

式中，m_0-以 CO_2 释放率表示的维持因数，mol/(kg·h)；Y_{GO}-相对于 CO_2 释放的生长得率常数，kg/mol；Y_{PO}-相对于 CO_2 释放的产物得率常数，kg/mol。

由于 CO_2 的溶解度受 pH 的影响很大，以致影响 CRR 的估计精度，从而使上式的应用受到一些限制。

2）比生长速率和比生成速率

由以上生物量的估计结果，可分别得出比生长速率和比生成速率的估计值，即

$$\mu(t)\approx\frac{X(t+1)-X(t)}{X(t)} \tag{9-10}$$

$$Q_{\mathrm{P}}(t)\approx\frac{P(t+1)-X(t)}{P(t)} \tag{9-11}$$

式中，μ-比生长速率，1/h；Q_{P}-比生成速率，mol/(kg·h)。

9.3　发酵过程自控

实现控制可以有两种方式，一是人工控制，二是自动控制。人工控制主要是凭经验用人工去控制生产过程。生产过程中的关键参数靠人工观察，生产过程的操作也靠人工去执行。因此人工控制仅适用于工艺简单且控制要求不高的场合。自动控制是利用控制装置及信息技术完成控制。自动控制不仅能代替人的观察、判断、决策和操纵，而且还能完成一般人工控制难以完成的工作，如复杂的运算和逻辑判断等。现代工业离不开自动控制技术。

9.3.1　基本自控系统

9.3.1.1　基本自控系统的组成

对生产过程进行自动控制，至少必须要有被控制过程、检测元件和变送器、控制器及执行器四个部分。

1）被控过程

被控过程指的是自动控制系统中需要实现控制的设备、机器或生产过程。被控过程可以很复杂，也可以很简单。例如，发酵中的发酵罐、泵、压缩机等，甚至一段输送流体的管道或是整个生产过程等，都可以是被控过程。

被控过程内要求保持设定数值（接近恒定位或按预定规律变化）的物理量，成为被控变量。非控制装置操纵而又作用于过程并引起被控变量变化的因素被称为扰动（干扰）。在被控过程中应抑制扰动影响。

2）检测元件和变送器

检测元件的作用是感受工艺变量的变化，并将它转换成电信号或气压信号。例如，用热电阻或热电偶测量温度时将温度的变化转化成电阻或直流毫伏电压信号。变送器的作用是将检测元件的检测信号转换成统一标准的气压信号（20～100kPa）或直流电信号（0～12mA或4～20mA），送往其他控制装置。检测变送装置输出信号被称为测量值。

3）控制器

控制器是控制系统的核心。生产过程中用的最多的是调节器，它把检测元件及变送器送来的测量值与设定值进行比较得出偏差，根据偏差的大小及变化趋势，按预先设计好的控制规律进行运算后，输出相应的控制信号给执行器。

所谓设定值是指被控变量的预定值，而偏差就是设定值与被控变量实际值之差。由于被控变量是测定得到的，因此通常把设定值与测量值之差作为偏差。

4）执行器

执行器要求接受控制器送来的信号，相应的去改变操纵变量，克服扰动的影响，最终实现控制要求。所谓操纵变量是指受控制装置操纵，用以使被控变量保持设定值的物料量或能量。化工生产中最常见的执行器是气动薄膜调节阀。被控过程、被控变量、操纵变量、偏差、设定值、扰动是自动化的几个术语。

一个自动控制系统，除了上述四部分是不可缺少的外，有时还由一些辅助装置来实现特定功能，如电气阀门定位器、显示装置、运算单元等。这些辅助装置可以是单独仪表，也可以附带在其他仪表上，如现在不少测量仪表和调节仪表都带有显示功能。

9.3.1.2 自动控制系统的分类

1）开环控制

计算机只对被控制对象输出数据和命令，不需要得到被控对象反馈的信息，即控制对象与被控对象之间只有顺向作用而无反向作用，称为开环控制，如图9-6所示。

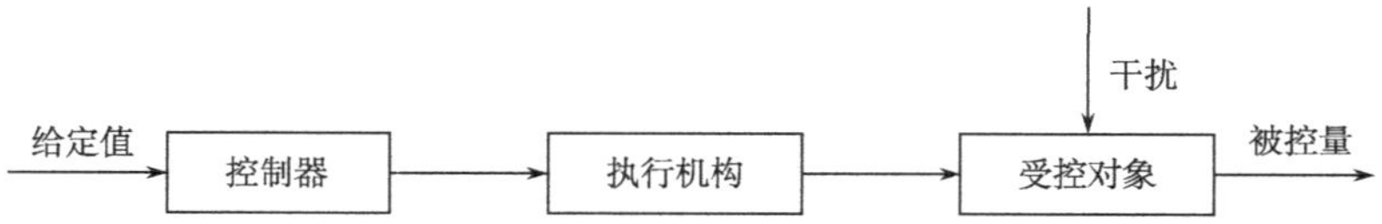

图9-6 开环控制系统

开环控制的特点是，系统结构和控制过程都很简单，但抗干扰能力差，控制精度不高，故一般只能用于对控制性能要求较低的场合。

单纯的前馈控制一般很难满足控制要求，这是因为系统往往存在很多干扰，不能一一补偿，而且有的干扰限于技术条件而无法坚持也就无法实现前馈补偿，因此，其控制精度受到原理上的限制。

2）闭环控制

控制装置与被控对象之间不仅有顺向作用，而且还有反向联系，即被控量对控制过程的影响，这种控制称为闭环控制，如图9-7所示。系统的输出经检测、变送器又反送至系统输入端，形成所谓“反馈信号”，从而构成一个闭环回路。若反馈信号与系统输入信号（给定值）相反，则称为负反馈；若极性相同，则称为正反馈。控制器根据反馈信号和给定信号相比较后所得到的偏差信号，经运算后输出控制作用去消除偏差，使被控量等于给定值。由此可见，闭环控制是按偏差进行控制的。

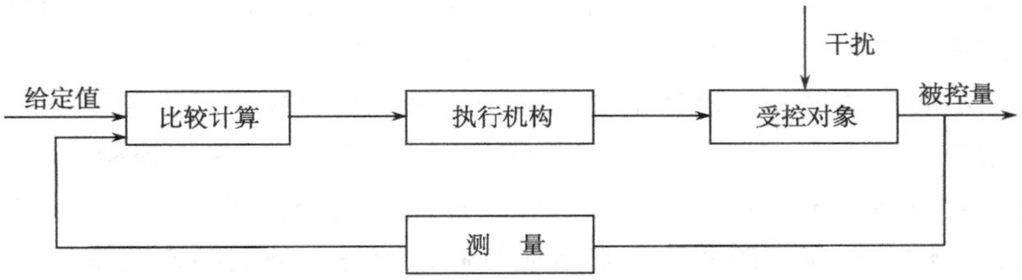

图 9-7　闭环控制系统

闭环控制系统的一个突出优点就是不管是由于干扰或由于系统结构参数变化所引起的被控量偏离给定值，都会产生控制作用去消除此偏差。但由于闭环控制只有在偏差出现之后才产生控制作用，因此系统在强干扰作用下，被控量有可能产生较大波动。对于这种工作环境，适宜于采用按偏差调节和按干扰补偿相结合的复合控制系统。

在闭环控制系统中，按照设定情况的不同，可以分为三种类型。

(1) 定值控制系统。是指控制系统的设定值恒定不变。例如，蒸汽加热器在工艺上要求出口湿度按设定位保持不变，因而采用定值控制系统。定值控制系统的基本任务是克服扰动对被控制量的影响，即在扰动作用下仍能使被控制变量保持在设定值或其附近。工业生产领域里的自动控制系统中，凡要求工艺变量平稳不变的，都属于定位控制系统。

(2) 随动控制系统。又称自动跟踪系统，这类系统的设定值是随机变化的。随动控制系统的主要任务是使被控制变量能够尽快地、准确无误地跟踪设定值的变化，而不考虑扰动对被控制变量的影响。在生产过程自动化中，有些比值控制系统就属于此类。例如，要求甲流体的流量与乙流体的流量保持一定的比值，当甲流体的流量变化时，乙流体的流量能按一定比例随之变化。

(3) 程序（顺序）控制系统。该系统的设定值也是变化的，但它是已知的时间函数，即设定值按一定的时间程序变化。间歇反应器、玻璃熔化炉的升温控制系统都属于此类系统。

3) 复合控制

按扰动量控制方式在技术上较闭环控制方式简单，但它只适用于扰动量可测量的场合，而且补偿装置补偿扰动量只能是一对一进行补偿，一个补偿装置对其他扰动量不起补偿作用。因此，采用如图 9-8 所示的复合控制方式是将按闭环控制与按扰动量控制结合起来，对主要扰动量采用适当的补偿装置实现按扰动量控制，同时，再组成闭环控制系统实现按偏差控制，以消除其余扰动量产生的偏差。这样的复合控制方式组成的控制系统比较容易设计，控制效果也比较好。

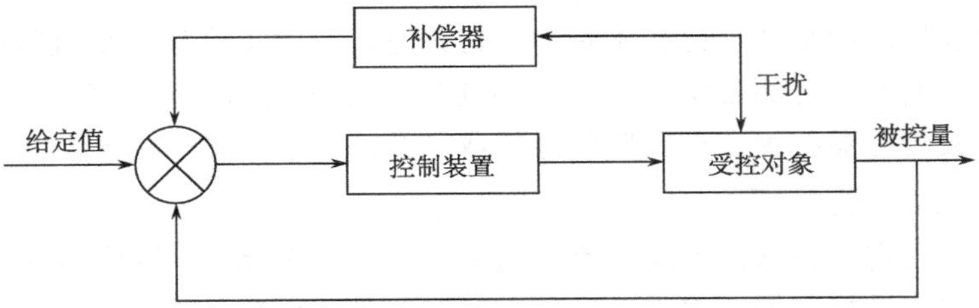

图 9-8　复合控制系统

4）自适应控制

上述三种自控系统一般只适用于确定性过程，即过程的数学模型结构和参数都是确定的，过程的全部输入信号又均为时间的确定函数，过程的输出相应也是确定的。但是发酵过程总的来说是个不确定的过程，也就是说，描述过程动态的数学模型从结构到参数都不确切知道，过程的输入信号也含有很多不可测的随机因素。这种过程的控制，需提出有关的输入、输出信息，对模型逐渐完善，同时自动修改控制器的控制动作，使之适应于实际过程。这种控制系统就叫做自适应控制系统。自适应控制系统是一种能够连续测量输入信号和系统特征的变化，自动的改变系统的结构与参数，使系统具有适应环境变化并始终保持优良品质的自动控制系统。例如，在好氧补料分批发酵过程中，流加速度随着基质消耗速率的变化而变化；通气量随着菌体浓度的变化而变化等。在这些情况下，普通固定模式的反馈自动控制系统就不能满足需要了，只能采用自适应控制系统。

5）发酵过程各变量自控系统的选择

发酵过程虽然总的来说是个不确定性过程，但对于一些单个变量的变化规律，又有确定性的一面，因此，对这些单个变量的控制不一定都要采用自适应控制算法，表 9-4 列出了一些变量可供选择的自控系统。

表 9-4　变量可供选择的自控系统

变量	控制系统
气体流量	开环、定值
搅拌速率	定值
压力	定值
温度	开环、定值、复合
pH	定值、自适应
泡沫	定值
补料	开环、定值、复合、自适应
溶氧	复合、自适应
尾气 O_2 和 CO_2	复合
生物量	自适应

9.3.2　发酵自控系统的硬件结构

发酵自控系统由传感器、变送器、执行机构、转换器、过程接口和监控计算机组成，这些硬件的配置如图 9-9。下面，对这些硬件分别作以简单介绍。

9.3.2.1　传感器

用于发酵过程检测的传感器已在本章 9.1 讨论过，但除了直接测量过程的传感器外，一些根据直接测量数据对不可测变量进行估计的变量估计器（如本章 9.2 所述），也可以叫做传感器。这种广义传感器称为“网间”传感器或“算法”传感器。

9.3.2.2　变送器与过程接口

除传感器外，还需要特殊的电路（惠斯通电桥、放大器等），将传感器获得的信息变成标准输出信号，才能被控制器所接受，这种电路装置就叫做变送器。传感器和变送器有时安装在同一个装置内，为了使传感器与控制器的连接具有灵活性和机动性，建议采用以下标准

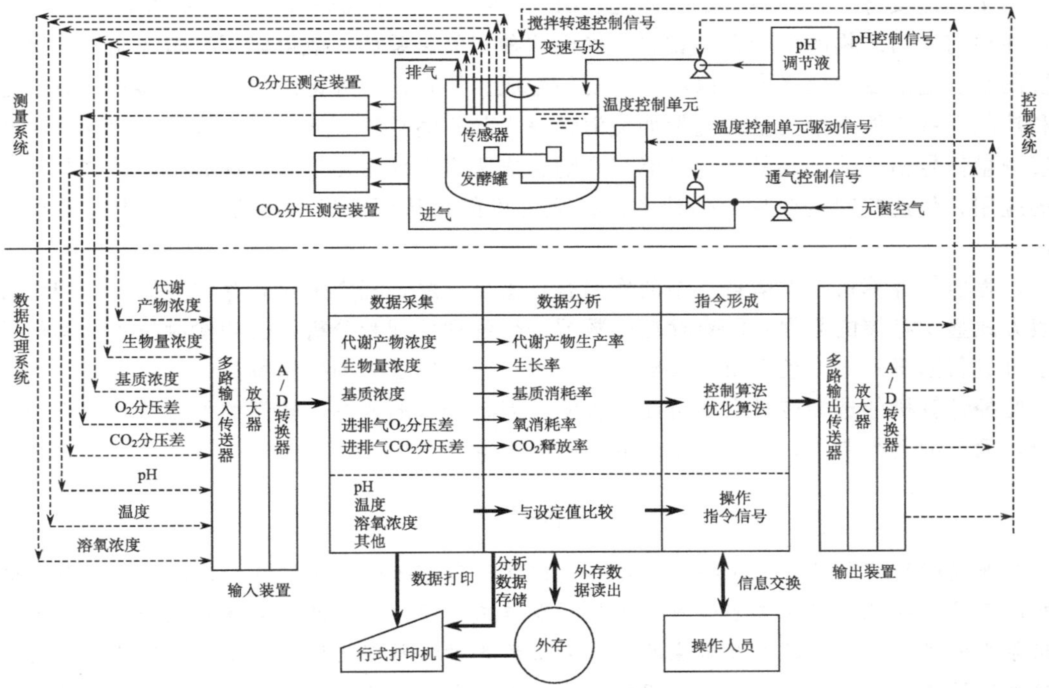

图 9-9　发酵过程自控的硬件配置

输出信号：连续的 0～10V 或 0/4～20mA。直流电模拟输出信号，为了避免接地，信号应当隔离输出，二进制编码十进制输出信号应当用标准 RS232、RS423 或 IEEE488 接口及其通讯协议传送。

用处理机连接发酵装置对变量进行检测和控制需要数据接口，传递的信号是二进制编码十进数。广泛使用的 RS232 和 RS423 是标准化的系列传送接口，它们的传送距离较远而传送的速度较慢。IEEE488 是字节定向的平行传送接口，它的传送速度相当快，缺点是传送距离有限。

9.3.2.3　执行机构和转换器

执行机构是直接实施控制动作的元件，如电磁阀、气动控制阀、电动控制阀、变速机、步进电机、正位移泵、蠕动泵等等。它反应于控制器输出信号或操作者动手干预而改变控制变量值，执行机构可以连续动作（如控制阀的开启位置，马达或泵的转速）。也可以间歇动作（如阀的开、关，泵或马达的开、停等）。与反应器物料直接接触的执行机构要求无渗漏、无死角，能耐受高温蒸汽灭菌，便于精确计量等。

控制器的输入信号就是反应器的输出信号。对于常规电子控制器，连续的模拟输出信号可以直接和控制器连接，当涉及计算机时，控制器输入信号必须转换成数字当量。而与执行机构连接的模拟输出信号必须由数字当量产生。因此，对于计算机控制系统，必须使用 A/D 转换器和 D/A 转换器。但控制器的输入信号为离散信号时，可直接使用数字输入和数字输出。

9.3.2.4　监控计算机

在工业发酵过程的监测和控制中，普通使用的装置是条形记录仪和模拟控制器。条形记录仪用于描绘发酵过程中各变量如温度、pH、溶氧、尾气成分等变化的曲线，这些变量的变化往往与所需产物的生物合成相关，确定这种相关关系后，就可以用模拟控制器将这些变量控制在合适的变化范围内，以利于产物的生成。但是，这种记录仪和控制器不能有效地监测和控制那些不能直接测量的变量如氧消耗率、基质消耗率、比生长率等等，而这些由几个直接测量信号估计的间接受量，可能与产物合成速率更加密切相关。计算机和某些数字化仪表的应用，使这些间接变量的估计和监控成为可能，从而在发酵过程的发展中起着重要的作用。

过程监控计算机在发酵自控中的作用有：①自发酵过程中采集和存储数据；②用图形和列表方式显示存储的数据；③对存储的数据进行各种处理和分析；④和检测仪表及其他计算机系统进行通讯；⑤对模型及其参数进行辨识；⑥实施复杂的控制算法。

监控计算机的选择应具有尽可能完善的功能，较低的成本，较高的可靠性，一定的升级能力，简单的运行要求，和其他系统的通讯能力等。

本章小结

工业发酵研究和开发的主要目标之一是建立一套可行的工艺过程，达到提高产量和降低成本的目的，也就是发酵工艺过程的优化。发酵工艺过程不仅涉及生物细胞的生长、生理和繁殖等生命过程，而且还涉及微生物细胞分泌的各种酶所催化的生化反应，这些反应及过程都受到环境条件的影响。在发酵过程中，为了充分表达生物细胞的生产能力，就要了解其生长、发育和代谢等生物过程，以及各种生物、理化等环境条件对这些过程的影响。

在发酵中微生物的数量不断增加，发酵的营养物质不断减少，发酵产物增加，这些环境因素的变化，影响正常发酵的进行。通过对发酵条件的检测与调控，维持特定的发酵环境条件，可以保证生产的正常进行。而控制发酵过程的关键是测量各种环境参数的传感器。发酵用传感器的要求包括可靠性、准确性、精准度、响应时间、分辨能力、灵敏度、测量范围、特异性、可维修性等。发酵用传感器按照测量方式分为离线传感器、在线传感器和原位传感器，其中最为重要也是应用最广的是在线传感器。常用的在线传感器包括pH测定传感器、溶氧测定传感器、氧化还原电位测定传感器等。生物传感器作为目前一种高新技术传感器正在越来越多的应用于发酵生产中。生物传感器是一类特殊的化学传感器，它是以生物活性单元作为生物敏感基元，对被测目标物具有高度选择性的检测器，其优点包括选择性好、灵敏度高、反应速度快、运行成本低、能在复杂的体系中对某特定指标进行连续监测。

通过各种传感器可以得到发酵过程中随时间变化的菌体浓度、糖和氮的消耗、产物浓度、培养温度、pH、溶解氧等参数的情况，并予以有效的控制，使生产菌种处于产物合成的优化环境之中。但是一般的发酵过程都具有非线性、时变性和复杂的相关性，能够在线准确测量的过程变量几乎都是环境变量，而一些反应微生物生理状态的重要变量却难于在线准确测量，只能够离线取样进行分析和估计，包括底物的消耗率、消耗总量、溶氧速率、呼吸商、生长速率和比生长速率等。

对整个发酵过程进行控制可以有两种方式，一是人工控制，二是自动控制。在人工控制中，控制的精度大多数场合取决于工作人员的操作水平，而高素质操作人员的劳动费用是非常高的。自动控制是借助于自动化仪表和控制元件组成的控制器，对过程变量进行有效的测量和控制，使过程按预定的目标进行。自动控制不仅能够代替人的观察、判断、决策和操纵，而且还能完成一般人工控制难以完成的工作，所以说现代工业离不开自动控制技术。对生产过程进行自动控制，至少需要有被控过程、检测元件和变送器、控制器及执行器四个部分。控制系统包括有开环控制、闭环控制、复合控制系统、自适应控制系统等。

复习题

1. 检测在发酵过程中的重要作用有哪些？
2. 在整个发酵过程中，有哪些参数需要进行检测？
3. 发酵过程中对传感器的要求有哪些？
4. 什么是生物传感器，它的主要特点有哪些？
5. 什么是呼吸商，它有什么意义？
6. 什么是开环控制？什么是闭环控制？
7. 发酵自控系统的基本硬件包括哪些？

主要参考文献

白秀峰. 2003. 发酵工艺学. 北京：中国医药科技出版社
陈辉，朱鸿杰. 2010. 生物传感器研究进展. 河北农业科学，14（9）：149～151
储炬，李友荣. 2006. 现代工业发酵调控学. 北京：化学工业出版社
贺小贤. 2008. 生物工艺原理. 北京：化学工业出版社

第10章 发酵染菌及其防治

内容提要： 发酵染菌（contamination）是指在发酵过程中，生产菌以外的其他微生物侵入了发酵系统，从而使发酵过程失去真正意义上的纯种培养现象。发酵生产过程大多为纯种培养过程，需要在无杂菌污染的条件下进行。发酵生产的环节比较多，尤其是好氧发酵生产，既要连续搅拌和供给无菌空气，又要排放多余空气、多次添加消泡剂、补充培养基、定时取样分析及不断改变空气量供给等，这些操作都给防治发酵生产染菌带来了很大的困难。染菌对发酵生产率、提取收得率、产品质量和三废治理等都有很大的影响。在现有的科学技术条件下要做到完全不染菌是不可能的，因此应当掌握发酵染菌的规律，做好各种防护措施，树立以防为主，防重于治的观念。

10.1 染菌对发酵的影响

10.1.1 染菌对不同发酵过程的影响

由于各种发酵过程所用的微生物菌种、培养基、发酵的条件、发酵周期及产物的性质等不同，染菌造成的危害程度也不同。抗生素的发酵最怕污染杂菌，但对于不同的抗生素发酵，污染的微生物类型不同。例如，青霉素的发酵过程容易污染细短产气杆菌，造成的危害比较大，不管染菌是发生在发酵前期、中期或后期，都会使青霉素迅速分解破坏，使目的产物得率降低，危害十分严重。其他抗生素如链霉素发酵最易污染细短杆菌、假单胞菌和产气杆菌，四环素最怕污染双球菌、芽孢杆菌和荚膜杆菌等。对于核苷或核苷酸的发酵过程，由于所用的生产菌种是多种营养缺陷型微生物，其生长能力差，所需的培养基营养丰富，因此容易受到杂菌的污染，且染菌后，培养基中的营养成分迅速被消耗，严重抑制了生产菌的生长和代谢产物的生成。对于柠檬酸等有机酸的发酵过程，一般在产酸后，发酵液的 pH 比较低，杂菌生长十分困难，在发酵中、后期不太会发生染菌，主要是要预防发酵前期染菌。谷氨酸发酵菌种是细菌，发酵周期短，培养基不丰富，较少污染杂菌，但噬菌体对谷氨酸发酵威胁最大，往往导致成批次连续污染，造成倒罐。在酵母菌发酵过程中，易遭到生长较快的细菌的污染及野生酵母菌的污染，故需特别防止此两类菌的污染。疫苗的发酵通常采用基因工程菌，由于医用疫苗要求很高，一旦受杂菌污染，无论污染的是活菌、死菌或是毒素，都应全部废弃。但是，不管是对于哪种发酵过程，一旦发生染菌，都会由于培养基中的营养成分被消耗或代谢产物被分解，严重影响到产物的生成，使发酵产物的产量大为降低。

10.1.2 染菌时间对发酵的影响

从发生染菌的时间来看，可分为种子培养期染菌、发酵前期染菌、发酵中期染菌和发酵后期染菌等四个不同的染菌时期，不同的染菌时期对发酵所产生的影响也是有区别的。

10.1.2.1 种子培养期染菌

种子制备是生产的关键，种子培养主要是使生产菌生长与繁殖，此时，微生物菌体浓度低，培养基的营养十分丰富，比较容易染菌。若将污染的种子带入发酵罐，则危害极大，必然导致发酵失败，因此应严格控制种子染菌的发生。一旦发现种子受到杂菌的污染，应经灭菌后弃去，并对种子罐、管道等进行仔细检查和彻底灭菌。

10.1.2.2　发酵前期染菌

在发酵前期，微生物菌体主要是处于生长、繁殖、积累菌体量的阶段，对于次生代谢发酵来讲，发酵代谢产物生成很少，相对而言这个时期也容易染菌，染菌后的杂菌将迅速繁殖，与生产菌争夺培养基中的营养物质，严重干扰生产菌的正常生长、繁殖及产物的生成，最终导致发酵产物积累大大减少，甚至造成发酵失败。因此，要特别重视发酵前期染菌问题。当发现发酵前期染菌时，通常应迅速重新灭菌，再接种，进行从头发酵。有时还要根据前期染菌时营养成分的消耗情况补充必要的营养成分，再重新灭菌、接种发酵。

10.1.2.3　发酵中期染菌

发酵中期染菌将对发酵生产带来极大危害，不仅影响生产菌的继续生长，而且会严重干扰生产菌的产物合成代谢，减少产物的生成。有的染菌后杂菌大量繁殖，产生酸性物质，使 pH 下降，糖、氮等的消耗加速，菌体发生自溶，致使发酵液发黏，产生大量的泡沫，代谢产物的积累减少或停止；有的染菌后会使已生成的产物被利用或破坏。从目前的情况来看，发酵中期染菌一般较难挽救，危害性较大，在生产过程中应尽力做到早发现，快处理。处理方法应根据各种发酵的特点和具体情况来决定。例如，抗生素发酵，考虑到代谢产物的抑菌作用，可将另一罐发酵正常、单位高的发酵液的一部分体积输入到染菌罐中，以抑制杂菌生长繁殖。

10.1.2.4　发酵后期染菌

由于在发酵后期，培养基中的糖等营养物质已接近耗尽，且发酵的产物也已积累较多，如果染菌量不太多，对发酵影响相对来说就要小一些，可继续进行发酵。对发酵产物来说，发酵后期染菌对不同的产物的影响也是不同的，如柠檬酸的发酵，染菌对产物的影响不大；抗生素、肌苷酸、谷氨酸、氨基酸等的发酵，后期染菌也会影响产物的产量、提取和产品的质量。

10.1.3　染菌程度对发酵的影响

染菌的程度对发酵的影响是很大的。染菌程度愈严重，即进入发酵罐内的杂菌数量愈多，对发酵的危害也就愈大。当生产菌在发酵过程已有大量的繁殖，并已在发酵液中占优势，污染极少量的杂菌，对发酵不会带来太大的影响，因为进入发酵液的杂菌需要有一定的时间才能达到危害发酵的程度，而且此时环境对杂菌繁殖已相当不利。当然如果染菌程度严重时，尤其是在发酵的前期或发酵的中期，对发酵将会产生严重的影响。

10.2　发酵异常的判断及原因分析

10.2.1　种子培养和发酵的异常现象

发酵过程中的种子培养和发酵的异常现象是指发酵过程中的某些物理参数、化学参数或生物参数发生与原有规律不同的改变，这些改变必然影响发酵水平，使生产蒙受损失。对此，应及时查明原因，加以解决。

10.2.1.1　种子培养的异常现象

种子培养异常表现在培养的种子质量不合格，主要有菌体生长缓慢、菌丝结团、菌体老化及培养液的理化参数变化。种子异常的原因一般较难确定，也使得由种子质量引起的发酵异常原因不易查清。

(1) 菌体生长缓慢。种子培养过程中菌体数量增长缓慢的原因很多。培养基原料质量下降、菌体老化、灭菌操作失误、供氧不足、培养温度偏高或偏低、酸碱度调节不当等都会引起菌体生长缓慢。此外，接种物冷藏时间长或接种量过低而导致菌体量少，或接种物本身质量差等也都会使菌体数量增长缓慢。

(2) 菌丝结团。在培养过程中有些丝状菌容易产生菌丝团，菌体仅在表面生长，菌丝向四周伸展，而菌丝团的中央结实，使内部菌丝的营养吸收和呼吸受到很大影响，从而不能正常地生长。菌丝结团的原因很多，如通气不良或停止搅拌导致溶氧浓度不足；原料质量差或灭菌效果差导致培养基质量下降；接种的孢子或菌丝保藏时间长而菌落数少，培养液泡沫多；罐内装料小、菌丝黏壁等会导致培养液的菌丝浓度比较低；此外，接种物种龄短等也会导致菌体生长缓慢，造成菌丝结团。

(3) 代谢不正常。代谢不正常表现出糖、氨基氮浓度等变化不正常，菌体浓度和代谢产物浓度不正常。造成代谢不正常的原因很复杂，除与接种物质量和培养基质量差有关外，还与培养环境条件差、接种量小、杂菌污染等有关。

10.2.1.2　发酵异常现象

不同种类的发酵过程所发生的发酵异常现象，形式虽然不尽相同，但均表现出菌体生长速度缓慢、菌体代谢异常或过早老化、耗糖慢、pH 的异常变化、发酵过程中泡沫的异常增多、发酵液颜色的异常变化、代谢产物含量的异常下跌、发酵周期的异常拖长、发酵液的黏度异常增加等。

(1) 菌体生长差。由于种子质量差或种子低温放置时间长导致菌体数量较少、停滞期延长、发酵液内菌体数量增长缓慢、外形不整齐。

(2) pH 过高或过低。发酵过程中由于培养基原料质量差、灭菌效果差，加糖、加油（消泡剂）过多或过于集中，将会引起 pH 的异常变化。而 pH 变化是所有代谢反应的综合反映，在发酵的各个时期都有一定规律，pH 的异常变化就意味着发酵的异常。

(3) 溶氧水平异常。对于特定的发酵过程要求一定的溶氧水平，而且在不同的发酵阶段其溶氧的水平也是不同的。如果发酵过程中的溶氧水平发生了异常的变化，一般就是发酵染菌的表现。在正常的发酵过程中，发酵初期菌体处于停滞期，耗氧量很少，溶氧基本不变；当菌体进入对数期，耗氧量增加，溶氧浓度很快下降，并且维持在一定的水平，在这阶段中操作条件的变化会使溶氧有所波动，但变化不大；而到了发酵后期，菌体衰老，耗氧量减少，溶氧又再度上升；当感染噬菌体后，生产菌的呼吸作用受抑制，溶氧浓度很快上升。发酵过程感染噬菌体后，溶氧的变化比菌体浓度更灵敏，能更好地预见染菌的发生。由于污染的杂菌好氧性不同，产生溶氧异常的现象也是不同的。当杂菌是好氧微生物时，溶氧的变化是在较短时间内下降，直到接近于零，且在长时间内不能回升；当杂菌是非好氧微生物，而生产菌由于受污染而抑制生长，耗氧量减少，溶氧升高。

(4) 泡沫过多。一般在发酵过程中泡沫的消长是有一定的规律的。但是，菌体生长差、代谢速度慢、接种物嫩或种子未及时移种而过老、蛋白质类胶体物质多等都会使发酵液在不断通气、搅拌下产生大量的泡沫。除此之外，培养基灭菌时温度过高或时间过长，葡萄糖受到破坏后产生的氨基糖会抑制菌体的生长，也会使泡沫大量产生，从而使发酵过程的泡沫发生异常。

(5) 菌体浓度过高或过低。在发酵生产过程中菌体或菌丝浓度的变化是按其固有规律进行的。但是如果罐温长时间偏高，或停止搅拌时间较长造成溶氧不足，或培养基灭菌不当导致营养条件较差，种子质量差，菌体或菌丝自溶等均会严重影响培养物的生长，导致发酵中菌体偏离原有规律，出现异常现象。

10.2.2　染菌的检查和判断

发酵过程是否染菌应以无菌试验的结果为依据进行判断。在发酵过程中，如何及早发现杂菌的污染并及时采取措施加以处理，是避免染菌造成严重经济损失的重要手段。目前常用于检查是否染菌的无菌试验方法主要有显微镜检查法、肉汤培养法、平板（双碟）培养法、发酵过程的异常观察法等。

10.2.2.1　显微镜检查法

用革兰氏染色法（Gram staining）对样品进行涂片、染色，然后在显微镜下观察微生物的形态特征，根据生产菌与杂菌的特征进行区别、判断是否染菌。此法检查杂菌最简单、最直接，也是最常用的检查方法之一。必要时还可进行芽孢染色或鞭毛染色。

10.2.2.2　肉汤培养法

通常用组成为 0.3%牛肉膏、0.5%葡萄糖、0.5%氯化钠、0.8%蛋白胨、0.4%的酚红溶液（pH 7.2，呈红色）的酚红肉汤作为培养基，将待检样品直接接入经完全灭菌后的该肉汤培养基中，分别于 37℃、27℃进行培养，每 6h 观察一次微生物的生长情况，并取样进行镜检，该肉汤培养基由红色变为黄色或产生浑浊，即判断为染菌。肉汤培养法常用于检查培养基和无菌空气是否带菌，也可用于噬菌体的检查。

10.2.2.3　平板划线培养或斜面培养检查法

将待检样品在无菌平板或斜面上划线，分别于 37℃、27℃进行培养，一般 24 h 后即可进行镜检观察，检查是否有杂菌。有时为了提高平板培养法的灵敏度，也可以将需要检查的样品先置于 37℃条件下培养 6h，使杂菌迅速增殖后再划线培养。

对于噬菌体检查，可采用双层平板培养法，上层和下层同为肉汤琼脂培养基，上层减少琼脂用量，先将灭菌的下层培养基熔化后倒平板，凝固后。再将上层培养基熔解并保持 40℃，加入生产菌作为指示菌，待检样品混合后迅速倒在下层平板上。置培养箱保温培养，经 12～20h 培养，观察有无噬菌斑。

无菌试验时，如果酚红肉汤连续三次发生变色反应（由红色变为黄色）或产生混浊，或平板（或斜面）培养连续三次发现有异常菌落的出现，即可判断为染菌。有时酚红肉汤培养的阳性反应不够明显，而发酵样品的各项参数确有可疑染菌，并经镜检等其他方法确认连续三次样品有相同类型的异常菌存在，也应该判断为染菌。

10.2.2.4　发酵过程的异常现象观察法

发酵过程出现的异常现象如溶解氧、pH、尾气中的 CO_2 含量、发酵液黏度等的异常变化，都是可能产生污染的重要信息，可以根据这些异常现象来分析发酵是否染菌。

（1）溶解氧水平异常变化显示染菌。好氧微生物在发酵过程中均需要不断供氧，特定的发酵具有一定的溶解氧水平，而且在不同的发酵阶段其溶解氧的水平不同。如果发酵过程中的溶解氧水平发生异常变化，一般就是发酵染菌发生的表现。如图 10-1 所示，实线为谷氨酸正常发酵溶解氧水平曲线。在正常发酵中，发酵初期菌体处于适应期，耗氧量较少，溶解氧基本不变；当菌体进入对数生长期，耗氧量增加，溶解氧浓度很快下降，并且维持在一定水平（5%饱和度以上），这阶段由于操作条件（pH、温度、加料等）的变化，溶解氧有所

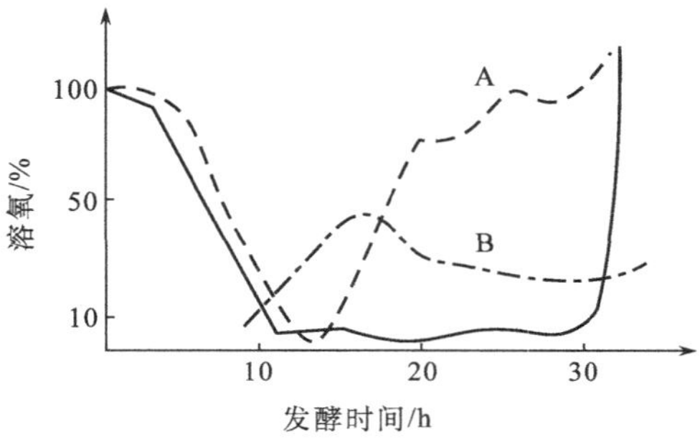

图 10-1　谷氨酸发酵时正常和异常的溶氧曲线

———正常发酵溶解氧曲线；

– – – –异常发酵溶解氧曲线；

–·–·–异常发酵光密度曲线

波动，但变化不大；到了发酵后期，菌体衰老，耗氧量减少，溶解氧浓度又上升。图中虚线 A 表示的是感染噬菌体后溶解氧水平曲线，虚线 B 表示的是异常发酵时菌体浓度的变化。感染噬菌体后，生产菌的呼吸作用受到抑制，溶解氧浓度很快上升，其变化比菌体浓度的变化更灵敏，能更快地预见染菌的发生。

(2) pH 水平异常变化显示染菌。发酵过程中，通过传感器或取样分析，发现 pH 的变化与正常发酵有较大差别，通常提示可能有杂菌污染，如对于污染产酸菌或者利用碳源效率高、生长较快的杂菌，都会出现 pH 迅速下降的现象。

(3) 尾气中 CO_2 异常变化显示染菌。一般好氧性发酵尾气中的 CO_2 含量与糖代谢有关，可以根据 CO_2 含量来控制发酵工艺（如流加糖、通气量等）。对于某种特定的发酵，在工艺一定时，排气中的 CO_2 含量变化是有规律的。在染菌后，培养基中糖的消耗发生变化（加快或减慢），引起 CO_2 含量的异常变化，如污染杂菌，糖耗加快，CO_2 含量增加，感染噬菌体，糖耗减慢，CO_2 含量减少。因此，可根据 CO_2 异常变化来判断染菌，实际生产中可采用尾气分析仪实时检测来判断污染情况。

除此之外，还可根据其他一些表观异常现象，如发酵液黏度异常、发酵过程中泡沫异常增多、发酵液的颜色异常等来判断染菌。

10.2.3　发酵染菌原因分析

10.2.3.1　发酵染菌率

发酵的总染菌率指一年内发酵染菌的批次与总投料批次数之比乘以 100%得到的百分率。即

$$总染菌率 = 发酵染菌批数 / 总投料批数 \times 100\%$$

发酵染菌率是在发酵罐中发生的染菌率，包括染菌后挽救不了导致倒罐的批数，但种子罐培养的染菌不接入发酵罐，不导致染菌的另行计算。

由于各种发酵的菌种、培养基、产品性质、发酵周期、生产环境条件、设备和管理技术水平不同，染菌率有很大差别。例如，抗生素发酵周期长，营养比较丰富，染菌率比较高。据报道，美国抗生素发酵，20 世纪 50 年代染菌率为 5%，随着技术水平提高，染菌率下降，但现在仍有 2%。国外大多数公司抗生素发酵染菌率为 2%～5%。

10.2.3.2　染菌原因分析

发酵染菌后，一定要找出染菌的原因，以总结防治发酵染菌的经验教训，积极采取必要措施，把杂菌消灭在发生之前。如果对已发生的染菌不作具体分析，不了解染菌原因，未采取相应的措施来防止染菌，将会对生产造成严重的后果。造成发酵染菌的原因有很多，且常因工厂不同而有所不同，但种子带菌、培养基灭菌不彻底、空气净化达不到要求、设备渗漏、操作失误和技术管理不善等是造成各厂污染杂菌的普遍原因。表 10-1 是日本工业技术院发酵研究所 1965 年对抗生素发酵染菌原因分析，表 10-2 为某厂链霉素发酵染菌分析。

表 10-1　日本工业技术院发酵研究所 1965 年对抗生素发酵染菌原因分析

染菌原因	染菌率/%	染菌原因	染菌率/%
种子带菌或怀疑种子带菌	9.64	阀门渗漏	1.45
接种时罐压跌零	0.19	蛇管穿孔	5.89
培养基灭菌不彻底	0.79	罐盖渗漏	1.54
空气系统有菌	19.96	接种管穿孔	0.39
夹套穿孔	12.36	其他设备渗漏	10.13
搅拌填料渗漏	2.09	操作问题	10.15
泡沫冒顶	0.48	原因不明	24.91

表 10-2　国内某厂链霉素发酵染菌原因分析

染菌原因	染菌率/%	染菌原因	染菌率/%
外界带入杂菌	8.20	蒸汽压力不足	0.60
设备穿孔	7.60	管理问题	7.00
空气系统有菌	26.00	操作违反规程	1.60
停电罐压下跌	1.60	种子带菌	0.60
接种	11.00	原因不明	35.00

由上述表中可以看出，由于不同厂家的设备渗漏概率、技术管理好坏不同，而使各种染菌原因的染菌率有所不同，其中尤以设备渗漏和空气带菌造成染菌较为普遍且严重。值得注意的是，不明原因的染菌，分别达 24.91%和 35.00%。这表明，目前分析染菌原因的水平还有待于进一步提高。

1）染菌的杂菌种类分析

对于每一个发酵过程而言，污染的杂菌种类的影响是不同的。例如，在抗生素的发酵过程中，青霉素的发酵污染细短产气杆菌比粗大杆菌的危害更大；链霉素的发酵污染细短杆菌、假单胞杆菌和产气杆菌比污染粗大杆菌更有危害；四环素的发酵过程最怕污染双球菌、芽孢杆菌和夹膜杆菌；柠檬酸的发酵最怕青霉菌的污染；谷氨酸发酵最怕噬菌体污染，因为噬菌体蔓延迅速，难以防治，容易造成连续污染。

2）发酵染菌的规模分析

（1）大批量发酵罐染菌。如果发生在发酵前期，可是种子带菌或连消设备引起染菌；如果染菌发生在发酵中期、后期，且这些杂菌类型相同，则一般是空气净化系统存在如空气系统结构不合理、空气过滤器介质失效等问题；如果空气带菌量不多，无菌试验的显现时间较长，这就使分析防治空气带菌增加了难度。

（2）部分发酵罐染菌。如果染菌发生在发酵前期，就可能是种子染菌、连消系统灭菌不彻底；如果是发酵后期染菌，则可能是中间补料染菌，如补料液带菌、补料管渗漏。

（3）个别发酵罐连续染菌（此时如果采用间歇灭菌工艺，一般不会发生连续染菌）。个别发酵罐连续染菌，大都是由于设备渗漏造成，应仔细检查阀门、罐体或罐器是否清洁等。一般设备渗漏引起的染菌，会出现每批染菌时间向前推移的现象。

3）不同污染时间分析

从发生染菌的时间来分析，也是三种情况。

(1) 染菌发生在种子培养阶段，或称种子培养基染菌。此时通常是由种子带菌、培养基或设备灭菌不彻底，以及接种操作不当或设备因素等原因而引起染菌。

(2) 在发酵过程的初始阶段发生染菌，或称发酵前期染菌。此时大部分染菌也是由种子带菌、培养基或设备灭菌不彻底，以及接种操作不当或设备因素、无菌空气带菌等原因而引起。

(3) 发酵后期染菌大部分是由空气过滤不彻底、中间补料染菌、设备渗漏、泡沫顶盖及操作问题而引起染菌。

染菌的原因和途径很多也很复杂，因此不能机械地、孤立地认为某种染菌现象必定是某一原因或渠道所致。应把染菌的现象、染菌的时间、周围的环境等方面的情况联系起来，并结合无菌检查进行综合分析，才能做出正确的判断。

10.3 杂菌污染的途径和防治

10.3.1 种子带菌及其防治

由于种子带菌而发生的染菌率虽然不高，但它是发酵前期染菌的重要原因之一，因而对种子染菌的检查和染菌的防治是极为重要的。种子带菌的原因主要有以下几个方面。

10.3.1.1 菌种在培养过程或保藏过程中受到污染

虽然菌种保藏和种子扩大培养过程是在无菌良好的菌种室内进行，但仍然会有带有杂菌的空气进入而导致污染。在种子罐种子培养过程中也会因为操作失误、设备渗漏等原因造成种子被污染。

为了防止污染，严格控制无菌室的污染，根据生产工艺的要求和特点，建立相应的无菌室，交替使用各种灭菌手段对无菌室进行处理。除常用的紫外线杀菌外，如发现无菌室已污染较多的细菌，可采用石炭酸（苯酚）或土霉素等进行灭菌；如发现无菌室有较多的霉菌，则可采用制霉菌素等进行灭菌；如污染噬菌体，通常就用甲醛、过氧化氢溶液或高锰酸钾等灭菌剂进行处理。对于种子罐车间可采用甲醛、石炭酸、漂白粉等进行灭菌。在制备种子时对沙土管、斜面、三角瓶及摇瓶均严格进行管理，防止杂菌的进入而受到污染。为了防止染菌，种子保存管的棉花塞应有一定的紧密度，且有一定的长度，保藏温度尽量保持相对稳定，不宜有太大变化。对每一级种子的培养物均应进行严格的无菌检查，确保任何一级种子均未受杂菌感染后才能使用。

10.3.1.2 培养基和培养设备灭菌不彻底

对菌种培养基或器具进行严格的灭菌处理，保证在利用灭菌锅进行灭菌前，先完全排除锅内的空气，以免造成假压，使灭菌的温度达不到预定值，造成灭菌不彻底而使种子染菌。为此，在实罐灭菌升温时，应打开排气阀及有关连接管的边阀、压力表接管边阀等，使蒸汽通过，达到彻底灭菌。

10.3.1.3 种子转移和接种过程染菌

在种子转移和接种过程中，种子培养物有可能直接暴露在空气中，所以在此过程中发生污染的概率比较高。因此，要严格执行无菌室管理制度和严格按无菌操作接种，合理设计无菌室。

10.3.2 空气带菌及其防治

无菌空气带菌是发酵染菌的主要原因之一。要杜绝无菌空气带菌，就必须从空气的净化工艺和设备的设计、过滤介质的选用和装填、过滤介质的灭菌和管理等方面完善空气净化系统。例如，使用往复式空压机时，压缩空气中带有大量油滴，在气候潮湿的情况下过滤介质易被油水沾湿而失效。要解决这个问题，要采用无油润滑措施，安装高效的降温、除油水装置，保持过滤介质的干燥状态，防治空气冷却器漏水，防治冷却水进入空气系统，并对空气在进入总过滤器之前升温，使相对湿度下降。

设计和安装合理的空气过滤器，防止过滤器失效。选用除菌效率高的过滤介质，在过滤器灭菌时要防止过滤介质被冲翻而造成短路，避免过滤介质烤焦或着火，防止过滤介质的装填不均而使空气短路，保证一定的介质充填密度。当突然停止进空气时，要防止发酵液倒流入空气过滤器，在操作过程中要防止空气压力的剧变和流速的急增。

加强生产环境的卫生管理，减少生产环境中空气的含菌量，正确选择采气口，如提高采气口的位置或前置粗过滤器，加强空气压缩前的预处理，如提高空压机进口空气的洁净度。

设计合理的空气预处理工艺，尽可能减少生产环境中空气带油、水量，提高进入过滤器的空气温度，降低空气的相对湿度，保持过滤介质的干燥状态，防止空气冷却器漏水，防止冷却水进入空气系统等。

10.3.3　操作失误导致染菌及其防治

一般来说，稀薄的培养基比较容易灭菌彻底，而淀粉质原料，在升温过快或混合不均匀时容易结块，使团块中心部位“夹生”，蒸汽不易进入将杂菌杀死而造成染菌。培养基中如麸皮、黄豆饼一类的固形物含量较多时，容易形成堆积，这些堆积物在灭菌过程中由于传热较慢，一些杂菌也不易被杀灭造成染菌。通常对于淀粉质培养基的灭菌采用实罐灭菌较好，一般在升温前先通过搅拌混合均匀，并加入一定量的α-淀粉酶进行液化；有大颗粒存在时应先经过筛除去，再行灭菌；对于麸皮、黄豆饼一类的固形物含量较多的培养基，采用罐外预先配料混匀，再转至发酵罐内进行实罐灭菌较为有效。

灭菌时由于操作不合理，未将罐内的空气完全排除，造成压力表显示“假压”，使罐内温度与压力表指示的不对应，培养基的温度及罐顶局部空间的温度达不到灭菌的要求，导致灭菌不彻底而染菌。

培养基在灭菌过程中很容易产生泡沫，发泡严重时泡沫可上升至罐顶甚至逃逸，造成泡沫顶罐，杂菌很容易藏在泡沫中，由于泡沫的薄膜及泡沫内的空气传热差，泡沫内的温度低于灭菌温度，一旦灭菌操作完毕并进行冷却时，这些泡沫就会破裂，杂菌就会释放到培养基中，造成染菌。因此，要严防泡沫升顶，尽可能添加消泡剂防止泡沫的大量产生。

在连续灭菌过程中，培养基灭菌的温度及其停留时间必须符合灭菌的要求，尤其是在灭菌结束前的最后一部分培养基也要善始善终，以确保彻底灭菌。避免蒸汽压力的波动过大，应严格控制灭菌的温度，过程最好采用自动控温。

发酵过程中越来越多地采用自动控制，一些控制仪器逐渐被应用，如用于连续测定并控制发酵液 pH 的复合玻璃电极、测定溶氧浓度的探头等，这些探头或元件如用蒸汽进行灭菌，不但容易损坏，还会因反复经受高温而大大缩短其使用寿命。因此，一般常采用化学试剂浸泡等方法来灭菌。但常会因灭菌不彻底，放入发酵罐后导致染菌。

在发酵过程中，如工人操作不当也会引起染菌，如移种时或发酵过程罐内压力跌零，使外界空气进入而染菌；未及时添加消泡剂导致泡沫顶盖而染菌；压缩空气压力突然下降，使发酵液倒流入空气过滤器而造成污染等。防止操作失误引起染菌，要加强对工人的技术培训和责任心教育，提高工人素质，强化措施和管理。

10.3.4 设备渗漏或“死角”造成的染菌及其防治

设备渗漏主要是指发酵罐、补糖罐、冷却盘管、管道阀门等，由于化学腐蚀（发酵代谢所产生的有机酸等发生腐蚀作用）、电化学腐蚀（如氧溶解于水，使金属不断失去电子，加快腐蚀作用）、磨蚀（如金属与原料中的泥沙之间磨损）、加工制作不良等原因形成微小漏孔后发生渗漏染菌。例如，发酵设备的表面或焊缝处如有砂眼，由于腐蚀逐渐加深，最终导致穿孔。盘管受搅拌器作用，长期磨损，焊缝处受冷热和振动产生裂缝，或发酵液的 pH 低、化学腐蚀严重等原因造成渗漏。为了避免发酵设备、管道、阀门渗漏，应选用优质的材料，经常进行检查并及时处理渗漏隐患。盘管的微小渗漏不易被发现，可以压入碱性水；在罐内可疑地方，用浸湿酚酞指示剂的白布擦，如有渗漏时白布显红色。管件的渗漏主要是指阀门的渗漏，目前生产上使用的阀门不能完全满足发酵工程的工艺要求，是造成发酵染菌的主要原因之一。采用加工精度高、材料好的阀门可减少此类染菌的发生。

由于操作、设备结构、安装及其他人为因素造成的屏障等原因，使蒸汽不能有效到达预定的灭菌部位，而不能达到彻底灭菌的目的。生产上常把这些不能彻底灭菌的部位称为“死角”。常见的设备、管道“死角”如下。

10.3.4.1 发酵罐的“死角”

发酵罐内的部件及其支撑件，如挡板、拉手扶梯、搅拌轴拉杆、联轴器、冷却管、空气分布管及其支撑件、温度计套管焊接处等的周围容易积集污垢，形成“死角”而染菌。采取罐内壁涂刷防腐涂料、加强清洗并定期铲除污垢等是有效消除染菌的措施。

发酵罐的制作不良，如不锈钢衬里焊接质量不好，使不锈钢与碳钢之间不能紧贴，导致不锈钢与碳钢之间有空气存在，在灭菌加温时，由于不锈钢、碳钢和空气这三者的膨胀系数不同，不锈钢会鼓起，严重者还会破裂，从而造成“死角”染菌（图 10-2）。全部采用不锈钢或复合钢制作发酵罐可有效克服此弊端。

发酵罐底常有培养基中的固形物堆积，形成硬块，这些硬块有一定的绝热性，使藏在里面的脏物、杂菌不能在灭菌时候被杀死而染菌（图 10-3）。通过加强罐体清洗、适当降低搅拌桨位置都可减少罐底积垢，减少染菌。

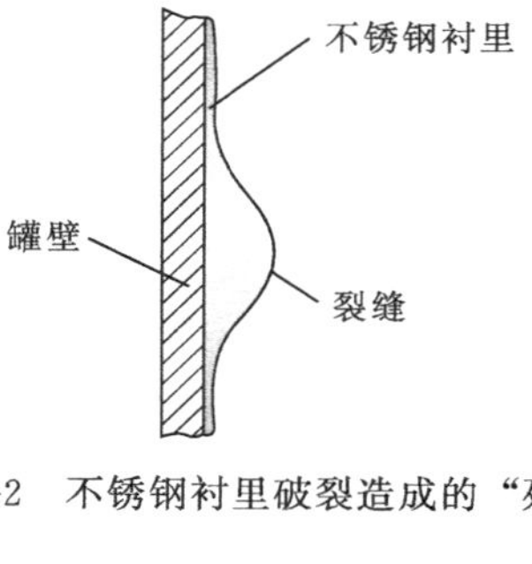

图 10-2 不锈钢衬里破裂造成的“死角”

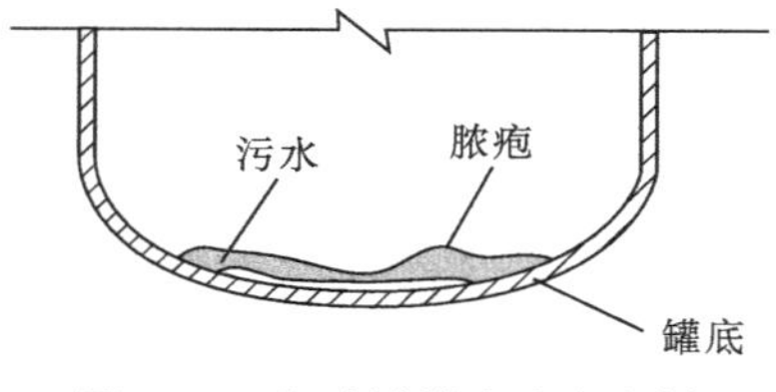

图 10-3 发酵罐罐底脓疱积垢

罐底的加强板长期受压缩空气顶吹而腐蚀、受损或裂缝，或焊接不当，造成灭菌不彻底（图 10-4）。应煅成与罐底相同弧度，使之吻合紧密，并注意焊接质量。发酵罐的修补焊接位置不当也会留下“死角”而染菌。

发酵罐封头上的人孔、排气管接口、照明灯口、视镜口、进料管口、压力表接口等也是造成“死角”的潜在因素，一般通过安装边阀，使灭菌彻底，并注意清洗是可以避免染菌的。

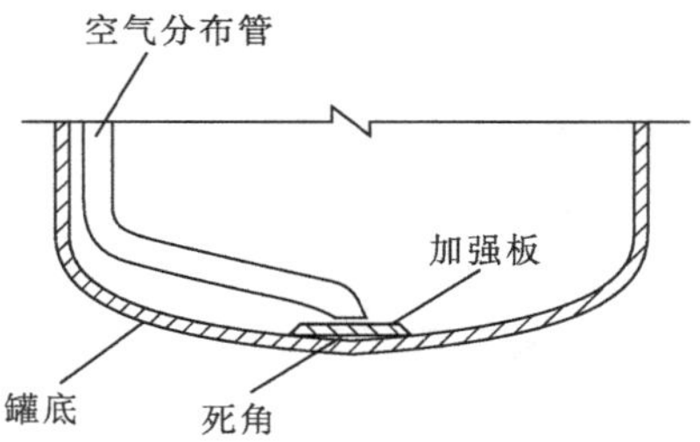

图 10-4　罐底的加强板

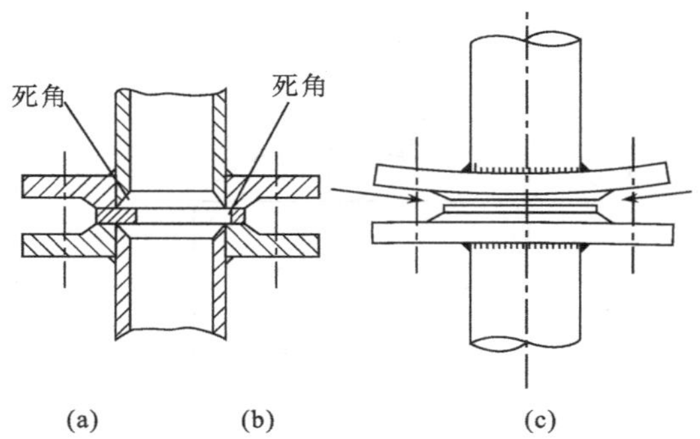

图 10-5　法兰的“死角”

(a) 垫圈内径过小；(b) 垫圈内径过大；

(c) 法兰不平造成的泄漏与“死角”

10.3.4.2　管道安装不当形成的“死角”

发酵过程中与发酵罐连接的管路很多，如空气、蒸汽、水、物料、排气、排污管等，一般来讲，管路的连接方式要有特殊的防止微生物污染的要求，对于接种、取样、补料和加油等管路一般要求配置单独的灭菌系统，能在发酵罐灭菌后或发酵过程中进行单独的灭菌。

发酵工厂的管路配置的原则是使罐体和有关管路都可用蒸汽进行灭菌，即保证蒸汽能够达到所有需要灭菌的部位。在实际生产过程中，为了减少管材，经常将一些管路汇集到一条总的管路上，在使用中会产生相互串通、相互干扰，一只罐染菌往往会影响其他罐，造成连锁染菌。采用单独的排气、排水和排污管可有效防止染菌的发生。

生产上发酵过程的管路大多数是以法兰连接，但常会发生如垫圈大小不配套、安装未对中［图 10-5（a）、（b）］、法兰与管子的焊接不好、受热不均匀使法兰翘曲及密封面不平［图 10-5(c)］等现象，从而形成“死角”而染菌。因此，法兰的加工、焊接和安装要符合灭菌的要求，以避免和减少管道出现“死角”而染菌。

种子罐底部的移种管需在发酵过程中或在培养基灭菌后才进行灭菌，如安装不当，就会存在蒸汽不易通达的“死角”［图 10-6(a)］，消除方法见图 10-6(b)。压力表安装不合理会形成“死角”［图 10-7(a)］，消除方法是在近压力表处安装放气边阀［图 10-7(b)］。

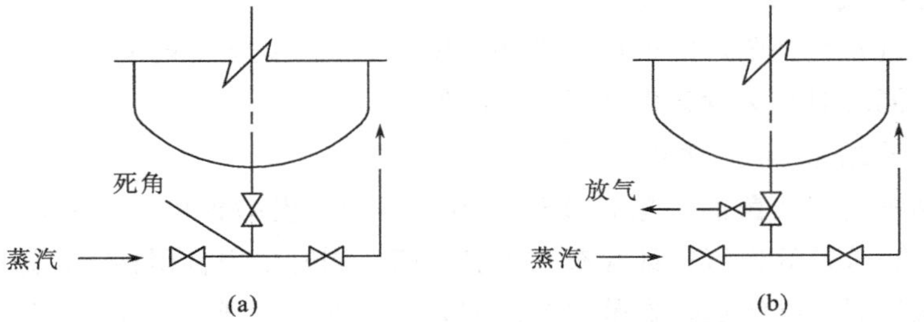

图 10-6　灭菌时蒸汽不易通达的“死角”及其消除方法

10.3.5　噬菌体污染及其防治

利用细菌或放线菌进行的发酵生产容易受噬菌体的污染，由于噬菌体的感染力非常强，传播蔓延迅速，且较难防治，对发酵生产有很大威胁。噬菌体可以通过环境污染、设备的渗

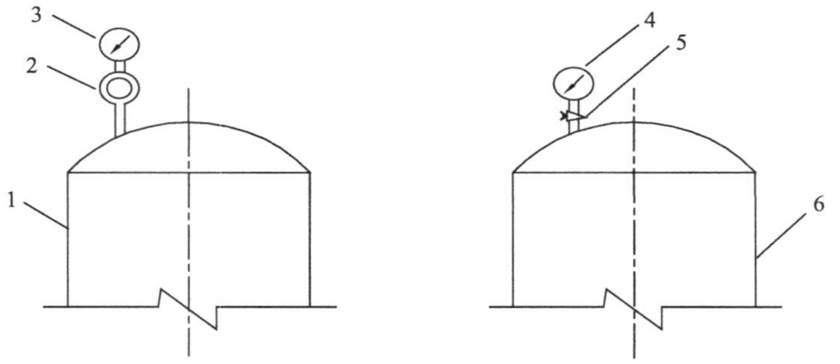

图 10-7　压力表安装不合理形成“死角”

1，6-发酵罐；2-缓冲管；3，4-压力表；5-旋塞

漏或“死角”、空气系统、培养基灭菌过程、补料过程及操作过程等环节进入发酵系统。

由于发酵过程中噬菌体侵染的时间、程度不同及噬菌体的“毒力”和菌株的敏感性不同，所表现的症状也不同。温和噬菌体（temperate phage）侵染菌体后由于具有溶源性，相对于烈性噬菌体（virulent phage）更加的隐蔽、危害更大。比如，氨基酸的发酵过程，感染噬菌体后，常使发酵液的 OD 值在发酵初期不上升或回降；pH 逐渐上升，可到 8.0 以上，且不再下降或 pH 稍有下降，停滞在 pH 7～7.2，氨的利用停止；糖耗、温升缓慢或停止；产生大量的泡沫，有时使发酵液呈现黏胶状；谷氨酸的产量很低、增长缓慢或停止；镜检时可发现菌体数量显著减少，甚至找不到完整的菌体；CO_2 排出量异常，产物含量急剧下降；培养时间和发酵周期延长；发酵液发红、发灰、泡沫很多、pH 难中和，提取分离困难，收率很低等。

噬菌体在自然界中分布很广，在土壤、腐烂的有机物和空气中均有存在，环境污染噬菌体是造成噬菌体感染的主要根源。至今最有效的防治噬菌体染菌的方法是以净化环境为中心的综合防治法，主要有净化生产环境、消灭污染源、改进提高空气的净化度、保证纯种培养、做到种子本身不带噬菌体、轮换使用不同类型的菌种、使用抗噬菌体的菌种、改进发酵设备装置、消灭“死角”、药物防治等措施。

10.3.6　杂菌污染的挽救与处理

发酵过程一旦发生染菌，应根据污染微生物的种类、染菌的时间或杂菌的危害程度等进行挽救或处理，同时对有关设备也进行相应的处理。

10.3.6.1　种子培养期染菌的处理

一旦发现种子受到杂菌的污染，该种子不能再接入发酵罐中进行发酵，应经灭菌后弃之，并对种子罐、管道等进行仔细检查和彻底灭菌。同时采用备用种子，选择生长正常无染菌的种子接入发酵罐，继续进行发酵生产。如无备用种子，则可选择一个适当菌龄的发酵罐内的发酵液作为种子，进行“倒种”处理，接入新鲜的培养基中进行发酵，从而保证发酵生产的正常进行。

10.3.6.2　发酵前期染菌的处理

当发酵前期发生染菌后，如培养基中的碳、氮源含量还比较高时，终止发酵，将培养基加热至规定温度，重新进行灭菌处理后，再接入种子进行发酵；如果此时染菌已造成较大的

危害，培养基中的碳、氮源的消耗量已比较多，则可放掉部分料液，补充新鲜的培养基，重新进行灭菌处理后，再接种进行发酵。也可采取降温培养、调节 pH、调整补料量、补加培养基等措施进行处理。

10.3.6.3　发酵中、后期染菌处理

发酵中、后期染菌或发酵前期轻微染菌而发现较晚时，可以加入适当的杀菌剂或抗生素及正常的发酵液，以抑制杂菌的生长速度，也可采取降低培养温度、降低通风量、停止搅拌、少量补糖等其他措施，进行处理。当然如果发酵过程的产物代谢已达一定水平，此时产物的含量若达一定值，只要明确是染菌也可放罐。对于没有提取价值的发酵液，废弃前应加热至 120℃以上、保持 30min 后才能排放。

10.3.6.4　染菌后对设备的处理

染菌后的发酵罐在重新使用前，必须在放罐后进行彻底清洗，空罐加热至 120℃以上、30min 灭菌后，才能使用。也可用甲醛熏蒸或甲醛溶液浸泡 12h 以上等方法进行处理。

本章小结

染菌对发酵影响很大，不同发酵过程、发生染菌的时间及染菌程度对发酵影响后果不同，最终是导致发酵产物的产量和质量下降。检查是否染菌的无菌试验方法主要有显微镜检查法、肉汤培养法、平板（双碟）培养法、发酵过程的异常观察法等。造成发酵染菌的普遍原因是种子带菌、培养基灭菌不彻底、空气净化达不到要求、设备渗漏、操作失误和技术管理不善等。染菌的途径主要有种子带菌、空气带菌、操作失误、设备渗漏或“死角”及噬菌体污染，不同染菌途径防治方法不同。

复习题

1. 染菌对发酵有什么危害，对提炼有什么危害？
2. 简述发酵异常的原因，工业生产上检查发酵系统是否污染杂菌有哪些方法？
3. 简述发酵生产过程中杂菌污染的途径及防治方法。
4. 简述噬菌体污染的途径和危害及防止噬菌体感染的措施。
5. 某工厂利用放线菌发酵，共有五只大发酵罐，其中两只连续染菌、并且是同样的杂菌（细菌），另外三只正常。请分析可能的原因。

主要参考文献

曹军卫，马辉文 . 2002. 微生物工程 . 北京：科学出版社
李艳 . 2007. 发酵工程原理与技术 . 北京：高等教育出版社
姚汝华，周世水 . 2005. 微生物工程工艺原理 . 2 版 . 广州：华南理工大学出版社

第11章 发酵动力学

内容提要： 发酵动力学研究的是发酵过程中菌体生长、基质消耗、产物生成的动态平衡及其内在规律。其研究内容包括微生物生长过程中的质量和能量平衡，发酵过程中菌体生长速率、基质消耗速率和产物生成速率的相互关系，环境因素对三者的影响及影响反应速度的条件。它的应用为探索发酵中各种因素的作用和最佳控制开辟了广阔的前景。发酵动力学的研究正在为试验工厂数据的放大、为分批发酵过渡到连续发酵提供理论依据。本章以液体深层发酵为例，主要介绍分批发酵动力学、连续发酵动力学和补料分批发酵动力学。

11.1 分批培养动力学

分批培养又称分批发酵，即在一个密闭系统内一次性投入有限数量的营养物进行培养的方法。当时间为零时，向发酵罐内灭过菌的培养基中接入所要培养的微生物，然后在最适宜的生理条件下进行培养。在以后的整个生长繁殖过程中，除加氧气、消泡剂及控制 pH 外，不再加入任何其他物质。培养过程中微生物得到生长繁殖，培养基营养成分逐渐减少，这是一种非恒态的培养方法。

11.1.1 分批培养中细胞的生长动力学

11.1.1.1 分批培养的不同阶段

在分批培养中，发酵液中的细胞浓度、基质浓度和产物浓度均随时间而不断变化。就细胞浓度 X 的变化而言，在分批培养中需要经历四个阶段，即迟滞期、对数生长期、稳定期和衰亡期，图 11-1 显示了典型的细菌生长曲线，分批培养过程中各个生长阶段的细胞特征见表 11-1。

表 11-1 分批培养过程中各个生长阶段的细胞特征

生长阶段	细胞特征
迟滞期	适应新环境的过程，细胞个体增大，合成新的酶及细胞物质，细胞数量增加很少，微生物对不良环境的抵抗能力降低。
对数生长期	细胞活力很强，生长速率达到最大值且保持稳定，生长速率大小取决于培养基的环境和营养。
稳定期	随着营养物质的消耗和产物的积累，微生物的生长速率下降，等于死亡速率，系统中活细胞数目基本稳定。
衰亡期	在稳定期以后的不同时期内出现，主要由于自溶酶的作用或有害代谢物质的影响，导致细胞破裂死亡，活细胞数目减少。

1）迟滞期

迟滞期是指在接种后一段时间内，微生物并未增值、细胞数目几乎保持不变的一段时期。这是因为初期微生物接种后对生长环境有一个适应的过程，这个时期的长短主要取决于种子的质量、接种量及培养基营养成分的特征和浓度。当接种的是饥饿和老龄微生物细胞，或新鲜培养基营养不丰富时，停滞期将相对延长。

2）对数生长期

这个时期细胞的生长速度大大加快，单位时间内细胞的数目或质量的增加维持恒定，并达到最大值。用细胞数目或细胞质量的对数值对时间作图，可得到一条直线。在对数期，培养基成分虽然发生改变，但细胞的生长速率维持恒定。当培养基中营养物过量时，生长速率与营养物浓度无关。如以细胞质量的增加表示生长速率，即

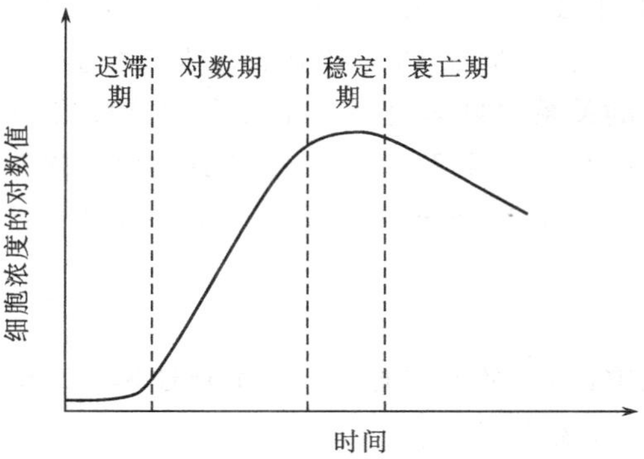

图 11-1　分批培养中细胞浓度变化

$$\frac{dX}{dt}=\mu X \tag{11-1}$$

式中，X-微生物细胞浓度，g/L；t-培养时间，h；μ-细胞的比生长速率，1/h。

如果 $t=0$ 时，细胞的浓度为 X_0，g/L，将式（11-1）积分

$$\ln\frac{X}{X_0}=\mu\cdot t \tag{11-2}$$

于是，用微生物细胞浓度的自然对数对培养时间作图，就可以得到一条直线，斜率就等于 μ。在良好的培养条件下，对数生长期的微生物以最大比生长速率 μ_m 生长，不同的微生物，其 μ_m 也不同。

微生物的生长也可以用“倍增时间”（t_d）来表示，定义为微生物细胞浓度增加一倍所需要的时间，可用式（11-3）表示

$$t_d=\frac{\ln 2}{\mu}=\frac{0.693}{\mu} \tag{11-3}$$

需要指出的是，并不是所有微生物的生长速度和倍增时间都符合以上方程，如某些丝状微生物的生长方式是顶端生长，营养物质在细胞内的扩散限制使其生长曲线偏离上述规律。此外，比生长速率和倍增时间因收到遗传特征及生长条件的限制，有很大的差异。

3）稳定期

微生物的生长造成了营养物的消耗和微生物产物的分泌。一旦营养物消耗殆尽或有毒物质开始形成，生长速率就开始下降，直至生长停止。当所有细胞停止分裂，或细胞增加速率与死亡速率达到平衡，就进入了稳定期。

由于细胞的溶解作用，新的营养物（糖类、蛋白质）被释放出来，它们又可作为细胞的能源，使存活的细胞发生缓慢的生长，通常称为二次生长或隐性生长。二次生长的产物主要是次级代谢产物。

4）衰亡期

在此阶段，细胞的能量储备已经消耗殆尽，细胞开始死亡。在稳定期和衰亡期之间时间的长短，取决于微生物的种类和所用的培养基。在工业生产中，通常在对数生长期的末期或衰亡期开始以前，结束发酵过程。衰亡期的细胞特征：由于自溶酶的作用或有害物质的影响，细胞破裂，死亡加速。

11.1.1.2　分批培养的生长动力学方程

从 20 世纪 40 年代开始，人们提出了许多描述微生物生长过程中比生长速率和营养物浓度的关系的数学模型。在大多数分批培养中，比生长速率 μ 是个常数，但这是有条件的，只有在特定温度、pH、营养物类型、营养物浓度等条件下，μ 才是常数，如表 11-2 所示。1942 年，Monod 最先发现，比生长速率与限制性营养物浓度关系符合以下方程

$$\mu=\frac{\mu_m}{K_S+S}S \tag{11-4}$$

式中，μ_m-微生物的最大比生长速率，1/h；S-限制性营养物的质量浓度，g/L；K_S-饱和常数，mg/L。

一些微生物的 μ_m 和 K_S 见表 11-2。

表 11-2　一些微生物的最大比生长速率 μ_m 和饱和常数 K_S

微生物	生长限制基质	μ_m/h^{-1}	$K_S/(mg \cdot L^{-1})$
大肠杆菌	葡萄糖	0.85	2.0～4.0
大肠杆菌	乳糖	—	20.0
酿酒酵母	葡萄糖	0.13	26.0
巴克红曲菌	葡萄糖	0.13	154.8
木曲霉	葡萄糖	0.44	43.2

延伸阅读

一般地，细菌的 μ_m 值大于真菌。就同一细菌而言，培养温度升高，μ_m 变大；营养物不同，μ_m 也改变。对于易利用的营养物，其 μ_m 大，若营养物碳链加长，则 μ_m 变小。

K_S 的物理意义为当比生长速率为最大比生长速率一半，即 $\mu=0.5\mu_m$ 时，K_S 在数值上等于限制性营养物的质量浓度，其大小表示微生物对营养物质吸收亲和力的大小，即 K_S 越大，微生物对营养物的亲和力越小。

当培养基中营养物质浓度很低，即 $S \ll K_S$ 时，微生物的比生长速率与营养物质的关系为线性关系，此时 Monod 方程［式（11-4）］可写为

$$\mu=\frac{\mu_m}{K_S}S \tag{11-5}$$

当营养物质浓度很高，即 $S \gg K_S$ 时，正常情况下，$\mu \approx \mu_m$，但如果考虑营养物质或有毒代谢物对微生物的抑制作用，可按下式表达

$$\mu=\frac{\mu_m K_I}{K_S+S} \tag{11-6}$$

式中，K_I 为抑制常数。因此，在实践中为了避免营养物质的抑制作用，分批培养应不应在高营养物质浓度下开始进行。

Monod 方程是最简单的模型，是纯粹基于经验观察得出的，它是基于以下假设建立的。

（1）菌体生长为均衡性非结构式生长。因此，细胞成分只需要用一个参数即菌体浓度表示即可。

(2) 培养基只有一种底物是生长限制性底物，其他组分含量充分，不影响微生物生长。

(3) 将微生物生长视为简单反应，并假设菌体得率为常数，没有动态滞后。

所以说，Monod 方程式只适用于单一基质限制及不存在抑制物质的情况。也就是说，除了一种生长限制基质外其他必需营养都是过量的，但这种过量又不致引起对生长的抑制，在生长过程中也没有抑制性产物生成。如果培养基中存在多种营养物质时，Monod 方程必须加以修改，如改写成式（11-7）才能与实验数据更符合

$$\mu = \mu_m \left(\frac{K_1 S_1}{K_1 + S_1} + \frac{K_2 S_2}{K_2 + S_2} + \cdots + \frac{K_i S_i}{K_i + S_i} \right) \cdot \left[\frac{1}{\sum_{i=1} K_i} \right] \tag{11-7}$$

除 Monod 方程外，还有其他一些类似的微生物生长速度方程式，属 Monod 方程的应用更为广泛。

11.1.2 产物合成与微生物生长的动力学关系

由于微生物细胞代谢所生成的产物种类繁多，有醇类、有机酸、抗生素和酶等，并且细胞内生物合成的途径十分复杂，其代谢调节机制也各不相同。为了研究在工业发酵过程中如何提高代谢产物的产量，就必须首先确定目的代谢产物合成与微生物细胞生长的动力学关系，再根据这种动力学关系来初步确定发酵控制的基本策略和工艺优化对策。

在微生物的生长和产物的形成过程中，发酵培养基中的营养物质被微生物细胞所利用，生成细胞并合成代谢产物，经常用来描述微生物生长过程特征的参数是得率系数，如细胞得率系数 $Y_{X/S}$ 和产物得率系数 $Y_{P/S}$，分别定义为消耗 1g 营养物质所生成的细胞的克数和合成产物的克数，计算方法如下

$$Y_{X/S} = \frac{X - X_0}{S_0 - S} = \frac{\Delta X}{\Delta S} \tag{11-8}$$

$$Y_{P/S} = \frac{P - P_0}{S_0 - S} = \frac{\Delta P}{\Delta S} \tag{11-9}$$

式中，$Y_{X/S}$ 为细胞得率系数，g/g；$Y_{P/S}$ 为产物得率系数，g/g；X 为细胞浓度，g/L；S 为底物浓度，g/L；P 为产物浓度，g/L。得率系数也可以参照细胞生长为基准进行计算，如式（11-10）所示

$$Y_{P/X} = \frac{\mathrm{d}P}{\mathrm{d}X} \tag{11-10}$$

Gaden 根据产物生成速率与细胞生长速率之间的动态关系，将这种动力学关系进一步划分为生长相关型、生长部分相关型及生长非相关型三种，下面分别介绍。

11.1.2.1 生长相关型

生长相关型是指产物合成与细胞的生长密切相关的动力学过程，产物的合成是微生物细胞主要能量代谢的直接结果，故代谢产物的合成和细胞的生长是同步和完全偶联的，且产物合成与底物的消耗有直接的化学计量关系。

在该类型中，产物合成速度与生长速度的关系可表示为

$$\frac{\mathrm{d}P}{\mathrm{d}t} = Y_{P/X} \cdot \frac{\mathrm{d}X}{\mathrm{d}t} = Y_{P/X} \mu X = \alpha \mu X \tag{11-11}$$

式中，P-产物浓度，g/L；α-产物相对于细胞的生成速度，g 产物/g 细胞。

上式表示，在微生物的分批培养过程中，产物的形成速度与细胞生长速度成正比。因此，对于符合该模式的培养过程来说，要提高产物的合成速度就应当争取获得高的细胞的比生长速度。属于此类发酵一般通常为微生物的分解代谢产物或更广泛意义上的初级代谢产物，如乙醇发酵等。

11.1.2.2 生长部分相关型

生长部分相关型是能量代谢的间接结果，不是底物的直接氧化产物，而是菌体内生物氧化过程的主流产物。产物的生成与底物的消耗仅有时间关系，并无直接的化学计量关系，产物生成与微生物生长部分偶联，属于中间发酵类型，属于此类型的有柠檬酸发酵、氨基酸发酵等。该类型的动力学方程为

$$\frac{\mathrm{d}P}{\mathrm{d}t}=\alpha\frac{\mathrm{d}X}{\mathrm{d}t}+\beta X \tag{11-12}$$

式中，α-与菌体相关的产物生成系数，β-与菌体无关的产物生成系数。

11.1.2.3 生长非相关型

生长非相关型是指产物的生成与细胞生长无直接关系，即产物生成与微生物细胞生长不偶联。这类发酵属于复杂的发酵合成类型，产物均为次级代谢产物，如青霉素等。其特点是细胞处于生长阶段并无产物积累，当生长进入稳定期后，产物才开始大量生成。

11.1.3 分批培养过程的生产率

在评价发酵过程的成本、效率时，应利用生产率这个概念，其定义为

生产率＝产物产量／发酵时间

生产率是个综合指标，在讨论分批培养过程时，必须考虑所有的因素。在计算时间时，不仅包括发酵时间，还应包括放罐、清洗、装料和消毒时间及迟滞期所消耗的时间。发酵总时间为

$$t=\frac{1}{\mu_{\mathrm{m}}}\ln\frac{X_{\mathrm{t}}}{X_0}+t_{\mathrm{e}}+t_{\mathrm{f}}+t_1 \tag{11-13}$$

式中，t_{e}-放罐清洗时间；t_{f}-装料消毒时间；t_1-迟滞时间；X_{t}，X_0-细胞的终浓度和最初浓度。

因此，可以采用提高接种量（缩短迟滞期）、减少放罐清洗时间、装料消毒时间等方法提高发酵的平均生成率。

分批发酵操作简单、周期短、染菌的机会较少，且生成过程、产品质量容易控制。但分批发酵不利于测定其过程动力学，因而不能简单运用 Monod 方程来描述生长，还存在底物限制或抑制问题。采用两种不同类型的底物时，发酵过程还会出现底物分解阻遏效应及二次生长现象。对底物类型及初始浓度敏感的次级代谢产物如一些抗生素等，如果采用分批发酵，则产物的产率较低。因而工业上又发展了连续发酵技术（或称半连续发酵）和补料分批发酵技术。

11.2 连续培养动力学

连续培养或连续发酵是指在培养过程中，连续地向发酵罐中加入培养基，同时以相同流速从发酵罐中排出含有产品的发酵液，这种操作方式称为连续培养。

在任何分批培养中，微生物细胞群体在整个培养过程中都要经历迟滞期、对数生长期、

稳定期和衰亡期。但对于特定的微生物发酵产品，目标产物的合成都主要在某一个时期，如生长相关型的发酵，产物多积累在对数生长期，而生长非相关型发酵产物多积累于稳定期。因此，微生物分批培养中的其余几个时期就是多余的，并且浪费时间，降低了生产率。同时，辅助时间和微生物多余的生长期所占的时间相当长，为此，人们设计了连续培养。连续培养与分批培养相比，有以下优点。

（1）可以提高设备的利用率和生产效率，只保持一个生长期的稳定状态。

（2）发酵中各参数趋于恒定，便于自动控制。

（3）易于分期控制，可以在不同的罐中控制不同的条件。

11.2.1 连续培养设备

连续培养使用的设备种类很多，大体上可分为以下两个主要类型。

11.2.1.1 均匀混合的生物反应器

这种反应器又分为恒化器和恒浊器，前者是使培养液中限制性营养物浓度保持恒定，后者是使培养液中细胞浓度维持恒定。在恒化器内，当处于恒定状态时，细胞的生长速度是通过调节微生物需要的营养物（碳源、氮源、无机盐、溶解氧等）浓度来控制的。任何一种微生物需要的营养物都可以用作限制性营养物。在恒浊器内，则通过调节营养物的流加速度，利用浊度来检测细胞的浓度，使微生物细胞的浓度维持恒定，一般较难控制。目前，大多数研究采用恒化器进行连续培养。

11.2.1.2 活塞流反应器

在这种反应器内，培养液通过一个没有返混现象的管状反应器向前流动。在反应器内的不同部位，营养物的成分、细胞数目、传质（O_2 的供应）和生产率都不相同。在反应器的入口，微生物细胞必须和营养液一起加到反应器内。通常在反应器的出口装有一个回路使细胞返回，或者接另一个连续培养罐。

11.2.2 单级恒化器连续培养动力学

现以最常用的完全混合型单级恒化器的连续培养为例，介绍恒定状态理论及其特性。

11.2.2.1 细胞的物料平衡

图 11-2 表示一个典型的单级恒化器的示意图。为描述恒定状态下恒化器的特性，必须求出细胞和限制性营养物浓度与培养基流速（主要的独立操作变量）之间的关系。利用物料平衡，建立有关的方程。对发酵罐而言，细胞的物料平衡可表示为

积累的细胞＝流入的细胞－流出的细胞＋ 生长的细胞－ 死去的细胞，即

$$\frac{dX}{dt}=\frac{F}{V}X_0-\frac{F}{V}X+\mu X-\alpha X \qquad (11\text{-}14)$$

式中，X_0、X-分别为流入发酵罐的细胞质量浓度，g/L；F-培养基流速，L/h；V-发酵装液体积，L；μ 和 α-分别为比生长速率和比死亡速率，1/h；t-发酵时间，h。

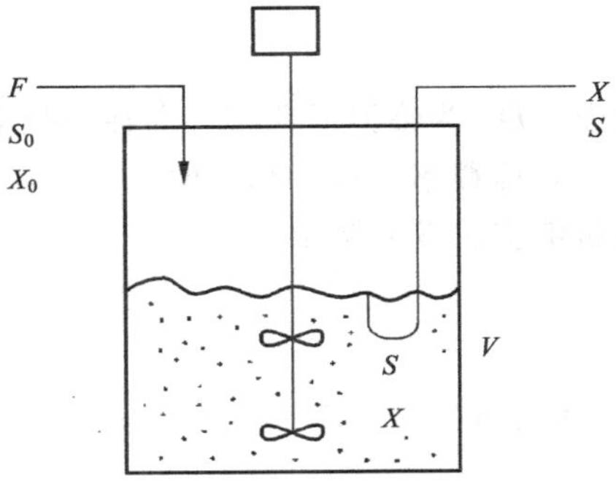

图 11-2 单级恒化器的示意图

X_0、X 分别为流入和流出发酵罐的细胞质量浓度；S_0、S 分别为流入和流出发酵罐的营养物的质量浓度；F 为培养基流速；V 为发酵装液体积

对于单级恒化器，一般流入的细胞项为 0，由于连续培养可控制细胞不进入死亡期，因此死亡细胞可

忽略不计，故可用式（11-14）来描述

$$\frac{\mathrm{d}X}{\mathrm{d}t}=-\frac{F}{V}X+\mu X \tag{11-15}$$

流量和培养液体积之比，称为稀释率，用 D 表示

$$D=\frac{F}{V} \tag{11-16}$$

D 的含义是单位时间内加入的培养基体积占发酵内培养基体积的比例，单位 1/h；D 的倒数表示培养液在发酵罐内的平均停留时间。于是式（11-14）可整理为

$$\frac{\mathrm{d}X}{\mathrm{d}t}=\mu X-DX \tag{11-17}$$

即在恒定状态时，比生长速率等于稀释率，即 $D=\mu$。在该稳态下，培养液中的细胞、基质、产物浓度均保持恒定，不再随时间变化，所以连续培养也称为恒化器培养。

11.2.2.2 限制性基质的物料平衡

关于限制性基质，可以有以下物料平衡关系

$$FS_0=FS-V\left(\frac{\mathrm{d}S}{\mathrm{d}t}\right)_{\mathrm{C}}+V\frac{\mathrm{d}S}{\mathrm{d}t}\mu X-DX \tag{11-18}$$

式中，S_0、S-分别为流入和流出发酵罐的营养物的质量浓度，g/L；$(\mathrm{d}S/\mathrm{d}t)_{\mathrm{C}}$-因细胞消耗造成的限制性基质浓度变化率，g/(L·h)；$\mathrm{d}S/\mathrm{d}t$-培养液中限制性基质浓度变化率，g/(L·h)。

整理得

$$\frac{\mathrm{d}S}{\mathrm{d}t}=D(S_0-S)+\left(\frac{\mathrm{d}S}{\mathrm{d}t}\right)_{\mathrm{C}}=D(S_0-S)-\frac{\mu X}{Y_{\mathrm{X/S}}} \tag{11-19}$$

因为在稳态时，$\mathrm{d}S/\mathrm{d}t=0$，所以发酵罐中的细胞浓度为

$$X=Y_{\mathrm{X/S}}(S_0-S) \tag{11-20}$$

11.2.2.3 细胞浓度与稀释率的关系

为了使细胞浓度、营养物浓度与稀释率发生关系，需要利用 Monod 方程。当 Monod 方程应用于连续培养时，则变为

$$D_{\mathrm{C}}=\frac{\mu_{\mathrm{m}}S_0}{K_{\mathrm{S}}+S_0} \tag{11-21}$$

式中，D_{C} 为临界稀释率，即在恒化器中可能达到的最大稀释率。

若稀释率超过，细胞的比生长速率小于稀释率，随着时间的延长，细胞浓度不断降低，最后细胞从发酵罐中洗光。若 D 小于 D_{C} 时，发酵罐中限制性基质的稳态浓度为

$$S=\frac{K_{\mathrm{S}}D}{\mu_{\mathrm{m}}-D} \tag{11-22}$$

综合式（11-20）和式（11-22），细胞的生产率为

$$DX=DY_{\mathrm{X/S}}\left(S_0-\frac{K_{\mathrm{S}}D}{\mu_{\mathrm{m}}-D}\right) \tag{11-23}$$

11.2.3 多级串联和部分菌体再循环的连续培养

基本恒化器的改进有多种方法，但最普通的方法是增加罐的级数和将部分菌体再循环。多级恒化器的优点是在不同级的罐内可以预先设计不同的培养条件，这将有利于多种碳源的

利用和次级代谢物的生产。

恒化器运行中将部分菌体返回罐内的方法称为部分菌体再循环，从而使罐内菌体浓度大于简单恒化器所能达到的浓度。可以通过两种方法浓缩菌体：①限制菌体从恒化器中排出，使流出的菌体浓度比罐内的小；②将流出的发酵液送到菌体分离设备，使其沉降或离心，再将部分浓缩菌体送回罐内。部分菌体再循环恒化器将能够提高菌体的利用率，增加菌体和产物的最大产量，适用于被处理料液较稀的发酵类型比如酿酒和废液处理等。

11.2.4 连续培养的应用

1966 年 Hospodka 认为，连续培养比分批培养具有更大的生成能力，其操作的均一性、生成稳定性和易于实现自动化控制方面都比分批发酵优越，但染菌的概率和菌株退化的可能性也在增加。

11.2.4.1 连续培养的应用

连续培养的应用主要表现在两个方面。

1）确定最佳培养条件

在连续培养恒化器中的菌体浓度、比生长速率、限制性基质浓度、产物浓度等均保持恒定不变，所培养的微生物始终处于一种恒定的物理、化学环境中。这为研究微生物对环境因子的响应及确定最佳环境条件提供了极为重要和有用的工具。

在发酵生成中，一般最关心的问题是：①如何获得最大的生成率；②在怎样的环境条件、生长速率下可取得最高的转化率；③控制什么限制性基质，在何种浓度下才能最大限度地避免其他副产物的形成。应用连续培养级数，可以比较容易地获取上述有用信息。

2）富集、选育特殊性状的菌株

应用连续培养技术，可以建立高度选择性的环境条件以筛选和富集培养专一类型的微生物。主要有以下特点：①为了找出能完成专一功能的微生物，必须针对具体选定的微生物群，根据所要求的功能建立高度选择的培养环境（如应用独特的限制性基质、温度和极端 pH 等），使得无此功能的微生物在该环境中不能生长或极少生长，从而获得具有该功能的微生物；②在上述的选择培养中，最终得以保留的是在此环境中比生长速率最大的微生物。

11.2.4.2 连续培养存在的问题

尽管连续培养具有很多优点，但目前除了单细胞蛋白、工业废水处理、酒精等生产，其他发酵产品的工业化生成极少采用连续培养技术。主要原因是因为连续培养还存在以下几个主要问题。

1）杂菌污染问题

因连续培养以长期、稳定连续运转为前提，在整个培养过程中，必须不断供给无菌的新鲜培养基。好氧发酵时，必须同时供给大量的无菌空气，这两种供给的过程极易带来杂菌的污染，长期保持连续培养的无杂菌状态非常困难。

2）菌株变异问题

因工业化生成所用的菌株大都是通过人工诱变处理的高度变异菌株，在长期的培养过程中很容易使回复突变菌株逐渐积累，最后取得生长优势。

3）产物提取纯化成本较高

工业发酵过程的目的是要制造成本最低的产品，因此除了提高原料转化率和生产率之外，还必须尽可能提高产物的终浓度，以缩小产物分离纯化的规模和操作费用。而在连续培养的过程中，流出的发酵液中产物浓度一般比分批培养、补料培养的低，结果加重了分离提取的负荷，在生成成本上没有竞争力。但是由于连续培养能提供了一个微生物代谢的高度选择的最佳环境，在生产率和转化率上具有明显优势，只要在获取高产物浓度上获得技术突破，就会增进其竞争优势。此外，结合连续培养和分批培养优缺点，可以发展补料分批培养技术。

11.3　补料分批培养动力学

补料分批培养又称半连续培养或半连续发酵，是介于分批培养和连续培养之间的一种过渡培养方式。补料分批培养是指在分批培养过程中，间歇或连续地补加新鲜培养基的培养方法。尽管分批培养中的补料方法在发酵工业上的应用已很普通，但作为理论研究，直到1973年才首次提出“补料分批培养”这个术语，并从理论上推导、建立了第一个数学模型后，才进入理论研究阶段。从此以后，对补料分批发酵的应用、补料方式、动力学模型、最优化、计算机自动控制、次优化等方面进行了大量的研究。

目前，补料分批培养的类型很多，就补料方式而言，有连续流加、不连续流加和多周期流加；每次流加又可分为快速流加、恒速流加、指数速率流加和变速流加；从反应器中发酵体积分，有变体积和恒体积；从反应器数目分类，有单级和多级；从补加的培养基成分来区分，可分成单一组分补料和多组分补料，如图 11-3 所示。

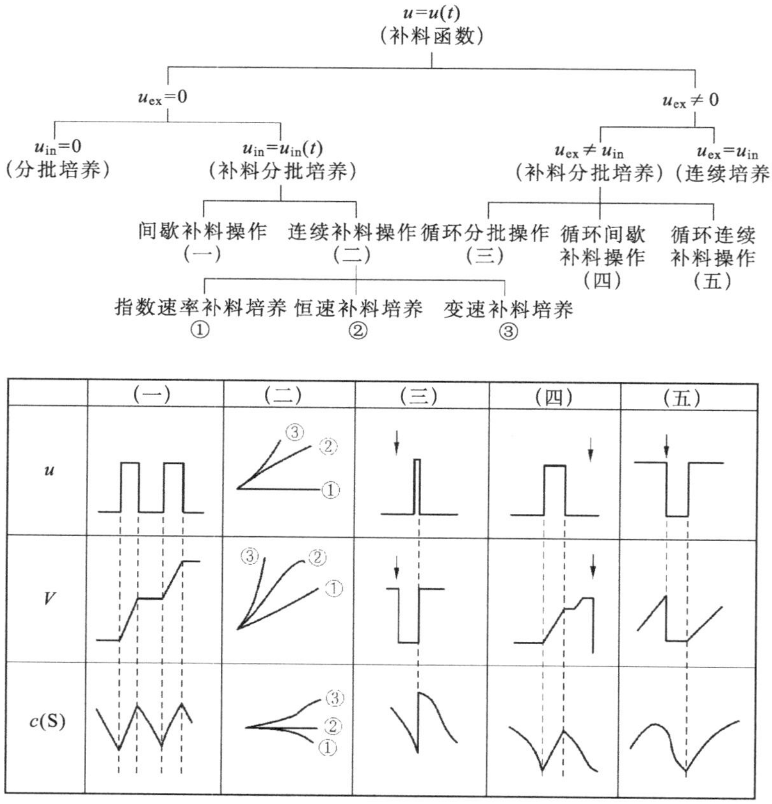

u-流速；u_{in}-流入速率；u_{ex}-流出速率；V-发酵液体积；$c(S)$-限制性营养物质量浓度

图 11-3　微生物补料分批培养类型及其操作过程

在补料分批发酵中，生长会受到某一基质浓度的限制，在任何发酵时间的菌体浓度可用下式表示

$$X_t = X_0 + Y_{X/S}(S_R - S_t) \tag{11-24}$$

式中，X_t-经过 t（h）时间培养后的菌体浓度，g/L；X_0-接种后菌体的初始浓度，g/L；$Y_{X/S}$-菌体对底物的转化率；S_R-初始底物浓度与补入发酵罐中的基质浓度之和，g/L；S_t-经过 t（h）时间培养后的残留基质浓度，g/L。

当 $S_t \approx 0$ 时，最终的菌体浓度可以为 X_{max}，此时 X_0 与 X_{max} 相比是极小的，即

$$X_{max} \approx Y_{X/S} S_R \tag{11-25}$$

如果在 $X_0 = X_{max}$ 时开始补加培养基，这是的稀释率小于 μ_{max}，实际上基质的消耗速率接近于补入发酵的新鲜培养基速率，因此

$$FS_R \approx \mu \frac{X_m}{Y_{X/S}} \tag{11-26}$$

式中，F-培养基补入速率；X_m-培养液中菌体总浓度。

由上述方程可以看出，流加的营养物与细胞消耗掉的营养物相等，因此 $dS/dt = 0$。尽管随着时间的延长，培养液中菌体总量 X_m 增加，但实际上细胞质量浓度 X 保持不变，所以 $\mu \approx D$，这种状态称为半稳态。随着时间的推移，由于发酵体积增加，即使补料速率不变，稀释率也相对下降。D 的动态变化可用下式表示

$$D = \frac{F}{V_0 + Ft} \tag{11-27}$$

式中，V_0-培养体系原有体积；t-发酵进程时间。

补料分批培养技术介于分批培养和连续培养之间，兼有两者之优点。同传统的分批培养相比，补料分批培养的优越性主要有以下两点。

（1）它可以解除底物的抑制、产物反馈抑制和葡萄糖分解阻遏效应。对于好氧发酵，补料分批培养可以避免在分批发酵中因一次性投糖过多造成细胞大量生长、耗氧过多以致通风搅拌设备不能匹配的状况，还可在某些情况下减少菌体生成量，提高有用产物的转化率。在真菌培养中，菌丝的减少可以降低发酵液的黏度，便于物料输送及后处理。在补料分批培养中，菌体被控制在一系列连续的过渡态阶段，可用来作为控制细胞质量的手段。

（2）与连续培养相比，补料分批培养不需要严格的无菌条件，也不会产生菌种老化和变异问题，其适用范围也比连续培养广，最终产物含量高，有利于产物的分离。

迄今为止，运用补料分批培养技术进行生产和研究的范围十分广泛，包括单细胞蛋白、氨基酸、生长激素、抗生素、维生素、酶蛋白、有机溶剂、有机酸、核苷酸、高聚物等。

本章小结

研究发酵动力学的目的在于确定微生物生长速率、基质消耗速率、发酵产物合成速率及其转化率等发酵动力学参数特征，以及各种理化因子对这些动力学参数的影响，并建立相应的发酵动力学数学模型，从而达到认识发酵过程规律及优化发酵工艺、提高发酵产量和效率的目的。本章主要介绍分批发酵动力学、连续发酵动力学和补料分批发酵动力学。

分批培养又称分批发酵，即在一个密闭系统内一次性投入有限数量的营养物进行培养的方法。在分批培养中，发酵液中的细胞浓度、基质浓度和产物浓度均随时间而不断变化，在

分批培养中需要经历四个阶段，即迟滞期、对数生长期、稳定期和衰亡期。描述微生物生长过程中比生长速率和营养物浓度的关系最常用的数学模型是Monod方程。根据产物生成速率与细胞生长速率之间的动态关系，将这种动力学关系进一步划分为生长相关型、生长部分相关型及生长非相关型三种。

连续培养或连续发酵是指在培养过程中，连续地向发酵罐中加入培养基，同时以相同流速从发酵罐中排出含有产品的发酵液，这种操作方式称为连续培养。连续培养比分批培养具有更大的生成能力，其操作的均一性、生成稳定性和易于实现自动化控制方面都比分批发酵优越，但染菌的计划和菌株退化的可能性也在增加。

补料分批培养又称半连续培养或半连续发酵，是介于分批培养和连续培养之间的一种过渡培养方式，兼有两者之优点，其工业应用范围十分广泛。

复习题

1. 名词解释：分批培养、对数生长期、比生长速率 μ、饱和常数 K_S、生产率、连续培养、恒化器、恒浊器、稀释率、临界稀释率、补料分批培养。
2. 分批培养过程中各个生长阶段的细胞特征如何？
3. 什么是Monod方程，其使用条件如何？各参数的意义与求解？
4. 试述产物合成与微生物生长的动力学关系？
5. 什么是连续培养？连续培养有哪些优点？
6. 连续培养的应用主要表现在哪些方面？
7. 连续培养存在的问题有哪些？
8. 补料分批培养的类型有哪些？与传统的分批培养相比，补料分批培养有哪些优点？

主要参考文献

白秀峰. 2003. 发酵工艺学. 北京：中国医药科技出版社
曹军卫，马辉文，张家耀. 2002. 微生物工程. 北京：科学出版社
李艳等. 2007. 发酵工程原理与技术. 北京：高等教育出版社
伦世仪. 1993. 生化工程. 北京：中国轻工业出版社
梅乐和. 1999. 生化生产工艺学. 北京：科学出版社
戚以政，汪叔雄. 1999. 生化反应动力学与反应器. 北京：化学工业出版社
肖东光. 2004. 微生物工程原理. 北京：中国轻工业出版社
姚汝华，云逢霖. 2004. 微生物工程工艺原理. 广州：华南理工大学出版社
余龙江等. 2008. 发酵工程原理与技术应用. 北京：化学工业出版社
俞俊棠，唐孝宣，李友荣，等. 2003. 新编生物工艺学（上册）. 北京：化学工业出版社
俞俊棠，唐孝宣，李友荣，等. 2003. 新编生物工艺学（下册）. 北京：化学工业出版社
Tang Y T, Zhang J J. 2002. Fed-batch fermentation of *Ganoderma lucidum* for hyperoduction of polysaccharide and ganoderic acid. Enzyme Microb Technol, 31: 20～28

第12章 发酵过程经济学

内容提要：发酵经济学是发酵工程与技术经济学交叉而成的新学科，是在生产科研的实践中逐步形成的。发酵经济学的主要研究内容：优良菌种的选育、培养基的成本分析、动力成本（加热与冷却，通风与搅拌）、工厂（车间）规模、发酵方法的选择、产物回收、发酵过程的计算机控制、废物处理、发酵过程的优化，以及市场经济信息分析等方面的内容，并对它们的经济效果做出评价。

12.1 发酵成本的构成

一个成功的生产企业必须能够生产出优质产品以满足市场需求，这是企业生存的基础；并且还要能够有效地控制和降低生产成本，这是与同类产品竞争中获得利润的基础，两者共同构成了企业的竞争优势。对于一个成熟产品的发酵生产，通常具备以下条件。

(1) 投资额尽可能低。要根据市场预期来决定生产规模，生产规模的大小直接决定了投资额的大小，而生产的自动化程度是决定投资额的重要影响因素。设计时注意考虑发酵罐等生产工艺设备的通用性和利用率，既能够用于生产其他发酵产品，又能够保证设备的利用效率及随时扩大生产规模而预留余地。

(2) 生产原辅料要求价格低、易采购、利用率高，最好有替代原辅料以降低风险。

(3) 发酵生产菌种应该是产率高、稳定性好、适应性强的优良菌株。

(4) 尽可能提高设备利用率和劳动生产率，减少非生产时间。

(5) 产物的回收和纯化过程要简便、快速、有效，以降低分离纯化成本并减少总生产时间。这是许多产品生产成本控制的关键问题。

(6) 发酵过程充分利用能量和动力，最大限度降低单位能耗。

(7) 合理降低排放物的数量和浓度，以减少物料损失，降低废水处理费和环保费用。

发酵产品的生产成本反映了发酵过程的经济效益，在市场销售量一定的情况下，发酵成本越低，利润就越大。通过对发酵成本的构成进行分析，一方面为投资发酵行业的企业家提供决策的依据，另一方面可以从中看出现有企业哪些环节存在有节约的潜力。发酵产品的生产成本一般可分为固定成本和可变成本两个部分，但两者在某些条件下也可以相互转变的。

12.1.1 固定成本

这类成本不随或很少随产出的多少而变化。也就是说，无论工厂开工与否，有没有产品生产出来；也无论生产多少产品，它的数额差不多总是固定不变的。固定成本主要包括以下一些项目：①固定资产折旧；②贷款利息；③税金；④保险金；⑤广告捐赠；⑥研究与发展；⑦工资的大部分或全部；⑧企业的一般管理费等。这类成本又称为非生产成本或间接生产成本。

12.1.2 可变成本

可变成本是与生产过程直接关联的成本，也叫做直接生产成本。它随产出的多少而变化。主要项目：①原材料（包括储运成本）；②动力（包括电力、蒸汽、煤气或天然气、燃油或煤炭、水等）；③奖金、浮动工资及加班费；④维修；⑤实验；⑥排污及废水、废渣、废气的处理；⑦包装、储运及销售；⑧直接生产管理。其中，动力和维修项中的非生产性消耗（如生活用动力和外部维修）则应该计入固定成本。

12.1.3 发酵产品成本的分布

一些常见的发酵产品的成本构成见表 12-1 所示。可以看出，发酵产品的生产成本主要包括原材料费、工资及管理费、公用设施、固定资产折旧、维修费等。如果产品生产成本中原材料费用所占比例较高，那么培养基配方和菌种改良的研究是降低产品成本的关键；如果产物的回收和纯化所占比例较高，那么产物的回收、纯化方法和工艺研究是降低产品成本的关键。因此，要找出影响成本的主要问题，并对它进行具体分析和重点解决。

表 12-1 常见发酵产品的成本构成

项目	产品						
	啤酒/%	乙醇/%	乙酸/%	柠檬酸（表面培养）/%	柠檬酸（深层培养）/%	青霉素/%	单细胞蛋白/%
原材料费	50	73.1	46.8	42.2	39.7	58.0	62.0
公用设施费	*	13.3	23.1	6.0	35.3	20.3	10.0
工资及管理费	17	13.6	19.5	51.8	25.0	5.4	9.0
固定资产（折旧）	12	—	10.6	—	—	—	19.0
维修费	21	—	—	—	—	14.9	***
业务开支费	—	—	—	—	—	1.4**	—

注：—代表该部分成本已计入其他项目；* 已计算在维修费内；** 包括实验室费用；*** 已计算在工资及管理费内

12.2 影响发酵成本的主要因素及成本控制

从发酵生产的角度来看，影响发酵成本的因素有很多，主要包括菌株性能、培养基、发酵动力、培养方式、工厂规模、产物回收、工厂自动化程度、废物处理、发酵过程优化和产品市场经济分析等。下面针对影响成本的主要因素进行分析，并研究降低发酵成本的控制方法。

12.2.1 菌株选育

菌株性能对发酵的影响极大，甚至关系到该产品能否实现工业化。因此，发酵生产中必须考虑前期菌种的研究成本。一般情况下，根据不同发酵品种，菌株选育占生产成本的20%～60%。选育优良菌种对于发酵工程来讲，无疑是至关重要的。

为了获得工业化大规模生产的优良菌种，一般首先是自然分离筛选具有生产目的的菌种，但往往这样获得的菌种生产能力较低，生理生化特性不一定能满足生产要求。因此，还需要进行大量的诱变选育工作，进一步提高其生产能力、改善性能，通常这项工作既费钱又带有一定的冒险性质。因而要根据所需菌种及微生物的特点、代谢特点来设计筛选程序，建立快速筛选系统和技术平台具有重要意义。

一般情况下，要筛选出来的菌株具有性能优良、健壮、代谢能力强、繁殖能力强、对外界有着很好的抵抗能力、对培养基适应能力强等特点。根据其代谢特点，控制好其作用的过程，避免反馈抑制，使目标产物收率最高。选择生产菌时，还必须考虑到下游提取成本，如大肠杆菌，生产过程中最好选用胞外酶，避免选用胞内酶给产物的分离纯化带来麻烦，给下游技术增加困难，使成本升高；根据所需菌株或酶的目的不同，比较其分离提纯的方法，从所选择的介质、底物、环境因素及所用到的仪器设备、人力投资等综合因素上考虑，使得产物满足需求的同时，成本达到最优化。

在生产菌株的改良方面，目前已有一系列的方法，如诱变育种、杂交育种、基因工程育种、代谢工程育种等。从现有菌株出发，利用现代育种技术选育新的高产突变株，是提高生产效益常用的有效方法。

延伸阅读

以青霉素生产为例，青霉素生产菌株通过突变株的选育并结合培养基的不断改进，其发酵单位已经从 1940 年的 100U/ml 提高到现在的 60 000U/ml 以上。曾有人计算，只要突变株的青霉素生产单位数提高 10%，那么对一个生产 450t 的青霉素工厂来说，其一年内增加的产值可超过菌种选育成本的三倍以上。

12.2.2　培养基成本

原料成本占总生产成本的 38%～73%，所以生产培养基的成分变化对总成本有极大的影响。对于发酵经济学所研究的重点来说，要能最大限度地利用培养基生产出目标菌群的同时，优化培养基的成分，选择价廉的成分，从而使成本降低。一种原料可能因其价廉而被选为底物以代替较贵的最适底物，但同时要考虑因此而带来的产品质量下降或产率的降低。一般来说，可以通过两条途径来降低培养基的成本，一方面可以最大限度地提高产物的量来降低成本，另一方面可以用廉价的成分来制作培养基。

在培养基的各成分中，碳源用量最多，因而是最花钱的组分。目前淀粉、糖蜜等农副产品仍然是碳源的主要来源。碳源的价格主要受两种因素影响：一是种植面积和收获情况；二是市场需求量。由于天然碳源是季节性很强的产品，需要有一定储备量，因此还需要花费一定的原料储备费用。各种工业废料似乎是有潜力的廉价碳源，然而目前对它们的利用还存在着经济因素的限制，因为其经济效益通常不如采用传统原料高。原因是工业废料性质多变、杂质较多，造成提取困难、含水率高、输送费用大、难以持久地供应（季节性原因）及地理上分散限制等。当然，工业废料的利用对发挥社会效益（环境保护）是十分有利的，我国在废醪综合利用方面［如酒精废醪用于沼气发酵和单细胞蛋白（SCP）的生产］已经取得了一定的成果。

原材料中矿物质（无机盐）所占的比例一般较小，对 SCP 生产来说，占培养基总成本的 4%～14%。无机盐中价格较高的是磷酸盐，而且供培养基用的磷酸盐等级要求是食用级的而不是肥料级的，因为前者所含的铁、砷、氟等杂质较少。此外，培养基用的钾盐、镁盐、锌盐、铁盐，应采用它们的硫酸盐而不是氯化物，因为后者对不锈钢设备的腐蚀性较大。而无机盐本身的质量也应予以重视，以防止影响产品的质量。

12.2.3 动力成本

12.2.3.1 加热与冷却

发酵生产中，需要加热与冷却的工序有以下几种。

(1) 培养基的加热灭菌及淀粉质原料的蒸煮糊化和冷却。

(2) 发酵罐及其辅助设备的加热灭菌与冷却。

(3) 发酵液的冷却及加热过程。

(4) 产物提取与纯化过程的蒸发、蒸馏、结晶、干燥等都需要加热或冷却，甚至是冷冻。

通过工艺设计可以减少加热和冷却消耗，如使用最适生长温度较高的菌株来减少冷却费用，嗜热细菌及耐热菌的筛选应用将会明显减少冷却负荷。再者，合理安排工艺流程，循环重复利用资源，可减少加热和冷却费用，这对降低成本来说具有重大的实际意义。

12.2.3.2 无菌空气制备与通风搅拌

在厌氧发酵中，代谢产生的二氧化碳对发酵醪起着搅拌作用，因而不需另设机械搅拌装置，生产成本可不必考虑通风搅拌。但对于通气发酵，通风和搅拌显得非常重要。在通气发酵产品成本中，动力费用很大，其中压缩空气系统约占总动力消耗的1/3，冷却水占1/3，搅拌动力约占1/6，其他占1/6。虽然搅拌能量只占1/6，但其他各种能耗都直接与搅拌效果有关。通风费与搅拌费是互相联系、相互影响的。对于相同的氧传递量来说，增加通风量，搅拌功率可以减少；反之，加快搅拌转速时，通风量也可相应小些。因此，最佳的通风比和搅拌转速应该以两者合计的动力费和设备维修费为最低来确定，而且在分批培养的不同时期，需氧量有所不同，因此最适通风比与搅拌转速也会有所不同。可以计算不同培养时期的最佳通风比和搅拌转速，以求使整个运转费用为最低。

此外，在通气发酵中，经济而大量地提供无菌空气是一个十分重要的问题，工业上最常用的是用过滤除菌的方法得到无菌空气。要对空气过滤器的一次性投资费与经济性消耗之间的平衡关系作全面的分析，如空气过滤器直径较大时一次性投资费用虽然较大，但压强降可以降低，因而动力消耗操作费可以节省。除上述因素外，空气过滤器的总操作费用还包括过滤介质的更换费和日常的维修费，因而如何选择性能优良的过滤介质，也是一个不能忽视的节约因素。

12.2.4 培养方式

发酵工艺对发酵产品成本有一定的影响，合理的发酵工艺可以使微生物菌种的生产能力得到充分发挥，从而降低发酵成本。常用的微生物培养方式有分批培养、连续培养和补料分批培养三种方法。采用不同的培养方式，对发酵过程有一定的影响，不同培养方式之间的比较分析见表12-2。

采用分批培养时，整个操作周期中的平均生产能力可用下式表示

$$P=\frac{X}{\frac{1}{\mu_m}\ln\frac{X_f}{X_0}+t_L+t_f} \tag{12-1}$$

式中，P-生产率，g/(L · h)；X-菌体浓度，g/L；X_f-最终菌体浓度，g/L；X_0-初始菌体浓度，g/L；μ_m-最大比生长速率，1/h；t_L-生长停滞期的时间，h；t_f-各种辅助操作时间(包括清洗、空消、进料、实消、冷却、接种等所占的时间)，h。

从上式可以看出，如果增加接种量，那么 X_0 值增大，ln（X_f/X_0）减小，平均生产能力提高，但这需相应增加种子罐的容积。此外，接种时接入处于生长旺盛期的种子，可以有效地缩短 t_L，故也能提高发酵罐的生产能力。从菌种性能看，选育 μ_m 值较大的生产菌株或高产菌株对于提高生产能力当然是十分有效的。至于辅助操作所占时间的影响，对发酵周期较短的过程（如面包酵母，生产周期 14～21h）来说，影响是很大的；而对青霉素那样的长周期发酵产品（5～6d），其影响较小。

表 12-2 不同培养方式之间的比较

发酵工艺	分批发酵	补料分批发酵	连续发酵	发酵工艺	分批发酵	补料分批发酵	连续发酵
辅助时间	较长	较长	短	产物浓度	较高	高	中
辅助设备成本	低	较低	高	底物抑制	明显	无	可消除
平均生产率	低	中	高	产物抑制	较高	较高	较少
设备利用率	很低	较低	高	杂菌污染	易控制	较易控制	较难控制

与分批发酵比较，补料分批发酵的主要优点是可以将基质浓度控制在最适合微生物生长与代谢的水平，从而消除发酵初期基质抑制，减少副产物的影响，延长产物发酵时间，提高产品收率。以青霉素为例，提高青霉素产量的关键是缩短菌体生长期、延长青霉素分泌期并保持青霉素生产的最大增长率。在青霉素发酵过程中主要采取流加葡萄糖的方法控制碳源。补糖的数量应该使发酵液中的糖含量既能维持菌体的正常生理代谢，又能防止青霉素生产能力的衰退。

连续培养的主要优点是生产能力较高，设备利用率高，易于实现自动化。连续发酵比较适合于菌体比生长速率较高、遗传稳定性较好并且不易污染杂菌的菌种，如单细胞蛋白的生产、糖蜜酒精发酵等。

将连续发酵与分批发酵生产能力做比较，可以得出如下关系式

$$\text{连续培养生产能力} / \text{分批培养生产能力} = \frac{\ln \dfrac{X_m}{X_0} + \mu_m t_f}{(X_m - X_0)/X_m} \times D_c Y_{X/S} \tag{12-2}$$

式中，X_m-最大菌体浓度，g/L；X_0-初始菌体浓度，g/L；μ_m-最大比生长速率，1/h；t_f-各种辅助操作时间，h；D_c-临界稀释率，1/h，$Y_{X/S}$-细胞得率系数（对于限制性基质）。

三种培养方式各有优缺点，需要综合考虑。一般情况下，当发酵微生物受底物抑制较小，具有较强基质转化能力和生产效率时，考虑采用分批发酵。如果某些发酵产品主要取决于发酵阶段的生产能力和基质转化率，并且菌株遗传稳定性好、不易染菌，可以采用连续发酵。因为连续发酵的经济效益高于分批分酵。如果发酵后期提取纯化所占成本的比例较大，则不适合于进行连续发酵，因为连续发酵的培养液中产物浓度较低、提取成本高，尽管其总生产率较高，但总成本费用会提高。此时，可以采用补料分批发酵，从而提高产物浓度，易于分离纯化。

12.2.5 工厂规模

规模的经济性是每项工程设计必须考虑的一个重要因素。一般情况下，生产规模越大，产品的生产成本就越低。但扩大规模绝不等于是简单的叠加，而是要在技术改造的基础上增

加单台设备吨位。对于发酵工厂来说，就是要增加单台发酵罐的容积。

在相同发酵工艺和同等发酵水平下，单位数量发酵产品的生产成本与发酵罐容积之间存在如下经验关系式

$$\frac{C_1}{C_2}=\left(\frac{V_1}{V_2}\right)^n \tag{12-3}$$

式中，C_1、V_1-使用小发酵罐的生产成本和小发酵罐的几何容积；C_2、V_2-使用小发酵罐的生产成本和小发酵罐的几何容积；n-规模指数，一般 n 取 0.6～0.8。

由此计算，发酵罐容积每增加 10 倍，生产成本将下降 37%～60%。当然，发酵罐容积的增加受到许多因素的限制，如通气能力、冷却能力、制造技术水平和运输安装等。

供氧能力是设备放大中必须解决的另一重要问题，这也是不少通气发酵过程尚难采用特大容积发酵罐的原因之一。

发酵罐的容积与直径的三次方成正比，而表面积只与直径的二次方成正比，故设备直径放大后，单位体积所具有的夹套面积便减少。当发酵罐的容积增大到夹套难以承担的冷却负荷时，就要在罐内增设冷却盘管或者采用外部热交换的方式使发酵温度保持恒定，这时设备投资费就会相应增大。

铁路和公路都有最大运输件重量和尺小限制，同样制约了发酵罐容积的增加，除非在安装现场加工制造。

另外，太大的发酵罐对风险的承受力弱，因染菌或其他故障造成的损失较大。因此，目前较理想的发酵罐容积为 100～200m^3；对于染菌风险较小的发酵产业，也有超过 1000m^3 大型发酵罐。

12.2.6 产物分离纯化

在发酵生产中，下游工艺的优劣对产品成本的影响是很大的。下游工艺对成本的影响主要表现：①影响成本的最终收得率，即使最先进的方法在回收时产品也有损失；②分离提取中要消耗较多的动力费及维修费；③提取过程要耗用大量的溶剂等辅助材料。提取收得率是提取工艺是否优越的重要指标。各种发酵产物的提取收得率差别是相当大的。例如，柠檬酸的提取收得率约为 92%，青霉素 G 在转化成钾盐之前的提取收得率约为 96%，谷氨酸钠的提取收得率为 76%～87%。对于同一种发酵产品，提取工艺不同时，其技术经济指标的差异也是很大的。

此外，在发酵工厂设计和成本核算时需要注意的是下游工艺的折旧费用非常高。不少提取设备结构复杂，材质大都采用不锈钢，体积庞大，投资甚大，有的已占全厂设备总投资额的 80%，或是发酵设备投资额的 5～6 倍。

12.2.7 发酵自动化程度

发酵生产过程中的计算机自动化、最佳化控制可以在不增加动力和原材料消耗的情况下增加产品数量、提高产品质量。目前发酵行业正面临着日益激烈的全球竞争，因此对以计算机为核心的自动控制技术有着很强烈的需求：提高、稳定产品质量，降低原料消耗，采用高级智能控制算法，提高控制水平，减少人工参与，实现无污染生产，减少质量风险，测、管、控一体化，满足信息化需求，提高企业管理水平与竞争力，为产品的质量、开发新品种提供了保证。发酵过程计算机监测和控制系统的研制、实现、推广和国产化，大大提高了我国发酵行业的生产自动化水平，节省外汇，降低成本，具有显著的经济和社会效益。

采用计算机系统来控制和优化发酵是必然趋势，但其投资大，技术要求高，因而是否采用、部分采用还是全部采用，必须依据工厂资金、厂址所在地的劳力成本及技术水平等综合衡量。另外还要考虑到控制系统元件的更换及配套设施服务。

12.2.8　发酵过程优化

在发酵产品的可行性论证、工艺设计和设备选型中，运用常规的经济学方法可以进行优化和选择。优化不仅关心产率的最大化，也需要考虑生产成本和发酵期，现在工业发酵的优化主要还是凭经验。美国麻省理工学院（MIT）的 Cooney 指出，要实现发酵过程的优化与控制，必须处理好 5 个问题：生物模型，传感器技术，适用于生物过程的最优化技术，系统动力学及计算机-检测系统-发酵罐之间的接口技术。

12.2.9　市场经济分析

及时了解原材料和产品的市场行情，并收集、分析国内的有关经济信息，预测今后的变化趋势，及早做好应变的准备。这是一项提高企业经济效益、增强产品竞争活力的极为重要的技术经济管理工作。以薯干、玉米等淀粉质原料为例，它们的市场供应量经常会随播种面积和气候等因素而变化，如果薯干市场供大于求，不仅价格低，而且还有积压，因而会在一定程度上影响了种植积极性，使第二年的薯干产量开始减少，加之发酵产品的发展，使其需求量日趋上升，结果一度出现了供应紧张的局面，使得不少酒精厂只能收购新鲜甘薯来生产酒精，结果价格贵、劳务费用大、腐败变质多，造成经济效益大幅度下降，有的甚至出现亏本情况。为了增加对原材料变动的应变能力，从技术管理角度来说，要有能利用其他代用原料的备用菌种或者为同一生产菌株筛选好几个培养基配方，以便按照市场的供应情况，随时更换菌种或配方。

此外，科研投入对企业的生存和发展至关重要。科研投入多，使科技人员能够不断研究和开发新产品、新工艺，加速企业的产品更新和技术改造。而新工艺、新技术的应用，不仅可提高现有设备的生产能力、降低生产成本，同时将提高企业的生产技术水平与市场竞争能力。因此，国家应当在政策上鼓励企业加大科技投入。目前，我国先进企业的科技投入占总销售额的 4%左右，许多发达国家制药公司的科技投入占总销售额的 10%以上。

发酵经济学是一门新兴学科，国内正处于起步阶段，根据我国国情，对现存发酵工厂，原料进行经济分析，使生产水平更上一层楼，必定会产生巨大的经济效益。

12.3　发酵过程经济分析

一个新菌株、新工艺、新材料或新设备，在发酵生产中有没有推广应用的价值，不仅要看它实现技术指标的先进性，而且要衡量它物质相能量消耗的经济性。如果把经济效益在第一位，那么在许多情况下，后者比前者更为重要。发酵过程是否经济，需要一些技术经济指标来进行分析。

12.3.1　发酵过程的技术经济评价指标

12.3.1.1　产物浓度

产物在发酵液中的浓度一般以 g/L 表示，也有用百分数表示的。对于活性物质产品，则常采用活性单位，称为发酵单位或效价，以 U/ml 来表示。

产物浓度在一般情况下可以代表发酵水平的高低，而且高浓度的发酵液可以减轻产物提取纯化工序的操作负荷，减少回收过程原材料相动力消耗及废水的排放量，该指标一直是发酵过程追求的主要指标。但是，这一指标没有体现发酵周期、物料和能量消耗及发酵液的质量。如果是由于采用丰富培养基、大通气量、高菌体浓度和较长的发酵时间获得有限产物浓度的提高，那么这种提高未必能弥补消耗所导致成本的增加。高浓基质的培养，还会造成中间代谢物的积累；发酵时间延长会导致产生产物降解的增加，还有可能增加产物提取纯化的困难，降低回收得率和成品质量。因此，片面追求高产物浓度是不可取的。

12.3.1.2 基质转化率

基质转化率是指发酵工艺中所使用的主要基质（通常指碳源或其他成本较高的基质）转化为发酵产物的得率，常以%或 kg/kg 表示。对于微生物代谢产物的发酵，基质转化率一般指发酵使用的碳源转化为目的产物的得率。对于细胞产品，则指碳源合成细胞的得率。

基质转化率是原材料成本效益的指示值。由于发酵成本中一般以原材料占首位，故基质转化率高的发酵过程、发酵成本较低。

12.3.1.3 发酵产率

发酵产率又称发酵速率，是指单位操作时间、单位发酵体积所产生的发酵产物量，它是评价发酵生产的主要指标之一。该指标有两种表示方法，分别表示如下

发酵平均生产速率＝发酵批产量/(发酵罐容积×发酵周期)，单位：g/(L·h) 或 kg/(m^3·h)。

年生产能力＝年发酵累计产量/发酵罐总容积，单位：kg/(m^3·a)。

年生产能力的计算不仅包含有效运转时间，而且计入辅助时间和设备维修时间，因而是更全面代表生产效率的综合性产率表示方法。

发酵产率关系到固定成本效益。假如固定资产及投入劳动不变，即具有同等单位时间固定成本的情况下，发酵产率越高，固定成本效益也越高。但如果发酵产率的提高是以投入更多的原材料和动力为代价的话，那么固定成本效益的提高有可能被可变成本效益的下降所抵消，需要综合起来进行考虑。

12.3.1.4 单位产量发酵成本

发酵产生单位数量产物所投放的固定成本与可变成本之和，叫做单位产量发酵成本。这一指标更直接地反映了发酵过程的经济性。单位产量发酵成本越低，发酵产生的每千克产品中包含的利润就越大。单位产量发酵成本的计算方法如下

单位产量发酵成本（元/kg）＝年投入固定成本与可变成本之和/年发酵累计产量

12.3.2 发酵过程的经济效益分析

一个发酵产品经济性是否可行，能够进行工业化生产，还需要对发酵过程进行经济效益分析，主要包括利润估算、盈亏平衡点分析和敏感性分析等。

12.3.2.1 利润估算

获取利润是生产的最终目标，产品利润估算如下

$$\text{销售利润(万元/年)} = \text{产品销售收入} - \text{总成本} - \text{产品销售税金} \tag{12-4}$$

$$\text{利润总额(万元/年)} = \text{销售利润} - \text{资源税} - \text{营业外净支出} \tag{12-5}$$

$$\text{单位产品利润(万元/吨)} = \text{年利润总额(万元)/总产量(吨/年)} \tag{12-6}$$

$$\text{投资利润率(\%)} = \text{(年利润总额/总投资)} \times 100\% \tag{12-7}$$

在上述各项中，单位产品利润反映了发酵生产的经济效益；投资利润率反映了投资的经济效益，当投资利润率低于银行利息时，说明生产是赔钱的。就发酵行业而言，投资利润率

不应低于 13%，而一个优秀的发酵企业或产品，其投资利润率应高于 20%。

12.3.2.2　盈亏平衡点分析

销售收入与总成本费用达到相等时的交点称为盈亏平衡点（BEP），计算公式如下

$$\text{BEP} = \frac{\text{年固定总成本(万元)} \times 100\%}{\text{年产品销售收入(万元)} - \text{年可变成本(万元)} - \text{年销售税金(万元)}} \tag{12-8}$$

BEP 点越低，企业抗风险能力越强。盈亏平衡点分析是研究分析项目建成投产后，产品的销售收入、可变成本、固定成本和利润等四个方面关系的一个方法。

12.3.2.3　敏感性分析

敏感性分析也称为灵敏度分析，它是研究对项目各期现金流量起作用的各个要素发生变化时，对项目评价指标所产生的影响。它是检验项目可靠性的一种方法。

如图 12-1 所示，横坐标表示固定资产投资、经营成本和产品销售价格的变化率，纵坐标为投资的内部收益率；基准线表示项目在基准方案（即项目评估时的预定方案）下的内部收益率。如果该项目预测的内部收益率为 20%；收益率下限线为生物制品行业财务基准收益率最低点（13%），如果内部收益率低于 13%，则项目为不可行，不适宜投资。从图中可看出，销售价格变化对内部收益串的影响最大，按照内部收益率 13%的标准，当产品销售价格大约下降至 12%时，该项目为不可行项目；而固定资产投资和经营成本的变化对内部收益率的影响相对较小。由此可见，投资该项目，应密切关注产品销售价格的市场变化情况。

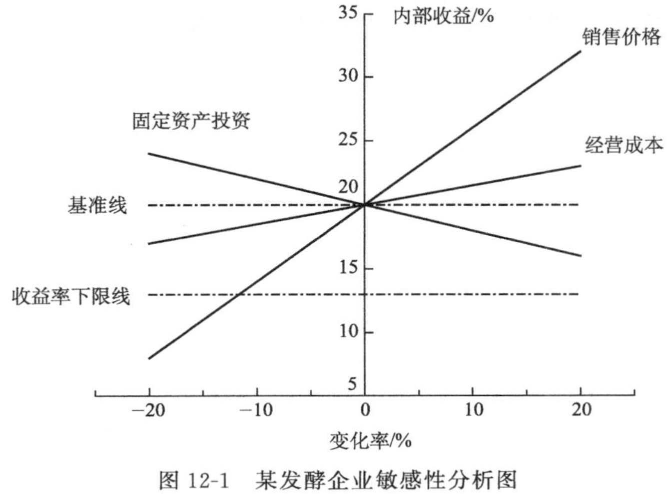

图 12-1　某发酵企业敏感性分析图

本章小结

发酵经济学是发酵工程与技术经济学交叉而成的新学科，主要致力于选择适当的发酵原料、方法及工艺，降低发酵产品的成本。

发酵产品的生产成本反映了发酵过程的经济效益，一般可分为固定成本和可变成本两个部分。影响发酵成本的因素有很多，主要包括菌株性能、培养基、发酵动力、培养方式、工厂规模、产物回收、工厂自动化程度、废物处理、发酵过程优化和产品市场经济分析等。

发酵过程是否经济，需要一些技术经济指标来进行分析。常见的技术经济指标包括产物

浓度、基质转化率、发酵产率和单位产量发酵成本等。此外，一个发酵产品经济性是否可行，能够进行工业化生产，还需要对发酵过程进行经济效益分析，主要包括利润估算、盈亏平衡点分析和敏感性分析等。

复习题

1. 名词解释：固定成本、可变成本基质转化率、发酵产率、单位产量发酵成本、盈亏平衡点、敏感性分析。

2. 一个成熟产品的发酵生产通常具备哪些条件？

3. 影响发酵成本的因素有哪些？如何控制发酵成本？

4. 不同培养方式对发酵成本的影响有哪些？

5. 发酵过程的技术经济评价指标有哪些？

主要参考文献

白秀峰. 2003. 发酵工艺学. 北京：中国医药科技出版社
梅乐和，姚善泾，林东强. 2007. 生化生产工艺学. 2 版. 北京：科学出版社
钱铭镛. 1998. 发酵工艺最优化控制. 南京：江苏科技出版社
任雁，叶舸，张惟广. 2005. 浅谈发酵经济学. 四川食品与发酵，41（3）：1～7
肖东光. 2004. 微生物工程原理. 北京：中国轻工业出版社
姚汝华，云逢霖. 2004. 微生物工程工艺原理. 广州：华南理工大学出版社
尹光琳，站立克，赵根楠. 1992. 发酵工业. 北京：中国医药科技出版社

第13章 现代生物技术在发酵工业中的应用

内容提要：生物技术（biotechnology），也称生物工程，是人们利用微生物、动植物体对物质原料进行加工，以提供产品来为社会服务的技术。现代生物技术是现代生物学发展及其与相关学科交叉融和的产物，其核心是以DNA重组技术为中心的基因工程，还包括发酵工程、生化工程、细胞工程、酶工程及生物制品等领域。

现代生物技术的各个部分之间都不是孤立存在的，而是彼此相互渗透、相互结合。传统的发酵技术是以普通工业微生物来发酵，现代生物技术已发展到基因工程菌和动植物细胞的大规模培养，发酵方式也由传统的固体和液体深层发酵发展成固定化技术发酵，本章主要从这几方面进行介绍现代生物技术在发酵工业中的应用。

13.1 基因工程菌发酵

近年来，重组DNA技术（基因工程）已开始由实验室走向工业生产，走向实用。它不仅提供了一种极为有效的菌种改良技术和手段，也为攻克医学上的疑难杂症癌症、遗传病及艾滋病的深入研究和最后的治愈提供了可能；为农业的第三次革命提供了基础；为深入探索生命的奥秘提供了有力的手段。现在由工程菌产生的珍稀药物，如胰岛素、干扰素、人生长激素、乙肝表面抗原等都已先后面市，基因工程不仅保证了这些药物的来源，而且可使成本大大下降。

13.1.1 基因工程菌的来源和应用

13.1.1.1 基因工程菌的来源

基因工程（genetic engineering）是指在基因水平上，采用与工程设计十分类似的方法，根据人们的意愿，主要是在体外进行基因切割、拼接和重新组合，再转入生物体内，产生出人们所期望的产物，或创造出具有新的遗传特征的生物类型，并能使之稳定地遗传给后代。

基因工程的核心技术是DNA的重组技术。用基因工程的方法，使外源基因得到高效表达的微生物细胞株系一般称为基因工程菌（engineering bacterium）。工程菌是采用现代生物工程技术加工出来的新型微生物，具有多功能、高效和适应性强等特点。

基因工程菌获得一般分为5个步骤。

（1）确定要表达目的产物，找出产该产物的细胞，将细胞破碎后提取出全部基因组。

（2）利用基因扩增技术（PCR），取得符合人们要求的DNA片段，这种DNA片段被称为“目的基因”，如人胰岛素基因。

（3）将目的基因与合适的质粒或病毒DNA表达载体连接成重组DNA。

（4）把重组DNA引入某种大肠杆菌、枯草杆菌或酵母菌受体细胞。

（5）把能表达目的基因的受体细胞筛选出来进行鉴定和表达，能稳定遗传且较好表达目的产物的菌株，就是所需要的基因工程菌。

13.1.1.2 工程菌应具备的条件

（1）发酵产品是高浓度、高转化率和高产率的，最好是分泌型菌株。

(2) 菌株能利用常用的碳源，并可进行连续发酵。

(3) 菌株不是致病株，也不产内毒素。

(4) 代谢控制容易进行。

(5) 能进行适当的DNA重组，并且稳定，重组的DNA不易脱落。

13.1.1.3 工程菌的应用

(1) 基因工程药物。基因工程药物的生产是目前基因工程最重要的应用领域，进展迅速，如用于治疗贫血的红细胞生成素、治疗糖尿病的胰岛素、抗病毒的干扰素、预防传染病的乙肝疫苗及人体生理调节的生长激素和粒细胞巨噬细胞集落刺激因子等。

(2) 其他发酵产品。传统的发酵产品如酶制剂、氨基酸（苏氨酸、色氨酸)、抗生素等，生产菌种基本上都是诱变育种获得，生产性能很难再大幅度提高，必须使用基因工程技术解决，目前在氨基酸、酶制剂等领域已有成功的例子。

13.1.2 基因工程菌的培养

从本质上讲，基因工程菌的培养与普通微生物的好氧培养并无两样，但也有其特点。由于细胞生长和异源基因表达之间有着较大的差异，各培养参数在全过程中必须分段控制。从培养工程的角度应考虑的主要因素有：营养源浓度的控制（碳源、氮源、氨基酸、溶氧等)、解除抑制生长的代谢产物；从生物学上要考虑：质粒的稳定性、质粒拷贝数的控制、转录效率的提高与控制、翻译效率的提高及向菌体外的分泌等主要因素。

基因工程菌的培养方式主要有补料分批培养、连续培养、透析培养和固定化培养等。为了大量获得基因工程产品，基因工程菌通常采用高密度培养技术（high cell-density culture, HCDC)，又称高密度发酵技术（high cell-density fermentation)，即提高菌体的发酵密度，最终提高产物的比生产率（单位体积单位时间内产物的产量）的一种培养技术，通常指分批补料发酵技术。这样不仅可减少培养体积、强化下游分离提取，还可缩短生产周期、减少设备投资，最终降低生产成本。

在排除所有发酵条件限制的情况下，Riesenberg从理论上计算了大肠杆菌所能达到的最高菌体密度为400g细胞干重（DCW）/L，而实际上迄今为止，重组大肠杆菌最高密度为175.4gDCW/L。

为了实现工程菌的高密度培养，除与工程菌本身的表达性质有关外，还与工程菌培养的工艺参数有关，如培养基组成、培养温度、pH、稳定的比生长速率、适宜的溶解氧及培养物的合理流加方案。

13.1.2.1 重组大肠杆菌的高密度培养

重组大肠杆菌高密度发酵成功的关键是补料策略，即根据工程菌的生长特点及产物的表达方式采取合理的营养流加方案。

大肠杆菌在葡萄糖过量或缺氧条件下会引起“葡萄糖效应”，积累大量有机酸（乙酸）而影响工程菌的生长和外源蛋白的有效表达。因此，重组大肠杆菌高密度发酵中，合理流加碳源降低“葡萄糖效应”是成功的关键。常见的流加技术有恒速流加、变速流加、指数流加和反馈流加。

1）恒速流加

限制性基质以恒定流速流加进入发酵罐中供细胞生长和代谢用的一种培养技术。通常以补料前的耗糖速率作为流加补料速率。特点是相对于发酵罐中的菌体来说，营养物的浓度逐渐降低，比生长速率也慢慢降低，菌体密度呈线性增加。

2）变速流加

限制性基质以变速或梯度增加流速流加进入发酵罐中供细胞生长和代谢用的一种培养技术。这样可以克服恒速流加中营养物的浓度逐渐降低的缺陷，菌体在较高密度下通过流加更多营养物质来促进菌体的生长，并对产物的表达有利。此时，比生长速率不断改变。

3）指数流加

恒定比生长速率的一种流加限制性基质的培养技术，是一种简单而又有效的补料技术。此时，流加速度指数增加，菌体密度也指数增加；它能够使发酵罐中基质的浓度控制在较低的水平，这样就可以大大减少乙酸的积累；还可以通过控制流加速率来控制菌体的生长速率，使菌体稳定生长的同时有利于外源蛋白的充分表达。流加速率按下式进行计算

$$M_S = FS_F = \left(\frac{\mu}{Y_{X/S}} + m\right)XV = \left(\frac{\mu}{Y_{X/S}} + m\right)X_0V_0e^{\mu t} \tag{13-1}$$

式中，M_S-基质的质量流加速率，g/h；F-体积流加速率，L/h；S_F-流加液中基质的浓度，g/L；μ-比生长速率，1/h；$Y_{X/S}$-菌体得率，g/g；m-比维持系数，g/(gDCW · h)；X-细胞密度，gDCW/L；V-发酵液体积，L；X_0-开始补料时细胞密度，gDCW/L；t-从开始补料起的发酵时间，h。

为了降低乙酸的积累，减少其对工程菌的抑制作用，通常比生长速率控制在较低水平，一般 μ 为 0.1～0.3 h^{-1}。

4）反馈流加

以发酵参数，如 pH、DO（溶解氧）、OUR（微生物耗氧速率）、CER（CO_2 释放率）和菌体浓度，作为控制对象，控制流加速度，使发酵液中葡萄糖浓度维持在较低水平的一种流加培养技术。常见的有恒 pH 法和恒溶氧法。

(1) 恒 pH 法。大肠杆菌代谢葡萄糖产生乙酸将导致 pH 的降低，因此 pH 降低速率与葡萄糖消耗速率成正比。当 pH 降低过快时，说明葡萄糖过量，来不及完全氧化，产生了过量乙酸，即流加速度过快，此时应将其流加速度减慢；否则相反。

(2) 恒溶氧法。发酵过程当葡萄糖耗尽时，发酵液的溶氧将迅速升高。因此，发酵过程中溶氧水平和糖流加速率与工程菌的酵解过程和代谢物的完全氧化有很大关系。具体表现为缺氧即溶氧值低将迫使糖代谢进入酵解途径，产生乙酸，对工程菌培养不利；当补糖速率过快时，将导致部分糖无法及时氧化而进入酵解途径。因此，可通过控制流加速度来控制溶氧水平，降低乙酸的积累。

13.1.2.2　重组酵母菌的高密度培养

酵母菌是外源基因另一个常用的表达系统，其与大肠杆菌表达系统相比具有一些明显的优势，主要体现：①酵母可达到更高密度培养，100g/L（干细胞），400g/L（湿细胞），OD_{600} 500；②酵母一般很少分泌杂蛋白，这样便有利于外源蛋白的提取和纯化；③重组产物的表达水平高，毕赤酵母的表达水平比酿酒酵母高 10～100 倍；④酵母作为一种模式真核生物，与许多真核生物一样，它分泌的蛋白质一般都要经过一次或多次对其功能或稳定性至关重要的翻译后修饰——糖基化，糖基化能保证蛋白质进行适当的折叠，从而保护蛋白质免受蛋白酶的降解作用，这在重组蛋白药物中是十分重要的；⑤同样糖基化使外源蛋白在宿主细胞中出现错误折叠的可能性比细菌要小得多，不像大肠杆菌一样外源蛋白常存在于包涵体中，则便能简化外源蛋白的分离和纯化工序。

常见的酵母表达系统有酿酒酵母（*Saccharomyces cerevisiae*）和毕赤酵母（*Pichia pastoris*），后者是近年来发展起来的一种新型表达系统。毕赤酵母为甲醇利用型酵母，能以甲醇为唯一碳源和能源生长。重组毕赤酵母的同样可以采用重组大肠杆菌的高密度培养技术。具体方法主要是下面的所谓“三段法”（*three-stage process*）：第一阶段，在甘油或葡萄糖为碳源的合成培养基中进行工程菌的分批培养，以积累菌体细胞；第二阶段，在限制生长速率下流加甘油或葡萄糖的流加补料培养，以进一步提高菌体量；第三阶段，即诱导阶段，开始较低速度流加甲醇，以诱导外源蛋白的表达。

13.1.3　基因工程菌的不稳定性及对策

虽然工程菌具有许多优点，能生产出许多原来无法生产的制品，但大量研究发现，工程菌在保存和发酵过程中常常表现出不稳定性，因而工程菌稳定性问题的解决是基因工程菌大规模培养的关键。在重组菌工业化生产研究中，质粒的不稳定性是一个极为重要而独特的问题。带有质粒的细胞生长较慢；生长速率的降低与所带质粒的大小成正比。此外，高水平克隆基因产物的生成也会导致缓慢生长或异常生长。因此，在一个典型的工业发酵过程中所出现的大量子代中，对已丧失（分离性不稳定）或部分丧失（结构性不稳定）质粒的细胞有很强的选择作用，导致产率的逐渐下降。

13.1.3.1　基因工程菌不稳定的类型

工程菌的不稳定实际上包括质粒的不稳定及其表达产物的不稳定两个方面。质粒不稳定性有两种类型，一是分离性不稳定，这是由于在细胞分裂过程中质粒缺失分配到子细胞中而导致整个质粒丢失。二是结构性不稳定，这是由于重组质粒 DNA 发生缺失、插入或重排引起的质粒结构变化。另外，表达产物不稳定也是一个很重要的问题，如人干扰素工程菌在表达干扰素时，随着培养时间的延长，干扰素活性反而下降。

由于工程菌的不稳定，工程菌的发酵过程实际上是两种菌的混合物的发酵过程。在非选择性条件下，含重组质粒的工程菌的比生长速率（μ^{+}）往往小于不含重组质粒的宿主细胞的比生长速率（μ^{-}）。因此，宿主细胞的生长优势对工程菌的发酵是非常不利的。

13.1.3.2　引起工程菌不稳定的因素及对策

工程菌稳定与否，取决于质粒本身的分子组成、宿主细胞的生理和遗传特性及环境条件等三个方面。

1）与质粒稳定有关的基因及质粒结构自身对其稳定性的影响

为保证质粒在宿主细胞中能稳定地遗传，除了必须有复制控制系统外，还需要有一个在细胞分裂时适当的质粒分配系统，以保证质粒能正常地分配到子细胞中。一些质粒的分配系统在质粒上的位置已经确定。例如，质粒 pSC101 的 *Hind*Ⅱ片段有复制功能，实验还证明该片段上还含有与质粒稳定性有关的序列，这一序列为 0～0.27kb，命名为分配定子（par）。

2）宿主对质粒稳定的影响

相对而言，重组质粒在大肠杆菌中比较稳定，而在枯草杆菌和酵母中较不稳定。枯草杆菌细胞内基因重组频率较高，可能是使质粒不稳定的一个原因。

3）质粒拷贝数

质粒拷贝数是可遗传质粒的函数，受所用的受体菌株生理和生长条件的强烈影响。重组蛋白产生的数量随重组质粒拷贝数的增加而增加。质粒拷贝数还影响质粒稳定性，高拷贝系统比低拷贝系统更稳定。但高拷贝质粒会导致重组菌最大比生长速率 μ_m 减少，这样轻微的质粒分离性不稳定会导致重组细胞被无质粒细胞迅速取代。

4）控制基因过量表达

外源基因表达水平愈高，重组质粒往往愈不稳定。如果基因表达得到控制，则重组质粒可能不会丢失。质粒表达使其稳定性受影响的原因可能是在质粒基因转录时影响了质粒的复制及分配，同时也影响了质粒的修复，这些因素使得质粒容易发生结构上的变化或丢失。因此，可以采取两阶段培养法，即在发酵前期控制外源基因不过量表达，使重组质粒稳定地遗传，到后期通过提高质粒的拷贝数或转录、翻译效率使外源基因高效表达。

5）施加选择压力

在重组 DNA 技术中，有好几个方面利用选择压力，转化后用选择压力确定含有重组质粒的克隆株，而在利用克隆菌进行发酵生产时，经常采取施加选择压力的方法消除重组质粒的分配性不稳定，以提高菌体纯度和发酵生产率。

（1）抗生素添加法。在克隆菌发酵时，于培养基中加入适量的相应抗生素，就可阻止丢失了重组质粒的非生产菌的生长。但这种方法在大规模生产时并不可取，加入大量的抗生素会使生产成本增加。对于一些易被酶水解失活的抗生素来说，添加抗生素造成的选择压力只能维持一定的时间。

（2）抗生素依赖变异法。该方法是通过诱变使宿主细胞成为某抗生素的依赖性突变株，即只有在该抗生素存在时宿主细胞才能生长，而重组质粒上含有该抗生素的非依赖性基因，将重组质粒导入宿主细胞后，所得的克隆菌就能在不含抗生素的培养基中生长，因此在进行发酵生产时，不需要向培养基中加入抗生素就能达到消除重组质粒分配性不稳定的目的。这种方法可以节省大量抗生素，具有实用价值。它的缺点是宿主细胞容易发生回复突变。

（3）营养缺陷型法。营养缺陷型法与上述抗生素依赖变异法相类似，其原理是通过诱变使宿主细胞染色体缺失生长所必需的某一基因，而将该基因插入到重组质粒中，然后选择适当组成的培养基使失去重组质粒的细胞不能存活，而只有含重组质粒的细胞才能生长。

6）控制培养条件

（1）培养基的组成。对工程菌来说，培养基组分可能通过各种途径影响质粒稳定地遗传。因此，为了控制质粒丢失，在摸索培养条件时首先要进行培养基的筛选。一般，质粒在丰富培养基比在低限培养基中更加不稳定。合成培养基往往有利于宿主细胞的生长，但不利于外源基因的表达。

（2）培养温度。重组质粒引入细胞后，引起细胞发生一系列生理变化。重组质粒引起宿主细胞生长温度范围的变化，因此，进行工程菌培养时必须探索其最佳培养温度。通常而言，低温往往有利于重组质粒稳定地遗传。

（3）菌体比生长速率。菌体比生长速率对工程菌的影响，实际上是培养基成分、培养温度、pH、搅拌和供氧等综合作用的结果。

如果宿主菌的比生长速率比工程菌的大，质粒将严重丢失，导致工业上倒罐；如果宿主菌的比生长速率比工程菌小，大量繁殖时因竞争性利用基质，宿主细胞将会受到抑制，对发酵影响不大。因此，从理论上来看，调整这两种菌的比生长速率可以提高工程菌的稳定性。限制营养物浓度、发酵过程保持较高的溶氧、通过间歇供氧方法和改变稀释速率方法等，都可以提高质粒的稳定性。

13.1.4 基因工程菌的安全问题

关于基因工程的社会问题，必须提到它的潜在危险性。经过重组的菌和质粒一旦用于工业化生产，就不可避免地进入自然界。这些菌能间接地危害人体健康，使治疗药物失去效用，污染环境等。因此，安全问题是极其重要的。

1974年，提出了DNA重组实验具有潜在生物危险性的问题。后来，美、日等国都制定了有关DNA重组实验的准则，即在试管内用酶等构建异种DNA的重组分子，并用它转入活细胞中的实验，以及使用重组体的实验应遵循的规程。其目的是保证实验的安全和推动重组DNA的研究。这些准则参照了防止病原微生物污染的措施，以及根据对实验安全度的评定，采用物理密封（P1～P4）和生物学密封（B1和B2）两种方法。

物理密封是将重组菌封闭于设备内，以防止传染给实验人员和向外界扩散。实验规模在20L以下时，物理密封由密封设施、实验室设计和实验注意事项组成。密封程度分为P1、P2、P3和P4级，数字越大，密封水平越高。生物学密封要求用只有在特殊培养条件下才能生存的宿主，同时用不能转移至其他活细胞的载体，通过这样组合的宿主载体系统，可以防止重组菌向外扩散。按密封程度分B1和B2级，B2级的密封要求最严格。

企业中进行重组菌培养时的设备标准有LS-1和LS-2。LS-2相当严格，工业生产起码应在LS-1的设备标准下培养。LS-1标准要点：①使用防止重组菌体外漏，能在密闭状态下进行内部灭菌的培养装置；②培养装置的排气由除菌器排出；③使用易产气溶胶的设备时，要安装可收集气溶胶的安全箱等。设计用于基因重组菌的培养装置时，不仅要考虑外部杂菌的侵入，还要防止重组菌的外漏。此外，培养后的菌体分离、破碎等处理也必须在安全柜内进行，或是采用密闭型的设备。

13.2　动植物细胞培养

动植物细胞培养是指动植物细胞在体外条件下的存活或生长。由于动植物细胞在结构与生理等方面与微生物细胞有很大差别，动植物细胞培养与微生物细胞培养有很大的不同。在生物技术中，人们已经利用细菌、丝状真菌的大量培养来生产各种酶、抗生素、蛋白质、氨基酸等产物，但是很多有重要价值的生物物质，如毒素、疫苗、干扰素、单克隆抗体、色素、香味物质等，必须借助于动植物细胞的大规模培养来获得。从20世纪50年代以来，这方面已取得一些进展。但是，目前的技术还远不能满足细胞生物产品应用的要求，随着动植物培养技术研究的深入，显示出广阔的发展前景。

13.2.1　动物细胞培养

动物细胞体外培养的历史可追溯到1907年，美国生物学家Harrison在无菌条件下，以淋巴液为培养基成功地在试管中培养了蛙胚神经组织达数周，创立了体外组织培养法。1962年，其规模开始扩大，随着细胞生物学、培养系统及培养方法等领域的不断丰富和完善，动物细胞培养技术得到了很大的发展。20世纪80年代之后，随着细胞融合技术、DNA重组技术及基因表达调控技术的发展，可以使外源基因在转染的动物细胞内高效表达，许多特殊的生物制品是其他微生物、植物细胞培养无法取代的。动物细胞培养技术发展至今已成为生物、医学研究和应用中广泛采用的技术方法，利用动物细胞培养生产具有重要医用价值的酶、生长因子、疫苗和单抗等，已成为医药生物高技术产业的重要部分。

13.2.1.1　动物细胞培养基组成及制备

1）培养基的组成

动物细胞培养的培养基分为天然培养基和合成培养基两大类。天然培养基使用最早，营养成分高，也最为有效。但成分复杂，个体差异大，来源也缺乏，因而使用受到限制。合成培养基是根据天然培养基的成分，用化学物质模拟合成的，具有一定的组成。这种培养基在很多方面有天然培养基无法相比的优点，如它给细胞提供了一个近似体内生存环境，又便于控制和标准化的体外生存环境。目前所有细胞培养室都已采用经标准化生产、组分和含量都相对固定的各种合成培养基，如 Eagle 基本培养基和更复杂的 NCTC109，TC199，HEM，DME，RPMI1640，McCoy5A，HAMF12 等。尽管现代的合成培养基成分和含量已经较为复杂，但仍然不能完全满足体外培养细胞生长的需要。在合成培养基中都或多或少地要加入一定比例的天然培养基加以补充，目前多采用胎牛血清、小牛血清、马血清等。合成培养基的种类虽多，但一般都含有氨基酸、维生素、糖类、无机盐和一些其他辅助性成分。

目前合成培养基的配方都已相对固定，并形成配制好的干粉型商品。其成分趋于简单化，以能维持细胞生长的最低需求，而去除了不必要的成分。同时为适应某些特殊培养的需要补加一些新的成分，如培养杂交瘤细胞时采用 DMEM 培养基需补加丙酮酸钠和 2-硫基乙醇；为增加细胞转化和 DNA 合成，有时补加植物血凝素（PHA）等。这些变化需根据实验和细胞的具体要求而定。

2）培养基制备

绝大多数合成培养基的生产都已标准化、商品化，常用的培养基市场上很容易购得。这种干粉型培养基性质稳定，便于储存、运输，价格便宜，给使用和配制合成培养基带来很大方便。一般的特殊需求也多可在现有合成培养基基础上补加或调整某些成分予以满足。以往实验室自购各个组分，称量后再按一定顺序进行溶解配制的老方法，一方面需购置大量各种各样的成分，而且每种成分用量很少，很难控制和统一；另一方面要精确称量，顺序溶解，步骤繁琐，质量难以保证。除了因特殊需要而专门配制一些特殊培养基外，大部分已不再使用。

在制备培养基时，通常要考虑以下因素。

(1) pH。多数细胞系在 pH 7.4 下生长得很好。尽管各细胞株之间细胞生长最佳 pH 变化很小，但一些正常的成纤维细胞系以 pH 7.4～7.7 最好，转化细胞以 pH 7.0～7.4 更合适。据报道，上皮细胞以 pH 5.5 合适。为确定最佳 pH，最好做一个简单的生长实验或特殊功能分析。

(2) 缓冲能力。碳酸盐缓冲系统由于毒性小、成本低、对培养物有营养作用，因此比其他缓冲系统用得多。在生理 pH 条件下的缓冲能力差。

(3) 渗透压。多数培养细胞对渗透压有很宽的耐受范围，一般常用冰点降低或蒸汽压升高测定。如果自己配培养基，可通过测定渗透压防止称量和稀释等造成的误差。

(4) 黏度。培养基的黏度主要受血清含量的影响，在多数情况下，对细胞生长没有什么影响。在搅拌条件下，用羧甲基纤维素增加培养基的黏度，可减轻细胞损害。这对在低血清浓度或无血清条件下培养细胞显得尤为重要。

13.2.1.2 动物细胞培养方法

1）动物细胞培养的方法

(1) 贴壁培养。成纤维细胞和上皮细胞型等贴壁依赖性细胞需要贴壁培养。所谓的贴壁培养是指大多数动物细胞在离体培养条件下都需要附着在带有适量正电荷的固体或半固体的表面上才能正常生长，并最终在附着表面扩展成单层。培养贴壁型细胞，最初采用滚瓶系统，结构简单，投资少，技术成熟，重复性好，放大只是简单增加滚瓶数。但是滚瓶系统劳动强度大，占用空间大，细胞生长的表面积小，产率低，且检测和控制环境条件受到限制。

1967年van Wezel首次提出“微载体”培养系统，细胞在由葡聚糖制成的小球表面生长，通过搅拌使细胞维持悬浮状态，比传统的单层细胞培养面积大大增加，产率提高20～50倍，且劳动强度降低。

(2) 悬浮培养。非贴壁依赖性细胞，来源于血液、淋巴组织的细胞，许多肿瘤细胞（包括杂交瘤细胞）和某些转化细胞可采用类似微生物培养的方法进行悬浮培养。而悬浮培养是指少数悬浮生长型动物细胞在离体培养时不需要附着物，悬浮于培养液中即可良好生长。悬浮生长的细胞其培养和传代都十分简便。培养时只需将采集到的活体动物组织经分散、过滤、纯化、漂洗后，按一定密度接种于适宜培养液中，置于特定的培养条件下即可良好生长。传代时不需要再分散，只需按比例稀释后即可继续培养。此法细胞增殖快，产量高，培养过程简单，是大规模培养动物细胞的理想模式。但在动物体中只有少数种类的细胞适于悬浮培养。

(3) 固定化细胞培养。无论是非贴壁依赖性细胞还是贴壁依赖性细胞都可以进行固定化细胞培养。固定化细胞生长密度高，抗剪应力和抗污染能力强。制备固定化细胞方法有多种，如吸附、包埋、离子共价交联等，现在也发展起来微载体培养、中空纤维培养和微囊法培养等新固定化技术。

2) 动物细胞培养方式

从培养方式来看，动物细胞无论是贴壁培养或是悬浮培养，均可采用分批式、分批补料式、半连续式、连续式等多种培养方式。从培养系统来看，主要采用中空纤维培养系统和微载体系统，且以灌注式连续培养方式为佳。

(1) 分批式培养。分批式培养（batch culture）是指先将细胞和培养液一次性装入反应器内进行培养，细胞不断生长，同时产物也不断形成，经过一段时间的培养后，终止培养。在细胞分批培养过程中，不向培养系统补加营养物质，而只向培养基中通入氧，能够控制的参数只有pH、温度和通气量。因此细胞所处的生长环境随着营养物质的消耗和产物、副产物的积累时刻都在发生变化，不能使细胞自始至终处于最优的条件下，因而分批培养并不是一种理想的培养方式。

(2) 分批补料式培养。分批补料式培养（fed-batch culture）是指先将一定量的培养液装入反应器，在适宜的条件下接种细胞，进行培养，使细胞不断生长，产物不断形成，而在此过程中随着营养物质的不断消耗，不断地向系统中补充新的营养成分，使细胞进一步生长代谢，直到整个培养结束后取出产物。分批补料式培养只是向培养系统补加必要的营养成分，以维持营养物质的浓度不变。分批补料式培养是近年来动物细胞培养技术研究热点，与单纯分批式培养相比，对培养的控制更为细致，保证细胞在比较好的环境下繁殖和产生目的产物，能实现高密度培养。

(3) 半连续式培养。半连续式培养（semi-continuous culture）是在分批式培养的基础上，将分批培养的培养液部分取出，并重新补充加入等量的新鲜培养基，从而使反应器内培养液的总体积保持不变的培养方式。该操作方式具有操作简便、生产效率高，可长期进行生产，反复收获产品的特点，目前应用广泛。但此方式只适于悬浮细胞培养，对于贴壁细胞不合适。

(4) 连续式培养。连续式培养（continuous culture）是指将细胞种子和培养液一起加入反应器内进行培养，一方面新鲜培养液不断加入反应器内，另一方面又将反应液连续不断地取出，使反应条件处于一种恒定状态。与分批式培养不同，连续式培养可以保持细胞所处环境条件长时间的稳定，可以使细胞维持在优化的状态下，促进细胞的生长和产物的形成。由于连续式培养过程可以连续不断地收获产物，并能提高细胞密度，在生产上已被应用于培养非贴壁依赖性细胞。

动物细胞的连续培养一般是采用灌注培养。灌注培养是把细胞接种后进行培养，一方面连续往反应器中加入新鲜的培养基，同时又连续不断地取出等量的培养液，但是过程中不取出细胞，细胞仍留在反应器内，使细胞处于一种营养不断的状态。高密度培养动物细胞时，必须确保补充给细胞足够的营养及除去有毒的代谢物。灌注培养时用新鲜培养液进行添加，确保上述目的实现。通过调节添加速度，则使培养保持在稳定的、代谢副产物低于抑制水平的状态。采用此法，可以大大提高细胞的生长密度，有助于产物的表达和纯化。

13.2.2 植物细胞培养

植物细胞培养是指在离体条件下对植物单个细胞或小的细胞团进行培养使其增殖的方法。将愈伤组织或其他易分散的组织置于液体培养基中，进行振荡培养，使组织分散成游离的悬浮细胞，通过继代培养使细胞增殖，获得大量的细胞群体。小规模的悬浮培养在培养瓶中进行，大规模者可利用发酵罐生产。

植物细胞培养能生产一些微生物所不能合成的特有代谢产物，如生物碱类（尼古丁、阿托品、番茄碱等)、色素（叶绿素、类胡萝卜素、叶黄素等)、类黄酮和花色苷、苯酚、皂角苷、固醇类、萜类、某些抗生素和生长控制剂（赤霉素等)、调味品和香料等。目前，已发现在植物培养物中含有的有用化合物超过 400 多种，其中 60 多种化合物在培养物中的积累等于或超过了其在原植物中的含量，如紫草宁含量在培养细胞中可达 12%，小檗碱可达 13%，人参皂苷可达 7%。

13.2.2.1 植物细胞培养基的组成

植物细胞培养与动物细胞培养相比，其最大的优点是植物细胞能在简单的合成培养基上生长。植物细胞大规模培养目的是生产细胞、初级代谢产物、次级代谢产物、疫苗或用于生物转化，迄今虽有几种已知成分培养基为人们普遍采用，但不同培养基培养结果不同。因此，需要根据不同培养对象、培养目的及培养条件探索适宜培养基。无论培养目标设计是针对细胞生长还是针对代谢产物的积累，其培养基的成分由碳源、有机氮源、无机盐类、维生素、植物生长激素和有机酸等物质组成。

(1) 碳源。蔗糖或葡萄糖是常用的碳源，果糖比前二者差。其他的糖类不适合作为单一的碳源。通常增加培养基中蔗糖的含量，可增加培养细胞的次生代谢产物量。

(2) 有机氮源。通常采用的有机氮源有蛋白质水解物（包括酪蛋白水解物)、谷氨酰胺或氨基酸混合物。有机氮源对细胞的初级培养的早期生长阶段有利。L-谷氨酰胺可代替或补充某种蛋白质水解物。

(3) 无机盐类。对于不同的培养形式，无机盐的最佳浓度是不相同的。通常在培养基中无机盐的浓度应在 25mmol/L 左右。硝酸盐浓度一般采用 25～40mmol/L，虽然硝酸盐可以单独成为无机氮源，但是加入铵盐对细胞生长有利。如果添加一些琥珀酸或其他有机酸，铵盐也能单独成为氮源。培养基中必须添加钾元素，其浓度为 20mmol/L，磷、镁、钙和硫元素的浓度为 1～3mmol/L。

(4) 植物生长激素。大多数植物细胞培养基中都含有天然的和合成的植物生长激素。植物生长激素分成两类：生长素和分裂素。生长素在植物细胞和组织培养中可促使根的形成，最有效和最常用的有吲哚丁酸（IBA)、吲哚乙酸和萘乙酸。分裂素通常是腺嘌呤衍生物。

使用最多的是6-苄氨基嘌呤（BA）和玉米素（Z）。分裂素和生长素通常一起使用，促使细胞分裂、生长。其使用量为0.1～10mg/L，根据不同细胞株而异。

（5）有机酸。加入丙酮酸或者三羧酸循环中间产物如柠檬酸、琥珀酸、苹果酸，能够保证植物细胞在以铵盐作为单一氮源的培养基上生长，并且耐受钾盐的能力至少提高到10mmol。三羧酸循环中间产物，同样能提高低接种量的细胞和原生质体的生长。

（6）复合物质。通常作为细胞的生长调节剂如酵母抽提液、麦芽抽提液、椰子汁和水果汁。目前这些物质已被已知成分的营养物质所替代。在许多例子中还发现，有些抽提液对细胞有毒性。目前仍在广泛使用的是椰子汁，在培养基中浓度是1～15mmol/L。

目前应用最广泛的基础培养基主要有M_S、B_5、E_1、N_6、NN和L_2等。

13.2.2.2 植物细胞培养方法

植物细胞培养的方法有单倍体培养，原生质体培养，固体培养、液体培养，悬浮培养和固定化培养。大规模植物细胞培养一般采用生物反应器悬浮培养。

（1）单倍体细胞培养。主要用花药在人工培养基上进行培养，可以从小孢子（雄性生殖细胞）直接发育成胚状体，然后长成单倍体植株；或者是通过组织诱导分化出芽和根，最终长成植株。

（2）原生质体培养。植物的体细胞（二倍体细胞）经过纤维素酶处理后可去掉细胞壁，获得的除去细胞壁的细胞称为原生质体。该原生质体在良好的无菌培养基中可以生长、分裂，最终可以长成植株。实际过程中，也可以用不同植物的原生质体进行融合与体细胞杂交，由此可获得细胞杂交的植株。

（3）固体培养。固体培养是在微生物培养的基础上发展起来的植物细胞培养方法。固体培养基的凝固剂除去特殊研究外，几乎都使用琼脂，浓度一般为2%～3%，细胞在培养基表面生长。原生质体固体培养则需混入培养基内进行嵌合培养，或者使原生质体在固体-液体之间进行双相培养。

（4）液体培养。液体培养是在微生物培养的基础上发展起来的植物细胞培养方法。液体培养可分为静止培养和振荡培养两类。静止培养不需要任何设备，适合于某些原生质体的培养。振荡培养需要摇床使培养物和培养基保持充分混合以利于气体交换。

（5）悬浮培养。植物细胞的悬浮培养是一种使组织培养物分离或单细胞不断扩增的方法。在进行细胞培养时，需要提供容易破裂的愈伤组织进行液体振荡培养，愈伤组织经过悬浮培养可以产生比较纯一的单细胞。用于悬浮培养的愈伤组织应该是易碎的，这样在液体培养条件下能获得分散的单细胞，而紧密不易碎的愈伤组织就不能达到上述目的。

（6）固定化培养。固定化培养是在微生物和酶的固定化培养基础上发展起来的植物细胞培养方法。该法与固定化酶或微生物细胞类似，应用最广泛，能够保持细胞活性的固定化方法是将细胞包埋于海藻酸盐或卡拉胶中。由于固定化技术的优越性，此法是植物细胞大规模培养的发展方向。

（7）生物反应器悬浮培养。与发酵工程一样，按照操作方式，植物细胞大规模生物反应器悬浮培养和微生物培养相似，有分批培养、连续培养和半连续培养三种方式。

13.3 固定化细胞发酵

13.3.1 概述

在对固定化酶进行广泛研究和应用的基础上，近年来又逐渐发展起一系列固定完整细胞的新方法，形成了固定化细胞技术。1959 年，Hattori 和 Furusaka 首次应用树脂吸附法吸附大肠杆菌，实现了细胞固定化；1973 年，日本首次在工业上成功地利用固定化微生物细胞连续生产 L-天冬氨酸，接着，固定化细胞技术受到广泛重视，并很快从固定化休止细胞发展到固定化增殖细胞。固定化细胞（immobilized cell）就是被限制自由移动的细胞，既细胞受到物理化学等因素约束或限制在一定的空间界限内，但细胞仍保留催化活性并具备能被反复或连续使用的活力。它在探索新固定化方法的同时，研究固定化细胞的特性、反应器的选择和应用等。在细胞种类方面，也从原来的微生物细胞扩大到动物细胞、植物细胞，以及用 DNA 重组技术和细胞融合技术人工组建的细胞。

13.3.2 固定化细胞的特性

13.3.2.1 与游离细胞相比的优点

与游离细胞发酵相比，固定化细胞发酵具有以下优点：①固定化细胞可以将微生物发酵改为连续酶反应；②可以获得更高的细胞浓度；③细胞可以重复使用；④在高稀释率时，不会产生洗脱现象；⑤单位容积的产率高；⑥提高遗传稳定性；⑦细胞不会受到剪切效应的影响；⑧发酵液中菌体含量少，有利与产品的分离纯化。

13.3.2.2 与固定化酶相比的优点

与固定化酶相比，固定化细胞具有以下优点：①免去了破碎细胞提取酶的手续；②酶在细胞内的稳定性较高，完整细胞固定化后酶活性损失少；③可进行细胞酶体系的多步酶反应；④固定化细胞制备的成本比固定化酶低；⑤无需辅酶再生。

13.3.2.3 固定化细胞的缺点

虽然固定化细胞具有上述许多优点，但也有不足之处，具体表现：①仅能利用胞内酶；②细胞膜、细胞壁和载体都存在着扩散限制作用；③载体形成的孔隙大小影响高分子底物的通透性；④易产生副反应。

13.3.3 固定化细胞反应器

生物反应器是利用生物催化剂进行化学反应的设备，是实现生物技术产品工业化最重要技术之一。采用固定化细胞作为催化剂的反应器就是固定化细胞生物反应器。固定化细胞生物反应器具有如下几个优点：①可实现连续化、大型化和高度自动化生产。固定化细胞生物反应器中由于集中了生物细胞与固定化颗粒，增大了细胞浓度，可提高反应速度，缩短生产周期。当将其用于连续化大生产时，可减少占地面积，节约成本；②能实现产物的及时分离，解决了产物对底物的反馈抑制作用，从而提高产物的收得率；③能在一定程度上避免游离细胞连续反应器中最为危险的杂菌污染。20 世纪 80 年代，采用固定化细胞技术的各类生物反应器开始出现在生物化工的许多领域。

固定化细胞生物反应器的分类方法很多，但主要按催化物的分布形式，结合反应器的机械结构进行分类。根据生物催化物在反应器内的分布形式将生物反应器分为生物团块反应器和生物膜反应器。生物团块是指细胞被包埋或固定为絮凝物或颗粒，以及自身形成的菌丝球，采用的反应器包括机械搅拌式反应器、鼓泡塔反应器、气升式反应器和环流反应器。生物膜是指微生物在支持物上形成的一层黏膜状物，采用的反应器有固定床（填充床）反应器、流化床反应器、生物转盘、渗滤器、膜反应器等。

固定化细胞反应器按其用途可分为三类：生物转化反应器、产物的生产与细胞的生长无关的生物反应器和生成初级代谢产物的反应器，以下是几种常见的固定化细胞生物反应器。

1）填充床反应器

又称固定床反应器，在此反应器中，细胞固定于支持物表面或内部，支持物颗粒堆叠成床，培养基在床层间流动。填充床中单位体积细胞较多，由于混合效果不好，常使床内氧的传递、气体的排出、温度、pH 的控制较困难，支持物颗粒破碎还易使填充床阻塞。

2）流化床反应器

典型的流化床是利用流体（液体或气体）的能量使支持物颗粒处于悬浮状态。该反应器混合效果较好，但流体的切变力和固体化颗粒的碰撞常使支持物颗粒破损，另外，流体的切变力学复杂使其放大困难。

3）连续搅拌罐反应器

是利用机械搅拌器的作用，使空气和发酵液充分混合，提高发酵液的溶解氧。

稳定状态下，该型反应器内各处的浓度和温度均不随空间位置和时间而变化，因而反应器内各处的反应速率相等。

延伸阅读——共固定化技术

共固定化技术（co-immobilization）是将酶、细胞器和细胞同时固定于同一载体中，形成固定化细胞系统。这种系统稳定，可使几种不同功能的酶、细胞器和微生物细胞协同作用。共固定化技术是在混合发酵技术和固定化技术基础上发展起来的一种新技术，综合了混合发酵的固定化技术的优点，与用基因工程构建的细胞相比更有希望在短时间内应用于工业生产。

共固定化技术的形成有细胞与细胞、细胞与酶、细胞器与酶。用交联剂（戊二醛或单宁）将死或活的微生物完整细胞，连同根据需要添加的酶一起进行固定化处理，制成固定化单酶或多酶生物催化剂。例如，将米曲霉产生的乳糖酶与酿酒酵母一起固定化，用于连续发酵乳糖产生酒精。共固定化技术可以弥补重组 DNA 方法的不足，还能够实现常规固定化酶或细胞不能实现的对底物的作用。

4）膜反应器

膜固定化是采用具有一定孔径和选择透性的膜固定细胞。营养物质可以通过膜渗透到细胞中，细胞产生的次级代谢产物通过膜释放到培养液中。膜反应器主要有中空纤维反应器和螺旋卷绕反应器。中空纤维反应器中细胞保留在装有中空纤维的管中。螺旋卷绕反应器是将固定有细胞的膜卷绕成圆柱状。与凝胶固定化相比，膜反应器的操作压下降较低，流体动力学易于控制，易于放大，而且提供更均匀的环境条件，同时还可以进行产物的及时分离以解除产物的反馈抑制，但构建膜反器的成本较高。

13.3.4 固定化细胞的应用

固定化细胞的研究与应用目前还处于研究阶段，高性能固定载体的选择与研发、固定化细胞性能与生产条件的研究、生物反应器的研发还有待发展，因此，大规模生产应用受到限制。但是，世界各国把固定化细胞研究的成果应用于生产已产生了很大的经济价值。目前，固定化细胞已经在医药、有机酸、氨基酸、酶制剂、环境保护、能源开发及理论研究等方面得到了广泛的应用。

本章小结

基因工程菌是利用DNA的重组技术构建的高效表达外源基因的微生物细胞株系，在医药、工业和农业等领域已广泛应用。基因工程菌生产一般采用高密度发酵技术。工程菌的不稳定包括质粒的不稳定及其表达产物的不稳定，主要与宿主细胞的遗传特性、重组质粒的组成和克隆菌所处的环境条件有关。基因工程的安全性采用物理密封和生物密封措施。

动植物细胞的大规模培养主要生产毒素、疫苗、干扰素、单克隆抗体、色素、香味物质等。动植物细胞培养目前主要采用合成培养基，而且已标准化和商品化。动物细胞培养的方法有贴壁、悬浮和固定化细胞培养，培养方式有分批式、分批补料式、半连续式、连续式等。植物细胞培养的方法有单倍体、原生质体、固体、液体、悬浮和固定化培养。

固定化细胞技术在固定化酶基础上发展起来的，比游离细胞和固定化酶有明显优势。固定化细胞反应器主要有固定床反应器、流化床反应器、连续搅拌罐反应器和膜反应器等。固定化细胞已经在医药、有机酸、氨基酸、酶制剂、环境保护、能源开发及理论研究等方面得到了广泛的应用。

复习题

1. 什么是基因工程菌和高密度培养技术?
2. 引起工程菌不稳定的因素和解决对策有哪些?
3. 什么是物理密封和生物密封?
4. 动植物细胞培养的方法各有哪些?
5. 什么是固定化细胞? 有哪些优缺点?
6. 固定化细胞反应器有哪些类型?

主要参考文献

曹军卫，马辉文. 2002. 微生物工程. 北京：科学出版社
崔建涛，李建新，王育红，等. 2007. 细胞固定化技术的研究进展. 农产品加工（学刊），(88)：24～26
侯雪芹，林小桦，李薇. 2010. 动物细胞培养技术研究的现状与思考. 辽宁中医药大学学报，12(11)：37～39
李艳. 2007. 发酵工程原理与技术. 北京：高等教育出版社
涂桂云，李敏. 2004. 基因工程菌高密度发酵工艺研究进展. 工业微生物，34(3)：49～52
姚汝华，周世水. 2005. 微生物工程工艺原理. 2版. 广州：华南理工大学出版社

第二篇　产物分离和纯化

过 程 篇

第14章 发酵工程下游加工工程概论

内容提要： 在发酵工程产品的生产中，分离和纯化是最终获得商业产品的重要环节，其所需费用也占了成本的很大部分。例如，在抗生素、乙醇、柠檬酸等的生产中，分离和精制部分占企业投资费用的60%，而在基因工程菌的发酵生产中，纯化蛋白质的费用可占整个生产费用的80%～90%，并且这种偏向还有继续加剧的趋势。分离纯化技术的落后，会严重阻碍发酵工程技术的发展，使实验室成果无法转化成生产力。分离纯化技术的进步，对于提高发酵工程产品在国际经济市场的竞争力至关重要。为表明其在发酵工程中的地位和重要性，相对于菌种选育和发酵生产这些上游技术，对于由生物界自然产生或微生物菌体发酵的、动植物细胞组织培养的、酶反应等各种生物工业生产过程获得的生物原料，经提取分离、精制纯化目的成分，最终使其成为产品的技术通常称为下游技术（downstream processing），也称为下游加工工程或下游工程。

由于生物原料和制品的多样性，特别是基因工程产品的大量问世，越来越多的产品明显带有生物物质的特征（如活性和热敏性），它们的生产工艺已不能简单套用化工单元操作技术。由于下游加工工程是发酵工程产品产业化的必经之路，其产品质量的优劣、成本的高低、竞争力的大小，往往与下游加工工程相关。伴随着基因克隆技术的日新月异，下游加工工程还与许多新产品的开发及环境保护密切相关。目前，人们已经注意到了下游加工工程对发展现代生物技术的重要性，并且我国下游加工工程也得到了长足的发展，出现了许多新概念和新技术，已经显示出良好的应用前景。

14.1 发酵工程下游加工工程的特点和重要性

下游加工工程的原料特性必须认真对待。我国许多发酵工业以粗料发酵为主，如酒精、柠檬酸、酶制剂等工业。粗原料中带入到发酵液中不参与发酵的可溶性杂质和不溶性悬浮物，使发酵液成为复杂的多相系统。分散在其中的固体和胶状物质具有可压缩性，其密度又和液体相近，加上黏度很大，属非牛顿性液体，从如此复杂的体系中分离所需固体物质困难很大。

发酵工程产品的分离纯化不同于化学品的纯化生产，其主要特点是一般所需代谢产物在培养液中的浓度很低（表14-1），并且稳定性差，对热、酸、碱、有机试剂、酶及机械剪切力等均十分敏感，在不适宜的条件下很容易失活或分解。而培养液中杂质含量却很高，如含有微生物细胞碎片、代谢产物、残留的培养基和超短纤维等，特别是基因工程菌多是用于生产外源蛋白，发酵液中常常伴有大量性质相近的杂蛋白，在这样一个复杂的多相体系中，为了提取出高纯度的产品，研究先进的下游加工过程的确是发酵工程工业化的关键。

表 14-1 几种产品在发酵液中的浓度

产品	典型浓度/(g·L^{-1})	产品	典型浓度/(g·L^{-1})
抗生素	25	有机酸	100
氨基酸	100	酶	20
乙醇	100	核糖体蛋白	10

另一个特点是下游加工过程的代价昂贵，其回收率往往不会很高，像抗生素在精制后一般要损失 20%左右。这样，下游加工的成本就成了制约生产者提高经济效益的重要因素。下游加工过程研究的目的就是提高产品回收率，降低分离纯化成本，否则发酵工程就不可能有工业化经济效益。

第三个特点，发酵和培养大多都是分批操作，且微生物总有一定的变异性，故各批发酵液不尽相同，生产上也会出现染菌罐，这就要求下游加工适应面宽，操作弹性大。发酵液放罐后残留底物和产物共存，大量活细胞新陈代谢的生命活动还在进行，由于环境条件的变化，发酵可能继续向另一条途径代谢进行，菌体会自溶，也容易感染杂菌，引起产物的破坏或降解，给下游加工带来不必要的困难。因此整个下游加工过程应遵循下列四条原则：①时间短；②温度低；③pH 适中；④严格清洗消毒。

下游加工工程的重要性使人们认识到，上游技术的发展应该注意到下游加工方面的困难，否则即使发酵液的产物浓度提高了，仍然会得不到产品。所以上游要为下游提取方便创造条件。例如，选育不产或少产与目标产物性质相近的杂质的菌种；将胞内产物变为胞外产物或分泌到围膜间隙；形成包涵体等，从而减少下游加工工艺困难。

14.2 发酵工程下游加工工程的基本原理

生物物质的分离方法与一般化学方法虽然有许多不同点，但在原理上又有许多是相同的，这充分说明近代生物化学的发展与化学和物理学的密切关系。用于生物化学分离的技术大都是根据混合物中不同组分分配率的差异，将其分配于可用机械方法分离的两个或几个物相中（如溶剂提取、盐析、结晶等），或将混合物置于某一物相中（主要是液相），外加一定的作用力，使各组分分配于不同区域，而达到分离纯化的目的（如电泳、超离心、超滤等）。除了小分子物质如氨基酸、脂肪酸、固醇类及某些维生素外，几乎所有有机体中的大分子物质都不能融化和蒸发，只限于分配在固相和液相中。因此可以人为地创造一定的条件，让这些大分子物质在这两相中交替转移，而达到纯化的目的。表 14-2 列举了各种主要的分离纯化方法的操作原理，以方便技术的选择。

表 14-2 某些单元操作原理与特点

序号	技术名称	原理	设备	优点	缺点
1	絮凝	利用电荷中和及大分子桥联作用形成更大粒子	连续式、分批式	使固形物颗粒增大，容易沉降、过滤、离心，提高固液分离速度和液体澄清度	条件严苛，放大困难，引入的澄清剂可能干扰后续分离纯化

续表

序号	技术名称	原理	设备	优点	缺点
2	离心	在离心产生的重力场作用下颗粒沉降速度加快而沉淀	高速冷冻离心机	适于粒度小，热不稳定的粒度回收，实验室应用	容量小，连续操作困难，工业应用性差
			碟片式离心机	适于工业应用，可连续、批式操作，稳定性较好，易放大推广	半连续或批式操作时出渣清洗繁杂；连续操作固形物含水高，分离效率低
			管式离心机	批式操作，转速高，固形物分离效果较好，含水低，易放大推广	容量有限，处理量小，拆装频繁，噪声大
			倾析式离心机	连续操作，稳定，易放大，工业应用	对很小固形物回收困难，设备投资高
			篮式离心机	离心力作用下的过滤，适于大颗粒固形物的回收，操作较简单、稳定，易放大、工业化	批式或半连续操作，转速低，分离效果较差，设备投资高，操作繁重、成本高
3	过滤	依据过滤介质的孔隙大小进行分离	板框式过滤机 平板（真空）过滤机 真空旋转过滤机 管式过滤机 蜂窝式过滤器 深层过滤器 涂层过滤器	设备简单，操作容易，适于大规模工业应用	分离速度低，分离效果受物料性质变化的影响，劳动强度大
			微孔过滤：平板、卷曲、中空纤维、管式滤器	主要分离细胞，可无菌操作，效果好，适用性好，易放大，用于粗分离，脱盐、浓缩更换缓冲系统，可无菌、批式或连续操作，适用性好，易放大	较易污染，分离效果与操作技巧密切，不适合精确分离，需精心保养、清洗
			超滤：平板、卷曲、中空纤维、管式滤器	主要由于无盐、无热原水的制备和小分子物质浓缩	膜易污染，分离效果与物料处理及性质密切相关，需精心保养、清洗
4	膜分离	依据被分离的分子大小和膜孔径进行分离	反渗透：平板、卷曲、中空纤维膜滤器	主要用于无盐、无热原的水的制备和小分子物质浓缩	需要高压操作，对设备要求高，其他同上
			电渗透：半透膜型、离子半透膜型	平板式设备，使用广泛，可连续进行带电荷的物质分离，也可用于纯水制备	电渗过程产生热量，对生物活性有影响

续表

序号	技术名称	原理	设备	优点	缺点
5	细胞破碎	X-press：压力释放时液团剪切	压力破碎机	操作简便，可连续操作，适于不同细胞	放热对活性物质不利，破碎率低，压力不稳定，需反复破碎
		珠磨破碎：固体剪切	细胞珠磨破碎机	操作简便稳定，可连续、批式操作，破碎率可控制，易放大工业化应用	放热需高效冷却，不同细胞的破碎条件不同
		超声破碎：超声造成空穴产生压力冲击	超声破碎仪	操作简便，可连续、批式操作	产热需冷却，破碎率低，需反复破碎，应用面窄
6	渗透休克	有机溶剂法：渗透压突变造成细胞内压力差，引起细胞破碎		适用于位于胞间质的产物释放，细胞破碎率低，产物释放好，纯度较高	操作复杂，条件严格，适于小量处理，费用高
		表面活性剂法：改变细胞壁或膜的通透性，使产物释放		方法简单，细胞内含物释放少，纯度高，可大规模应用	只适合对有机溶剂、表面活性剂稳定的产物
		碱或酶处理法：经碱或酶使细胞壁或膜破坏，使产物释放		方法简单，可大规模应用	只适用对碱或酶稳定的产物
		有机溶剂萃取：依靠在水和有机溶剂中的分配系数差异进行分离	搅拌混合或柱混合-离心分相机，离心萃取机，逆流萃取仪	适用于有机物及结合有脂质或非极性侧链的蛋白质；反胶团系统较适于生物活性物质的萃取	萃取条件严格，安全性低，活性收率低
		双水相萃取：依靠分离物在不相溶的高分子水溶液形成的两项的分配系数不同而分离		连续或批式萃取，设备简单，操作稳定，易放大，适合大规模应用。将离子交换基团，亲和配基、疏水基团结合到高分子载体上形成的萃取剂可改进分配系数和萃取专一性	成本较高，纯化倍数较低，适合粗分离
		超临界萃取：利用某些液体在高于其临界压力和临界温度时具有很高的扩散系数和很低的黏度，但具有与液体相似的密度的性质，对一些液体或固体物质进行萃取的方法	超临界萃取机	萃取能力大，速度快，可通过控制操作压力和温度，使其对某些物质具有选择性，已应用于生物工程中	设备条件要求高，规模较小

续表

序号	技术名称	原理	设备	优点	缺点
7	沉淀	有机溶剂法：破坏蛋白质分子的水化层，使之聚集成更大的分子团		沉淀各种蛋白质，分级沉淀达到粗分和浓缩的目的，简便可广泛大规模应用	需低温进行，沉淀时会发生蛋白质变性失活
		盐析：破坏蛋白质分子的水化层，电荷中和，使之聚集成更大的分子团		蛋白质分级沉淀或沉淀，粗分离或浓缩，保护活性，简便，可广泛大规模应用	蛋白质回收率一般，产生的废水含盐高，对环境有影响
		化学沉淀：通过化学试剂与目的产物形成新的化合物，改变溶解度而沉淀		针对性沉淀目的产物	适用性差，需分离沉淀，回收目的产物
8	层析	离子交换：利用被分离的各组分的电荷性质及数量不同，与离子交换剂的吸附和交换能力不同而达到分离的目的		适于带有大、中、小电荷及生物活性或非生物活性物质分离纯化，纯化效率较高，实验室和工业生产应用，可柱式、搅拌式操作	操作较复杂，测试消耗大，成本高，有稀释作用，难放大，离子交换剂需再生后使用
		吸附层析：依靠范德华力，极性氢键等作用将分离物吸附于吸附剂上，改变条件洗脱，达到纯化目的		吸附剂种类繁多，可选择和应用范围广，吸附解析条件温和，不需复杂的再生，可柱式、搅拌式操作	选择性低，柱式操作放大困难
		亲和层析：依据目的物与专性配基的相互作用进行分离		选择性极高，纯化倍数和效率高，生物活性收率高，可从复杂的混合物中直接分离目的产物	成本高，配基亲和稳定性差，使用寿命有限，亲和材料制备复杂，难放大
		染料亲和层析：依据染料分子与目的产物间的结合专一性进行分离		选择性高，成本低，使用稳定好，寿命长	有染料配基污染产物的可能，难放大
		疏水层析：依靠疏水相互作用进行分离		应用广，选择性较好，稳定性好	成本较高，放大困难，需严格控制条件以保证活性收率

续表

序号	技术名称	原理	设备	优点	缺点
8	层析	凝胶层析：依据分子大小进行分离		适合生物大分子的分离纯化，分离条件温和，活性收率较高，选择性和分辨率高，应用广，可工业应用	难放大，稀释度较高，操作不易掌握
		反相层析：以有机溶剂为固定相，含水的溶剂为流动相，进行分离		可用来分离非极性、极性和离子化合物，分离效果好，速度快，后处理比较方便	易造成蛋白质构象的变化和失活，采用乙腈、甲醇等价格高且有一定毒性的试剂，使其应用受到限制
9	干燥	真空干燥：在一定真空度下增加溶剂分子挥发速度	真空干燥器	适合生物活性物质干燥，干燥物形状较差	耗能高、慢
		真空冷冻干燥：在高真空度下加速固态水的挥发进行干燥	真空冷冻干燥机	适合生物活性物质干燥，产物不起泡，不黏结，蓬松，易溶，活性收率高	能耗高、过程需严格控制，操作复杂，设备投资高
		流化床干燥：在热气流吹动下固形物半悬浮状态连续干燥	流化床干燥器	干燥速度快，易规模使用，适于制备颗粒状产物	不适合热稳定性差的产物，设备投资高
		喷雾干燥：依靠喷雾形成的含产物的小液滴，在热气流中迅速干燥	喷雾干燥机	干燥速度快，部分生物活性物质可以干燥，可大规模生产	干燥能力小，占地面积大，产品密度低，粒度小，能耗高

14.3 发酵工程下游加工工程的一般程序

由于所需的发酵代谢产物不同，如有的需要菌体，有的需要初级代谢产物，有的需要次级代谢产物等，而且对产品的质量也有不同的要求，所以分离纯化技术、生产工艺步骤及相关装备应多种多样。根据不同的对象，可采用生物工业中行之有效的化工单元操作技术，也可采用生物工业中特有的下游加工新技术。某一具体产品的分离提取工艺还与下列情况有关：①是胞内产物还是胞外产物；②原料中产物和主要杂质浓度；③产物和主要杂质的物理化学特性及差异；④产品用途和质量标准；⑤产品的市场价格；⑥废液的处理方法等。

按生产过程的顺序划分，大多数发酵产品的下游加工过程常常分为 4 个步骤，即发酵液预处理和过滤、提取、精制、成品加工（图 14-1）。

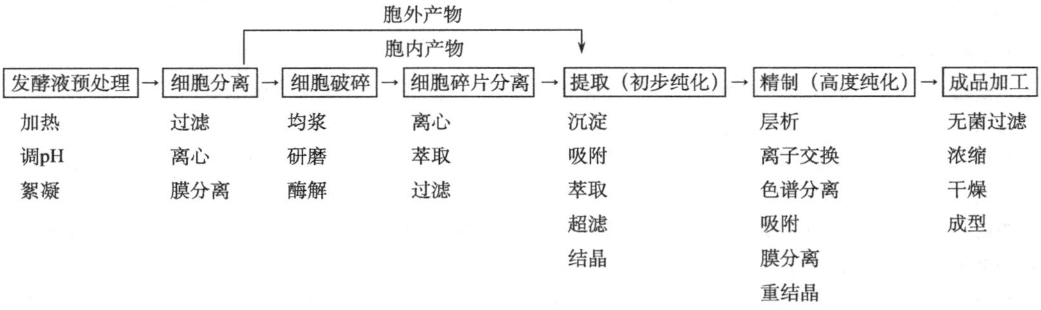

图 14-1 发酵工程下游加工工艺流程和技术

产品的收率和质量控制应是贯穿下游加工工程的主线。一般情况下，原料中产品浓度越低，下游加工的成本越高。下游加工步骤越多，提取收率越低。如整个下游工程包括 6 步操作，每步操作的分步收率为 90%，则总收率仅为 $(0.9)^6 \times 100\% = 53.1\%$。因此，尽量减少分离提取操作步骤，减小损失，对提高总收率很重要。

在条件允许的情况下，重复提取是提高总收率的一个有效方法。例如，谷氨酸一步等电结晶提取收率为 75%，结晶母液再经过一次离子交换，二次重复提取收率为 65%，则总收率为 $75\% + (1-75\%) \times 65\% = 91.25\%$。

按生产过程的 4 个步骤对下游加工过程简单归纳如下。

(1) 发酵液的预处理和过滤是采用凝聚和絮凝等技术来加速固、液两相分离，提高过滤速度，目的是除去发酵液中的不溶性固形物杂质和菌体细胞。主要采用过滤和离心的方法。为了减少过滤介质的阻力，可以采用错流膜过滤技术。如果是胞内产物，需要首先进行细胞破碎，再分离细胞碎片。

(2) 提取（初步纯化）的目的是除去与目标产物性质有很大差异的杂质，这一步可以使产物浓缩，并明显地提高产品质量。常用的分离方法有沉淀、吸附、萃取、超滤等。

(3) 精制（高度纯化）的目的是除去与产物化学和物理性质相近的杂质。通常采用对产品有高度选择性的分离技术，典型的纯化方法有层析、电泳、离子交换等。结晶特别是重结晶通常也能获得纯度高的产物。

(4) 成品加工是为了最终获得质量合格的产品，浓缩、结晶和干燥是重要的技术。成品的形式与产品最终用途有关，美观的产品形态也是产品档次的一个标志。

要最终获得收率高、质量好的发酵代谢产物，必须有先进的下游加工技术做保障。由于下游加工处理对象的广泛性，下游工程正向多元化方向扩展，向深度和广度延伸。这就要求从事发酵工程下游加工工程的科技人员具有相当的化学、物理、物理化学、生物学基础和较宽的工程技术知识面。科学技术具有开放性和包容性，需要不断吸收各行各业的新技术、新概念、新知识来发展发酵工程下游加工工程。

目前，在发酵工业上使用较多的和有应用前景的主要分离过程见表 14-3，以供选用和参考。

表 14-3 生物工业主要分离过程

过程名称	原理	原料	分离剂	产物	实例
传质分离：					
(1) 平衡分离过程					
蒸发浓缩	饱和蒸汽压差	液体	热	液体＋蒸汽	果汁浓缩
蒸馏	饱和蒸汽压差	液体	热	液体＋液体	酒精蒸馏
萃取	两项中溶解度差	液体	不互溶液体	两种液体	抗生素抽提
结晶	过饱和度差异	液体	冷、热或 pH	液体＋固体	氨基酸结晶
吸附	吸附能力差异	气体液体	固体吸附剂	固体＋气体或液体	活性炭脱色
离子交换	质量作用定律	液体	固体树脂	液体＋固体树脂	氨基酸分离
干燥	水分蒸发	含湿固体	热	固体＋水蒸气	酶制剂干燥
浸取（抽提）	溶解度差异	固体液体	液体（水）	液体＋固体	麦芽汁制备
凝胶过滤	分子大小不同	液体	凝胶	液体＋固体凝胶	蛋白质分离
(2) 速度差分离					
电泳	物质在电场中迁移速度差	液体	电场	液体	蛋白质分离
渗透蒸发	物质在膜中渗透速度差	液体	膜	液体＋蒸汽	乙醇水溶液中分离乙醇
超滤	物质在膜中透过速度差	液体	膜	两种液体	酶蛋白分离
反渗透	渗透压	液体	膜	两种液体	海水淡化
机械分离					
过滤	过滤介质孔径小于颗粒，架桥效应	含固液体	过滤介质	液体＋固体	啤酒麦汁过滤
沉降	密度差	含固液体	重力	液体＋固体	污泥、酵母沉降
离心	密度差	含固液体	离心力	液体＋固体	晶体等分离
旋风分离	密度差	气体＋固体或液体	惯性力	气体＋固体或液体	淀粉粉尘回收
静电除尘	荷电颗粒	气体＋微细颗粒	电场	气体＋固体	含尘废气净化

本章小结

本章探讨了发酵工程下游技术的概念及加工工程的特点和重要性。对发酵工程下游加工技术各种主要分离纯化方法的操作原理基本原理及加工工艺流程和技术作了概述，以便于针对具体的发酵产品选用相应的操作单元和技术。

复习题

1. 简述发酵工程下游加工过程的特点。
2. 简述各种主要的分离纯化方法的操作原理。
3. 简述发酵工程下游加工过程的一般程序。

主要参考文献

郭勇. 2007. 生物制药技术. 北京：中国轻工业出版社

陆九芳，李总成，包铁竹. 1993. 分离过程化学. 北京：清华大学出版社

斯坦伯里，惠特克. 1992. 发酵工艺学原理. 周光遭，陈代杰译. 北京：中国医药科技出版社

严希康. 2001. 生化分离技术. 北京：化学工业出版社

俞俊棠，唐孝宣. 2005. 新编生物工艺学. 北京：化学工业出版社

Brunner G，Peter S. 1982. On the solubility of glycerides and fatty acids in compressed gases in the presence of an entrainer. Sep Sci Technology，17：199

Hubert P，Vitzthum O G. 1978. Fluid extraction of hops，spices and tobacco with supercritical gases. Angew Chem，17：710

Mckee T，Mckee J. 2000. Biochemistry：An Introduction. 2nd ed（影印版）. 北京：科学出版社

Sthal E，Quirin K W，Gerard D. 1988. Dense Gases for Extraction and Refining. Berlin：Springer-Verlag

Weatherley L R. 1994. Engineering Process for Bioseparation. London：Butterworth-Heineman

Weaver R F. 2000. Molecular Biology（影印版）. 北京：科学出版社

第15章 发酵液的预处理和固液分离方法

内容提要：从微生物发酵液或细胞培养液中提取生化物质的第一个重要步骤，就是预处理和固液分离。其目的不仅在于分离细胞、菌体和其他悬浮颗粒，还希望除去部分可溶性杂质和改变滤液的性质，以利于后续的各步操作。本章除讲述发酵液处理和固液分离技术外，还将简要介绍新兴的全发酵液提取技术及微生物细胞的破碎和分离技术。

15.1 发酵液预处理

微生物发酵和细胞培养的目标产物主要有菌体、胞内产物和胞外产物三类物质。从发酵液和细胞培养液中提取所需的生化物质，第一步就需进行预处理，以便于固液分离，使代谢产物后续的分离纯化工序顺利进行。

预处理方法要根据发酵产品、所用菌种和发酵液特性来选择。大多数发酵产品存在于发酵液中，少数存于菌体中，而发酵液和菌体中都有产物存在的情形也比较常见。如果目的产物是胞外产物，则通过离心或过滤实现固液分离，使其转入液相；而对于胞内产物而言，收集细胞是预处理的首要一步。细胞经破碎或整体细胞萃取使目的产物释放，转入液相，再进行细胞碎片的分离。如果所需的产物为菌体，离心或过滤所得固相经干燥等过程就可得到菌体。图 15-1 为生化产品分离纯化的一般步骤，图中虚线以上为预处理过程示意图。

发酵液经过预处理，一些物理性质会改变，从悬浮液中分离固形物的速度随之提高，过滤操作更易进行；在预处理过程中，产物大多转移进入易于后处理的相中（一般为液相）。同时，发酵液中的部分杂质也得以去除。

发酵液的预处理过程一般包括以下两部分。①发酵液杂质的去除，包括除去蛋白质、无机离子及色素、热原质、毒性物质等有机物质。②改善培养液的处理性能：主要通过降低发酵液的黏度，调节适宜的 pH 和温度及絮凝与凝聚等操作来实现。预处理在生物技术产品的加工和提纯过程中相当重要。目的产物不同，采用的预处理方法也不同。并且，由于具体发酵液的实际情况差别很大，预处理方法就更加灵活，多样，应根据生产需要进行选择和改进。

15.1.1 高价无机离子的去除

由于培养基或水中含有无机盐，发酵液中往往存在许多无机离子，如 Mg^{2+}、Ca^{2+} 等，因而需要经常测定并除去无机离子。

15.1.1.1 钙离子的去除

在发酵液中加入草酸，可除去钙离子，同时草酸可酸化发酵液，使发酵液的胶体状态改变，并且有助于产物转入液相。由于草酸的溶解度较小，用量大时，可用其可溶性盐，如草酸钠。反应生成的草酸钙还能促使蛋白质凝固，提高滤液质量。但是，草酸的价格较高，如果回收利用可以降低成本。

15.1.1.2 镁离子的去除

一般来讲，草酸等弱酸的镁盐溶解度较大，并且发酵液中镁离子的浓度通常不高，利用

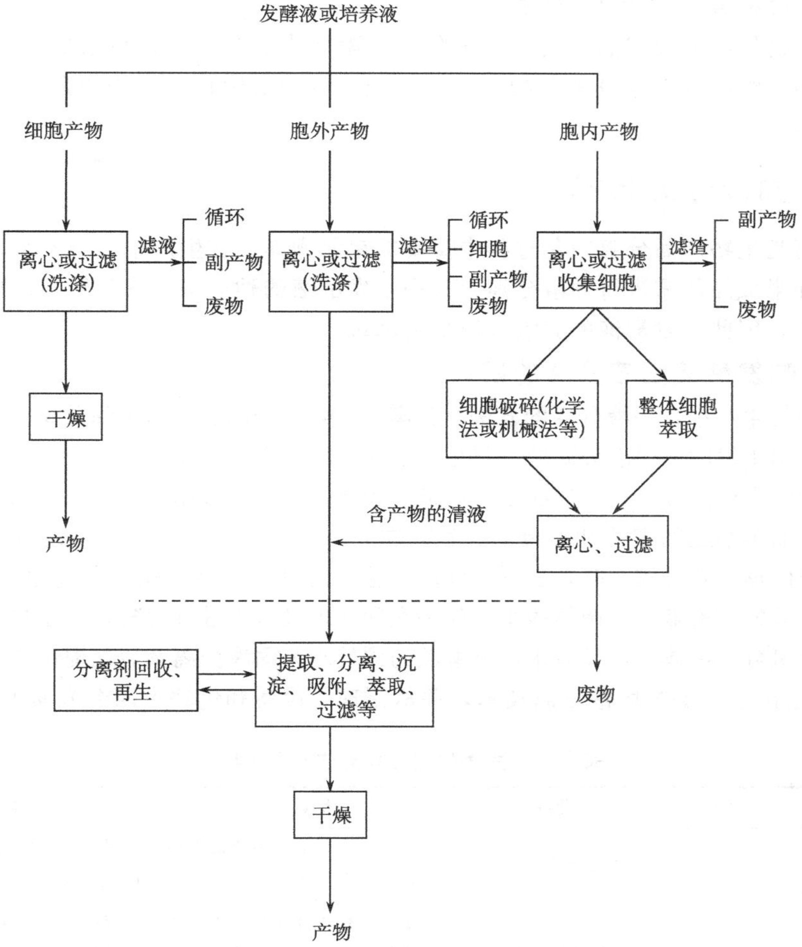

图 15-1　生化产品分离纯化的一般步骤

草酸沉淀很难去尽镁离子。可以加入三聚磷酸钠，三聚磷酸钠与镁离子形成的络合物可溶，即可消除对离子交换树脂的影响，反应式如下

$$Na_5P_3O_{10} + Mg^{2+} \xlongequal{} MgNa_3P_3O_{10} + 2Na^+$$

用磷酸盐处理，也能大大降低发酵液中钙离子和镁离子的浓度。此法可用于环丝氨酸的提炼。

15.1.1.3　铁离子的去除

发酵液中铁离子，一般用黄血盐去除，使其形成普鲁士蓝沉淀，反应式如下

$$3K_4Fe(CN)_6 + 4Fe^{3+} \xlongequal{} Fe_4[Fe(CN)_6]_3 \downarrow + 12K^+$$

15.1.2　可溶性杂蛋白的去除

对于可溶性杂蛋白，如果任其进入滤液，将给以后各步的分离精制工作带来极大的不便。因此发酵液的预处理，从根本上说，是如何使可溶性杂蛋白形成沉淀，以便随固形物一同除去的过程。除去杂蛋白的方法包括盐析法、等电点沉淀法、加热法、溶剂沉淀法、吸附法等。

15.1.3 色素及其他物质的去除

从提高产物的质量的观点来看，必须除去发酵液中有色物质。色素的化学结构比较复杂，性质多样，给脱色工作带来了相当大的麻烦。常用的脱色方法为吸附法，如活性炭吸附，树脂吸附等。

15.2 固液分离技术

固液分离是生物产品分离纯化过程中重要的单元操作。在生产中，培养基、发酵液、一些中间产品和半成品均需进行固液分离。其中，发酵液的种类多、成分复杂、黏度大，属于非牛顿型流体，因此，发酵液的固液分离最为困难。

15.2.1 影响发酵液固液分离的因素

生物产品的生产中，固液分离的方法有分离筛、悬浮分离、重力沉降及离心和过滤等。在这些方法中，用于发酵液固液分离的主要是离心和过滤操作。具体的固液分离方法和设备应根据发酵液的特性进行选择。对于丝状菌，如霉菌和放线菌，体形比较大，一般采用过滤的方法处理发酵液；而单细胞的细菌和酵母菌，其菌体大小一般为1～10μm，高速离心的效果比较好。但是，当固形物粒径较小时，通过预处理改善发酵液的特性，就可用过滤实现固液分离。例如，在氨基酸的发酵液中，菌体很小，如果在预处理过程中进行絮凝，并添加助滤剂，就可使用板框过滤机分离菌体。由此看来，发酵液的预处理为固液分离及后处理作了准备工作。

表15-1给出了主要的固液分离技术，并从原理、设备和优缺点四个方面进行了比较。

表15-1 主要的固液分离技术及其特点

序号	方法	原理	设备	优点	缺点
1	离心	在离心产生的重力场作用下，加快颗粒的沉降速度	高速冷冻离心机	适用于粒径小、热稳定差的物质回收，常用于实验室	产量小，连续操作困难，大规模工业应用
			碟片式离心机	适用于大规模工业应用，可连续或批式操作，操作稳定性较好，易放大、推广	半连续或批式操作时出渣、清洗复杂，连续操作固形物含水量高，总的分离效率低
			管式离心机	批式操作、转速高，固液分离效果较好、含水低，易放大推广	容量有限，拆装频繁、处理量小、噪声大
			倾析式离心机	连续操作，易放大，易工业应用，操作稳定	对很小颗粒的固形物回收困难，设备投资高
			框式离心机	实质为离心力作用下的过滤。适用于大颗粒固形物的回收，放大容易，操作较简单、稳定、适用于工业应用	批式操作或半连续操作，转速低，分离效果较差，操作繁重，离心的设备投资高，操作成本高
2	过滤	依据过滤介质的孔隙大小进行分离	板框过滤机、平板过滤机、真空旋转过滤机、管式过滤器、蜂窝式过滤器、深层过滤器	设备简单，操作容易，适用大规模工业应用，适用于大颗粒固体过滤	分离速度低，分离效果受物料性质变化的影响，劳动强度大

续表

序号	方法	原理	设备	优点	缺点
3	膜分离	依据被分离分子和膜孔大小进行分离	板框式、管式、中空纤维式和螺旋卷式等膜过滤器。	主要用于分离细胞。操作简单，效果好，可无菌操作，适用性好，易放大	膜易污染，分离效果与操作技巧关系密切，需要精心保养、清洗，膜易污染，分离效果与物料性质密切相关

15.2.2　过滤

过滤就是利用多孔性介质（如滤布）截留固液悬浮物中的固体颗粒，从而实现固液分离的方法。微生物发酵液属于非牛顿型液体，在悬浮液中含有大量的菌体，细胞或细胞碎片及残余的固体培养基，这些固体颗粒均可通过过滤操作减少或除去。目前，在生化工业中，过滤的方法还是以传统的板框过滤或真空过滤等为主。随着膜分离技术的发展，过滤已超出了传统意义上固液分离的范畴。选择性和高效性使膜分离技术在生物产品的分离提取中蕴含着巨大的潜力。

15.2.2.1　传统的过滤方法

传统的过滤单元操作，据过滤机制的不同，可分为深层过滤和滤饼过滤两种。

深层过滤所用的过滤介质为硅藻土、砂、颗粒活性炭和塑料颗粒等。过滤介质填充于过滤器内形成过滤层。过滤时，悬浮液通过滤层，滤层上的颗粒阻拦或者吸附固体颗粒，使滤液澄清，因此，过滤介质在过滤中起主要作用。澄清过滤适于过滤固体含量少于 0.1g/100ml、颗粒直径在 5～100μm 的悬浮液，如河水、麦芽汁等。

滤饼过滤的过滤介质是滤布。悬浮液通过滤布时，固体颗粒被阻拦形成滤饼或滤渣。悬浮液本身形成的滤饼起主要过滤作用。滤饼过滤一般用于过滤固体含量大于 0.1g/100ml 的悬浮液。就滤饼过滤而言，如果按过滤推动力的不同，又可分为常压过滤、加压过滤和真空过滤三类。常压过滤效率低，所以只适合于过滤易分离的物料。例如，啤酒糖化醪的过滤。而加压和真空过滤在生物和化工工业中的应用比较广泛。设备一般为板框压滤机和鼓式真空过滤机等。

15.2.2.2　膜过滤

随着膜技术的发展，过滤已经扩展成为一种选择性滤出一定大小物质的方法。目标产物可根据设计滤出或保存在溶液中。

膜分离是利用具有一定选择透过特性的过滤介质进行物质的分离纯化，过程的实质是物质通过膜的传递速度不同而得以分离，过程近似于筛分，不同孔径的膜截留粒子的大小不同。在分离过程中，膜的作用主要体现在三个方面：完成物质的识别与透过、充当界面和反应场。

膜分离的推动力一般有浓度差、电位差和压力差三种。常见的膜过滤有渗透、透析、电渗析、反渗透、纳滤、超滤和微滤。各种膜过滤的分离性能列于表 15-2 中。

表 15-2　各种膜过滤法的分离性能

膜过滤方法	膜类型	传质推动力	传质机制	透过物质	截留物质	进料和透过物的状态	透过组分在料液中的含量
透析	非对称膜或离子交换膜	浓度差	筛分微孔膜内的受阻扩散	离子和小分子有机化合物	相对分子质量＞1000 的溶质或悬浮物	液体	较小组分或溶剂

续表

膜过滤方法	膜类型	传质推动力	传质机制	透过物质	截留物质	进料和透过物的状态	透过组分在料液中的含量
电渗析	离子交换膜	电位差	反粒子经离子交换膜的迁移	小离子	非离子和大分子化合物	液体	少量离子组分，少量水
反渗透	非对称膜或复合膜	压力差 1.0～10MPa	优先吸附毛细管流动，溶解-扩散	溶剂，可被电渗析截留的组分	溶解或悬浮的物质	液体	大量溶剂
纳滤	非对称膜或复合膜	压力差 0.5～1MPa	溶解扩散 Donna 效应	溶剂、低价小分子溶质	截留相对分子质量范围 200～1000	液体	大量溶剂，低价小分子溶质
超滤	非对称膜	压力差 0.1～1.0MPa	筛分	小分子溶液	生物大分子（蛋白质、病毒等）、胶体物质	液体	大量溶剂，少量小分子溶质
微滤	多孔膜	压力差 0.05～0.5MPa	筛分	溶液、气体	悬浮物质如细胞、菌体和微粒子	液体或气体	大量溶剂，少量小分子和大分子溶质

15.2.3 离心分离

依靠惯性离心力的作用而实现的沉降过程称为离心。离心分离是生产中广泛使用的一种固液分离手段。对于两相密度差较小，颗粒粒度较细的非均相体系，在重力场中的沉降效率很低，甚至不能完全分离，若改用离心可以大大提高沉降速度。它在发酵工业中应用十分广泛。从啤酒和果酒的澄清、谷氨酸结晶的分离，到发酵液菌体、细胞的回收或除去，血细胞、胞内细胞器、病毒和蛋白质的分离，以及液液相的分离都大量使用离心分离技术。离心分离与压滤相比，具有分离速度快，效率高，液相澄清度好，操作时卫生条件好等优点，适合于大规模的分离过程。但是，离心分离设备投资费用高，能耗较大，固相干燥程度不如过滤操作。根据离心方式的不同，可将离心分离法分为差速离心和区带离心等。离心设备的种类很多，根据离心力（转数）的大小，可分为普通离心机、高速离心机和超速离心机三类。

15.3 全发酵液的提取

全发酵液的提取（whole broth extraction）是指省去固液分离步骤，直接对发酵液进行简单的预处理后，进行产物的提取。全发酵液简化了提取步骤，降低了成本，但一般不能获得高质量的产品。

15.3.1 应用膜技术进行全发酵液提取

采用膜直接吸附法，经一步分离就可达到过滤、浓缩和初步纯化的效果。该技术的关键在于膜上连接的配基数量要大，同时必须解决膜孔道的污染问题。

15.3.2 双水相萃取

向水相中加入溶于水的某些高分子化合物（如葡聚糖、聚乙二醇等）后，形成密度不同的两相，轻相中富含某种高分子化合物，重相中富含盐类或另一种高分子化合物。

15.3.3 吸附法

向细胞碎片悬浮液中加入某种固体吸附剂，或者用细胞碎片悬浮液通过装有吸附剂的固定床，即可达到除去细胞碎片的目的。主要的问题是很难选择合适的吸附剂，以保证目的产物不因吸附而损失。

15.4　微生物细胞的破碎和分离

细胞破碎就是采用一定的方法，在一定程度上破坏细胞壁和细胞膜，使细胞内容物包括目的产物成分释放出来的技术，是分离纯化细胞内合成的非分泌型生化物质（产品）的基础。

15.4.1　微生物细胞壁的组成和结构

由于各种微生物细胞壁的结构和组成的差异导致细胞破碎的难易程度不同。因此，了解微生物细胞壁结构和强度对判断细胞破碎的难易程度和选择合适的细胞破碎方法有着十分重要的意义。表 15-3 所示为各种微生物细胞壁的结构和组成。

表 15-3　各种微生物细胞壁的结构与组成

微生物	革兰氏阳性细菌	革兰氏阴性细菌	酵母菌	霉菌
壁厚/nm	20～80	10～13	100～300	100～250
层次	单层	多层	多层	多层
主要组成	肽聚糖（40%～90%）	肽聚糖（5%～10%）	葡聚糖（30%～40%）	多聚糖（80%～90%）
	脂多糖（1%～4%）	脂多糖（11%～22%）	甘露聚糖（30%）	脂类
	多糖	脂蛋白	蛋白质（6%～8%）	蛋白质
	磷壁酸（10%）	磷脂	脂类（8%～14%）	
	蛋白质	蛋白质		

由表 15-3 可知，微生物的细胞壁都是由网状的高分子聚合物构成，破碎的难易程度主要取决于构成细胞壁的聚合物的种类及细胞壁的厚度和强度。革兰氏阳性菌的细胞壁比革兰氏阴性菌坚固，较难破碎。酵母的细胞壁的厚度甚至超过革兰氏阳性菌的细胞壁，更难破碎。

15.4.2　微生物细胞破碎的方法

在细胞内存在的许多种物质中，选择性释放目标生化物质，而使其他物质尽量少地释放出来，并且尽量降低细胞的破碎程度，在保证目标生化物质有较高收率的前提下，使下游加工过程的成本最低。这对下游分离纯化操作的顺利实施是非常重要的。

选择性地释放目标生化物质的关键是要根据目标生化物质的性质和在细胞内存在的位置来选择适当的破碎方法和操作条件。一般原则有以下两个方面。

（1）仅破坏或破碎存在目标生化物质的位置周围。当目标生化物质存在于细胞膜附近时，可采用较温和的方法，如酶解法、渗透压冲击法和冻结-融化法等。当目标生化物质存在于细胞质内时，则需采用强烈的机械破碎法。

（2）选择性溶解目标生化物质。当目标生化物质处于与细胞膜或细胞壁结合的状态时，调整溶液 pH、离子强度或添加与目标生化物质具有亲和性的试剂如螯合剂、表面活性剂等。使目标生化物质容易溶解释放。所选的溶液体系应使其他杂质不易溶出。

细胞破碎的目的是选择性释出胞内产物，按照是否存在外加作用力可分为机械法和非机械法两大类。非机械破碎主要利用化学或生化试剂（酶）改变细胞壁或细胞膜的结构而释放胞内物质。不管是机械法还是非机械法，各种方法都有自身的局限性。多种破碎方法相结合是一个发展方向。

延伸阅读

微生物细胞破碎技术的未来发展方向主要集中在如下几个方面。①多种破碎方法相结合。如机械破碎前，先用硫醇处理酵母细胞，并激活相关的酶，从而去除细胞壁中的糖，使细胞壁强度减弱，可以大大提高胞内蛋白的收率。②与上游过程相结合。菌体破碎的难易程度与发酵培养过程的条件息息相关，可通过改变培养基的组成、发酵条件等因素或者利用基因工程方法对菌种进行改造，如克隆噬菌体溶解基因，表达耐高温产品的基因等。③与下游过程相结合。从整体角度考虑细胞的破碎程度，避免因细小碎片无法除净而导致后续的固液分离和纯化过程的难度增大。

表 15-4 则列出了细胞破碎一些主要方法，其中高速湿法珠磨法和高压匀浆法已经在工业生产中广泛应用，酶解法和化学溶胞法也大量应用于实验室规模的细胞破碎中，超声破碎法和微波破碎法的研究也越来越多。

表 15-4　细胞破碎主要方法

分类		作用机制	适应性（或选用策略）
机械法	高速湿法珠磨法	固体剪切作用	可达较高破碎率，可较大规模操作，大分子目的产物易失活，浆液分离困难
	高压均浆法	液体剪切作用	可达较高破碎率，可较大规模操作，不适合丝状菌和革兰氏阳性菌
	超声破碎法	液体剪切作用	对酵母菌效果较差，破碎过程升温剧烈，不适合大规模操作
非机械法	酶解法	酶分解作用	具有高度专一性，条件温和，浆液易分离，溶酶价格高，通用性差
	化学溶胞法	改变细胞膜的渗透性	具有一定选择性，浆液易分离，但释放率较低，通用性差
	渗透压冲击法	渗透压剧烈改变	破碎率较低，常与其他方法结合使用
	冻结融化法	反复冻结-融化	破碎率较低，不适合对冷冻敏感的目的产物
	干燥法	改变细胞膜的渗透性	条件变化剧烈，易引起大分子物质失活

15.4.3　细胞破碎率的测定

破碎细胞仅为目标生化物质的释放创造了条件，而不是最终目的。破碎细胞的目的是释出目标生化物质，因此，细胞的破碎速率一般用目标生化物质的释放速率来评价。为了测定细胞破碎的程度，可采用以下两种方法。

（1）直接测定法。利用显微镜或电子微粒计数器可直接计数完整细胞的量，可用于破碎前的细胞计量。采用染色法把破碎的细胞从未损害的完整细胞中区别开来，以便于计数。

（2）测定释放的蛋白质质量或酶的活力。

本章小结

从发酵液和细胞培养液中提取所需的生化物质，第一步就需进行预处理。目的产物不同，采用的预处理方法也不同，其中发酵液杂质的去除是发酵液预处理的重点。

固液分离是生物产品分离纯化过程中重要的单元操作。过滤、离心分离是常用的固液分离手段。全发酵液的提取省去了固液分离步骤，降低了成本。细胞破碎就是采用一定的方法，在一定程度上破坏细胞壁和细胞膜，使细胞内容物包括目的产物成分释放出来的技术，

是分离纯化细胞内合成的非分泌型生化物质（产品）的基础。目的是选择性释出胞内产物，按照是否存在外加作用力可分为机械法和非机械法两大类。

复习题

1. 发酵液预处理的目的是什么？
2. 为什么要去除高价无机离子和可溶性杂蛋白？常用的方法有哪些？
3. 影响发酵液固液分离的因素有哪些？固液分离的常用技术有哪些？
4. 简述全发酵液提取技术的优势与局限性。
5. 简述微生物细胞破碎方法的种类和适用范围。

主要参考文献

梅乐和. 1999. 生化生产工艺学. 北京：科学出版社
俞俊棠，唐孝宣. 1996. 生物工艺学. 广州：华东理工大学出版社
Wheelright S M. 1993. Protein Purification：Design and Scale up of Downstream Processing. Hoboken Wiley Interscience

第16章 沉 淀 法

内容提要： 沉淀法是最古老的分离和纯化生物物质的方法，也是发酵工业中最常用和最简单的一种提取方法，它能够起到浓缩与分离的双重作用。沉淀技术用于分离纯化是有选择性的，即有选择性地沉淀杂质或有选择性地沉淀所需成分。蛋白质的分离提取，多糖、活性多肽及大分子核酸等提取过程中都可以采用沉淀的方法。

沉淀法具有设备简单、成本低、收率高、浓缩倍数高（可达 10～50 倍）、原材料易得、操作简单及便于小批量生产等优点，是下游加工过程中应用广泛的方法。但该法所得沉淀物可能聚集有多种物质，或含有大量的盐类，或包裹着溶剂，过滤也较困难，所以沉淀法所得的产品纯度通常都比结晶法低，需再进行精制。

根据所加入的沉淀剂的不同，沉淀法可以分为：盐析法、有机溶剂沉淀法、等电点沉淀法、非离子型聚合物沉淀法、聚电解质沉淀法、高价金属离子沉淀法等。在选择方法时，应从以下几个因素，如沉淀剂是否会引起目标产物的破坏、沉淀剂本身的性质、沉淀操作的成本和难易程度、残留沉淀剂的去除难度和量、终产品的产率及纯度的要求等，进行综合考虑。

16.1 盐析法

盐析法又称为中性盐沉淀法，此法是添加中性盐析剂，破坏酶蛋白的胶体性质，消除微粒周围的水化膜和微粒上的电荷，促使酶蛋白沉淀，可广泛用于酶制剂工业的发酵提取。

16.1.1 盐析原理——Cohn 方程式

在高浓度中性盐存在下，蛋白质等大分子物质在水溶液中溶解度降低，产生沉淀。蛋白质在高离子强度的溶液中溶解度降低、发生沉淀的现象称为盐析。蛋白质和酶均易溶于水，在水溶液中，蛋白质和酶分子上所带的亲水基团与水分子相互作用形成水化层，保护了蛋白质粒子，避免了相互碰撞，使蛋白质形成稳定的胶体溶液。因此，可通过破坏蛋白质周围的水化层和中和电荷降低蛋白质溶液的稳定性，实现蛋白质的沉淀。如图 16-1 所示。

当离子强度较高时，蛋白质溶解度的对数值与溶液中离子强度之间呈线性关系，用 Cohn 经验方程描述

$$\log S = \beta - K_S I \tag{16-1}$$

式中，S-蛋白质的溶解度，g/L；β-常数，与盐的种类无关，但与温度、pH 和蛋白质种类有关；K_S-盐析常数，与温度和 pH 无关，但与蛋白质和盐的种类有关；I-盐浓度，mol/L。

盐析公式属于经验公式，盐析对蛋白质沉淀的分布是有一定范围的，各种蛋白质都在自己一定的盐浓度范围内沉淀，在达到这个浓度之前，即使增加盐浓度也不影响蛋白质的溶解度，而一旦达到某一浓度，蛋白质就会大量沉淀。

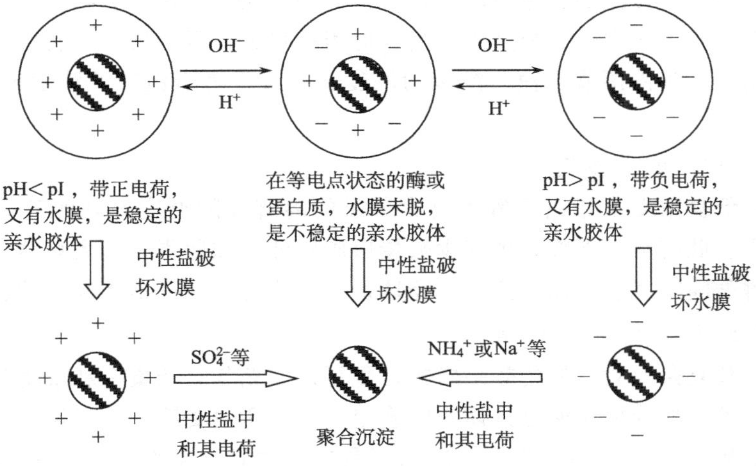

图 16-1　盐析原理示意图

16.1.2　影响盐析的主要因素

16.1.2.1　蛋白质的相对分子质量和结构

蛋白质的相对分子质量和立体结构对盐析效果有很大影响。在 Cohn 方程中，β 和 K_S 与蛋白质种类有关，不同蛋白质 β 和 K_S 不同，K_S 随蛋白质相对分子质量的增大或分子不对称性的增强而增大，即相对分子质量大、结构不对称的蛋白质更易盐析，盐析时所需盐浓度也较低。

16.1.2.2　盐析剂的种类和浓度

相同的离子强度下，不同种类的盐对蛋白质的盐析效果不同。一般来说，多价盐比单价盐的盐析效果好；阴离子的效果比阳离子好；对于阴离子而言，离子半径小且带电荷较多的阴离子盐析效果较好；对于阳离子而言，离子半径大且带电荷较少的阳离子盐析效果较好。

盐析剂常用的有$(NH_4)_2SO_4$、Na_2SO_4、$MgSO_4$、NaH_2PO_4、NaCl、NH_4Cl 等。不同的盐，盐析效果各有不同，效果较好的序列一般是 $MgSO_4$、Na_2SO_4、$(NH_4)_2SO_4$ 及 NaH_2PO_4。一般来说，含有多价阴离子的中性盐的盐析效果较好。$(NH_4)_2SO_4$ 的溶解度大，盐析时可不必加热使其溶解，而其他盐类在高浓度的盐析液中必须加温才能很好溶解，这对提取不耐热的酶来说是有影响的。$(NH_4)_2SO_4$ 的饱和溶液可使大多数的酶沉淀下来，且对酶无破坏作用，压滤下来的废液可直接作农肥使用，可回收约一半的费用。

16.1.2.3　pH 对盐析的影响

蛋白质在 pH 等于等电点（pI）的溶液中，静电荷为零，蛋白质的静电斥力最小，往往调整选择蛋白质溶液的 pH 于沉淀目的物等电点附近进行盐析。这样产生沉淀所消耗的中性盐较少，蛋白质的收率也高，同时可以部分地减少了共沉作用。值得注意的是，当蛋白质分子结合较多 Mg^{2+}、Zn^{2+} 等阳离子时等电点则向高 pH 偏移。

16.1.2.4　溶质浓度的影响

盐析过程中蛋白质等溶质的溶解度显著下降，以沉淀形式析出的部分溶质仅仅是原有浓度与该离子强度下溶解度的差值。蛋白质浓度大时，中性盐的极限沉淀浓度低，共沉作用强，分辨率低，但用盐量减少、蛋白质的溶解损失小。相反，蛋白质浓度较小时，中性盐极限沉淀浓度增高，共沉作用小、分辨度较高，但用盐量大，蛋白质的回收率较低，所以在盐析时首先要根据实际条件调节蛋白质溶液的浓度。一般常将蛋白质的浓度控制在 2%～3% 为宜。

16.1.2.5 盐析温度的影响

一般来说在低盐浓度下蛋白质等生物大分子的溶解度随温度升高而升高。在高盐浓度下，多数蛋白质、肽溶解度下降，也有少数蛋白质例外，如胃蛋白、大豆球蛋白，他们在高盐浓度下的溶解度随温度上升而升高，而卵球蛋白的溶解度几乎不受温度的影响。

16.1.2.6 杂质及其他因素影响

发酵液中成分复杂，对盐析的效果影响也很复杂，尤其是杂蛋白和杂酶与所要提取的酶相互作用，盐析条件的选择应通过具体实验确定。在杂质中要特别注意重金属的影响，重金属的存在会导致酶很大程度的损失，如所用器具发生铜锈，就对某些酶活力影响极大。另外，盐析前发酵液存放不能太久，最好及时盐析，否则会进一步发酵和滋生杂菌。

16.2 等电点沉淀法

16.2.1 基本原理

蛋白质、核苷酸、氨基酸等两性电解质的溶解度，常随它们所带电荷的多少而发生变化。一般来说，不管酸性环境还是碱性环境，只要偏离两性电解质的等电点，它们的分子要么净电荷为正，要么净电荷为负，这种情况下分子自身之间有排斥作用，只有当它们所带净电荷为零时，其分子之间的吸引力增加，互相吸引聚集，使溶解度降低。因此，调节溶液的 pH 至溶质的等电点，就有可能把溶质从溶液中沉淀出来，这就是等电点沉淀。

不同的氨基酸有不同的等电点，在等电点时，氨基酸的溶解度最小。中性氨基酸分子中含有相同数目的氨基和羧基，等电点在 pH 4～7，大多数氨基酸都属于这一类，如亮氨酸、色氨酸、蛋氨酸等。

酸性氨基酸分子中含羧基的数目多于氨基的数目，等电点在 pH 4 以下，如天冬氨酸 pI 2.78、谷氨酸 pI 3.22，碱性氨基酸分子中含氨基的数目多于含羧基的数目，等电点在 pH 7 以上，如精氨酸 pI 10.67、赖氨酸 pI 9.47。等电点原理是等电点法提取氨基酸的理论根据。

16.2.2 等电点沉淀的影响因素

16.2.2.1 杂质种类的影响

一般如果混合液中存在许多等电点相近的两性电解质，单独使用等电点沉淀的方法效果不理想，分辨率较差，可以和其他方法结合使用。

16.2.2.2 离子强度的影响

由于蛋白质类物质有盐溶和盐析的两面性，而且等电点的数值也会随溶液中中性盐离子的种类和浓度变化而变化，因此离子强度对等电点的沉淀作用影响较大。一般单独利用此法沉淀操作，需在低离子浓度下调整 pH 至等电点，或在等电点的 pH 下利用透析等方法降低离子强度，使蛋白质类溶质沉淀。

16.2.2.3 溶质表面极性的影响

等电点沉淀法一般适合于疏水性较强的蛋白质（如酪蛋白），因为这类蛋白质分子表面的亲水性相对弱而水化层较薄。而对于亲水性强的蛋白质（如明胶），它们在水中的溶解度较大，水化层较厚，胶体稳定性较好，在等电点的pH下不易产生沉淀。这种情况，往往需要结合其他方法一起应用。在等电点沉淀法中，如加些有机溶剂或聚乙二醇，则可促进沉淀。

等电点沉淀法的主要优点是很多蛋白质的等电点都在偏酸性范围内，而无机酸（如磷酸、盐酸和硫酸）通常价较廉，常可直接进行其他纯化操作，无需后续的脱盐操作。等电点沉淀法的最主要缺点是酸化时，易使蛋白质失活，所以需要考虑pH对蛋白质或酶活性的影响。

16.3 有机溶剂沉淀法

向溶质水溶液中加入一定量的有机溶剂，降低溶质的溶解度，使其沉淀析出的分离纯化方法，称有机溶剂沉淀法。例如，蛋白质（包括酶）、核酸、多糖等物质的水溶液中，加入乙醇、丙酮等与水能互溶的有机溶剂后，它们的溶解度就显著降低，均能从溶液中沉淀出来。此法的优点是有机溶剂密度较低，与沉淀物密度差大，便于沉淀或离心分离；溶剂沸点低，溶剂容易蒸发除去；与盐析法相比，沉淀不需要脱盐处理，但该法回收率较盐析低，容易引起蛋白质变性，必须在低温下进行，溶剂消耗量大，且有机溶剂易燃、易爆、安全要求较高。

16.3.1 有机溶剂沉淀的原理

有机溶剂能使蛋白质（包括酶）、核酸、多糖等物质沉淀的机制有以下三方面：①有机溶剂的加入会使溶液的介电常数大大降低，从而增加了蛋白质、酶、核酸、多糖等带电粒子自身之间的作用力，进而容易相互吸引而聚集沉淀；②亲水的有机溶剂加入后，会夺取蛋白质、多糖等物质表面的水分子，使它们表面的水化层被破坏，从而分子之间更容易聚集在一起而产生沉淀；③有机溶剂可能破坏蛋白质、多糖等物质的某些键，使其空间结构发生某种程度的变化，致使一些原来包在内部的疏水基团暴露于表面并与有机溶剂的疏水基团结合形成疏水层，从而使蛋白质沉淀，而当蛋白质的空间结构发生变形超过一定程度时，便会导致完全的变性。

16.3.2 有机溶剂的选择和用量计算

16.3.2.1 有机溶剂的选择

有机溶剂的选择，主要考虑以下几方面因素：①介电常数小，沉淀作用强；②对生物分子的变性作用小，如丙酮；③毒性小，挥发性适中，沸点过低虽有利于溶剂除去回收，但挥发损失较大，易出现安全问题；④能与水互溶。醇和丙酮是常用的有机溶剂。乙醇的沉析作用强、挥发性适中且无毒，常用于蛋白质、核酸、多糖等生物大分子的沉析；丙酮沉淀作用更强，用量省，沸点低，但挥发损失大，着火点低，对肝脏有一定毒性，应用范围不如乙醇广泛。甲醇沉析作用与乙醇相当，对蛋白质的变性作用小于前二者，但口服产品有剧毒；其他溶剂，如二甲基甲酰胺、二甲基亚砜、2-甲基-2，4-戊二醇（MPD）、乙腈也可作为沉析试剂。有机溶剂沉淀蛋白质的能力随蛋白质种类及有机溶剂的种类而异。

16.3.2.2 溶剂用量计算

为了使溶液中有机溶剂的含量达到一定的浓度，加入有机溶剂的量可按下式计算

$$V=\frac{V_0(S_2-S_1)}{100-S_2} \tag{16-2}$$

式中，V-需加入有机溶剂体积，L；V_0-原溶液体积，L；S_1-原溶液中有机溶剂的体积分数,%；S_2-所需要有机溶剂的体积分数,%。

如果所使用的有机溶剂浓度是95%，则公式中的100改为95。

16.3.3 影响有机溶剂沉淀的因素

利用有机溶剂沉淀蛋白质时，影响有机溶剂沉淀的因素包括温度、pH、离子强度、样品浓度、金属离子助沉作用等。

16.3.3.1 温度

有机溶剂沉淀蛋白质受温度影响较大。大多数蛋白质的溶解度随温度降低而下降。温度升高，会使一些对温度敏感的蛋白质或酶变性。因此，有机溶剂沉淀操作必须在低温下进行，加入的有机溶剂都必须预冷至较低温度，操作要在冰浴条件下进行，如乙醇沉淀人血浆蛋白时，温度控制－10℃。

16.3.3.2 pH

蛋白质或酶等两性物质在有机溶剂中的溶解度受pH变化而变动，一般在等电点时，溶解度最低。为减少蛋白质之间的相互作用，尽可能减少共沉作用，pH应调节到使混合液中大多数物质带有相同净电荷。

16.3.3.3 样品浓度

低浓度样品使用有机溶剂的量大，但共沉作用小，利于提高分离的效果；高浓度样品可以节省有机溶剂，减少变性危险，但共沉作用大，分离效果较差。所以一定要考虑蛋白质的浓度，一般认为合适的蛋白质类物质起始浓度为0.5%～3%，黏多糖以1%～2%较合适。

16.3.3.4 离子强度

离子强度是影响溶质在有机溶剂及水混合液中溶解度的一个重要因素，盐的浓度太小或太大都对分离不利。对于蛋白质，在有机溶剂中盐的浓度不超过5%比较合适，使用的乙醇量也以不超过二倍体积为宜。

16.3.3.5 多价阳离子的影响

多价阳离子如Ca^{2+}、Zn^{2+}等会与蛋白质形成复合物，并使蛋白质在水和有机溶剂中的溶解度大大降低。这个现象常用于分离那些在水和有机溶剂混合液中尚有明显溶解度的蛋白质或酶等物质。这个方法往往能使有机溶剂的用量减少到原来的一半或三分之一。使用这种方法需注意避免使用含磷酸根的溶液，否则会产生沉淀。常用的溶液为乙酸锌，浓度一般为0.02mol/L。另外，多价阳离子如Ca^{2+}、Zn^{2+}等的存在往往也可提高黏多糖类分子乙醇分步沉淀的效果。

16.4 非离子型多聚物沉淀法

非离子型聚合物最早在20世纪60年代时被用来沉淀分离血纤维蛋白原和免疫球蛋白，从此相对分子质量较高的非离子型聚合物沉淀蛋白质的方法被广泛使用。许多水溶性非离子型聚合物如聚乙二醇（PEG）、聚乙烯吡咯烷酮（PVP）和葡聚糖等都可用于沉淀蛋白质，其中最常用的是PEG，它具有螺旋状的结构，亲水性强，结构式：$(OH)\,CH_2\!-\!(CH_2\!-\!CH_2\!-\!O)_n\!-\!CH_2(OH)$，相对分子质量200～20 000的不同聚合程度的产品都有效。PEG可用来进行选择性沉淀以纯化蛋白质。PEG沉淀作用的机制是基于体积不相容性。

延伸阅读

使用 PEG 沉淀分离蛋白质方法的优点：①PEG 是一种特别有用的沉淀剂，基本无毒，不可燃性，比较安全；②反应体系的温度只需控制在室温条件下；③沉淀的颗粒往往比较大，同其他方法相比，产物比较容易收集；④PEG 不会使蛋白质变性，甚至可以提高某些蛋白质的稳定性。缺点：PEG 比其他沉淀剂更难从蛋白质溶液中除去，为此需要用超滤或液-液萃取来解决。PEG 的相对分子质量一般大于 4000，最常用的是 6000 和 20 000。所用的 PEG 浓度通常为 20%，浓度再高，会使黏度增大，造成沉淀的回收比较困难。

16.5 聚电解质沉淀法

聚电解质是含有重复离子化基团的水溶性聚合物。高分子质量聚电解质的沉淀作用与絮凝剂的架桥作用类似，低分子质量的聚电解质主要是电荷中和后聚集沉淀。聚电解质沉淀分离过程，与蛋白质上的净电荷及聚电解质的大小和电荷密度有关，蛋白质分子的相反电荷与聚电解质结合，形成一个多分子配合物，当配合物超过游离蛋白质的溶解度极限值时，就发生沉淀。

聚电解质沉淀法可用于酶和食用蛋白质的沉淀及回收，常用的是酸性多糖，如羧甲基纤维素、海藻酸盐，果胶酸盐和卡拉胶等。羧甲基纤维素能在 pH 低于等电点时使蛋白质沉淀，但加入量不能太多，否则会引起胶溶作用而重新溶解。

16.6 金属离子沉淀法

某些生化物质（如核酸、蛋白质、多肽、抗生素和有机酸等）能与金属盐形成难溶性的复合物而沉淀。金属离子的沉淀作用是由于它们能与生物活性分子中的特殊部位起反应所引起的。金属离子沉淀生化物质，按作用基团不同，一般可分为三类：第一类为能与羧基、氨基等含氮化合物及含氮杂环化合物强烈结合的一些金属离子，如 Mn^{2+}、Fe^{2+}、Co^{2+}、Ni^{2+}、Cu^{2+}、Zn^{2+}、Cd^{2+}；第二类为能与羧酸结合而不与含氮化合物结合的一些金属离子，如 Ca^{2+}、Ba^{2+}、Mg^{2+}、Pb^{2+}；第三类为与巯基化合物强烈结合的一些金属离子，如 Hg^{2+}、Ag^{+}、Pb^{2+}。实际利用时，金属离子的浓度常采用 0.02mol/L。复合物中金属离子的去除，可用离子交换法或 EDTA 金属螯合剂。该方法优点是可使浓度很低的生化物质沉淀，缺点是复合物有时分解较困难，容易导致蛋白质变性，应注意选择适当的操作条件。

本章小结

沉淀法是发酵工业中最常用和最简单的一种提取方法，它能够起到浓缩与分离的双重作用。沉淀法可以分为盐析法、有机溶剂沉淀法、等电点沉淀法、非离子型聚合物沉淀法、聚电解质沉淀法、金属离子沉淀法等。

复习题

1. 沉淀与结晶的区别和联系，沉淀法有何优缺点？
2. 发酵工业常用的沉淀方法有哪些？

3. 盐析沉淀法的原理是什么？

4. 等电点沉淀法的适用范围？影响等电点沉淀的因素有哪些？

5. 有机溶剂法沉淀蛋白质的机制是什么？用乙醇沉淀蛋白质时需注意哪些事项？

主要参考文献

郭勇. 2005. 现代生化技术. 2版. 北京：科学出版社

毛忠贵. 2005. 生物工业下游技术. 北京：中国轻工业出版社

田瑞华. 2008. 生物分离工程. 北京：科学出版社

田亚平，周楠迪. 2010. 生化分离原理与技术. 北京：化学工业出版社

田亚平. 2006. 生化分离技术. 北京：化学工业出版社

吴梧桐，2008. 生物制药工艺学. 2版. 北京：中国医药科技出版社

辛秀兰. 2005. 生物分离与纯化技术. 北京：科学出版社

姚汝华，周世水. 2005. 微生物工程工艺原理. 广州：华南理工大学出版社

第17章 膜过滤法

内容提要： 膜是一种具有分离功能的介质，它可以是固态、液态，甚至是气态，或是它们的组合，简单地说，膜是分隔两相界面，并以特定的形式限制和传递各种化学物质的阻挡层。它可以是均相的或非均相的，对称的或非对称的，固体的或液体的，中性的或荷电的。

膜过滤法指以压力为推动力，依靠膜的选择性，将液体中的组分进行分离的方法，包括微滤（MF）、超滤（UF）、纳滤（NF）和反渗透（RO）四种过程。

膜过滤法由于有下列优点，因而在生物产品的处理中有重要地位。①操作在常温下进行；②物理过程，不需要加任何化学试剂；③不发生相变化（能耗较低）；④在很多情况下选择性较高；⑤浓缩和纯化在一个步骤内完成；⑥设备容易放大，可以分批或连续操作。

微滤、超滤、纳滤和反渗透四者是既有联系又有区别的过程。共同点有膜的制造方法基本类似，结构类似，操作方式也类似；不同点有适用范围不同，分离的机制也各异，影响操作的因素也不尽相同。它们之间常常相互补充（图 17-1）。

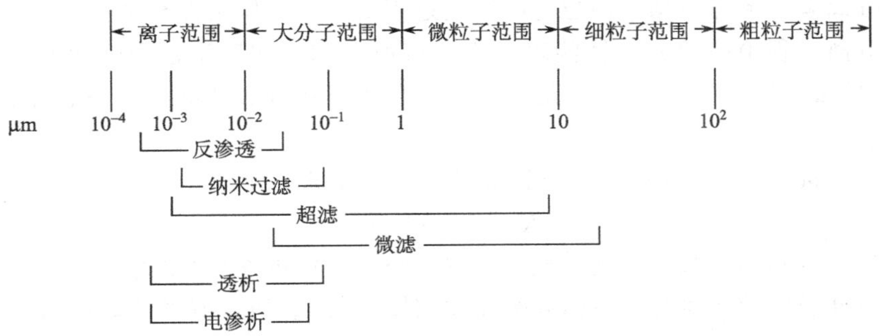

图 17-1　膜过滤谱图

17.1　膜分类和表征膜性能的参数

17.1.1　膜分类

膜分离技术的核心是分离膜。一般要求：①要有高的截留率（或高的分离系数）和高的通量；②要有强的抗物理、化学和微生物侵蚀的性能；③有好的柔韧性和足够的机械强度；④使用寿命长，使用 pH 范围广；⑤成本合理，制备方便，便于工业化生产。

1）按照膜的材料分类

天然膜：包括生物膜（生命膜）与天然物质改性或再生而制成的膜，如纤维素衍生物类、甲壳素类等。合成膜：包括无机膜（金属、金属氧化物、陶瓷、多孔玻璃、沸石、无机高分子材料）和高分子聚合物膜［聚砜类、聚酰胺类、聚酯类、含硅（氟）聚合物和乙烯类聚合物等］。

2）按照膜的结构性分类

多孔膜：包括微孔介质与大孔膜。非多孔膜：包括无机膜与聚合物膜。多孔膜与非多孔膜也可按晶型区分为结晶型和无定型两种。对于液膜又分为两类，无固相支撑型，又称乳化液膜，有固相支撑型，又称固定膜或支撑液膜。除此之外，还可按膜的用途、膜的作用机制等进行分类。

17.1.2　表征膜性能的参数

膜的性能通常包括分离、透过特性、物化稳定性及经济性，这里主要介绍膜的孔道特征、分离性能和透过性。

1）膜的孔道特征

孔道特征包括孔径、孔径分布和孔隙度，是膜的重要性质。膜的孔径有最大孔径和平均孔径，它们都在一定程度上反映了孔的大小，但各有其局限性。孔径分布是指膜中一定大小的孔的体积占整个孔体积的百分数，由此可以判断膜的好坏，即孔径分布窄的膜比孔径分布宽的膜要好。孔径和孔径分布也可直接用电子显微镜观察得到，特别是微孔膜，其孔隙大小是在电镜的分辨范围内。孔隙度是指整个膜中孔所占的体积百分数。孔的测定方法很多，主要有压汞法、泡压法、电子显微镜观测法等。

2）膜的分离性能

关于膜的分离性能，要求：①膜必须对被分离的混合物具有选择透过能力即具有分离能力；②膜的分离能力要适度，因为膜的分离性能和透过性能是相互关联的，要求分离性能高，就必须牺牲一部分透量，这样就会提高操作费用；③膜的分离能力主要取决于膜材料的化学特性和分离膜的形态结构，但也与膜分离过程的一些操作条件有关。

不同膜分离过程中膜的分离性能表示方法有所不同，如反渗透用脱盐率，超滤用截留（切割）分子质量，微滤用膜的最大孔径、平均孔径或孔分布曲线，电渗析用选择透过度、交换容量等表示。

截留率（rejection）为膜对溶质的截留能力，以 R 来表示

$$R = 1 - C_P/C_b \tag{17-1}$$

式中，C_P 和 C_b 分别为在某一瞬间，透过液（permeate）和截留液的浓度。

截留率与分子质量之间的关系称截断曲线（图 17-2）。质量好的膜，应有陡直的截断曲线，可使不同分子质量的溶质分离完全；反之，斜坦的截断曲线会导致分离不完全。

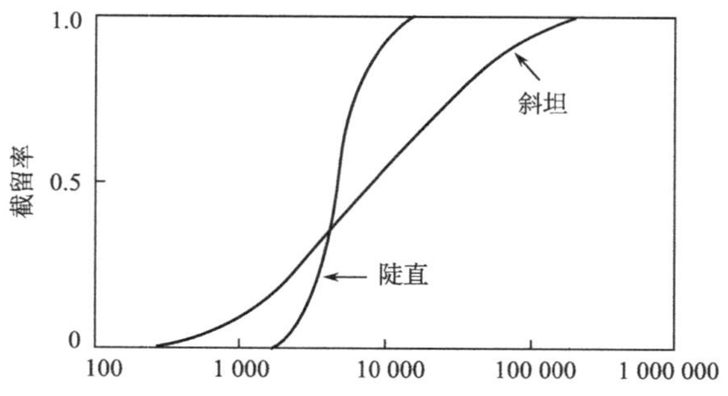

图 17-2　截留曲线

截留分子质量（molecular weight cut-off，MWCO）相当于一定截留率（通常为 90％或 95％）的分子质量。

若试验在超滤池中进行，在某一瞬间不能取样测定截留液的浓度，或要求在整个超滤过程中的平均截留率，则可按式（17-2）计算

$$R=\frac{\ln C_F/C_o}{\ln V_o/V_P} \tag{17-2}$$

式中，C_o、V_o-超滤开始时的浓度和体积；C_F、V_F-终了时的浓度和体积。

截留率不仅取决于溶质分子的大小，还与分子的形式、膜对溶质的吸附作用、温度等因素有关。

对于反渗透膜，一般用在一定操作条件下，对 NaCl 的截留率来表示。对于微滤膜，一般直接用孔径的大小（μm）来表示。

3）膜的透过性

透过性能是膜处理能力的主要标志。一般而言，在达到所需的分离率之后，膜的透量愈大愈好。膜的透过性能首先取决于膜材料的化学特性和分离膜的形态结构；操作因素也有较大影响，它随膜分离过程的势位差（如压力差、浓度差、电位差）变大而增加，操作因素对膜透过性能的影响比对分离性能的影响要大得多。比如，膜分离过程与压力差之间，在一定范围内呈直接关系。

不同混合体系，膜的透量表示方法有所不同。对水溶液体系，透水率的定义一般以单位时间内通过单位膜面积的水体积流量来表示（J_w），也称为渗透流率、透水速度、透水量或水通量等。

17.2　膜过滤装置的型式及适用范围

17.2.1　膜过滤装置的型式

膜过滤装置的核心部分是膜组件（或膜件），即膜的规则排列，良好的膜组件应具备下列条件：①沿膜表面的流动情况好，以利于减少浓差极化，如沿膜面切线方向的流速相当快，或者有较高的剪切率；②较大的膜面积与压力容器体积比，即单位体积中所含的膜面积较大；③组件的价格低；④清洗和膜的更新方便；⑤保留面积小，且无死角。

根据膜的形式或排列方式，可以把膜区分为管式，中空纤维式，平板式和螺旋卷绕式四种。它们的性能比较见表 17-1。

表 17-1　各种膜组件性能的比较

型式	优点	缺点
管式	易清洁，无死角，适宜于处理含固体较多的料液，单根管子可以调换	保留体积大，单位体积中所含过滤面积较小，压降大
中空纤维式	保留体积小，单位体积中所含过滤面积大，可以逆洗，操作压力较低（小于 0.25MPa），动力能耗低	料液需要预处理，单根纤维损坏时，需调换整个模样
螺旋卷绕式	单位体积中所含过滤面积大，换新膜容易	料液需要预处理，压降大，易污染，清洗困难
平板式	保留体积小，能量消耗低于管式和螺旋卷绕式之间	死体积较大

膜件的构造如图 17-3～图 17-6 所示。

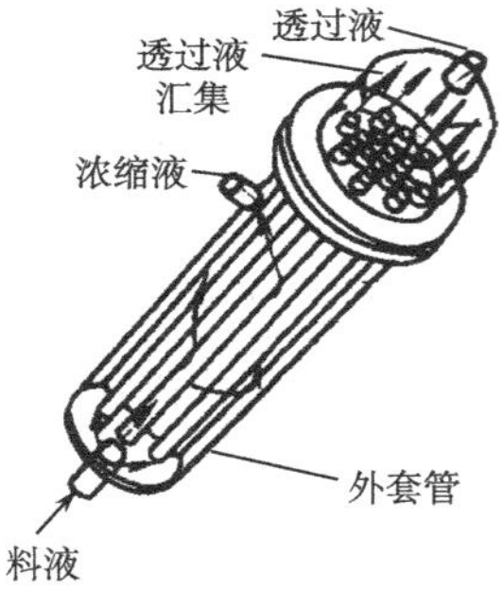

图 17-3　管式膜组件
的构造简图

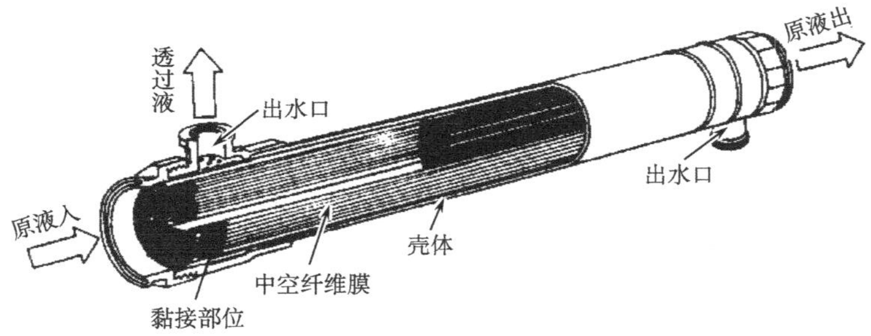

图 17-4　中空纤维式膜组件

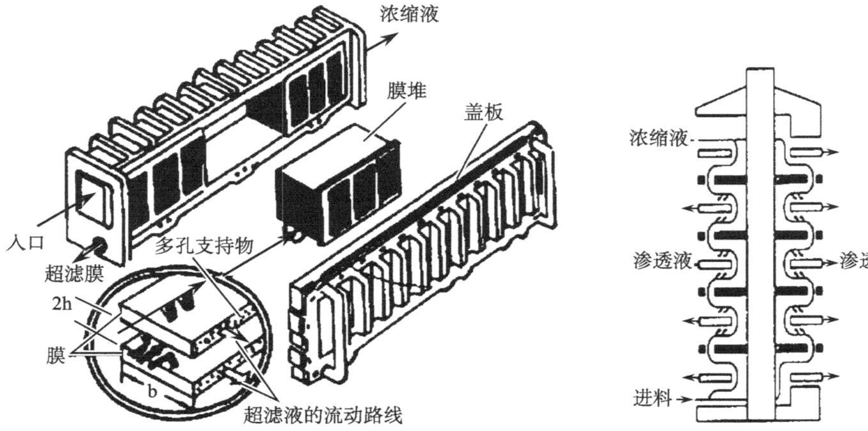

图 17-5　平板式膜组件

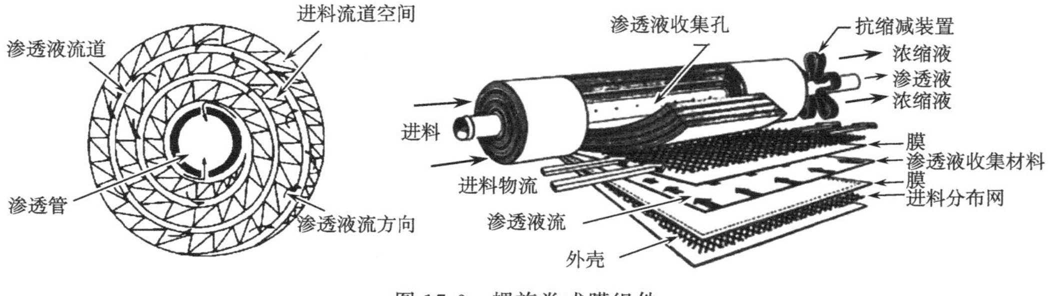

图 17-6　螺旋卷式膜组件

工业用膜装置如图 17-7～图 17-9 所示。各种形式的选择主要取决于物料的性质，通过实验决定。

图 17-7　陶瓷膜系统（生物发酵液过滤除菌、中药浸提液过滤除杂）

图 17-8　卷式膜系统（流体的过滤除杂精制及浓缩）

图 17-9　中空膜系统（水处理行业预处理）

17.2.2　膜过滤装置适用范围

1）反渗透

反渗透法（RO 或 HF）在各种净化和浓缩处理中，应用较多。例如，需要大量清水，同时又伴有大量废水排出的情况；净化过程的用水，要求必须采用闭路循环系统，以进行水的再生使用，如宇宙飞船中的水处理；废水中贵重物质的反渗透法回收；不适于加热或减压处理的过程，如各种食品工业中的汁类浓缩等。

2）超滤

一般情况下，反渗透法主要用来截留无机盐类的小分子（小于 10 倍水相对分子质量的分子）；而超滤（UF）则是从小分子溶质或溶剂中，将比较大的溶质分子筛分出来（如相对分子质量在数百万的有机物大分子）。由于其处理的对象流体大多含有水溶性高分子、有机胶体、多糖类物质及微生物等，这些物质极易黏附和沉积于膜表面上，造成严重的浓差极化和堵塞，因此，对超滤的原液，最好进行一定的前处理，在操作中，大幅度提高原液的流量，加快线速度（超过 1m/s）以缩小沉积的不利影响。为了消除浓差极化的影响，还往往采用湍流促进器。

超滤法与反渗透相比，由于其水通量大得多，因此超滤法的动力费用较大。此外，和其他浓缩方法相比，通常只能浓缩到一定程度，进一步浓缩，仍要采用其他方法。

3）微孔过滤

微孔过滤（MF）主要用于分离流体中尺寸为 0.1～10μm 的微生物和微粒子，以达到净化、分离和浓缩的目的。微孔滤膜厚度薄，孔径均一，空隙率高，因此具有流速快，吸附少和无介质脱落等优点。微孔滤膜由于本身性脆易碎，机械强度差，因而在实际使用时，必须把它衬贴在平滑的多孔支撑体上。

在实验室中，微孔滤膜是检验有形微细杂质的重要工具，主要用于微生物检测、微粒子检测。在工业上主要用于灭菌液体的生产，反渗透及超过滤的前处理，电子工业中超纯水制造和空气过滤。

4）纳米过滤

纳米过滤（NF）是介于超滤和反渗透之间，以压力差为推动力，从溶液中分离出相对分子质量 300～1000 物质的膜分离过程。纳滤膜的主要特点是对二价离子、功能性糖类、小分子色素、多肽等物质的截留性能高于 98%，而对一些单价离子、小分子酸碱、醇等有 30%～50%的透过性能，常被应用于溶质的分级、溶液中低分子物质的洗脱和离子组分的调整、溶液体系的浓缩等物质的分离、精制、浓缩工艺过程中。所以纳米过滤可集浓缩与透析为一体，另外操作压力低，因为无机盐能通过纳米滤膜而透析，使得纳米过滤的渗透压力远比反渗透低。这样，在保证一定的膜通量的前提下，纳米过滤过程所需的外加压力就比反渗透低很多，具有节约动力的优点。

17.3 膜过滤的操作方法

超滤或微滤系统可以采用三种方法：①分批操作；②透析过滤（diafiltration）；③连续操作。

17.3.1 分批操作

在分批操作中（图 17-10），料液一次加入储槽中，以泵进行循环，同时有透过液流出，浓度逐渐增加，称为浓缩模式。一般说来，循环液（保留液）的体积流速应为透过液的 10 倍以上，以便其以高速流过膜面。膜两侧的压力差由背压阀调节。通常将背压调至零，以使循环速度增大，但同时使膜两侧压力差降低，故存在一最适的背压 P_b，使通量达到最大。

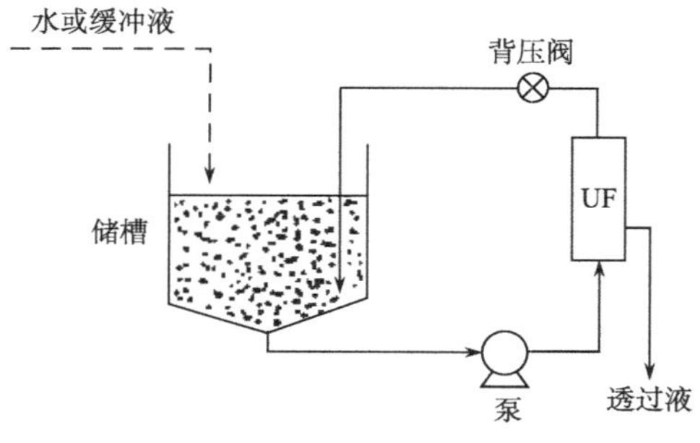

图 17-10 浓缩模式和透析过滤模式
在浓缩模式中，不断加入水或缓冲液，如虚线所示，即成为透析过滤模式

在分批操作中，最终浓度 c_F 可按下式求得

$$c_F = c_o\left(\frac{V_o}{V_F}\right)^R \tag{17-3}$$

式中，c_o-开始浓度；V_o-开始体积，V_F-最终体积；R-截留率。

设在瞬间 t，保留液的体积为 V，浓度为 c，则有 $V_oc_o=Vc+(V_o-V)c_p$，或写成

$$V=V_o(c_o-c_p)/(c-c_p) \tag{17-4}$$

对式（17-4）对 t 微分，并代入到 $J_v=-1dV/Fdt$ 中，如溶质被完全截留，$c_p=0$，积分后可得

$$\frac{F_t}{V_o}=c_o\int_{cf}^{co}\frac{1}{J_v}d\left(\frac{1}{c}\right) \tag{17-5}$$

式中，J_v-水通量；F-膜过滤面积。式（17-5）右端可根据实验数据，绘出 $1/J_v$ 对 $1/c$ 关系，以图解积分求得。利用式（17-5），对一定系统，可计算超滤所需时间，或规定时间，求出所需过滤面积。

17.3.2　透析过滤

在分批操作中，小分子和溶剂透过膜，而大分子留在保留液中，浓度逐渐增大，而通量逐渐减低，最后操作无法进行。若需进一步将小分子除去，可以补充加入水，继续进行超滤。通常的操作方式为连续地加水，其量恰与透过液相等，保留液体积始终保持不变（图 17-11）。

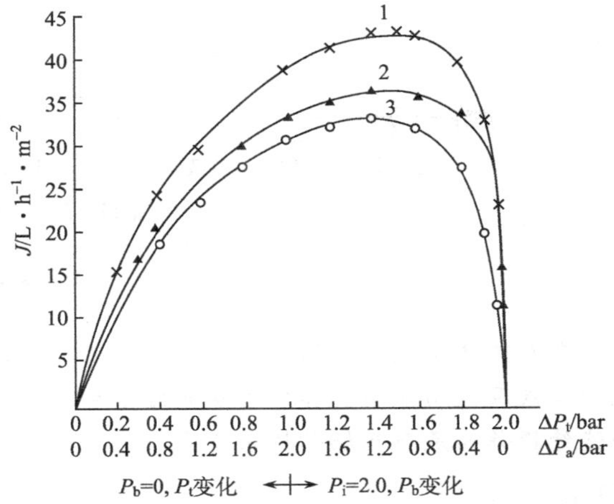

图 17-11　不同料液浓度下，J 随 ΔP_t 和 ΔP_a 的变化关系

1-料液浓度 C 为 1.96%；2-料液浓度 C 为 3.00%；3-料液浓度 C 为 8.46%；J-水通量；ΔP_t-膜两侧平均压力差；ΔP_a-通道两侧压力差；P_i-进口压力差；P_b-背压；C-湿菌体浓度；实验室装置为 Sartocon Mini0.2μm 膜，凸轮泵

对透析过滤进行数学分析，可得下列方程式

小分子溶质残留率

$$N_s = c_{sf}/c_{so} = e^{-(1-R_s)V_D/V_o} \tag{17-6}$$

大分子溶质的收率

$$Y_L = c_{Lf}/c_{Lo} = e^{-(1-R_L)V_D/V_o} \tag{17-7}$$

式中，c_{so}、c_{sf}-大分子溶质在透析过滤前的浓度；c_{Lf}、c_{Lo}-大分子溶质在透析过滤前后的浓度；R_s、R_L-小分子溶质和大分子溶质的截留率；V_D-透过液体积（加入水的体积）。

在实际操作中，常常将两种方式结合起来。即开始时采用分批操作，当达到一定浓度时，转变为透析过滤。转变时的蛋白质浓度 C 和凝胶层浓度 C_G 如符合式（17-8），则可使整个过程所需时间最短（假定蛋白质的截留率为 1）

$$C = C_G/e \tag{17-8}$$

式中，e=2.718。

17.3.3　连续操作

连续操作又可分为单级和多级操作。三级连续操作见图 17-12。在每一级中，各有一循环泵将液体进行循环，料液由料液泵送入系统中，循环液浓度不同于料液浓度。各级都有一定量的保留液渗出，进入下一级。由于第 1 级处理量大，因此膜面积也大，以后各级依次减小。

在连续操作中，最后一级的循环液即为成品，故浓度较低，通量就较低。分批操作则不同，只是到最后阶段，循环液浓度较大，在整个操作时间内的平均浓度则要低得多，故平均通量较高，所需膜面积较小，且装置简单，成本也较低；主要缺点为需要较大的储槽，适用于规模较小，分批生产的制药和生物制品中。连续操作的优点是产品在系统停留时间较短，这对热敏或剪切力敏感的产品是有利的，适用于规模大的连续性生产中。连续操作中，级数愈多，则所需的总膜面积就愈小。

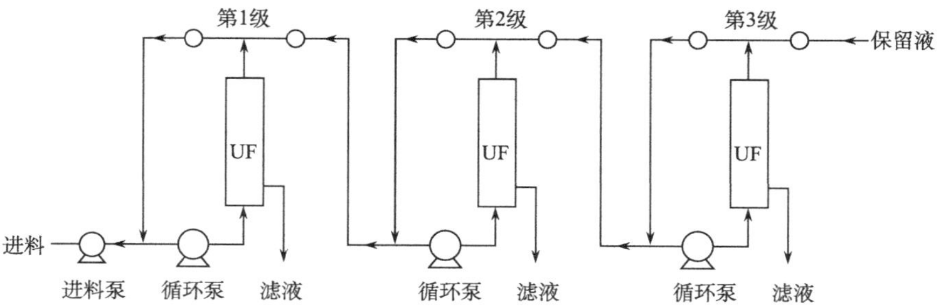

图 17-12 三级连续操作

本章小结

本章阐述了膜分离的定义和应用范围，介绍了膜的分类和表征膜性能的参数、膜过滤装置的型式及适用范围。其中重点介绍了和膜过滤的主要三种操作方法：分批操作、透析过滤和连续操作的原理及操作技术要点。

复习题

1. 表征膜性能的参数有哪些？
2. 膜过滤的操作方法有哪些？

主要参考文献

均钧，袁权，高从揩. 2001. 膜技术手册. 2 版. 北京：化学工业出版社.
李津，俞永霆，董德祥. 2003. 生物制药设备与分离产技术. 北京：化学工业出版社
刘芙娥等. 2001. 膜分离技术应用手册. 北京：化学工业出版社
日本膜学会. 1988. 膜分离过程设计法. 王志魁译. 北京：科学技术文献出版社
孙彦. 2002. 生物分离工程. 北京：化学工业出版社
王学松. 1994. 膜分离技术及其应用. 北京：科学出版社
王湛. 2000. 膜分离技术基础. 北京：化学工业出版社
薛怀德. 1990. 反渗透膜简要介绍. 膜科学与技术，3：68～76
严希康. 2001. 生化分离技术. 北京：化学工业出版社
俞俊棠，唐孝宣. 2005. 新编生物工艺学. 北京：化学工业出版社
朱彬华. 1988. 超滤法浓缩 α-淀粉酶的研究. 膜科学与技术，3：15～20
Huang S X，Wu X，Yuan C，et al. 1995. Application of membrane filtration to glutamic acid recovery. Chem Tech Biotechnol，64：109-114
Katalin B B. 2000. Integration of Membrane Processes into Biocoversions. New York ：Kluwer Academic Plenum Publishers
Lin S S. 1997. Continuous production of L-alanine with NADH regeneration by a nanofiltration membrane reactor. Biosci Biotech Biochem，61 (12)：2029-2033
Liu C，Wu X J. 2001. Determination of membrane areas for ultrafiltra tion processes. Chem Tech Biotechnol，76：1023-1029
Mulder M. 1999. 膜技术基本原理. 2 版. 李琳译. 北京：清华大学出版社
Nunes S P ，Peinemann K V. 2001. Membrane Technology in the Chemical Industry. Weinheim：Wiley-VCH

第18章 溶剂萃取法

内容提要： 萃取（extraction）一词可指任意两相之间的传质过程。在液液萃取过程中常用有机溶剂作为萃取试剂，因而常常称液液萃取为溶剂萃取。

溶剂萃取法是生物工业中一种重要的分离提取方法。它是利用一种溶质组分（如产物）在两个互不相溶的液相（如水相和有机溶剂相）中竞争性溶解和分配性质上的差异来进行分离操作的，即“相似相溶”。有机溶剂萃取法广泛应用于抗生素、有机酸、维生素、激素等发酵产物工业规模的提取上。

溶剂萃取法有以下一些优点：比化学沉淀分离程度高；比离子交换法选择性好、传质快；比蒸馏法能耗低。另外它还有生产能力大、周期短、便于连续操作、容易实现自动化控制等优点。

近年来，溶剂萃取法和其他新型分离技术相结合，产生了一系列新型分离技术，如超临界流体萃取（supercritical fluid extraction）、反胶团萃取（reversed micelle extraction）和双水相萃取技术（partition of two aqueous phase system）等。这些新兴分离技术可用于许多高品质的天然物质，胞内物质包括胞内酶、蛋白质、多肽、核酸等的分离提取上。

18.1 溶剂萃取原理

18.1.1 分配定律

在溶剂萃取过程中，通常将提供的溶液称为料液，通常是水溶液；从料液中提取出来的物质称为溶质；用来萃取产物的溶剂常称为萃取剂；溶质转移到萃取剂中与萃取剂形成的溶液称为萃取液；被萃取出溶质后的料液称萃余液。

在一定压力条件下，溶质分配在两个互不相溶的溶剂中，达到平衡时溶质在两相中的活度之比为一常数。如果是稀溶液，活度可用浓度代替，则达到平衡时溶质在两相中的浓度之比为一常数。这一常数称之为分配系数 K，即

$$K=\frac{\text{萃取相浓度}}{\text{萃余相浓度}}=\frac{c_1}{c_2} \tag{18-1}$$

常温下 K 为常数，c 的单位通常用 mol/L 或质量单位 g/ml。

式（18-1）应用条件：①必须是稀溶液；②溶质对溶剂的互溶度没有影响；③必须是同一种分子类型，即不发生缔合或解离。

18.1.2 弱电解质萃取的分配平衡

弱酸或弱碱性溶质在水相中存在电离现象，这种情况下不仅要考虑两相中的分配平衡，还要考虑弱电解质在水相中的电离平衡，即要考虑应用条件③。例如，青霉素是一种弱酸，在水中会有一部分离解成负离子（青·COO^-），而萃取青霉素的有机溶剂是乙酸丁酯、乙酸戊酯或甲基异丁基酮，极性很低，不能萃取带电荷的离子，在乙酸丁酯等有机相中则仅以游离酸分子（青·COOH）的形态存在。因此只有两相中的游离酸分子才符合分配定律。

此时，同时存在着两种平衡，一种是青霉素游离酸分子在有机溶剂相和水相间的分配平衡；另一种是青霉素游离酸在水中的电离平衡。前者用分配系数 K_0 表征，后者用电离常数 K_p 来表征，见图 18-1。

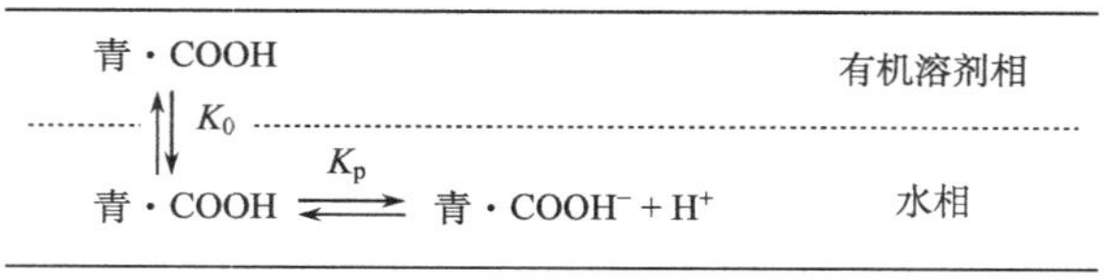

图 18-1 青霉素的分配和电离平衡

K_0 和 K_p 是客观存在的，但目前的测定方法不能单独测出水相中的游离酸（如图 18-1 中的青 · COOH）浓度，测定得到的是（青 · COOH＋青 · COO$^-$）的总浓度 c_2，在这种情况下，$c_1/c_2=K$，这里的 K（不是 K_0）称之为表观分配系数。而 K 和 K_0、K_p 的关系式可经理论推导如下

$$K=\frac{K_0[H^+]}{K_p+[H^+]}\text{(弱酸)} \tag{18-2}$$

$$K=\frac{K_0K_p}{K_p+[H^+]}\text{(弱碱)} \tag{18-3}$$

由此可见，溶质在不互溶两相中的分配与萃取溶剂（决定 K_0）有关，也与水相的性质（如 $[H^+]$）有关。

若原来料液中除溶质 A 以外，还含有溶质 B，则由于 A、B 的分配系数不同，萃取相中 A 和 B 的相对含量就不同于萃余相中 A 和 B 的相对含量。如 A 的分配系数较 B 大，则萃取相中 A 的含量（浓度）较 B 多，这样 A 和 B 就得到了一定程度的分离。萃取剂对溶质 A 和 B 分离能力的大小可用分离因素（β）来表征

$$\beta=\frac{c_{1A}/c_{1B}}{c_{2A}/c_{2B}}=\frac{c_{1A}/c_{2A}}{c_{1B}/c_{2B}}=\frac{K_A}{K_B} \tag{18-4}$$

式中，c-浓度，下标 1、2-萃取相和萃余相，A、B-溶质。

如果 A 是产物，B 为杂质，分离因数可写为

$$\beta=\frac{K_{产}}{K_{杂}}\beta=K_{产}/K_{杂} \tag{18-5}$$

β 越大，A、B 的分离效果越好，即产物与杂质越容易分离。

18.2 溶剂的选择

萃取时溶剂的选择是萃取操作的关键，它直接影响到萃取操作能否进行，对萃取产品的产量、质量和过程的经济性也有重要的影响。萃取剂的性质决定了萃取过程的危险性大小和特点。因此，当准备采用萃取操作时，首要的问题就是萃取溶剂的选择。

1）萃取剂的选择性

萃取溶剂的选择是依据“相似相溶”的原则。萃取时所采用的萃取剂，必须对原溶液中欲萃取出来的溶质有显著的溶解能力，而对其他组分（稀释剂）应不溶或少溶，即萃取剂应有较好的选择性。

2）萃取剂的物理性质

萃取剂的某些物理性质也对萃取操作产生一定的影响。

（1）密度。萃取剂必须在操作条件下能使萃取相与萃余相之间保持一定的密度差，以利于两液相在萃取器中能以较快的相对速度逆流后分层，从而可以提高萃取设备的生产能力。

（2）界面张力。萃取物系的界面张力较大时，细小的液滴比较容易聚结，有利于两相的分离，但界面张力过大，液体不易分散，难以使两相混合良好，需要较多的外加能量；界面张力小，液体易分散，但易产生乳化现象使两相难分离。

（3）黏度。萃取剂的黏度低，有利于两相的混合与分层，也有利于流动与传质，因而黏度小对萃取有利。有的萃取剂黏度大，往往需加入其他溶剂来调节其黏度。

3）萃取剂的化学性质

萃取剂需有良好的化学稳定性，不易分解、聚合，并应有足够的热稳定性和抗氧化稳定性，对设备的腐蚀性要小。

4）萃取剂回收的难易

通常萃取相和萃余相中的萃取剂需回收后重复使用，以减少溶剂的消耗量。回收费用取决于回收萃取剂的难易程度。有的溶剂虽然具有以上很多良好的性能，但往往由于回收困难而不被采用。

5）萃取的安全问题

毒性及是否易燃、易爆等，均为选择萃取剂时需要特别考虑的问题，并应设计相应的安全措施。

工业生产中常用的萃取剂可分为三大类：①有机酸或它们的盐，如脂肪族的一元羧酸、磺酸、苯酚等；②有机碱的盐，如伯铵盐、仲胺盐、叔胺盐、季铵盐等；③中性溶剂，如水、醇类、酯、醛、酮等。

18.3　水相条件的影响及去乳化

由于产物所在的发酵液或水相中往往还存在与产物性质相近的杂质、未完全利用的底物、无机盐、供微生物生长代谢的其他营养成分等，必须考虑这些物质对萃取过程的影响。

18.3.1　pH

根据式（18-2）、（18-3）可见，pH 直接影响表观分配系数。pH 除影响 K 外，还可能对选择性有影响。例如，青霉素在 pH 2 萃取时，乙酸丁酯萃取液中青霉素烯酸可达青霉素含量的 12.5%，而在 pH 3 的条件下萃取，则可降低至 4%。另外，pH 还应尽量选择在使产物稳定的范围内。

18.3.2　温度

温度会影响生化物质的稳定性，所以一般在室温或低温下进行。同时，它影响分配系数 K，因为温度通过影响溶质的化学位而影响溶质在两相中的分配。

18.3.3　盐析

无机盐类如硫酸铵、氯化钠等一般可降低产物在水中的溶解度而使其更易于转入有机溶剂相中，另一方面还能减小有机溶剂在水相中的溶解度。但盐析剂用量要适宜，用量过多也有可能促使杂质一起转入溶剂相，同时还要考虑其经济性，必要时要回收。

18.3.4　带溶剂

为提高分配系数 K，常添加带溶剂。带溶剂是指这样一种物质，它们能和产物形成复合物，使产物更易溶于有机溶剂相中，该复合物在一定条件下又要容易分解。

18.3.5　乳化与去乳化

乳化可使有机溶剂相和水相分层困难出现两种夹带，即发酵液废液中夹带有机溶剂微滴和溶剂相中夹带发酵液的微滴，前者意味着发酵单位的损失，后者会给以后的精制造成困难。产生乳化有时即使采用离心分离机也往往不能将两相分离完全，所以必须破坏乳化。

有很多破乳方法，如过滤或离心破乳法、化学法（加电解质中和离子型乳浊液的电荷）、物理法（加热、稀释、吸附等）、顶替法（加入表面活性更大，但因其碳链较短难以形成坚固的保护膜的物质，取代界面上的乳化剂，如戊醇）、转型法［如在 O/W（水包油）中加入亲油性乳化剂，使乳化液有生成 W/O（油包水）的倾向，但又不稳定，从而达到破乳的目的］。最好的方法是防止乳化，如蛋白质是乳化起因，就应设法去除蛋白质。

18.4　萃取方法和理论得率计算

工业上萃取操作通常包括混合（料液和萃取剂形成乳浊液）、分离（乳浊液分离成萃取相和萃余相）和溶剂回收三个步骤。一般萃取过程很快，如果接触表面足够大，则在 15～60s 就可完成。所以也就有了“管道萃取”（管道内高度混合）和“喷射萃取”（用喷射泵）技术。

18.4.1　单级萃取

单级萃取即使用一个混合器和一个分离器的萃取操作。如图 18-2 所示。

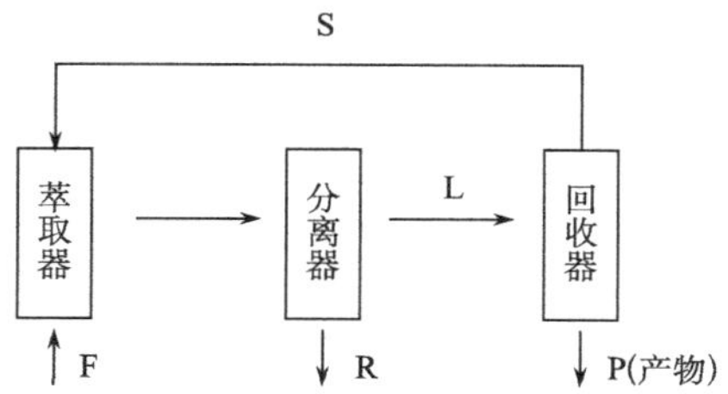

图 18-2　单级萃取流程

在图 18-2 中，料液 F 与萃取溶剂 S 一起加入混合器内搅拌混合萃取，达到平衡后的溶液送到分离器内分离得到萃取相 L 和萃余相 R，萃取相送至回收器，萃余相 R 为废液。在回收器内产物与溶剂分离（如蒸馏、反萃取等），溶剂则可循环使用。

萃取操作理论得率的计算须符合以下两个假定：①萃取相和萃余相很快达到平衡，即每一级都是理论级；②两相完全不互溶，在分离中能完全分离。

设 K 为分配系数，V_F 为料液体积，V_S 为萃取剂体积，E 为微萃取平衡后，溶质在萃取相与萃余相中数量（质量或物质的量）比值，即

$$E = K\frac{V_S}{V_F} = \frac{K}{m} \tag{18-6}$$

式中，m-浓缩比，即

$$m = \frac{V_F}{V_S}$$

令未被萃取的体积分数为 φ，即

$$\varphi = \frac{1}{E+1} \tag{18-7}$$

而理论收得率为

$$1-\varphi = \frac{E}{E+1} \tag{18-8}$$

18.4.2　多级错流萃取

多级错流萃取是料液经萃取后，萃余液再与新鲜萃取剂接触，再进行萃取。其流程如图18-3。

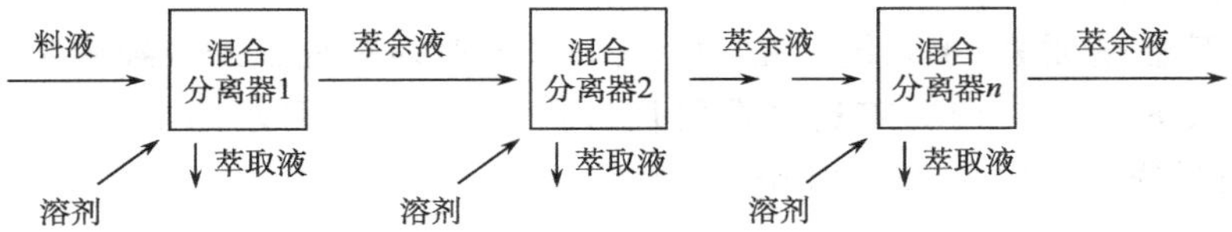

图 18-3　多级错流萃取流程

多级错流萃取流程的特点是每级均加新鲜溶剂，故溶剂消耗量大，得到的萃取液产物平均浓度较稀，但萃取较完全。

由理论推导，经 n 级萃取后，多级错流萃取流程的产物收得率为

$$1-\varphi=1-\frac{1}{(E_1+1)(E_2+1)\cdots(E_n+1)} \tag{18-9}$$

18.4.3　多级逆流萃取

多级逆流萃取是在萃取过程中，在第一级中加入料液，并逐渐向下一级移动，而在最后一级中加入萃取剂，并逐渐向前一级移动。料液移动的方向和萃取剂移动的方向相反。其流程如图 18-4。

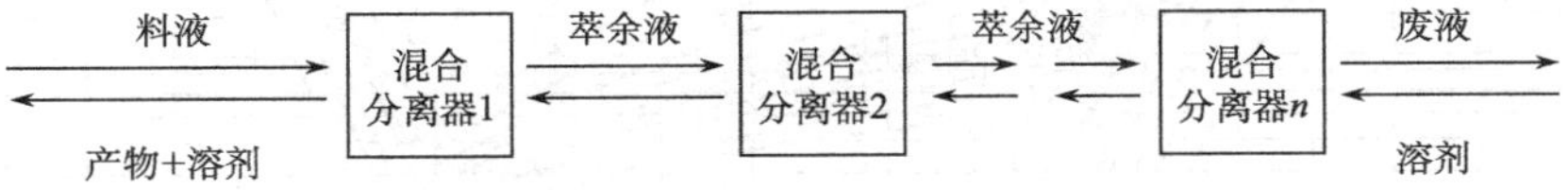

图 18-4　多级逆流萃取流程

多级逆流萃取流程的特点是料液走向和萃取剂走向相反，只在最后一级中加入萃取剂，故和错流萃取相比，萃取剂消耗少，萃取液产物平均浓度高，产物收得率最高。在工业上除非有特殊理由，否则应采用多级逆流萃取流程。

由理论推导，经 n 级萃取后，多级逆流萃取流程的产物收得率分别为

$$1-\varphi=\frac{E^{n+1}-E}{E^{n+1}-1} \tag{18-10}$$

18.4.4　萃取计算诺模图

为了便于选择合理的萃取条件和相应的设备，必须适当地分析主要因素对萃取过程的影响。则可利用未被萃取分配率 φ、浓缩倍数 m、水相 pH 和使用设备的理论级数 n 等定量联系的诺模图来完成。主要通过以下关联式进行计算

$$K=f(\text{pH})$$

$$E=K\cdot\frac{1}{m}(\text{萃取})\quad E=\frac{1}{K}\cdot\frac{1}{m}(\text{反萃取})\quad \varphi=\frac{E-1}{E^{n+1}-1}$$

从上面三式分析可见，主要是求取在一定温度分配系数 K 和溶液 pH 的关系（m 和 n 是可以任选的），通过电子计算机运算即可描点绘图。

以青霉素为例，表观分配系数 K（溶剂相和水相中青霉素总浓度之比）和青霉素游离

酸的分配系数 K_0 有如下关系

$$K=\frac{K_0[H^+]}{K_p+[H^+]} \tag{18-11}$$

式中，K_p-青霉素的电离常数，$[H^+]$ -水中氢离子浓度。

对于乙酸丁酯-青霉素-水系统，在 0℃，pH 2.5 时表观分配系数经测定 $K=30$，而青霉素的电离常数 $K_p=10^{-2.75}$。将这些数值代入式（18-11），可求的 $K_0=47$，于是可按式（18-3）计算表观分配系数 K 和水相 pH 的关系

$$K=47\frac{1}{1+10^{pH-2.75}} \tag{18-12}$$

这就可以利用上面列出的关联式进行运算画出诺模图（图 18-5），用来计算理论收率或其他萃取条件。

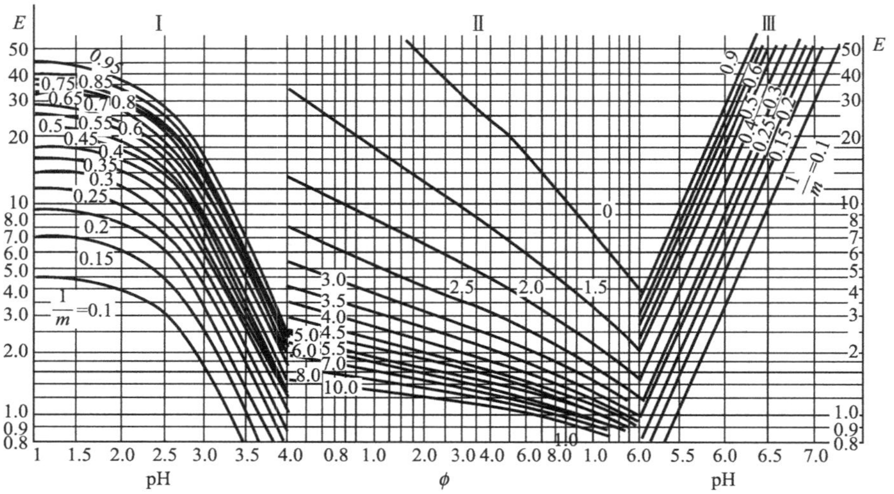

图 18-5 青霉素萃取计算诺模图

Ⅰ：$E=f$（pH，m），适于青霉素自水相萃取到丁酯相；Ⅱ：$\phi=f$（E，n）；Ⅲ：$E=f$（pH，m），适于青霉素自丁酯相萃取到水相

图 18-5 中的左侧和右侧绘出萃取因素在不同的 $1/m$ 下与 pH 的关系，在诺模图的中间部分绘出青霉素的未被萃取的分配率 φ 与萃取因素 E 的关系。

本章小结

本章主要介绍了溶剂萃取的分配定律和弱电解质萃取的分配平衡的基本原理，并对影响萃取的水相条件及乳化因素进行了分析。介绍了单级萃取、多级错流萃取和多级逆流萃取几种常见的萃取操作方式，以乙酸丁酯-青霉素-水萃取系统为例，对溶剂萃取理论得率的计算方法进行了介绍。

复习题

1. 萃取与蒸馏均可用于混合液体的分离，在什么情况下采用萃取操作更为合适？
2. 何谓分配系数，分配系数与哪些因素有关？分配系数的大小对萃取效果有何影响？
3. 怎样利用表观分配系数的数学表达式来分析，说明调节溶液 pH 对萃取过程的优劣？

4. 某厂青霉素提取工段采用两级逆流萃取，已知浓缩倍数为 1.5，萃取时溶液的 pH 为 2，萃取的效率为 90%，试求理论收得率。

主要参考文献

陆久芳，李总成，包铁竹. 1993. 分离过程化学. 北京：清华大学出版社
吴梧桐. 1992. 生物制药工艺学. 北京：中国医药科技出版社
严希康. 2001. 生物分离工程. 北京：化学工业出版社
俞俊堂，唐孝宣，李友荣. 2005. 新编生物工艺学. 北京：化学工业出版社
Stsnbury P F，Allan W. 1984. Principles of Fermention Technology. Now York：Pergamon Press Ltd

第19章　双水相萃取法

内容提要： 双水相现象是当两种聚合物或一种聚合物与一种盐溶于同一溶剂时，由于聚合物之间或聚合物与盐之间的分子空间阻碍作用，无法相互渗透，当聚合物或无机盐浓度达到一定值时，就会分成不互溶的两相，因为使用的溶剂是水，所以称为双水相。

当物质进入双水相体系后，由于表面性质、电荷作用和各种力，如疏水键、氢键和离子键等的作用和溶液环境的影响，使其在上、下相中的浓度不同，即各成分在两相间的选择性分配，从而达到萃取的目的。

值得注意的是双水相溶剂也可能是有机溶剂。如果多种不相溶的聚合物混在一起，就可得到多相体系，如硫酸葡聚糖、葡聚糖、羟丙基葡聚糖和聚乙二醇相混时，可形成四相体系。

双水相萃取技术已广泛应用于生物化学、细胞生物学、生物化工和食品化工等领域，此外双水相还可用于稀有金属/贵金属分离。

19.1　双水相体系

19.1.1　双水相的形成

两种被混合分子间如存在空间排斥力，它们的结构无法相互渗透，则在达到平衡后就有可能分成两相，形成双水相。生化工程中广泛应用的双水相体系有聚乙二醇(PEG) /葡聚糖(Dex) 体系，PEG/盐等体系。

分离某一生物大分子，两相系统的选择原则，必须有利于目的物的萃取和分离，同时又要兼顾到聚合物的物理性质。

19.1.2　相图

水性两相的形成条件和定量关系常用相图表示，图 19-1 是 PEG6000 与不同分子质量葡聚糖组成的 PEG/Dex 体系的相图。它是一条双节线。双节线下方为一相区，双节线上方即为两相区，两相分别有不同的组成和密度。上相组成用 T (top) 表示，下相组成用 B (bottom) 表示。图中上相主要含 PEG，下相主要含 Dex。

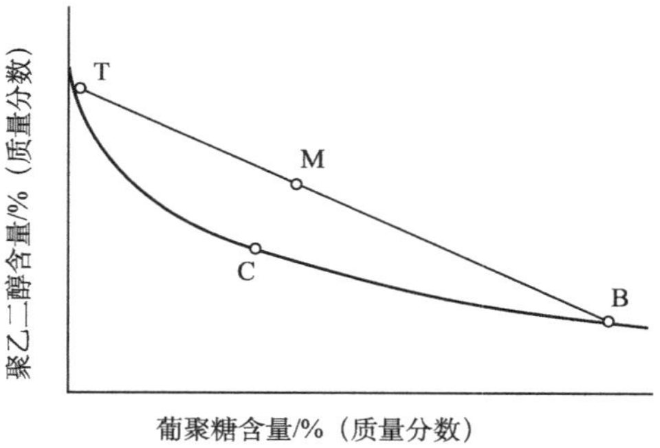

图 19-1　PEG/Dex 体系的相图

如点 M 为整个系统的组成，该系统实际上由 T、B 所代表的两相组成，TB 为系线。两相平衡时，符合杠杆规则，v_T 表示上相体积，v_B 表示下相体积，即

$$\frac{v_T}{v_B}=\frac{BM}{MT} \tag{19-1}$$

式中，BM-B 点到 M 点的距离，MT-M 点到 T 点的距离。

当点 M 向下移动时，系线长度缩短，两相差别减小，到达 C 点时，系线长度为 0，两相间差别消失而成为一相，因此 C 点为系统临界点。

双节线的位置和形状与聚合物的相对分子质量有关。聚合物 Dex 的相对分子质量越高，相分离所需的浓度越低；两种聚合物的相对分子质量相差越大，双节线的形状越不对称，见图 19-2。

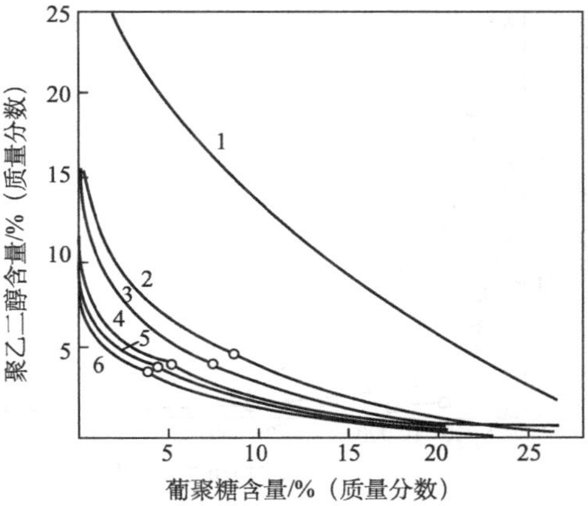

图 19-2　PEG-Dex 体系的双节线和临界点

1-D5（M_n2800，M_r3400）；2-D17（M_n23000，M_r30000）；3-D24（M_n23000）；4-D37（M_n88000，M_r179000）；5-D43（M_n180000，M_r460000）；6-D170（M_n630000，M_r2200000）；M_n-数均分子质量；M_r-重均分子质量

19.2　影响物质分配的因素

19.2.1　分配理论

和溶剂萃取法一样，物质在两水相中的分配用分配系数 K 表示即

$$K=\frac{c_T}{c_B} \tag{19-2}$$

式中，c_T、c_B-代表上相、下相中溶质的浓度，K 与温度、压力及溶质和溶剂的性质有关，与溶质的浓度无关。

影响物质分配平衡的主要参数有成相聚合物的相对分子质量和浓度，体系的 pH、体系中盐的浓度、体系中菌体或细胞的种类和浓度、体系温度等。选择合适的条件，可以达到较高的分配系数，较好地分离目的物。

19.2.2　成相聚合物及其相对分子质量的影响

典型的 PEG/Dex 双水相系统中，PEG 相对分子质量的减少，会使蛋白质在两相中的分配系数明显增大，如图 19-3 所示。这是因为成相聚合物的疏水性对酶等亲水性物质的分配产生较大的影响。同一聚合物的疏水性随相对分子质量的增加而增加，当 PEG 的相对分子质量增加时，在质量浓度不变的情况下，其两端羟基数目减少，疏水性增加，亲水性的蛋白质不再向富含 PEG 相中聚集而转向另一相。

Dex 水解程度的不同，对蛋白质的分配系数也有一定的影响，如图 19-4 所示。

19.2.3　成相聚合物浓度的影响

当接近临界点时，蛋白质均匀分配于两相，分配系数接近于 1。如成相化合物的总浓度或聚合物/盐混合物的总浓度增加时，系统远离临界点，系统的表面张力也增加，系线的长度也增加，此时两相性质的差别也增加，蛋白质趋向于向一侧分配，即分配系数或增大超过 1，或减小低于 1。必须指出，系线长度是一个重要的参数，用于表征系统的性质。

19.2.4　体系中离子环境对分配的影响

在 PEG/Dex 体系中，无机盐离子在两相中也有不同的分配，因此在两相间形成电位差。由于各相要保持电中性，这对带电生物大分子，不同蛋白质和核酸等的分配，产生很大的影响。

19.2.5　体系中 pH 的影响

pH 会影响蛋白质中可离解基团的溶解度，因而改变蛋白质所带电荷和分配系数；另外，

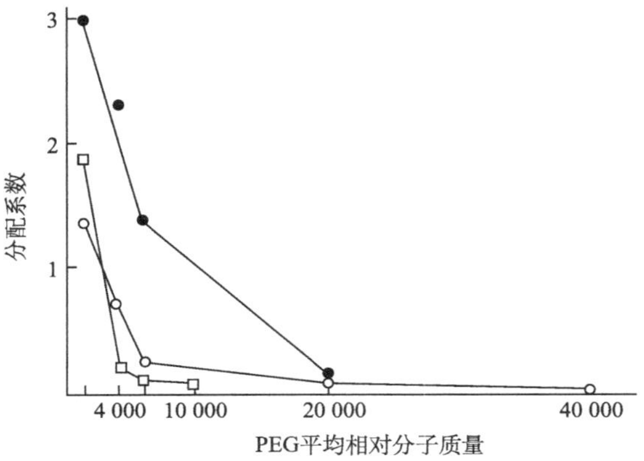

图 19-3 PEG 平均相对分子质量对分配率的影响

○普鲁兰酶（12% PEG，1% DexT500，100mmol/L Na_3PO_4，pH 7.5）；□ 1.4-α-葡聚糖磷酸酶（9.3% PEG，7% DexT500，50mmol/L K_3PO_4，pH 7.8）；●亮氨酰基-tRNA 合成酶（9.2g/100ml PEG，6.3g/100ml DexT200，73mmol/L K_3PO_4，pH 7.8）

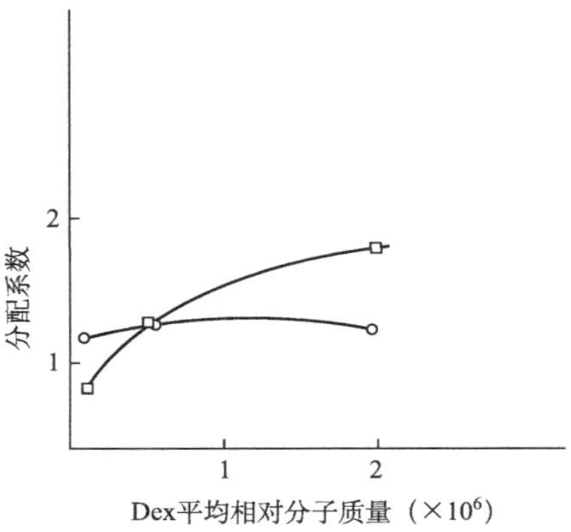

图 19-4 Dex 的平均相对分子质量对分配率的影响

□α-葡萄糖苷酶（10%PEG，5%DexT500，100mmol/L K_3PO_4，pH 6.3）；○异亮氨酰基合成酶（9.2g/100ml PEG6000，6.2g/100ml DexT，73mmol/LK_3PO_4，pH 7.0）

pH 还影响系统缓冲物磷酸盐的溶解程度，影响 $H_2PO_4^-$ 和 HPO_4^{2-} 之间的比例，影响相间电位差 U_2-U_1，从而影响分配系数。pH 微小的变化有时会使蛋白质的分配系数改变2～3个数量级。

19.2.6 体系中温度的影响

温度影响相图，同时影响分配率和蛋白质的生物活性。一般地，临界点附近，温度对分配率的影响较大，远离临界点时，影响较小。

在考虑温度对分配率的影响时，必须考虑到过程的能量消耗和分离过程中蛋白质的停留时间。由于亲水聚合物的多元醇或多糖结构保护了蛋白质，蛋白质在双水相中的稳定性增加，因此一般都可以在室温下操作。

19.2.7 体系中微生物的影响

对于同一种双水相体系，微生物也会影响体系上下相的比例及胞内蛋白体系的分配系数。这种分配的差异主要是由细胞破碎程度引起的，细胞壁和细胞膜不同的化学结构也会导致体系上下比例的改变。

19.3 双水相萃取技术的应用

双水相萃取技术已广泛应用于生物化学、细胞生物学、生物化工和食品化工等领域，在最近几年中更为突出。在若干生物工艺过程中得到了应用，其中最重要的领域是蛋白质的分离和纯化，其应用举例如表 19-1 所示。

表 19-1 双水相萃取技术在分离中的应用举例

分离物质	举例	体系	分配系数	收率/%
酶	过氧化物酶的纯化	PEG/Dex	2.95	81
核酸	能分离有活性的DNA	PEG/Dex	—	—

续表

分离物质	举例	体系	分配系数	收率/%
生长素	人生长素的纯化	PEG/盐	6.4	60
病毒	脊髓病毒和线病毒	PEG/NaDS（硫酸葡聚糖）	—	90
干扰素	分离 β-干扰素	PEG-磷酸酯/盐	1.55	99.5
细胞组织	分离含有胆碱受体的细胞	三甲胺-PEG/ Dex	3.64	57

此外双水相还可用于稀有金属/贵金属分离。传统的稀有金属/贵金属溶剂萃取方法存在着溶剂污染环境，对人体有害，运行成本高，工艺复杂等缺点。双水相技术萃取技术引入到该领域，无疑是金属分离的一种新技术。下面以酶的双水相分离为例介绍双水相萃取技术。

目前已知的胞内酶约 2600 种，但投入生成的很少，原因之一是提取困难。胞内酶提取的第一步必须要破碎细胞，所得的细胞匀浆黏度很大，且有微小的细胞碎片存在。传统的处理方法是离心分离，除去细胞碎片。这种方法，不仅能耗大，且细胞碎片不易弃除干净。用双水相萃取技术处理细胞匀浆液，既可以方便地除去细胞碎片，还可以使酶得到精制。

要成功地运用双水相萃取方法，应满足下列条件：①欲提取的酶和细胞碎片应分配在不同的相中；②酶的分配系数应足够大，使在一定的相体积比时，经过一次萃取，就能得到较高的收率；③两相用离心机很容易分离。

在双水相体系中，通常将目的蛋白分配在上相（PEG），而细胞碎片分配在下相（盐）。因为用离心机分离体系的上下相时，如上相含固形物量高，离心机的性能受到很大的影响。下面是双水相操作的一般过程。

1）萃取和平衡

萃取在混合-沉降罐中进行。混合-沉降罐装有溢流装置，溢流位置由两相密度差决定，它关系着整个操作系统的稳定性和连续性。

虽然在高黏度的体系中，分子扩散的速度降低，但是由于体系的表面张力很低（PEG/Dex 系统的表面张力 $10^{-3}\sim10^{-2}$ mN/m，PEG/盐系统的表面张力 $10^{-2}\sim10^{-1}$ mN/m），因此分配能在几分钟内达到平衡，而且由于界面张力很小，则界面能低，搅拌时只需较小的剪切力就能得到分散度很高的悬浮液，能耗小。

2）上下相的分离

在萃取达到平衡后，就必须使上下相分离。分离基本上依靠两种力，重力和离心力，前者为重力沉降，后者为离心分离。分离型离心机已成功地应用到分离下相黏度高达 7500mPa · s 的体系中。

3）多聚物的分离

在双水相提取蛋白质的过程中，离心机完成了相与相的分离任务，怎样去除目的物质所在相中的多聚物是得到纯净物的最后步骤。在多数情况下，多聚物通常是指 PEG。当目的蛋白是分配在 PEG 富集的上相中，相与相分离后，在上相中加入盐，形成新的双水相体系，在适当的条件下，蛋白质重新被萃取进入盐相，而大量的 PEG 得到回收，盐相中少量残余的 PEG 可用超滤或透析除去。

19.4　双水相萃取技术的发展

双水相萃取技术不但已用于生物物质的分离和纯化，而且已成为一种新的分析测试手段。近年来还有了新的进展，主要可分为两个方向。

19.4.1　提高分离效率的双水相萃取技术

1）双水相体系同生物转化相结合

将双水相萃取同生物转化结合在一起，可解决在许多生物转化中存在的两个问题：一是由于双水相体系对菌体及酶没有毒性，同时又可将产物萃入上相，因此可消除产物抑制效应；二是使分布在下相的细胞（酶）循环使用，从而为固定化细胞及酶的应用开辟了新路。例如，将木质素经过酶水解生产乙醇就是很好的例子，具体流程见图 19-5。

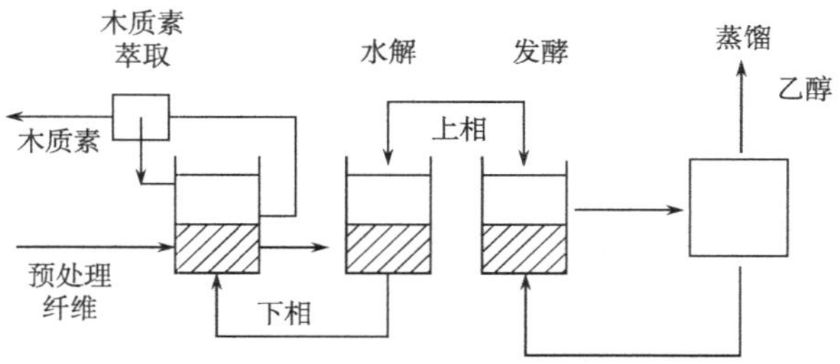

图 19-5　利用双水相体系将木质素转化为乙醇流程

2）双水相萃取同膜分离技术结合

将膜分离同双水相萃取技术结合起来，可解决双水相体系容易乳化和生物大分子在两相界面的吸附等问题并能加快萃取速率。双水相萃取同膜分离结合的例子见表 19-2。

表 19-2　双水相萃取与膜分离结合的例子

萃取物	内测流体	外侧流体	分配系数	内测流速 /(cm · s^{-1})	外侧流速 /(cm · s^{-1})	传质系数 /(cm · s^{-1})
细胞色素 C	磷酸盐	PEG	0.18	16.3	6.6	5.5×10^{-6}
肌红蛋白	磷酸盐	PEG	0.009	4.0	5.0	7.5×10^{-7}
过氧化酶	磷酸盐	PEG	0.12	16.3	5.0	2.8×10^{-5}
尿激酶	磷酸盐	PEG	0.65	16.3	5.0	2.0×10^{-4}

从表中可见，酶和蛋白质的分配系数较大，传质系数虽与传统溶剂萃取过程相差不大，在 10^{-6}～10^{-4}cm/s 范围内，但由于中空纤维膜传质膜面大，因而大大地加快了萃取传质速率。

3）双水相萃取同亲和层析相结合——亲和双水相

即在 PEG 或 Dex 上接上一定的亲和配基，这样不但使体系具有双水相处理量大的特点，而且具有亲和层析专一性高的优点。亲和双水相根据配基性质不同可分为三类：基团亲和配基型、染料亲和配基型与生物亲和配基型。从亲和层析和亲和双水相在分离葡萄糖-6-磷酸化脱氢酶时结果对比中可以看出（表 19-3），无论在处理量还是在收率上，亲和双水相比亲和层析效果都好。

表 19-3　亲和层析和亲和双水相比较

亲和配给	亲和双水相			亲和层系		
	收率/%	处理量/($U \cdot ml^{-1}$)	染料浓度/($\mu mol \cdot ml^{-1}$)	收率/%	处理量/($U \cdot ml^{-1}$)	染料浓度/($\mu mol \cdot ml^{-1}$)
Cibacron-blue 3GA（偶联色素配基辛巴蓝）	90	120	20～24	60	20	2
Procion-Red HE-3B（普施安红）	55	100	12～15	85	35	4

近年来亲和双水相发展极为迅速，仅在 PEG 上可接的配基就有十多种，分离纯化的物质达几十种，产物的分配系数成百上千倍的提高，如用磷酸酯 PEG-磷酸盐双水相体系萃取 β-干扰素，分配系数由原来的 1 左右提高到 630。

随着生物技术的发展，必将促进双水相萃取体系的完善，包括新萃取体系的开发、工艺优化、萃取剂回收、体系分相技术、萃取设备和基础理论研究等。从而更显示出双水相体系萃取分离技术在生物物质分离中的独特优点。

19.4.2　廉价双水相系统的使用

双水相体系中，昂贵的材料主要是高聚物。常用的是高聚物-高聚物和高聚物-盐体系。这两种体系的比较见表 19-4。

表 19-4　两种双水相体系的比较

体系	优点	缺点
高聚物（PEG)/高聚物（Dex)	盐浓度低，活性损失小	价格贵，黏度大，分相困难
高聚物（PEG)/盐	成本低，黏度小	盐浓度高，活性损失大，界面吸附多

从表可见，高聚物-高聚物体系对活性物质变性作用小，界面吸附少，但价格高。因而寻找廉价的高聚物-高聚物双水相体系是双水相萃取技术应用的一个重要发展方向。

目前比较成功的是用变性淀粉（hydroxypropyl derivative of Starch）PPT 代替昂贵的 Dex。PPT-PEG 体系已被用于从发酵液中分离过氧化氢酶、冬半乳糖苷酶等。PPT-PEG 体系比 PEG-盐体系稳定，和 PEG-Dex 体系相图非常相似，并具有以下优点。

（1）蛋白质溶解度大。蛋白质在 PPT 浓度达到 15%以前没有沉淀，但在 PEG 浓度大于 5%时溶解度显著地减小，在盐溶液中的溶解度更小。

（2）黏度小。PPT 的动力黏度只是粗 Dex 的 1/2，因而可以大大改善传质效果。

（3）价格便宜。PPT 价格为每千克几十美元，而粗 Dex 则要每千克几百美元，所以 PPT-PEG 双水相体系具有更广泛的应用前景。

本章小结

本章对双水相体系的形成及水性两相的形成条件和定量关系（相图）进行了探讨，介绍了相聚合物及其相对分子质量、温度、pH 值和离子强度等因素对物质在双水相分配中影响，便于控制操作条件。同时，对双水相的应用范围和未来技术发展趋势做了分析和展望。

复习题

1. 根据相图，简要说明 PEG/Dex 双水相系统的形成过程，并作出一蛋白质在双水相体系中三组分的液液平衡相图，并加以说明。

2. 怎样提高双水相体系对蛋白质萃取的选择性？

主要参考文献

华南工学院，大连轻工业学院，天津轻工业学院，等. 1981. 发酵工程与设备. 北京：轻工业出版社

严希康. 2001. 生物分离工程. 北京：化学工业出版社

俞俊棠，唐孝宣. 2005. 新编生物工艺学. 北京，化学工业出版社

朱文滔. 物理化学. 1985. 北京：清华大学出版社

Albertsson P A. 1971. Partition of Cell Particles and Macromolecules. 2nd ed. New York: Wiley Interscience.

Albertsson P A. 1986. Partition of Cell Particles and Macromolecules. 3nd ed. New York: Wiley John and Sons

Brad-ford M M. 1976. A rapid and sensitive method for the quantitation of microgram quantities of protein utilizing the principle of protein-dye binding. Anal Biochem, 72: 248～254

Brooks D E. 1985. Theoretical Aspects of Partitioning, in "Partitioning in Aqueous Two-Phase Systems" eds. Orlando: Academic Press

Datar R, Rosen C G. 1986. Studies on the removal of Escherichia coli cell debris by aqueous two—phase polymer extraction. J Biotechnol, 3: 207～219

Gerson D F. 1980. Cell surface energy, contact angles and phase partition 1 lymphocytic cell line in biphasic aqueous. Biochem Biophysic, 602: 269～280

Hustedt K H, Menge K U. 1985. Protein recovery using two — phase systems. Trends in Biotechnology, 3 (6):139～144

Walter D E, Fisher D B. 1985. Partitioning in Aqueous Two-Phase Systems. Orlando: Academic Press

Honig W, Kula M R. 1976. Analy. Biochem, 72: 502

Humphrey C C L. 1985. Liquid-Liquid Extraction of Biopolymers, in "Comprehensive Biotechnology". Oxford:Pergamon Press

Kroner K H. 1982 . Scale-up of formate dehydrogenase isolation by partition. J Tech Biotech, 32: 130～137

Kroner K H, Hustedt H, Kula M R. 1982. Evaluation of crude dextran as phase-forming polymer for the extraction of enzymes in aqueous two—phase systems in large scale. Biotech Bioeng, 24: 1015～1045.

Kula M R, Kroner K H, Hustedt H. Purification of enzymes by liquid-liquid extraction. Advances in Biochemical Engineering, 24: 73～119

Menge U, Morr M, Mayr U, et al. 1983. Purification of human fibroblast interferon by extraction in aqueous two-phase systems. J Appl Biochem, 5: 75～90

Polym V B. 1973. Chemistry. Berlin: Springer

Pretlow I T G, Pretlow T P. 1982. Ed Cell Separation I. New York: Acdemic Press

Schutte H. 1976. Purification and properties of formaldehyde dehydrogenase and formate dehydrogenase from Candida boidinii. Eur J Biochem, 62 (1): 151～160

Treybal R. 1963. Liquid Extraction. 2nd ed. New York: Mc. Graw Hill

第20章 吸附法

内容提要：吸附是溶质从液相或气相转移到固相的现象。利用固体吸附的原理从液体或气体中除去有害物质或分离回收有用目标产物的过程称为吸附操作。本章重点阐述了吸附过程的理论基础、吸附剂的种类、影响吸附的因素等，另外还介绍了大网格聚合物吸附剂等。

20.1 吸附过程的理论基础

吸附过程与发酵工程有着密切关系，如在蛋白质、核苷酸、抗生素、氨基酸等产物分离及精制过程中，可应用选择性吸附的方法，发酵行业中空气的净化和除菌也离不开吸附过程，在生物产品的生产中，还常用各类吸附剂进行脱色、去热原、去组胺等杂质。吸附的目的，一方面是将发酵液中的发酵产品吸附并浓缩于吸附剂上，另一方面是利用吸附剂除去发酵液中的杂质、色素、有毒物质（如热原）等。吸附法操作简便、安全、设备简单，原料易得，可不用或少用有机溶剂，生产过程中 pH 变化小，适用于稳定性较差的生化物质。但是，吸附法选择性较差，无机吸附剂性能不稳定，不能连续操作，劳动强度大，吸附剂的吸附容量有限，溶质和吸附剂之间的相互作用及吸附平衡关系通常是非线性关系。

20.1.1 基本概念

吸附是指在一定的操作条件下，流体与固体多孔物质接触时，流体中的一种或多种组分传递到多孔物质外表面和微孔内表面并附着在这些表面上的过程，被吸附的流体称为吸附质，多孔固体颗粒称为吸附剂。吸附达到平衡时，吸附剂内的流体称为吸附相，剩余的流体本体相称为吸余相。由于吸附质和吸附剂的物理化学性质不同，吸附剂对不同吸附质的吸附能力也不同，因此当流体与吸附剂接触时，吸附剂对流体中的某个或某些组分相对其他组分具有较高的吸附选择性，吸附相和吸余相的组分可被富集，从而实现物质的分离。

固体可分为多孔和非多孔性两类。非多孔性固体只具有很小的比表面积，用粉碎的方法可以增加其比表面积。多孔性固体的表面是由“外表面”和“内表面”所组成，内表面积可比外表面积大几百倍，并且有较高的吸附能力。

固体表面分子处于特殊的状态。从图 20-1 可见，固体内部分子所受的力是对称的，故彼此处于平衡状态，但在界面上的分子同时受到不相等的两相分子的作用力，因此界面分子

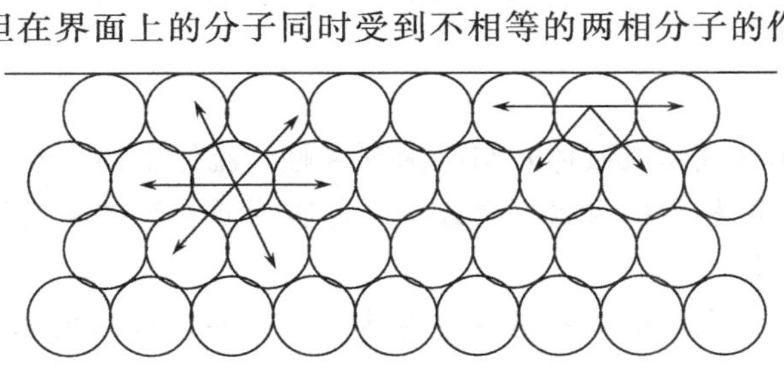

图 20-1 界面上分子及内部分子所受力示意图

的力场是不饱和的，即存在一种固体的表面力，它能从外界吸附分子、原子或离子，并在吸附表面上形成多分子层或单分子层。

20.1.2 吸附类型

根据吸附质的状态，吸附可分为气相吸附和液相吸附；根据吸附的组分数不同，可分为单组分吸附和多组分吸附；根据吸附过程温度变化与否，可分为等温吸附和非等温吸附；根据吸附质和吸附剂之间作用力的不同，吸附过程可分为物理吸附、化学吸附和交换吸附。

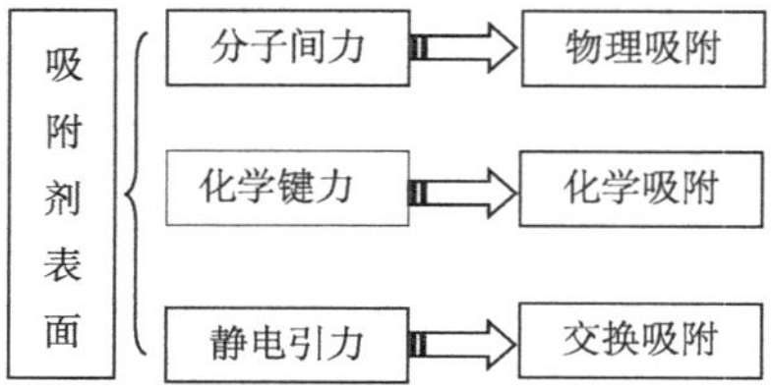

图 20-2 吸附的类型和作用力

在实践中，产生吸附效应的力有范德华力、静电作用力及在酶与基质结合成配合物时存在的疏水力、空间位阻等。按照吸附作用力不同，吸附通常可分为以下三种类型，见图 20-2。

(1) 物理吸附。吸附剂和吸附物通过分子力（范德华力）产生的吸附称为物理吸附。这是一种常见的吸附现象，其特点是吸附不仅限于一些活性中心，而是整个自由界面。分子被吸附后，一般动能降低，故吸附是放热过程。物理吸附是可逆的，即在吸附的同时，被吸附的分子由于热运动会离开固体表面，分子脱离固体表面的现象称为解吸。物理吸附与吸附剂的表面积、细孔分布和温度等因素密切相关。

(2) 化学吸附。化学吸附是由于吸附剂在吸附物之间的电子转移，发生化学反应而产生的，属于库仑力范围，反应时放出大量的热，一般为 (4.18～41.8) $\times 10^4$ J/mol。由于是化学反应，因此需要一定的活化能。化学吸附的选择性较强，即一种吸附剂只对某种或几种特定物质有吸附作用，因此化学吸附一般为单分子层吸附，吸附后较稳定，不易解吸。这种吸附与吸附剂表面化学性质及吸附物的化学性质有关。物理吸附与化学吸附本质上虽有区别，但有时也很难严格划分，可能在某些过程以物理吸附为支配作用，而在另一些过程中以化学吸附为支配作用。

(3) 交换吸附。吸附剂表面如为极性分子或离子所组成，则会吸引溶液中带相反电荷的离子而形成双电层，这种吸附称为极性吸附。在吸附剂与溶液间发生离子交换，即吸附剂吸附离子后，它同时要放出等物质量的离子于溶液中，因此也称交换吸附。离子的电荷是交换吸附的决定因素，离子所带电荷越多，它在吸附剂表面的相反电荷点上的吸附力就越强，电荷相同的离子，其水化半径越小，越易被吸附。

此外，根据吸附过程中所发生的吸附质-吸附剂之间的相互作用的不同，还可将吸附分成亲和吸附、疏水吸附、盐析吸附和免疫吸附等，还可根据实验中所采用的方法，将吸附分成间歇式和连续式两种。

20.1.3 吸附平衡

一定条件下，流体（气体或液体）与吸附剂接触，流体中的吸附质被吸附剂吸附，经足够长时间后，吸附质在两相中的含量不再改变，即吸附质在流体和吸附剂上的分配达到一种动态平衡，称为吸附平衡。

溶质在吸附剂上的吸附平衡关系是指吸附达到平衡时，吸附剂的平衡吸附浓度 q^* 与液相游离溶质浓度 c 之间的关系。一般 q^* 是 c 和温度的函数，即

$$q^* = f(c, T) \tag{20-1}$$

但一般吸附过程是在一定温度下进行，此时 q^* 只是 c 的函数，q^* 与 c 的关系曲线称为

吸附等温线。当 q^* 与 c 之间呈线性函数关系时，即

$$q^* = mc \tag{20-2}$$

式（20-2）称为亨利（Henry）型吸附平衡，其中 m 为分配系数。式（20-2）一般在低浓度范围内成立。当溶质浓度较高时，吸附平衡呈非线性关系，式（20-2）不再成立，经常利用佛罗因德利希（Freundlich）经验方程描述吸附平衡过程，即

$$q^* = kc^{\frac{1}{n}} \tag{20-3}$$

式中，k 和 n 为常数，一般 $1<n<10$。

此外，兰格缪尔（Langmuir）的单分子层吸附理论在很多情况下可解释溶质的吸附现象。该理论的要点是，吸附剂上具有许多活性点，每个活性点具有相同的能量，只能吸附一个分子，并且被吸附的分子间无相互作用。基于兰格缪尔单分子层吸附理论，可推导出兰格缪尔型吸附平衡方程

$$q^* = \frac{q_m c}{K_d + c} \tag{20-4}$$

或

$$q^* = \frac{q_m K_b c^n}{1 + K_b c^n} \tag{20-5}$$

式中，q_m-饱和吸附容量；K_d-吸附平衡的解离常数；K_b-结合常数（$K_b = 1/K_d$）。

当吸附剂对溶质的吸附作用非常大时，式（20-3）中的 n 常大于 10，或用式（20-4）表示的兰格缪尔吸附解离常数 K_d 非常小，游离浓度对吸附浓度影响很小，接近不可逆吸附，吸附等温线为矩形。几种常见的吸附平衡等温线如图 20-3 所示。

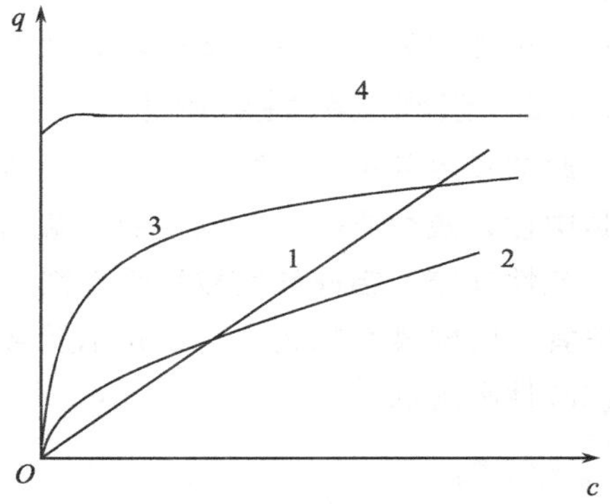

图 20-3 几种常见的吸附等温线

1-Henry 型；2-Freundlich 型；3-Langmuir 型；4-矩形

20.2 吸附剂的种类

吸附剂的种类很多，发酵工业用吸附剂应满足如下要求：①吸附剂不溶于吸附操作中所使用的溶液，且不使被吸附的化合物破坏或分解；②吸附剂本身是一种多细孔粉末状的物质，其颗粒密度小，内表面积大，但孔隙也不能太多，否则被吸附物质不易被洗脱，吸附剂的吸附作用主要发生在与流体相通的固体空穴的内表面上，表面积越大，吸附量就越多，如硅胶的内表面积高达 500m²/g 以上，活性炭则可达 1000m²/g；③吸附剂具有高的吸附容量和选择性，吸附容量以单位体积（或质量）吸附剂所能吸附的物质量来衡量，不同的吸附剂对不同的溶质具有选择性的吸附作用；④吸附剂具有一定的机械强度和物理特性（如颗粒的几何形状、大小、质量等），颗粒大小应均一；⑤吸附剂的化学稳定性、热稳定性及制备简单、生产成本低、价格便宜、原料充足等，同时要具有较好的流动性以便于装卸，较高的抗污染能力，容易再生。

发酵工业常用的吸附剂主要可分为三种类型，包括疏水或非极性吸附剂，亲水或极性吸附剂和吸附树脂。

20.2.1 疏水或非极性吸附剂

活性炭是疏水性的物质，是典型的非极性吸附剂。它最适宜从极性溶媒，尤其是水溶液

中吸附非极性物质。常用于生物产物（如谷氨酸钠）的脱色和除臭，还用于糖、氨基酸、多肽、脂肪酸及抗生素等的分离提取，在发酵工业应用广泛。

活性炭具有吸附力强、分离效果好、来源比较容易和价格便宜等优点，可分为粉末状活性炭、颗粒状活性炭和锦纶活性炭三类。活性炭还有碱性、酸性和中性之分。由于活性炭生产原料和制备方法不同，因此吸附性能的可重复性很难控制。在发酵工业中应用时还需对活性炭进行必要的处理。例如，在抗生素的提取过程中，活性炭要干燥去水，除去无机盐中钙、镁、铁离子等，其目的在于除去吸附着的物质，使吸附剂表面活化。

针对不同的物质，活性炭的吸附遵循一定规律：①对极性基团多的化合物的吸附力大于极性基团少的化合物；②对芳香族化合物的吸附能力大于脂肪族化合物；③对相对分子质量大的化合物的吸附力大于相对分子质量小的化合物；④不同 pH 对活性炭吸附影响较大，碱性、中性条件下吸附，可在酸性条件下洗脱，酸性、中性条件下吸附，可在碱性条件下洗脱；⑤活性炭吸附未达平衡前，其吸附速率随温度升高而增加，但对吸附容量没有影响。

20.2.2 亲水或极性吸附剂

此类吸附剂包括硅胶、氧化铝、活性土等，适用于非极性或极性较小的溶媒。吸附剂可以是中性、酸性或碱性。碳化钙、硫酸镁等属中性吸附剂。氧化铝、氧化镁等属碱性吸附剂。酸性硅胶、铝硅酸属酸性吸附剂。碱性的吸附剂适宜于吸附酸性的物质，而酸性的吸附剂适宜于吸附碱性的物质。氧化铝及某些活性土为两性化合物，可经酸或碱处理后转化为碱性或酸性吸附剂。

延伸阅读

活性氧化铝是氢氧化铝胶体经加热脱水后制成的一种多孔大表面吸附剂。活性氧化铝具有相当大的比表面积（200～400m^2/g），且机械强度高，稳定性好，耐高温，抗腐蚀，分离效果好，价格便宜，容易再生，活性易控制等优点，特别适用于亲脂性成分的分离，广泛应用于生物碱、苷类、氨基酸、蛋白质、维生素、抗生素等物质的分离。但不宜在强酸、强碱条件下使用，操作繁琐，处理量有限。

硅胶（$m SiO_2 \cdot n H_2O$）是用硅酸钠（Na_2SiO_3）与无机酸反应生成 H_2SiO_3，其水合物在适宜的条件下聚合、缩合而成硅氧四面体的多聚物，即硅溶胶，硅溶胶经凝胶化、洗盐和脱水成为硅胶。通过控制胶团的尺寸和堆积配位数可以控制硅胶的孔容、孔径和表面积。它是应用广泛的极性吸附剂，其优点是性质稳定，吸附量大，容易制备不同类型、孔径、表面积的多孔性硅胶，可用于萜类、固醇类、生物碱、磷脂、脂肪酸、氨基酸等的吸附分离。

20.2.3 吸附树脂

吸附树脂是一类高分子聚合物。常用的有聚苯乙烯树脂和聚丙烯酸酯树脂等。吸附树脂品种很多，单体的变化和单体上官能团的变化可赋予树脂以各种特殊的性能，吸附树脂可分为非极性、中极性、极性及强极性四类。吸附树脂广泛应用于制药及天然植物中活性成分如皂苷、黄酮、内脂、生物碱等大分子化合物的提取分离，对多种天然色素提取、中药复方药物提取等及生物化学制品的净化、分离、回收都有良好的效果，并在抗生素、维生素、氨基酸、蛋白质提纯等方面有很广泛的应用。

20.3 影响吸附的因素

吸附的影响因素主要有吸附剂、吸附物、溶剂的性质及吸附过程的具体操作条件。了解这些影响因素，有助于根据吸附物的性质和分离目的选择合适的吸附剂及操作条件。

20.3.1 吸附剂的性质

吸附剂的结构决定其理化性质，一般要求吸附容量大，吸附速度快和机械强度好。吸附容量除外界条件外，主要与表面积（即每克吸附剂所具有的表面积）有关。比表面积越大，空隙度越高，吸附容量就越大。吸附速度主要与颗粒度和孔径分布有关。颗粒度越小，吸附速度就越快。孔径适当，有利于吸附物向空隙中扩散，所以要吸附分子质量大的物质时，就应该选择孔径大的吸附剂，要吸附分子质量小的物质，则需选择比表面积高及孔径较小的吸附剂；而极性化合物，需选择极性吸附剂；非极性化合物，应选择非极性吸附剂。

20.3.2 吸附物的性质

吸附物的性质是影响吸附操作的重要因素。能使表面张力降低的物质，易为表面吸附；极性吸附剂易吸附极性物质，非极性吸附剂易吸附非极性物质；结构相似的化合物，在其他条件相同的情况下，具高熔点的易被吸附，这是因为高熔点的化合物，一般来说其溶解度都比较低，所以易被吸附。有机化合物引入取代基后，由于其溶解度的改变，则吸附量也随之改变。吸附物浓度大时，吸附量也大。用活性炭脱色和去热原时，为了避免对有效成分的吸附，往往将待处理液适当稀释后进行。

20.3.3 溶液 pH 的影响

溶液的 pH 往往会影响吸附剂或吸附物解离情况，进而影响吸附量，对蛋白质或酶类等两性物质，一般在等电点附近吸附量最大；有机酸在酸性下，胺类在碱性下较易为非极性吸附剂所吸附。各类溶质吸附的最佳 pH 往往需通过实验确定。

20.3.4 温度的影响

吸附一般是放热的过程，吸附热越大，则吸附过程受温度的影响越大。一般来说，吸附过程达到平衡后，升高温度会使吸附量降低，也会增大吸附物的溶解度，不利于吸附；但在低温时，有些吸附过程往往在短时间达不到平衡，而升高温度会使吸附速度加快，所以会出现温度升高时吸附量增加的情况。生化物质吸附温度的选择，还要考虑它的热稳定性。对酶来说，如果是热不稳定的，一般在 0℃左右进行吸附；如果比较稳定，则可在室温操作。

20.3.5 溶液中其他溶质的影响

当从含有两种以上组分的溶液中进行吸附时，根据溶质的性质，可以互相促进，干扰或互不干扰。一般来说，对混合物的吸附较纯物质的吸附差。当溶液中存在其他溶质时，会导致吸附一种溶质而使另一种溶质的吸附量降低。

20.4 大网格聚合物吸附剂

将大网格离子交换树脂去掉其功能团，而保留其多孔的骨架，依靠树脂骨架和溶质分子之间的范德华力进行吸附，其性质就和活性炭、硅胶等吸附剂相似，这类吸附剂称为大网格聚合物吸附剂（俗称大孔树脂吸附剂或吸附树脂）。与活性炭等传统吸附剂相比，大网格吸附剂具有选择性好，解吸容易，机械强度高，可反复使用和流体阻力较小等优点。特别是其孔隙大小、骨架结构和极性，可按照需要，选择不同的原料和合成条件，因此可适用于各种有机化合物。

在抗生素生产中，大网格吸附剂的应用越来越广泛。目前已经用于头孢菌素、维生素 B_{12}、林可霉素等的提取。对于一些属于弱电解质或非离子型的抗生素，过去不能用离子交换法提取的，现在可考虑使用大网格吸附剂。因此，它可补充离子交换树脂的不足，为发酵产物及生物药物提取纯化提供广阔的途径。近些年，大网格聚合物吸附剂在发酵工业应用日益广泛。下面介绍大网格聚合物吸附剂的类型、结构、吸附机制、物理性质及作用等相关知识。

大网格聚合物吸附剂按骨架极性强弱，可分为非极性、中等极性和极性吸附剂三类。非极性吸附剂通常由苯乙烯交联而成，交联剂为二乙烯苯，也称为芳香族吸附剂；中等极性吸附剂由甲基丙烯酸酯交联而成，以多功能团的甲基丙烯酸作为交联剂，也称为脂肪族吸附剂；极性吸附剂一般由丙烯酰胺或亚砜经聚合而成，通常含有硫氧、酰胺、氮氧等基团。

20.5 其他类型的吸附

20.5.1 疏水作用吸附

利用溶质和吸附剂表面之间弱的疏水性相互作用而被吸附的过程称为疏水作用吸附。疏水作用的强度随着盐浓度的增加而增加，因此，在高盐浓度下大部分溶质（蛋白质）被惰性基质上的疏水基团所吸附，而当淋洗液的离子浓度逐渐降低时，蛋白质样品则按其疏水特性被依次洗脱下来，疏水性越强洗脱时间越长，用此原理实现分离。

20.5.2 盐析吸附

这类吸附剂是由疏水吸附和盐析沉淀组合而成的，具体操作是将硫酸铵沉淀的蛋白质悬浮液，添加到一个用硫酸铵预平衡的纤维素或葡聚糖和琼脂糖组成的吸附柱中，然后用递减的盐浓度梯度展开，达到分离产物的目的。

20.5.3 亲和吸附

亲和吸附是借助于溶质和吸附剂间的特殊的生物结合力而实现的吸附过程。它即非依赖于范德华力的物理吸附，也非依赖于静电作用的离子交换，而是生物学上的特异性识别，具有很强的专一性，如抗原与抗体、抗原与细胞或病毒表面受体的识别，酶与底物的识别等。亲和吸附剂是由载体和配基两部分组成，它们之间以共价键或离子键形式相互结合，载体不与溶质起反应，仅起基体的作用，而配基能选择性地与溶质起反应，这种相互作用被称为“锁匙结合”。

20.5.4 染料配位体吸附

当亲和吸附剂中配基是三嗪染料时，它对许多蛋白质有识别作用，如使用 Cibaron-Blue F3GA 可对人血清白蛋白（清蛋白）分离纯化，这种吸附过程称为染料配位体吸附。三嗪染料是多环芳香族的磺化物，含有三嗪反应基团，与基质的连接很容易，并有很多官能团可同蛋白质发生作用，其中包括离子交换、疏水和电荷转换等。在一定的 pH 和离子强度下，染料与蛋白质表面残基上的电荷和疏水性差别等综合因素造成蛋白质对染料的选择性吸附。染料-配位体吸附作用与基质的特性、染料的结构及染料的取代程度有关。

20.5.5 免疫吸附

抗体（多克隆或单克隆）不仅对确切的氨基酸序列和三维结构非常专一，而且对它们的抗原有非常高的结合系数，即它们的结合亲和力极强，因此用适当的方法将抗原或抗体偶联到一固相载体上（如琼脂糖-4B），便可用来有效的分离和纯化各自的互补的免疫物质。这种利用抗原-抗体的亲和反应来进行分离纯化的方法称为免疫吸附。利用免疫吸附的先决条件是制得目标蛋白质的抗体，很多酶、受体蛋白、病毒等外源蛋白都可作为抗原，使动物产生抗体，它包括有单克隆抗体和多克隆抗体。

20.5.6 羟基磷灰石吸附

羟基磷灰石是一种属于六方晶系的结晶状无机盐。羟基磷灰石的制备是将 $CaHPO_4$ 和 0.5mol/L $CaCl_2$ 溶液及 Na_2HPO_4 和 1mol/L NaCl 溶液一起慢慢混合，产生透钙磷石 $CaHPO_4 \cdot 2H_2O$，然后用 NaOH 熟化，就会转化成羟基磷灰石 $Ca_{10}(PO_4)_6(OH)_2$（HAP），它的大小较均匀，1～3μm 厚。

羟基磷灰石的吸附主要是基于钙离子和磷酸根离子的静电引力即在羟基磷灰石晶体表面存在不同的吸附面（a 晶面和 b 晶面），存在两种不同的吸附点：①起阴离子交换剂作用的称为 C 点，带正电荷，为构成羟基磷灰石晶体的 Ca^{2+} 所致；②起阳离子交换剂作用的称为 P 点，带负电荷，由羟基磷灰石晶体的 PO_4^{3-} 所致。蛋白质分子以不同的方式吸附于羟基磷灰石上，酸性物质吸附于 C 点，碱性物质吸附于 P 点。然后利用 K_2HPO_4-KH_2PO_4 缓冲液梯度洗脱分离（如溶菌酶、核糖核酸等的分离）。

本章小结

吸附在是指在一定的操作条件下，流体与固体多孔物质接触时，流体中的一种或多种组分传递到多孔物质外表面和微孔内表面并附着在这些表面上的过程。根据吸附质和吸附剂之间作用力的不同，吸附过程可物理吸附、化学吸附和交换吸附。发酵工业常用的吸附剂主要可分为三种类型：疏水或非极性吸附剂、亲水或极性吸附剂和吸附树脂。吸附过程的影响因素很多，包括吸附剂的性质、吸附物的性质、溶液 pH 的影响、温度的影响及溶液中其他溶质的影响等。大网格聚合物吸附剂，俗称大孔树脂吸附剂或吸附树脂，它在发酵工业应用日益广泛。本章还简单介绍了其他的吸附类型，如疏水作用吸附、盐析吸附、亲和吸附、染料配位吸附和免疫吸附等。

复习题

1. 什么是吸附？吸附法有何优缺点？
2. 常用吸附剂有哪些？各有何特点？
3. 发酵工业用吸附剂应满足哪些要求？
4. 活性炭吸附应遵循什么规律？
5. 大网格聚合物吸附剂的类型和结构如何？该吸附剂与传统吸附剂相比有何优缺点？

主要参考文献

顾觉奋．2000．分离纯化工艺原理．北京：中国医药科技出版社
孙彦．2005．生物分离工程．2 版．北京：化学工业出版社
田瑞华．2008．生物分离工程．北京：科学出版社
田亚平，周楠迪．2010．生化分离原理与技术．北京：化学工业出版社
严希康．2010．生物物质分离工程．2 版．北京：化学工业出版社
姚汝华，周世水．2005．微生物工程工艺原理．广州：华南理工大学出版社
俞俊棠，唐孝宣，李友荣，等．2003．新编生物工艺学（下册）．北京：化学工业出版社

第21章 离子交换法

内容提要：发酵工业中最常用的交换剂为离子交换树脂。离子交换树脂法还广泛用于脱色、硬水软化及制备无盐水等。本章介绍离子交换法的基本概念，离子交换树脂的命名法则及理化性能，离子交换过程的理论基础，及树脂的选择和操作条件的控制。

21.1 基本概念

离子交换剂是不溶于酸、碱和有机溶媒，化学稳定性良好，具有网状交联结构和离子交换能力的固态高分子化合物。其结构可分为两部分：一部分是不能移动的、多价的高分子基团，构成树脂的骨架，使树脂具有不溶解的稳定的化学性能；另一部分是可移动的离子，构成树脂的活性基团，活性基团可移动的离子在骨架中进进出出，就产生了离子交换现象。离子交换树脂是一种不溶解的多价离子，其周围包围着可移动的、带有相反电荷的离子，活性离子是阳离子的称为阳离子交换树脂，活性离子是阴离子的称为阴离子交换树脂。

21.1.1 强酸性阳离子交换树脂

这类树脂含有大量的强酸性基团，如磺酸基（$—SO_3H$），容易在溶液中离解出 H^+，故呈强酸性。树脂离解后，本体所含的负电基团，如 SO_3^-，能吸附结合溶液中的其他阳离子。这两个反应使树脂中的 H^+ 与溶液中的阳离子互相交换。强酸性树脂的离解能力很强，在酸性或碱性溶液中均能离解和产生离子交换作用。

21.1.2 弱酸性阳离子交换树脂

这类树脂含弱酸性基团，如羧基（$-COOH$），能在水中离解出 H^+ 而呈酸性。树脂离解后余下的负电基团，如 $R—COOH^-$（R 为碳氢基团），能与溶液中的其他阳离子吸附结合，从而产生阳离子交换作用。这种树脂的酸性即离解性较弱，在低 pH 条件下难以离解和进行离子交换，只能在碱性、中性或微酸性溶液中（如 pH 5～14）起作用。其交换容量大，容易再生成氢型，但其交换能力弱，速度慢，化学和热稳定性差。

21.1.3 强碱性阴离子交换树脂

这类树脂含有强碱性基团，如季胺基（$—NR_3OH$），能在水中离解出氢氧根离子（OH^-）而呈强碱性。这种树脂的正电基团能与溶液中的阴离子吸附结合，从而产生阴离子交换作用。这种树脂的离解性很强，在不同 pH 下都能正常工作，可用强碱（如 NaOH）进行再生。强碱性阴离子交换树脂主要用于制备无盐水，可除去硅酸根、碳酸根等弱酸根。

21.1.4 弱碱性阴离子交换树脂

这类树脂含有弱碱性基团，如伯胺基（$—NH_2$）、仲胺基（—NHR）、或叔胺基（$—NR_2$），它们在水中能离解出氢氧根离子（OH^-）而呈弱碱性。这种树脂的正电基团能与溶液中的阴离子吸附结合，从而产生阴离子交换作用。这种树脂在多数情况下是将溶液中的整个酸分子吸附。它只能在中性或酸性条件（如 pH 1～9）下工作，可用 Na_2CO_3、NH_4OH 进行再生，较容易生成羟型，且耗费碱量较少。

以上是树脂的四种基本类型。在实际使用上，常将这些树脂转变为其他离子形式以适应各种需要。例如，常将强酸性阳离子树脂与 NaCl 作用，转变为钠型树脂再使用，工作时钠型树脂放出 Na^+ 与溶液中的 Ca^{2+}、Mg^{2+} 等阳离子交换吸附，除去这些离子。反应过程无 H^+ 释放，可避免溶液 pH 下降和由此产生的副作用（如蔗糖转化和设备腐蚀等）。这种树脂以钠型运行使用后，可用盐水再生。

21.2　离子交换树脂的命名法

国际上离子交换树脂的品种很多，型号不一。国家最新颁发了《离子交换树脂命名系统和基本规范 GB1631—2008》，对命名原则进行规范。离子交换树脂的命名由国家标准号、基本名称和单项组组成，基本名称：离子交换树脂，凡分离属酸性的，应在基本名称前加“阳”字；分类属碱性的，在基本信息前加“阴”字。为了命名明确，单项组又包含 6 个字符组。其命名和规格参考下列标准模式，见表 21-1。

表 21-1　离子交换树脂的命名和规格标准模式

命名							
标识字组							
国家标准号	基本名称	单项组					
		字符组 1	字符组 2	字符组 3	字符组 4	字符组 5	字符组 6

表 21-1 中字符/表示离子交换树脂的型态，分为凝胶型和大孔型两种，凡具有物理孔结构的称为大孔型树脂，在全名称前加“D”以示区别；字符组 2，以数字代表产品的官能团的分类，官能团的分类和代号；字符组 3，以数字代表骨架的分类；字符组 4，顺序号，用以区别基团、交联剂等的差异；交联度用“×”号联接阿拉伯数字表示，如遇到二次聚合或交联度不清楚时，可采用近似值表示或不予表示；字符组 5，不同床型应用的树脂代号；字符组 6，特殊用途树脂代号。举例说明，如大孔型苯乙烯系强酸性阳离子混合床用核级离子交换树脂表示：D001×7MB-NR，解析过程见图 21-1。

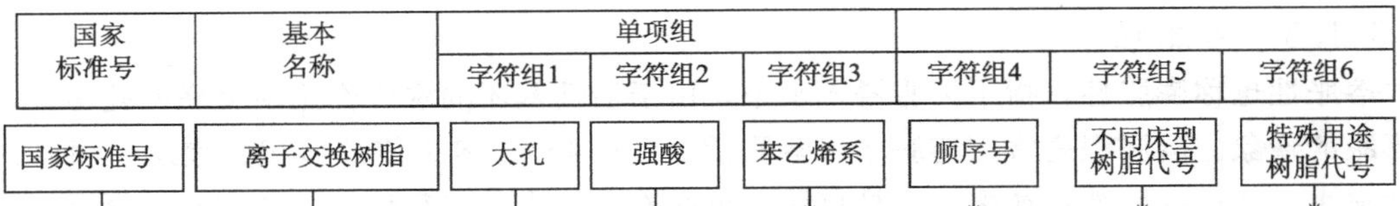

图 21-1　离子交换树脂命名举例解析图

21.3　离子交换树脂的物理化学性能及测定方法

离子交换树脂是高分子化合物，所以它们的结构和性能因制造工艺的不同而不同，为此，对于商品离子交换树脂的性能，必须用一系列指标加以说明。

21.3.1　物理性能

21.3.1.1　外观

常用凝胶型离子交换树脂为透明或半透明的珠体，大孔树脂为乳白色或不透明的珠体。

优良的树脂圆球率高，无裂纹，颜色均匀，无杂质。树脂呈球状，颗粒数占颗粒总数的百分率，称为圆球率。树脂圆球率的测定方法，是先将树脂在 60℃烘干、称重，然后慢慢倒在倾斜 10°的玻璃上端，让树脂分散地向下自由滚动，将滚动下来的树脂再称重，后者与前者比值的百分数即为圆球率。

21.3.1.2 树脂颗粒尺寸

离子交换树脂通常制成珠状的小颗粒，它的尺寸也很重要。树脂颗粒较细者，反应速度较大，但细颗粒对液体通过的阻力较大，需要较高的工作压力。因此，树脂颗粒的大小应选择适当。树脂颗粒大小的测定通常用湿筛法，将树脂在充分吸水膨胀后进行筛分，以 90%粒子可以通过其相对应的筛孔直径，称为树脂的“有效粒径”。多数通用的树脂产品的有效粒径为 0.4～0.6mm。

21.3.1.3 密度

树脂密度是设计交换柱、确定反冲洗强度的重要指标，也是影响树脂分层的主要因素。

延伸阅读

离子交换树脂的密度表示方法：①湿真密度是树脂在水中充分溶解后的质量与真体积（不包括颗粒孔隙体积）之比。其值一般为 1.04～1.3g/ml，通常阳离子交换树脂的湿真密度比阴离子交换树脂大，强型的比弱型的大。②湿视密度是树脂在水中溶解后的质量与堆积体积之比。此值一般为 0.60～0.85g/ml，一般阳离子交换树脂的密度大于阴离子交换树脂。树脂在使用过程中，因基团脱落，骨架中链的断裂，其密度略有减小。③干真密度指在干燥状态下树脂材料本身的密度，等于干树脂的质量与树脂的真体积之比，此值一般为 1.6 左右，常用在研究树脂性能方面，实用意义不大。

21.3.1.4 含水量

树脂含水量是指在水中充分溶胀的湿树脂所含溶胀水质量占湿树脂质量的百分数。含水量主要取决于树脂的交联度、活性基团的类型和数量等。树脂交联度小，内部孔隙率大，含水量也大。一般为 40%～60%。在表示树脂含水量时，还需指明离子形态。

21.3.1.5 溶胀性

溶胀性也称膨胀性，指干树脂浸入水中，由于活性基团的水合作用使交联网孔增大，体积膨胀的现象。溶胀程度常用溶胀率（溶胀前后的体积差/溶胀前的体积）表示。树脂的交联度愈小，活性基团数量愈多，愈易离解，可交换离子水合半径愈大，其溶胀率愈大。水中电解质浓度愈高，由于渗透压增大，其溶胀率愈小。

21.3.1.6 机械强度

机械强度反映树脂保持颗粒完整性的能力。树脂在使用中由于受到冲击、碰撞、摩擦及胀缩作用，会发生破碎。因此，树脂应具有足够的机械强度，以保证每年树脂的损耗量不超过 3%～7%。树脂的机械强度主要取决于交联度和溶胀率。交联度愈大，溶胀率愈小，则机械强度越高。

21.3.1.7 耐热性

各种树脂均有一定的工作温度范围。操作温度过高，易使活性基团分解，从而影响交换容量和使用寿命；操作温度过低，如果低至 0℃以下，树脂内水分冻结，使颗粒破裂。通常控制树脂的储藏和使用温度在 5～40℃为宜。一般阳离子交换树脂较阴离子交换树脂耐热性高，盐型离子交换树脂较游离酸型的耐热性高，而盐型中又以钠型的耐热性最高。

21.3.1.8　交联度

大多数离子交换树脂是由苯乙烯和二乙烯苯聚合而成的。通常所说的树脂交联度是二乙烯苯在树脂母体总量中所占的质量分数。交联度的大小决定着树脂机械强度及网状结构的疏密。交联度大，网孔小，结构紧密，树脂机械强度大；交联度小，则树脂网孔大，结构疏松，强度小。同时，交联度的变化，使离子交换树脂对大小不同的各种离子具有选择性通过的能力。

21.3.1.9　溶解性

离子交换树脂在使用中，有时也会发生转变成胶体渐渐溶入水中的现象，即所谓胶溶。在运行中要密切注意其运行条件：如离子交换树脂处于蒸馏水中要比在盐溶液中易胶溶，Na 型比 Ca 型易胶溶。离子交换器刚投入运行时，有时发生出水带色的现象，就是胶溶的缘故。

21.3.2　化学性能

21.3.2.1　离子交换反应的可逆性

离子交换反应的可逆性，是离子交换树脂可以反复使用的重要化学性质。离子交换反应的可逆性交换的逆反应即为再生。

21.3.2.2　酸碱性

H 型阳离子交换树脂和 OH 型阴离子交换树脂在水中电离出 H^+ 和 OH^-，表现出酸碱性。根据活性基团在水中离解能力的大小，树脂的酸碱性也有强弱之分。强酸或强碱性树脂在水中离解度大，受 pH 影响小；弱酸或弱碱性树脂离解度小，受 pH 影响大。因此弱酸或弱碱性树脂在使用时对 pH 要求很严，各种树脂在使用时都有适当的 pH 范围。

21.3.2.3　离子交换树脂的选择性

离子交换树脂吸附各种离子的能力不一，有些离子易被交换树脂吸附，但吸附后要把它置换下来就比较困难；而另一些离子很难被吸附，但被置换下来却比较容易，这种性能称为离子交换的选择性。选择性会影响到离子交换树脂的交换和再生过程，在实际应用中具有重要意义。

21.3.2.4　交换容量

离子交换树脂的交换容量表示其可交换离子量的多少，表示单位有两种：一是质量表示法，即单位质量离子交换树脂吸附能力，通常用 E_V（mmol/ml 湿树脂）表示；另一种是体积表示法，即单位体积离子交换树脂的吸附能力，通常用 E_W（mmol/g 干树脂）表示。这两种表示方法之间的数量关系为：$E_V = E_W \times$（1－含水量）×湿视密度。常用的有全交换容量、工作交换容量和平衡交换容量。

延伸阅读

全交换容量，也称理论交换量，指单位质量或单位体积树脂中所含有可交换离子的物质的量，即将树脂中所有活性基团全部再生成某种可交换的离子，然后测定其全部交换下来的量。通常 mmol/g 干树脂或 mmol/ml 湿树脂表示。该交换量是由离子交换树脂的特性所决定，与操作条件无关，对于同一种离子交换树脂来说，它是常数。

工作交换容量。树脂在给定的工作条件下实际所发挥的交换能力称为工作交换容量。常用体积表示法，即 mmol/ml。因受再生程度、进水中离子的种类和浓度，树脂层高度、水流速度、交换终点的控制指标等许多因素影响，一般工作交换容量只有全交换容量的60%～70%。

平衡交换容量。离子交换树脂完全再生后，求它和一定组成的水溶液作用到平衡状态时的交换容量，称为平衡交换容量。此指标表示在某种给定溶液中离子交换树脂的最大交换容量。它不是常数，只与平衡的溶液组成有关。

21.4 离子交换过程的理论基础

21.4.1 离子交换平衡方程式

离子交换平衡是离子交换的基本规律之一。在没有待分离的溶质存在时，离子交换剂表面的离子基团或可离子化的基团 R（R^+ 或 R^-）一直被其反离子覆盖，液相中的反离子浓度为常数。溶质与反离子带有相同的电荷，溶质的吸附是基于其与离子交换剂间相反电荷的静电引力。典型的离子交换过程发生下列反应

$$\text{阳离子交换：} R^+\,U^- + X^- \rightleftharpoons R^+\,X^- + U^- \tag{21-1}$$

$$\text{阴离子交换：} R^-\,U^+ + X^+ \rightleftharpoons R^-\,X^+ + U^+ \tag{21-2}$$

其中，R^+ 和 R^- 分别表示阴离子交换剂和阳离子交换剂，U 表示反离子，X 表示溶质。上述离子交换平衡常数 K_{XU} 分别为

$$K_{XU-} = \frac{[RX][U^-]}{[RU][X^-]} \tag{21-3}$$

$$K_{XU+} = \frac{[RX][U^+]}{[RU][X^+]} \tag{21-4}$$

在离子交换过程中，反离子 U 的浓度对溶质在固液两相间的分配系数 m 具有重要影响。以阴离子交换剂为例，单价强电解质 XH 完全解离，分配系数为

$$m = \frac{[RX]}{[X^-]} \tag{21-5}$$

由式（21-3）和（21-5），可得分配系数与反离子浓度关系

$$m = \frac{K_{XU-}[RU]}{[U^-]} \tag{21-6}$$

即分配系数与反离子浓度呈反比，表明离子交换的分配系数随离子强度的增大而下降。式（21-6）适用于可完全解离的强电解质。

21.4.2 离子交换速度

离子交换过程可以分为四个连续的步骤：①离子从溶液主体向颗粒表面扩散，穿过颗粒表面液膜（液膜扩散）；②穿过液膜的离子继续在颗粒内交联网孔中扩散，直至达到某一活性基团位置；③目的离子和活性基团中的可交换离子发生交换反应；④被交换下

来的离子沿着与目的离子运动相反的方向扩散，最后被主体水流带走。上述几步中，交换反应速率与扩散相比要快得多，因此总交换速度由扩散过程控制。由 Fick 定律，扩散速度可写成

$$dq/dt = D^{\circ}(c_1 - c_2)/\delta \tag{21-7}$$

式中，q-交换的离子量；t-时间；c_1、c_2-扩散界面层两侧的离子浓度，$c_1 > c_2$；δ-界面层厚度，相当于总扩散阻力的厚度；D°-总扩散系数。

树脂的交联度越大，网孔越小，则其颗粒内扩散越慢，交换速度就越慢，当水中有粒径较大的离子存在时，对交换速度影响就更为显著。大孔树脂的内孔扩散速度比凝胶树脂快得多。树脂颗粒越小，由于内扩散距离缩短和液膜扩散的表面积增大，扩散速度加快。研究指出，液膜扩散速度与粒径成反比，内孔扩散速度与粒径的高次方成反比。但颗粒不宜太小，否则会增加水流阻力，且在反洗时易流失。

溶液离子浓度是影响扩散速度的重要因素，浓度越大，扩散速度越快。提高水温能使离子的动能增加，水的黏度减小，液膜变薄，这些都有利于离子扩散。提高水温能同时加快内扩散和膜扩散，所以离子交换设备运行时，一般水温保持在 20～40℃，但也不能过高，因为水温过高会影响交换剂的热稳定性，特别是强碱性阴树脂，不耐高温。

21.5 树脂的选择和操作条件控制

21.5.1 树脂的选择

选择离子交换树脂的一般原则有下列几点。在分离生物大分子物质时，选用亲水性基质的交换剂较为合适，它们对被分离物质的吸附和洗脱都比较温和，不易破坏生物大分子的活性。如果被分离物质带正电荷，应选择阳离子交换剂；如带负电荷，应选择阴离子交换剂；如被分离物为两性化合物，一般应根据其在稳定 pH 范围内所带电荷的性质来选择交换剂的种类。对强碱性物质宜采用弱酸性树脂；对弱碱性物质宜选用强酸性树脂；弱酸性物质宜用强碱性树脂；强酸性物质宜用弱碱性树脂。强型离子交换树脂使用的 pH 范围很广，所以常用它来制备去离子水和分离一些在极端 pH 溶液中解离且较稳定的物质。对于大多数蛋白质，酶和其他生物大分子的分离多采用弱碱或弱酸性树脂，以减少生物大分子的变性，有利于洗脱、并提高选择性。目标物质分子较大，应选择交联度较低的树脂，便于大分子扩散到树脂内部，但交联度过低，会影响树脂的选择性和机械强度，造成使用过程中树脂流失。对于小分子离子，交联度不影响交换容量，但交联度过高，树脂在清洗再生及转型过程中，膨胀度较大，对设备造成损坏。

21.5.2 操作条件的控制

溶液交换时的 pH。合适的 pH 应具备 3 个条件：pH 应在产物的稳定范围内；使产物能离子化；使树脂功能基团能离子化。

洗涤剂的选择。饱和后的树脂，要选择合适的洗涤剂如水、稀酸、盐或其他络合剂等洗净交换废液及夹带的杂质，如吸附链霉素后的饱和树脂不能用氨水洗涤，因为 NH_4^+ 和链霉素反应生成毒性很大的二链霉胺，也不能用硬水洗涤，因为水中 Ca^{2+}、Mg^{2+} 被羧酸树脂吸附而置换链霉素，生产上使用的是软水。

洗脱（也称解吸）条件的选择。洗脱过程是吸附的逆过程，因此洗脱条件一般和吸附条件相反。如果吸附在酸性条件下进行，洗脱应在碱性下进行；如果吸附在碱性条件

下进行，洗脱应在酸性下进行。例如，谷氨酸吸附在酸性条件下进行，洗脱一般用氢氧化钠溶液。

21.6 大网格离子交换树脂

在发酵产物的提取和精制过程中，大网格离子交换树脂的应用日益广泛和成熟。大网格离子交换树脂和上一章所介绍的大网格聚合物吸附剂具有相同的骨架，在大网格吸附剂上引入离子交换功能团，就得到大网格离子交换树脂。一般凝胶离子交换树脂水化后，处在溶胀状态，交联链之间的距离拉长，形成空隙。这种空隙通常不大，直径在 3×10^{-9} m 以下，并且随外界溶液浓度、溶剂和起交换离子的性质而改变。大网格离子交换树脂与凝胶离子交换树脂物理性能的比较见表 21-2。

表 21-2 大网格离子交换树脂与凝胶离子交换树脂物理性能比较

树脂	交联度 /%	比表面积 /$m^2\cdot g^{-1}$	孔径 /nm	空隙度 ml（空隙）/ml（树脂）
大网格	15～25	25～100	8～1000	0.15～0.55
凝胶	2～10	<0.1	<39	0.01～0.02

大网格离子交换树脂与凝胶树脂相比有下列优点：①交联度高，因而有较好的化学和物理稳定性，如抗渗透压冲击和抗氧化能力强；②孔径大，因而适宜于交换有机大分子，且交换速度一般也较快，抗有机物污染能力强；③比表面积大，适用于有机反应中作为催化剂；④大网格离子交换树脂即使完全失水也能维持其多孔结构和巨大的内部表面积。在非溶胀状态也具有一定的空隙度，且随外界条件的变化较小，这种空隙度称为永久空隙度。由于这种性质大网格离子交换树脂适用于非水溶液中的交换。

本章小结

离子交换法就是利用离子交换剂作为吸附剂，将溶液中的待分离组分，先吸附，再洗脱，达到分离的目的。离子交换树脂主要有四种基本类型。离子交换树脂命名需参考《离子交换树脂命名系统和基本规范 GB1631—2008》。离子交换树脂的理化性质包括外观、颗粒尺寸、密度、含水量、溶胀性、机械强度、耐热性、交联度、酸碱性及交换容量等。离子交换过程的理论基础主要介绍了离子交换平衡方程式、离子交换速度的影响因素。选择合适的树脂是应用离子交换法的关键。

复习题

1. 什么是离子交换剂？说明其结构。
2. 离子交换树脂怎样分类？试对各类离子交换树脂分别举一例说明。
3. 离子交换树脂如何命名？
4. 离子交换树脂的理化性能都包括哪些？
5. 影响离子交换扩散速度的因素有哪些？
6. 离子交换树脂如何选择？

主要参考文献

郭勇. 2005. 现代生化技术. 2 版. 北京：科学出版社

李津，俞咏霆，董德祥. 2003. 生物制药设备和分离纯化技术. 北京：化学工业出版社

李淑芬，姜忠义. 2004. 高等制药分离工程. 北京：化学工业出版社

刘家祺. 2001. 分离过程与技术. 天津：天津大学出版社

田亚平，周楠迪. 2010. 生化分离原理与技术. 北京：化学工业出版社

严希康. 2011. 生物物质分离工程. 北京：化学工业出版社

姚汝华，周世水. 2005. 微生物工程工艺原理. 广州：华南理工大学出版社

第22章 色层分离法

内容提要：色层分离法简称层析法，是目前广泛应用的一种分离技术，是分离各种生物大分子的主要手段之一，是利用不同物质理化性质的差异而建立起来的技术。层析法也称色谱法，本章主要介绍发酵工业常用色层分离法，包括亲和层析法、离子交换层析法、凝胶层析法、染料层析、疏水层析、固定化金属离子亲和层析、共价层析及羟基磷灰石层析等。

22.1 基本概念

层析技术是一类物理分离方法，根据待分离混合物中各组分物理化学性质的差别，使各组分以不同程度分布在固定相和流动相两相中，由于各组分随流动相前进的速度不同，从而得到有效分离。例如，利用物质在溶解度、吸附能力、立体化学特性及分子的大小、带电情况及离子交换、亲和力的大小及特异的生物学反应等方面的差异，使其在流动相与固定相之间的分配系数（或称分配常数）不同，达到彼此分离的目的。

层析系统都由两个相组成：一是固定相，它或者是固体物质或者是固定于固体物质上的成分；另一是流动相，即可以流动的物质。当待分离的混合物通过固定相时，由于各组分的理化性质存在差异，与两相发生相互作用（吸附、溶解、结合等）的能力不同，在两相中的分配（含量对比）不同，与固定相相互作用力越弱的组分，随流动相移动时受到的阻滞作用小，向前移动的速度快；反之，与固定相相互作用越强的组分，向前移动速度越慢；分部收集流出液，可得到样品中所含的各单一组分，从而达到将各组分分离的目的。

固定相：固定相是层析的一个基质。它可以是固体物质（如吸附剂，凝胶，离子交换剂等），也可以是液体物质（如固定在硅胶或纤维素上的溶液），这些基质能与待分离的化合物进行可逆的吸附，溶解，交换等作用。

流动相：在层析过程中，推动固定相上待分离的物质朝着一个方向移动的液体、气体等，都称为流动相。柱层析中一般称为洗脱剂，薄层层析时称为展层剂。

分配系数是指在一定的条件下（如温度、压力），某种组分在固定相和流动相中含量（浓度）的比值，分配系数是层析中分离纯化物质的主要依据，常用 K 来表示

$$K=\frac{c_s}{c_m} \tag{22-1}$$

式中，c_s-溶质在固定相中的浓度；c_m-溶质在流动相中的浓度。

K 值大表示其溶质在固定相中浓度大，在洗脱过程中溶质出现较晚；K 值小表示某溶质在流动相中浓度大，故在洗脱液中出现较早；有相似的 K 值，则表明两组分层析峰会发生重叠，分离效果差。分配系数主要与下列因素有关：①被分离物质本身的性质；②固定相和流动相的性质；③层析柱的温度。不同的层析机制，其 K 值含义不同：吸附层析中 K 值表示吸附平衡常数，分配层析中 K 值表示分配系数，离子交换层析中 K 值表示交换常数，亲和层析中 K 值表示亲和常数。

迁移率（R_f 或比移值）是指在一定条件下，在相同的时间内某一组分在固定相移动的距离与流动相本身移动的距离之比，常用 R_f 来表示。实验中还常用相对迁移率的概念。相对迁移率是指在一定条件下，在相同时间内，某一组分在固定相中移动的距离与某一标准物质在固定相中移动的距离之比，常用 R_x 来表示，K 值大，就表明该组分与固定相结合力大，迁移率小；反之则结合力小，迁移率大；K 值增加，R_f 减少；反之，K 值减少，R_f 增加；不同物质的分配系数或迁移率是不同的。分配系数或迁移率的差异程度是决定几种物质采用层析方法能否分离的先决条件，其差异越大，分离效果越理想。

操作容量：在特定条件下，某种成分与基质反应达到平衡时，存在于基质上的饱和容量，每克（或毫升）基质结合某种成分的物质的量（毫摩尔或毫克），数值大，结合力强。膨胀度：在一定溶液中，单位质量的基质充分溶胀后所占有的体积，即每克溶胀基质所具有的床体积。

层析根据不同的标准可以分为多种类型。

（1）根据固定相基质的形式分类，层析分为纸层析、薄层层析和柱层析。纸层析是指以滤纸作为基质的层析；薄层层析是将基质在玻璃或塑料等光滑表面铺成一薄层，在薄层上进行层析；柱层析则是指将基质填装在管中形成柱形，在柱中进行层析。纸层析和薄层层析主要适用于小分子物质的快速检测分析和少量分离制备，通常为一次性使用，而柱层析是常用的层析形式，适用于样品分析、分离。生物化学中常用的凝胶层析、离子交换层析、亲和层析、高效液相色谱等都通常采用柱层析形式。

（2）根据流动相的形式分类，层析分为液相层析和气相层析。气相层析是指流动相为气体的层析，而液相层析指流动相为液体的层析。气相层析测定样品时需要气化，大大限制了其在生化领域的应用，主要用于氨基酸、核酸、糖类、脂肪酸等小分子的分析鉴定，而液相层析是生物领域最常用的层析形式，适于生物样品的分析、分离。

（3）根据分离的原理不同分为：亲和层析法、染料层析法、疏水层析法、离子交换层析法、共价层析法和凝胶层析法等。

22.2　亲和层析

亲和层析（affinity chromatography）是利用待分离物质和它的特异性配体间具有特异的亲和力，从而达到分离目的的一类特殊层析技术。在生物体内，许多大分子具有与某些相对应的专一分子可逆结合的特性，如抗原和抗体、酶和底物及辅酶、激素和受体、RNA 和其互补的 DNA 等，都具有这种特性。生物分子之间这种特异的结合能力称为亲和力。亲和层析中两个进行专一结合的分子互称对方为配基。可亲和的一对分子中的一方以共价键形式与不溶性载体相连作为固定相吸附剂，当含有混合组分的样品通过此固定相时，只有和固定相分子有特异亲和力的物质，才能被固定相吸附结合。例如，分离酶可以选择其底物类似物或竞争性抑制剂为配体，分离抗体可以选择抗原作为配体等，并将配体共价结合在适当的不溶性基质上，如常用的 Sepharose-4B 等；将制备的亲和吸附剂装柱平衡，当样品溶液通过亲和层析柱的时候，待分离的生物分子就与配体发生特异性的结合，从而留在固定相上；而其他杂质不能与配体结合，仍在流动相中，并随洗脱液流出，这样层析柱中就只有待分离的生物分子，通过适当的洗脱液将其从配体上洗脱下来，就得到了纯化的待分离物质。亲和力具有高度的专一性，分辨率很高，是分离生物大分子的一种理想的层析方法。

延伸阅读

亲和层析基本过程包括：①配基固相化，将与纯化对象有专一结合作用的物质，连接在水不溶性载体上，制成亲和吸附剂后装柱（称亲和性）；②亲和吸附，将含有纯化对象的混合物通过亲和柱，纯化对象吸附在柱上，其他物质流出色谱柱；③解吸附，用某种缓冲液或溶液通过亲和柱，把吸附在亲和柱上的欲纯化物质洗脱出来。一般推荐使用的程序如下：选择配基；选择偶联凝胶、偶联配基；装填合适的柱；平衡（2～3 倍体积缓冲液）；应用样品；洗涤未结合物质；洗脱结合物质除盐；再生。

22.3　离子交换层析

离子交换层析是在以离子交换剂为固定相，液体为流动相的系统中进行的。此法广泛应用于很多生化物质（如氨基酸、多肽、蛋白质、糖类、核苷和有机酸等）的分析、制备、纯化，以及溶液的中和、脱色等方面。

离子交换层析之所以能成功地把各种无机离子、有机离子或生物大分子物质分开，其主要依据是离子交换剂对各种离子或离子化合物有不同的结合力。这种结合力的大小是由离子交换剂的选择性决定的。强酸性离子交换剂对 H^+ 的结合力比对 Na^+ 的小；强碱性阴性离子交换剂对 OH^- 的结合力比对 Cl^- 的小得多；弱酸性离子交换剂对 H^+ 的结合力远比对 Na^+ 的大；弱碱性离子交换剂对 OH^- 的结合力比对 Cl^- 的大。因此，在应用离子交换剂时，采用何种反离子进行电荷平衡是决定吸附容量的重要因子之一。离子交换剂与各种水合离子（离子在水溶液中发生水化作用形成的）的结合力与离子的电荷量成正比，而与水合离子半径的平方成反比。所以，离子价数越高，结合力越大。在离子间电荷相同时，则离子的原子序数越高，水合离子半径越小，结合力也越大。

两性离子如蛋白质、酶类、多肽和核苷酸等物质与离子交换剂的结合力，主要取决于它们的物理化学性质和在特定 pH 条件下呈现的离子状态。当 pH 低于等电点（pI）时，它们带正电荷能与阳离子交换剂结合；反之，pH 高于 pI 时，它们带负电荷能与阴离子交换剂结合。pH 与 pI 的差值越大，带电量越大，与交换剂的结合力越强。

延伸阅读

离子交换层析的应用范围很广，主要有以下几个方面。

(1) 水处理。离子交换层析是一种简单而有效的去除水中的杂质及各种离子的方法，聚苯乙烯树脂广泛地应用于高纯水的制备、硬水软化及污水处理等方面。

(2) 分离纯化小分子物质。离子交换层析可应用于无机离子、有机酸、核苷酸、氨基酸、抗生素等小分子物质的分离纯化。例如，对氨基酸的分析，使用强酸性阳离子聚苯乙烯树脂，将氨基酸混合液在 pH 2.0～3.0 上柱，这时氨基酸都结合在树脂上，再逐步提高洗脱液的离子强度和 pH，这样各种氨基酸将以不同的速度被洗脱下来，从而进行分离鉴定。

（3）分离纯化生物大分子物质。离子交换层析是依据物质的带电性质的不同来进行分离纯化的，是分离纯化蛋白质等生物大分子的一种重要手段。由于生物样品中蛋白质的复杂性，一般很难只经过一次离子交换层析就达到高纯度，往往要与其他分离方法配合使用。使用离子交换层析分离样品要充分利用其按带电性质来分离的特性，只要选择合适的条件，通过离子交换层析可以得到较满意的分离效果。

22.4　凝胶层析

凝胶层析又称为凝胶排阻层析、分子筛层析、凝胶过滤、凝胶渗透层析等，它是以多孔性凝胶填料为固定相，按分子大小顺序分离样品中各个组分的液相色谱方法。凝胶层析是生物化学中一种常用的分离手段，它具有设备简单、操作方便、样品回收率高、实验重复性好、特别是不改变样品生物学活性等优点，因此广泛用于蛋白质（包括酶）、核酸、多糖等生物分子的分离纯化，同时还应用于蛋白质分子量的测定、脱盐、样品浓缩等。

凝胶层析是依据分子大小这一物理性质进行分离纯化的。层析过程如图 22-1，凝胶层析的固定相是惰性的珠状凝胶颗粒，凝胶颗粒的内部具有立体网状结构，形成很多孔穴，当含有不同分子大小的组分的样品进入凝胶层析柱后，各个组分就向固定相的孔穴内扩散，组分的扩散程度取决于孔穴的大小和组分分子大小，比孔穴孔径大的分子不能扩散到孔穴内部，完全被排阻在孔外，只能在凝胶颗粒外的空间随流动相向下流动，它们经历的流程短，流动速度快，所以首先流出；而较小的分子则可以完全渗透进入凝胶颗粒内部，经历的流程长，流动速度慢，所以最后流出；而分子大小介于二者之间的分子在流动中部分渗透，渗透的程度取决于它们分子的大小，所以它们流出的时间介于二者之间，分子越大的组分越先流出，分子越小的组分越后流出。这样样品经过凝胶层析后，各个组分便按分子从大到小的顺序依次流出，从而达到了分离的目的。

凝胶的种类很多，其共同特点是内部具有微细的多孔网状结构，其孔径的大小与被分离物质的相对分子质量大小有相应的关系。常用的有聚丙烯酰胺凝胶、葡聚糖凝胶、琼脂糖凝胶等。

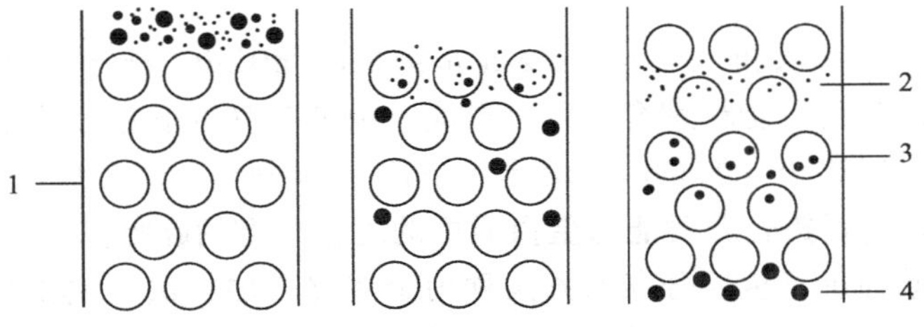

图 22-1　凝胶层析分离原理示意

1-凝胶颗粒；2-小分子组分；3-中等分子组分；4-大分子组分

22.5　染料层析

三嗪染料是许多酶和蛋白质的极有效的吸附剂，是纯化脱氢酶、激酶、转移酶、多聚酶、核酸酶、水解酶、合成酶等极好的配基。Cibacron-Blue 最大的应用是分离血浆蛋白。它同血清白蛋白的作用是比较常见的例子。利用合成的染料作配基用于亲和层析有很多优点。蛋白质结合容量大，是天然配基蛋白质结合量的 10～100 倍，廉价易得，具有普遍适用性，配基的偶联方法简单，易于操作，可大规模应用。染料的光谱特征可用来检测柱中染料浓度。蛋白质洗脱容易，但应当注意，染料配基在使用中有可能水解从基质上脱落而残留到产品中，影响产品的质量。

22.6 疏水层析

疏水层析（hydrophobic interaction chromatography，HIC）是根据分子表面疏水性差别来分离蛋白质和多肽等生物大分子的一种较为常用的方法。蛋白质和多肽等生物大分子的表面常常暴露着一些疏水性基团，这些疏水性基团称为疏水补丁，疏水补丁可以与疏水性层析介质发生疏水性相互作用而结合。不同的分子由于疏水性不同，它们与疏水性层析介质之间的疏水性作用力强弱不同，疏水作用层析就是依据这一原理分离纯化蛋白质和多肽等生物大分子的。疏水层析的基本原理如图 22-2 所示。

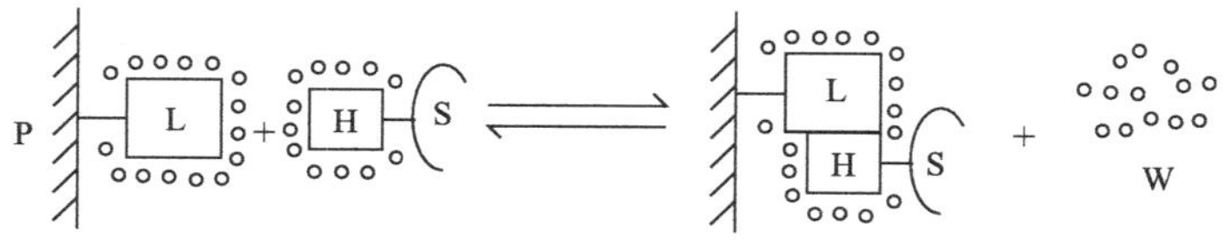

图 22-2 疏水作用层析的基本原理图

P-固相支持物；L-疏水性配体；S-蛋白质或多肽等生物大分子；H-疏水基因；W-溶液中水分子

溶液中高离子强度可以增强蛋白质和多肽等生物大分子与疏水性层析介质之间的疏水作用。利用这个性质，在高离子强度下将待分离的样品吸附在疏水性层析介质上，然后线性或阶段降低离子强度，选择性地将样品解吸。疏水性弱的物质，在较高离子强度的溶液中被洗脱下来，当离子强度降低时，疏水性强的物质随后被洗脱下来。疏水层析主要用于分离纯化生物大分子物质，如蛋白质及其复合物等；适合分离纯化盐析后或高盐洗脱下来的物质，不仅能提高有效成分的纯度，而且还保持了其原有的结构和生物活性。

22.7 固定化金属离子亲和层析

固定化金属离子亲和层析（immobilized metal ion affinity chromatography）是利用亚氨二乙酸盐与环氧活化的琼脂糖耦合，可以形成一种带有双羧甲基氨基琼脂糖。这种琼脂糖层析介质能与某些金属离子（如 Cu^{2+}、Zn^{2+}、Ni^{2+}）牢固螯合，形成稳定的吸附活性中心。在中性 pH 条件下，金属螯合介质能与蛋白质中的组氨酸上的咪唑基及半胱氨酸上的巯基结合。利用金属螯合原理进行色层分离的方法称为金属螯合层析法。洗脱可采用降低 pH，提高盐浓度的方法，也可采用在缓冲液中加入螯合剂 EDTA，通过结合使用上述方法，并联用梯度洗脱，可分辨出不同的蛋白质组分。金属螯合层析作为强有力的分离工具可以解决大量的纯化问题。特别是当专一性的亲和介质不能得到的时候更显示其作用。

22.8 共价层析

共价层析（covalent chromatography）是根据巯基化合物与层析剂上二硫键的共价化学反应而设计的。巯基化合物中的—SH 基是一种很活泼的还原基团，它们可与另一个—SH 基结合成二硫键（—S—S—），—SH 基与二硫键能组成一组氧化还原体系。具有共价反应的二硫键层析介质可采用琼脂糖凝胶作材料制得。凝胶通过 BrCN 方法活化后，先后用谷胱甘肽及 2，2′-吡啶二硫基化合物处理，便得到谷胱甘肽型二硫键。凝胶也可通过环氧氯丙烷活化后，再用硫代硫酸盐处理，得到还原型巯基丙基型凝胶，最后用 2，2′-吡啶二硫基化合物活化便得到巯基丙基型的二硫键层析介质（图 22-3）。

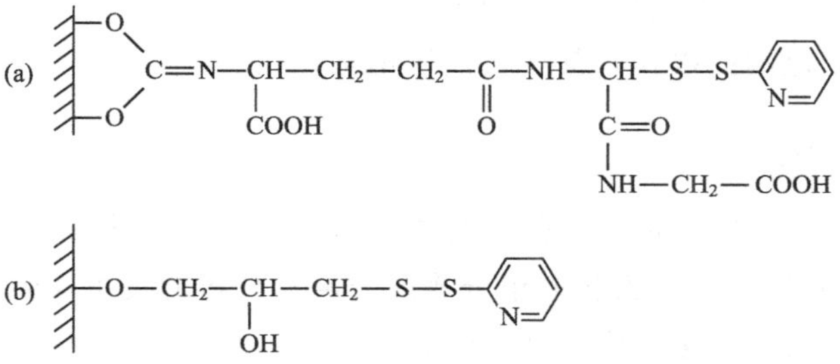

图 22-3　谷胱甘肽型二硫键层析剂与巯基丙基型二硫键层析剂

（a）谷胱甘肽型二硫键层析剂；（b）巯基丙基型二硫键层析剂

二硫键存在于多种肽和蛋白质分子中，它对蛋白质和多肽分子的立体结构有维持稳定的作用。许多蛋白质含有未被氧化的半胱氨酸残基，带有—SH，它们能与层析介质上的二硫键发生共价交换反应。蛋白质通过新的混合二硫键被结合到层析介质上。由于巯基与二硫键共价交换反应是可逆的，因此洗脱可以用 L-半胱氨酸、巯基乙醇、谷胱甘肽及二硫苏糖醇等小分子巯基化合物。

22.9　羟基磷灰石层析

羟基磷灰石［hydroxyapatite，$Ca_{10}(PO_4)_6(OH)_2$］是一种应用广泛的纯化蛋白质的无机介质。其优点是廉价，易于大规模应用，使用后易于清洁，它的结晶表面是由水合作用的离子组成，电性作用是它吸附蛋白质的重要原因，在其表面每一个正电荷区周围都有负电荷区，反之亦然，因而这种结合作用主要是偶极离子作用。在缓冲液存在时（通常是磷酸盐），缓冲液离子吸附到介质表面。因此介质在吸附蛋白质时，总体上表现为负电荷的表面（图 22-4）。增加缓冲液浓度会在吸附剂表面引起蛋白质与缓冲液离子竞争带电位点，这类似于典型离子交换行为。

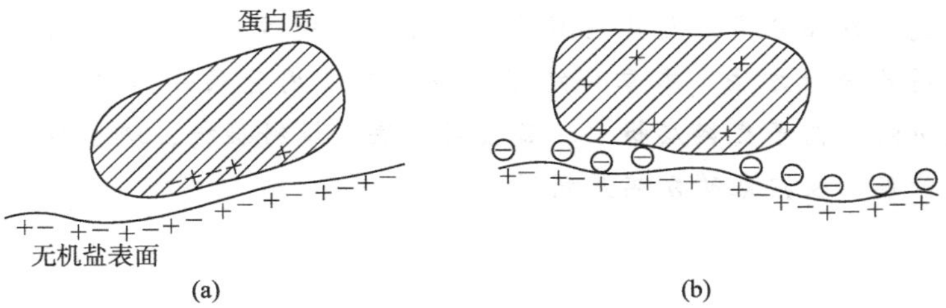

图 22-4　蛋白质在无机盐表面的偶极作用

（a）偶极-偶极键合作用；（b）缓冲液中离子的影响

通过对羟基磷灰石改进，将羟基磷灰石晶体固定在交联的琼脂糖凝胶中制得蛋白质吸附剂商品名为 HA-Ultrogel。这种新型吸附剂具有很多优良性能。它可以用来分离相对分子质量或电荷量非常接近的生物大分子物质。例如，一种天然蛋白质——麦芽外源凝聚素（WGA，相对分子质量 36 000）能够与琥珀酰麦芽外源性凝集素（Suc-WGA）在 HA-Ultrogel 柱上完全分离。HA-Ultrogel 的特点是晶体得到交联琼脂糖保护，不受损害，所以操作中无碎粒产生。柱的线性流速高，可达 10～45cm/h。晶体在使用中不会变形，所以实验结果有重现性。另外，由于琼脂糖是交联的，它的稳定性好，HA-Ultrogel 可在 pH 4.0～13.0 及温度 4～121℃范围内操作，甚至可高压消毒。

22.10 电泳法

电泳（electrophoresis）是指带电荷的溶质或粒子在电场中向着与其本身所带电荷相反的电极移动的现象。利用电泳现象将多组分物质分离、分析的技术叫做电泳技术，可以实现电泳分离技术的仪器称之为电泳仪（electrophoresis meter）。不同的物质，由于其带电性质、颗粒形状和大小不同，因而在一定的电场中它们的移动方向和移动速度也不同，因此可使它们分离。按电泳的原理来分，现在有三种形式的电泳分离系统：移动界面电泳、区带电泳和稳态电泳或称置换（排代）电泳。目前常用的电泳方法包括聚丙烯酰胺凝胶电泳（PAGE），又称天然状态生物大分子聚丙烯酰胺凝胶电泳（native PAGE），它是在恒定的、非解离的缓冲系统中来分离蛋白质，属于非解离电泳；十二烷基硫酸钠-聚丙烯酰胺凝胶电泳（SDS-PAGE），简称 SDS 电泳，主要用于测定蛋白质亚甲基分子质量，该方法可用于多肽分子质量的分析，用于变性蛋白质的分离及仅仅溶解在离子去污剂中的膜蛋白和用层析方法分离的蛋白质和酶的纯化控制；等点聚焦电泳，其基本原理是利用蛋白质分子或其他两性分子的等电点的不同，在一个稳定的、连续的、线性的 pH 梯度中进行蛋白质的分离和分析；免疫电泳技术是基于抗原的电泳迁移及抗原与抗体特异性免疫沉淀反应，因此可用于区分在凝胶电泳和等电点聚焦中非常相近乃至重叠的蛋白质带；毛细管电泳（CE）以毛细管为分离通道，高压直流电场为驱动力，根据组分的淌度和分配系数的差异进行分离。

本章小结

层析技术是一类物理分离方法，根据待分离混合物中各组分物理化学性质的差别，使各组分以不同程度分布在固定相和流动相两相中，由于各组分随流动相前进的速度不同，从而得到有效分离。层析法具有分辨率高、灵敏度高、选择性好、速度快等特点，因此适用于杂质多、含量少的复杂样品分析，尤其适用于生物样品的分离分析。近年来，已成为生物化学及分子生物学常用的分析方法。本章介绍了发酵工业常用色层分离法的基本原理和操作要点，包括亲和层析法、离子交换层析法、凝胶层析法、染料层析、疏水层析、固定化金属离子亲和层析、共价层析及羟基磷灰石层析等。

复习题

1. 色层分离法的概念，何谓固定相、流动相、分配系数、迁移率？
2. 层析根据不同的标准可以分为哪些类型？
3. 亲和层析的基本原理是什么？有哪些特点？
4. 离子交换层析的原理是什么？在发酵工业中有何应用？
5. 凝胶层析原理是什么？常用凝胶的种类有哪些？

主要参考文献

丁明玉. 2006. 现代分离方法与技术. 北京：化学工业出版社
郭勇. 2005. 现代生化技术. 2 版. 北京：科学出版社
李津，俞咏霆，董德祥. 2003. 生物制药设备和分离纯化技术. 北京：化学工业出版社
孙彦. 2005. 生物分离工程. 2 版. 北京：化学工业出版社
田瑞华. 2008. 生物分离工程. 北京：科学出版社
田亚平，周楠迪. 2010. 生化分离原理与技术. 北京：化学工业出版社
田亚平. 2006. 生化分离技术. 北京：化学工业出版社
吴梧桐，2008. 生物制药工艺学. 2 版. 北京：中国医药科技出版社
辛秀兰. 2005. 生物分离与纯化技术. 北京：科学出版社
严希康. 2010. 生物物质分离工程. 北京：化学工业出版社
姚汝华，周世水. 2005. 微生物工程工艺原理. 广州：华南理工大学出版社
俞俊棠，唐孝宣，李友荣，等. 2003. 新编生物工艺学（下册）. 北京：化学工业出版社

第23章 结 晶 法

内容提要： 结晶是发酵工业生产过程中重要的操作单元之一。结晶是制备纯物质的有效方法，在发酵工业中许多发酵产品如柠檬酸、味精、核苷酸、酶制剂和抗生素等是纯净而又呈固体状态的，且具有一定的结晶形状，结晶的目的就是为了获得更纯净的固体发酵产品。本章重点介绍结晶过程的基本原理，影响晶体生成的因素，提高晶体质量的途径及结晶的方法。

结晶是溶液中的过饱和溶质由液相变成晶体析出的过程。结晶是分离纯化蛋白质、酶等生化产品的一种有效手段，变性蛋白质不能结晶，所以凡处于结晶状态的蛋白质都保持其天然活性。晶体内部有规律的结构，规定了晶体的形成必须是相同的离子或分子，才可能按一定距离周期性地定向排列而成，所以能形成晶体的物质是比较纯的。对不同的产品，结晶的原理都是相同的。固体有结晶和无定形两种状态，两者的区别在于它们的构成单位（分子、原子或离子）的排列方式的不同，前者有规则，后者无规则。由于排列需要一定的时间，因此在条件变化缓慢时，有利于晶体的形成；相反，当条件变化剧烈，使晶体快速强迫析出，溶质分子来不及排列，就形成沉淀（无定形）。但沉淀和结晶的过程本质上是一致的，都是新相形成的过程。通常只有同类分子或离子才能排列成晶体，所以结晶过程有很好的选择性。

23.1 结晶的基本原理

结晶是溶质呈晶态从溶液中析出的过程。晶体的一般定义：许多性质相同的粒子（包括原子、离子、分子）在空间有规律排列形成固体，称为晶体。晶体是化学性质均一的固体，具有一定规则的晶形，是以粒子在空间晶格的结点上的对称排列为特征。结晶过程的实质是形成新相的过程。这一过程不仅包括溶质分子凝聚成固体，还包括这些分子有规律地排列在一定晶格中。形成新相（固相）需要一定的表面自由能，因为要形成新的表面，就需对表面张力做功，因此溶质浓度达到饱和浓度之前不能使晶体析出，当浓度超过饱和浓度达到一定的过饱和程度时，才可能析出晶体。因此结晶过程又是一个表面化学反应过程。

为了进行结晶，必须先使溶液达到过饱和，过量的溶质才会以固态结晶析出。结晶的产生最初是形成极细小的晶核，然后这些晶核再成长为一定大小形状的晶体。微小的晶核具有较大的溶解度，因此在饱和溶液中，晶核是要溶解的，只有达到一定过饱和度的晶核才能存在。晶核形成后，靠扩散而继续成长为晶体。过饱和溶液的浓度与饱和溶液浓度之比称为过饱和率。因此结晶包括三个过程：①形成过饱和溶液；②晶核形成；③晶体生长。溶液达到过饱和是结晶的前提，过饱和率是结晶的推动力。

物质在溶解时一般吸收热量，在结晶时放出热量，这一热量称为结晶热。结晶是一个同时有质量和热量传递的过程。溶解度与温度的关系可以用饱和曲线和过饱和曲线表示（图23-1）。一般每种物质具有一条饱和溶解度曲线。开始有晶核形成的过饱和浓度与温度的关系用过饱和曲线来表示，过饱和曲线的位置不是固定的。对于一定的系统，它们的位置至少和三个因素有关：产生过饱和的速度（冷却和蒸发速度）、晶体的大小和机械搅拌的强度。冷却或蒸发的速度越慢，晶种越小，机械搅拌越激烈，过饱和曲线越向饱和曲线靠近。因此，调节 pH、离子强度和溶剂浓度是氨基酸、抗生素等生物小分子物质结晶操作的重要手段，在物性不同的溶剂中溶质的温度-溶解度曲线是结晶操作设计的基础。

饱和曲线与过饱和曲线根据实验大体上相互平行，可以把温度-浓度图分成三个区域：①稳定区，在此区域内即使有晶体存在也会自动溶解，不会发生结晶；②不稳定区，是自发成核区域，瞬时出现大量微小晶核，发生晶核泛滥，产品质量难于控制，并且晶体的过滤或离心回收困难；③介稳区，在稳定区和不稳定区之间，在此区域内当加入晶种时，晶体会生长，在晶体生长的同时也会有新晶核产生，该区域可以进一步划分为刺激结晶区和养晶区。因此，工业结晶操作均在介稳区内进行。

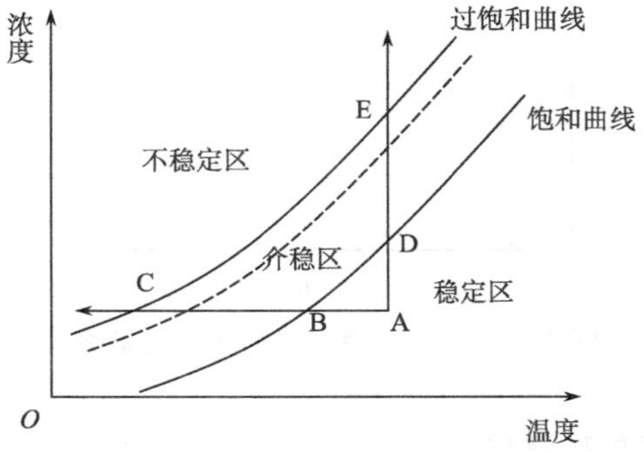

图 23-1　饱和曲线与过饱和曲线

在图 23-1 中，A 表示处于稳定区的溶液，当将溶液 A 冷却时，溶媒量保持不变（直线 ABC），溶解度下降，当达到 C 点时结晶能自动发生；如将溶液 A 在等温下蒸发（直线 ADE），溶液浓度增大，当达到 E 点时，结晶能自动发生。进入不稳定区的情况很少发生，因为蒸发表面的浓度一般超过主体浓度，在这种表面上首先形成晶体，这些晶体能诱导主体溶液在 B 与 C 和 D 与 E 之间发生结晶。在实际生产中，常将冷却和蒸发合并使用。

对于等量的结晶产量，若在结晶过程中晶核的形成速率大于晶体的成长速率，则产品中的晶体小而数目多；若晶核的形成速率小于晶体的成长速率，则产品的晶体大而数目少。介稳区决定晶体的成长。在结晶过程中，如将溶液控制在介稳区且在较低的过饱和率条件下，则在较长时间内只有少量的晶体产生，主要是原有晶核的生长，可得到颗粒较大而整齐的结晶；如将溶液控制在介稳区，但是在较高的过饱和率条件下，或是处于不稳定区，则将有大量的晶核产生，所得的晶体小，而且数目多。所以，要根据产品要求控制溶液的过饱和程度，进行结晶操作。

23.2　影响结晶生成的因素

23.2.1　过饱和率

过饱和率直接影响晶核的形成速度和晶体的生长速度，同时也影响晶核的大小。过饱和率增加，能使成核速度和晶体生长速度增大，而过饱和率对成核速度的影响较晶体生长速度的影响大。当过饱和率达到某一定值时，有最大的成核速度，超过这一定值时，过饱和率继续增加，成核速度反而减小（图 23-2 ）。这是由于过饱和率过高时，系统黏度大，分子运动减慢，成核受阻，因此使成核速度降低。一般过饱和率在不大的情况下，对晶体颗粒大小的影响往往不甚显著，只有当过饱和率很高时才影响显著。实际上，当过饱和率较大时，得到的晶体就较细小。

23.2.2　浓度

结晶液一定要有合适的浓度，溶液中的溶质分子或离子间便有足够的相碰机会，并按一定速率作定向排列聚合才能形成晶体，但浓度太高达到饱和状态时，溶质分子在溶液中聚集析出的速度太快，超过这些分子形成晶体的速率，相应溶液黏度增大，共沉物增加，反而不

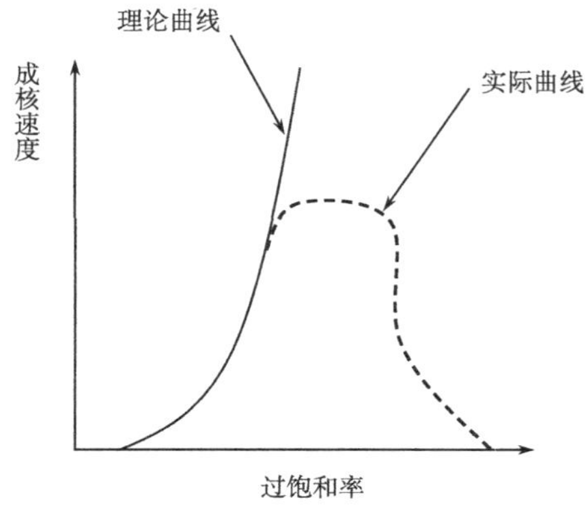

图 23-2　过饱和率对成核速度的影响

利于结晶析出，只获得一些无定形固体微粒，或生成纯度较差的粉末状结晶。结晶液浓度太低，样品溶液处于不饱和状态，结晶形成的速率远低于晶体溶解的速率，也得不到晶体。因此只有在稍过饱和状态下，即形成结晶速率稍大于结晶溶解速率的情况下才能获得晶体。

23.2.3　纯度

纯度是指所需要的组分在样品总量中所占的比例（一般为质量分数）。杂质占比例越低，则所制备物质的纯度越高。各种物质在溶液中均需达到一定的纯度才能析出晶体，这样就可使晶体和母液分开，以达到进一步分离纯化的目的。总的趋势是纯度越高越易结晶。

23.2.4　黏度

黏度大，溶质分子扩散速度慢，妨碍溶质在晶体表面的定向排列，晶体生长速度与溶液的黏度呈反比。

23.2.5　温度

冷却的速度及冷却的温度直接影响结晶效果。冷却太快引起溶液突然过饱和，易形成大量结晶微粒，甚至形成无定形沉淀。冷却的温度太低，溶液浓度增加，也会干扰分子定向排列，不利于结晶的形成。生物大分子的分离纯化过程，包括结晶在内，通常要求在低温或不太高的温度下进行。低温不仅溶解度低，而且不易变性，并可避免细菌繁殖。在中性盐溶液中结晶时，温度可在0℃至室温的范围内选择。

23.2.6　pH 和等电点

pH 对结晶形成的影响较大，因此结晶过程要注意选择适宜的 pH。结晶溶液的 pH 一般选择在被结晶溶质的等电点附近，可有利于晶体的析出。因为在接近等电点的 pH 条件下，所带的阴离子与阳离子相等，两性物质溶解度较小。

23.2.7　时间

结晶的形成和生长需要一定时间，不同的化合物，结晶时间长短不同。蛋白质、核酸等生物大分子结晶时，由于分子内有许多功能基团和活性部位，其结晶的形成过程也复杂得多，要形成结晶需要较长时间，因此经常需要放置。但时间不宜太长，通常要求在几小时之内完成，以缩短生产周期，提高生产效率。

23.2.8　晶种

加入晶种能诱导结晶，晶种可以是同种物质或相同晶形的物质。为了较易控制晶粒的数目、大小及均匀度，往往在结晶将要开始前投入晶粒作为晶种，再通过缓慢冷却的温度控制，以便系统始终处于介稳区。系统不会自动成核，因未达到不稳定区，这样能得到一定大小且较均匀的晶体。加入晶种能控制晶体的形状、大小和均匀度。晶种的粒度分布直接影响着最终产品的粒度分布。

23.2.9　搅拌

搅拌能促进成核和扩散，提高晶核生长速度。搅拌可使晶体与母液均匀接触，使晶体长得更大和更均匀。但当搅拌强度达到一定程度后，再提高搅拌强度效果就不显著，相反会使晶体打碎。搅拌转速的快慢应根据不同发酵产品晶体的要求及浓度高低而异。

23.2.10 循环流速

循环流速对结晶操作的影响：①提高循环流速有利于消除设备内的过饱和度分布，使设备内的结晶成核速率及生长速率分布均匀；②提高循环流速可增大固液表面传质系数，提高结晶生长速率；③外部循环系统中设有换热设备时，提高循环流速有利于提高换热效率，抑制换热器表面晶垢的生成；④循环流速过高会造成结晶的磨损破碎。因此，循环流速应在无结晶破碎的范围内取较大的值。

23.2.11 共存杂质的影响

结晶的对象一般是多组分物系，目的是选择结晶目标产物。如果共存杂质的浓度较低，一般对目标产物的结晶无明显影响。但如果在结晶操作中杂质含量不断升高，杂质的积累会严重影响目标产物结晶的纯度。另外，杂质对结晶过程的影响还表现在：①改变目标产物的溶解度，从而使在相同目标产物浓度下的过饱和度改变，直接影响结晶成核速率和生长速率；②杂质在目标产物结晶表面的吸附等作用导致结晶体各晶面生长速率的不同，从而改变结晶的晶形，即晶体的外部形态；③如果杂质进入到晶体的晶格中，会影响目标产物的理化性质及生物活性。因此，结晶操作中需要控制杂质的含量，往往在结晶系统中增设除杂质设备，如在外循环系统中利用离子交换柱除杂，设置废液排放口，连续排放部分溶液，降低结晶器中积累杂质的浓度。

延伸阅读

结晶操作中常伴有在结晶器壁及循环系统中产生晶垢的现象，严重影响结晶效率。采用下述方法可防止晶垢的产生或除去已产生的晶垢：①器壁内表面采用有机涂料，尽量保持壁面光滑，可防止在器壁上的二维成核现象发生；②提高结晶系统中各个部位的流体流速，并使流速分布均匀，消除低流速区；③若外循环液体为过饱和溶液，应使其中含有悬浮的晶种；④采用夹套保温方式防止壁面附近过饱和度过高；⑤增设晶垢铲除装置，或定期添加溶剂溶解产生的晶垢；⑥蒸发结晶器的蒸发室壁面极易产生晶垢，可采用喷淋溶剂的方式溶解晶垢。

23.3 提高晶体质量的途径

晶体质量主要包括晶体的大小，形状（均匀度）和纯度三个方面。工业希望得到粗大而均匀的晶体，这种晶体更容易过滤和洗涤，在储存过程中不易结块。但是实际生产中要根据目标产品的性质来确定晶体的质量，如非水溶性抗生素一般为了使人体容易吸收，不阻塞注射针头，粒度要求较细，但是也不易过分细小，防止颗粒子带静电互相排斥，分装不便。

23.3.1 晶体的大小

决定晶体大小的因素主要有过饱和度、温度、搅拌速度、晶种和杂质等。得到的晶体大小取决于晶核形成速度和晶体生长速度之间的对比关系。如晶核形成速度大大超过其生长速度，则过饱和度主要用来生成新的晶核，因而得到细小的晶体。反之，如晶体生长速度超过晶核形成速度，则得到较粗大的晶体。

23.3.2 晶体的形状

同种物质用不同方法结晶时，得到的晶体形状可以完全不一样，虽然它们属于同一种晶系，外形的变化是由于在一个方向生长受阻，或在另一方向生长加速所致。通过一些途径可以改变晶体外形，如控制晶体生长速度，过饱和度，结晶温度，选择不同的溶剂，溶液 pH 的调节和有目的加入某种能改变晶形的杂质等方法。在不同溶剂中常得到不同外形的晶体，如普鲁卡因青霉素在水溶液中结晶得到方形晶体，而从乙酸丁酯中结晶得到长棒形晶体。

23.3.3 晶体的纯度

从溶液中结晶得到的晶体并不是十分纯粹的，因为晶体表面具有一定的物理吸附能力，常会包含母液，杂质和气泡等。晶体越细小，比表面积越大，表面自由能越高，吸附的杂质也就越多。表面吸附的杂质可通过晶体的洗涤除去，一般把结晶和溶剂一同放在离心机或过滤机中，搅拌后再离心或抽滤，洗涤效果较好。对于非水溶性晶体，常用水洗涤，如红霉素等。有时用溶剂洗涤能除去晶体表面吸附的色素，对提高成品质量起很大作用，如灰黄霉素用丁醇洗涤后，其晶体由黄变白，原因是丁醇能溶解其表面色素。

23.3.4 晶体的结块

晶体结块的主要原因是母液没有洗净，温度的变化会使其中溶质析出，而使颗粒胶结在一起，另一方面吸湿性强的晶体容易结块。粒度不均匀的晶体、隙缝较少，晶粒相互接触点较多，因而易结块，所以晶体粒度应力求均匀一致。为避免结块，晶体还应储藏在干燥、密闭的容器中。

23.3.5 重结晶

重结晶即将晶体用合适的溶剂溶解后再次结晶，特别是在不同溶剂中反复结晶，能使产品纯度提高，因为杂质和结晶物质在不同溶剂和不同温度下的溶解度是不同的。

重结晶的关键是选择合适的溶剂。选择溶剂的方法：①溶质在某种溶剂中的溶解度随温度升高而迅速增大，冷却时能析出大量晶体，该溶剂可用于重结晶；②溶质易溶于某一溶剂而难溶于另一溶剂，且该两溶剂能互溶，则可以用两者的混合溶剂进行试验，其方法为将溶质溶于溶解度较大的一种溶剂中，然后将第二种溶剂加热后小心地加入，一直到稍显混浊，结晶刚开始为止，接着冷却，放置一段时间使结晶完全。

23.4 结晶的方法

实验室和工业上的结晶方法主要分为两大类：一类是通过去除部分溶剂，使溶液达到低度过饱和状态，溶质结晶析出；另一类是不去除溶剂，而通过加沉淀剂及降温办法，使溶液达到低度过饱和状态。实际上，经常是把两者结合起来使用，以达到较好的结晶效果。

23.4.1 蒸发浓缩结晶法

这种方法在工业上使用较多，精制葡萄糖、柠檬酸等多用此法。该法分两种：一种是采用真空蒸发获得过饱和溶液；另一种是绝热蒸发或称闪急蒸发，利用高温溶液进入真空状态，压力突然降低引起溶剂大量蒸发，并大量吸热引起溶液温度降低，从而获得过饱和溶液。蒸发结晶设备的类型很多，有间歇的，也有连续的，有带搅拌的，也有强制循环的，可结合结晶的性质及生产规模等情况来选用。

23.4.2　加沉淀剂结晶法

盐析结晶法。添加一种物质于溶液中，以使溶质的溶解度降低，形成过饱和溶液而结晶的方法，称为盐析结晶法。盐析结晶法按加盐方式的不同，分加固体盐法和加饱和盐溶液法两种。

添加有机溶剂结晶法指在溶液中添加有机溶剂，使溶质结晶析出的方法。应用最广的是乙醇，如酶、蛋白质、单糖、双糖结晶过程多用乙醇。

等电点结晶法。调节溶液的 pH 使之接近等电点，从而使溶质结晶析出，如蛋白质、氨基酸等物质的等电点不同，可调节 pH 使之结晶析出。

加金属离子结晶法。金属离子能引起蛋白质的结晶或对结晶有促进作用，某些金属离子（特别是二价离子）对晶体的生长有促进作用，如加少量的镉离子能促进硫酸铵溶液中铁蛋白形成菱形结晶。

23.4.3　冷却结晶法

冷却结晶法基本上不除去溶剂，而是使溶液冷却降温，成为过饱和溶液。此法适用于溶解度随温度的降低而显著下降的物质。冷却法可分为自然冷却、间壁冷却和直接接触冷却。

23.4.4　其他结晶方法

除了常规的结晶方法外，近年来新型结晶技术在发酵工业上逐步得到应用和推广，其中包括膜结晶技术、物理场强化溶液结晶、超临界结晶和加压结晶等。

延伸阅读

物理场强化溶液结晶指应用外加物理场适当调控结晶体系的温度、过饱和度、界面张力等参数及晶体成核、表面反应等过程，以改善结晶行为，这是一门多学科交叉技术。外加物理场包括超声波、磁场、电场、微波、激光、紫外线、X 射线等。超临界流体是指物质处于临界温度和临界压力时的特殊状态，是一种非凝聚性的高密度流体，具有独特的物理化学性质。利用超临界流体结晶可以控制晶体的粒度，得到粒度分布均匀、纯度高的晶体，可用于制备特殊材料和结晶分离热敏性物质等。根据原理不同可分为超临界溶液快速膨胀结晶法（RESS），超临界流体反溶剂结晶法（SAS），以及超临界流体梯度结晶分离法等。

本章小结

结晶是发酵产物提取和精制过程中重要的操作单元之一，结晶的目的就是为了获得更纯净的固体发酵产品。结晶包括三个过程：形成过饱和溶液；晶核形成；晶体生长。影响结晶生成的因素包括溶液的过饱和率、浓度、黏度、温度、pH 及共存杂质，另外结晶设备的搅拌速度、冷却时间、循环流速及晶垢等也会对结晶过程造成影响。工业上进行结晶的方法包括蒸发浓缩结晶法、加沉淀剂结晶法和冷却结晶法等。

复习题

1. 绘制饱和温度曲线和过饱和温度曲线，并标明稳定区、介稳区和不稳定区。
2. 影响晶体形成的主要因素有哪些？

3. 过饱和溶液形成的方法有哪些?

4. 常用的工业起晶方法有哪些?

5. 影响晶体质量的因素有哪些?

主要参考文献

孙彦. 2005. 生物分离工程. 北京：化学工业出版社

田瑞华. 2008. 生物分离工程. 北京：科学出版社

田亚平，周楠迪. 2010. 生化分离原理与技术. 北京：化学工业出版社

严希康. 2010. 生物物质分离工程. 北京：化学工业出版社

姚汝华，周世水. 2005. 微生物工程工艺原理. 广州：华南理工大学出版社

第三篇　发酵工程生产设备篇

第24章 发酵设备

内容提要：广义的发酵设备也叫生物反应器，通常是指利用生物催化剂进行生物技术产品生产的反应装置（或场所）。它不仅包括传统的发酵罐、酶反应器，还包括采用固定化技术后的固定化酶或固定化细胞反应器、动植物细胞反应器等。而发酵工程上所讲的发酵设备一般就指发酵罐，其作用就是为微生物代谢提供一个优化稳定的物理与化学环境，使微生物能更快更好地生长，得到更多需要的生物量或者目标代谢产物。一般来说，发酵设备主要为发酵罐和种子罐，它们各自都附有原料（培养基）调制、蒸煮、灭菌和冷却设备，通气调节和除菌设备，以及搅拌器等。其中发酵罐是发酵设备中最重要、应用最广的设备，是发酵工业的心脏，是连接原料和产物的桥梁。

24.1 发酵设备类型及发展趋势

24.1.1 发酵设备的分类

发酵设备种类繁多，凡是能满足微生物发酵活动的设备都可以称为发酵设备。

（1）根据发酵用培养基的状况，发酵设备分为固体发酵设备（如固体发酵用的缸、池、窖）及液体发酵设备。

（2）根据微生物类型，发酵设备又分为嫌气和好气两大类，酒精、啤酒和丙酮、丁醇溶剂等产品发酵需要用嫌气发酵设备；谷氨酸、柠檬酸、酶制剂和抗生素等好气发酵产品需用通风发酵设备，在发酵过程中需不断通入无菌空气。

（3）根据发酵罐材料，发酵设备分为玻璃发酵罐和不锈钢发酵罐等。

（4）根据发酵罐容积，一般认为，500L以下的是实验室发酵罐，500～5000L是中试发酵罐，5000L以上的是生产规模的发酵罐。

（5）根据微生物生长环境，发酵设备分为菌体悬浮生长型发酵罐和支持生长型发酵罐。发酵罐内存在两种系统，即悬浮生长系统和支持生长系统。一般来说，大多数发酵罐都有这两种系统，只是哪一种作为主要的生长系统是不同的。悬浮生长系统中的微生物细胞是浸泡在培养液中且伴随着培养液一起流动；在支持生长系统中，微生物细胞于培养液接触的界面形成一层薄膜，然而实际上悬浮生长系统的容器内壁和上部的罐壁上也会生长着一层菌体膜，在支持生长系统中也会有菌体分散在培养液中。

24.1.2 微生物发酵设备的发展趋势

随着生物发酵产业的不断发展，微生物发酵产品品种越来越多，市场需求量越来越大，发酵设备日趋完善，智能化、自动化、大型化、连续型和环保型发酵设备已经成为发酵设备产业的主流。

智能化和自动化发酵设备已经广泛地应用于发酵设备当中，但是更多的是实验型发酵设备，在实际生产发酵中还需要进一步深化。发酵过程中的温度、压力、pH、溶氧、搅拌速度、物料的流加、设备的清洗都已经基本实现了智能自动控制。但是，在生物能控制方面，在线自动化程度很低，特别在生产方面，所以，提高在线生物能水平的测定是未来生物发酵设备的一个主要方向。

大型发酵罐和连续发酵设备能够简化管理，节省辅助设备（包括原料处理设备，空气除菌设备、空气输送设备等）投资，降低成本。如何继续提高发酵工业的大型化和连续化生产，是需要重点关注的。

环保型发酵设备是现在大力发展的主要设备。根据国务院提出的“四结合”的要求，即发酵工业治污达标要与产业结构、原料结构、产品结构调整相结合；要与企业技术改造相结合；要与综合利用相结合；要与企业解困相结合。新型环保发酵设备的研发与旧的发酵设备技术改造结合起来，通过设计更加优化的发酵工艺，充分利用发酵基质，使用辅助设备处理好废水、废气、废渣，切实做到节能减排，降低污染，发酵废液、废渣二次利用，提高发酵工业综合利用率。

24.2　通风发酵设备

大多数的生化反应都是需氧的，故通风发酵设备是需氧生化反应设备的核心和基础。20世纪40年代中期，青霉素的工业化生产，或深层通风培养技术的出现，标志近代通风发酵工业的开始。在深层通风培养技术中，发酵罐是关键设备。在发酵罐中，微生物在适当的环境中进行生长、新陈代谢和形成发酵产物。

通风发酵罐又称好气性发酵罐，如谷氨酸、柠檬酸、酶制剂、抗生素、酵母等发酵用的发酵罐。好气性发酵需要将空气不断通入发酵液中，以提供微生物所需要的氧。

常用通风发酵罐有以下几种类型：①机械搅拌通风发酵罐；②气升式发酵罐；③自吸式发酵罐；④通风固相发酵设备；⑤其他类型的通风发酵反应器。

24.2.1　机械搅拌通风发酵罐

机械搅拌通风发酵罐是发酵工厂最常用类型。据不完全统计，它占了发酵罐总数的70%～80%，故又常称之为通用型发酵罐。它是借助机械搅拌器的作用，使空气和发酵液充分混合，促使氧在发酵液中溶解，以保证供给微生物生长繁殖、发酵所需要的氧气。

24.2.1.1　机械搅拌通风发酵罐的基本要求

一个性能优良的机械搅拌通风发酵罐必须满足以下基本要求。

（1）发酵罐应具有适宜的径高比；发酵罐的高度与直径之比一般为（1.7～4）∶1左右，罐身越长，氧的利用率越高。

（2）发酵罐能承受一定压力。

（3）发酵罐的搅拌通风装置能使气液充分混合，保证发酵液必需的溶解氧。

（4）发酵罐应具有足够的冷却面积。

（5）发酵罐内应尽量减少死角，避免藏垢积污，灭菌能彻底，避免染菌。

（6）搅拌器的轴封应严密，尽量减少泄漏。

24.2.1.2　机械搅拌发酵罐的结构

机械搅拌通风发酵罐是一种密封式受压设备，其主要部件包括罐身、轴封、搅拌器、中间轴承、挡板、空气分布管、换热装置、人孔及管路等。

下面对此类型发酵罐的主要部件加以说明（图24-1，图24-2）。

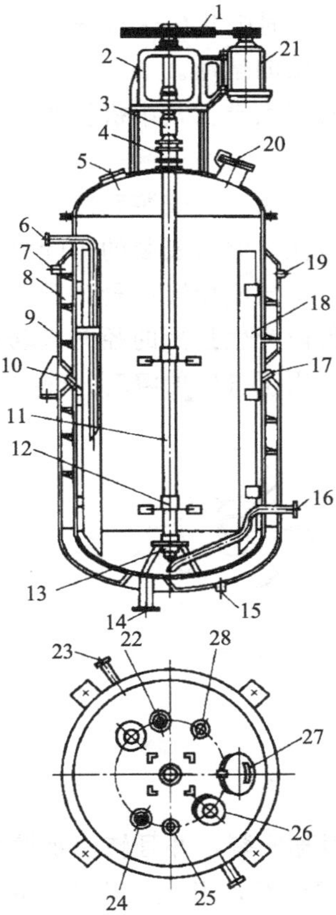

图 24-1　小型发酵罐

1-带轮；2-轴承支撑；3-联轴器；4-轴封；5，26-视镜；6-取样口；7-冷却水出口；8-夹套；9-螺旋片；10-温度计接口；11-轴；12-搅拌器；13-底轴承；14-放料口；15-冷水进口；16-通风管；17-热电偶接口；18-挡板；19-接压力表；20，27-手孔；21-电动机；22-排气口；23-取样口；24-进料口；25-压力表接口；28-补料口

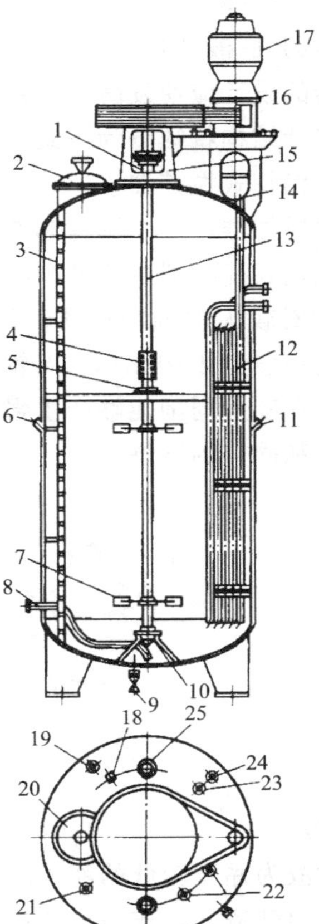

图 24-2　大型发酵罐

1-轴封；2，20-人孔；3-梯子；4-联轴器；5-中间轴承；6-热电偶接口；7-搅拌器；8-通风口；9-放料口；10-底轴承；11-温度计；12-冷却管；13-轴；14，19-取样口；15-轴承支座；16-带；17-电动机；18-压力表；21-进料口；22-补料口；23-排气口；24-回流口；25-视镜

1）罐体

发酵罐的罐体由圆柱体及椭圆形或碟形封头焊接而成，材料以不锈钢为好。为满足工艺要求，罐体必须能承受一定压力和温度，通常要求耐受 130℃和 0.25MPa（绝压）。管壁的厚度取决于罐径、材料及耐受的压强。小型发酵罐罐顶和罐身采用法兰连接，材料一般为耐压玻璃或不锈钢。为了便于清洗，小型发酵罐顶设有清洗用的手孔。中大型发酵罐则装设有快开入孔及清洗用的快开手孔。罐顶还装有视镜及灯镜。

在发酵罐的罐顶上的接管有进料管、补料管、排气管、接种管和压力表接管。

在罐身上的接管有冷却水进出管、进空气管、取样管、温度计管和测控仪表接口。

2）搅拌器

搅拌器的主要作用是混合和传质，即使通入的空气分散成气泡并与发酵液充分混合，使气泡细碎增大气-液界面，以获得所需要的溶氧速率，并使生物细胞悬浮分散于发酵体系中，以维持适当的气-液-固（细胞）三相的混合与质量传递，同时强化传热过程。为达到这些目的，搅拌器的设计应使发酵液有足够的径向流动和适度的轴向运动。

按照桨叶结构特征分为浆式、涡轮式、推进式和锚式四大类。其中机械搅拌通风发酵罐中常用的为涡轮式搅拌器。

涡轮式搅拌器由 1 个圆盘和 3 个以上叶片组成，叶片分为垂直安装和倾斜安装。垂直安装的平叶涡轮式搅拌器主要产生径向液流和少量的轴向液流；倾斜安装的折叶涡轮式搅拌器则可产生相对较大的轴向液流。如图 24-3 所示。涡轮直径与搅拌罐内径的比为 0.2～0.5，涡轮线速度一般为 4～8m/s。涡轮式搅拌器能在较大范围内产生强烈的径向流动和比较大的轴向流动，在叶片周围能够产生强烈的剪切效应，特别适用于气体的溶解、热传质、不相溶液体的分散和固体的溶解。

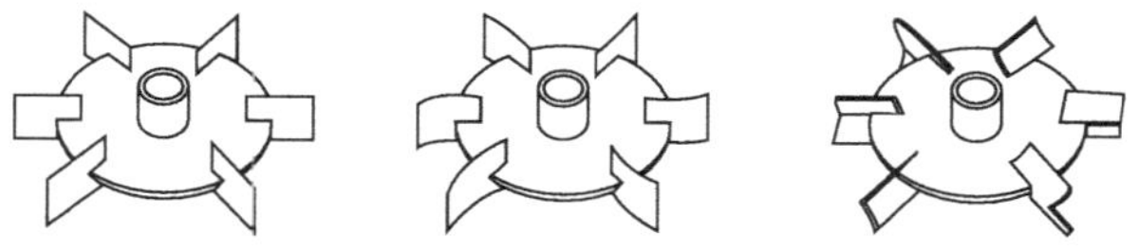

图 24-3　涡轮式搅拌器示意图

3）挡板

当发酵液为黏度较低的液体时，如果搅拌器在罐内对称安装，并且转速足够高时，会产生很大的切向环流，在离心力的作用下，液体涌向发酵罐内壁，形成周边高中间低的漩涡。为了抑制漩涡的产生和增强传质，需要在发酵罐内安装挡板。挡板的作用是改变液流的方向，由径向流改为轴向流，促使液体剧烈翻动，增加溶解氧。通常，挡板宽度取（0.1～0.2）D，装设 4～6 块即可满足全挡板条件。

全挡板条件：是指在一定转数下再增加罐内挡板而轴功率仍保持不变。要达到全挡板条件必须满足下式要求

$$\left(\frac{b}{D}\right)n=\frac{(0.1\sim0.12)\,D}{D}n=0.5 \tag{24-1}$$

式中，D-发酵罐直径，mm；b-挡板宽度，mm；n-挡板数。

挡板的高度自罐底起至设计的液面高度为止，同时挡板应与管壁留有一定的空隙，其间隙一般为（1/5～1/8）D。任何安置于发酵罐装置内的静止部件都构成挡板。因而挡板可分为两类：最常见的挡板型式是垂直安装于罐壁的构件，即常规挡板；另一类是特殊挡板，形状、位置各异，有底挡板、表面挡板等，换热管和插入槽内液面下的蒸汽管、空气管和进料管等内部构件也能起到挡板作用。

4）轴承

为了减少震动，中小型发酵罐一般在罐内装有底轴承，而大型发酵罐装有中间轴承，底轴承和中间轴承的水平位置应能适当调节。罐内轴承不能加润滑油，应采用液体润滑的塑料轴瓦（如聚四氟乙烯等），轴瓦与轴之间的间隙常取轴径的 0.4%～0.7%。为了防止轴颈磨损，可以在与轴承接触处的轴上增加一个轴套。

5）轴封

轴封的作用是使罐顶或罐底与轴之间的缝隙密封，防止泄漏和污染杂菌。常用的轴封有填料函式轴封（图 24-4）和端面式轴封（图 24-5）两种。

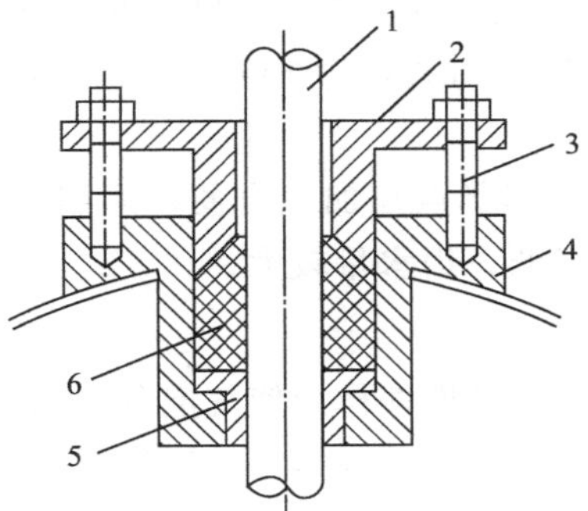

图 24-4 填料函式轴封

1-转轴；2-填料压盖；3-压紧螺栓；4-填料箱体；5-铜环；6-填料

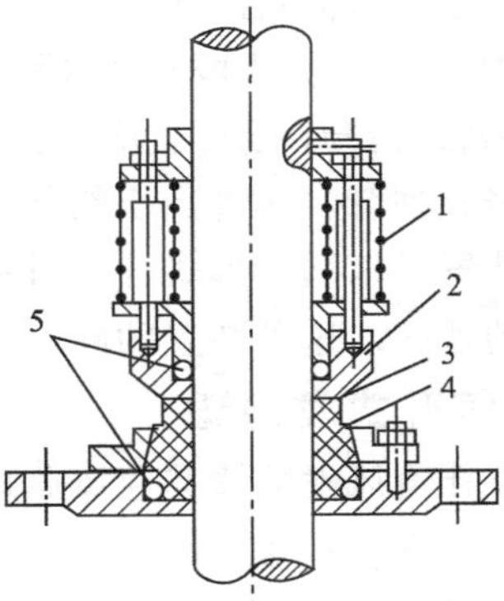

图 24-5 机械端面式轴封

1-弹簧；2-动环；3-堆焊硬质合金；4-静环；5-O 型圈

（1）填料函式轴封是由填料箱体、填料底衬套、填料压盖和压紧螺栓等零件构成，使旋转轴达到密封的效果。

填料函式轴封的优点是结构简单。主要缺点是死角多，很难彻底灭菌，容易渗漏及染菌；轴的磨损情况较严重；填料压紧后摩擦功率消耗大；寿命短，经常维修，耗工时多。现在在通用发酵罐中已经基本不再采用。

（2）端面式轴封又称机械轴封。密封作用是靠弹性元件（弹簧、波纹管等）的压力使垂直于轴线的动环和静环光滑表面紧密地相互贴合，并作相对转动而达到密封。端面式轴封的优点：①清洁；②密封可靠；③无死角，可以防止杂菌污染；④使用寿命长；⑤摩擦功率耗损小；⑥轴或轴套不受磨损；⑦对轴的精度和光洁度没有填料密封要求那么严格，对轴的震动敏感性小。端面式轴封的缺点：①结构比填料密封复杂，装拆不便；②对动环及静环的表面光洁度及平直度要求高。

6）空气分布器

对于一般的通气发酵罐，空气分布管主要有环形管式和单管式。单管式结构简单实用，管口正对罐底中央，与罐底距离约为 40mm。若用环形空气分布管，则要求环管上的空气喷孔应在搅拌叶轮叶片内边之下，同时喷气孔应向下以尽可能减少培养液在环形分布管上滞留。根据经验，喷孔直径取 2～5mm 为好，且喷孔总截面积之和等于空气分布管截面积。对机械搅拌通气发酵罐，分布管内空气流速取 20m/s 左右。

7）发酵罐的换热装置

（1）夹套式换热装置

这种装置多应用于容积较小的发酵罐、种子罐；夹套的高度比静止液面高度稍高即可，无需进行冷却面积的设计。这种装置的优点是结构简单，加工容易，罐内无冷却设备，死角少，容易进行清洁灭菌工作，有利于发酵。其缺点是传热壁较厚，冷却水流速低，发酵时降温效果差。

(2) 竖式蛇管换热装置

这种装置是竖式的蛇管分组安装于发酵罐内，有四组、六组或八组不等，根据管的直径大小而定，容积 $5m^3$ 以上的发酵罐多用这种换热装置。这种装置的优点是冷却水在管内的流速大；传热系数高。这种冷却装置适用于冷却用水温度较低的地区，水的用量较少。但是气温高的地区，冷却用水温度较高，则发酵时降温困难，发酵温度经常超过 40℃，影响发酵产率，因此应采用冷冻盐水或冷冻水冷却，这样就增加了设备投资及生产成本。此外，弯曲位置比较容易蚀穿。

(3) 竖式列管（排管）换热装置

这种装置是以列管形式分组对称装于发酵罐内。其优点是加工方便，适用于气温较高，水源充足的地区。这种装置的缺点是传热系数较蛇管低，用水量较大。

24.2.2 气升式发酵罐

机械搅拌通风发酵罐其通风原理是罐内通风，靠机械搅拌作用使气泡分割细碎，与培养基充分混合，密切接触，以提高氧的吸收系数；设备构造比较复杂，动能消耗较大。采用气升式发酵罐可以克服上述的缺点。其工作原理是把无菌空气通过喷嘴或喷孔喷射进发酵液中，通过气液混合物的湍流作用而使空气泡分割细碎，同时由于形成的气液混合物密度降低而向上运动，而气含率小的发酵液则下沉，形成循环流动，实现混合与溶氧传质。常见的气升式发酵罐有带升式、塔式、气升环流式、鼓泡式、空气喷射式等。

图 24-6（a）为外循环带升式发酵罐，其上升管安装于罐外，上升管两端与罐底及罐上部相连接，构成一个循环系统，下部装有空气喷嘴。图 24-6（b）为内循环带升式发酵罐，工作原理和外循环的差别不大。

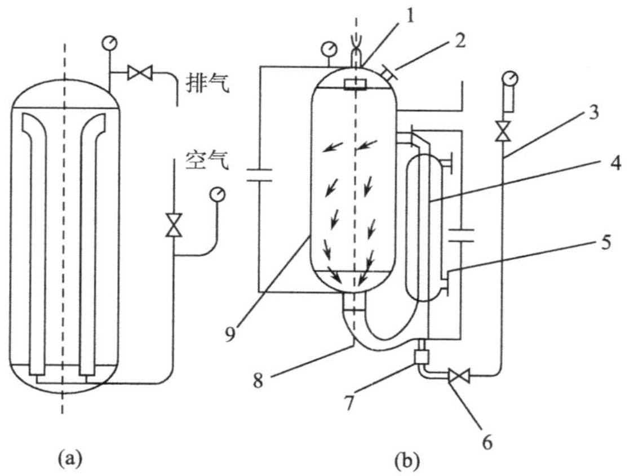

图 24-6　气升式发酵罐

1-人口；2-视镜；3-空气管；4-上升管；5-冷却夹套；6-单向阀门；7-空气喷嘴；8-带升管；9-罐体

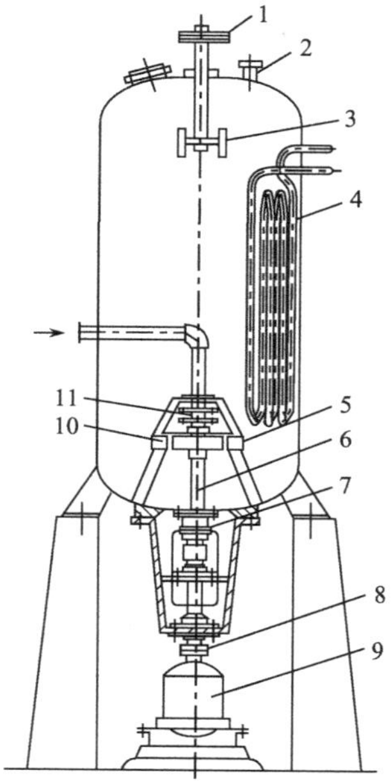

图 24-7　自吸式发酵罐

1-带轮；2-排气管；3-消泡器；4-冷却排管；5-定子；6-轴；7-双端面式轴封；8-联轴器；9-电动机；10-转子；11-端面式轴封

24.2.3　自吸式发酵罐

自吸式发酵罐（图 24-7）是一种不需要空气压缩机，而在搅拌过程中自动吸入空气的发酵罐。这种设备的耗电量小，能保证发酵所需的空气，并能使气液分离细小，均匀地接触，吸入空气中 70%～80%的氧被利用。采用了不同型式、容积的自吸式发酵罐在生产葡萄糖酸钙、利福霉素、维生素 C、酵母、蛋白酶等，都取得了良好的成绩。

自吸式发酵罐的主要的构件是自吸搅拌器及导轮，简称为转子及定子。转子由箱底向上升入的主轴带动，当转子转动时空气则由导气管吸入。转子的形式有九叶轮、十字形叶轮（图 24-8）、三叶轮、六叶轮（图 24-9）等，叶轮均为空心形。

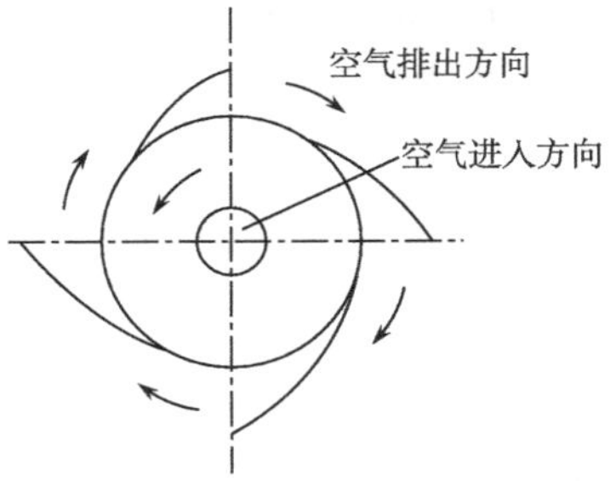

图 24-8　十字形叶轮转子

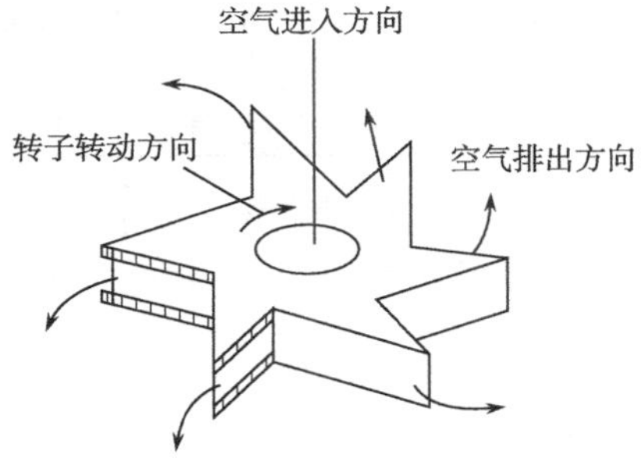

图 24-9　六叶轮转子

24.2.4　通风固相发酵设备

通风固相发酵工艺是传统的发酵生产工艺，广泛应用于酱油生产与酿酒制曲，以及农副产品生产饲料蛋白质等。

用于固态发酵的反应器可归类为 5 种形式：浅盘式反应器（图 24-10），填充床反应器，流化床反应器，转鼓式反应器和搅拌反应器（图 24-11）。

24.2.5　其他类型的发酵罐

除了前面所述的机械搅拌通风发酵罐、气升式发酵罐、自吸式发酵罐和通风固相发酵设备外，还有多种通风发酵设备在生产上有应用。下面举几个常见的发酵罐示意图，如图 24-12～图 24-17。

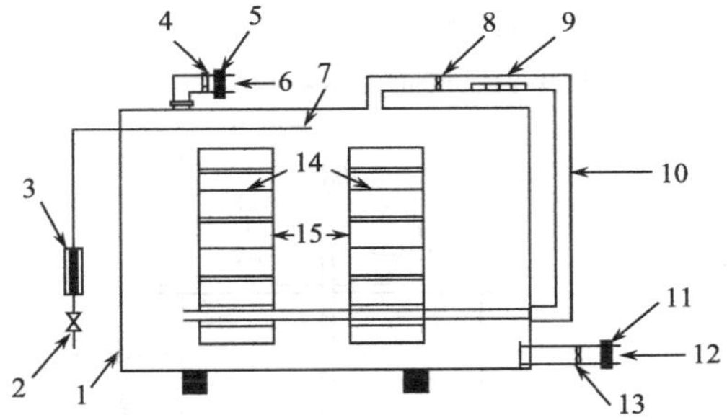

图 24-10　浅盘式生物反应器简图

1-反应室；2-水压阀；3-紫外光管；4，8，13-空气吹风机；5，11-空气过滤器；6-空气出口；7-湿度调节器；9-加热器；10-空气加热管；12-空气入口；14-盘子；15-盘子支持架

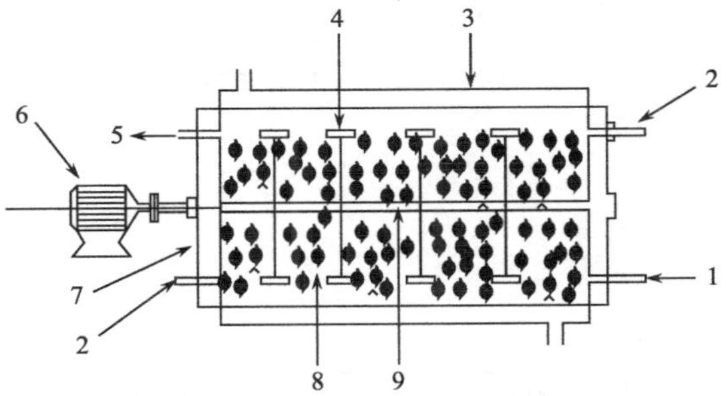

图 24-11　水平浆混合反应器示意图

1-空气进口；2-温度探针；3-水夹套；4-浆；5-空气出口；6-搅拌发动机；7-反应器；8-固体培养基；9-搅拌轴

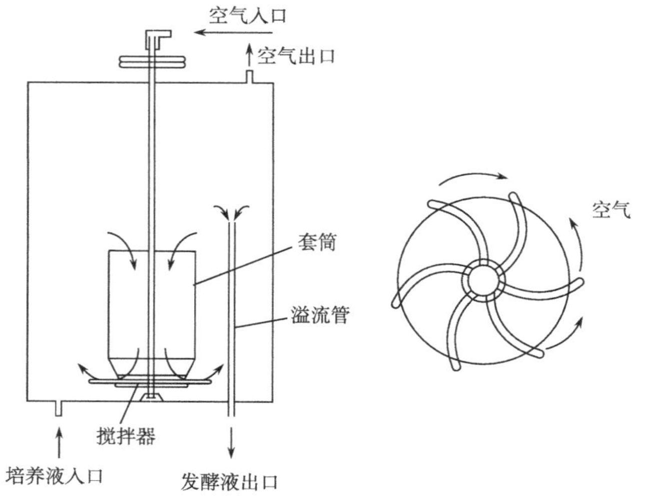

图 24-12 伍氏发酵罐

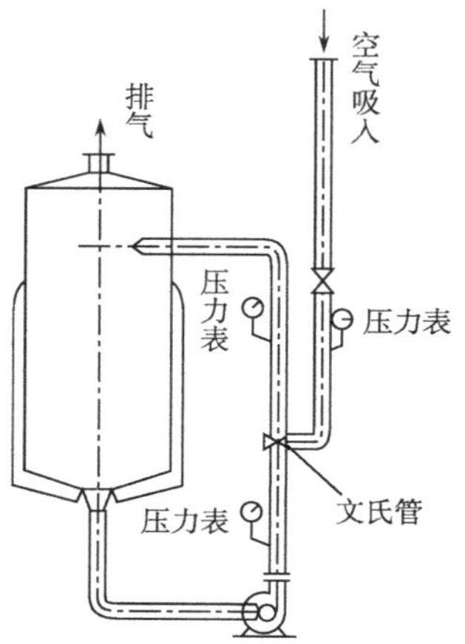

图 24-13 文氏发酵罐

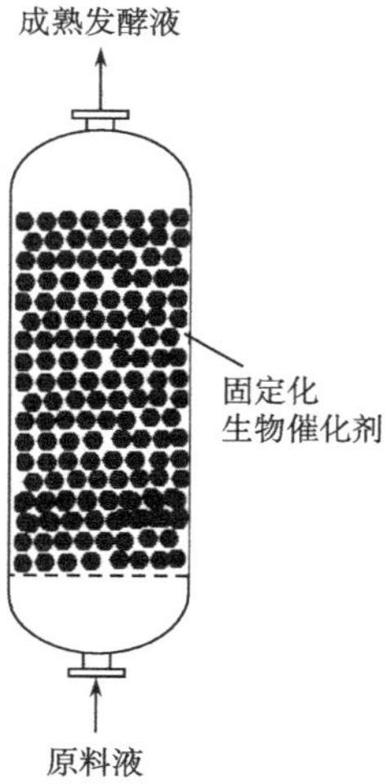

图 24-14 固定床生物反应器

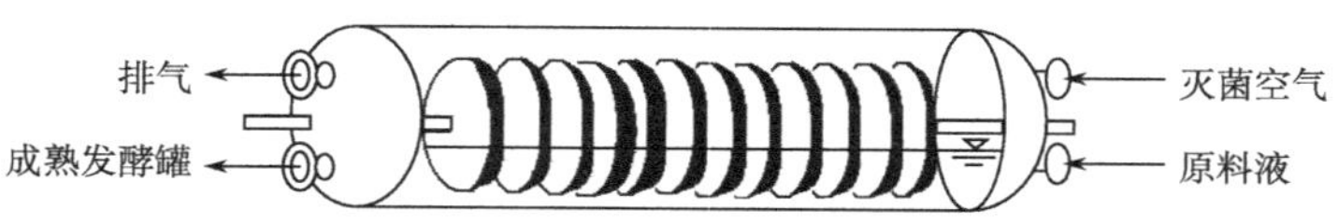

图 24-15 卧式转盘发酵反应器

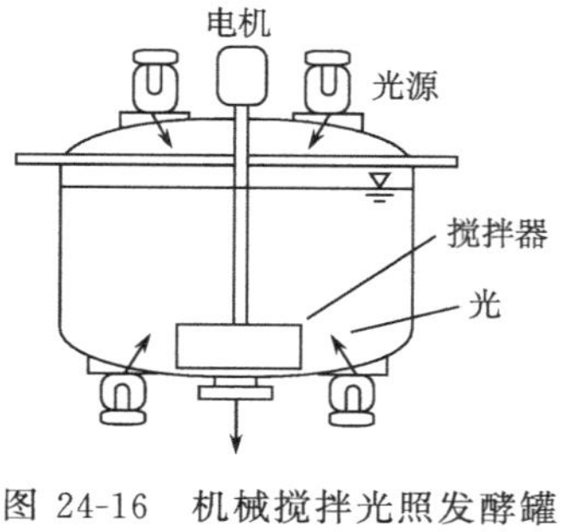

图 24-16 机械搅拌光照发酵罐

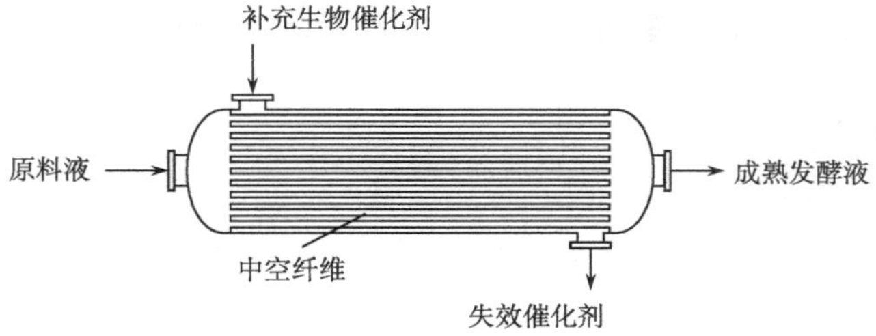

图 24-17　中空纤维生物反应器

24.3　厌氧发酵设备

厌氧发酵罐又称嫌气性发酵罐，如丙酮-丁醇、酒精、啤酒、乳酸等发酵用的发酵罐。发酵过程不需要通气。日常生活中经常接触的酒精、啤酒等产品的发酵，均为嫌气性发酵罐所生产，其发酵罐因不需要通入昂贵的无菌空气，因此在设备放大、制造和操作时，都比好氧发酵设备简单得多。

24.3.1　酒精发酵设备

酵母将糖转化为酒精，想要获得较高的转化率，除了要满足酵母生产和代谢的必要工艺条件外，还需要一定的生化反应时间，在生化反应过程中将释放出一定数量的生物热，若该热量不及时移走，必将直接影响酵母的生长和代谢产物的转化率。因此，酒精发酵罐的结构必须首先满足上述工艺要求（图 24-18）。此外，从结构上，还应考虑有利于发酵液的排出及设备清洗、维修及设备制造安装方便等问题。

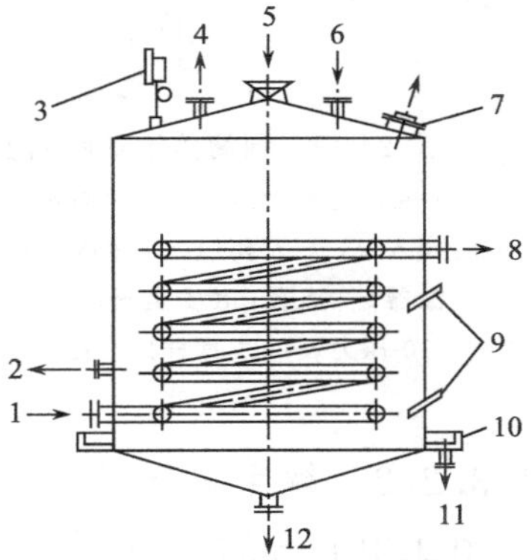

图 24-18　间歇式酒精发酵罐

1-冷却水入口；2-取样口；3-压力表；4-CO_2 气体入口；5-喷淋水入口；6-料液和酵母入口；7-人孔；8-冷却水出口；9-温度计；10-喷淋水收集槽；11-喷淋水出口；12-排污口

24.3.2　啤酒发酵设备

传统的啤酒发酵设备是由设在发酵间的发酵池和储酒间的储酒罐组成的，在现代企业中已经很少见到了。目前圆筒体锥底发酵罐在露天大罐工艺中使用最为普遍，简称锥形罐。下面就以锥形罐为例对啤酒发酵设备进行说明。

锥形罐发酵最大特点在于大型化，容积从 100～600m^3（国内也有 60m^3 小型的）。

24.3.2.1　设备的外形特点

外筒体蝶形，拱形盖，锥形体底，罐筒体壁和锥底有各种形式的冷却夹套（图 24-19）。

筒体直径（D）和筒体高度（H）是主要特性参数。对单酿罐一般是 $D:H=1:(1\sim2)$。对两罐法的发酵罐 $D:H=1:(3\sim4)$，对两罐法的储酒罐 $D:H=1:(1\sim2)$，也有采用直径为 3～4m 的卧式圆筒体罐作储酒罐。增加 H 有利于加速发酵，降低 H 有利于啤酒的自然澄清。

对于发酵罐锥底角的大小设计，考虑到发酵中酵母自然沉降最有利，取排出角为 73°～

75°（一定体积沉降酵母在锥底中占有最小比表面积时摩擦力最小）。对于储酒罐，因沉淀物很少，主要考虑材料利用率常取锥角为120°～150°（图24-20）。

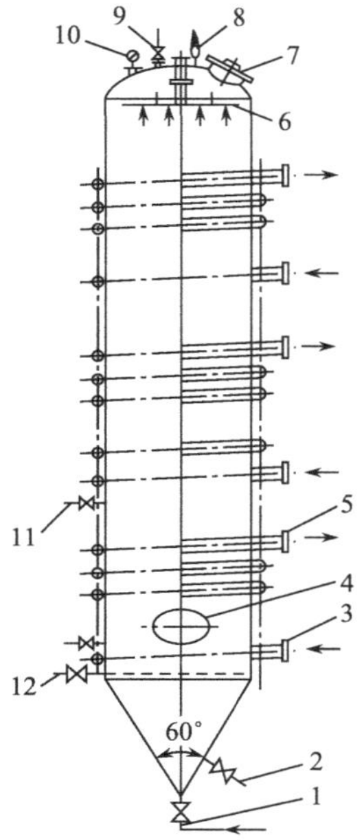

图24-19　圆筒体锥形啤酒发酵罐

1-麦汁与酵母入口；2-啤酒出口；3-冷媒入口；4-人孔门；5-冷媒出口；6-洗涤器；7-人孔；8-安全阀；9-排气阀；10-压力表；11-取样口；12-CO_2入口

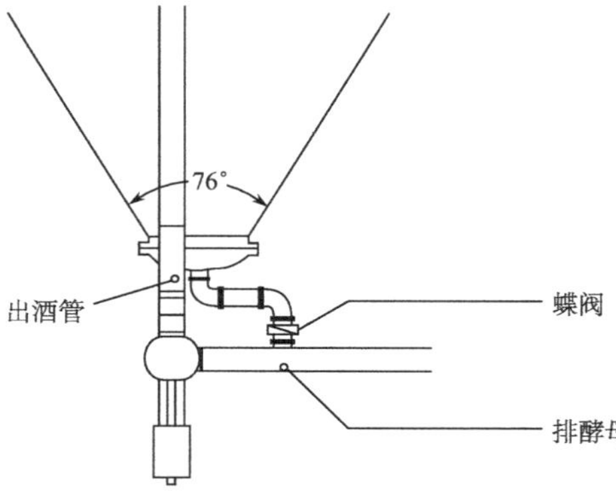

图24-20　圆筒体锥底发酵罐底部结构

24.3.2.2　罐主要附件

在上中下三段冷却介质进口位置下装智能型铂温度传感器。在圆筒形下部装可清洗取样阀。温度传感器和取样管均需深入罐中300mm。罐顶部应有安全阀、真空破坏阀，CIP执行机构应装在液面上150mm。还应装上视镜、灯镜、空气和二氧化碳排出管等装置。

锥底有直径500mm的快开人孔，如单酿罐应具有深入锥底800～1200mm的出酒管和排酵母底阀及四通视镜。

24.4　发酵罐的放大

发酵罐的设计原则是该发酵罐能否适合于生产工艺的放大要求，能否获得最大的生产效率。在确定发酵罐最大生产能力时，需要考虑两方面的主要因素：①必须考虑微生物生长率和产物转化率；②必须考虑发酵罐传递性能，包括传质效率、传热效率及混合效果。如果微生物的生长率、转化率本征值低，则设备满足要求。还可通过进一步筛选菌株，获得高产菌株以进一步提高设备的利用率，充分发挥设备潜力。如果微生物的生长率、转化率本征值高，菌株特性比小型罐表达效果差，则表明发酵罐最大设计能力偏低，不符合生产要求，需要进一步提高发酵罐的生产能力，对发酵罐进行合适的放大改良，以满足微生物生长的需要。提高发酵罐的最大生产能力主要就是要解决放大过程中出现传递性能下降的问题，即要重点改善发酵罐的传质、传热、混合等效果。

由于发酵罐需要在无杂菌污染的条件下长期运转，必须保证微生物在发酵罐中正常的生长代谢，并且能最大限度地合成目的产物，因此发酵罐设计必须满足如下要求。

(1) 发酵罐应具有适宜的高径比。发酵罐的高度与直径比为 2.5～40。因为罐身长，氧的利用率相对较高。

(2) 发酵罐能承受一定的压力。由于发酵罐在灭菌及正常工作时，罐内有一定的压力和温度，因此罐体要能承受一定的压力；罐体加工制造好后，必须进行水压试验，水压试验压力应不低于工作压力的 1.5 倍。

(3) 发酵罐的搅拌通气装置要能使气泡破碎并分散良好，气液混合充分，保证发酵液有充足的溶解氧，以利于好氧菌生长代谢的需要。

(4) 发酵罐应具有良好的循环冷却和加热系统。微生物生长代谢过程放出大量的发酵热，过多的热量积累导致发酵液的温度升高，不利于微生物的生长。但也有些微生物需要在较高的温度下生长。为了保持发酵体系中稳定的内环境和控制发酵过程不同阶段所需的最适温度，应装有循环冷却和加热系统，以利于温度的控制。

(5) 发酵罐内壁应抛光到一定精度，尽量减少死角，避免藏污积垢，要易于彻底灭菌，防止杂菌污染。

(6) 搅拌器的轴封应严密，尽量避免泄漏。

(7) 发酵罐传递效率高，能耗低。

(8) 具有机械消泡装置，要求放料、清洗、维修等操作简便。

(9) 根据发酵生产的实际要求，可以为发酵罐安装必要的温度、pH、液位、溶解氧、搅拌转速及通气流量等的传感器及补料控制装置，以提高发酵水平。

24.4.1 发酵罐放大的目的和方法

24.4.1.1 发酵罐放大的目的

微生物发酵产品产业化研究分为三个阶段：实验室小试阶段→中试试验→工厂化生产。各阶段的任务不同：①实验室规模主要是菌种的选育及发酵条件的优化；②中试规模主要是确定放大规律及最佳操作条件；③工厂规模则主要是通过产业化实验，评价经济效益。

通过①②两个阶段筛选到更好的菌种，以及更有效的培养基和更合适的发酵条件，确定放大规律以便实现产业化，获得更显著的经济效益。在①②两个阶段的研究成熟之后，就可以在工厂实现大规模生产。因此，微生物发酵能否实现产业化的重要一环就是解决设备及工艺放大问题。

发酵工程的目的和任务是实现生物技术成果走向规模化生产。具体地，就是力求在发酵过程中，保证所有规模都有最佳的外部条件，以获得最大生产能力。发酵罐的放大就是为大规模生产获得最大生产能力提供核心设备。所以，发酵罐的性能是以生产能力为评价标准，即发酵罐的放大不能影响实验室阶段和中试阶段所获得的最大生产能力的实现，也就是在放大过程中要遵守“发酵单位相似”原则。而要保持“发酵单位相似”，就必须认真考虑放大设计，使不同规模的放大设备其外部条件相似。所谓外部条件，主要包括以下两个方面。①物理条件：传热、传质能力、混合能力、功率消耗、剪切力等。②化学条件：基质浓度、pH、前体浓度等，易于人为控制恒定，不受规模限制。

在放大过程中，物理条件会随规模扩大而发生明显变化，必须进行科学设计，才能使放大后的设备满足工艺放大要求。

24.4.1.2 放大方法

发酵罐的放大方法分为以下几种。

(1) 经验放大法。它是依靠对已有装置的操作经验所建立起来的以认识为主而进行的放大方法。根据经验和实用的原则进行放大设计仍是目前主要的设计方法。

(2) 量纲分析法。根据 Na（通气准数）或 Re（雷诺准数）等特征数相等的原则进行放大的方法。

(3) 时间常数法。时间常数是指某一变量与其变化率之比。

此外，还有数学模型放大法，即根据有关的原理和必要的实验结果，对一实际对象用数学方程的形式加以描述，然后再用计算机进行模拟研究、设计和放大。

在以上放大方法中，经验放大法包括：①几何相似法，即在几何相似的情况下，按照一个准则进行放大设计，如按照 K_{La} 相等，或 P/V（单位体积功率）相等，或 nd（末端剪切力）相等进行放大；②非几何相似法，即在牺牲几何相似的情况下，采用两个甚至多个准则进行放大设计。

几何相似法的优点：发酵罐的放大设计可以按照几何尺寸进行等比例放大。一般情况下，几何相似的条件下经常采用等 K_{La} 放大准则，如对于牛顿型流体发酵，若只存在溶氧限制，可以 K_{La} 相等为准则进行几何相似放大。若要采用一种以上的放大准则，如同时采用等 K_{La} 和等 P/V 放大，则不可能保持几何相似，只能采用非几何相似放大法。非几何相似放大通常应用于不耐剪切的发酵过程的放大，如丝状真菌发酵的放大。

24.4.2 通用式发酵罐的放大设计

通用式发酵罐即机械搅拌通风发酵罐。下面主要就最常见的几何相似放大法对通用式发酵罐的设计进行介绍。

24.4.2.1 几何相似放大法

在发酵罐几何相似的放大中，主要是解决放大后生产罐的空气流量、搅拌转速和功率消耗等问题，即操作参数的放大设计。具体方法有①按几何尺寸放大；②按照空气流量相等准则放大；③按搅拌功率相等的准则放大等。下面仅以按几何尺寸放大来进行介绍，其他两种几何相似放大方法本章不再介绍。

几何尺寸放大是发酵罐各个部件的几何尺寸按比例进行放大，放大倍数实际上就是罐体积的增加倍数。放大倍数 m 指罐体的体积增加倍数，即 $m=\dfrac{V_1}{V_2}$（下标 1 为实验模型罐，下标 2 为生产罐）。

因为几何相似，所以$\dfrac{H_1}{D_1}=\dfrac{H_2}{D_2}$，则

$$\frac{V_2}{V_1}=\frac{\frac{\pi}{4}D_2^2H_2}{\frac{\pi}{4}D_1^2H_1}=\frac{\frac{\pi}{4}D_2^2D_2}{\frac{\pi}{4}D_1^2D_1}=\left(\frac{D_2}{D_1}\right)^3=m \tag{24-2}$$

所以

$$\frac{H_2}{H_1}=\frac{D_2}{D_1}=\sqrt[3]{m} \tag{24-3}$$

在进行几何放大的计算以后，其他参数如 d（搅拌器直径）、B（搅拌器距底部的间

距)、s（搅拌器的间距)、W（挡板宽度）就可以根据 H、D 值来计算，从而确定生产罐的几何尺寸。具体地，根据几何相似，$\frac{d_2}{D_1}$、$\frac{d_2}{B_2}$、$\frac{d_2}{s_2}$、$\frac{W_2}{D_2}$一定，求出放大后的发酵罐的 d_2、B_2、s_2、W_2 等几何尺寸。

几何尺寸确定后，就要确定放大后的操作参数：通气线速度 Ws，搅拌速度 n。因此，相应操作参数的放大设计有两大类放大准则可供选择：一类是空气流量相等的放大准则，二是搅拌转速相等的放大准则。

24.4.2.2　非几何放大

在放大的过程中，如果参数设计中矛盾突出，就要牺牲几何相似，按非几何放大，以解决传质、混合及对剪切力敏感等问题，达到放大的主要目标，即放大后的发酵单位相似。

非几何放大的应用范围，多用于菌株对剪切力敏感的发酵放大设计。

非几何放大方法，可以选用几种准则来综合设计，通过周线速度 πnd 以及输送变量 Q 来评价 n、d 设计值的合理性，通常改变几何相似性来达到目的。几何相似的改变反映在改变原有 d/D 比值上。

目前采用较多的非几何放大法是，将等 K_{La} 与等 nd 放大准则相结合，改变几何相似，调整 d/D 值，反复调整 n、d 设计值以达到放大设计要求。

随着对微生物细胞代谢过程、产物合成途径中的相关酶及其基因表达的认识不断深入，除了采用上述几何相似或非几何放大外，人们开始尝试一些新的放大方式。如采用基于放大前后的关键性代谢特征一致的放大方法，即发酵罐放大后微生物代谢途径的关键基因的表达及产物合成相关的酶的活性与放大前的情况一致。

本章小结

通常所说的发酵设备指的就是发酵罐，主要分为通风发酵罐和厌氧发酵罐。

通风发酵罐又称好气性发酵罐，如谷氨酸、柠檬酸、酶制剂、抗生素、酵母等发酵用的发酵罐。好气性发酵需要将空气不断通入发酵液中，以供微生物所消耗的氧。常用通风发酵罐包括机械搅拌发酵罐、气升式发酵罐、自吸式发酵罐、通风固相发酵设备和其他类型的通风发酵反应器。机械搅拌通风发酵罐是发酵工厂最常用类型。据不完全统计，它占了发酵罐总数的70%～80%，故又称之为通用型发酵罐。它是利用机械搅拌器的作用，使空气和发酵液充分混合，促使氧在发酵液中溶解，以保证供给微生物生长繁殖、发酵所需要的氧气。气升式发酵罐工作原理是把无菌空气通过喷嘴或喷孔喷射进发酵液中，通过气液混合物的湍流作用而使空气泡分割细碎，同时由于形成的气液混合物密度降低而向上运动，而气含率小的发酵液则下沉，形成循环流动，实现混合与溶氧传质。常见的气升式发酵罐有带升式、塔式、气升环流式、鼓泡式、空气喷射式等。自吸式发酵罐是一种不需要空气压缩机，而在搅拌过程中自动吸入空气的发酵罐。这种设备的耗电量小，能保证发酵所需的空气，并能使气液分离细小，均匀地接触，吸入空气中70%～80%的氧被利用。通风固相发酵工艺是传统的发酵生产工艺，广泛应用于酱油生产与酿酒制曲，以及农副产物生产饲料蛋白质等。

厌氧发酵罐又称嫌气性发酵罐，如丙酮-丁醇、酒精、啤酒、乳酸等发酵用的发酵罐。发酵过程不需要通气。日常生活中经常接触的酒精、啤酒等产品的发酵，均为嫌气性发酵罐所生产，其发酵罐因不需要通入昂贵的无菌空气，因此在设备放大、制造和操作时，都比好氧发酵设备简单得多。对于大型工业生产，常使用连续发酵的方法。

对于发酵罐的设计，主要考虑的问题是该发酵罐能否适合于生产工艺的放大要求，能否获得最大的生产效率。微生物发酵产品产业化研究分为三个阶段：实验室小试阶段→中试试验→工厂化生产。各阶段的任务不同：①实验室规模主要是菌种的选育及发酵条件的优化；②中试规模主要是确定放大规律及最佳操作条件；③工厂规模则主要是通过产业化实验，评价经济效益。发酵罐的放大就是为大规模生产获得最大生产能力提供核心设备。所以，发酵罐的性能是以生产能力为评价标准，即发酵罐的放大不能影响实验室阶段和中试阶段所获得的最大生产能力的实现。在放大过程中，物理条件会随规模扩大而发生明显变化，必须进行科学设计，才能使放大后的设备满足工艺放大要求。

复习题

1. 什么是轴封？机械轴封与填料函式轴封相比有什么优缺点？
2. 机械搅拌发酵罐中的平叶涡轮搅拌器为什么要安一个圆盘？
3. 叙述气升式发酵罐的工作原理。
4. 叙述自吸式发酵罐的工作原理。
5. 圆筒锥底啤酒发酵罐上为什么要安装真空破坏阀？详细解释它的作用。
6. 画出酒精连续发酵的流程图，并注明各个设备的名称。
7. 发酵罐设计原则是什么？
8. 发酵罐设计中放大的方法有哪些？

主要参考文献

黄达明，吴其飞，陆建明，等. 2003. 固态发酵技术及其设备的研究进展. 食品与发酵工业，29 (6)：87～91
梁世中. 2002. 生物工程设备. 北京：中国轻工业出版社
廖春燕，郑裕国. 2005. 固态发酵生物反应器. 微生物学通报，32 (1)：99～103
殷涌光. 2009. 食品机械与设备. 北京：化学工业出版社
余江龙. 2010. 发酵工程原理与技术应用. 北京：化学工业出版社

第25章　产物分离和纯化设备

内容提要：发酵产物的分离与纯化是发酵工程的一个重要组成部分，也是一个复杂而又耗资的工艺过程。发酵产品由于没有适当的提取方法或因提取收率太低、成本过高而不能投产的例子是屡见不鲜的。从这个意义上说，了解产物的分离和纯化设备是十分重要的。本章重点介绍一些发酵行业常用的和新型的产物分离和纯化设备。

25.1　两相分离设备

两相分离设备，即用来进行固-液或液-液分离的设备。本节介绍过滤设备、离心分离设备、膜分离设备。

25.1.1　过滤设备

过滤设备可以根据过滤推动力、过滤介质的材料、形态、结构、应用及原理（如吸收、扩散、选择性渗透等）来分类。如果按过滤推动力划分，可将过滤设备分为常压过滤机、加压过滤机和真空过滤机三类。常压过滤机的效率低，仅用于过滤易分离的物料。在生物工业中，常用的过滤发酵液的设备主要有板框压滤机、鼓式真空过滤机和加压叶滤机三种。不同性状的发酵液应选择不同的过滤设备。

25.1.1.1　板式或板框压滤机

板框压滤机（图25-1）由许多滤板和滤框间隔排列而成，板和框装合压紧后构成滤浆和洗水流通的孔道，框两侧的滤布与空框围成容纳滤浆与滤饼的空间，滤板用以支撑滤布并提供滤液流出的通道。板框压滤机的总框数由生产能力和悬浮液固体浓度确定。

板式或板框压滤机过滤面积大，过滤推动力（压力差）能较大幅度的调整，耐受的压力差高，固相含水率低，因此，对不同过滤特性的发酵液适应性强。而且，还具有结构简单，维修方便，价格低，动力消耗少等优点。所以，在国内使用广泛。

在发酵工业中，板式或板框压滤机在培养基的制备和放线菌、霉菌、酵母菌及细菌等多种发酵液的固液分离中有广泛的应用。板式或板框压滤机比较适合于固体含量10%～20%的悬浮液的分离。而对于菌体较细小，黏度较大的发酵液，可以加入助滤剂或采用絮凝等方法预处理后进行压滤。对于难过滤的枯草杆菌发酵液，可设计一种特别薄的滤框，以减小滤饼的阻力。此外，可采用有橡胶隔膜的压滤机，过滤结束时，在滤板和橡皮膜之间通入压缩空气压榨滤饼，将液体挤压出来。

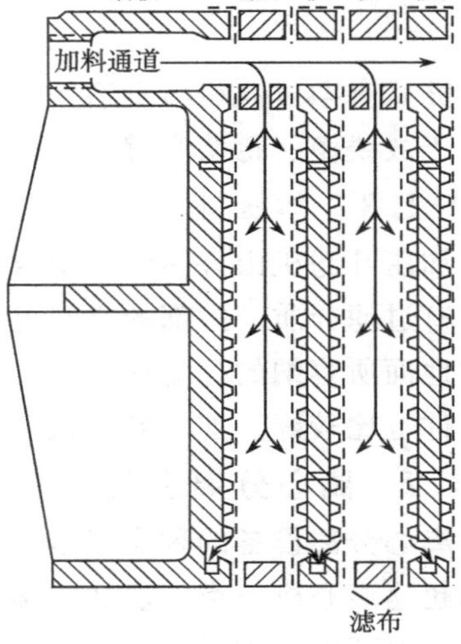

图25-1　板框压滤机

25.1.1.2　鼓式真空过滤机

鼓式真空过滤机（图 25-2）是以大气与真空之间的压力差作为过滤操作的推动力。设备的主体是一个由筛板组成能转动的水平圆筒，表面的金属网上覆盖滤布。圆筒分为过滤区、洗涤吸干区、卸渣区和再生区四个区。转筒下部浸入滤浆槽中，圆筒旋转时，顺序进行过滤、洗涤、吹干、吹松、卸渣等操作。过滤时，滤饼厚度一般保持在 40mm 以内。

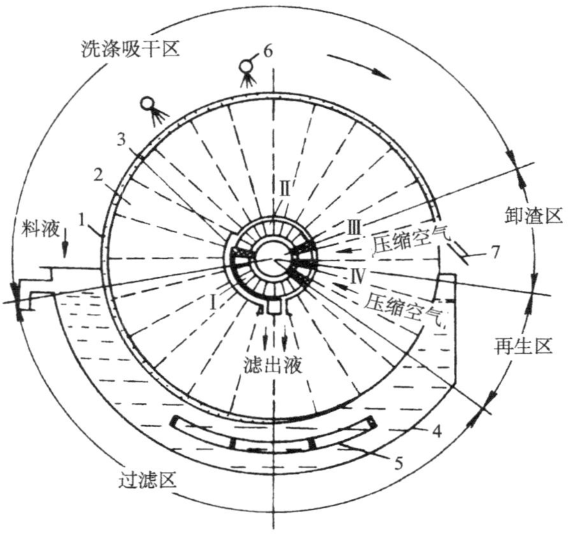

图 25-2　鼓式真空过滤机

1-转鼓；2-过滤室；3-分配阀；4-料液槽；5-摇摆式搅拌器；6-洗涤液喷嘴；7-刮刀

鼓式真空过滤机是一种连续的过滤设备，并能实现自动化控制，处理量大，劳动强度小。在大规模的生物工业生产中，鼓式真空过滤机比较常用。但其设备多、投资大。由于是真空过滤，推动力小（即压差较小）。滤饼的湿度大，可到 20%～30%，固相干度不如加压过滤。与鼓式真空过滤机操作原理类似的真空过滤机还有转盘真空过滤机和真空翻斗式过滤机。

鼓式真空过滤机特别适用于分离固体含量较大（>10%）的悬浮液。在发酵工业中广泛应用于放线菌、霉菌和酵母菌发酵液或细胞悬浮液的过滤分离。

25.1.1.3　加压叶滤机

加压叶滤机由许多滤叶组合而成，每片滤叶以金属管为框架，内部装有多孔金属板，外边罩有过滤介质，内部的空间可供滤液通过。加压叶滤机是间歇操作设备，过滤推动力大，单位地面所容纳的过滤面积大，滤饼洗涤充分，机械化程度高，劳动力较省，操作环境的卫生条件也比较好。加压叶滤机是在密封的条件下过滤的，因此适用于无菌操作。

25.1.2　离心分离设备

离心分离设备的种类很多，根据离心力（转数）的大小，可分为普通离心机、高速离心机和超速离心机三类。表 25-1 给出了各种离心机的离心力范围和分离对象。此外，在生化产品的生产中，为了防止目标产物的变性失活，所用的离心设备一般为可在低温下操作的离心机，称为冷冻式离心机。

表 25-1　离心机的种类和使用范围

	种类	普通离心机	高速离心机	超速离心机
离心机参数	转速/($r \cdot min^{-1}$)	2 000～6 000	10 000～26 000	30 000～120 000
	离心力/g	2 000～7 000	8 000～80 000	100 000～600 000
适用范围	细胞	适用	适用	适用
	细胞核	适用	适用	适用
	细胞器	—	适用	适用
	蛋白质	—	—	适用

如果按照作用原理不同，离心机又可分为过滤式离心机和沉降式离心机两大类。过滤式离心机转鼓上开有小孔，有过滤介质，液体在离心力的作用下穿过过滤介质，经小孔流出而分离。分离原理与过滤基本相同。该种离心机主要用于处理颗粒粒径较大、固体含量较高的悬浮液。沉降式离心机转鼓上不开孔，没有过滤介质，物料在离心力的作用下，按密度大小分层沉降，可以用于液-固、液-液和液-液-固物料的分离。

25.1.3　膜分离设备

膜分离设备是以选择性透过膜为分离介质，在膜两侧一定推动力的作用下，使原料中的某组分选择性地透过膜，从而使混合物得以分离，以达到提纯、浓缩等目的的分离设备。

25.1.3.1　膜分离的原理

膜是一种起分子级分离过滤作用的介质，当溶液或混合气体与膜接触时，在压力下，或电场作用下，或温差作用下，某些物质可以透过膜，而另些物质则被选择性地拦截，从而使溶液中不同组分，或混合气体的不同组分被分离，这种分离是分子级的分离。

25.1.3.2　膜分离的特点

与传统的分离方法相比，膜分离具有以下特点。

(1) 膜分离通常是一个高效的分离过程。

(2) 膜分离过程的能耗（功耗）通常比较低。大多数膜分离过程都不发生相的变化。

(3) 多数膜分离过程的工作温度在室温附近，适用于对热过敏物质的处理。

(4) 膜分离设备本身没有运动的部件，工作温度又在室温附近，所以很少需要维护，可靠度很高。

(5) 膜分离也有很多缺点，如膜面易发生污染，膜分离性能降低，故需采用与工艺相适应的膜面清洗方法；稳定性、耐药性、耐热性、耐溶剂能力有限，故使用范围有限；单独的膜分离技术功能有限，需与其他分离技术连用。

25.1.3.3　膜组件

膜组件通常是由膜元件和外壳（容器）组成。在一个膜组件中，有的只装一个元件，但也有装多个元件的。

工业上常用的膜组件型式主要有板框式、圆管式、螺旋卷式、中空纤维式和毛细管式 5 种类型。其主要特征列于下表 25-2。

表 25-2 各种类型膜组件的主要特征

膜组件类型	板框式	圆管式	螺旋卷式	中空纤维	毛细纤维
装填密度	低	低	适中	高	适中
抗污染能力	好	很好	适中	很差	好
产生压降	适中	低	适中	高	适中
适合高压操作	可以，有一定困难	可以，有一定困难	适合	适合	不适合
限于专门类型的膜	非	非	非	是	是

一种性能良好的膜组件应达到以下要求：对膜能提供足够的机械支撑并可使高压原料液（气）和低压透过液（气）严格分开；在能耗最小的条件下，使原料液（气）在膜面上的流动状态均匀合理，以减少浓差极化；具有尽可能高的装填密度（即单位体积的膜组件中填充较多的有效膜面积）并使膜的安装和更换方便；装置牢固、安全可靠、价格低廉和容易维护。

25.2 萃取与色谱分离设备

25.2.1 萃取分离设备

萃取设备（图 25-3）是一类用于萃取操作的传质设备，能够实现料液所含组分的完善分离。萃取设备可按结构分为混合澄清器、萃取塔和离心萃取机。

25.2.1.1 混合澄清器

混合澄清器由混合室和澄清室两部分组成，属于分级接触传质设备。混合室中装有搅拌器，用以促进液滴破碎和均匀混合。有些搅拌器能从其下方抽吸重相，借此保证重相在级间流转。澄清室是水平截面积较大的空室，有时装有导板和丝网，用以加速液滴的凝聚分层。根据分离要求，混合澄清器可以单级使用，也可以组成级联。当级联逆流操作时，料液和萃取剂分别加到级联两端的级中，萃余液和萃取液则在相反位置的级中导出。混合室的工作容积可从料液和萃取剂的总流量乘以萃取过程所需时间算出。澄清室的水平截面积，可从分散相液体的流量除以液滴的凝聚分层速度算出。这些操作参数需经实验测定。一般认为单位体积混合室消耗相同的搅拌功率时，级效大致相等。因此，在放大设计时，可按实测的萃取时间与分层速度设计生产设备。混合澄清器结构简单，效率高，放大效应小，能够适应各种生产规模，但投资和运转费用较大。

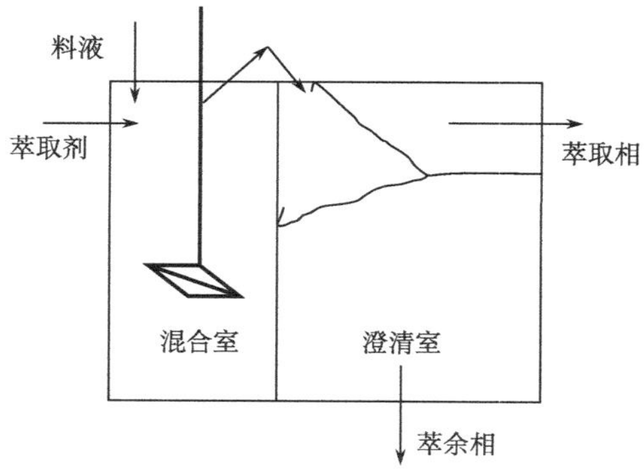

图 25-3 萃取设备

25.2.1.2 萃取塔

用于萃取的塔设备，有填充塔、筛板塔、转盘塔、脉动塔和振动板塔等（图 25-4）。塔体都是直立圆筒。轻相自塔底进入，由塔顶溢出；重相自塔顶加入，由塔底导出；两者在塔内作逆向流动。除筛板塔外，各种萃取塔大都属于微分接触传质设备。塔的中部是工作段，两端是分离段，分别用于分散相液滴的凝聚分层，以及连续相夹带的微细液滴的沉降分离。在萃取用的填充塔和筛板塔中，液体依靠自身的能量进行分散和混合，因而设备效能较低，只用于容易萃取或要求不高的场合。

(a) 筛板塔

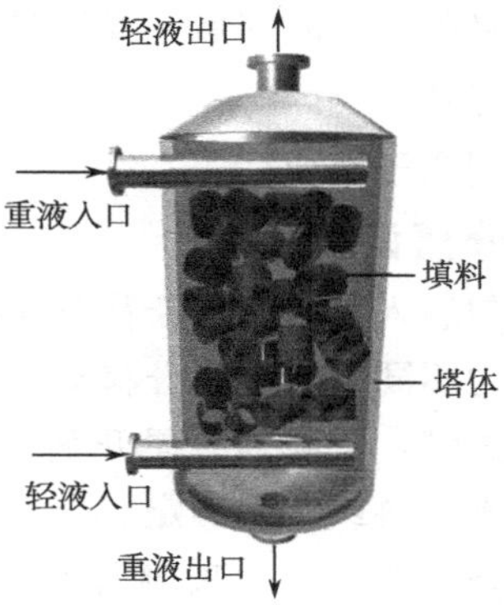

(b) 填充塔

图 25-4　萃取塔

25.2.1.3　离心萃取机

萃取专用的离心机，由于可以利用离心力加速液滴的沉降分层，因此允许加剧搅拌使液滴细碎，从而强化萃取操作。离心萃取机有分级接触和微分接触两类。前者在离心分离机内加上搅拌装置，形成单级或多级的离心萃取机，有路维斯塔式和圆筒式离心萃取机。后者的转鼓内装有多层同心圆筒，筒壁开孔，使液体兼有膜状与滴状分散，如波德比尔涅克式离心萃取机。离心萃取机特别适用于两相密度差很小或易乳化的物系，由于物料在机内的停留时间很短，因而也适用于化学和物理性质不稳定的物质的萃取。

25.2.2　离子交换分离设备

离子交换分离设备广泛用于提取氨基酸、有机酸、抗生素等小分子生物制品。

离子交换设备分为

动态交换设备 { 固定床：单床、多床、复床、混合床；流动床：正吸附、反吸附 }

连续流动床：指溶液及树脂以相反方向连续不断流入和离开交换设备；有单床、多床之分。

(1) 常用离子交换罐结构。圆筒形，椭圆形底顶；$H:D=2\sim3$；树脂高占 50%～70%；可用石块或鹅卵石在罐底支撑；材料：不锈钢、普通钢内衬橡胶，防酸碱腐蚀（图 25-5）。

(2) 反吸附离子交换罐。被交换液体由罐底部分布器导入，树脂在罐内呈沸腾状态，废液由罐顶排出。顶部可设计为喇叭状。

(3) 混合床交换罐。阴阳树脂混装，制备无盐水。

(4) 连续离子交换设备。实验室使用。

25.2.3　吸附分离设备

吸附分离设备是利用合适的吸附剂，在一定的操作条件下，使发酵液中的产物被吸附在固定吸附剂的内外表面上，再以适当的解吸剂将产物从吸附剂上解吸下来，从而达到分离浓缩的目的的分离设备。

25.2.3.1　搅拌罐内的吸附操作

在罐内搅拌吸附一段时间后，经沉降或过滤将吸附剂与液体分开，再解吸。

25.2.3.2　固定床吸附

吸附柱结构同离子交换柱。

25.2.4　色谱分离设备

将固定相均匀装入色谱柱，让待分离的混合物流入柱内，再加展开剂，混合物中各组分与固定相的吸附力不同，使各组分移动速度不同，吸附力小的先流出，吸附力大的速度慢，后流出。分离的关键：吸附剂、展开剂；吸附剂有氧化铝、硅胶、活性炭、聚酰胺、硅藻土；展开剂通过查资料或实验确定。

色谱分离设备（图 25-6）玻璃管或有机玻璃，直径 2～15cm，$H/D=10\sim30$，高径大有利于分离，但过长阻力大，易发生壁面效应。柱子出口管尽量短，避免已分组分重混。

（1）固定相装柱要均匀，不得有气泡。

（2）柱体垂直。

（3）上柱量：床体积的 3%～30%。

（4）溶液黏度：0.01Pa·S 以下为宜。

固定相粒度影响流速，一般在保证分离要求的前提下，适当提高流速，减少分离时间。

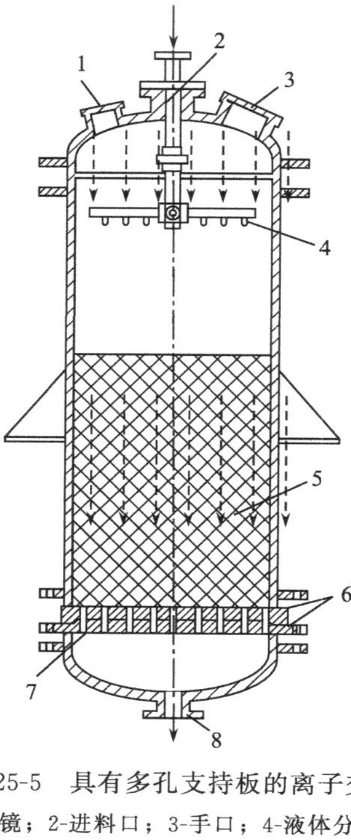

图 25-5　具有多孔支持板的离子交换罐

1-视镜；2-进料口；3-手口；4-液体分布器；5-树脂层；6-多孔板；7-尼龙层；8-出液口

圆筒体的高径比一般为 2～3，树脂层高度约为圆筒高度的 50%～70%

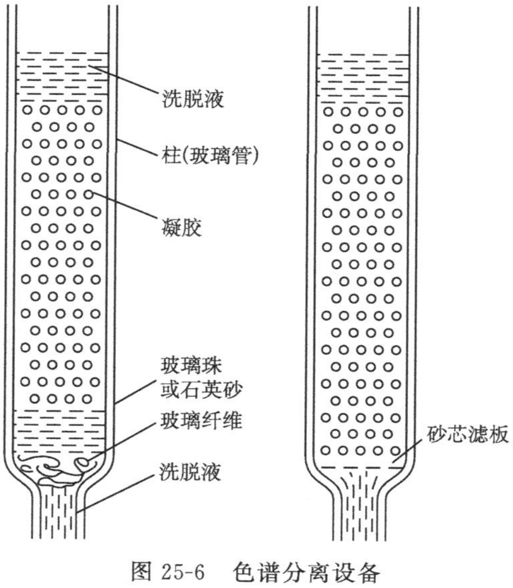

图 25-6　色谱分离设备

25.3　蒸发浓缩与结晶设备

蒸发浓缩设备用于将产物浓度较稀的发酵液、滤液或提取液经过一次或多次蒸发浓缩后，变为浓度较高的溶液，以利于后续工序的操作。结晶操作是获得纯净固体物质的重要方法之一。发酵工业的许多产品，如谷氨酸钠，柠檬酸、葡萄糖、核苷酸等都是用结晶的方法提纯精制的。蒸发与结晶之间最大区别在于，蒸发是将部分溶剂从溶液中排出，使溶液浓度增加，溶液中的溶质没有发生相变（液相）；而结晶过程则是通过将过饱和溶液冷却、蒸发，或投入晶种使溶质结晶析出（固相）。

延伸阅读

选择蒸发设备时，需要考虑溶液的以下特性。耐热性：高温易变性、变质的物质，不宜用常压浓缩；对热敏性物料的浓缩，可选择蒸发温度低、浓缩时间短的薄膜蒸发设备。结垢性：对易形成积垢的物料应用管内流速很大的升膜式蒸发设备。发泡性：蒸发是泡沫较多的物料，应降低蒸发器内蒸汽流速，防止跑液，或采用管内流速很大的蒸发器，用高速气体击破泡沫。结晶性：浓缩中有结晶形成，应选择强烈循环或有搅拌的蒸发设备。腐蚀性：对较强腐蚀性的溶液，选择防腐蚀的材料或结构上方便更换的型式。黏滞性：对黏滞性强的溶液，选择强制循环或刮板薄膜蒸发器。同时，蒸发设备还应满足工艺要求、有合适的浓缩比、保持溶液的特性不变而有高的收得率、传热系数高、热利用效率高、结构合理紧凑、操作清洗方便、动力消耗小等条件。

25.3.1　真空浓缩设备

真空浓缩设备如图 25-7 所示。真空（减压）蒸发优点如下。

（1）由于减压沸点降低，加大了传热温度差，使蒸发器的传热推动力增加，使过程强化。

（2）适用于热敏性溶液和不耐高温的溶液，即减少或防止热敏性物质的分解。

（3）可利用二次蒸汽作为加热热源，进行二效蒸发或多效蒸发。

（4）蒸发器的热损失减少。

（5）能处理黏性大、容易起气泡的溶液。

要保证蒸发的进行，二次蒸汽必须不断地从蒸发室中移除，若二次蒸汽移除后不再利用时，这样的蒸发称为单效蒸发；若二次蒸汽被引入另一蒸发器作为热源，在另一蒸发器中被利用，称为二效蒸发；依次类推，如蒸汽多次被利用串联操作，则称为多效蒸发。多效蒸发可提高初始加热蒸汽的利用率。二效蒸发或多效蒸发必须在真空（减压）条件下进行。

缺点：浓缩时间长，对产物的破坏比薄膜蒸发器大。

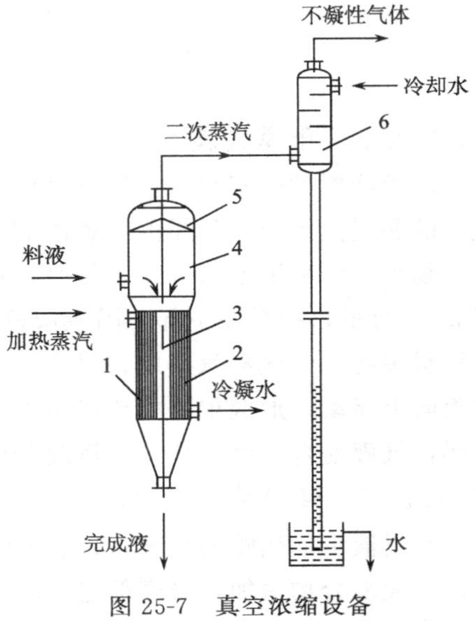

图 25-7　真空浓缩设备

1-加热器；2-加热列管；3-中间管；4-分离室；5-捕沫器；6-冷凝器

待浓缩的溶液置于浓缩器内部，抽真空，夹套通蒸汽进行加热。因为减压浓缩，50℃以下可进行蒸发浓缩。

25.3.2　薄膜蒸发器设备

薄膜蒸发是指在蒸发浓缩时，为了缩短受热时间，令溶液在蒸发设备的加热器内以很薄的液层通过，使溶液受热升温并汽化而被浓缩，浓缩的溶液迅速离开加热表面的方式。按照膜形成的方法，可以把薄膜蒸发器设备分为以下类型：管式薄膜蒸发器，刮板式薄膜蒸发器，离心薄膜蒸发器。根据液膜的流动方向又分为升膜式蒸发器（图 25-8）、降膜式蒸发器（图 25-9）和升降膜式蒸发器（图 25-10）。

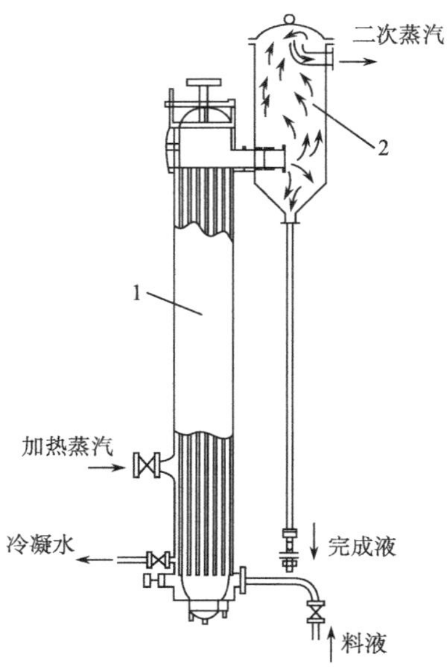

图 25-8　升膜式蒸发器

1-蒸发器；2-分离室

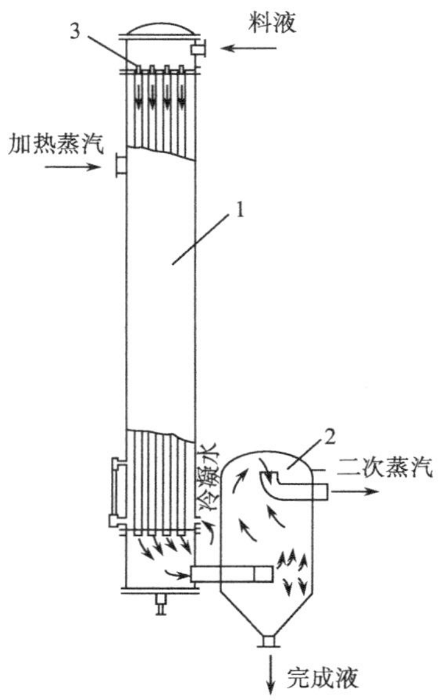

图 25-9　降膜式蒸发器

1-蒸发器；2-分离室；3-布膜器

25.3.2.1　升膜式蒸发器

浓缩物料的时间很短，特别适用于具有起泡性、黏度较小的热敏物料，但不适用于黏度较大的和受热易产生积垢的，或浓缩后有晶体析出的物料。

物料从管束下部引入。工作时，物料在加热管内全程形成上、中、下三个不同区域，如图 25-8 所示，物料在下部，因液层静压作用，物料不沸腾，只起加热作用。在中部温度上升物料沸腾，二次蒸汽形成，蒸汽体积急速增大，管芯形成高速上升气流将液体在管壁压成薄膜向上流动，形成很好的传热条件，传热系数大大增加，使蒸发加快。到达上部后进入饱和区，气液混合物经管顶进入汽液分离器进行汽液分离。

25.3.2.2　降膜式蒸发器

原料液由加热管的顶部加入。溶液在自身重力作用下沿管内壁呈膜状下流，并被蒸发浓缩，气液混合物由加热管底部进入分离室，经汽液分离后，完成液由分离器的底部排出。

降膜蒸发器可以蒸发浓度较高的溶液，对于黏度较大的物料也能适用。但对于易结晶或易结垢的溶液不适用。此外，由于液膜在管内分布不易均匀，与升膜式蒸发器相比，其传热系数较小。

25.3.2.3　升降膜式蒸发器

加热器内安装有两组加热管，一组作为升膜式，另一组作为降膜式。物料溶液先进入升膜加热管，沸腾蒸发后，气液混合物上升至部，然后转入另一组加热管进行蒸发，浓缩液从底部进入汽液分离器分离后，二次蒸汽从分离器上部排入冷凝水，浓缩液从分离器下部出料（图 25-10）。

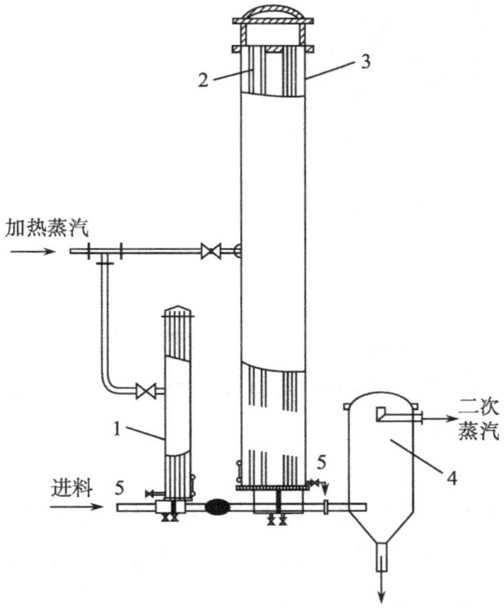

图 25-10　升降膜式蒸发器

1-预热器；2-升膜加热器；3-降膜加热器；4-分离器；5-加热蒸汽冷凝排出口

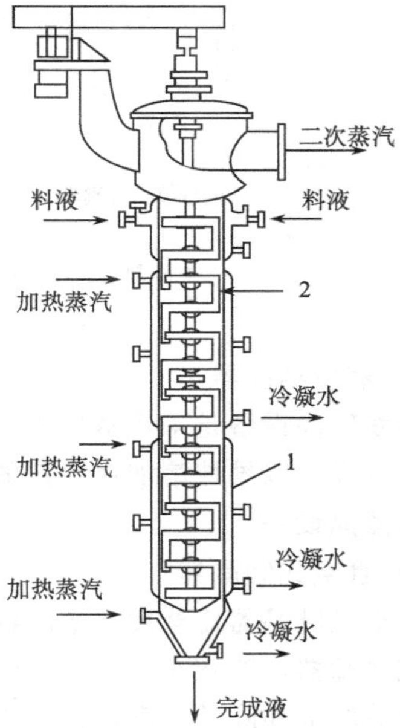

图 25-11　刮板式蒸发器

1-加热夹套；2-刮板

25.3.2.4　刮板式蒸发器

刮板式蒸发器（图 25-11）利用旋转刮片的刮带作用，使液体分布在加热管壁上。

结构：壳体外部装有加热蒸汽夹套，内部装有可旋转的搅拌刮片。料液由蒸发器上部沿切线方向加入后，在重力和旋转刮片带动下，溶液在壳体内壁上形成下旋的薄膜，并在下降过程中不断被蒸发浓缩，在底部得到完成液。在某些情况下，可将溶液蒸干而由底部直接获得固体产物。

优点：对物料的适应性很强，如对于高黏度、热敏性和易结晶、结垢的物料都能适用。

缺点：结构复杂，动力消耗大，传热面积小，一般为 3～4m^2，最大不超过 20m^2，故其处理量较小。

25.3.3　结晶设备

结晶设备可分为浓缩结晶设备、冷却结晶设备和真空结晶设备等。

设计结晶设备应注意的条件：应考虑溶液的性质、黏度、杂质的影响，结晶温度，晶体的大小、形状及晶体长大速率特性等条件，以保证结晶良好，结晶速率快。

1）冷却结晶器

冷却结晶设备（图 25-12）是采用降温来使溶液进入过饱和（自然起晶或晶种起晶），

并不断降温，以维持溶液一定的过饱和浓度进行育晶，常用于温度对溶解度影响比较大的物质结晶。结晶前先将溶液升温浓缩 。

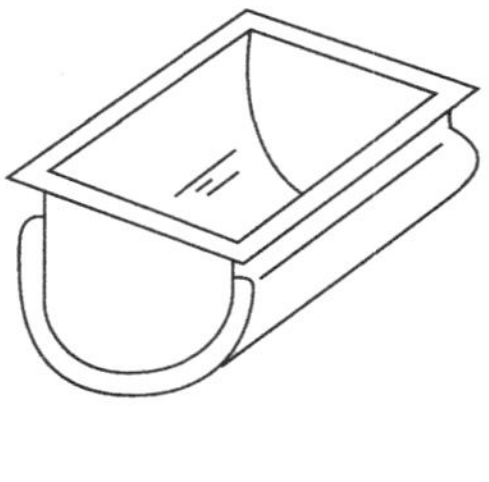
间歇槽式分离器

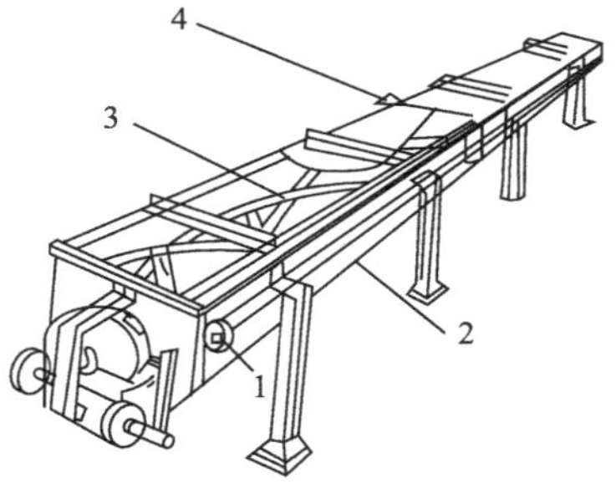

长槽搅拌式连续结晶器

图 25-12　冷却结晶器

1-冷却水进口；2-水冷却夹套；3-长螺距旋搅拌器；4-两段之间接头

2）蒸发结晶器

蒸发结晶设备是采用蒸发溶剂，使浓缩溶液进入过饱和区起晶（自然起晶或晶种起晶），并不断蒸发，以维持溶液在一定的过饱和度进行育晶。结晶过程与蒸发过程同时进行，故一般称为煮晶设备。

3）真空式结晶器

真空式结晶器比蒸发式结晶器要求有更高的操作真空度。另外真空式结晶器一般没有加热器或冷却器，料液在结晶器内闪蒸浓缩并同时降低了温度，因此在产生过饱和度的机制上兼有蒸除溶剂和降低温度两种作用。由于不存在传热面积，从根本上避免了在复杂的传热表面上析出并积结晶体。真空式结晶器由于省去了换热器，其结构简单、投资较低的优势使它在大多数情况下成为首选的结晶器。只有溶质溶解度随温度变化不明显的场合才选用蒸发式结晶器；而冷却式结晶器几乎都可为真空式结晶器所代替。

4）各种形态的结晶器

立式搅拌结晶箱，如图 25-13、图 25-14 所示。

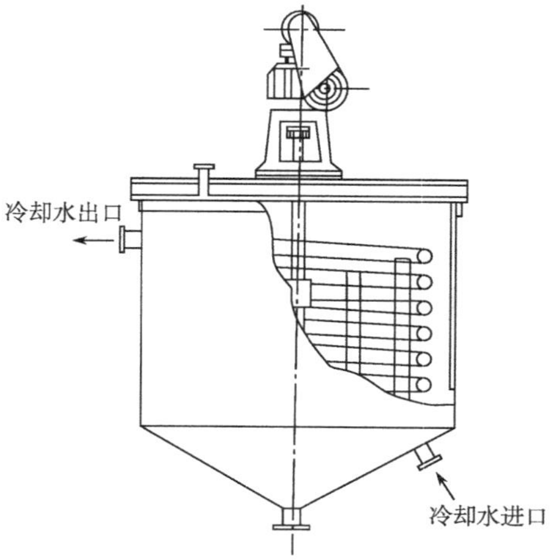

图 25-13　立式搅拌结晶箱、蛇管式

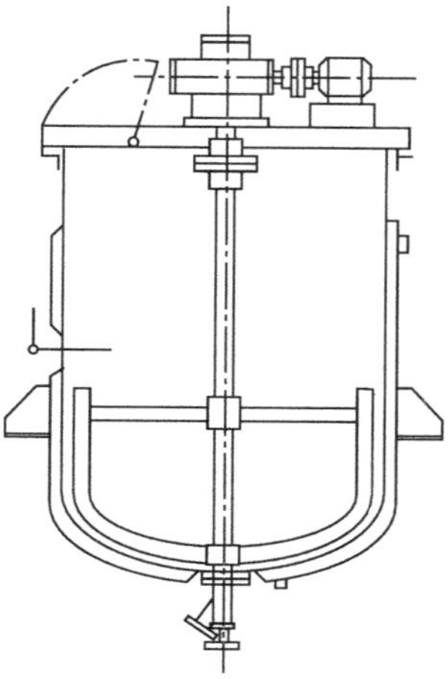

图 25-14　锚式搅拌器、夹套式

卧式搅拌结晶箱，如图 25-15 所示。

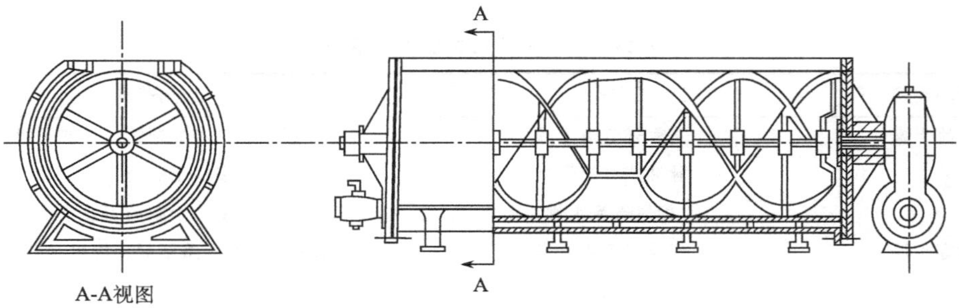

图 25-15　连续式循环分级结晶器（Krystal 结晶器）

煮晶锅（图 25-16）的结构比较简单，是一个带搅拌的夹套加热真空蒸发罐，整个设备由加热蒸发室、加热夹套、汽液分离器、搅拌器 4 部分组成。

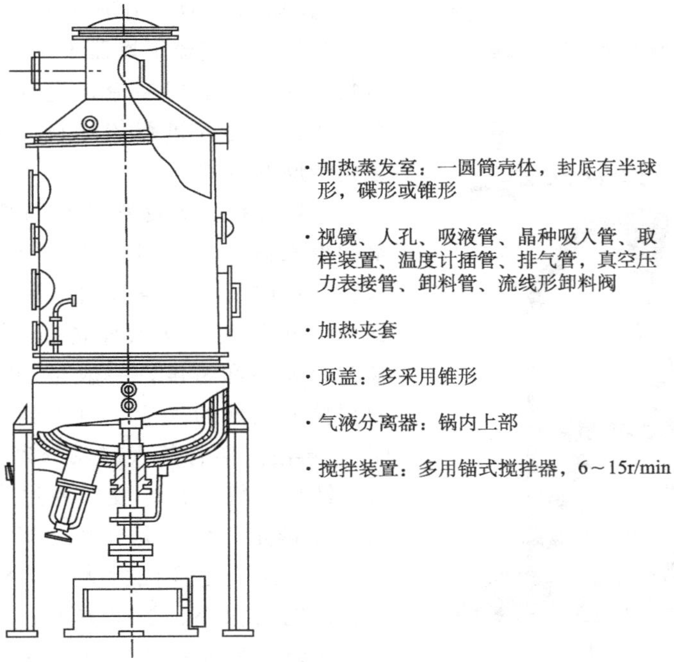

图 25-16　煮晶锅

25.4　干燥设备

干燥是指利用热能将湿物料中的湿分（水分或其他溶剂）气化除去而获得干燥物的工艺操作。按照热源和供热方式的不同，干燥可以分为空气干燥、加热面传热干燥、红外线干燥、冷冻干燥、微波干燥等。空气干燥是应用最广泛的方法。空气干燥是利用加热后的热空气，将热量带入干燥器并传给物料，使物料的水分汽化，形成水蒸气，同时被空气带走，空气既是载热体，也是载湿体。按照工作原理，空气干燥分为气流干燥、沸腾干燥和喷雾干燥，其应用范围见表 25-3。

表 25-3　不同干燥方式及应用范围

干燥类型	方式	应用范围
气流干燥	直管式气流干燥	用于味精和葡萄糖晶体的干燥
	脉冲式气流干燥	多用于制药工业
	旋风气流干燥	多用于制药工业
喷雾干燥	气流式喷雾干燥	用于核苷酸、酶制剂、抗生素的干燥
	压力式喷雾干燥	多用于酵母的干燥
	离心式喷雾干燥	多用于酶制剂、抗生素、酵母的干燥
沸腾干燥	单层卧式多室沸腾干燥	用于柠檬酸晶体、葡萄糖酸钙等的干燥
	沸腾造粒干燥	用于葡萄糖、酶制剂和味精干燥

25.4.1　气流干燥设备

气流干燥设备（图 25-17）是连续式常压干燥器的一种。用于干燥在潮湿状态时仍能在气体中自由流动的颗粒物料，如染料，药物、食盐等。气流干燥器工作原理是利用热空气与粉状或颗粒状物料在流动过程中充分接触，气体与固体物料之间进行传热与传质，从而使湿物料达到干燥的目的。

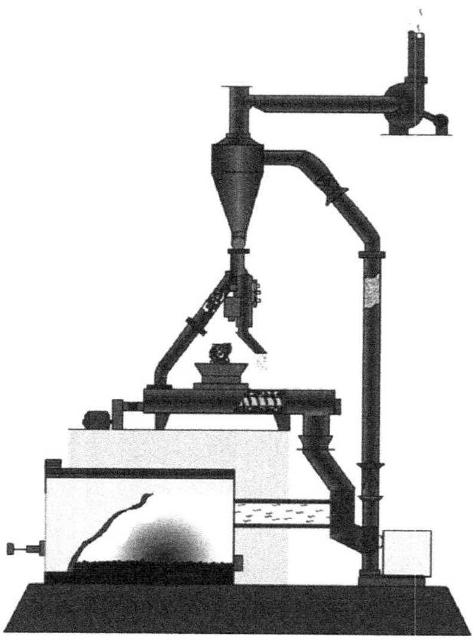

图 25-17　气流干燥器

干燥过程。湿物料从加料槽通过可以调节数量的投入器送入加料滚筒，借加料滚筒的转动送入直立管的下部。空气由送风机送入预热器加热到 80～90℃而后吹入直立管，管内流速取决于湿颗粒的大小和密度，一般是 10～20m/s。已干燥的颗粒被强烈的气流一直带到缓冲器内（上端封闭），再沿降落管落入旋风分离器内。干物料沉降后经卸料滚筒排出，废气通过袋滤器而由排气管的上端排走。优点是干燥强度大；干燥时间短；设备较紧凑、生产能力大、结构简单、设备投资少、占地面积小、加工方便；将干燥、粉碎、输送、包装等组成一道工序，并密封进行，减少物料飞扬，防止杂质污染。缺点是消耗能量较多；对晶形磨损严重；要求物料大小接近；对黏性物料不适用。气流干燥器应用范围，处理的湿物料含湿量为 10%～40%。

25.4.2　沸腾干燥设备

25.4.2.1　原理与设备类型

原理：利用热空气流体使孔板上的颗粒物料呈液化沸腾状态，使水分迅速汽化而达到干燥目的。

类型：单层沸腾干燥器、单室干燥器、多室干燥器、多层沸腾干燥器。

优点：传热传质速率高，干燥温度均匀，容易控制；干燥、冷却可连续进行，干燥与分级也能同时完成，有利于连续化和自动控制化；容积干燥强度大，设备紧凑，占地面积小，结构简单，设备生产能力高，动力消耗小。

缺点：连续操作时，物料在干燥器内停留时间不一，干燥度不够均匀，对结晶物料有磨损作用。

25.4.2.2　沸腾干燥设备的结构和流程

沸腾干燥设备的结构和流程，见图 25-18。

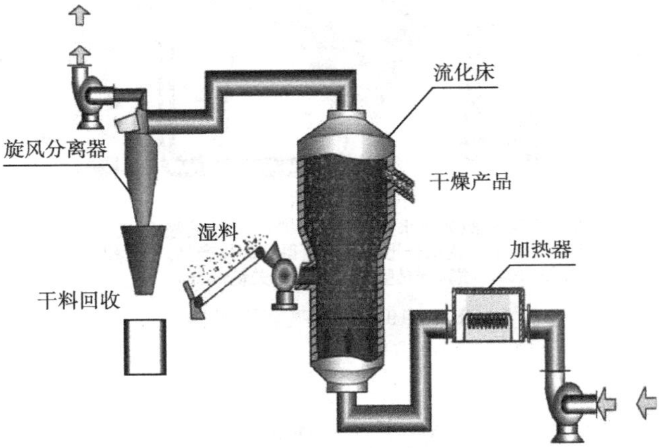

经预热的热空气由底部送入，由顶部排出送至旋风分离器，流化床中固体颗粒被热气流猛烈地冲刷、翻腾、强化了传热和传质

图 25-18　沸腾干燥器

25.4.3　喷雾干燥设备

25.4.3.1　原理与设备类型

原理：利用各种不同的喷雾器，将悬浮液和黏滞的液体喷成雾状，形成具有较大表面积的分散微粒，与热空气发生强烈的热交换，迅速排除自身的水分，在几秒到几十秒内获得干燥。

喷雾干燥器使用特点如下。

（1）干燥速度快。

（2）在恒速阶段液滴的温度接近于使用的高温空气的湿球温度，物料不会因高温空气影响其产品质量，产品具有良好的分散型，流动性和溶解性。

（3）生产过程简单，操作控制方便，容易实现自动化。

（4）由于使用空气量大，干燥容积变大，容积传热系数较低。

（5）防止发生公害，改善生产环境。

（6）适于连续大规模生产。

设备类型（按照液体雾化的方式区分）：压力喷雾法、气流喷雾法、离心喷雾法。

25.4.3.2　气流喷雾干燥设备的结构和流程

气流喷雾干燥设备的结构和流程见图 25-19。在干燥塔顶部导入热风，同时将料液送至塔顶部，通过雾化器喷成雾状液滴，这些液滴群的表面积很大，与高温热风接触后水分迅速蒸发，在极短的时间内便成为干燥产品，从干燥塔底排除的热风与液滴接触后温度显著降低，湿度增大，它作为废气由排风机抽出，废气中夹带的微粒用分离装置回收。

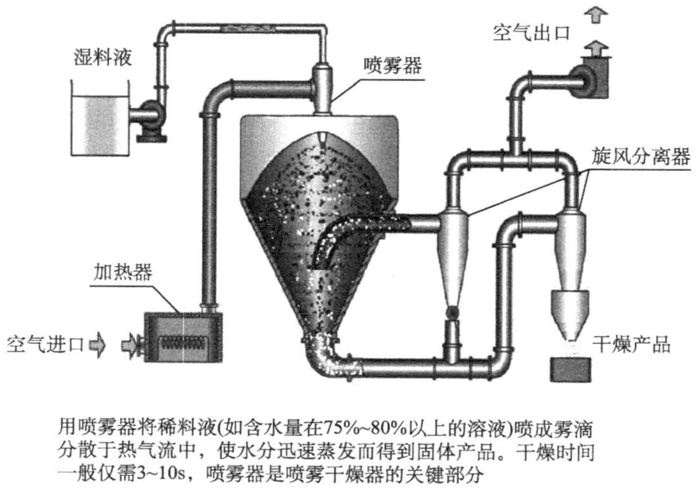

图 25-19　气流喷雾干燥器

本章小结

本章介绍了一些发酵行业常用的和新型的产物分离和纯化设备。

两相分离设备是用来进行固-液或液-液分离的设备。包括过滤设备、离心分离设备、膜分离设备等。萃取设备是一类用于萃取操作的传质设备，能够实现料液所含组分的完善分离。萃取设备可按结构分为混合澄清器、萃取塔和离心萃取机等。

蒸发浓缩设备用于使产物浓度较稀的发酵液、滤液或提取液经过一次或多次蒸发浓缩后，变为浓度较高的溶液，以利于后续工序的操作。蒸发浓缩设备包括真空浓缩设备、薄膜蒸发器设备、结晶设备等类型，原理和适用范围各不相同。

干燥是指利用热能将湿物料中的湿分（水分或其他溶剂）气化除去而获得干燥物的工艺操作。按照热源和供热方式的不同，干燥可以分为空气干燥、加热面传热干燥、红外线干燥、冷冻干燥、微波干燥等。其中空气干燥是应用最广泛的方法，根据工作原理又分为气流干燥、沸腾干燥、喷雾干燥等。要合理选用合适的干燥设备。

复习题

1. 两相分离设备的原理是什么？有哪些常用的分离设备？
2. 萃取分离设备的工作原理是什么？
3. 离子交换分离设备的工作原理是什么？
4. 吸附分离设备与色谱分离设备的原理是什么？
5. 常用的蒸发浓缩与结晶设备有哪些？
6. 气流干燥设备、沸腾干燥设备、喷雾干燥设备工作原理有何不同？

主要参考文献

梁世中. 2002. 生物工程设备. 北京：中国轻工业出版社
毛贵中. 1993. 生物工业下游技术. 北京：中国轻工业出版社
梅乐和，姚善泾，林东强. 1998. 生化生产工艺学. 北京：科学出版社
孙彦. 1998. 生物分离工程. 北京：化学工业出版社
王湛. 2004. 膜分离技术基础. 北京：化学工业出版社
俞俊堂，唐孝宣. 1996. 生物工艺学. 广州：华东理工大学出版社

第26章　辅助系统设备

内容提要：本章将介绍空气净化除菌与调节设备、物料输送系统设备、供水与制冷系统设备等，这些设备在发酵生产中起着重要的辅助作用，故称这些设备为发酵生产的辅助系统设备。它们是发酵生产的基础和发酵成功的保障。

26.1　空气净化除菌与调节设备

在较多的工业发酵中都是利用好气性微生物进行纯种培养，故溶解氧是这些微生物生长和代谢必不可少的生长条件，其氧通常来自于空气。但空气中含有各种各样的微生物，它们一旦随空气进入培养液，在发酵罐的适宜环境中，就会迅速大量繁殖，干扰甚至破坏预定发酵的正常进行，造成发酵完全失败等严重事故。因此，通风发酵需要的空气必须是经过处理的无菌空气，并具有一定的温度，压力和湿度，这就要求对空气进行净化除菌和调节的操作处理。

26.1.1　空气净化除菌与调节设备

26.1.1.1　生物工业生产对空气质量的要求

生物工业生产中，由于所用菌种的生产能力强弱、生长速度的快慢、发酵周期的长短、分泌物的性质、培养基的营养成分和 pH 的差异等，对所用的空气质量有不同的要求。其中，空气的无菌程度是一项关键指标。如酵母菌培养适宜的 pH 较低，且繁殖较快，对无菌空气要求较低，但氨基酸，抗生素的发酵对无菌空气的要求就相对严格。总的来说，影响因素比较复杂，需要根据具体的工艺情况而决定。

26.1.1.2　空气净化除菌方法

空气除菌就是除去或杀灭空气中的微生物。常用的除菌方法有介质过滤、辐射、化学药品、加热、静电吸附等。

26.1.1.3　空气介质过滤除菌设备

1）空气介质过滤除菌流程

空气除菌流程是按工业发酵生产中对无菌空气的要求，如无菌度、压力、温度和湿度等，并结合周围的空气条件和所用除菌设备的特性，根据空气的性质制定的。要把空气过滤除菌，并输送到需要的地方，首先要增加空气的压力，这就需要使用空气压缩机或鼓风机。而空气经压缩后，温度会升高，冷却又会释放水分，而且在压缩过程中又有可能夹带机器润滑油雾，这就使无菌空气的制备流程复杂化。

图 26-1 是一个比较完善的空气除菌流程。

2）空气介质过滤除菌设备

空气介质过滤除菌设备是按工业生产中具体要求而选择的，设备类型多种多样，且功能各异。

（1）粗过滤器。粗过滤器安装在空气压缩机前，主要过滤较大的灰尘颗粒，防止压缩机

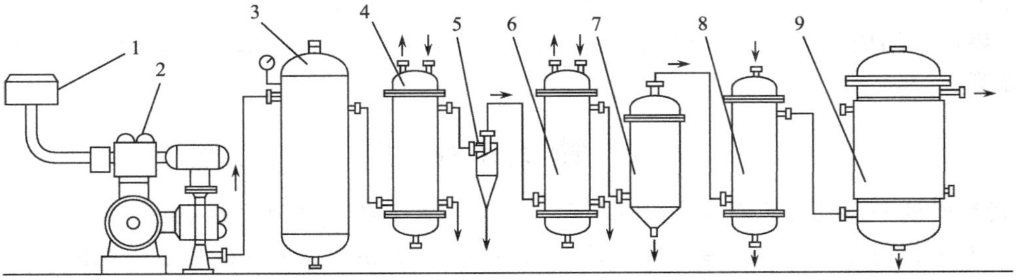

图 26-1　空气除菌流程

1-粗过滤器；2-空压机；3-储罐；4，6-冷却器；5-旋风分离器；7-丝网分离器；8-加热器；9-过滤器

受磨损，同时也减轻总过滤器的负荷。粗过滤器要求过滤效率高，阻力小，否则会增加空气压缩机的吸入负荷和降低空气压缩机的排气量。常用的粗过滤器：布袋过滤、填料式过滤、油浴洗涤和水雾除尘等。

（2）空气压缩机。供应发酵工业生产用的空气要求在生产过程中克服各种阻力，因此要求提供低压压缩空气。提供大量低压空气最理想设备是涡轮式空气压缩机，但往复式压缩机还是被广泛地应用于生产。涡轮式空气压缩机一般由电机直接带动涡轮，靠涡轮高速旋转时所产生的“空穴”现象，吸入空气并使其获得较高的离心力，再通过固定的导轮和涡轮形机壳，使部分动能转变为静压后输出。涡轮式空气压缩机具有输气量大，空气压力稳定，效率高，设备紧凑，占地面积小，无易损部件，获得的空气不带油雾等诸多优点。

（3）空气储罐。空气储罐的作用是消除压缩机排出空气时的脉冲，维持稳定的空气压力，也可以利用重力沉降作用分离部分油雾。大多数是将储罐紧接着压缩机安装，虽然由于空气温度较高，容器要求稍大，但对设备防腐、冷却器热交换都有好处。往复式空气压缩机由于排气压力不稳定，在其后应安装空气储罐，以使后边的管道、容器压力稳定，气流速度均匀。储罐结构简单，是一个装有安全阀、压力表的空罐壳体，有的在罐内装冷却蛇管，利用空气冷却器排出的冷却水进行冷却，提高冷却水的利用率；也有的在储罐内加装导筒，使进入储罐的热空气沿一定路线经过，增加一定热杀菌效果。

（4）气液分离器。气液分离器是将空气中被冷凝成雾状的水雾和油雾粒子除去的设备。其形式很多，一般常用的有旋风式和填料式。旋风分离器，是利用气流从切线方向进入容器时在容器内形成旋转运动时产生的离心力场来分离重度较大的微粒。填料式分离器是利用填料的惯性拦截作用，将空气中的水雾和油雾分离出来。旋风分离器的优点是结构简单，制造方便。旋风分离器对于分离 10μm 以上的微粒效率较高，但对 10μm 以下的微粒分离就比较困难。一般冷凝水雾粒的大小为 10～200μm，可选用旋风分离器进行分离。旋风分离器的压头损失通常是 500～2000Pa。

（5）空气冷却器。冷却空气用的热交换器种类很多，常用的类型：立式列管式热交换器、沉浸式热交换器、喷淋式热交换器等。由于空气的给热系数很低，一般只有 420kJ/(m^2 · h · ℃)，设计时应采用恰当的措施来提高它的给热系数，否则将会大大增加传热面积。

（6）空气过滤器。过滤介质是过滤除菌的关键，它的好坏不但影响到介质的消耗量，过滤过程动力消耗（压力降）、操作劳动强度、维护管理等，而且决定设备的结构、尺寸，还关系到运转过程的可靠性。过滤对介质的要求是吸附性强，阻力小、空气流量大、能耐干热，常用的过滤介质有棉花（未脱脂）、活性炭、玻璃纤维、超细玻璃纤维纸、化学纤维等。

延伸阅读

新型过滤介质及过滤器简介。随着科学技术的发展和严格的发酵条件的需要，已研究出一些新的过滤介质，它的微孔直径只有 0. 1～0. 22μm，小于细菌直径，故菌体粒子不能通过，称之为绝对过滤。当然，所谓绝对过滤器也有两大类，一类是能除去全部微生物，如 Milipore 公司的 0. 22μm 的膜式过滤器。可耐蒸汽杀菌的膜材有 PVDF（聚偏氟乙烯）和 PTFE（聚四氟乙烯）。这种过滤器可全部滤除细菌等微生物，但不能除去噬菌体。另一类可除去小至 0. 01μm 的微粒，故可滤除全部噬菌体。如英国的 DH（Domnick Huntev）公司研制的绝对空气过滤器，可 100%地过滤除去 0. 01μm 以上的微粒，可耐 121℃反复加热杀菌，被公认是最保险、安全的空气除菌过滤器。

26. 1. 2 生物工业生产的空气调节

生物工业生产基本上均涉及纯培养，无论是用微生物、动植物细胞或酶等作为生物催化剂，也不管是生产食品原料或药物原料，均需要洁净的环境、适宜的空气温度和空气压强。例如，发酵车间不仅对空气的洁净程度有一定的要求，而且发酵罐壁和电机会向环境散发热量，故需强化通风；包装车间需要更洁净的空气（100 级），温度 25℃左右，且相对湿度低（40%～60%），以防产品吸潮。而使用基因工程菌株的发酵生产，其发酵车间和产物分离提取车间均需要密闭且呈负压，以确保重组菌株不会泄漏到大气环境中。典型的空气调节流程如图 26-2 所示。

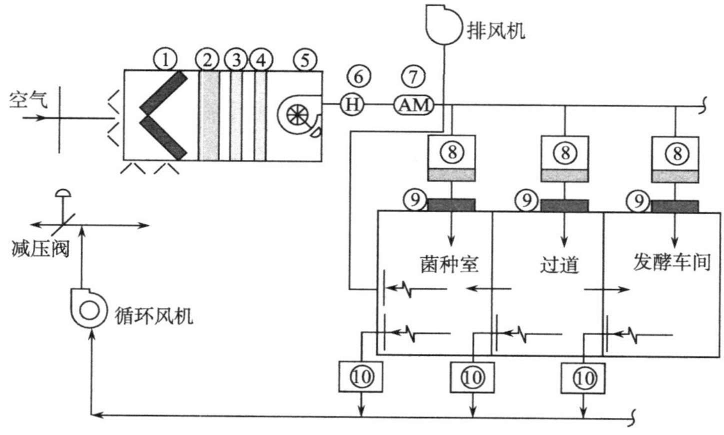

图 26-2 恒容再热空气调节流程图

1-粗过滤器；2-精过滤器；3-加热器；4-冷却器；5-送风机；6-调湿器；7-气流调节器；8，10-定容箱；9-终端过滤器

26. 2 物料输送系统设备

工业生产中原材料可分为固体和液体两大类。从输送的方向上，有垂直向上或倾斜向上

的输送，有水平距离或微小坡度的上升和下降的输送，有垂直向下或倾斜向下的输送；从物料运送方式上有被送物料的平移向前运动，也有被送物料呈翻滚前进的运动，也有被送物料呈无规则的运动。

对于不同状态的物料，需采用不同的运送方式和机械。固体物料一般多采用机械输送设备，液体物料多采用泵来输送。

26.2.1　固体物料的输送设备

26.2.1.1　机械输送设备

发酵工厂物料输送的主要机械设备有下述 3 种。

1）斗式提升机

适用物料：松散型、小颗粒物料。例如，粮食中的大麦、小麦、大米、玉米、高粱、大豆等，有的地方也用来提升输送沙、土、细煤等。

2）带式输送机

适用物料：松散状干湿物料，谷物籽粒、鼓曲、湿粉、块状物品及成件制品（纸箱、木箱、袋装粮物等）。带式输送机是水平或带有一定倾角的物料输送机械，当它倾斜输送物料时，其倾角受物料和皮带两者间的摩擦及物料的自然滑落程度所限制，一般不大于 22°。

3）螺旋输送机

适用物料：螺旋输送机是生物化工工厂中较为广泛应用的一种运输机械，它适用于松散的粉状或小颗粒状物料，大米、小麦、高粱、玉米、豆类等均能输送。有些粮食加工厂用它来短距离输送面粉。对于水分较大，黏稠的物料也能输送。有些白酒厂和啤酒厂用它来输送打水后的酒糟和湿的啤酒糟。此外，螺旋输送机在输送物料的同时，兼有混合物料和加料的作用。

26.2.1.2　气力输送系统

气流输送又称为风力输送、气力输送。是借助空气在密闭管道内的高速流动，物料在气流中以悬浮形式输送到目的地的一种运输方式。目前已被工厂广泛利用来输送瓜干、大麦、大米、高粱、玉米等。

1）气流输送流程

按输送气流的压力和设备组合的不同，气力输送系统可分为吸引式、压送式和混合式三种。

（1）吸引式输送流程。吸引式气流输送又称真空输送，该流程是将真空泵安装在整个系统的尾部，运用真空泵从整个管路系统中抽气，使管道内的气体处于负压状态。由于整个管道内外存在压力差，气流和物料从吸嘴被吸入输料管，经分离器后物料和空气分开，物料从分离器底部的卸料器卸出，含有细小物料和尘埃的空气再进入除尘器净化，然后排入大气。由于输送系统压力为负压，假如系统设备中出现漏孔，系统中的粉尘也不外泄。因此，吸入式输送系统消除了物料和粉尘的外漏，保持了室内的清洁和工人的劳动环境。

（2）压送式输送流程。压送式气流输送流程是将压缩机安装在系统的前端，压缩机启动后，空气即被压入管路内，管道内压力处于正压状态。压送式气流输送装置可以造成较大的压力差，故可以输送潮湿的物料，其输送距离和高度都较吸入式大些。

（3）混合式输送流程。把真空输送和压力输送结合起来，就组成了混合式气流输送流程。风机一般安装在整个系统的中间。风机前，物料靠管道内的负压来输送，即吸送段；而在风机后物料靠空气的正压来输送，即压送段。

混合式流程兼有吸引式和压送式的特点，可以从数点吸入物料并压送至较远、较高的地方。但由于在中途需将物料从压力较低的吸送段转入压力较高的压送段，使得装置结构较为复杂，同时风机的工作条件较差，因为从分离器来的空气含尘较多。

2）气流输送的配套设备

从上面的吸入式、压送式和混合式不难看出，无论采用哪种流程，都少不了以下几种设备：①进料装置；②输料管道；③分离装置；④闭风器；⑤风机；⑥除尘器；⑦空气管道。

（1）进料装置。吸嘴是吸入式气流输送系统的进料装置。对吸嘴的要求：在进风量一定的情况下，吸料量多且均匀。吸嘴的优点是简单、轻便、牢固、工作可靠。吸嘴的种类很多，常用的有下列几种。①单管吸嘴：输料管管口就是单管形的吸嘴，将松散小颗粒状物料直接堆于输料管管口处，但也要注意物料绝不能低于进料管口。②喇叭形双筒吸嘴：空气不能进入，则物料便不能被吸进输料管被输送。空气进入的同时，物料也必须被带进输料管内，当输料管内的空气量、气流速度和进料量达到平衡时，才形成输送。③固定形吸嘴：物料通过料斗被吸入至输料管中，由滑板调节进料量。空气进口应装有铁丝网，防止异物被吸入。

（2）分离装置。气流输送系统中选用的分离装置，应该满足对输送物料的分离效率高，性能稳定，能连续运转，连续地排出分离的物料，且要经久耐用，维修方便，费用要低等要求。

a. 旋风分离器。旋风分离器是一种利用离心力沉降原理自气流中分离出固体颗粒的设备。从进口进入含有物料的气流，沿内壁一面做旋转运动，一面下降，达到圆锥底部后，旋转直径逐渐减小，旋转速度逐渐增加，气流中的粒子受到更大的离心力，因此粒子从旋转气流中分离，沿着旋风分离器的内壁面下落而被分离。气流到达圆锥部下端附近就开始反转，在中心部逐渐旋转上升，最后从上出口排出。

b. 重力式分离器。这类分离器常称为沉降式卸料器（图 26-3），有多种结构形式，带有悬浮物料的气流进入分离器后，气速大大降低，物料由于自身的重力而沉降，气体则由上部排出，这类分离器对大麦、玉米等也能完全地分离。

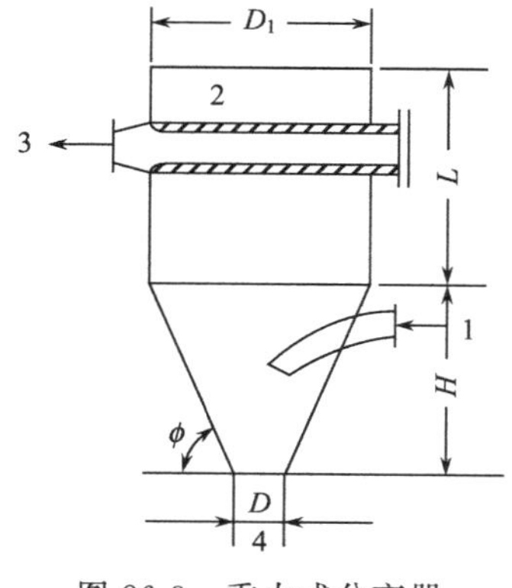

图 26-3　重力式分离器

1-物料；2-筛筒；3-气体出口；4-出料口

（3）空气除尘装置。空气除尘器主要作用：进一步回收粉状物料，减少其损失；净化排放空气，以免污染环境；防止尘粒进入真空泵内，损坏真空泵。工业上使用的除尘器：旋风分离器、布袋滤尘器和湿式除尘器。

26.2.2　液体物料的输送设备

工厂中经常要把液体物料，半成品或成品输送到另一个地方，或是提高液体的压强以满足工艺条件的要求，泵就是输送液体并提高其压强的机械，是工厂里常见的通用设备。

生物化工工厂里所处理的物料其性质往往比较特殊，要求所用的输送设备有时应满足黏稠状悬浮液、耐腐蚀、耐一定温度等要求。生产又多为连续性的，如骤然中断，可导致停产或严重事故，因此，输送机械应能保持连续运行，在操作上要安全可靠，容易维修。液体输送机械在运行时需要动力，动力费用是生产成本中不可忽略的一部分，所以也必须要求这些机械尽可能在效率较高的状态下工作，以减少动力消耗。生物化工工厂中液体物料的输送多采用离心泵、往复泵和螺杆泵，使用较多的是离心泵和往复泵。

26.3　供水与制冷系统设备

生物工程工业属于用水型工业，生物制品生产过程中需要大量的水。例如，发酵类、生物药品针剂等，其制品成分的大部分是水。有些生物产品尽管以固体形式存在，但在其加工过程中需求大量的水。水质的好坏对产品质量有很大影响，因此，生物工业用水必须进行严格的水质管理及必需的水处理。另外，某些生物制品的培养及处理过程还应在低温下进行，制冷设备则成为生产过程中不可缺少的组成部分。

26.3.1　水处理系统设备

生物工业的水处理系统按欲达到的目的可分为三个递进的阶段。一是除去水中的固体悬浮物，沉降物和各种大分子有机物等，可采用过滤、沉淀等方法；二是除去水中各种金属离子或其他离子，即水的软化或除盐，常需经过化学方法处理；三是水的杀菌处理，利用氯、臭氧、紫外线等杀灭水中的微生物，制得无菌的纯水。

26.3.1.1　水的过滤

当水通过过滤介质层时，水中的悬浮物及胶体物质被截留在介质中。过滤是一系列不同过程的综合效应，包括筛滤、深层效应和静电吸附等。水中粒子大于过滤层的孔径时，则粒子被阻挡在过滤层的表面，称为表面过滤；而小于过滤层孔径的粒子便进入滤层深处，但由于滤层孔隙弯弯曲曲，形状大小不断变化，最终也能使小粒子被截留，这种作用属深层过滤；有些情况下，过滤介质所带电荷与水中粒子的电荷不同，这时粒子被吸附在介质表面达到除去的目的，称静电吸附作用。

良好的水过滤介质应满足以下要求：①化学性能稳定，不溶于水，不产生有害和有毒物质；②机械强度适宜；③含污能力大，产水能力高；④对于散状过滤介质（砂粒、活性炭等）有适宜的粒度分布和孔隙率。目前用于水的过滤装置有砂滤棒过滤器、活性炭过滤器、中空纤维超滤装置等。

（1）砂滤棒过滤器外壳是由铝合金铸成锅形的密闭容器，器内分上下两层，中间以孔板分开，一至数十根砂滤棒紧固于上，孔板上（下）为待滤水，其下（上）为砂滤水。操作时，水由泵打入容器内，在外压作用下，水通过砂滤棒的微小孔隙进入棒筒体内，水中粒子则被截留在砂滤棒表面。滤出的水可达到基本无菌。砂滤棒在使用前需进行灭菌处理。用75%酒精注入砂滤棒内，堵住出水口振荡，使酒精均匀涂于内壁，数分钟后倒出酒精，凡与滤出水接触部分均用酒精擦洗。砂滤棒使用一段时间后，砂芯外壁逐渐挂垢而降低滤水能力。这时必须停机清洗，卸出砂芯，堵住滤芯出水口，浸泡在水中，用水砂纸轻轻擦去砂芯表面被污染层，至砂芯恢复原色，即可安装重新使用。砂滤棒过滤器常用于水量较小，原水中含有少量固体粒子的场合。

（2）活性炭过滤器。活性炭为多孔形状不规则颗粒，用于水处理的活性炭微孔径为2～5nm，借助于巨大的表面吸附作用和机械过滤作用以除去水中的多种杂质。

（3）中空纤维超滤装置是膜分离设备之一，它利用反渗透原理，能够截留水中盐类、颗粒、胶体、细菌及有机物等，可以达到分子级过滤。

26.3.1.2　水的软化及脱盐

除去水中钙、镁等金属离子的过程称为水的软化，而除去所有阴、阳杂质离子则称为水的脱盐。常用的方法有离子交换法、电渗析法、反渗透法等。

1）离子交换装置

离子交换法是用离子交换剂和水中溶解的某些阴、阳离子发生交换反应，以除去水中有害离子。水的软化处理中常选用离子交换树脂。离子交换树脂本体中带有酸性交换基团的称阳离子交换树脂，按其交换基团酸性的强弱又分为强酸性、中酸性和弱酸性三类。一般来讲，如果只需除去水中吸附性较强的离子（如 Ca^{2+}、Mg^{2+} 等），可选用强酸性或强碱性树脂，当必须除去原水中吸附性能比较弱的阳离子（如 K^{+}、Na^{+}）或阴离子（如 $HSiO_3^-$、HCO_3^{2-}）时，应选用强酸性或强碱性树脂。

根据生产上的不同需要，可采用不同的离子交换方式。目前用于水处理的离子交换装置分为固定床和连续床两大类。

（1）固定床离子交换装置。水处理中最简单的方法是采用固定床，即将离子交换树脂装填于管柱式容器中，形成固定的树脂层。操作时，交换、反洗、再生、清洗 4 个过程间歇反复地在同一装置中进行，而离子交换树脂本身不移动，也不流动。它具有操作简单、设备少、水质稳定等优点，是最常用的离子交换水处理装置。固定床离子交换装置的组合方式有单床、多床、复床、混合床、多层床等。

（2）连续床离子交换装置。固定床离子交换的缺点是树脂用量多而利用率低，操作不连续。为提高树脂利用率；20 世纪 60 年代出现了连续式离子交换装置，有移动床和流动床两种。

2）电渗析装置

（1）工作原理。电渗析装置是利用阴、阳离子交换膜对水中离子具有选择性和透过性的特点，在外加直流电场的作用下，使原水中阴、阳离子分别通过阴离子交换膜和阳离子交换膜迁移，从而达到除盐的目的。

（2）电渗析器结构。电渗析器（图 26-4）有立式和卧式两种。其基本部件均是由离子交换膜、隔板、电极、极框、压紧装置等组成。

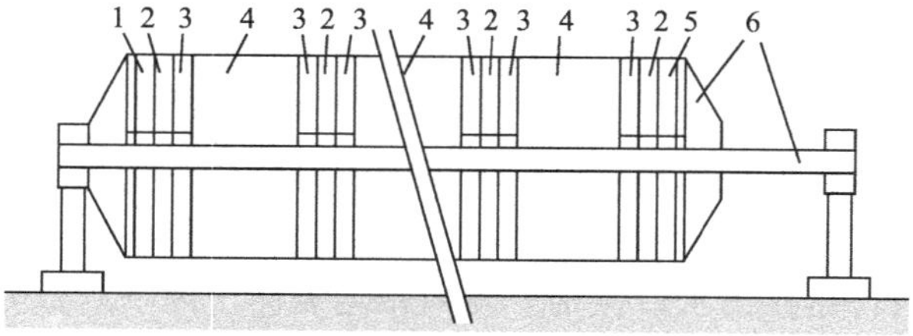

图 26-4 电渗析器结构

1-阳极室；2-导水板；3-压紧框；4-膜堆；5-阴极室；6-压滤机式锁紧装置

（3）电渗析器的清洗及对原水的要求。电渗析器运行一段时间后，浓水室一侧的阴膜和阳膜面上会出现结垢现象，它的存在将减少离子交换膜的有效使用面积，增加膜的电阻，降低膜的使用寿命。常采用以下方法清除：①倒换电极，即运行一段时间后把阴极改为阳极，阳极改为阴极。由于电场方向改变，可使已生成的沉淀消除，倒换时间一般采用 3～8h；②采用浓度 1%～2%的盐酸定期酸洗，酸洗操作时间为 2～3h，使 pH＝3～4；③当水中含有机杂质时，每隔几个月用 0.1mol/L NaOH 溶液清洗。如果原水中悬浮物较多，会造成隔板中沉淀结垢，增加阻力，降低流量，所以原水水质应符合下列要求：浊度＜3mg/L，含铁量<0.3mg/L，含锰量<0.1mg/L，色度<20 度，有机物耗氧量<3mg/L（$KMnO_4$），污染指数<7。

26.3.1.3　水的杀菌

杀菌是指杀灭水中的致病菌，目前常用氯杀菌、臭氧杀菌及紫外线杀菌。

1）氯杀菌

氯进入水中可生成次氯酸（HClO），次氯酸具有强烈的氧化作用，它可以穿过细菌的细胞膜进入细胞内部，由于氧化作用而破坏细胞内酶和细菌的生理机能使细菌死亡。

常采用的氯杀菌试剂有活性二氧化氯、漂白粉和次氯酸钠，其中前者具有杀菌能力强，水纯净，不增加水的硬度，杀菌效果好，使用方便等优点，但制备成本较高。

2）臭氧杀菌

臭氧是一种强烈的氧化剂，它能氧化水中的有机物，破坏微生物原生质，杀死微生物，也能破坏微生物孢子和病毒，同时用作除去水臭、铁和锰及脱色，杀菌性能优于氯。在欧洲，臭氧已广泛用于水的杀菌。臭氧的化学性质极不稳定，只能边制取边使用。

3）紫外线杀菌

微生物受紫外线照射后，微生物的蛋白质和核酸吸收紫外光谱的能量，使蛋白质和核酸的结构破坏，引起微生物死亡。波长为 200～295nm 的紫外线有杀菌能力，所以能使水杀菌。

当介质温度较低时，杀菌效果差，故采用紫外光高压汞灯杀菌时，需装有石英套管，使灯管与套管间形成一个环状空气夹层，灯管能量能充分发挥而不致影响杀菌效果。使用时，紫外灯可悬挂在水面上，待杀菌的水以 200mm 厚的薄层缓慢通过照射区。也可将紫外灯沉浸在水中，水慢慢流过以灭菌。一般水上灭菌多采用低压汞灯，沉浸于水中采用高压汞灯，显然后者的杀菌效果高于前者。

26.3.2　供水系统设备

生物工业中需要大量用水，对水的质量、温度、数量等都有较严格的要求。供水系统包括选择水源、供水方式、水泵设备选用等。

26.3.2.1　水源的选择

水源的选择以优先采用地下水作主要水源较为经济合理。因为地下水不易受污染，含有机物、微生物、悬浮物较少，水温较稳定，基本不受外界气温影响，但硬度一般较大，应用时应进行处理。若缺乏直接由水源地取水的条件，也可应用城市自来水作为生产用水水源，自来水流量及压力不稳定，采用时应设加压泵房、水塔等增压储水设施。

26.3.2.2　供水系统装置

1）供水方式

根据生产用水特点及水源条件，常采用三种供水方式：直流供水、循环供水、连续供水。

（1）直流供水。即生产、非生产用水直接由供水水源得到。当供水水源的水量比较充足，能够完全保证供应时，采用这种系统较为合适。废水则直接排走。

（2）循环供水。即将生产用过的水经适当处理后重新循环使用，这样只要从水源吸取部分补充用水即可满足生产要求。如将用于生产中的冷却水经凉水塔降温后，适当沉淀处理即可循环使用。

(3) 连续供水。若水源不足，当生产使用过的废水（如冷却水）污染不严重时，可以不经处理，直接供给其他车间再次使用，这样可以大大地减少直接从水源吸取的水量。

2) 自来水供水系统

城市自来水在送往用户之前，已进行简单的沉淀、消毒处理。但由于自来水流量不稳定，水压波动较大，因此自来水不能直接送往生产车间，应设置加压、储存装置，以保证压力、流量稳定，满足生产需要。

3) 地下水供水系统

地下水水量足，可保证生产用量。但刚从地下抽取的水含有泥沙，不能立即使用，应先进行沉砂处理和消毒处理，再经二级泵房送往生产车间。

26.3.3 发酵工厂洁净蒸汽与制冷系统设备

26.3.3.1 发酵工厂洁净蒸汽

发酵工业生产中的热加工过程所需要的热源通常为蒸汽。以蒸汽为加热介质的操作主要包括：原料的蒸煮、糊化、原料脱皮、料液脱异味、灭酶、杀菌、蒸馏、浓缩、过热蒸汽干燥、蒸汽真空系统等。有些过程是蒸汽与物料直接接触，而大部分则为间壁式加热过程。操作过程不同，对蒸汽的要求也不同。

工业生产中蒸汽主要由蒸汽锅炉产生，这种蒸汽称为生蒸汽（活蒸汽）。其次也可从生产过程中产生，如蒸发浓缩过程中产生的蒸汽，通常称为二次蒸汽。水蒸发直接产生的蒸汽都处于饱和状态，称为饱和蒸汽。若将饱和蒸汽在同一压力下进一步加热，使蒸汽温度升高，则得到过热蒸汽，显然过热蒸汽是处于不饱和状态。另外，蒸汽根据压力大小不同又分为低压蒸汽（压力＜1.5MPa）、中压蒸汽（压力 1.5～6.0MPa）和高压蒸汽（压力＞6.0MPa）。高压蒸汽常作为动力源。

发酵工厂使用的蒸汽一般要求蒸汽压力稳定，以保证热加工过程的稳定性，这可通过稳压阀和缓冲罐来实现。其次应尽可能供给干饱和蒸汽，即蒸汽应维持一定的干度。以蒸汽为热源的操作中主要是利用蒸汽的冷凝潜热，故蒸汽的干度越大，相同流量下释放的热量越多。蒸汽在送往生产车间的过程中，由于沿途热量损失，难免有冷凝水产生，若不除去，则将影响热效率，甚至冷凝水随着气流高速流动而产生“锤击”现象，严重时损坏管道及设备，可通过分汽缸或在管道上设置疏水器而分离冷凝水。另外，应保持蒸汽流量稳定，且含有较少的不凝性气体，以提高蒸汽的热效率。

26.3.3.2 制冷系统设备

生物工业中，有些加工过程需要在低温下进行，如某些产品的接种发酵、菌种扩大培养、冷冻干燥等，这就需要制冷设备。通常温度高于－100℃时为一般制冷，低于－100℃为深度制冷。生物工业中所用的制冷温度多在－100℃以上，可采用单级压缩或双级压缩制冷系统。

1) 压缩式制冷循环

压缩式制冷循环实质上是一种逆向卡诺循环，制冷过程包括压缩、冷凝、膨胀，蒸发 4 个阶段。系统中的制冷剂的饱和蒸汽（通常为氨）被压缩机吸入压缩，再进入冷凝器内被冷凝为液体而放出热量。液体制冷剂经膨胀阀后，压力降低，这时将有小部分液体吸热汽化，使制冷剂温度降低，低温液体进入蒸发器吸收载冷剂热量而汽化为气体，气体再进入压缩机被压缩，形成一个循环过程。为了使整个系统稳定循环，一般还都设置了油分离器、储氨罐、液氨分离器等附属设备。

（1）制冷剂。制冷剂是制冷系统中借以吸取被冷却介质热量的介质。制冷剂的要求如下。①沸点低，正常的沸点应低于 10℃，在蒸发器内的蒸发压力大于外界大气压；冷凝压力不超过 1.2～1.5MPa；单位体积产冷量尽可能大；密度和黏度尽可能小；导热和散热系数高；蒸发比容小，蒸发潜热大。②制冷剂能与水互溶，对金属无腐蚀作用，化学性能稳定，高温下不分解。③无毒性、无窒息性及刺激作用，且易于取得，价格低廉。

目前常用的制冷剂有氨和氟利昂。氨主要用于冷冻厂、制药厂及其他发酵工厂的制冷系统。氟利昂多用于冰箱、空调机、双级压缩系统及冷库。氨是有毒性，并且能燃烧和爆炸的中温制冷剂，但易于获得，价格低廉，压力适中，单位体积制冷量大，不溶解于润滑油中，易溶于水，放热系数高，在管道中流动阻力小，因此被广泛采用。氟利昂制冷剂是饱和碳氢化合物的卤素衍生物的总称，种类繁多，性能各异，但有共同的特性，不易燃烧；绝热指数小，因而排汽温度低；分子质量大，适用于离心式压缩机，但价格昂贵，放热系数低，单位体积制冷量小，因而制冷剂的循环量大。

（2）载冷剂。采用间接冷却方法制冷所用的低温介质称为载冷剂。载冷剂在制冷系统的蒸发器中被冷却，然后被泵送至冷却设备内，吸收热量后，再返回蒸发器中。载冷剂必须具备以下条件。①冰点低；②热容量大；③对设备的腐蚀性小，价格低廉。常采用的载冷剂有氯化钠、氯化钙水溶液、酒精和乙二醇等。氯化钠价格便宜，但对金属的腐蚀性较大。氯化钙溶液对金属的腐蚀性较小。采用乙醇、乙二醇作为载冷剂也可以避免腐蚀现象。

2）制冷系统设备

（1）制冷压缩机。体积型制冷压缩机有活塞式、滑片式和螺杆式三种。其中以活塞式制冷压缩机较多见。压缩机的进气活门装在活塞的顶部，利用曲轴连杆使活塞上下运动。当活塞向下运动时，装在安全板上的排气活门关闭，气缸内的压力减小，其压力较吸气管中的压力较低，则吸气阀门被打开，低压管中的氨气进入气缸中。当活塞向上运动时，气缸内气压逐渐增大，吸气阀门自动关闭，随着活塞上移，气体压力大于冷凝器压力时，顶开安全板上的排气阀门，氨气被压入高压管路中。当压缩机运转时，用水在压缩机外部套管中流动进行冷却。

（2）冷凝器。冷凝器的作用是使高温高压过热气体冷却，冷凝成高压氨液，并将热量传递给周围介质。冷凝器有卧式冷凝器、立式冷凝器、套管冷凝器、外喷淋蛇管冷凝器等。氨卧式冷凝器常为双程列管式换热器。

（3）膨胀阀与蒸发器。膨胀阀又称节流阀，高压液氨通过膨胀阀节流而降压、使液氨由冷凝压力降低到所要求的蒸发压力，液氨汽化吸热，使其本身的温度降低到需要的低温，再送入蒸发器。常用的手动膨胀阀有针形阀（公称直径较小）和 V 形缺口阀（公称直径较大）两种。手动膨胀阀按公称直径的大小选用。热力膨胀阀是一种能自动调节液体流量的节流膨胀阀，它是利用蒸发器出口处蒸汽的过热度来调节制冷剂的流量。小型氟利昂制冷机（电冰箱）多采用热力膨胀阀。常用的蒸发器有立管式及卧式两种，另外尚有冷却空气的蒸发器。

（4）油氨分离器。油氨分离器的作用是除去压缩后氨气中携带的油雾。油雾分离器有洗涤式、填料式及离心式等几种。

（5）储氨罐。储氨罐的作用是储存和供应制冷系统的液氨，使系统各设备内有均衡的氨液量，以保证压缩机的正常运转。高压储氨罐与冷凝器的排液管、均压管连接，常用的卧式储氨罐是一个由圆柱形钢板壳体及封头焊接而成的容器，装有液氨出口管、放空气管、安全阀、放油阀、排污阀、液位镜、压力表等。容器的容纳量，一般为每小时制冷循环量的1/3～1/2,氨液装入量不应超过容量的80%。

(6) 气液分离器。气液分离器的作用是维持压缩机的干冲程，同时将送入冷却排管（蒸发器）液体内的气体分出，以提高制冷效率。一般气液分离器安装在较高位置，高出冷却排管0.5～2m，最好高出1～2m，这样液体的压力可以克服管路阻力而流入冷却管内，气体在冷却排管至气液分离器的运动速度为8～12m/s，而在气液分离器内的运动速度为0.5～0.8m/s。气液分离器有立式和卧式两种，高径比 $H/D=3\sim4$。

(7) 中间冷却器。中间冷却器在双级制冷系统中的主要作用是冷却低压级压缩机所排出的过热蒸汽，使过热蒸汽冷却到中压下的饱和气体状态，此外，还可借中间冷却器内氨液与盘管的热交换，使去冷却设备的氨液在膨胀阀之前得到过冷。中间冷却器如图26-5所示，容器内设有盘管，利用低温的氨液冷却来自高压储氨罐内的氨液，以提高单位重量制冷量。用浮球阀控制，使液面比进气管高150～200mm。平衡孔的作用使容器内的压力与进气管内的压力平衡，防止氨液倒流到低压缩机的排气管。氨气进入管上焊有伞形挡板，用以分离进入高压压缩机氨气中夹带的氨液和润滑油。氨气在中间冷却器内空隙（进气管与容器壁之间隙）的流速应不超过0.5m/s 。

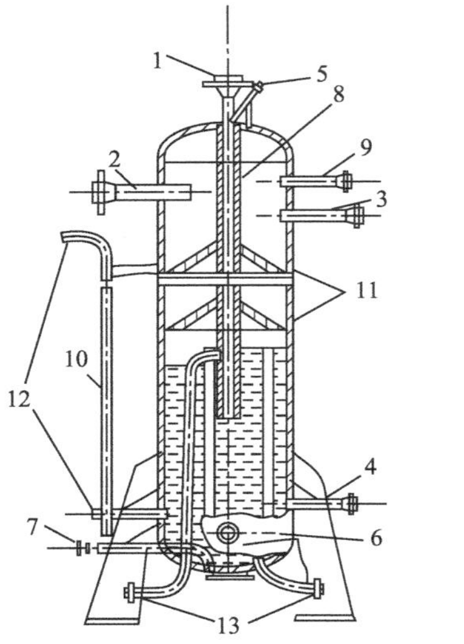

图26-5　中间冷却器

1-低压机来的进气口；2-去高压机的出气口；3-气体均压管；4-液体均压管；5-氨液进口；6-排液管接头；7-放油管接头；8-平衡孔；9-压力表接头；10-液面指示器；11-伞形多孔挡板；12-远距离液面指示器接头；13-高压氨液进、出口接头

(8) 水冷却装置。水冷却装置的作用是冷却由氨冷凝器排出的循环水。水冷却装置有三种类型：喷水池、自然通风冷却塔、机械通风冷却塔。

本章小结

通风发酵需要的空气必须是经过处理的无菌空气，并具有一定的温度，压力和湿度，这就要求对空气进行净化除菌和调节的操作处理，这一过程通过空气净化除菌与调节设备来完成。

常用的空气除菌方法有介质过滤、辐射、化学药品、加热、静电吸附等。

生物工业生产需要一定的空气调节设备对空气进行处理。

工业生产中原材料要通过输送设备进行传送。固体物料一般多采用机械输送设备，液体物料多采用泵来输送。

生物化工工厂中液体物料的输送多采用离心泵、往复泵和螺杆泵3种，使用较多的是离心泵和往复泵。

生物工程工业属于用水型工业，水质的好坏对产品质量有很大影响，因此，生物工业用水必须进行严格的水质管理及必需的水处理。

生物工业的水处理系统按欲达到的目的可分为三个递进的阶段：除去水中的固体悬浮

物、各种金属离子或其他离子、水的杀菌处理。

目前用于水的过滤装置有砂滤棒过滤器、活性炭过滤器、中空纤维超滤装置等。

水的软化及脱盐设备包括离子交换装置、电渗析装置等。

水的杀菌指杀灭水中的致病菌，目前常用氯杀菌、臭氧杀菌及紫外线杀菌。

生物工业对供水系统设备也有着严格的要求，供水系统包括选择水源、供水方式、水泵设备选用等。

对于一些特殊的发酵生产，洁净蒸汽与制冷系统设备也是必需的。

复习题

1. 简述辅助系统设备在发酵工业中的地位和作用。
2. 简述空气净化除菌设备的工作原理。
3. 简述生物工业生产对空气调节的要求。
4. 生物工业中如何对空气进行增湿和减湿？
5. 固体物料的输送设备和液体物料的输送设备有什么不同？
6. 简述供水系统设备的主要构成和工作原理。

主要参考文献

梁世中. 2002. 生物工程设备. 北京：中国轻工业出版社

毛忠贵. 1999. 生物工业下游技术. 北京：中国轻工业出版社

梅乐和，姚善泾，木栋强. 1998. 生化生产工艺学. 北京：科学出版社

沈亮，李建明，黄维菊，等. 2002. 利用离心力场作用强化微滤. 过滤与分离，12 (1)：4～8

孙彦. 1998. 生物分离工程. 北京：化学工业出版社

王湛. 2004. 膜分离技术基础. 北京：化学工业出版社

俞俊堂，唐孝宣. 1996. 生物工艺学. 广州：华东理工大学出版社

第四篇　典型发酵工程

过程篇

第27章 抗生素生产工艺

内容提要：抗生素是青霉素、链霉素、红霉素等一类化学物质的总称。它是生物包括微生物、植物和动物，在其生产活动过程中所产生，并能在低微浓度下有选择性地抑制或杀灭其他微生物或肿瘤细胞的有机物质。抗生素的生产目前主要用微生物发酵法进行生物合成。很少数抗生素如氯霉素、磷霉素等也可用化学合成法生产。此外还可将生物合成法制得的抗生素用化学或生化方法进行分子结构改造而制成各种衍生物，称半合成抗生素，如氨苄西林（ampicillin）就是半合成青霉素的一种。随着对抗生素合成机制和微生物遗传学理论等深入研究，了解到它是属于次级代谢产物（secondary metabolite）。

目前，抗生素在制药工业中仍占有举足轻重的地位，尤其是下游半合成抗生素的发展，进一步刺激了上游的工业发酵。一些抗生素的工业生产规模非常大，如β-内酰胺类的青霉素、头孢菌素C，大环内酯类的红霉素、利福霉素，氨基环醇类的链霉素、庆大霉素。其他的一些抗生素，如林可霉素、四环素、金霉素、万古霉素等，单个发酵罐容积越来越大，100m^3 的发酵罐被普遍采用，200m^3 甚至更大容积的发酵罐经常可见报道。

27.1 抗生素的分类

随着新抗生素的不断出现，需要将抗生素进行分类，以便于研究。常见的分类方法如下。

27.1.1 根据抗生素的生物来源分类

微生物是产生抗生素的主要来源。其中以放线菌产生的为最多，其次真菌，再次之为细菌，而来源于动、植物的最少。

（1）放线菌产生的抗生素。在所有已发现的抗生素中，由它产生的抗生素占一半以上，其中又以链霉菌属产生的抗生素为最多。诺卡菌属、小单孢菌属次之。这类抗生素中主要有氨基糖苷类，如链霉素；四环类，如四环素；大环内酯类，如红霉素；多烯类，如制霉菌素；放线菌素类，如放线菌素D等。

（2）真菌产生的抗生素。在真菌的四个纲中，不完全菌纲中的青霉菌属和头孢菌属等分别产生一些很重要的抗生素，如青霉素、头孢菌素。其次为担子菌纲。藻菌纲和子囊菌纲产生的抗生素很少。

（3）细菌产生的抗生素。由细菌产生的抗生素的主要来源是多黏杆菌、枯草杆菌、芽孢杆菌等，属这类抗生素的有多黏菌素等。

（4）植物或动物产生的抗生素。例如，从被子植物蒜中制得的蒜素；从动物脏器中制得的鱼素（ekmolin）等。

27.1.2 根据抗生素的作用分类

按照抗生素的作用，可以分成以下类别。

（1）广谱抗生素。如氨苄西林，它既能抑制革兰氏阳性菌，又能抑制革兰氏阴性菌。

（2）抗革兰氏阳性菌的抗生素。如青霉素等。

（3）抗革兰氏阴性菌的抗生素。如链霉素等。

（4）抗真菌抗生素。如制霉菌素等。

（5）抗病毒抗生素。如四环类抗生素对立克次体及较大病毒有一定作用。

（6）抗癌抗生素。如阿霉素等。

27.1.3　根据抗生素的化学结构分类

由于化学结构决定抗生素的理化性质、作用机制和疗效，故按此法分类具有重大意义。但是，许多抗生素的结构复杂，而且有些抗生素的分子中还含有几种结构。故按此法分类时，不仅应考虑其整个化学结构，还应着重考虑其活性部分的化学构造，现按习惯法分类如下。

（1）β-内酰胺类抗生素。包括青霉素类、头孢菌素类等。它们都包含一个四元内酰胺环。这是在当前通受重视的一类抗生素。

（2）氨基糖苷类抗生素。包括链霉素、庆大霉素等。它们既含有氨基糖苷，也含有氨基环醇的结构。

（3）大环内酯类抗生素。如红霉素、麦迪霉素（medicamycin）。它们含有一个大环内酯作配糖体，以苷健和1～3个分子的糖相连。

（4）四环类抗生素。如四环素、土霉素等。它们以四并苯为母核。

（5）多肽类抗生素。如多黏菌素、杆菌肽等。它们多由细菌、特别是由产孢子的杆菌产生，并含有多种氨基酸，经肽键缩合成线状、环状或带侧链的环状多肽。

（6）蒽环类抗生素。如阿霉素、柔红霉素等。主要属于抗癌抗生素。

（7）喹诺酮类抗生素。如环丙沙星、诺氟沙星等，此类抗生素均为全合成抗生素，但一些学者仍将其归入抗生素类中，因其抗菌谱广、活性强、毒性作用小而受到重视。

27.1.4　根据抗生素的作用机制分类

根据抗生素对致病菌作用的机制，可分成五类。

（1）抑制细胞壁合成的抗生素。如青霉素、头孢菌素。

（2）影响细胞膜功能的抗生素。如多烯类抗生素。

（3）抑制病原菌蛋白质合成的抗生素。如四环素。

（4）抑制核酸合成的抗生素。如影响DNA结构和功能的丝裂霉素C。

（5）抑制生物能作用的抗生素。如抑制电子转移的抗霉素（antimycin）。

27.1.5　根据抗生素的生物合成途径分类

（1）氨基酸、肽类衍生物。如青霉素、头孢菌素等寡肽抗生素。

（2）糖类衍生物。如链霉素糖苷类抗生素。

（3）以乙酸、丙酸为单位的衍生物。如红霉素等丙酸衍生物。

27.2　抗生素生产工艺过程

现代抗生素的工业生产包括发酵和提取两部分。工业生产过程如下：

菌种→孢子制备→种子制备→发酵→发酵液的过滤与预处理→提取及精制→成品包装。

27.2.1　菌种

抗生素生产菌种来源于自然界的土壤等，经过分离、选育和纯化后，获得能产生抗生素的微生物即称为菌种。菌种可用冷冻干燥法、超低温冰箱或液氮（－196～－190℃）进行保存。一般生产用菌株经多次移植往往会发生变异而退化，故必须经常进行菌种选育和纯化以提高其生产能力。

现代生物技术应用于抗生素生产，采用定向选育、原生质体融合和 DNA 重组技术，构建基因工程菌，已有 10 种以上的产生抗生素的结构基因被克隆，包括头孢菌素 C、放线紫红素、次甲基霉素和红霉素的生物合成基因族。

27.2.2　孢子制备

将保藏的处于休眠状态的孢子，通过严格的无菌操作，将其接种到经灭菌过的固体斜面培养基上，在一定温度下培养 5～7d 或 7d 以上，这样培养出来的孢子数量还是有限的。为获得更多数量的孢子以供生产需要，必要时可进一步用茄子瓶固体培养基（如小米、大米、玉米粒或麸皮）上扩大培养。

27.2.3　种子制备

种子制备可用摇瓶培养后再接入种子罐进行逐级扩大培养，或直接将孢子接入种子罐后逐级扩大培养。种子扩大培养级数的多少，取决于菌种的性质、生产规模的大小和生产工艺的特点。扩大培养级数通常为二级。种子质量如合格方可移种到发酵罐中。

27.2.4　发酵

（1）发酵培养基的配制。在抗生素发酵生产中，由于各菌种的生理生化特性不一样，采用的工艺不同，所需的发酵培养基组成也各异。即使同一菌种，在种子培养阶段和不同发酵时期，其营养要求也不完全一样。因此需根据其不同要求来选用培养基的成分与配比。其主要成分包括碳源、氮源、无机盐类（包括微量元素）和前体等。

（2）抗生素的发酵。发酵过程的目的是使微生物大量分泌抗生素。在发酵开始前，有关设备和培养基也必须先经过灭菌后再接入种子。接种量一般为 10%或 10%以上，发酵期视抗生素品种和发酵工艺而定。在整个发酵过程中，要时刻注意溶氧、温度、pH 等参数的变化和控制。此外，还要加入消沫剂以控制泡沫。对有的品种在发酵过程中还需加入葡萄糖、铵盐或前体，以促进抗生素的产生。

27.2.5　发酵液的过滤与预处理

发酵液的过滤和预处理其目的不仅在于分离菌丝，还需将一些杂质除去。尽管多数抗生素品种当发酵结束时存在于发酵液中。但也有个别品种当发酵结束时抗生素大量残存在菌丝之中，在此情况下，发酵液的预处理应当包括使抗生素从菌丝中析出，使其转入发酵液中。

1）发酵液的预处理

发酵液中的杂质如高价无机离子（Ca^{2+}、Mg^{2+}、Fe^{2+}）和蛋白质在离子交换的过程中对提炼影响甚大，不利于树脂对抗生素的吸附。对高价离子的去除，可采用草酸或磷酸。如加草酸，则它与 Ca^{2+} 生成的草酸钙还能促使蛋白质凝固以提高发酵滤液的质量。如加磷酸（或磷酸盐），既能降低 Ca^{2+} 浓度，也利于去除 Mg^{2+}。加黄血盐及硫酸锌，则前者有利于去除 Fe^{2+}，后者有利于凝固蛋白质。此外，两者还有协同作用。它们所产生的复盐对蛋白质有吸附作用。

对于蛋白质，还可利用其在等电点时凝聚的特点而将其去除。因其羧基的电离度比氨基大，故很多蛋白质的等电点在酸性（pH 4.0～5.5）范围内。某些对热稳定的抗生素发酵液还可用加热法，使蛋白质变性而降低其溶解度。为了更有效地去除发酵液中的蛋白质，还可以加入絮凝剂。在发酵滤液中多数胶体粒子带负电荷，因而用阳离子絮凝剂功效较高。

2）发酵液的过滤

发酵液为非牛顿型液体、很难过滤。过滤的难易与发酵培养基和工艺条件，以及是否染菌等因素有关。过滤如用板框压滤则劳动强度大，影响卫生，菌丝流入下水道时还影响污水处理。建议选用鼓式真空过滤机为宜，并在必要时在转鼓表层涂以助滤剂硅藻土。当转鼓旋转时，用刮刀将助滤剂连同菌体薄薄刮去一层，以使过滤面不断更新。

另一种设备是自动除渣离心机，但所排出的菌丝滤渣中尚含有较大量的发酵液，因此如要提高过滤收率，可将此滤渣用水洗后再次用同样型号离心机分离。第一次和第二次离心分离液体合并后进入下一工序。

再一种设备称为倾析器（decanter）。它既可用于固液相的分离，也可用于固相、有机溶媒相和水相三者的混合和分离，从而将过滤菌丝和溶媒萃取这两步合并在一设备中完成。

27.2.6 抗生素的提取

在发酵滤液中抗生素浓度很低，杂质的浓度相对较高。杂质中有无机盐、残糖、脂肪、各种蛋白质及其降解物、色素、热原质或有毒性物质等。此外，还可能有一些杂质其性质和抗生素很相似，这就增加了提取和精制的困难。

由于多数抗生素不很稳定，且发酵液易被污染，故整个提取过程要求：①时间短；②温度低；③pH 宜选择对抗生素较稳定的范围；④勤清洗消毒（包括厂房、设备、管路并注意消灭死角）。

常用的抗生素提取方法包括溶媒萃取法、离子交换法和沉淀法等。

27.2.7 抗生素的精制

这是抗生素生产最后工序。对产品进行精制、烘干和包装的阶段要符合《药品生产质量管理规范》（GMP）的规定。例如，其中规定产品质量检验应合格、技术文件应齐全、生产和检验人员应具有一定素质；设备材质不能与药品起反应，并易清洗，空调应按规定的级别要求，各项原始记录、批报和留样应妥为保存，对注射品应严格按无菌操作的要求等。

1）脱色和去热原质

脱色和去热原质是精制注射用抗生素中不可缺少的一步。它关系到成品的色级及热原试验等质量指标。色素往往是在发酵过程中所产生的代谢产物，它与菌种和发酵条件有关。热原质是在生产过程中由于被污染后由杂菌所产生的一种内毒素。各种杂菌所产生的热原反应有所不同。革兰氏阴性菌产生的热原反应一般比革兰氏阳性菌的强。热原注入体内引起恶寒高热，严重的引起休克。它是多糖磷类脂质和蛋白质的结合体，为大分子有机物质，能溶于水。在 120℃加热 4h 它能被破坏 90%；180～200℃加热 0.5h 或 150℃加热 2h 能被彻底破坏。它也能被强酸、强碱、氧化剂（如高锰酸钾）等破坏。它能通过一般滤器，但能被活性炭、石棉滤材等所吸附。生产中常用活性炭脱色去除热原，但需注意脱色时 pH、温度、活性炭用量及脱色时间等因素，还应考虑它对抗生素的吸附问题，否则能影响收率。

此外，也可用脱色树脂去除色素（如酚醛树脂，即 122 树脂）。对某些产品可用超微过滤办法去除热原，此外还应注意在生产过程中的环境卫生以防止热原。

2）结晶和重结晶

抗生素精制常用此法来制得高纯度成品。常用的几种结晶方法如下。

（1）改变温度结晶。利用抗生素在溶剂中的溶解度随温度变化而显著变化的这一特性来进行结晶。例如，制霉菌素的浓缩液在 5℃条件下保持 4～6h 后即结晶完全。分离掉母液、洗涤、干燥、磨粉后即得到制霉菌素成品。

（2）利用等电点结晶。当将某一抗生素溶液的 pH 调到等电点时，它在水溶液中溶解度最小，则沉淀析出，如 6-氨基青霉烷酸（6-aminopenicill anic acid，6-APA）水溶液当 pH 调至等电点（4.3）时，6-APA 即从水溶液中沉淀析出。

（3）加成盐剂结晶。在抗生素溶液中加成盐剂（酸、碱或盐类）使抗生素以盐的形式从溶液中沉淀结晶。例如，在青霉素 G 或头孢菌素 C 的浓缩液中加入乙酸钾，即生成钾盐析出。

（4）加入不同溶剂结晶。利用抗生素在不同溶剂中溶解度大小的不同，在抗生素某一溶剂的溶液中加入另一溶剂使抗生素析出，如巴尤霉素具有易溶于水而不溶于乙醇的性质。在其浓缩液中加入 10～12 倍体积的 95%乙醇，并调 pH 至 7.2～7.3 使其结晶析出。

重结晶是进一步精制以获高纯度抗生素的有效方法。

3）其他精制方法

（1）共沸蒸馏法。如青霉素可用丁醇或乙酸丁酯以共沸蒸馏进行精制。

（2）柱层析法。如丝裂霉素 A、B、C 三种组分可以通过氧化铝层析来分离。

（3）盐析法。如在头孢噻吩水溶液中加入氯化钠使其饱和，其粗晶被析出后进一步精制。

（4）中间盐转移法。如四环素碱与尿素形成复盐沉淀后再将其分解，使四环素碱析出。用此法以除去 4-差向四环素等异物，以提高四环素质量和纯度，又如红霉素能与草酸或乳酸盐成复盐沉淀等。

（5）分子筛。如青霉素粗品中常含聚合物等高分子杂质，可用葡聚糖凝胶 G-25（粒度 20～80μm）将杂质分离掉。此法仅用于小试验。

27.3　青霉素生产工艺

青霉素又被称为盘尼西林，它是人类发明的第一种抗生素，也是全球销量最大的抗生素。青霉素是一种高效、低毒、临床应用广泛的重要抗生素。它的研制成功大大增强了人类抵抗细菌性感染的能力，带动了抗生素家族的诞生。

1953 年，我国第一批青霉素的诞生揭开了我国生产抗生素的历史，到 2001 年，我国青霉素的产量已经占据了全球 70%的市场份额，目前我国是全球最大的青霉素生产国家。青霉素的生产菌种为产黄青霉（*P. chrysogenum*），生产能力为 100U/ml。经过 X 射线、紫外线、亚硝基胍等多种物理化学诱变，得到不产生色素的变种，目前生产能力可达80 000U/ml 左右，而世界青霉素工业发酵水平达 100 000U/ml 以上。

27.3.1　青霉素的结构与特性

青霉素类抗生素是β-内酰胺类中一大类抗生素的总称，由于β-内酰胺类作用于细菌的细胞壁，青霉素作用于细胞壁合成中的肽多糖合成的第三阶段，线性肽多糖在转肽酶的催化下进行交联，肽多糖链之间每两条肽链结合时均释放出一个 D-丙氨酸，青霉素中与肽多糖的 D-丙胺酰-D-丙氨酸二肽相似，竞争性的与转肽酶结合，使转肽酶不能催化多肽链之间的交联，抑制了细胞壁的形成。而人类只有细胞膜无细胞壁，故对人类的毒性较小，除能引起严重的过敏反应外，在一般用量下，其毒性不甚明显，但它不能耐受耐药菌株（如耐药黄色葡萄球菌）所产生的酶，易被其破坏，且其抗菌谱较窄，主要对革兰氏阳性菌有效。

青霉素是 6-APA 苯乙酰衍生物，结构式见图 27-1。其是各种半合成抗生素的原料，提供头孢菌素母核。侧链基团不同，形成不同的青霉素，主要是青霉素 G。工业上应用的有钠、钾、普鲁卡因、二苄基乙二胺盐。

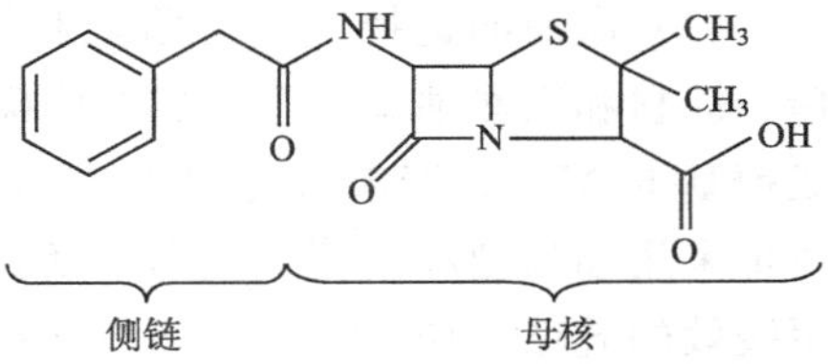

图 27-1　青霉素的结构式

27.3.2　青霉素的分类

（1）青霉素 G 类：如青霉素 G 钾、青霉素 G 钠、长效西林等。

(2) 青霉素Ⅴ类：(别名苯氧甲基青霉素、6-苯氧乙酰胺基青霉烷酸) 如青霉素Ⅴ钾等。

(3) 耐酶青霉素：如苯唑青霉素 (新青Ⅱ号)、氯唑青霉素等。

(4) 广谱青霉素：如氨苄西林、阿莫西林等。

(5) 抗绿脓杆菌的广谱青霉素：如羧苄西林、哌拉西林钠、呋苄青霉素等。

(6) 氮咪青霉素：如美西林及其酯匹美西林等，其特点为较耐酶，对某些阴性杆菌 (如大肠杆菌、克雷伯菌和沙门菌) 有效，但对绿脓杆菌效果差。

27.3.3 青霉素生产流程

冷冻干燥孢子→琼脂斜面→米孢子→种子罐 (1、2 级)→发酵罐→预处理→过滤→乙酸丁酯萃取→蒸发 (脱水脱色)→结晶→工业盐→综合利用。

青霉素生产工艺流程如图 27-2。

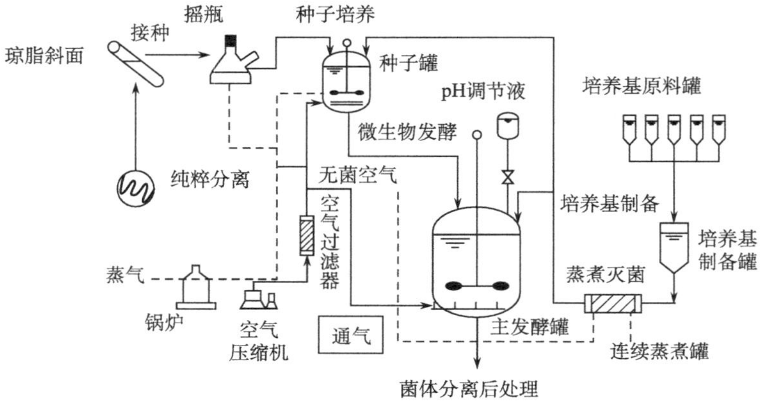

图 27-2　青霉素生产工艺流程

1) 菌种

生产菌种为形成绿色孢子和黄色孢子的两种产黄青霉菌株；深层培养中菌丝形态为球状和丝状两种，我国生产上采用的是丝状。菌落平坦或皱褶，圆形，边沿整齐或锯齿或扇形，孢子黄绿至棕灰色，圆形或圆柱形。气生菌丝形成大小梗，上生分生孢子，排列呈链状，似毛笔，称为青霉穗。

2) 培养基

青霉素发酵中采用补料分批操作法，对葡萄糖、铵、苯乙酸进行缓慢流加，维持一定的最适浓度。葡萄糖的流加，波动范围较窄，浓度过低使抗生素合成速度减慢或停止，过高则导致呼吸活性下降，甚至引起自溶，葡萄糖浓度调节是根据 pH、溶氧或 CO_2 释放率予以调节。

(1) 碳源的选择。生产菌能利用多种碳源，如乳糖、蔗糖、葡萄糖、阿拉伯糖、甘露糖、淀粉和天然油脂。生产成本中碳源占 12%以上，对工艺影响很大；糖与 6-APA 结合形成糖基-6-APA，影响青霉素的产量。葡萄糖、乳糖结合能力强，而且随时间延长而增加。通常采用葡萄糖和乳糖。发酵初期，利用快效的葡萄糖进行菌丝生长。当葡萄糖耗竭后，利用缓效的乳糖，使 pH 稳定，分泌青霉素。可根据菌丝形态变化，滴加葡萄糖，取代乳糖。目前普遍采用淀粉的酶水解产物，葡萄糖化液流加，降低成本。

(2) 氮源。玉米浆是最好的，是玉米淀粉生产时的副产品，含有多种氨基酸及其前体苯乙酸和衍生物。玉米浆质量不稳定，可用花生饼粉或棉籽饼粉取代，补加无机氮源。

(3) 无机盐。硫、磷、镁、钾等，铁有毒，控制在 30μg/ml 以下。

(4) 流加控制。补糖，根据残糖、pH、尾气中 CO_2 和 O_2 含量。一般残糖在 0.6%左右，pH 开始升高时流加糖。补氮，流加酸酸铵、氨水、尿素，控制氨基氮为 0.05%。

(5) 添加前体。在合成阶段，流加苯乙酸及其衍生物。苯乙酰胺、苯乙胺、苯乙酰甘氨酸等均可为青霉素侧链的前体，直接掺入青霉素分子中，也具有刺激青霉素合成作用。但浓度大于 0.19%时对细胞和产物合成有毒性，还能被细胞氧化。最好的策略是流加低浓度前体，一次加入量低于 0.1%，保持供应速率略大于生物合成的需要。

3) 发酵工艺过程

(1) 生产孢子的制备。将冷冻干燥或砂土保藏的孢子，用甘油、葡萄糖、蛋白胨组成的培养基进行斜面培养，经传代活化。在最适生长温度 25～26℃，培养 6～8d，获得单菌落，再传接单菌落斜面，培养 7d，获得斜面孢子。移植到优质小米或大米固体培养基上，25℃，生长 7d，制得小米或大米孢子。每批孢子必须进行严格摇瓶试验，测定效价及杂菌情况。

(2) 种子罐和发酵罐培养工艺。种子培养要求产生大量健壮的菌丝体，因此，培养基应加入比较丰富的易利用的碳源和有机氮源。青霉素生产采用三级发酵。一级种子培养：接入小米孢子后，孢子萌发，形成菌丝。培养基成分为葡萄糖、蔗糖、乳糖、玉米浆、碳酸钙、玉米油、消沫剂等。通无菌空气，空气流量 1∶3 (V/V)；充分搅拌 300～350r/min；培养时间 40～50h；pH 自然，温度 27℃±1℃。二级种子培养：菌丝体大量繁殖。培养基成分为玉米浆、葡萄糖等。通无菌空气，空气流量 1∶(1～1.5) (V/V)；充分搅拌250～280r/min；pH 自然，25℃±1℃；培养时间 10～14h。三级发酵培养：生产罐。培养基为花生饼粉（高温）、麸质粉、玉米浆、葡萄糖、尿素、硫酸铵、硫酸钠、硫代硫酸钠、磷酸二氢钠、苯乙酰胺、碳酸钙及消泡剂等。接种量为 12%～15%。青霉素的发酵对溶氧要求极高，通气量偏大，通气比控制 1∶(0.7～1.8) (V/V)；搅拌转速 150～200r/min；要求高功率搅拌，$100m^3$ 的发酵罐搅拌功率为 200～300kW，罐压控制 0.04～0.05MPa，于 25～26℃下培养。前 60h，pH 5.7～6.3，温度 26℃，以后 pH 6.3～6.6，温度 24℃。发酵周期为 200h 左右。

4) 发酵条件控制

(1) 发酵条件下的生长过程。第 1 期：分生孢子萌发，形成芽管，原生质未分化，具有小泡。第 2 期：菌丝繁殖，原生质体具有嗜碱性，类脂肪小颗粒。第 3 期：形成脂肪包涵体，积累储藏物，没有空泡，嗜碱性很强。第 4 期：脂肪包涵体形成小滴并减少，中小空泡，原生质体嗜碱性减弱，开始产生抗生素。第 5 期：形成大空泡，有中性染色大颗粒，菌丝呈桶状，脂肪包涵体消失，青霉素产量最高。第 6 期：出现个别自溶细胞，细胞内无颗粒，仍为桶状，释放游离氨，pH 上升。第 7 期：菌丝完全自溶，仅有空细胞壁。镜检：规定时间取样，显微镜观察 7 个时期的形态变化，控制发酵。1～4 期为菌丝生长期，3 期的菌体适宜作为种子。4～5 期为生产期，生产能力最强，通过工程措施，延长此期，获得高产。在第 6 期到来之前结束发酵。

(2) 发酵条件控制。反复分批式发酵，$100m^3$ 发酵罐，装料 $80m^3$，带放 6～10 次，间隔 24h。带放量 10%，发酵时间 204h。发酵过程需连续流加补入葡萄糖、硫酸铵及前体物质苯乙酸盐，补糖率是最关键的控制指标，不同时期分段控制。在青霉素的生产中，让培养基中的主要营养物只够维持青霉菌在前 40h 生长，而在 40h 后，靠低速连续补加葡萄糖和氮源等，使菌体处于半饥饿状态，延长青霉素的合成期，大大提高产量。所需营养物限量的补加常用来控制营养缺陷型突变菌种，使代谢产物积累到最大。

a. 温度。生产中采用变温控制，不同阶段不同温度。生长适宜温度30℃，分泌青霉素温度20℃。但20℃青霉素破坏少，周期很长。因此，前期控制25～26℃左右，后期降温控制23℃。过高则会降低发酵产率，增加葡萄糖的维持消耗，降低葡萄糖至青霉素的转化得率。有的发酵过程在菌丝生长阶段采用较高的温度，以缩短生长时间，生产阶段适当降低温度，以利于青霉素合成。

b. pH。青霉素合成的适宜pH 6.4～6.6左右，避免超过pH 7.0，青霉素在碱性条件下不稳定，易水解。缓冲能力弱的培养基，pH降低，意味着加糖率过高造成酸性中间产物积累。pH上升，加糖率过低不足以中和蛋白质产生的氨或其他生理碱性物质。前期pH控制在5.7～6.3，中后期pH控制在6.3～6.6，通过补加氨水进行调节。pH较低时，加入碳酸钙、通氨调节或提高通气量。pH上升时，加糖或天然油脂。一般直接加酸、碱控制，或流加葡萄糖控制。

c. 溶氧。溶氧＜30％饱和度，产率急剧下降，低于10％，则造成不可逆的损害。所以不能低于30％饱和溶氧浓度。通气比一般为1∶0.8（V/V）。溶氧过高，菌丝生长不良或加糖率过低，呼吸强度下降，影响生产能力的发挥。适宜的搅拌速度，保证气液混合，提高溶氧，根据各阶段的生长和耗氧量不同，对搅拌进行调整。

d. 菌丝生长速度与形态、浓度。对于每个有固定通气和搅拌条件的发酵罐内进行的特定好氧过程，都有一个使氧传递速率（OTR）和氧消耗率（OUR）在某一溶氧水平上达到平衡的临界菌丝浓度，超过此浓度，OUR＞OTR，溶氧水平下降，发酵产率下降。在发酵稳定期，湿菌浓度可达15％～20％，丝状菌干重约3％，球状菌干重在5％左右。另外，因补入物料较多，在发酵中后期一般每天带放一次，每次放掉总发酵液的10％左右。有丝状生长和球状生长两种。前者由于所有菌丝体都能充分和发酵液中的基质及氧接触，比生产率高，发酵黏度低，气-液两相中氧的传递率提高，允许更多菌丝生长。球状菌丝形态的控制，与碳、氮源的流加状况，搅拌的剪切强度及稀释度相关。

e. 消沫。发酵过程泡沫较多，需补入消沫剂。常用消沫剂有天然油脂（玉米油），化学消沫剂（泡敌）。采用少量多次流加。不适于在前期多加入，影响呼吸代谢。

青霉素的发酵过程控制十分精细，一般2h取样一次，测定发酵液的pH、菌浓度、残糖、残氮、苯乙酸浓度、青霉素效价等指标，同时取样做无菌检查，发现染菌立即结束发酵，视情况放罐过滤提取，因为染菌后pH波动大，青霉素在几个小时内就会被全部破坏。

5）青霉素分离和纯化

青霉素不稳定，分离和纯化过程要条件温和、快速，防止降解。

（1）预处理。发酵液结束后，目标产物存在于发酵液中，而且浓度较低，如抗生素只有10～30kg/m^3，含有大量杂质，它们影响后续工艺的有效提取，因此必须对其进行预处理，目的在于浓缩目的产物，去除大部分杂质，改变发酵液的流变学特征，利于后续的分离纯化过程。这是进行分离纯化的一个工序。

（2）过滤。发酵液在萃取之前需预处理，发酵液加少量絮凝剂沉淀蛋白质，然后经真空转鼓过滤或板框过滤，除掉菌丝体及部分蛋白质。青霉素易降解，发酵液及滤液应冷至10℃以下，过滤收率一般90％左右。①菌丝体粗10μm，采用鼓式真空过滤机过滤，滤渣形成紧密饼状，容易从滤布上刮下。滤液pH 6.27～7.2，蛋白质含量0.05％～0.2％。需要进一步除去蛋白质。②改善过滤和除去蛋白质的措施：硫酸调节pH 4.5～5.0，加入0.07％溴代十五烷吡啶(PPB)，0.7％硅藻土为助滤剂，再通过板框式过滤机，滤液澄清透明，进行萃取。

（3）萃取。青霉素的提取采用溶媒萃取法。青霉素游离酸易溶于有机溶剂，而青霉素盐易溶于水。利用这一性质，在酸性条件下青霉素转入有机溶剂中，调节 pH，再转入中性水相，反复几次萃取，即可提纯浓缩。选择对青霉素分配系数高的有机溶剂。工业上通常用乙酸丁酯和戊酯。萃取 2～3 次。从发酵液萃取到乙酸丁酯中时，pH 选择 1.8～2.0，从乙酸丁酯反萃取到水相时，pH 选择 6.8～7.4。发酵滤液与乙酸丁酯的体积比为 1.5～9.1，即一次浓缩倍数为 1.5～9.1。为了避免 pH 波动，采用硫酸盐、碳酸盐缓冲液进行反萃取。发酵液与溶剂比例为 3～4。几次萃取后，浓缩 10 倍，浓度几乎达到结晶要求。萃取总收率在 85%左右。所得滤液多采用二次萃取，用 10%硫酸调 pH 2.0～3.0，加入乙酸丁酯，用量为滤液体积的三分之一，反萃取时常用碳酸氢钠溶液调 pH 7.0～8.0。在一次乙酸丁酯萃取时，由于滤液含有大量蛋白质，通常加入破乳剂防止乳化。第一次萃取，存在蛋白质，加 0.05%～0.1%乳化剂（PPB）。萃取条件：为减少青霉素降解，整个萃取过程应在低温下进行（10℃以下）。萃取罐用冷冻盐水冷却。

（4）脱色。萃取液中添加活性炭，除去色素、热原，过滤，除去活性炭。

（5）结晶。萃取液一般通过结晶提纯。青霉素钾盐在乙酸丁酯中溶解度很小，在二次乙酸丁酯萃取液中加入乙酸钾-乙醇溶液，青霉素钾盐就结晶析出。然后采用重结晶方法，进一步提高纯度，将钾盐溶于 KOH 溶液，调 pH 至中性，加无水丁醇，在真空条件下，共沸蒸馏结晶得纯品。直接结晶：在二次乙酸丁酯萃取液中加乙酸钠-乙醇溶液反应，得到结晶钠盐。加乙酸钾-乙醇溶液，得到青霉素钾盐。共沸蒸馏结晶：萃取液，再用 0.5mol/L NaOH 萃取，pH 4.8～6.4 下得到钠盐水浓缩液。加 2.5 倍体积丁醇，16～26℃，0.67～1.3kPa 下蒸馏。水和丁醇形成共沸物而蒸出。钠盐结晶析出。结晶经过洗涤、干燥后，得到青霉素产品。

本章小结

本章对抗生素的概念、分类和抗生素生产的工艺过程做了简单介绍。以青霉素的实际生产为例介绍了其生产的菌种、培养基组成、发酵工艺过程、发酵条件控制和分离纯化工艺，为抗生素的生产过程提供有益的借鉴。

复习题

1. 抗生素工业生产的基本方法有哪几种？每种生产方法的特点是什么？
2. 抗生素发酵过程中可供分析的参数有哪些？
3. 抗生素发酵与一般发酵工业相比较，它具有哪些特点？
4. 生物合成法生产抗生素与一般制药工业相比较，它又具有哪些特点？
5. 举例说明抗生素在医疗药物方面的应用，在农业、畜牧业及食品保藏等方面还有哪些用途？

主要参考文献

顾觉奋. 2001. 抗生素. 上海：上海科学技术出版社

胡昌勤，刘讳抗. 2004. 抗生素微生物检定法及其标准操作. 北京：气象出版社

俞文和. 1996. 新编抗生素工艺学. 北京：中国建材工业出版社

United States Pharmacopeial Convention Inc. 1999. The United States Pharmacopeia. Philadelphia: National Publishing

The Department of Health, Social Services, Public Safety. 2000. British Phamacopoeia. London: The Stationery Office

第28章 氨基酸生产工艺

内容提要： 氨基酸是蛋白质的基本结构单位，60%以上均采用微生物发酵法进行生产，本章介绍了氨基酸发酵生产的工艺及控制。赖氨酸是人体必需的氨基酸，有两条不同的合成途径：二氨基庚二酸途径（细菌中）和α-氨基己二酸途径（酵母菌中）。异亮氨酸、亮氨酸和缬氨酸均是分支氨基酸，分别是经由苏氨酸、丙酮酸和α-酮基异戊酸合成。

在自然界已发现组成各种蛋白质的氨基酸有二十多种，其中苏氨酸、缬氨酸、亮氨酸、异亮氨酸、赖氨酸、蛋氨酸、苯丙氨酸及色氨酸是人类本身不能合成的必需氨基酸，只能从食物中摄取。氨基酸在食品、医药、饲料、化工、农业、化妆品等领域得到广泛应用。氨基酸的生产方法主要有抽提法、化学合成法、微生物发酵法和酶法。到目前为止，60%以上的氨基酸采用微生物发酵法进行生产，其中产量最大的是谷氨酸，其次是赖氨酸。

延伸阅读——氨基酸的生产方法

抽提法：将蛋白质原料进行水解，然后从水解液中抽提氨基酸，是生产氨基酸最早采用的方法。水解方法有酸法水解、碱法水解和酶法水解。目前胱氨酸、半胱氨酸和酪氨酸仍用抽提法生产。

化学合成法：用化学合成的方法制造氨基酸。目前用化学合成法制造的氨基酸有DL-蛋氨酸、DL-丙氨酸、甘氨酸和苯丙氨酸。

微生物发酵法：是目前氨基酸生产最常用的方法。根据微生物本身具有合成氨基酸的能力的特点，通过菌株的筛选、诱变处理及代谢调节来达到合成某种氨基酸的目的。发酵法分为直接发酵法和添加前体发酵法。

酶法：利用微生物细胞或微生物产生的酶进行生物催化反应制造氨基酸的方法。赖氨酸、色氨酸、天冬氨酸、酪氨酸、丙氨酸等均可用酶法生产。采用固定化酶或细胞连续生产，其优点更突出。

国内外氨基酸发酵工艺一般采用分批流加法，用计算机控制，生产管理自动化，产率和转化率均较高。我国从1963年开始用发酵法生产谷氨酸，现已发展成为具有相当规模的谷氨酸工业。目前我国氨基酸产业规模以上生产企业已有近百家，总产量超过300万t，其中，大宗氨基酸产品谷氨酸及其盐类的年产量达220万t。氨基酸产业年总产值已发展到400多亿元，占到我国发酵工业总产值的四分之一以上。

28.1 氨基酸生产工艺控制

28.1.1 菌种

氨基酸发酵的菌种主要有谷氨酸棒状杆菌、黄色短杆菌、乳糖发酵短杆菌、短芽孢杆菌、黏质赛杆菌等。表28-1为一些氨基酸的生产菌种及用途。

表 28-1　一些氨基酸的生产菌种及用途（梅乐和等，2007）

氨基酸	生产菌种	用途
谷氨酸	棒杆菌 Asl. 299、棒杆菌 7338、钝齿棒杆菌 Asl. 542、棒杆菌 D110、棒杆菌 S-914、黄色短杆菌 T6-13、黄色短杆菌 FM84-415 等	主要用作制造味精，也用于预防或治疗肝昏迷，对于脑震荡和脑神经损伤也有一定的疗效
L-赖氨酸	谷氨酸棒状杆菌、黄色短杆菌、乳糖发酵短杆菌、短芽孢杆菌、黏质赛杆菌	它是人类和动物发育必需的氨基酸，饲料添加剂，食品保鲜剂，制备复方氨基酸输液等药物
L-谷氨酰胺	谷氨酸棒状杆菌、黄色短杆菌、乳糖发酵短杆菌、嗜氨小杆菌等	治疗胃溃疡和十二指肠溃疡等
L-脯氨酸	谷氨酸棒状杆菌、黄色短杆菌、黏质赛杆菌	配制氨基酸输液，合成抗高血压药物和治疗帕金森病的多肽类药物，食品工业的甜味剂
L-精氨酸	黏质沙雷杆菌、钝齿棒杆菌等	合成蛋白质和肌酸的重要原料
L-天冬氨酸	黄色短杆菌、大肠杆菌、嗜热脂肪芽孢杆菌等	生产甜味肽的主要原料
L-苏氨酸	大肠杆菌、谷氨酸棒状杆菌、黄色短杆菌、黏质赛杆菌等的基因工程菌	饲料添加剂，氨基酸营养液原料
L-蛋氨酸	主要为酶法，发酵法尚在研究中	有抗脂肪肝和解毒作用，药物或食品强化剂，饲料添加剂
L-色氨酸	枯草杆菌、黄杆菌、基因工程菌等	食品强化剂，饲料添加剂
L-苯丙氨酸	大肠杆菌、谷氨酸棒状杆菌、黄色短杆菌、乳糖发酵短杆菌等的变异株	生产甜味肽
L-酪氨酸	产气克雷菌的重组株、草生欧文菌	合成 L-多巴等
L-丝氨酸	嗜甘氨酸棒状杆菌、基因工程菌	食品、药品、化妆品的添加剂
L-半胱氨酸	球形芽孢杆菌	食品、药品、化妆品的添加剂
L-缬氨酸	乙酸钙不动杆菌等	药物、食品强化剂
L-亮氨酸	谷氨酸棒状杆菌、黄色短杆菌	配制复合氨基酸输液
L-组氨酸	基因工程菌	生化试剂、药物

28.1.2　培养基

培养基一般都包括碳源、氮源、无机盐、生长因子、水等成分。发酵培养基的成分与配比是决定氨基酸产生菌生长、代谢的主要因素，与氨基酸的产率、转化率及收率的关系密切。

28.1.2.1　碳源

碳源是构成菌体和合成氨基酸的碳架及能量的来源。氨基酸发酵中可采用淀粉水解糖、糖蜜、乙酸、乙醇、烷烃等多种碳源。根据微生物菌种的性质、氨基酸种类和发酵工艺方法，选择碳源种类和浓度。最常采用的是淀粉水解糖液或糖蜜。

28.1.2.2　氮源

氮源是合成菌体蛋白质、核酸等含氮物质和合成氨基酸氨基的来源，同时，在发酵过程中还用来调节发酵液的 pH。氨基酸发酵培养基常选用铵盐、尿素、氨水等为无机氮源。几乎所有的氨基酸产生菌都是生物素缺陷型，同时也是一些氨基酸的营养缺陷型，而且大多数氨基酸产生菌都不能分泌胞外水解蛋白酶。因此，氨基酸发酵培养基中常需要添加适量的有机氮源如玉米浆及精制棉籽饼、麸皮、豆饼等蛋白质原料的水解液。

28.1.2.3 碳氮比

氨基酸发酵时，不仅菌体生长和氨基酸合成需要氮源，而且氮源还用来调节发酵液的pH，如谷氨酸发酵的碳氮比为100∶(15～21)，当碳氮比为100∶11时才开始积累谷氨酸，因此发酵培养基氮源的需要量比一般发酵多。在谷氨酸发酵过程消耗的氮源中，合成菌体用的氮源仅占总氮的3%～6%，合成谷氨酸的氮源占30%～80%。实际生产中，以尿素或氨水为氮源时，除了一部分用于调节发酵液的pH外，还有一部分随空气逸出，为此氮源的用量更大。谷氨酸发酵培养基中当糖浓度为12.5%、总尿素量为3%时，碳氮比为100∶28。氮源的用量对氨基酸生物合成产生显著的影响，如谷氨酸发酵中，适量的NH_4^+可减少α-酮戊二酸的积累，促进谷氨酸的合成；过量的NH_4^+会使生成的谷氨酸受谷氨酰胺合成酶的作用转化为谷氨酰胺。

28.1.2.4 无机盐

发酵培养基中通常需要加入硫、磷、钙、镁、钾等无机盐类。其中磷酸盐浓度对于氨基酸发酵的影响极为显著。而镁、钾等离子是许多酶的激活剂，对菌体的生长和氨基酸的积累有重要的作用。

28.1.2.5 生长因子

生物素是氨基酸发酵生产中重要的生长因子。生物素影响细胞膜的通透性和代谢途径，它的浓度与微生物菌体的生长和氨基酸的合成关系密切。以淀粉水解糖为原料进行谷氨酸发酵时，必须控制生物素的浓度为亚适量，以2～5μg/L为宜（实际上是控制玉米浆的浓度），保证菌体细胞膜的通透性良好，谷氨酸才能大量分泌。在天冬氨酸族氨基酸（如赖氨酸、苏氨酸、蛋氨酸等）的发酵中期望菌体细胞膜完整，要求控制生物素过量，如赖氨酸发酵中添加过量的生物素（200～500μg/L)，赖氨酸合成显著增加。氨基酸发酵一般以玉米浆、麸皮水解液、甘蔗糖蜜或甜菜糖蜜作为生物素的来源。

28.1.3 发酵条件控制

28.1.3.1 pH对氨基酸发酵的影响及控制

pH对氨基酸发酵的影响和其他发酵一样，主要是影响酶的活性和菌的代谢，如谷氨酸发酵中，在中性和微碱性条件下（pH 7.0～8.0）积累谷氨酸，在酸性条件下(pH 5.0～5.8)，则易形成谷氨酰胺和*N*-乙酰谷氨酰胺。发酵前期pH偏高对菌体生长不利，糖耗慢、发酵周期延长；反之，pH偏低则菌体生长旺盛，糖耗快，不利于谷氨酸合成。但是，发酵前期pH偏高（pH 7.5～8.0）对抑制杂菌有利，故控制发酵前期的pH以7.5左右为宜。由于谷氨酸脱氢酶的最适pH为7.0～7.2，氨基转移酶的最适pH为7.2～7.4，因此控制发酵中后期的pH为7.2左右。

生产上控制pH的方法一般有两种，流加尿素和流加氨水。国内普遍采用前一种方法。流加尿素的数量和时间主要根据pH变化、菌体生长、糖耗情况和发酵时期等因素来决定。例如，当菌体生长和糖耗均缓慢时，要少量多次地流加尿素、避免pH过高而影响菌体生长；菌体生长和糖耗均较快时，流加尿素可多些，使pH适当高些，以抑制生长；发酵后期，残糖很少，接近放罐时，应尽量少加或不加尿素，以免造成浪费和增加氨基酸提取的难度。一般采用少量多次地流加尿素，可以使pH较稳定，对发酵比较有利不同的氨基酸发酵对pH的要求见表28-2。

表 28-2　不同氨基酸发酵的最适 pH 和溶解氧分压（曹军卫等，2007）

氨基酸	最适 pH	溶解氧分压/Pa
谷氨酰胺	6.50	$\geqslant 0.01\times 10^5$
脯氨酸	7.00	$\geqslant 0.01\times 10^5$
精氨酸	7.00	$\geqslant 0.01\times 10^5$
谷氨酸	7.80	$\geqslant 0.01\times 10^5$
赖氨酸	7.00	$\geqslant 0.01\times 10^5$
苏氨酸	7.00	$\geqslant 0.01\times 10^5$
异亮氨酸	7.00	$\geqslant 0.01\times 10^5$
亮氨酸	6.25	≈ 0
缬氨酸	6.50	≈ 0
苯丙氨酸	7.25	≈ 0

28.1.3.2　温度对氨基酸发酵的影响及控制

氨基酸发酵的最适温度因菌种和所生产的氨基酸种类不同而异。从发酵动力学来看，氨基酸发酵一般属于 Gaden 分类的Ⅱ型即生长部分偶联型发酵，菌体生长到一定程度后再开始产生氨基酸，因此菌体生长最适温度和氨基酸合成的最适温度是不同的。例如，谷氨酸发酵，菌体生长最适温度为 30～32℃，谷氨酸合成的最适温度为 34～37℃。如果菌体生长阶段温度过高，则菌体易衰老，pH 高、糖耗慢、周期长，酸产量低。这种情况下，除维持最适生长温度外还需适当减少通风，并采取少量多次流加尿素等措施，以促进菌体生长。在发酵中后期，菌体生长已基本停止，需要维持最适的产酸温度，以利于谷氨酸的合成。

28.1.3.3　溶氧对氨基酸发酵的影响及控制

不同的氨基酸发酵对溶氧的要求不同（表 28-2）。多数氨基酸发酵是在供氧充足的条件下进行的，如谷氨酸、谷氨酰胺、脯氨酸和精氨酸等；但也有一些氨基酸的发酵过程需要限制供氧，如亮氨酸、苯丙氨酸和缬氨酸等发酵适宜在缺氧条件下进行，只有当菌体呼吸在一定程度上受阻时才最适合这些氨基酸的生产；而赖氨酸、异亮氨酸、苏氨酸等的发酵需氧量介于上述两者之间。发酵的不同阶段氧分压的要求也是不同的，因此，在发酵过程中应根据具体情况对供氧过程进行控制。

28.1.3.4　泡沫的控制

发酵过程中通常产生大量的泡沫，可采用豆油、玉米油等天然油脂或环氧丙烯、环氧乙烯、聚醚类等化学消泡剂进行消泡，并控制消泡剂的用量和加入的时间与方法，否则影响菌体的代谢和产物的提取。

28.1.4　氨基酸分离纯化

氨基酸的分离和纯化又称为氨基酸发酵液的后处理或下游工程（downstream processing），是氨基酸工业生产中的一个重要组成部分，它决定着氨基酸产品的质量、安全性及收率和成本。通过发酵法生产氨基酸，所得发酵液是极其复杂的多相体系，含有微生物菌体细胞、代谢产物、未消耗尽的培养基等，有时杂质氨基酸具有与目的氨基酸非常相似的化学结构和理化性质。因此，要通过一些技术从发酵液中提取高纯度的氨基酸。氨基酸的分离纯化

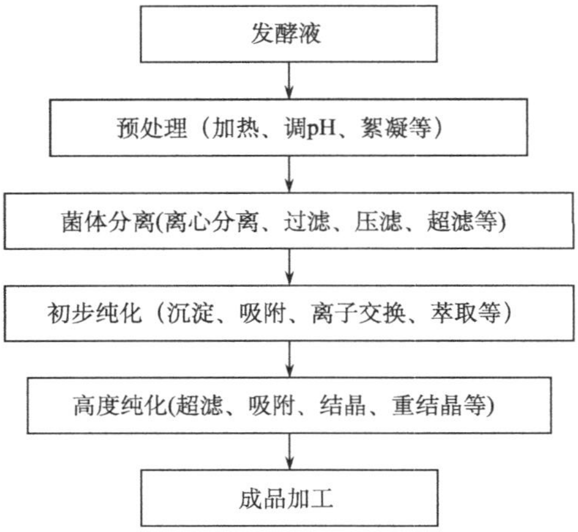

图 28-1　氨基酸的分离纯化工艺流程（陈宁，2007）

包括对氨基酸发酵液进行预处理、菌体分离、初步纯化及高度纯化等步骤。初步纯化及以前的各步操作，处理的体积较大，着重于分离和浓缩，称为分离（或提取）；以后各步均为精细的分离操作，着重于纯化，称为纯化（或精制）。一般工艺流程如图 28-1 所示。

28.2　赖氨酸生产工艺

赖氨酸（2，6-二氨基己酸），是人体必需的 8 种氨基酸之一，人和高等动物体内不能合成。自 1960 年日本用谷氨酸棒状杆菌的高丝氨酸营养缺陷型突变株发酵生产赖氨酸获得成功后，微生物发酵法成为生产赖氨酸的主要方法。赖氨酸有 L 型和 D 型 2 种构型，微生物发酵法生产的均为 L 型。L-赖氨酸已被广泛应用于食品强化剂、饲料添加剂及医疗保健等方面。

28.2.1　赖氨酸的生产菌种与生物合成途径

工业生产上微生物发酵法生产赖氨酸所使用的菌种有两大类：一类是细菌，主要为短杆菌属和棒状杆菌属，它们多以谷氨酸生产菌为出发菌株，通过人工诱变获得各种突变株常用高丝氨酸营养缺陷型兼［S-（2-氨乙基）-L-半胱氨酸］AEC 抗性突变株。短杆菌属中如黄色短杆菌（*Brevibacterium flavum*）、乳糖发酵短杆菌（*Brevibacterium lactofermentum*）、棒状杆菌属如谷氨酸棒状杆菌（*Corynebacterium glutamicum*）。另一类是酵母菌，如产朊假丝酵母（*Candida utilis*）、酿酒酵母（*Saccharomyces cerevisiae*）。由于酵母菌体内赖氨酸的生物合成产率要低于细菌类的，因此目前赖氨酸的发酵生产都是以细菌为生产菌种。

赖氨酸合成途径与其他氨基酸不同，且依微生物的种类而异，有两条不同的途径：一条是二氨基庚二酸途径（存在于细菌、绿藻、原生动物和高等植物中），另一条是 α-氨基己二酸途径（存在于酵母、霉菌中）。

28.2.1.1　细菌的赖氨酸生物合成途径

细菌的赖氨酸生物合成途径是天冬氨酸经过反应合成二氨基庚二酸，进而合成 L-赖氨酸（图 28-2）。这条途径在细菌中是广泛存在的，但其代谢调节机制却是多种多样，即使是近缘的菌株之间也并非完全相同。

28.2.1.2　酵母和霉菌的赖氨酸生物合成途径

酵母和霉菌合成赖氨酸是经 α-氨基己二酸途径，首先由 α-酮戊二酸和乙酰-CoA 缩合生成同型柠檬酸，在同型 TCA 循环中由一连串反应生成 α-氨基己二酸，再合成赖氨酸（图 28-3）。

28.2.2　赖氨酸的发酵条件控制

赖氨酸生产菌多以谷氨酸生产菌为出发菌株，通过选育高丝氨酸营养缺陷型、抗赖氨酸结构类似物（AEC^r）、抗苏氨酸结构类似物（AHV^r）的突变株，以解除自身的代谢调节来实现的。赖氨酸发酵是典型的代谢控制发酵。通过控制培养物中的生物素、L-苏氨酸和 L-甲硫氨酸的含量、温度、pH、溶解氧（通风量、搅拌速度）等条件，可使 L-赖氨酸产生菌大量积累赖氨酸。当培养条件控制恰当，可使糖质原料的 35%～40%转化成 L-赖氨酸，几乎没有副产物。

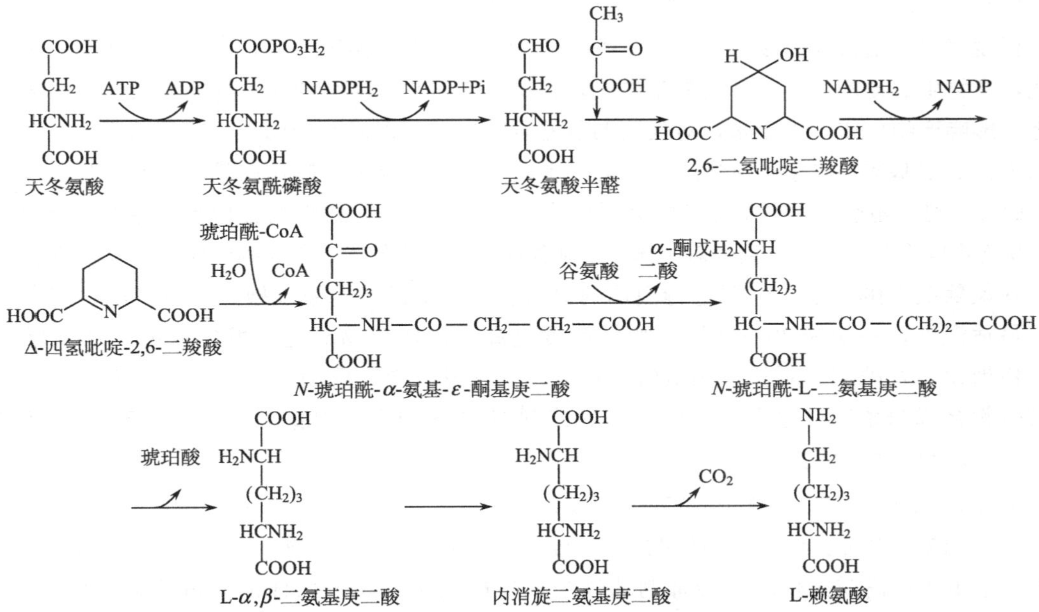

图 28-2 细菌中 L-赖氨酸的生物合成途径（二氨基庚二酸途径）（胡洪波等，2006）

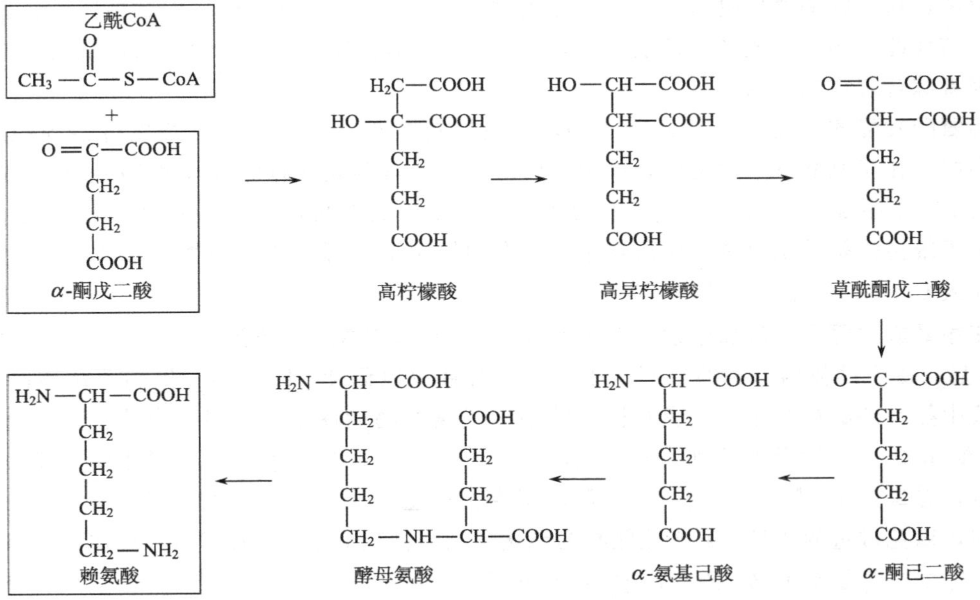

图 28-3 真菌中赖氨酸的生物合成途径（α-氨基己二酸途径）（胡洪波等，2006）

若控制不当，赖氨酸生成量减少，发酵液中有乳酸、丙氨酸、缬氨酸等副产物积累。

赖氨酸发酵时间以 16～20h 为界，可分为前、后两个时期。前期为生长期，菌体增殖迅速，有少量赖氨酸生成，糖和氮的消耗主要是用于合成细胞物质及供给菌体的能量代谢；后期为赖氨酸合成期，菌体生长速度明显减慢，L-赖氨酸大量积累，糖和氮消耗主要用于 L-赖氨酸的合成。两个阶段在工艺控制上是不同的。

28.2.2.1 温度对赖氨酸发酵的影响及控制

温度对发酵的影响是多方面的。从酶反应动力学来看，温度升高，反应速度加快，生长繁殖快，产物生成提前。但是，酶是蛋白质，容易受热失活；温度愈高，酶失活愈快，菌体易于衰老，影响产物生成。近年来，对代谢调节的研究发现，温度与菌的调节机制关系密切。在低于20℃时，氨基酸合成途径的终产物对第一步反应的酶的反馈抑制作用比在正常生长温度下更大。此外，温度还通过影响发酵液的物理性质间接影响发酵，如影响底物和氧在发酵液中溶解度，从而影响发酵。因此，温度对菌体生长和代谢产物形成的影响是各种因素综合表现的结果。

在赖氨酸发酵前期，主要进行菌体的繁殖。由于幼龄菌对温度敏感，温度应控制在菌体生长最适温度，一般为30～32℃。如果温度过高，菌体容易衰老，发酵液的OD值增长缓慢、耗糖慢，发酵周期延长，赖氨酸产量减少。在发酵中、后期产酸阶段，温度可提高至赖氨酸生物合成酶系的最适作用温度，一般控制在32～34℃。根据菌种特点，整个发酵过程可采用二级或三级温度管理。

28.2.2.2 pH对赖氨酸发酵的影响及控制

pH对微生物的生长繁殖和代谢产物形成的影响有以下几个方面。①pH影响酶的活性。当发酵液pH过高或过低时，会抑制菌体中某些酶的活性，使菌体的新陈代谢受阻。②pH影响微生物细胞膜所带的电荷，从而改变细胞膜的渗透性，影响微生物对营养物质的吸收及代谢产物的排泄，从而影响新陈代谢的正常进行。③pH影响培养基营养成分和中间代谢产物的解离，从而影响微生物对这些物质的吸收利用。④pH的改变往往引起菌体代谢途径的改变，使代谢产物的组成和比例发生变化。因此pH对菌体生长和代谢产物形成的影响也是各种因素综合表现的结果。

赖氨酸发酵的最适pH为6.5～7.0，一般控制在6.5～7.5，在整个发酵过程控制pH平稳为好。在赖氨酸发酵过程中，由于菌体对培养基营养成分的利用和代谢产物的形成，发酵液的pH不断发生变化。培养基中的碳源被利用生成有机酸等中间代谢产物，使pH下降。为了维持赖氨酸发酵过程中培养基pH在中性水平，可以通过流加氨水或尿素来控制，也可加入$CaCO_3$来维持。

在赖氨酸发酵中，流加尿素容易调节pH，初始尿素浓度一般为0.5%～0.6%。在接种2～3h后，由于菌体内脲酶的作用，尿素被分解释放氨而使pH上升；但随着菌体的生长，培养液中氨与碳源被利用，生成有机酸等中间代谢产物而使pH下降。当培养至14～18h，pH降至6.2～6.4时开始流加尿素，流加量为0.2%～0.3%。发酵整个过程中共流加3～5次尿素，总量为1.5%～2.5%。在产酸旺盛期流加量可大些，在发酵后期残糖量低时应少量流加，以免过量的NH_4^+影响赖氨酸的纯化。当残糖量低于2%时就不必流加尿素。

28.2.2.3 供氧对赖氨酸发酵的影响及控制

L-赖氨酸是天冬氨酸族氨基酸，其产生菌是好氧微生物。只有在供氧充足的条件下，才大量生成赖氨酸。供氧不足时影响菌体的生长，使赖氨酸产量降低；严重供氧不足时，赖氨酸产量很少而积累乳酸。在赖氨酸发酵的菌体生长阶段，菌体呼吸旺盛，对氧的需求量大于产酸阶段。溶氧分压一般控制在0.4×10^4～0.8×10^4Pa为宜。若此时通气和搅拌强度低，氧供给不足，乳酸生成量增加，会造成培养基pH低，菌体生长缓慢，菌体量减少，即使在产酸阶段增大通气量，也无法弥补对赖氨酸产量的影响。但是，通气搅拌强度过高，会造成pH高，耗糖快，同样也会出现菌体生长缓慢的现象，降低赖氨酸的产量。当菌体生长进入稳定期以后，对氧的需求量有所减弱，溶氧分压控制在 0.2×10^4～0.4×10^4Pa，直至发酵结束。

28.2.2.4　生物素对赖氨酸发酵的影响

目前工业发酵的赖氨酸生产菌几乎都是谷氨酸产生菌的各种突变株，均为生物素缺陷型，因此，发酵培养基中需要生物素作为生长因子。Tosaka 等发现在以葡萄糖、丙酮酸为唯一碳源时，添加过量生物素（200～500μg/L）可以使赖氨酸的积累显著增加。但是，在以乙酸和三羧酸循环中的有机酸为碳源时没有这种现象。乳糖发酵短杆菌的 CO_2 固定化由磷酸烯醇式丙酮酸羧化酶和需要生物素的丙酮酸羧化酶催化，过量生物素促进 CO_2 固定反应。另一方面，过量生物素使细胞内合成的谷氨酸对谷氨酸脱氢酶的反馈抑制作用增强，抑制谷氨酸的大量生成，使代谢流向合成天冬氨酸的方向进行。因此，生物素有促进草酰乙酸生成，增加天冬氨酸供给，提高赖氨酸产量的作用。

28.2.2.5　苏氨酸、蛋氨酸对赖氨酸发酵的影响及控制

苏氨酸和蛋氨酸是赖氨酸生产菌的生长因子。赖氨酸生产菌缺乏蛋白质分解酶，不能直接分解蛋白质，只能将有机氮源水解后才能利用。大豆饼粉、花生饼粉和毛发水解液通常作为赖氨酸的发酵培养基。发酵过程中，如果培养基中的苏氨酸和蛋氨酸丰富，就会出现只长菌，而不产或少产赖氨酸的现象，所以要控制其亚适量，当菌体生长到一定时间后，转入产酸期。

28.2.2.6　前体、产物促进剂对赖氨酸发酵的影响

在赖氨酸发酵过程中，添加某些物质可以提高赖氨酸的产量。例如，谷氨酸棒状杆菌发酵糖蜜生产赖氨酸时，添加与不添加胱氨酸发酵液，赖氨酸的产量分别为 55g/L、40g/L。

28.3　异亮氨酸、亮氨酸生产工艺

异亮氨酸、亮氨酸和缬氨酸均是分支氨基酸，其分子中都有甲基侧链，化学性质也非常接近。异亮氨酸具有两个不对称碳原子，具有 4 种异构体，其中仅 L-异亮氨酸能为动物利用，其他异构体均无营养价值。微生物发酵法产生的异亮氨酸是 L 型。

28.3.1　异亮氨酸、亮氨酸和缬氨酸的生物合成途径

异亮氨酸、亮氨酸和缬氨酸的生物合成途径存在着共同的酶促反应步骤。这三种氨基酸分别是经由苏氨酸、丙酮酸和 α-酮基异戊酸合成的。异亮氨酸和缬氨酸的合成途径中，除氨基酸脱水酶外，其他的酶都是共同的。缬氨酸和亮氨酸则有共同的中间产物 α-酮基异戊酸。这三种氨基酸合成的最后步骤都是由氨基酸转氨酶催化，如图 28-4 所示。

28.3.2　异亮氨酸发酵

异亮氨酸发酵有两种，即添加前体发酵法和直接发酵法。早期，异亮氨酸发酵是通过添加前体物质，避开反馈调节进行的。异亮氨酸生物合成中的关键酶苏氨酸脱水酶是受异亮氨酸的反馈抑制，并且异亮氨酸、缬氨酸生物合成酶系还受异亮氨酸、缬氨酸和亮氨酸的多重阻遏。发酵时，添加 D-苏氨酸、α-酮基异戊酸等前体物质，绕过异亮氨酸对苏氨酸脱水酶的反馈抑制，同时使细胞内异亮氨酸、缬氨酸和亮氨酸的储存平衡遭到破坏，导致异亮氨酸、缬氨酸合成酶系解除阻遏而过量积累异亮氨酸。

直接发酵法是应用了抗反馈调节突变株或营养缺陷型。异亮氨酸生产菌种主要有谷氨酸棒状杆菌、黄色短杆菌的抗性突变株。例如，异亮氨酸氧肟酸抗性突变株解除了异亮氨酸对苏氨酸脱水酶的反馈抑制；α-氨基丁酸抗性菌株解除了异亮氨酸、缬氨酸合成酶系所受到的阻遏，使异亮氨酸、缬氨酸得以积累。

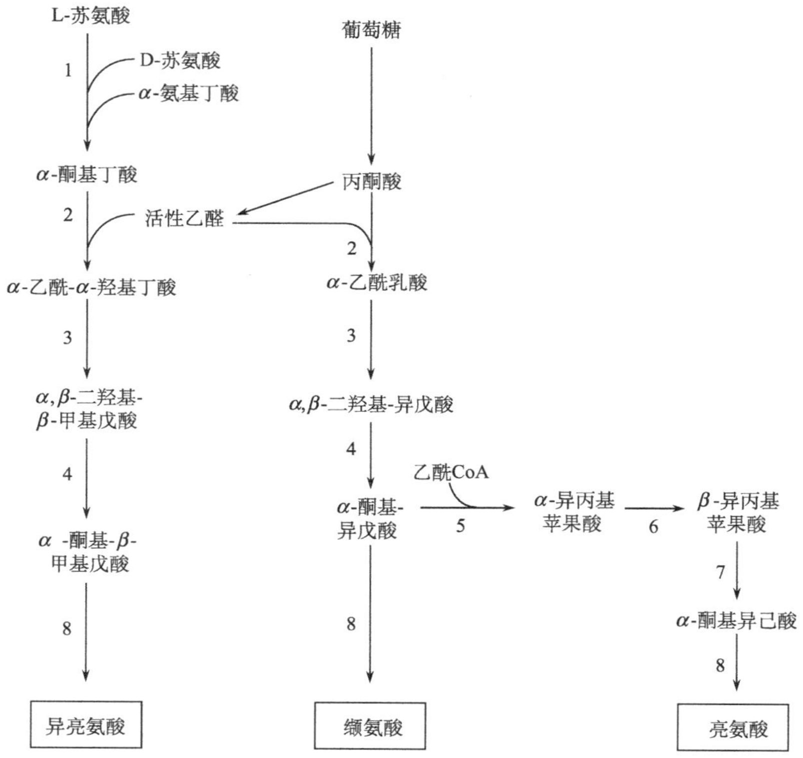

图 28-4　异亮氨酸、亮氨酸和缬氨酸的生物合成途径（曹军卫等，2007）

1-苏氨酸脱水酶；2-乙酰乳酸合成酶；3-二羟基还原异构酶；4-二羟酸脱水酶；5-α-异丙基苹果酸合成酶；6-α-异丙基苹果酸异构酶；7-β-异丙基苹果酸脱氢酶；8-支链氨基酸转氨酶

28.3.3　亮氨酸发酵

亮氨酸合成的前体是缬氨酸生物合成后期的中间产物α-酮基异戊酸，亮氨酸合成的关键酶是α-乙酰乳酸合成酶和α-异丙基苹果酸合成酶。α-乙酰乳酸合成酶受到缬氨酸的反馈抑制和三种支链氨基酸异亮氨酸、缬氨酸和亮氨酸的多重阻遏，α-异丙基苹果酸合成酶仅受亮氨酸的反馈抑制。

亮氨酸高产菌株的选育可以采用各种不同的策略，如选育α-氨基丁酸抗性突变株，可以解除对异亮氨酸、缬氨酸生物合成酶系的阻遏作用。还可以选育异亮氨酸缺陷型回复突变株，此回复突变株的α-异丙基苹果酸合成酶不再受亮氨酸的反馈抑制。此外，还有α-噻唑丙氨酸抗性兼蛋氨酸、异亮氨酸双重缺陷型突变株用于亮氨酸发酵生产。

本章小结

氨基酸的生产方法主要有抽提法、化学合成法、微生物发酵法和酶法 4 种。目前 60% 以上的氨基酸是采用微生物发酵法进行生产的。发酵法生产氨基酸的菌种主要有谷氨酸棒状杆菌、黄色短杆菌、乳糖发酵短杆菌等。

赖氨酸是人体必需的 8 种氨基酸之一。它有 2 条不同的合成途径：一条是存在于细菌、绿藻、原生动物和高等植物中的二氨基庚二酸途径，另一条是存在于酵母、霉菌中的α-氨基己二酸途径。赖氨酸生产菌多以谷氨酸生产菌为出发菌株，通过选育高丝氨酸营养缺陷型、抗赖氨酸结构类似物、抗苏氨酸结构类似物的突变株，以解除自身的代谢调节来实现产物的大量积累。赖氨酸发酵分为菌体生长期和赖氨酸合成期 2 个阶段。

异亮氨酸、亮氨酸和缬氨酸的生物合成途径存在着共同的酶促反应步骤，分别是经苏氨酸、丙酮酸和 α-酮基异戊酸合成的。异亮氨酸发酵有添加前体发酵法和直接发酵法 2 种。亮氨酸合成的直接前体是缬氨酸生物合成后期的中间产物 α-酮基异戊酸，其关键酶是 α-乙酰乳酸合成酶和 α-异丙基苹果酸合成酶。

复习题

1. 氨基酸的发酵生产从哪些方面进行控制？
2. 氨基酸分离纯化的工艺流程包括哪些？
3. 简述赖氨酸的生物合成的菌种和途径。
4. 如何控制赖氨酸的发酵条件？

主要参考文献

曹军卫，马辉文，张甲耀. 2007. 微生物工程. 2 版. 北京：科学出版社
陈宁. 2007. 氨基酸工艺学. 北京：中国轻工业出版社
贺小贤. 2008. 生物工艺原理. 2 版. 北京：化学工业出版社
胡洪波，彭华松，张雪洪. 2006. 生物工程产品工艺学. 北京：高等教育出版社
黄方一，叶斌. 2006. 发酵工程. 武汉：华中师范大学出版社
梅乐和，姚善泾，林东强. 2007. 生化生产工艺学. 2 版. 北京：科学出版社
俞俊棠，唐孝宣，李友荣，等. 2003. 新编生物工艺学（上）. 北京：化学工业出版社
俞俊棠，唐孝宣，李友荣，等. 2003. 新编生物工艺学（下）. 北京：化学工业出版社

第29章 核苷、核苷酸类产品的发酵生产

内容提要： 核苷由碱基和五碳糖（核糖或脱氧核糖）连接而成，即嘌呤的 N-9 或嘧啶的 N-1 与核糖或脱氧核糖的 C-1 通过 β-糖苷键连接而成的化合物，包括核糖核苷和脱氧核糖核苷两类。核苷酸是核苷和磷酸相结合的化学物质，其中核苷一磷酸是有代表性的一系列品种。核苷（酸）类是目前公认的，已在国内外上市的抗病毒药物之一，此外，核苷酸类物质也广泛应用于鲜味剂的生产。

29.1 概述

核酸是由许多的单体核苷酸通过 3′，5′-磷酸二酯键聚合而成，核苷、核苷酸在生物细胞的物质代谢和能量转换中有着多种多样的生物学功能。目前，在核苷酸的生物合成途径中，RNA 及 DNA 合成或分解的有关酶系等方面的研究已取得了很大的成果。

核苷酸类物质的最早应用是 5′-肌苷酸呈鲜味性质的发现。但后期均未做呈味方面的深入研究。1960 年，日本科学家发表了关于 5′-肌苷酸具有强烈鲜味的文章，日本首先将核苷酸类物质作为鲜味剂生产，并于 20 世纪 60 年代后期成为核苷酸类物质的最大生产国。70 年代以来，核苷酸类物质及其衍生物的应用已远远超出调味增鲜作用，特别是在抗病毒和抗癌瘤作用方面，受到医药界的重视。

29.1.1 核苷酸的生产途径

核苷酸可通过多种途径得到。大致可分为以下几种。

1）水解核酸法

核酸长链中各组分之间的化学键包括单核苷酸之间的磷酸二酯键、碱基和核糖之间的 N-糖苷键及链末端的磷酸单酯键。核酸在不同条件下水解时断裂不同的键，得到寡核苷酸、核苷酸、核苷和碱基等不同产物。

2）酶水解

核糖核酸酶（RNase）全名为聚核苷-α-寡核苷酸转移酶，水解核酸链中核苷酸残基之间的磷酸二酯键，生成寡聚核苷酸或单核苷酸。酶法生产 5′-核苷酸所用的酶均为 5′-磷酸二酯酶，其水解核酸得到 5′-核苷酸。研究最多的 5′-磷酸二酯酶是从麦芽根中提取得到的酶和利用橘青霉发酵法生产的核酸酶 P_1。

3）化学水解

（1）酸水解。在酸性条件下，RNA 不稳定，嘌呤碱易被水解下来。

（2）碱水解。碱性条件下，易得到 2′-核苷酸和 3′-核苷酸。碱水解的浓度随温度和作用时间不同而异。

4）发酵法生产核苷酸

发酵法又分一步法和二步法。二步法即直接由碳源发酵生产或先发酵生成核苷，再经化学磷酸化法，利用微生物发酵法生产核苷酸。需要考虑生物合成途径及调节机制来选育菌

株，存在菌株的回复突变问题和产物在菌体中积累等问题，同时对反馈控制调节等技术要求较高，对培养基的组成及添加物质等均有特定的要求。核苷酸是一种糖基磷酸酯，难以透过细胞膜，增加了菌体发酵生产核苷酸的难度。除了要考虑解除反馈控制外，还应设法改变细胞膜对核苷酸的渗透性。目前利用直接发酵法仅适于生产 5′-肌苷酸和 5′-鸟苷酸。

5）化学法生产核苷酸

化学法主要是利用核苷进行磷酸酯化反应。一般常用的核苷磷酸化试剂主要是磷酸或者焦磷酸的活性衍生物。用适当的保护基保护核苷上核糖的 2′,3′位的羟基，然后在核苷 5 位上导入磷酸基而得到 5′-核苷酸，完成磷酸化后脱去保护剂。

6）酶促合成法

即利用生物体的酶系统和模拟生物体的条件制备核苷酸，如酶促磷酸化法、光合磷酸化法生产 ATP 等。

7）提取法

利用动植物和微生物为原料，提取核苷酸。

8）自溶法

菌体细胞内的 5′-磷酸二酯酶，可专一作用于菌体自身的核酸，使之水解产生单核苷酸，再从胞内渗透出来。例如，可自溶的酵母，在酸性条件下自溶生成 3′-核苷酸，碱性条件下生成 5′-核苷酸。自溶产生的 5′-核苷酸浓度较低，总收率较低，造成提取上的困难。

29.1.2　核苷酸类物质生产菌的分离和选择

1）核苷酸类物质生产菌的分离

从野生菌中直接筛选核苷及核苷酸生产菌的机制是利用核苷酸产生菌能够促进嘌呤营养缺陷型大肠杆菌生长，因而能形成较大的生长圈。具体方法是将非精确的嘌呤营养缺陷型大肠杆菌（如 *E. coli* P64 或 B94）与不含嘌呤的琼脂混合后倒成平板，在平板表面涂布受检的细菌，在一定条件下培养。如果被检菌能够产生嘌呤类产物，在其周围形成生长圈，那么挑选生长圈较大的菌落进行进一步的鉴定后作为诱变育种的出发菌体。

也可以将被检菌株先在平板上培养，出现菌落时用紫外线照射杀菌。再用鸟嘌呤营养缺陷型的枯草杆菌的固体培养基覆盖于平板上，经过一定温度的保温培养，如果发现能够生长的突变株，就说明它能够产生核苷类物质。

2）特殊平板培养法

采用含有高浓度的磷酸盐、镁盐、葡聚糖和锰盐的琼脂平板培养基也能用于筛选产核苷酸类物质的微生物。

3）核苷酸类物质生产菌选育

主要的核苷酸生产菌一般属于产氨短杆菌和枯草杆菌。通过诱变育种，可获得生产各种核苷酸的突变株。

DNA 转化法也常用于肌苷及鸟苷生产菌的育种。该方法首先要从枯草杆菌中制备转化用的高纯度 DNA，然后转入受体细胞。

29.2　肌苷及肌苷酸的发酵生产

29.2.1　肌苷的发酵生产

肌苷为次黄嘌呤核苷，是一种具有一定医用价值的药物。肌苷对细胞膜有良好的通透性，它可以直接透过细胞膜进入细胞内参与人体代谢，可治疗心脏病，肝病，使用抗癌药物所造成的白细胞减少症，以及中心视网膜炎、视神经萎缩等。肌苷是许多抗病毒药物的中间体，它可制成肌苷二醛、异丙肌、2′，3′双脱氧肌苷等，对精巢上皮瘤、麦粒细胞癌、艾滋病病毒及某些病毒性疾患都可以起缓解或抵抗作用，还可制造干扰素的诱导剂。此外，肌苷磷酸化后生成肌苷酸，是制造强力味精的前体物质。

工艺流程：斜面种子→摇瓶种子液→二级种子液→发酵培养→放罐→膜分离→树脂、炭柱吸附、洗脱（可割除）→洗脱液浓缩→粗结晶→重结晶→成品。

1）生产菌种

主要为细菌，如枯草杆菌、短小杆菌、产氨短杆菌、谷氨酸棒杆菌、谷氨酸小球菌、节杆菌、铜绿色假单胞菌、大肠杆菌等，常用的枯草杆菌为 Ade^-，His^-，Thi^- 三重营养缺陷型，丧失腺苷琥珀酸 sAMP 合成酶的腺嘌呤缺陷型。此外，一些酵母和霉菌也可产生肌苷。

2）培养基

斜面培养基（%）：葡萄糖 1.0、牛肉膏 1.4、蛋白胨 1.0、酵母膏 1.0、氯化钠 0.5、琼脂 2.0，pH 7.0～7.2。

种子培养基（%）：葡萄糖 1.0、酵母膏 1.5、蛋白胨 1.0、玉米浆 0.5、氯化钠 0.5，pH 7.0～7.2。

发酵培养基（%）：葡萄糖 12、酵母粉 1.4、硫酸铵 1.3、玉米浆 0.5、尿素 0.2、氯化钾 0.6、磷酸氢二钠 0.5、硫酸镁 0.22、碳酸钙 2.0，pH 7.0～7.2。

灭菌条件：斜面培养基 0.1MPa，20min，种子培养基及发酵培养基 0.08MPa，15min。

3）种子扩大培养

斜面种子：冷冻管保藏菌种，无菌水做悬浮液，接种环沾悬浮液划线于斜面培养基上，33～34℃培养 18～24h。

摇瓶种子：250ml 三角瓶装液量为 25ml，接种量 5%。摇床转速 180r/min，36℃培养 12h。

4）发酵控制

发酵参数 pH、温度、通气搅拌等都是影响肌苷积累的重要因素。肌苷积累的最适 pH 为 6.0～6.2；最适温度对枯草杆菌为 30℃，对短小芽孢杆菌为 32℃；供氧不足可使肌苷生成受到显著的抑制，而积累一些副产物；通气搅拌可减少 CO_2 对肌苷发酵的抑制作用。

肌苷生产菌株一般为腺嘌呤缺陷型菌株，培养基中需加入适量腺嘌呤，如酵母膏等。加入腺嘌呤的多少，不仅影响菌体的生长，更影响肌苷积累。腺嘌呤对肌苷积累最适浓度比菌体生长所需要的最适浓度小一些，称为亚适量。

氨基酸促进肌苷积累，可节约腺嘌呤用量。其中组氨酸是必需的，异亮氨酸、亮氨酸、蛋氨酸、甘氨酸、苏氨酸、苯丙氨酸及赖氨酸等也有促进作用。除组氨酸外的其他 7 种氨基酸可以用高浓度的苯丙氨酸来代替。氨基酸可通过促进菌体生长使肌苷产量增加。

5）提取工艺控制

（1）从发酵液中富集肌苷可采用 001×7 强酸型阳离子交换树脂加活性炭柱的方法。肌苷分子中的次黄嘌呤在酸性条件下第一位氮原子易电离带正电荷，而在碱性条件六位羟基显示弱酸性，易形成钠盐，见图 29-1。在酸性条件下易被阳离子交换树脂吸附并被酸水洗脱，洗脱液可以直接进炭柱吸附。从电离常数看，控制适当的洗脱条件，也可将肌苷与次黄嘌呤较好地分离。

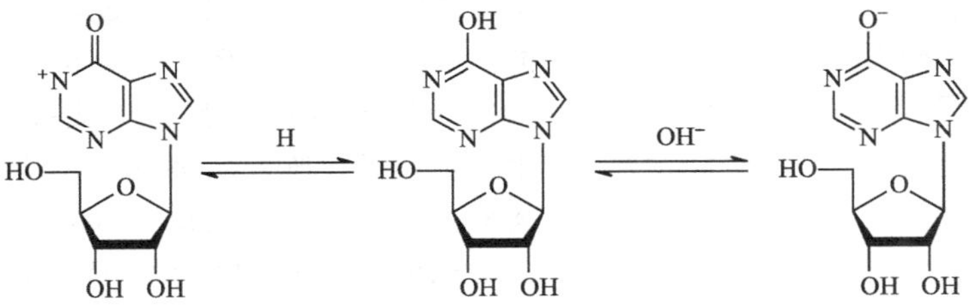

图 29-1　肌苷分子在酸碱条件下变构现象

(2) 发酵液放罐后用 20%碱液调 pH 7.5～8.0，用蒸汽直接加热至 65～70℃后，进行膜过滤，平均渗透通量为 1000L/(m^2·h)，浓缩 10 倍左右，开始加透洗水，适宜于肌苷发酵液的膜过滤，按流加率 4%加入洗水有利于菌体的洗涤，当通透量降至 300L/(m^2·h)，开始对膜进行清洗。对膜有效的化学清洗方法：用 1% NaOH 和 0.2% NaClO 混合溶液清洗膜 40min 后，再以 0.5% HNO_3 溶液清洗 5min，膜通量可迅速恢复。

(3) 浓缩、粗苷：滤洗液分别进入单效蒸发器中，在 70～80℃、真空度 0.8MPa 下进行浓缩，浓缩至 21°Bé（波美度）将浓缩液放入结晶罐中，自然搅拌降温 1h，同时调 pH 至 10.5，按每小时降 3℃的速度降至 30℃，此时冰盐水降温至 0～4℃，离心甩干，得粗苷。

(4) 精制、重结晶：粗苷制成浓度为 21°Bé，80℃条件下，加入 5%的 769 针用炭，搅拌均匀，过滤入重结晶罐中，自然搅拌 1h，同时调 pH 10.5，然后按每小时降 3℃的速度降至 30℃，此时冰盐水降温至 0～4℃，离心甩干，得成品。

29.2.2　肌苷酸的发酵生产

肌苷酸是肌苷的磷酸酯，视连接部位不同，有肌苷 2′-磷酸（2′-IMP）、肌苷 3′-磷酸（3′-IMP）和肌苷 5′-磷酸（5′-IMP）三种，体内主要是肌苷 5′-磷酸酯。肌苷酸除作为食品调味助鲜剂外，在医药方面可作为辅助药物，并应用于农业及国防等部门。

一般生产 5′-IMP 的方法：①利用细菌直接发酵生产 5′-IMP；②利用细菌发酵生产肌苷，然后将肌苷用化学法或酶法进行磷酸化，得到 5′-IMP；③添加前提物次黄嘌呤，通过补救途径合成 5′-IMP；④利用细菌发酵生产腺苷或 5′-腺苷酸，再用化学法或酶法生产 5′-IMP。这四条路线中，目前只有前两条用于工业化生产。

能够用于直接发酵生产 5′-IMP 的微生物必须满足以下三条要求。

(1) 突变株应缺失琥珀酰 AMP 合成酶，消除 AMP 对 5-磷酸核糖-1-焦磷酸（PRPP）酰胺基转移酶的反馈抑制。

(2) 具有降解 5′-IMP 能力的酶活应尽可能保持在低水平。

(3) 必须增加细胞壁的渗透性，使产生的 5′-IMP 能及时地释放到胞外。

目前，直接发酵生产 5′-IMP 的微生物有枯草杆菌 A-1-25、谷氨酸棒杆菌、产氨短杆菌 KY7208 等。其中腺嘌呤营养缺陷型、核苷酸酶缺失、6-氨基嘌呤抗性突变株有利于提高 5′-IMP 的产量。产氨短杆菌的突变株 KY13105 是工业上广泛应用的菌种，它的优点是细胞的渗透性好，5′-IMP 的积累不会受到 Mn^{2+} 的影响。

产氨短杆菌 KY7208 和 KY13102 对 Mn^{2+} 敏感，培养介质中的最佳 Mn^{2+} 浓度为 0.01～0.02mg/L，较高浓度时会降低 5′-IMP 的产量。在产氨短杆菌 KY13102 培养开始 2～3d，主要在胞外积累次黄嘌呤，随着 5′-IMP 浓度上升，次黄嘌呤的浓度开始下降。这一现象说

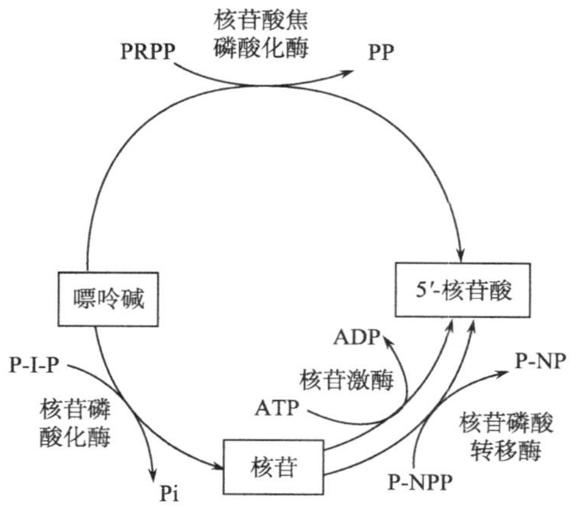

图 29-2 嘌呤在细胞外转化为嘌呤核苷酸的机制

PRPP-1-焦磷酸-5-磷酸核糖；PP-焦磷酸；P-NPP-三磷酸核苷；P-NP-二磷酸核苷；ATP-三磷酸腺苷；ADP-二磷酸腺苷；P-1-P-1-磷酸核糖；P-磷酸

明次黄嘌呤是在细胞外经过磷酸化才生成 5′-IMP 的。其反应机制见图 29-2。但是在随后的发酵阶段，5′-IMP 直接在胞内生成并释放到胞外介质中，不再需要胞外的磷酸化反应。培养介质中的磷酸盐和硫酸镁的浓度对 5′-IMP 的积累很重要，应分别保持在 1%和 2%，同时培养基还应该提供腺嘌呤以满足细胞生长的需要。

29.3 鸟苷及鸟苷酸的发酵生产

29.3.1 鸟苷的发酵生产

鸟苷是嘌呤核苷类物质的一种，是食品和医药产品的重要中间体，可用于合成增鲜剂 5′-鸟苷酸二钠及核苷类抗病毒药物如利巴韦林、阿昔洛韦等，也是用于制造无环鸟苷（acyclovir）、三氮唑核苷（ATC）、三磷酸鸟苷钠（GTP）等药物的主要原料。

工艺流程：斜面种子→摇瓶种子液→二级种子液→发酵培养→放罐→膜分离→浓缩→粗结晶→重结晶→成品。

1）生产菌种

主要使用枯草杆菌、短小芽孢杆菌、地衣芽孢杆菌（*Bacillus licheniformis*）、嗜石油棒状杆菌、一种棒状杆菌（*Corynebacterium guanofaciens*）及灰色链霉菌等，工业上常用的是枯草杆菌。

鸟苷菌种应具备如下条件：①应该丧失腺苷酸琥珀酸（SAMP）合成酶（Ade^-）活性，切断从 IMP 到 AMP 的通路，使生成的 IMP 不变为 AMP，全部转向合成 GMP，同时还需要丧失 GMP 还原酶的活性，再切断由 GMP 到 IMP 的反应，使生成的 GMP 不至于还原为 IMP；②为了积累鸟苷，核苷酶或核苷磷酸化酶等鸟苷分解酶的活性必需微弱；③设法解除 GMP 对 PRPP 转酰胺酶、IMP 脱氢酶及 GMP 合成酶等的反馈抑制及阻遏；④为了抑制肌苷副产物，高效的积累鸟苷，由 IMP 脱氢酶、GMP 合成酶所催化的反应应该比被核苷酸酶所催化的反应优先进行。

2）培养基

斜面培养基（%）：葡萄糖 1.0、牛肉膏 1.0、蛋白胨 1.0、酵母膏 1.0、氯化钠 0.5、L-谷氨酸钠 0.5、琼脂 2.0，pH 7.0～7.2。

种子培养基（%）：葡萄糖 1.0、酵母膏 1.5、蛋白胨 1.0、玉米浆 1、氯化钠 0.25、尿素 0.2、L-谷氨酸钠 0.5、RNA 0.25，pH 7.0～7.2。

发酵培养基（%）：葡萄糖 12、酵母粉 1.4、硫酸铵 1.5、L-谷氨酸钠 1、氯化钾 0.6、磷酸氢二钠 0.5、硫酸镁 0.22、碳酸钙 2.0，pH 7.0～7.2。

灭菌条件：斜面培养基 0.1MPa，20min，种子培养基及发酵培养基 0.08MPa，15min。

3）种子扩大培养

斜面种子：冷冻管保藏菌种，无菌水做悬浮液，接种环沾悬浮液划线于斜面培养基上，33～34℃培养 10h 左右。

摇瓶种子：500ml 三角瓶装液量为 30ml，接种量 10%，往复式频率 180r/min，36～37℃培养 12h。

4）发酵控制：在鸟苷发酵中，腺嘌呤的添加量是控制发酵好坏的重要因子，必须亚适量控制。但是据报道在腺嘌呤过剩的培养基中，可以通过添加氯霉素等抗生素抑制菌体生长的方法，进行发酵，使鸟苷显著积累。

5）提取工艺控制：鸟苷在水中溶解度很小，18℃溶解 1g 需要 1320ml 水，在沸水中仅需 33ml 水。根据此特性，可采用调节温度的方法来提取。

发酵液调 pH 12→膜分离除菌体→减压浓缩→浓缩液调 pH 6.8→低温结晶→成品。

29.3.2　鸟苷酸的发酵生产

鸟苷酸（guanylic acid）也称一磷酸鸟苷，简称 GMP，是 RNA 的组成成分。根据连接部位不同，有鸟苷 2′-磷酸（2′-鸟苷酸）、鸟苷 3′-磷酸（3′-鸟苷酸）和鸟苷 5′-磷酸（5′-鸟苷酸）三种。体内通常是 5′-磷酸酯。碱解 RNA 得到的 GMP 是 2′-磷酸鸟苷和 3′-磷酸鸟苷的混合物。用蛇毒磷酸二酯酶处理 RNA 生成 5′-磷酸鸟苷。

由于 PRPP 酰胺基转移酶、IMP 脱氢酶及 GMP 合成酶都受到反馈调节，5′-核苷酸酶和 5′-核苷酶又都能降解 5′-GMP，同时，5′-GMP 还能被 GMP 还原酶转化为 IMP，因此野生微生物基本上不积累 5′-GMP。目前 5′-GMP 基本上都采用发酵和化学合成的方法生产。主要有以下四套路线。

（1）发酵法生产 AICAR（5-氨基-4-咪唑基羧基酰胺核苷），然后化学合成 GMP。

（2）发酵法生产鸟苷，再经酶法或化学磷酸化生产 GMP。

（3）发酵法生产黄苷或 XMP，然后酶法转化为 GMP。

（4）直接发酵法生产 GMP。

目前前两条路线用于工业化生产。

1）发酵法生产 AICAR

AICAR 不但是生产 5′-GMP 的前体，而且可以用于酶法生产 AICA（5-氨基-4-咪唑基羧基酰胺），是生产嘌呤衍生物的重要中间体。

许多微生物，如 *E. coli*、*B. megaterium flavum* 等都能作为发酵法生产 AICAR 的出发菌，其中 *B. meggaterium* No366 已经用于工业生产，产量可以达到 16g/L。该菌株的特点：①该菌株属于嘌呤营养缺陷型，而且 AICARP 甲酰基转移酶所催化的反应已经被阻遏，因此 AICARP 不会进一步反应生成甲酰化 AICARP；②细胞中不存在催化 AICA 核苷水解的酶；③催化 AICARP 生物合成途径的酶不受胞内嘌呤核苷酸的调节。特别是 PRPP 酰胺基转移酶对产物 AICARP 不敏感。在发酵过程中，约有 50%以上的 AICAR 生物合成发生在葡聚糖被消耗完以后，然后细胞利用前面积累的葡聚糖酸用于 AICAR 的生物合成。由于是嘌呤营养缺陷型，培养基中必须添加含嘌呤的酵母或 RNA。

2）发酵法生产鸟嘌呤

B. subtills、*B. pumilus*、*C. quanofaciens* 及 *S. griseus* 的突变株能用于鸟嘌呤的生产，在枯草芽孢杆菌中鸟嘌呤生物合成的调节和控制机制如图 29-3 所示。这些突变株应该具有如下特点：①琥珀酸-AMP 合成酶活性受到阻遏；②GMP 还原酶活性阴性；③降低核糖核苷酸酶的活性；④GMP 生物合成途径中的酶不会受到产物的反馈抑制，特别是要解除 AMP 对 PRPP 酰胺基转移酶、IMP 脱氢酶及 GMP 合成酶的反馈调节；⑤具有分泌 GMP 到胞外的能力。

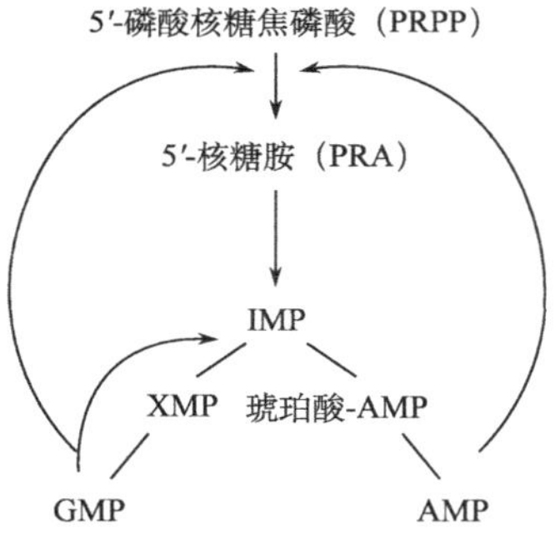

图 29-3　枯草芽孢杆菌中 GMP 生物合成的调节机制

3）直接发酵法生产 GMP

为了直接发酵生产 GMP，必须具备如下条件：①应当解除GMP 生物合成的调节机制，首先要设法解除 GMP 对 IMP 脱氢酶的终产物抑制作用；②由于 GMP 与 IMP 一样难于透出细胞膜，因此解除反馈抑制的前提下，还应该设法改善细胞膜渗透性，使 GMP 易于外渗到细胞外，得以积累；③不分解生成的 GMP。

因为 GMP 是嘌呤核苷酸生物合成的终产物，因此鸟苷酸的自身合成受阻。直接发酵法生产产酸率不高，有待于进一步研究。

本章小结

本章介绍了核苷及核苷酸类产品的定义及应用范围，对核苷酸的生产方法作了简要概述，以肌苷、乌苷和乌苷酸为例介绍了其代谢途径、菌种选育及发酵生产，同时，探讨了核苷和核苷酸类产品在工业生产中的瓶颈及可能的解决方法。

复习题

1. 核苷及核苷酸的主要理化特性有哪些？
2. 阐述嘌呤核苷酸与嘧啶核苷酸生物合成途径及其调节机制。
3. 简述核苷酸的生产途径。
4. 核苷及核苷酸规模化生产常用的提取纯化方法有哪些？

主要参考文献

邱蔚然，丁庆豹. 2006. 核酸类产品的生物合成. 上海：华东理工大学出版社

沈同，王境岩. 1990. 生物化学（上册）. 北京：高等教育出版社

张志军. 2004. 核苷酸生产技术现状及展望. 现代化工，24（11）：19～23

Prentice N. 1987. Characterization of a nuclease from malted barely roots. Journal of Cereal Science，5（2）：175～187

Uauy R，Quan R. 1994. Role of Nucleotides in intestinal development and repair：Implications for infant nutrition. J Nutr，124（8 Suppl）：1436s～1441s

Brunser D，Espinoza J. 1994. Effect of dietary nucleotide supplimentation on diarrhoeal disease disease in infants. Acta Paedia，83（2）：188～191

第30章 酶制剂的发酵生产

内容提要： 酶是由细胞产生的具有催化能力的蛋白质，来源有动物、植物和微生物，其中以微生物酶制剂在工业化生产中的应用最为广泛。微生物发酵法生产酶有固态发酵法和深层液体发酵法两种。根据用途将酶分为淀粉酶、脂肪酶、蛋白酶、纤维素酶等。本章介绍了淀粉酶、脂肪酶、蛋白酶、纤维素酶的发酵生产工艺流程及提取。

30.1 概述

30.1.1 酶制剂发展概况

酶是由细胞产生的具有催化能力的蛋白质，生物体进行的各种生物化学反应都是在酶的作用下进行的。人类利用微生物生产酶具有悠久的历史，直到19世纪末才开创了酶的工业化生产。1894年日本人高峰让吉用麸皮固体培养米曲霉生产他卡淀粉酶（take-diastase）用作消化剂。20世纪20年代，法国人Bildin和Effront在德国设厂，用枯草杆菌生产α-淀粉酶，用于棉布退浆，为微生物酶的工业生产奠定了基础。30年代，微生物蛋白酶开始在食品和制革工业上应用；40年代末，日本学者用深层发酵法生产α-淀粉酶，开始了微生物酶的大规模工业化生产；50年代，日本学者发现几种类型的霉菌蛋白酶，特别是酸性蛋白酶，并发明了从链霉素发酵液中回收蛋白酶的方法。60年代，碱性蛋白酶用于洗涤剂；70年代，建立了固定化葡萄糖异构酶工业，并将固定化青霉素酰化酶与固定化天冬氨酸酶应用于生产。在已知的3000多种酶中，有60多种酶被应用于工业化生产。

酶的来源有动物、植物和微生物三大类，其中以微生物酶制剂在工业化生产中的应用最为普遍。酶制剂广泛应用于食品（45%）、洗涤剂（34%）、纺织（10%）、皮革（3%）、造纸（2%）和医药（6%）等各个领域。

30.1.2 酶制剂的生产方法

微生物发酵生产酶的方法有固态发酵法和深层液体发酵法两种。

30.1.2.1 固态发酵法

一般使用麸皮作为固体培养基。麸皮富含碳源、氮源、无机盐和微生物的生长因子，而且麸皮质地疏松适度，表面积大，通气效果好，因而有利于微生物的繁殖。也可以山芋渣（粉）、米糠、玉米粉及豆粕等作为主要原料，并适当添加谷壳、稻草屑等来增加疏松度。在曲房内在麸皮培养基中拌入适量水分（固态，含水量60%左右），经蒸汽灭菌，冷却30℃左右拌入种曲，在曲盘或帘子上铺成薄层（1cm左右），然后置于多层架上培养。培养过程中控制曲房的温度和湿度（90%～100%），逐日测定酶活力的消长，待菌丝布满基质，酶活力达到最大值时终止培养，进行酶的提取。这种固体培养物称为“麸曲”。

30.1.2.2 深层液体培养法

同抗生素等其他需氧发酵产品一样，在通风搅拌的发酵罐中进行微生物深层液体培养是目前酶制剂发酵生产中最常用的方法。液体深层发酵法机械化程度高，发酵条件容易控制，而且酶的产量稳定、质量好，但液体深层培养对发酵条件的检测和控制要求较高。因此，开发高灵敏度的在线探测器和数据分析处理系统是研究的重要内容。

30.2 α-淀粉酶的发酵生产

淀粉酶是水解淀粉和糖原的酶类的统称，包括α-淀粉酶、β-淀粉酶、葡萄糖淀粉酶（简称糖化酶）、异淀粉酶和环状糊精生成酶等。α-淀粉酶（即α-1，4-葡聚糖-4-葡萄糖水解酶）为内切酶，可从淀粉分子内部切开α-1，4键而生成糊精和还原糖。微生物的α-淀粉酶是胞外酶，可分为液化型和糖化型两种。工业上α-淀粉酶的生产主要来自于细菌和霉菌，细菌α-淀粉酶的生产则以液体深层发酵法为主，霉菌α-淀粉酶的生产大多采用固体曲法。下面以枯草杆菌BF-7658为例谈谈α-淀粉酶的生产工艺。

30.2.1 生产工艺流程

枯草芽孢杆菌BF-7658淀粉酶是我国产量最大、用途最广的一种液化型淀粉酶，其最适作用温度65℃左右，最适pH 6.5左右，pH低于6或高于10时，酶活力显著下降，其在淀粉浆中的最适作用温度为80～85℃，90℃保温10min，酶活保留87%。该酶广泛应用于食品制造、制药、纺织等方面。其生产工艺流程如图30-1所示。

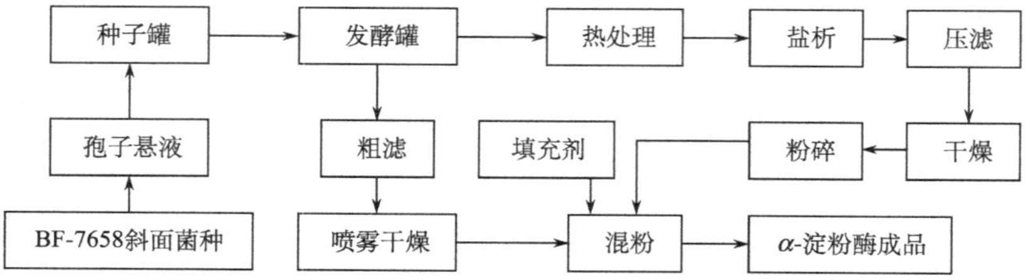

图30-1 枯草杆菌BF-7658发酵生产α-淀粉酶的工艺流程图

30.2.2 发酵生产

1）种子培养

将保藏在试管斜面上的枯草杆菌BF-7658的种子接种到马铃薯茄子瓶斜面（20%马铃薯煎出汁加$MgSO_4 \cdot 7H_2O$ 5mg/L，琼脂2%，pH 6.7～7.0），37℃培养3d，使之形成芽孢以提高种子的稳定性，然后接种到500L种子罐（种子培养基为豆饼粉与玉米粉按4∶3混合，添加少量的无机盐营养液），37℃、300r/min，通风培养12～14h。此时菌体生长进入对数生长期（镜检细胞密集、粗壮整齐，大多数细胞单独存在，少数呈链状），发酵液pH 6.3～6.8，酶活5～10U/ml，再接种到发酵罐。

2）发酵罐培养

枯草杆菌BF-7658 α-淀粉酶的发酵温度为37℃左右，当搅拌转速为200r/min时，0～12h通气量为1∶0.67vvm，12h至发酵结束通气量为1∶(1.0～1.33) vvm，发酵周期为40～48h。

枯草杆菌BF-7658以豆饼麸皮培养基发酵生产α-淀粉酶时，适宜pH为5.5～6.5。培养基的pH可通过补料来调节，当pH降到6.5以下，菌体粗壮时，补料量可酌减；当pH高于6.5，细胞出现衰老时，补料量酌情增加。补料体积相当于基础料的1/3。停止补料后6～8h，菌体衰老（80%菌体形成空胞），酶活力不再升高，发酵即可结束。发酵结束后向发酵液中加入2% $CaCl_2$与0.8% Na_2HPO_4，并加热至50～55℃维持30min（破坏蛋白酶，促使胶体凝聚），然后冷却到40℃进行提取。

30.2.3 提取

枯草杆菌 BF-7658α-淀粉酶常用的提取方法有以下三种。

1）盐析法

发酵液经热处理，冷却到 40℃，加入硅藻土为助滤剂过滤。滤饼加 2.5 倍水洗涤，洗液同发酵滤液合并，在 45℃真空浓缩数倍后，加 $(NH_4)_2SO_4$ 至 40%饱和度。盐析，沉淀物加硅藻土后压滤，滤饼于 40℃烘干后磨粉即为粗酶成品。提取过程中，发酵液热处理、过滤、浓缩、盐析和干燥工序的收率分别为 93%、86%、95%、99%和 93%，由酶液到粉状酶制剂的收率为 70%左右。

2）乙醇淀粉吸附法

常采用絮凝法进行预处理。在发酵液中加入 Na_2HPO_4、$CaCl_2$ 和 NaCl，使其终浓度分别达 1%、1%和 0.5%，在 pH 6.3～6.5、65℃维持 15～30min 以促进絮凝，同时钝化共存的蛋白酶。然后迅速冷却到 30℃，压滤除渣。酶液在低温下经刮板薄膜蒸发器浓缩到含固形物 35%～40%，加入与其干物等量的淀粉，然后在搅拌的同时缓缓加入 2 倍量的 10～15℃的乙醇，使终浓度达 60%左右，继续搅拌数分钟，静止数小时，待沉淀完全离心分离，沉淀物于 50℃热风干燥后磨粉，酶的收率约 60%。

3）喷雾干燥法

将 BF-7658 α-淀粉酶的发酵液粗滤后直接采用喷雾干燥法干燥，收率可达到 90%左右，但制品中杂质较多，有臭味，影响使用，同时蒸汽消耗量大，易吸湿。

30.3 脂肪酶的发酵生产

脂肪酶是一类在油-水界面上催化油脂（三酰甘油）水解为游离长链脂肪酸和甘油的界面酶，又称为三酰甘油酰基水解酶。脂肪酶还具有催化酯交换反应，合成生物表面活性剂、多肽、聚合物和药物等作用，尤其是利用某些脂肪酶的立体专一性，可催化旋光异构体的拆分和手性药物的合成，此研究已成为酶工程领域的一个新热点。

脂肪酶广泛存在于动物、植物和微生物中。植物中含脂肪酶较多的是油料作物的种子，如蓖麻籽、油菜籽等。动物体内脂肪酶含量较高的部位为动物的胰脏和脂肪组织，各类脂肪酶参与营养物质的消化吸收、脂类物质的重建及脂蛋白的合成代谢等过程。细菌、酵母菌和霉菌中的脂肪酶含量更为丰富，适合于工业化大规模生产和高纯度样品获得。因此微生物脂肪酶已成为工业用脂肪酶的重要来源，并且具有重要的理论研究意义。

30.3.1 菌种

目前至少已知有 65 个属的微生物产生脂肪酶，其中细菌有 28 个属、放线菌有 4 个属、酵母菌有 10 个属、其他真菌有 23 个属。而且不同微生物来源的脂肪酶的组成、理化性质各不相同。高产脂肪酶菌株多来源于假单胞菌、无色杆菌、假丝酵母、根霉、曲霉、青霉、毛霉等具有工业应用价值的菌株。

30.3.2 发酵生产

微生物脂肪酶生产方法有传统固态发酵、液态发酵和固定化细胞发酵等。目前生产上常采用液体深层培养法生产脂肪酶。

液体深层培养易于控制，不易染杂菌，生产效率高，但分离纯化成本高。

固态发酵生产脂肪酶的微生物大多数是真菌。与液态深层发酵相比，它具有以下优点：

培养基简单且来源广泛、投资少、能耗低、技术较简单；产物的产率较高；环境污染较少、后处理加工方便；发酵过程一般不需要严格的无菌操作；通气一般不需要连续通风等。但固态发酵也存在一些缺点：菌体生长、营养物的吸收和代谢产物的分泌不均匀，发酵参数的检测和控制均比较困难，较难实现工业化。

细胞的固定化发酵主要应用于霉菌和酵母菌的发酵生产中，优点：提高微生物细胞的稳定性；缩短发酵时间；易于实现高密度培养和连续发酵操作；连续发酵时，避免高稀释率时菌体流失；过程控制和下游操作比传统的分批培养简单；废载体可作为固定化细胞用于催化反应等。固定化细胞发酵生产将在脂肪酶的发酵生产中发挥重要作用。

30.3.3 提取

酶制剂产品分为粗酶制剂和纯酶制剂。脂肪酶的纯化可以根据对产品质量和数量的要求及脂肪酶的来源和现有可利用纯化设备选择合理的方法进行纯化。工艺及层析分离次序的选择对脂肪酶的纯化至关重要。通常先运用非特异、低分辨的操作单元（如沉淀、超滤和吸附等）浓缩样品，提高目的蛋白质浓度，去除最主要的杂质（包括非蛋白质类杂质）；随后采用高分辨的操作单元，如具有高选择性的离子交换层析和亲和层析，而将凝胶过滤层析这类分离规模小、分离速率慢的操作单元放在最后，这样可有效地提高分离效率。

绝大多数脂肪酶属于胞外酶，其初步纯化步骤包括膜过滤、盐析、有机溶剂沉淀等。硫酸铵沉淀法在蛋白质的沉淀中应用最为广泛，但硫酸铵在碱性条件下容易生成氨水，利用硫酸铵和有机溶剂对脂肪酶进行协同沉淀是比较合理的选择。

30.4 蛋白酶的发酵生产

蛋白酶指能催化分解蛋白质肽键的酶的总称，普遍存在于动物、植物和微生物中。目前已经高度纯化或结晶的蛋白酶达百余种以上，其中很多酶已测定了其氨基酸组成和氨基酸的排列顺序。微生物蛋白酶可根据产酶菌种分为细菌蛋白酶、霉菌蛋白酶和放线菌蛋白酶；按酶的作用最适 pH 则可分为酸性蛋白酶、中性蛋白酶和碱性蛋白酶。碱性蛋白酶为透明褐色液体，能与水混溶，最适作用温度 50～60℃，最适作用 pH 8.5。中性蛋白酶为金属酶，褐色颗粒或液体，易溶于水，最适作用温度 45～55℃，最适作用 pH 5.5～7.5。酸性蛋白酶为白色至浅黄色无定型粉末或液体，易溶于水，最适作用温度 45℃，最适作用 pH 2.5。

30.4.1 菌种

目前可用于酸性蛋白酶的生产菌有 30 余种，如黑曲霉、米曲霉、宇佐美曲霉、栖土曲霉、微紫青霉、拟青霉、米黑毛霉、微小毛霉、华氏根霉、啤酒酵母、白假丝酵母、乳酸杆菌、枯草杆菌等，其中工业化生产应用较普遍的是黑曲霉和宇佐美曲霉，主要原因是这些曲霉产生的蛋白酶较能耐酸、耐热。我国生产常用的有黑曲霉 A. S 3.301，A. S 3.305 等。据报道，浙江大学生命科学院采用微生物诱变与化学诱变相结合的方法，将宇佐美曲霉白色变种 B1 进行处理，获得了酸性蛋白酶高产菌株——宇佐美曲霉白色变种 L-336，通过摇瓶发酵试验，酶活力达到了 6100U/ml。中国科学院微生物研究所、新疆化学研究所等单位，将宇佐美曲霉白色突变株 B1 进行物理化学诱变处理，获得了突变株 537，使酸性蛋白酶产量提高了 2.5 倍。

30.4.2 发酵生产

以黑曲霉 A. S 3.305 为例，介绍酸性蛋白酶的发酵生产，发酵工艺流程如图 30-2 所示。发酵培养基成分与种子培养基相同，由豆饼粉 3.65%、玉米粉 0.625%、鱼粉 0.625%、

NH_4Cl 1.0%、$CaCl_2$ 0.5%、Na_2HPO_4 0.2%，以及豆饼粉或蚕蛹粉水解液 10%组成。磷酸盐、Ca^{2+}对微生物蛋白酶的生产有明显的促进作用。在黑曲霉 A.S 3.305 酸性蛋白酶的生产培养基中添加 0.1%～0.3%的磷酸盐，可使酶活性提高 20%～30%；添加0.5%$CaCl_2$，黑曲霉 A.S 3.305 酸性蛋白酶产量可增加 40%。对于产酸性蛋白酶的菌株来说，培养基的起始 pH 对其产量有较大的影响，蛋白酶的最适反应 pH 为 2.5～2.7，但培养基的最适初始 pH 却是 4.5～5.5。黑曲霉 A.S 3.305 培养的初始 pH 5.5，培养温度 30℃左右。氧是黑曲霉生物合成酸性蛋白酶所必需的，通风量较大对产生酸性蛋白酶有利；通风量不足对黑曲霉菌丝体的生长无明显影响，但对酶产量有严重的影响。种子培养阶段搅拌转速230r/min，通气量为1：3vvm，培养时间为 26h。发酵阶段搅拌转速 180r/min，通气量0～24h为 1：0.25vvm，24～48h 为 1：0.5vvm，48h 至发酵结束为 1：1.0vvm。发酵周期 72h，酶活性一般可达 2500～3200U/ml。

豆饼粉或蚕蛹粉水解液制备：取豆饼粉或蚕蛹粉 100 份、石灰 6 份和水 600 份，在 9.8×10^4Pa压力下加热水解 1h。

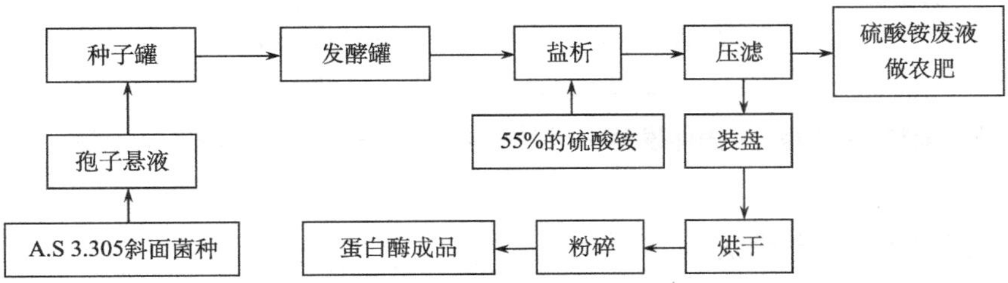

图 30-2 黑曲霉 A.S 3.305 发酵生产酸性蛋白酶的工艺流程图（贺小贤，2008）

30.4.3 提取

黑曲霉酸性蛋白酶的提取多采用盐析法或单宁酸沉淀法，或者多种方法混合使用以制备高纯度的酸性蛋白酶制剂。

盐析法提取工业用粗制酶：将培养物滤去菌体，用盐酸调节 pH 至 4.0 以下，加入硫酸铵使浓度达 55%，静置过夜，去上清液，将沉淀通过压滤除母液，于 40℃干燥 24h，烘干后进行磨粉与包装，即可得工业用粗酶制品。本法盐析收率在 94%以上，干燥后总收率在 60%以上，每克酶活力为 20 万 U 左右。也可以在发酵液滤去菌体后用刮板式薄膜蒸发器于 40℃浓缩 3～4 倍，直接作为商品。

医用或啤酒工业用酶，需进一步精制，方法：将压滤所得酶泥溶于 pH 2.5 的 0.005mol/L 的乳酸缓冲液中，用脱色树脂脱色（收率 93%），用真空薄膜蒸发器于 40℃浓缩 2 倍以上（收率 90%），再通过离子交换树脂（732、701 树脂混合床）脱盐（收率 90%）、喷雾干燥或冷冻干燥、磨粉，即可得淡黄色乃至乳白色的粉状酶制品，酶活性为每克 40～60 万 U。

30.5 纤维素酶的发酵生产

纤维素酶指能水解纤维素 β-1，4 糖苷键，将纤维素降解成纤维二糖和葡萄糖的一组酶的统称。纤维素酶是诱导酶，需要在培养基中添加经粉碎并预处理的植物纤维、废纸、酒糟等作为诱导物和主要碳源，并添加适量的氮源和无机盐，才能产生纤维素。微生物产生的纤维素酶是几种酶的混合物，包括 C1 酶、CX 酶和 β-1，4 葡萄糖苷酶等。C1 酶能将天然纤维素分解为直链纤维素，而 CX 酶则将直链纤维素内部切断，分解为纤维二糖和纤维寡糖，它也能将羧甲基纤维素分解为纤维二糖，β-1，4 葡萄糖苷酶的作用是将纤维二糖分解为葡萄糖。

30.5.1 菌种

纤维素酶的产生菌有细菌、放线菌、霉菌及各种高等真菌（如蘑菇）等。细菌所产纤维素酶多为胞内酶，提取纯化有一定难度，产量较低。霉菌所产纤维素酶多为胞外酶，提取纯化较容易，产量较高。用于工业生产的纤维素酶主要是霉菌产生的，如绿色木霉、黑曲霉、青霉和根霉等。

30.5.2 发酵与提取

纤维素酶的发酵生产有固体发酵和液体深层发酵两种方法。

30.5.2.1 固体发酵法

以废纸、玉米、稻草等秸秆粉为主要原料，拌入种曲后，在曲盘中或帘子上平摊一薄层，在一定的温度和湿度下发酵。固体发酵法生产纤维素酶投资少、能耗低、产量高、工艺简单、需控参数少、环境污染少。但易受到杂菌的污染，制得的产品外观粗糙、质量不稳定、纯度低、纯化难。固体发酵法生产纤维素酶工艺流程为：

斜面菌种 → 摇瓶培养 → 种子罐培养

↓

原料的预处理、配料 → 灭菌 → 固体发酵 → 浸提 → 过滤 → 浓缩 → 盐析 → 过滤 → 干燥 → 成品

30.5.2.2 液体深层发酵法

液体深层发酵法是将发酵原料粉碎、预处理后加入发酵罐，接入菌种，通过充分搅拌生产纤维素酶的方法。此法动力消耗大，对设备的要求高。但发酵原料利用率高、培养条件易于控制、生产效率高、不易污染杂菌、产品质量稳定、可大规模生产，成为纤维素酶发酵生产的主要途径。液体深层发酵法生产纤维素酶工艺流程如下：

试管斜面 → 摇瓶培养 → 种子罐培养

↓

原料粉碎、配料 → 灭菌 → 液体深层发酵 → 压滤 → 浓缩 → 喷雾干燥 → 成品

本章小结

根据用途将酶分为淀粉酶、脂肪酶、蛋白酶、纤维素酶等。

淀粉酶是水解淀粉的酶类的统称，如α-淀粉酶、β-淀粉酶、葡萄糖淀粉酶等。工业上α-淀粉酶的生产主要来自于细菌和霉菌。枯草杆菌 BF-7658 淀粉酶通过液体深层发酵法生产，最适发酵温度 37℃左右，最适 pH 6.5 左右，发酵周期为 40～48h。

高产脂肪酶菌株多来源于假单胞菌、假丝酵母、根霉、曲霉、青霉、毛霉等。脂肪酶生产方法有固态发酵、液态发酵和细胞固定化等，目前常采用液体深层培养法生产脂肪酶。

微生物蛋白酶根据酶作用的最适 pH 可分为酸性蛋白酶、中性蛋白酶和碱性蛋白酶。黑曲霉 A.S 3.305 发酵生产酸性蛋白酶的初始 pH 5.5，培养温度 30℃左右。

纤维素酶的产生菌有细菌、放线菌、霉菌及各种高等真菌（如蘑菇）等。细菌所产纤维素酶多为胞内酶，霉菌所产纤维素酶多为胞外酶，提取纯化较容易，产量较高。纤维素酶主要是霉菌如绿色木霉、黑曲霉、青霉和根霉等产生的。

复习题

1. 固态发酵法和深层液体发酵法生产酶制剂各有什么特点？
2. 简述枯草杆菌 BF7658 液体深层发酵生产 α-淀粉酶的工艺。
3. 简述酸性蛋白酶发酵工艺及提取工艺。
4. 图示纤维素酶发酵生产的工艺流程。

主要参考文献

贺小贤. 2008. 生物工艺原理. 2 版. 北京：化学工业出版社
洪坚平，来航线. 2005. 应用微生物学. 北京：中国林业出版社
胡洪波，彭华松，张雪洪. 2006. 生物工程产品工艺学. 北京：高等教育出版社
黄方一，叶斌. 2006. 发酵工程. 武汉：华中师范大学出版社
梅乐和，姚善泾，林东强. 2007. 生化生产工艺学. 2 版. 北京：科学出版社
韦革宏，杨祥. 2008. 发酵工程. 北京：科学出版社
俞俊棠，唐孝宣，邬行彦，等. 2003. 新编生物工艺学（上册）. 北京：化学工业出版社
俞俊棠，唐孝宣，邬行彦，等. 2003. 新编生物工艺学（下册）. 北京：化学工业出版社

第31章 甾体类化合物的微生物转化工艺

内容提要： 甾体类化合物是具有共同的环戊烷多氢菲核结构的化合物。甾体激素类药物在医学上应用非常广泛，许多微生物可通过转化反应生产甾体激素类药物。微生物转化甾体类化合物的反应类型包括氧化反应、还原反应、水解反应、酰化反应、异构化反应等。转化工艺过程分为微生物的生长和甾体的转化两个阶段。本章以犁头霉菌的11β-羟化反应生产氢化可的松为例，介绍了微生物转化的原理和工艺流程。

甾体类化合物是具有共同的环戊烷多氢菲核结构的化合物，又称类固醇化合物（steroid）。微生物转化（microbial transformation 或 microbial bioconversion）指利用微生物产生的酶对底物分子结构的特定位置（基团）进行的催化反应，使底物转化成结构相似的更有价值的新化合物。

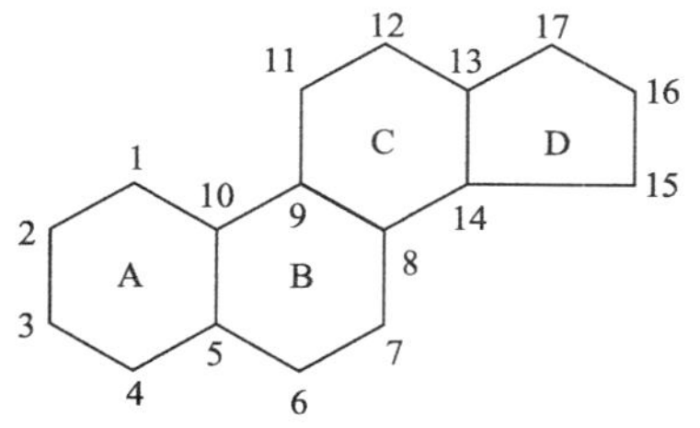

图 31-1 甾体类化合物环戊烷多氢菲（母核的基本结构及环和碳原子标记方法）

甾体类化合物母核的基本结构如图31-1，一般在此母核的 C_{10} 和 C_{13} 位置上有甲基，C_3、C_{11} 和 C_{17} 位置上可能有羟基或酮基，A 和 B 环中可能有双键，C_{17} 位置上可能有不同长短的侧链。甾体类化合物普遍存在于动、植物组织内，对机体具有抗炎、抗毒、抗过敏、抗休克等生理作用。甾体激素类药物在医学上应用非常广泛，根据其生理活性可分为肾上腺皮质激素、性激素和蛋白质同化激素三大类。重要的甾体激素药物有胆甾醇、麦角甾醇、肾上腺皮质激素、胆酸、强心苷、性激素、甾类皂素、甾类有机碱等。

甾体类化合物最初是从动物组织提取类固醇或经过复杂的化学合成制备的，这两种方法都是极其昂贵的，后者往往合成步骤繁多，得率低。1949 年发现可的松皮质激素对风湿性关节炎具有明显的抗炎活性后，人们从胆汁中提取脱氧胆酸为原料，历时 2 年之久，经过 30 余步化学反应，才制得乙酸可的松，并且得率极低，约 615kg 脱氧胆酸才能获得 1kg 乙酸可的松产品。脱氧胆酸 C_{11} 上的氧原子是治疗关节炎等疾病必需的化学结构，用化学法要经过 10 多步反应才能完成。

1952 年美国科学家 Peterson 和 Murray 首先发现利用少根根霉（*Rhizopus arrhizus*）及黑根霉（*Rhizopus nigricans*），仅用一步转化反应就能使黄体酮转化为 11α-羟基黄体酮，收率达 85%以上。这一发现为甾体激素药物的生产找到了一条新的途径——微生物转化。

很快又发现其他许多微生物具有在甾体类化合物不同部位发生有价值转化反应的能力。微生物转化反应具有立体选择性和区域选择性。现在，许多类固醇药物加工都是利用化学和微生物转化结合的方法。这些工艺使用比较便宜的甾酮作为起始原料，多使用从墨西哥山药提取的薯蓣皂苷或豆油加工的副产品豆甾醇。涉及的微生物主要是丝状真菌如根霉属（*Rhizopus*）、弯孢属（*Curvularia*）、镰刀菌属（*Fusarium*）、曲霉属的菌种和分枝杆菌。

微生物完成的关键反应是修饰环戊烷多氢菲这个基本的类固醇结构（图 31-1），包括在 C_{11} 和 C_{17} 位置的羟基化；不同侧链裂解，加氢和脱氢；扩环（从 5 环扩为 6 环）等。

31.1　微生物转化的反应类型

目前已经发现的微生物转化甾体类化合物的反应类型包括氧化反应、还原反应、水解反应、酰化反应、异构化反应、卤化反应和 A 环开环反应等。

31.1.1　氧化反应

微生物的甾体氧化反应有不同的类型，如可以在甾体核上引入伯、仲、叔醇基；将仲醇基氧化或侧链裂解成酮基；在核上脱氢成不饱和化合物或芳香化合物；因为形成氧化合物等。

31.1.1.1　羟化反应

甾体上羟化对化学合成而言是非常困难的，除了 C_{17} 位上通过化学方法能导入羟基外，其他位置很难导入。所以羟化反应是甾体类微生物转化中最为重要的反应。通过微生物羟化酶能非常专一地在甾体核的不同位置上进行羟化反应，如在 11α、11β、16α、19 位上进行羟化反应。表 31-1 所示是一些工业上重要的微生物甾体类转化反应的例子。例如，利用黑根霉将黄体酮转化为 11α-黄体酮（图 31-2）；利用弗氏链霉菌或短刺小克银汉霉将 17β，21-二羟基-4-烯-3，20-二酮孕甾（莱氏化合物 S）转化为氢化可的松，转化率达 65%。

表 31-1　工业上重要的微生物甾体类氧化反应（曹军卫等，2007）

反应	基质→产物	微生物
羟化反应	黄体酮→11α-黄体酮	黑根霉（*Rhizopus nigricans*）
11β-羟化反应	莱氏化合物 S→氢化可的松	新月弯孢霉（*Curvularia lunata*）
16α-羟化反应	9α-氟-氢化可的松→9α-氟-16α-氢化可的松	玫瑰产色链霉菌（*Streptomyces roseochromogenes*）
1-脱氢反应	氢化可的松→泼尼松	简单节杆菌（*Arthrobacter simplex*）
1-脱氢反应，侧链裂解，D 环扩环	黄体酮→睾丸内酯	生根柱孢菌（*Cylindrocarpon radicicola*）

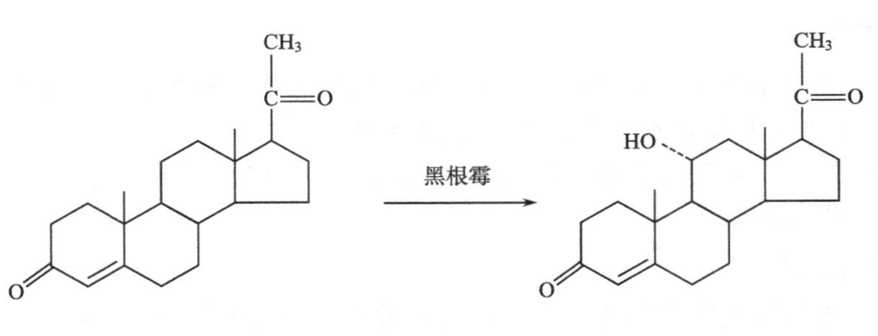

黄体酮　　11α-羟基黄体酮（主要产物）

图 31-2　C_{11}α-羟化

甾体激素药物的羟化反应机制经同位素追踪试验研究表明，转化到甾体的羟基直接取代甾体碳架上的氢，不是通过形成烯的中间体来完成的，羟化作用的氧不是来自水中的羟基（—OH），而是来自空气中的氧，故工业上用黑根霉转化甾体时需要充分供氧。霍亚马

（Hoyam）及其合作者曾将 $C_{11}\alpha$ 和 $C_{12}\alpha$ 位上的氢被 ^3H 所取代的孕甾-3，20-二酮作为底物用黑根霉转化进行研究，结果表明甾体的酶促羟化反应是羟基化位置上的氢被直接取代。

31.1.1.2　环氧化反应

用微生物转化法在甾体母核上引入环氧基团的反应与微生物羟基化有关。新月弯孢霉或短刺小克银汉霉等具有 11β-羟化能力，可将 17α，21-二羟基-4，9（11）-二烯-3，20-二酮孕甾转化成 9β，11β-环氧化物。

31.1.1.3　脱氢反应

某些微生物可将甾体类化合物核上的氢脱去，形成不饱和的双键。例如，节杆菌通过脱氢反应，将氢化可的松转变为氢化泼尼松（泼尼松龙）；同样也可将可的松脱氢转变为泼尼松。氢化可的松或可的松脱氢后形成的氢化泼尼松或泼尼松，其抗炎作用都更强。实验研究证明，微生物对甾体 C_1，C_2 位脱氢不是先经过羟基化脱水的过程，而是直接脱去 C_1，C_2 位上的氢。

微生物对甾体羟化与脱氢能力是相反的。细菌的脱氢能力比真菌大，特别是棒状杆菌（图 31-3）和分枝杆菌活力最大。球形芽孢杆菌，诺卡菌对可的松和皮质醇也有较高的脱氢活力。而对甾体母核有脱氢活力的微生物，常伴随边链降解和 C_{26} 位酮基还原及其 C_{92}-羟化引起 β 环打开等作用。

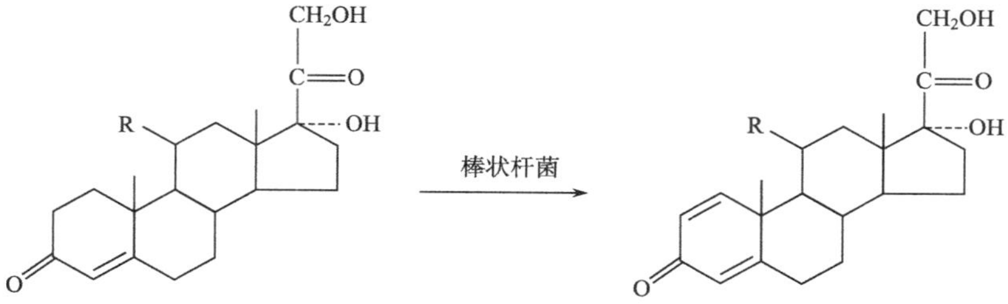

R=O 可的松
R=OH 氢化可的松

R=O 去氢可的松
R=OH 去氢化可的松

图 31-3　脱氢反应

31.1.1.4　芳环化反应

微生物的 A 环芳香化作用与 1，2-脱氢反应有密切关系。例如，睾丸素假单胞菌通过环芳化反应，将 19-去甲基睾丸素转变为雌二醇和雌酮。

除上述反应外，氧化反应中还有切断侧链的反应。例如，诺卡菌可切断胆甾醇 C_{17} 上的支链，生成 4 种代谢产物。

31.1.2　还原反应

微生物催化的甾体类化合物还原反应有各种类型，如将甾体类化合物上的醛基或酮基还原成伯醇或仲醇基；甾体核的 A 或 B 环中的双键被加氢还原成饱和键等。酿酒酵母可以还原 5α-1-烯-3，17-二酮雄甾，形成 5α-烷-31β，17β 二醇雄甾（图 31-4）。

31.1.3　水解反应

利用微生物进行的水解反应包括脱酰基反应、环氧化物水解反应等。例如，中毛棒杆菌能将 21-乙酸妊娠醇酮水解形成去氧皮质酮（图 31-5）。酿酒酵母能将 4β，5β-环氧烷-3，20-二酮孕甾转变为 5α，6β-二醇体。

5α-1-烯-3,17-二酮雄甾　　5α-烷-31β,17β二醇雄甾

图 31-4　还原反应

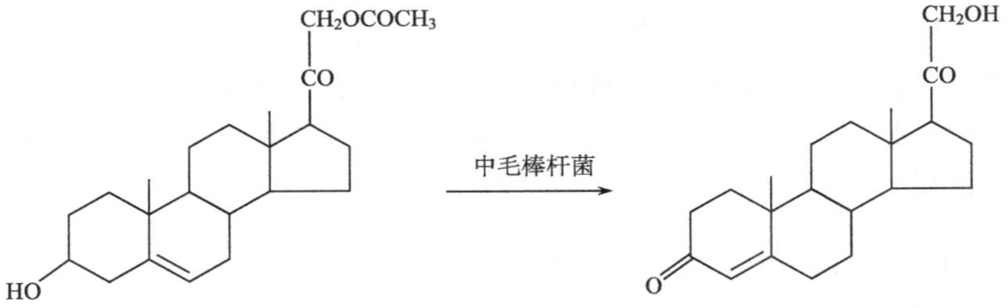

21-乙酸妊娠醇酮　　去氧皮质酮

图 31-5　水解反应

31.2　微生物转化工艺

甾体的微生物转化和一般的氨基酸、抗生素发酵不同，发酵的产物不是微生物代谢的产物，而是利用微生物产生的酶对甾体底物的某一部位进行特定的化学反应来获得一定的产物。转化工艺过程一般可分为微生物的生长阶段和甾体的转化阶段，这两个阶段可分开，一般先进行微生物的培养，在微生物生长过程中积累甾体转化所需要的酶，然后利用这些酶来改造甾体分子的某一部位。进行转化反应可使用不同形式的细胞如悬浮细胞、固定化细胞、静息细胞悬液、孢子悬液和无细胞提取液。

31.2.1　生产工艺流程

用微生物转化方法生产甾体化合物往往是化学合成路线中的某一步或者两步，工业上生产甾体激素的微生物转化过程的一般流程如图 31-6 所示。

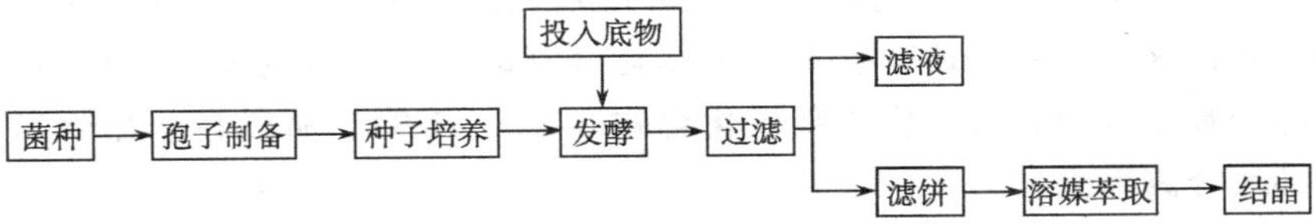

图 31-6　甾体激素的微生物转化工艺流程

31.2.2　转化反应工艺控制

31.2.2.1　微生物的生长阶段

通常将菌种接入斜面培养基或小米产孢培养基上培养 3～5d，然后将培养至对数期的细胞或成熟的孢子接种到种子罐，在合适的温度、pH 和通气条件下进行深层培养。培养时间

的长短随菌种和环境而异，一般细菌的生长阶段为12～24h、真菌为24～72h。

31.2.2.2 转化阶段

被转化的底物一般直接加到培养的菌液中，也有先把成熟的菌丝从培养液中分离并用水冲洗，然后将它悬浮于水或适当的缓冲液中，配成菌液，再将底物加入进行转化反应。因为大多数甾体化合物难溶于水，所以在添加底物时设计了多种添加法，最普遍的方法是先把甾体溶解在甲醇、乙醇、丙酮、丙二醇、二甲基甲酰胺（饱和溶解度达10%～20%）等极性较大的有机溶剂中，浓度在2%对微生物无毒性。或用表面活性剂（如Tween80）以提高基质的溶解度，然后再添加到培养好的菌液中进行转化。甾体化合物加入的量根据所用菌种的转化能力及该甾体毒性的大小而定。在甾体氧化时需要较大的通气量，一般为1∶0.8vvm。一般浓度200～800mg/L，也有高达4g/L的，采用定期加入或连续加入基质的办法来解决基质或产物的毒性问题，转化阶段的时间一般为12～72h，转化率可达100%。转化后的产物多不溶于水，经过滤，滤饼用溶媒萃取法进行提取，通过减压、浓缩即得结晶，为成品或中间体。

31.3 犁头霉菌的11β-羟化反应工艺

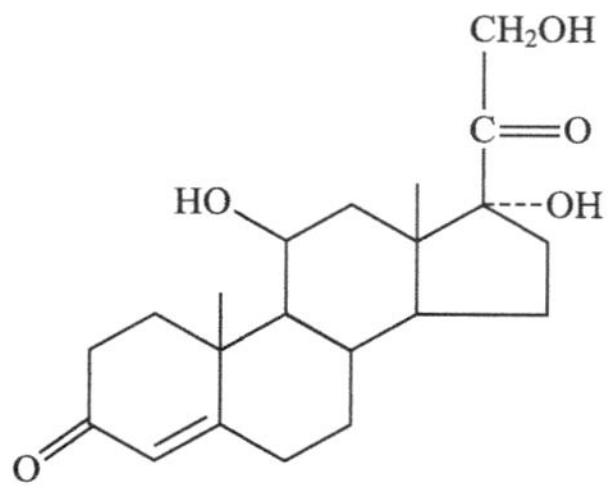

图 31-7　皮质醇结构式

犁头霉菌可以产生11β-羟基化酶和11α-羟基化酶，将莱氏化合物S羟化，生成氢化可的松（hydrocortisone）。氢化可的松又称为皮质醇，化学名称为11β，17α，21-三羟基孕甾-4-烯-1，20-二酮，其结构式见图31-7。

氢化可的松为白色或几乎白色的结晶性粉末，无臭，初无味，随后有持续的苦味，遇光逐渐变质，略溶于乙醇或丙酮，微溶于氯仿，在乙醚中几乎不溶，不溶于水。熔点为212～222℃，比旋光度为＋162°～＋169°（1%乙醇）。

氢化可的松为皮质激素类药物，具有影响糖代谢、抗炎、抗毒、抗休克及抗过敏等作用。主要用于肾上腺皮质功能不足和自体免疫性疾病，应用于某些感染的综合治疗。消化性溃疡病、骨质疏松症、精神病、重症高血压患者忌用，充血性心力衰竭、糖尿病、急性感染病患者慎用。由于氢化可的松疗效确切，为重要的甾体激素类药物之一，国内生产的激素类药物中其产量最大。

31.3.1 反应原理

利用犁头霉菌产生的11β-羟基化酶和11α-羟基化酶，引入11β-羟基。在产物中，除了氢化可的松（简称β体）外，还产生11α-羟基化合物即表氢化可的松（又称为α体）、少量的其他位置的羟基化合物和未转化的莱氏化合物S（图31-8）。所以在产品分离纯化时，以上各种物质必须分离出去。

31.3.2 工艺过程

将犁头霉菌接种到土豆斜面培养基，28℃培养7～9d，成熟孢子用无菌生理盐水制成孢子悬液。种子培养基用葡萄糖、玉米浆、硫酸铵等配制，pH为5.8～6.3，向种子培养基中接入孢子悬液后，在通气搅拌下28℃培养28～32h。待培养液菌浓度达到35%以上，无杂菌污染，即可转入发酵罐。

发酵培养基与种子培养基相同。种子液按一定接种量接入后，28±1℃通气搅拌下培养

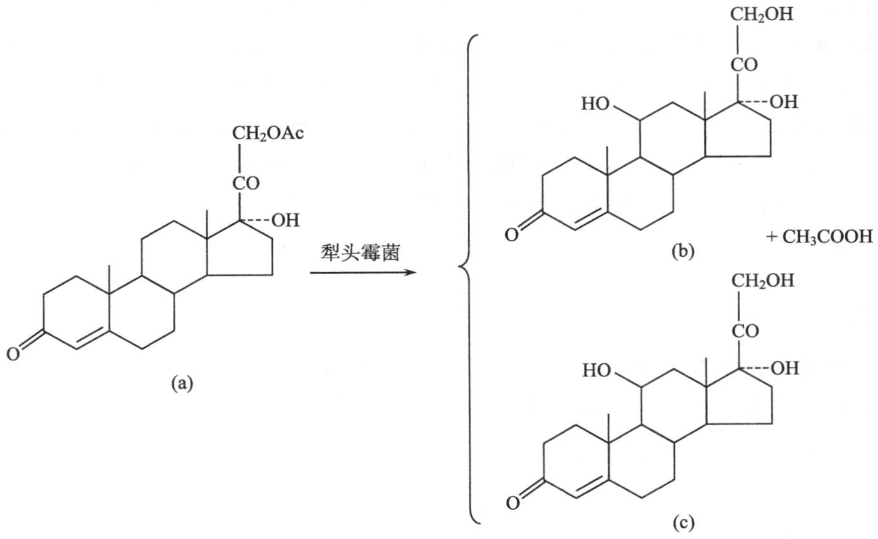

图 31-8　莱氏化合物 S 生物氧化反应

(a) 莱氏化合物 S；(b) β 体；(c) α 体

至菌体生长末期，pH 下降至 3.5～3.8，菌浓度达到 17%～35%，即可投入 2.5%的莱氏化合物 S 乙醇溶液，氧化 48h，pH 调整为 5.5～6.0。也可以分批加入甾体基质，氧化时间也可灵活掌握，即在转化过程中，定时取样做比色检测，若不合格，可继续氧化。

转化结束后，氧化液过滤，滤液用乙酸丁酯萃取，萃取液经浓缩、冷却、过滤、干燥，得到氢化可的松粗品。粗品中主要为 β 体，再用溶媒分离得到 α 体和 β 体。β 体经过精制得到氢化可的松精品；α 体经过乙酰化、氧化，制得乙酸可的松。

微生物转化反应，随着菌种、菌株、培养基成分、发酵工艺、投料浓度、接种量等不同，转化率和收率也不相同。国外在氢化可的松的生产中，用新月弯孢霉在玉米浆培养基中将莱氏化合物 S 直接转化成氢化可的松，11β—OH 转化率可以达到 65%～75%，大大高于用犁头霉菌生产氢化可的松的转化率（50%）。微生物转化已成为甾类激素药物生产的主要方法。

本章小结

微生物转化指利用微生物产生的酶对底物分子结构的特定位置（基团）进行催化反应，使底物转化成结构相似的更有价值的新化合物的操作，是甾体类激素药物生产的重要组成部分。目前已经发现的微生物转化甾体类化合物的反应类型包括氧化反应、还原反应、水解反应、酰化反应、异构化反应、卤化反应和 A 环开环反应等。

甾体的微生物转化工艺过程一般可分为微生物的生长阶段和甾体的转化阶段。微生物生长阶段力求在合适的温度、pH 和通气条件下获得发育良好的微生物细胞，一般细菌的生长阶段为 12～24h、真菌为 24～72h。甾体的转化阶段将被转化的底物加到菌体培养液中进行转化反应，甾体氧化时需要较大的通气量，一般为 1∶0.8vvm，甾体化合物加入的量 200～800mg/L，转化阶段时间为 12～72h。转化率可达 100%。转化后的产物，经过滤、萃取、减压浓缩获得成品。

犁头霉菌可以产生 11β-羟基化酶和 11α-羟基化酶，将莱氏化合物 S 羟化，生成氢化可的松。氢化可的松为皮质激素类药物，具有影响糖代谢、抗炎、抗毒、抗休克及抗过敏等作用。将犁头霉菌的种子液接种到发酵罐中，28℃±1℃通气培养至菌体生长末期，pH 3.5～3.8、菌浓度达到 17%～35%时，投入 2.5%的莱氏化合物 S 乙醇溶液，氧化 48h，pH 调整为 5.5～6.0。在转化过程中，定时取样做比色检测，若不合格，可继续氧化。转化结束后，氧化液经过滤、萃取、浓缩、冷却、过滤、干燥，得到氢化可的松粗品。粗品精制后得到氢化可的松精品。

复习题

1. 微生物转化的反应类型有哪几种？各举出一个例子。
2. 甾体的微生物转化工艺过程分为哪两个阶段？如何进行各阶段的工艺控制？
3. 图示犁头霉菌生产氢化可的松的工艺流程。

主要参考文献

曹军卫，马辉文，张甲耀. 2007. 微生物工程. 2 版. 北京：科学出版社

黄方一，叶斌. 2006. 发酵工程. 武汉：华中师范大学出版社

第32章 有机酸类产品的发酵生产

内容提要： 有机酸泛指羧酸（R—COOH）、磺酸（R—SO_3H）、亚磺酸（R—SO_2H）、硫代羧酸（R—COSH）等的总称。严格地说，凡是能够给予氢离子的有机酸都可以称为有机酸，但一般所说的有机酸通常仅指羧酸，有机酸发酵即指利用微生物发酵法生成有机酸。有机酸发酵工业是生物工程领域中一个至关重要且较为成熟的分支，在经济发展中占有一定的地位。

32.1 概述

有机酸发酵的原理和根据是微生物在糖类代谢过程中，有氧降解被中断而积累各种有机酸，现已确定的约 60 多种。根据有机酸用途的大小、广泛性、重要性及生成和经济核算上的可行性，目前以微生物发酵法生成的有机酸有十多种，见表 32-1 所示。

表 32-1 发酵法生产的主要有机酸

有机酸种类	主要产生菌	基质	产率/%
柠檬酸	黑曲霉（*Aspergillus niger*）	葡萄糖、淀粉	80～100
	解脂假丝酵母（*Candida lipolytica*）	*n*-石蜡	80～100
乳酸	德氏乳杆菌（*Lactobacillus delbrueckii*）	葡萄糖	90
L-乳酸	米根霉（*Rhizopus oryzae*）	葡萄糖	70
丙酮酸	光滑球拟酵母（*Torulopsis glabrata*）	葡萄糖	60～70
苹果酸	黄曲霉（*Aspergillus flavus*）	葡萄糖	30
	米曲霉（*Aspergillus oryzae*）	淀粉	50
	短乳杆菌（*Lactobacillus brevis*）	富马酸	100
琥珀酸	琥珀酸放线杆菌（*Actinobacillus succinogenes*）	葡萄糖	70～85
	琥珀酸厌氧螺菌（*Anaerobiospirillum succiniciproducens*）	葡萄糖	70～90
丙酸	谢氏丙酸杆菌（*Propionibacterium shermanii*）	葡萄糖、	60
	工业丙酸杆菌（*Propionibacterium technicum*）	甘油、淀粉	60
曲酸	黄曲霉（*A. flavus*）	葡萄糖	50
	米曲霉（*A. oryzae*）	葡萄糖	50
酒石酸	弱氧化葡糖醋杆菌（*Gluconobacter suboxydans*）	葡萄糖	30
	产酒石酸不动杆菌（*Acinetobacter tartarogenes*）	琥珀酸	108
乙酸	醋化醋杆菌（*Acetobacter aceti*）	乙醇	95
富马酸	代氏根霉（*Rhizopus delemar*）	葡萄糖	60
衣康酸	土曲霉（*A. terreus*）	葡萄糖	60
α-酮戊二酸	石蜡节杆菌（*Arthrobacter paraffineus*）	正烷烃	80～85
葡萄糖酸	黑曲霉（*A. niger*）	葡萄糖	91～100
	玫瑰葡萄糖酸杆菌（*Gluconobacter roseus*）	葡萄糖	90～100
	卵状假单胞菌（*Pseudomonas ovalis*）	葡萄糖	90～100

有机酸主要是作为酸味剂应用于食品、饮料工业，能增加天然风味。在医药上用量较多的有柠檬酸钠（枸橼酸钠）（抗凝血剂）、柠檬酸铁铵（补血剂）、葡萄糖酸锌、葡萄糖酸钙、

乳酸钙等。乳酸亚铁是最近广泛使用的铁质食品添加剂、饲料添加剂及补血药。在其他工业，如电镀、制革、纺织印染、日用化工等领域用途也极为广泛。

有机酸生产方法通常有从果实中提取、化学合成、发酵法或酶转化法等。就目前市场占有率来言，有机酸发酵仍以柠檬酸为主，但聚乳酸（PLA）塑料的问世，使L-乳酸的应用扩大到化工、环保等领域，因此，L-乳酸的发展前景喜人。

32.2 柠檬酸的发酵生产

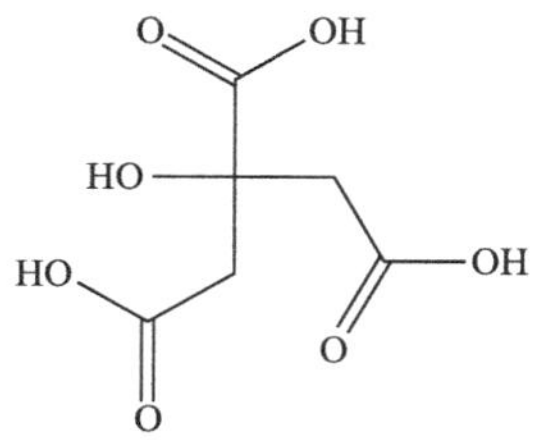

图 32-1 柠檬酸结构式

柠檬酸化学名称为2-羟基丙烷-1，2，3-三羧酸，其结构式如图32-1所示。

通常生产和使用的柠檬酸含有一个结晶水，呈无色半透明晶体或白色结晶性粉末。一水柠檬酸烘干后失去结晶水而成为白色粉末的无水柠檬酸。柠檬酸在水中极易溶解，易溶于乙醇，略溶于乙醚。柠檬酸具有宜人风味、高的水溶性和强大的金属螯合力，长期以来占据食用酸味剂70%左右的市场份额，除可乐饮料和纯果汁以外，几乎所有的饮料都使用柠檬酸作为酸味剂。此外，食品加工和奶制品也添加柠檬酸或柠檬酸盐。据不完全统计，使用柠檬酸的食品或药品约有上千种之多。可以认为，柠檬酸早已成为现代食品、医药业、日化行业及其他工业的通用原料。

1784年瑞典科学家首次从柠檬汁中结晶出固体柠檬酸，1893年德国微生物学者发现一种青霉能够积累柠檬酸，1917年美国学者Currie发现了一株产柠檬酸的黑曲霉，并通过辉瑞公司首先于1923年采用浅盘发酵实现了工业化生产，1952年，美国的Miles公司成功地采用液体深层发酵工业化规模生成柠檬酸。到2000年，全球柠檬酸的年生产能力在90万t以上，并一直保持平稳的发展速度。

我国的柠檬酸工业自20世纪80年代以来发展迅猛，2003年已达40万t，占世界总量的40%多，是世界上产量最大的国家，近年来我国柠檬酸的年出口量一直保持在10万t以上。

32.2.1 柠檬酸发酵菌种

自1893年发现霉菌可以产生柠檬酸以来，陆续发现淡黄青霉（*Penicillium luteum*）、梨形毛霉（*Mucor piriformis*）、橘青霉（*Penicillium citrinum*）、泡盛曲霉（*Aspergillus awamori*）、假丝酵母（*Candida* sp.）等都能产生柠檬酸。但近二十年来，国内外学者普遍认为黑曲霉是生成柠檬酸的最佳菌种，因其产酸量高、转化率高，且能利用多种碳源。

在固体培养基上，黑曲霉菌落由白色逐渐变至棕色。孢子区域为黑色，菌落呈绒毛状，边缘不整齐。菌丝有隔膜和分支，是多细胞的菌丝体，无色或有色，有足细胞，顶囊生成一层或两层小梗，小梗顶端产生一串串分生孢子。黑曲霉属于半知菌纲，一般只进行无性繁殖，由孢子发芽开始到孢子成熟为一个生活周期。

32.2.2 柠檬酸的合成途径

涉及柠檬酸生物合成的代谢途径是EMP和TCA循环。黑曲霉也可以通过戊糖磷酸途径合成柠檬酸，这个途径能够与糖酵解途径竞争碳源。

正常生长情况下，柠檬酸在细胞内不会积累，而且柠檬酸是黑曲霉良好的碳源，毫无疑问，柠檬酸积累是菌体代谢失调的结果。在糖酵解中，柠檬酸形成的第一阶段是己糖裂解为丙酮酸，随后脱羧产生乙酰-CoA（图32-2），脱去的CO_2在丙酮酸羧化酶（黑曲霉产生）的作用下生成草酰乙酸。通常，通过TCA循环的完成，可以大量补充草酰乙酸，草酰乙酸通过与乙酰-CoA 缩合（由柠檬酸合成酶催化）形成柠檬酸；柠檬酸在顺乌头酸酶的作用下生成顺乌头酸，再进一步得到草酰乙酸，完成代谢循环。但是，为了积累柠檬酸，它向下的代谢必须被阻断，也就是抑制顺乌头酸酶的活性，这个酶是 TCA 循环中催化下一步反应的关键酶。抑制的方法就是控制 Fe^{2+} 含量，使乌头酸水解酶活性降低而不能及时转化柠檬酸，使柠檬酸积累。因此，在柠檬酸积累期间，TCA 循环除了形成柠檬酸外，草酰乙酸形成以前的途径，大部分是几乎不进行的。

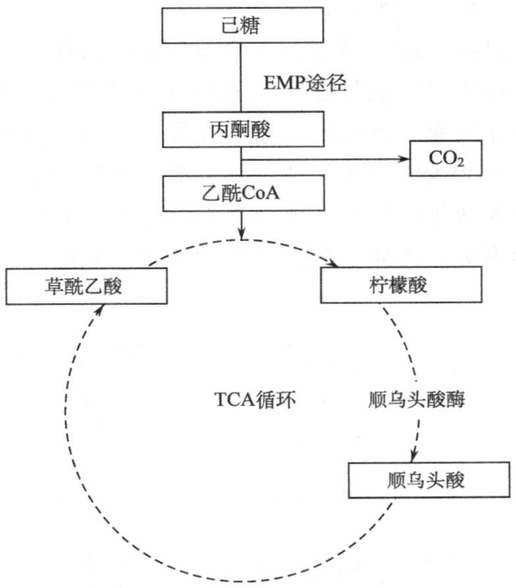

图 32-2　柠檬酸的生物合成

关于由黑曲霉发酵生产柠檬酸的机制虽有许多理论，但大多数学者认为柠檬酸发酵是与三羧酸循环密切关系的。顺乌头酸酶或异柠檬酸脱氢酶可因某些因素如金属离子的缺乏或代谢毒物的存在，而受到抑制，这与柠檬酸累积的关系很大。

常规的菌株选育的方法和初级代谢成分的遗传工程技术都可以用来改进黑曲霉的柠檬酸生产。目的是增加柠檬酸形成的代谢流，而降低这个途径的分支代谢流，这样可以产生比较少的代谢副产物，特别是葡萄糖酸和草酸。利用缺失了葡萄糖氧化酶的突变株，就不能产生葡萄糖酸。

32.2.3　柠檬酸的生产工艺

柠檬酸发酵的方法主要包括液体深层发酵和固体浅层发酵法二种。目前国内外均以液体深层发酵法为主，下面分别介绍。

32.2.3.1　液体深层发酵

液体深层发酵多采用不锈钢罐或内壁涂以环氧树脂的碳钢罐生产柠檬酸，所用菌种均为黑曲霉，其主要特点是微生物均匀地分布在液相中，利用溶解氧，发酵时不产生分生孢子，全部菌体细胞都参与合成柠檬酸的代谢。它的优点：①设备占地面积小，生产规模大；②发酵时间短，50～70h 即可发酵完毕；③自动化程度高；④发酵副产物少。由于该工艺具有明显的优点，因此逐渐在柠檬酸工业上占据主导地位。

发酵罐一般为圆筒状，径高比 1∶(4～6)，罐容量为 400～600m^3（也有超过 1000m^3 大罐），通气量 0.1～0.4vvm。国内多以甘薯粉、糖蜜等原料发酵生成柠檬酸，一般产率为 10%～15%，转化率可达 94%～104%，发酵周期 4d 左右，发酵工艺流程如图 32-3 所示。

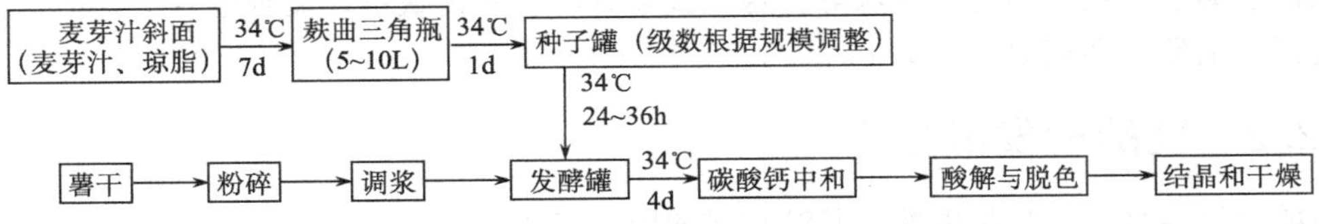

图 32-3　液体深层发酵生产柠檬酸工艺流程

32.2.3.2　固体深层发酵

世界上许多国家在柠檬酸的生产初期，均采用固体浅层培养法，随着近代发酵工业的发展，深层发酵法早已取代固体浅层发酵法。固体浅层发酵的优点：①设备简单，投资少；②操作简单、能耗低、适应性强；③对原料要求低，可利用其他发酵工艺无法利用的废料。由于一些废渣（苹果渣、甘蔗渣、甘薯渣等）的利用及深层发酵法投资偏大等原因，固体浅层培养法生产柠檬酸至今不衰，特别是通过对一些当地的各种废渣的利用，使一些小型工厂层出不穷。固体发酵生产柠檬酸工艺如图 32-4 所示。

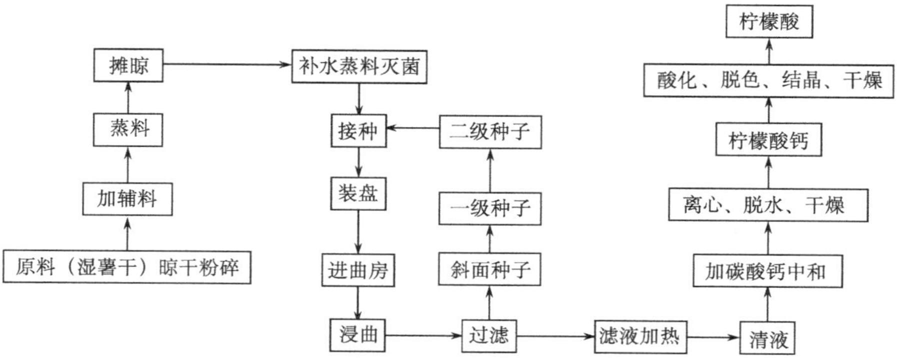

图 32-4　固体发酵生产柠檬酸工艺流程

32.2.3.3　柠檬酸的提取

柠檬酸发酵液中除了含有主要产品柠檬酸外，还含有残糖、菌体、蛋白质等各种杂质，要在如此复杂的体系中获得符合质量要求的柠檬酸，必须采用一系列的物理和化学方法来处理。提取柠檬酸的工艺主要有钙盐法、萃取法、离子交换法、超滤法和电渗析法等，这里主要介绍钙盐法。

我国几乎所有的柠檬酸生产厂家现在依然采用传统的钙盐提取法。将发酵液加热至80～90℃，加入少量石灰乳，沉淀去除其中少量的草酸。再将发酵醪过滤，去除菌丝体及悬浮物，预热 80～90℃，加碳酸钙在 50℃左右沉淀出柠檬酸钙。沉淀经水洗，加硫酸酸化得柠檬酸。

柠檬酸酸解液过滤后，通过 732 型树脂进行离子交换，然后将浓缩到相对密度为1.34～1.35的柠檬酸液置于结晶锅里，加压，夹层用冷水冷却，控制降温速度。结晶 5h，关闭进风阀门和搅拌器，把悬浮液放进有滤袋的离心机进行分离，加入少量冰水洗涤结晶，分离到没有母液流出，关闭离心机，去除结晶干燥后即成成品。

钙盐法原理简单、工艺成熟，但也存在劳动强度大、废水量大等缺点，收率一般只有70%左右。因而，许多研究者将目光投向寻找低能耗、少污染、高收益的提取工艺上，如溶剂萃取法、离子交换法和电渗析法等。这些提取方法各有优缺点，能否进入工业化生产，还需要更深入的研究和探讨。

32.3　乳酸的发酵生产

乳酸化学名称为一羟基丙酸，其结构式如图 32-5 所示。

乳酸为一元羟基酸，是一种古老而重要的有机酸，化学式 $CH_3CHOHCOOH$，因含有不对称碳原子，具有旋光性。乳酸的构型包括 D 型、L 型和外消旋的 DL 型，目前工业上生产的多为外消旋乳酸。我国药典规定，医药级乳酸是乳酸和乳酸的缩合物的混合物，含量以乳酸计算应为 85.0%～95.0%。乳酸为黏稠状液体，无色、透明，微具黄色，味微酸，有较强的吸湿性，可以与水、酒精和乙醚以任意比例混合，不溶于氯仿。市售食品级乳酸含量一般在 80%以上。

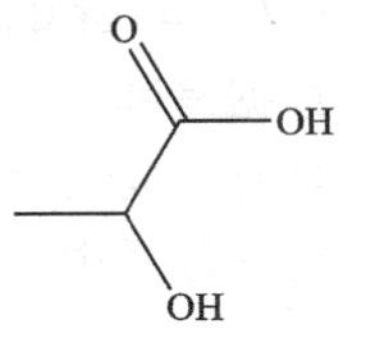

图 32-5　乳酸化结构式

乳酸是一种多用途的精细化学品，可广泛用于食品、制药、制革、纺织、环保和农业中。在食品工业中，乳酸是一种重要的酸味剂和防腐剂，在美国乳酸在软饮料方面很大程度上取代了柠檬酸、磷酸等，在啤酒制造中所用的磷酸已经全部改用乳酸。在医疗工业中，乳酸可以直接制成药品或制成乳酸盐类，内服可用于肠内消毒，外用可以作为收敛性杀菌剂。利用乳酸亲水性的特点将其和难溶性药物结合，可以增加人体对药物的吸收。目前，全世界的乳酸产量近 30 万 t，其中 90%采用细菌发酵法生产。

早在 1841 年，Boutron 和 Fremy 就采用自然发酵生产乳酸，纯种发酵工业方法生产乳酸是在 1881 年起始于美国，而大规模工业化生产 L-乳酸是在 20 世纪 90 年代初期形成的。我国早就对乳酸的生产菌种、工艺进行过大量的研究。目前我国乳酸生产厂家达十几家，产量较大的有河南金丹、安徽丰原等。

延伸阅读

由于人类和动物细胞只能代谢 L-乳酸，如过量摄入 D-乳酸或 DL-乳酸，D-乳酸就会在血液中积累，引起机体代谢紊乱。因此世界卫生组织（WHO）规定人体每天摄入的 D-乳酸量为每 1kg 体重 100mg 以下，而对 L-乳酸则没有限制。因此，L-乳酸在食品工业中正逐渐替代目前常用的 D-乳酸或 DL-乳酸。此外，L-乳酸经过聚合可生成聚 L-乳酸。聚 L-乳酸为无毒的高分子化合物，具有生物相容性，在人体内能被分解成 L-乳酸。不会在器官内积累，而且容易成型。因此可以用于手术缝合线、缓释胶囊制剂和生物降解塑料等，发展前景十分诱人。

32.3.1　乳酸发酵菌种

自然界中可产生乳酸的微生物很多，但产乳酸能力强，可以应用到工业上的只有细菌和霉菌中的根霉属。

目前用于发酵生成乳酸的主要有德氏乳杆菌（*L. delbrueckii*）、保加利亚乳杆菌（*Lactobalillus bulgaricus*）、赖氏乳杆菌（*Lactobalillus leichmanni*）和干酪乳杆菌（*Lactobalillus casei*）。乳酸杆菌发酵得到的多是消旋的 DL-乳酸，其中干酪乳杆菌（*L. casei*）产 D 型乳酸。

真菌中的米根霉（*R. oryzae*）、行走根霉（*Rhizopus stolonifer*）和某些毛霉也产生乳酸，特别是米根霉是生成 L-乳酸的良好菌种。

乳酸生产对于菌种的要求是，产酸迅速，副产物少，营养要求简单，耐高温。这样可以避免杂菌污染，加速发酵进程，提高产率，便于后续提取工艺操作。目前，我国生成乳酸的菌种有德氏乳杆菌（*L. delbrueckii*）、赖氏乳杆菌（*L. leichmanni*）等。近年来，芽孢杆菌发酵产生乳酸受到关注，主要生产菌种是凝结芽孢杆菌（*Bacillus coagulans*）。

32.3.2 乳酸的合成途径

根据发酵过程中的产物类型，可以将乳酸发酵分为同型乳酸发酵和异型乳酸发酵两类，两者具有不同的发酵机制。

乳杆菌属中的德氏乳杆菌为同型发酵菌种。同型发酵中葡萄糖几乎全都生成乳酸：

$$C_6H_{12}O_6 \longrightarrow 2CH_3CHOHCOOH$$

而同为乳杆菌属的短乳杆菌和阿拉伯糖乳杆菌则为异型发酵。异型发酵中，发酵基质葡萄糖生成了乳酸、酒精和二氧化碳；或如双歧杆菌产生的异型发酵，其产物为乳酸和乙酸：

$$①C_6H_{12}O_6 \longrightarrow CH_3CHOHCOOH + C_2H_5OH + CO_2$$

$$②C_6H_{12}O_6 \longrightarrow 2CH_3CHOHCOOH + 3CH_3COOH$$

进行同型发酵的乳酸菌也称同型乳酸菌，反之亦然。

同型发酵过程：葡萄糖经酵解(EMP)途径降解为丙酮酸，丙酮酸在乳酸脱氢酶的作用下，被还原型辅酶Ⅰ($NADH_2$)还原成乳酸。

异型发酵过程：大多数与同型发酵相同。乙醇和乙酸可能由丙酮酸形成的乙醛而来。

从以上可知，异型发酵的副产物较多，乳酸的理论得率不高，这是纯乳酸或乳酸盐工业生产上所不希望的。因此，除了生产发酵食品如干酪、香肠、泡菜等需要异型发酵外，单纯生产乳酸都采用同型发酵。

32.3.3 乳酸的生产工艺

32.3.3.1 利用细菌发酵生产乳酸

我国乳酸发酵生产较早，其尝试用的原料为葡萄糖、淀粉水解糖和糖蜜等，多采用液体深层发酵法，生产所用的菌种为德氏乳杆菌，该菌为微好氧产乳酸菌，其发酵工艺流程如下：

斜面菌株→液体种子→液体扩大培养→种子罐→发酵罐→酸解罐→过滤→蒸馏→蒸发→吸附→过滤→离子交换→浓缩→成品。

德氏乳杆菌斜面培养基由葡萄糖、蛋白胨、酵母膏、柠檬酸铵、乙酸钠、碳酸钙等组成；发酵培养基以糖蜜（淀粉水解糖或葡萄糖）、玉米粉、碳酸钙、磷酸氢钙为主要组分。45～50℃下发酵4～5d。发酵过程可缓慢搅拌，间断补加碳酸钙，使pH维持在6.5左右。发酵完成后，用石灰乳调pH至9～10，升温澄清，从溶液中提取乳酸。

由于一般乳酸细菌产酸低，营养要求高，发酵温度低，需严格无菌操作。因此，人们非常希望找到高温细菌来生产L-乳酸。Darmer等用嗜热脂肪芽孢杆菌菌株IFA6和IFA9，以葡萄糖为碳源，65℃分批培养发酵生产L-乳酸，转化率分别为60.5%～84.0%和98.7%。1990年德国的Kirkovits等以凝结芽孢杆菌DSMl69为菌种在含糖190g/L、酵母膏3g/L的培养基中，52℃培养39h，生成140g/L的L-乳酸，其中L-乳酸纯度达99.8%。

32.3.3.2 利用根霉发酵生产L-乳酸

1884年，Eiihmn指出，根霉所产之酸可能为乳酸，后在1901年才被确认。此后数十年中，有许多学者对根霉发酵菌种、机制、工艺进行了研究。根霉的L-乳酸生产在20世纪50年代前曾用表面培养法，由于乙醇、富马酸等副产物较多，乳酸产率较低，通常只有40%～50%。为使根霉发酵适应工业生产，Ward等使用通气旋转发酵罐使发酵时间缩短至30～35h，乳酸产率达70%～75%。近年来我国的许多研究机构也相继进行了根霉发酵生产L-乳酸的研究，江苏的机构研究乳酸对糖转化率为73%，达到国际先进水平。

利用芽孢杆菌和米根霉等新型菌种发酵生产 L-乳酸是目前国内外大力发展的研究课题，正逐步推向工业化应用。

另外乳酸盐对细胞代谢有抑制作用。为了减轻乳酸的抑制作用，近几年来，原位分离技术在乳酸发酵中的应用引起了世界范围内的广泛关注。溶剂萃取发酵法（油酸、叔胺等为萃取剂），吸附法（离子交换树脂、活性炭、高分子树脂等），膜法发酵（渗析、电渗析、中空纤维超滤膜及反渗透膜等）等方法的使用都是基于在发酵过程中，通过从培养介质中及时移走乳酸，达到减少产物抑制，控制 pH 的目的，从而提高原料的利用率和产品产率。

32.3.3.3　乳酸的提取

乳酸的提取方法包括钙盐法、锌盐法、溶剂萃取法、电渗析法、酯化法和分子蒸馏技术等。在这里，主要介绍最常用的钙盐法。

发酵液在 80℃，pH 9～10 的条件下去除沉淀物，过滤的清液经蒸发浓缩，冷却结晶成乳酸钙粗品，加水加温使结晶溶解后，用硫酸酸解，去除硫酸钙后的溶液经蒸发浓缩，然后经过 732 或 701 阴离子交换树脂吸附洗脱，再经过活性炭吸附过滤，真空抽滤后即可得到成品乳酸。

32.4　其他有机酸的发酵生产

32.4.1　苹果酸发酵生产

苹果酸酸味刺激缓慢，且在达到最高酸味后可保留较长时间，在国际市场上有取代柠檬酸的趋势，它在医药、日用化工和化学工业等方面也有广泛应用。

苹果酸发酵根据不同的发酵工艺选用不同的菌种。一步法采用黄曲霉、米曲霉等菌种；两步法及混合发酵法采用华根霉、无根根霉、短乳杆菌等菌种；而酶转化法则采用黄色短杆菌、大肠杆菌、产氨短杆菌等菌种。

化学合成的苹果酸为 D 型和 L 型的混合物。目前我国和日本等国已研究出固定化菌体（其中含延胡索酸酶），进行 L-苹果酸的连续生产，我国利用的是固定化酵母细胞转化延胡索酸。

32.4.2　丙酮酸发酵生产

丙酮酸为无色至淡黄色液体，呈乙酸香气和愉快酸味，是最重要的 α-氧代羧酸之一。丙酮酸广泛应用于制药工业、生化研究、农用化学品、细胞培养及食品工业，近年来由于在减肥上有特效而受到西方消费者青睐。

能直接产生丙酮酸的菌种主要有细菌及放线菌、酵母菌等。其中，产量最高的是光滑球拟酵母（*T. glabrata*）。1994 年，Yonehara 等首先筛选出 1 株丙酮酸高产菌株 *T. glabrata* IFO0005，发酵 59h 丙酮酸积累量达 57.0g/L。我国也有许多机构进行丙酮酸发酵的研究，如江南大学的李寅选育到丙酮酸高产菌株 *T. glabrata* WSH2IP303，据研究该菌株与 *T. glabrata* IFO0005 相比，其独特之处在于能够很好地利用无机氮源，如氯化铵和尿素。维生素在丙酮酸代谢中充当辅酶，其含量的微小变化都显著影响产量。若选择硫胺素、生物素、吡哆醇和烟酸营养缺陷型菌株来发酵，则可切断丙酮酸的进一步代谢，在适量补加外源维生素的情况下，丙酮酸获得大量积累。据此 Miyata 研究发现大量积累丙酮酸的供试酵母菌几乎都是维生素缺陷型，如 *T. glabrata* IFO0005，丙酮酸产量较原养型提高了 60%。

32.4.3　琥珀酸发酵生产

琥珀酸（succinic acid），又称丁二酸，是三羧酸循环的中间物，也是厌氧代谢的发酵产物之一。琥珀酸是一种重要的有机化合物，被美国 FDA 认定为 GRAS（一般认为安全），已广泛应用于医药、农药、染料、香料、油漆、食品、塑料和照相材料工业等。琥珀酸目前存在四个主要的市场：第一，作为表面活性剂、清洁剂、添加剂和起泡剂；第二，作为离子螯合剂，用在电镀行业防止金属的溶蚀和点蚀；第三，在食品行业中作为酸化剂、pH 改良剂、风味物质和抗菌剂；第四，和健康有关的产品，包括医药、抗生素、氨基酸和维生素等。琥珀酸的这四个市场总量每年超过四亿美元。

琥珀酸的生产方法包括化学合成法、生物转化法和发酵法。目前国内外主要采用化学合成法生产，但发酵法已经成为近年来重要的研究方向。

琥珀酸是许多严格厌氧菌和兼性厌氧菌的代谢中间体，可通过这类微生物的生理代谢活动由糖类或氨基酸而产生。产生琥珀酸的微生物主要是一些真菌和细菌等。1996 年，美国科学家筛选出一株高产琥珀酸菌株 *Actinobacillus succinogenes*，以葡萄糖为碳源、玉米浆和酵母膏为氮源，发酵 40h 能够产生 60～110g/L 的琥珀酸，产率在 80%左右。此外，有关 *Anaerobiospirillum succiniciproducens* 和基因工程菌 *E. coli* 发酵生产琥珀酸的研究也较多。但目前尚未见到发酵法生产琥珀酸的工业化报道。

32.4.4 曲酸发酵生产

曲酸是由曲霉属中某些好氧菌株发酵产生的一种弱酸化合物，化学名称 5-羟基-2-羟甲基-4-吡喃酮。纯净的曲酸为无色棱柱状晶体，易溶于水、醇、丙酮，微溶于醚、乙酸乙酯、氯仿和吡啶，不溶于苯。自古以来，曲酸存在于酱油、豆瓣酱、酒类的酿造中，长时间实践证明适量的曲酸对人体无害。曲酸具有抑菌能力、抗氧化性、与金属离子螯合等性质，因此在食品中可作为防腐剂、保鲜剂、护色剂等；曲酸具有抑制黑色素生成酶——酪氨酸酶活性的功能，有显著的增白作用，现已在美白防晒化妆品、溶剂及牙膏等日化工业中广泛应用。此外，在医药领域中，由于曲酸可以消除人体内的自由基，有利于人体健康，因此曲酸已用于生产头孢类抗生素，起到消炎、镇痛作用；曲酸酯对日光性皮炎效果比较理想，可以用曲酸及其衍生物制成生长刺激类药物，效果显著。

许多曲霉和少数青霉的某些菌株都能代谢产生曲酸，目前普遍使用的是米曲霉和不产生黄曲霉素的黄曲霉。日本从 70 年代开始生产，是目前世界上主要生产国。我国 80 年代曾有生产，后因市场问题而停产。近年随着曲酸产品应用的不断扩大。市场需求增加，曲酸发酵研究和生产再次引起重视和关注。目前，经过诱变育种得到的米曲霉菌株，发酵 5～10d，产酸率可达到 5%～6%，糖酸转化率达 50%以上。

32.4.5 丙酸发酵生产

丙酸分子式为 $C_3H_6O_2$，是无色透明的液体，有刺激性气味，溶于水、乙醇、乙酸及其他有机酸。作为一种理想的饲料抗真菌剂和重要的精细化工原料，丙酸在食品、有机合成工业、涂料、油漆、染料、化妆品、医药、农药、香料、林产品化学工业及其他一些行业都有着广泛的应用。由于丙酸在工农业生产和人们日常生活中用途广泛，因此世界丙酸的消费量很大。从全球丙酸生产情况来看，2003 年全球丙酸年产量约 24 万 t，美国和德国是丙酸生产大国，其产量约占全球丙酸总产量的 90%以上。

丙酸的生产方法主要有微生物发酵法和化学合成法，由于发酵法的总成本高于化学合成法，使得目前主要采用化学法生产丙酸，美国主要采用丙醛氧化法，德国则主要采用乙烯羰基化一步法合成。用于生产丙酸的细菌物种尽管较多，但目前已分离出来且用于工业生产的菌株较少，丙酸杆菌是主要发酵菌株。丙酸是在厌氧条件下的主要产物，一般以葡萄糖、甘油或乳酸为主要碳源，发酵 3～5d，产酸率可达到 3%～4%，糖酸转化率可达 50%～60%，乙酸是主要的副产物。丙酸由于是厌氧培养的产物，产率也不高，因此选育理想菌株、改进发酵工艺仍然是目前发酵法生产丙酸研究的重点。

本章小结

含有一个或数个羧基的有机酸在工业上具有重要用途，尤其在化工、食品、医药工业中应用广泛。目前，微生物法合成的有机酸已经有很多种，本章主要介绍柠檬酸、乳酸、苹果酸、丙酮酸和琥珀酸等常见有机酸的合成工艺。

柠檬酸是最主要的发酵有机酸。黑曲霉是生成柠檬酸的最佳菌种，因其产酸量高、转化率高，且能利用多种碳源。涉及柠檬酸生物合成的代谢途径是 EMP、TCA 循环和戊糖磷酸途径。目前国内外均以液体深层发酵法为主要生产方法，大多数的柠檬酸生产厂家依然采用传统的钙盐法提取纯化柠檬酸。

乳酸是一种多用途的精细化学品，可广泛用于食品、制药、制革、纺织、环保和农业中。自然界中可产生乳酸的微生物很多，目前生成乳酸的菌种有德氏乳杆菌、赖氏乳杆菌和凝结芽孢杆菌等。根据发酵过程中的产物类型，可以将乳酸发酵分为同型乳酸发酵和异型乳酸发酵两类，两者具有不同的发酵机制。

其他常见的发酵有机酸还包括苹果酸、丙酮酸、琥珀酸、曲酸、丙酸等。

复习题

1. 有机酸在工业上有什么用途，发酵法生产的有机酸主要有哪些？
2. 阐述黑曲霉生物合成柠檬酸的机制。
3. 采用液体深层发酵生产柠檬酸的工艺流程如何？
4. 什么是同型乳酸发酵和异型乳酸发酵？两者有哪些区别？

主要参考文献

胡洪波，彭华松，张雪洪. 2006. 生物工程产品工艺学. 北京：高等教育出版社
黄方一，叶斌. 发酵工程. 2006. 武汉：华中师范大学出版社
金其荣. 1992. 有机酸发酵工艺学. 北京：中国轻工业出版社
李寅，陈坚，伦世仪. 2000. 维生素在丙酮酸过量合成中的作用. 微生物学报，40：528～534
林标声，张彭湃，杨生玉，等. 2007. 响应面分析法优化丙酮酸发酵中维生素水平. 食品科技，(4)：36～40
林海萍，张立钦. 2005. 经济微生物工艺学教程. 北京：中国环境科学出版社
路红星. 2001. 发酵法制曲酸的研究应用. 四川食品与发酵，(3)：17～22
梅乐和，姚善泾，林东强. 2007. 生化生产工艺学. 2 版. 北京：科学出版社
熊海燕，王为国，曾东方，等. 2005. 微生物发酵法生产丙酸的研究进展. 江苏调味副食品，(5)：10～17
尹光琳，站立克，赵根楠. 1992. 发酵工业. 北京：中国医药科技出版社
詹晓北，朱一晖，Wang D. 琥珀酸发酵生产工艺及其产品市场. 食品科技，(2)：44～49
Guettler M V，Jain M K，Soni B K. 1996. Process for making succinic acid，microorganisms for use in the process and methods of obtaining the microorganisms：Amarica，5504004

第33章 醇酮类产品的发酵生产

内容提要：本章介绍了甘油、丙酮丁醇、酒精等的发酵生产工艺。甘油是在酵母菌的作用下采用二步发酵法进行生产的；丙酮、丁醇是丙酮丁醇菌利用淀粉质原料或糖蜜经前发酵期、主发酵期和后发酵期三个阶段完成发酵生产的；参与乙醇发酵生产的微生物主要有糖化菌和乙醇发酵微生物两大类，淀粉质、糖质或纤维质均可作为发酵原料，但发酵工艺因所用原料不同而异。

33.1 甘油的发酵生产

甘油即丙三醇，是重要的工业原料，广泛应用于化工、医药、化妆品、食品等领域。甘油在食品行业可作乳化剂、松脆剂、稳定剂、悬浮剂、增稠剂；化妆品生产上可作着色剂和湿润剂；医药生产上可作润滑剂、甜味剂、渗透剂和抗冻剂。

延伸阅读

甘油是1779年Scheele在皂化橄榄油时发现的。

甘油的生产有三种：皂化法（天然油脂的皂化和水解）、化学合成法（丙烯氯化法和丙烯氧化法）、微生物发酵法。我国自20世纪50年代开始了对微生物发酵法生产甘油的研究。

甘油发酵生产的菌种绝大多数为酵母菌，如产酸结合酵母、柳氏结合酵母、木兰球拟酵母、酿酒酵母、薛氏结合酵母等。原料可用淀粉、纤维素、糖，其中糖类最易被酵母利用，纤维素需经酸或碱水解后才能使用。

33.1.1 发酵法生产甘油的工艺

33.1.1.1 亚硫酸盐法

这是发酵生产甘油最早的方法。在酵母发酵生产乙醇的过程中，总有少量甘油伴随产生，但要大量生产甘油就要阻遏乙醇的生成，改变酵母生物合成途径。厌氧条件下，以淀粉、糖蜜、亚硫酸钠及无机盐为发酵原料，将游离的或固定化的酿酒酵母细胞接种到培养基中，在30～32℃条件下发酵2～3d，然后对发酵液进行提取获得甘油。

33.1.1.2 碱性法

在碱性条件下用酿酒酵母对蔗糖和葡萄糖等进行厌氧发酵，生成甘油、乙醇、乙酸和CO_2。但由于碱性法生产甘油的转化率和提取效率低等原因，仅处于实验室研究水平。

33.1.1.3 耐高渗透压酵母的二步发酵法

这种生产甘油的工艺（专利号CN 148090A，1997年）是中国科学院化工冶金研究所生化工程国家重点实验室与北京市思拓粮食仓储应用技术研究所经过多年的协作攻关，在国际上首次提出的。二步发酵法将甘油发酵划分为前期的好氧发酵和后期厌氧发酵两个阶段。以

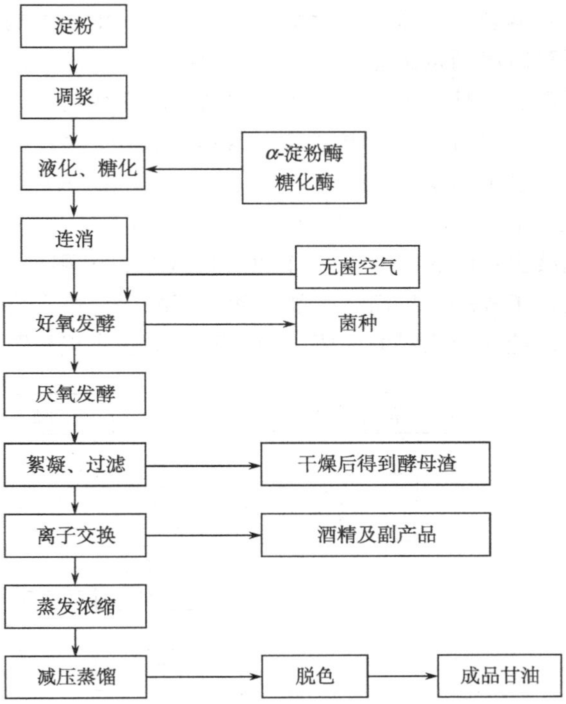

图 33-1　二步发酵法生产甘油的工艺流程

淀粉质为原料，采用 ICM-15 酵母菌，在 35℃、含糖 25%左右条件下先进行好氧发酵，当残糖降至约 2%时，停止供氧，补充营养，使耐高渗压酵母菌开始后期的厌氧发酵，进一步消耗残糖，生成酒精和少量甘油，从而避免了将产物甘油作为碳源消耗，使发酵液中的甘油浓度达 12%以上，而残糖浓度降低到 0.5%左右。二步发酵法大大提高了发酵液中的甘油残糖比，甘油的提取效率和产品质量明显提高。二步发酵法生产甘油的工艺流程见图 33-1。

33.1.2　甘油的提取

甘油提取的成本在生产成本中占很大比例，低能耗、高回收率的提取方法利于甘油的生产。甘油是胞外产物，将菌体分离后即可回收。提取方法一般经离心、浓缩、萃取、蒸馏或层析、反渗透或超滤等步骤。采用离心法分离发酵醪的酵母，乙醇被蒸馏；亚硫酸盐和磷酸盐用钙盐沉淀，然后过滤、中和、真空蒸馏或离子交换分离无机盐后，用活性炭脱色、浓缩。

33.2　丙酮丁醇的发酵生产

丙酮、丁醇是重要的有机溶剂和化工原料。丙酮可用作溶剂、化学工业和精细化工的原料。丁醇可用作溶剂，与其他溶剂混合能提高对硝化纤维的溶解能力。在油漆中加入丁醇后油漆不干燥、不起皮。正丁醇可作为造纸工业的消泡剂、湿润剂及乳化剂。

1852 年，浮兹首先发现丁醇是杂醇油的一种成分。1914 年威斯曼博士成功地分离得到一种丙酮丁醇菌能发酵各种谷物原料，生成丙酮、丁醇和丙酮，生成比例是丙酮∶丁醇∶乙醇为 3∶6∶1，CO_2∶H_2 为 60∶40（体积比）。我国 1956 年第一个用发酵法生产丙酮-丁醇的工厂——上海溶剂厂正式投产。以后各地纷纷建厂，多数以玉米和薯干为原料，少数曾用糖蜜、大米等其他含淀粉的原料。发酵工艺也有了改进，如应用固定化细胞连续发酵生产。

33.2.1　菌种

丙酮丁醇菌属于裂殖菌纲，真细菌目，真亚细菌亚目，芽孢杆菌科，梭状属的细菌，产芽孢时菌体呈梭状或纺锤状。能发酵玉米、山芋、马铃薯、大米等淀粉质原料，也能发酵葡萄糖、蔗糖、废糖蜜等原料，生成丙酮 A、正丁醇 B 和乙醇 E，也有人称之为 ABE 发酵。此外发酵过程中也产生 CO_2、H_2、丁醇、乙酸等其他物质。菌体培养温度以 35～37℃为宜，发酵温度 37～39℃。

33.2.2　发酵工艺

丁醇、丙酮、乙醇是发酵中酪酸和乙酸的还原产物。因此拉纳守司考夫提出丙酮、丁醇两段发酵理论，即第一段生成酸，第二段生成丙酮、丁醇。丙酮丁醇菌死亡后自溶，醪液酸度下降时溶剂量迅速增加。发酵中丙酮、丁醇、乙醇三者的比例随原料不同和菌种特性、培养温度、菌龄、生产方式及添加物不同而变化。

发酵原料、发酵温度等因素影响发酵产物的比例。以淀粉质原料（如玉米、薯干）发酵，产物中丙酮、丁醇、乙醇比例（A∶B∶E）为3∶6∶1；以糖蜜为原料发酵，A∶B∶E为27∶70∶3或为（18～34）∶(76～80）∶(1～3)；发酵原料的C/N提高，丁醇含量增加，丙酮减少；C/N降低，则丁醇含量减少，丙酮增加；发酵温度升高，丙酮含量增加；温度降低，丁醇略有提高；添加废醪，丁醇含量略有增加，添加0.1%中性红，丁醇含量明显升高。以淀粉为原料的丙酮丁醇发酵的工艺流程见图33-2。

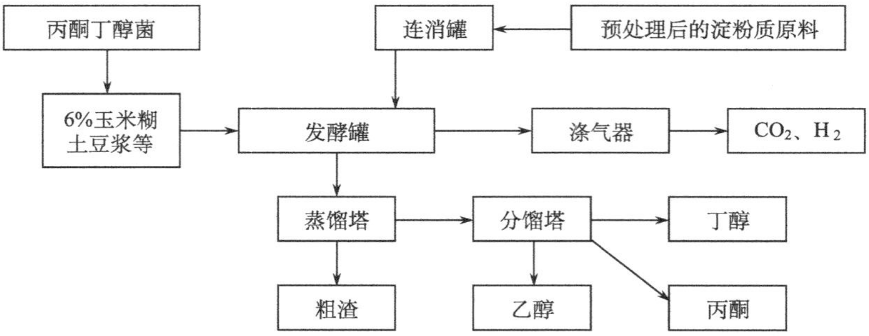

图33-2 以淀粉为原料的丙酮丁醇发酵的工艺流程图（梅乐和等，2007）

发酵过程大体分成三个阶段。

33.2.2.1 前发酵期（升酸期）

即菌种繁殖期，丙酮丁醇菌细胞数增加，发酵液酸度上升，但丙酮、丁醇产生很少，主要发酵产物是乙酸、丁酸、CO_2、H_2等。淀粉消耗快，当接种量为2%～10%时，需13～18h，酸度由pH 0.5升至pH 5～6，达最高峰。细菌数达每毫升醪液20～50亿个。

33.2.2.2 主发酵期（减酸期）

该过程丁酸和乙酸被还原，酸度下降，直到酸度降至pH 2.5～3，转变成丙酮、丁醇。此阶段，发酵气体产生量持续增加并达到最大值。由于氢气参与丁醇生成的还原反应，气体中CO_2比例增加。H_2∶CO_2为2∶3，直到发酵结束。此时期需要18～30h。

33.2.2.3 后发酵期（平衡期）

这个时期菌体生长与细胞死亡达到平衡状态。酸度达到最低点，并维持在pH 2～3.5水平，直到发酵结束。由于基质消耗殆尽，加上溶剂的毒害，菌体开始自溶，或生成孢子。此时期需要36～72h。

33.3 乙醇的发酵生产

33.3.1 概述

乙醇的商品名为酒精，分子式C_2H_6O，结构式CH_3CH_2OH，乙醇是一种具有香味而刺鼻的无色透明液体。乙醇是重要的轻化工原料，也是酒精饮料的基本成分，乙醇可用来替代石油，是一种取之不尽的能源。目前世界上普遍使用的燃料乙醇有两大类：含水乙醇和变性乙醇。含水乙醇是纯度为93.2%左右的乙醇，可直接用作车用燃料，但必须使用专门设计的发动机；变性乙醇是无水乙醇（>99.3%）和汽油或柴油以一定比例混合的乙醇燃料。

乙醇生产方法分为化学合成法和发酵法两大类。化学合成法是利用炼焦或裂解石油的废气为原料，经化学合成反应制成乙醇；发酵法是利用合适的原料在微生物的作用下生成乙醇。

33.3.1.1　乙醇发酵的原料

常用的或具有潜在能力的乙醇原料有淀粉质原料、糖质原料和纤维质原料等。这些原料往往需要预处理才能用于发酵生产乙醇。

淀粉质原料是生产乙醇的主要原料，我国发酵乙醇的 80%是用淀粉质原料生产的，其中甘薯等薯类约占 45%，玉米等谷物约占 35%。糖蜜、蔗糖、甜菜和甜高粱等为常用的糖质原料，糖质原料生产乙醇工序简单，成本比较低，是乙醇发酵的理想原料。可用于乙醇生产的纤维质原料包括农作物纤维质下脚料（树枝、木屑等）、工厂纤维素和半纤维素下脚料（甘蔗渣、废甜菜丝、废纸浆等）及城市废纤维垃圾等。

33.3.1.2　乙醇发酵有关的微生物

与乙醇发酵有关的微生物，主要有糖化菌和乙醇发酵微生物两大类。

(1) 糖化菌。用淀粉质原料生产乙醇时，首先要将淀粉糖化即淀粉全部或部分转化成葡萄糖等可发酵性糖。所用催化剂称为糖化剂。糖化剂可以是由微生物制成的糖化曲（包括固体曲和液体曲），也可以是商品酶制剂。生产上主要用曲霉和根霉作为糖化菌，如曲霉中的黑曲霉、白曲霉、黄曲霉、米曲霉等。黑曲霉群中以宇佐美曲霉（*Asp. usamii*）、泡盛曲霉（*Asp. awamori*）和甘薯曲霉（*Asp. batatae*）应用最广。根霉中的东京根霉（又叫河内根霉）（*Rhizopus tonkinense*）、爪哇根霉（*R. javanicus*）等。

(2) 乙醇发酵微生物。许多微生物都能利用己糖进行乙醇发酵，但在实际生产中用于乙醇发酵的几乎全是酒精酵母，俗称酒母。利用淀粉质原料的酿酒酵母（*Saccharomyces cerevisiae*），繁殖速度快，产乙醇能力强，并具有较强的耐乙醇能力。此外还有热带假丝酵母、克鲁维酵母等酵母菌，一些运动细菌如发酵单胞菌、热纤维梭菌、热硫化氢梭菌及丝状真菌镰刀菌、毛霉，均可以发酵生产乙醇。

33.3.2　乙醇的发酵工艺

由于所用原料不同，乙醇发酵采用的工艺也不同。以淀粉质原料（如玉米）生产乙醇的工艺包括原料预处理、原料蒸煮、糖化剂制备、糖化、酵母制备、乙醇发酵和蒸馏等工序。工艺流程如图 33-3 所示。

33.3.2.1　原料预处理

原料的预处理包括除杂和粉碎。原料首先要通过振荡筛、吸铁器等将其中混杂的小铁钉、泥块、杂草、石块等杂质除去；然后将原料粉碎，目的是增加原料受热面积，有利于淀粉颗粒的吸水膨胀、糊化，缩短后续热处理时间，提高热处理效率，要控制粉碎比，粗碎比为 1∶(10～15)，细碎比为 1∶(30～40)。

33.3.2.2　蒸料

淀粉质原料吸水后在高温高压下蒸煮，可以破坏植物组织和细胞，使淀粉彻底糊化、液化，使蒸煮物料成为均一的糊化醪，为进一步的淀粉转化为糖创造良好的条件。同时起到杀菌作用。

33.3.2.3　糖化曲的制备

制曲过程实际上是将糖化菌扩大培养，并让糖化菌产生高活力的、质量合格的各种淀粉酶的过程。糖化曲分成固体曲和液体曲两种。用麸皮为主要原料制成的固体曲叫麸曲，采用

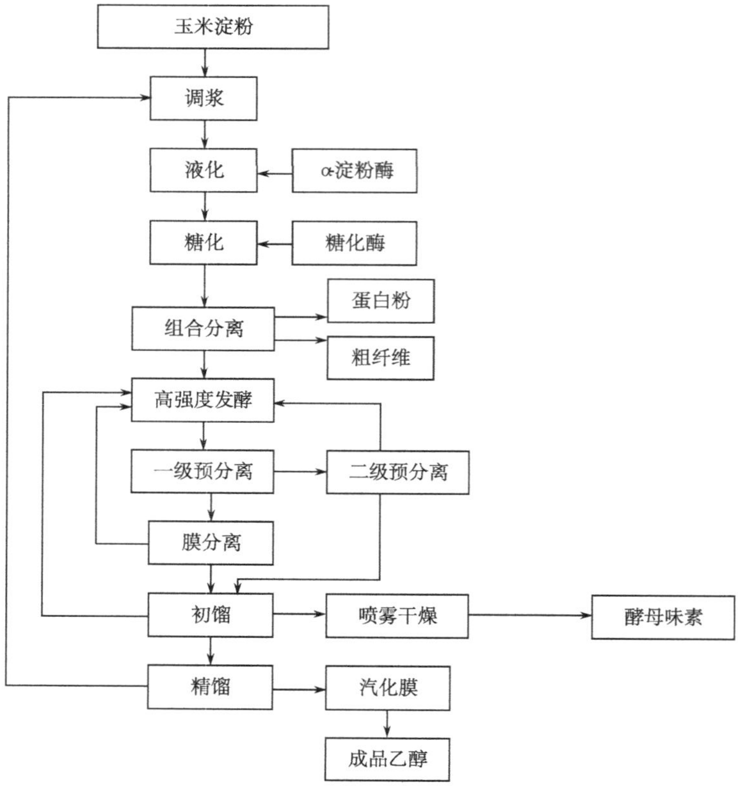

图 33-3　以玉米（淀粉质）为原料生产乙醇的工艺流程图（胡红波等，2006）

液体深层通风培养的称为液体曲，采用曲盘制曲、帘子制曲、机械通风制曲来生产固体曲。液体曲生产工艺过程：种子罐接种糖化菌孢子悬浮液后，32℃通风培养 36h 左右接入培养罐，在培养罐内培养 48h 左右即得成熟液体曲。

33.3.2.4　糖化

糖化方法分间歇糖化和连续糖化两类，我国大多数酒精厂采用后者。间歇糖化是在糖化锅内进行，将蒸煮醪放入并冷却到 61～62℃时，加入糖化剂，搅拌均匀后静止糖化 30min，再冷却至 30℃后供发酵用。连续糖化工艺分为混合冷却连续糖化、真空冷却连续糖化和二级真空冷却连续糖化三类，所控制的工艺参数与间歇糖化工艺相似。

33.3.2.5　酵母制备

酵母制备过程是酵母扩大培养过程，分为实验室扩大培养和种子罐扩大培养两阶段。整个酵母扩大培养过程控制的温度为 28～30℃。所得酵母应细胞健壮、整齐，出芽率高(15%～30%)，无杂菌污染。

33.3.2.6　乙醇发酵

糖化醪送入发酵罐，接入酵母后，即可开始乙醇发酵。乙醇发酵过程可分为前发酵期、主发酵期和后发酵期三个阶段。

前发酵期一般为发酵的前 10h 左右，当酵母与糖化醪加入发酵罐后，由于醪液中含有少量的溶解氧、酵母能迅速地进行生长繁殖。在前发酵期阶段，发酵作用不强，乙醇和二氧化碳产生得少，糖分消耗得比较慢，发酵醪表面显得比较平静。前发酵期一般控制发酵温度不超过 30℃。

主发酵期为前发酵期之后的 12h 左右，在此阶段酵母细胞已大量形成，醪液中酵母数可达 1 亿个/ml 以上，酵母菌基本上停止繁殖而主要进行乙醇发酵作用，使糖分迅速下降，乙醇量逐渐增多，醪液中产生大量的二氧化碳。此期发酵醪温度上升较快，生产上应加强温度控制，最好将温度控制在 30～34℃。经主发酵期，醪液的糖分大部分已被耗掉，发酵进入后发酵期。

后发酵期发酵作用弱，产生热量也少，发酵醪温度逐渐下降，应控制发酵温度在 30～32℃。后发酵期一般需要约 40h 才能完成，总发酵时间一般控制 60～72h。发酵成熟醪的乙醇含量为 6%～10%（V/V）。

33.3.3　乙醇蒸馏与精馏

发酵成熟醪中除含乙醇外，还含其他杂质，需要进行蒸馏及精馏才能得到乙醇成品。经过蒸馏可得到粗乙醇和酒糟，所用设备为醪塔，又称蒸馏塔、粗馏塔。粗乙醇再经精馏即可得到各级成品乙醇和杂醇油等副产物，所用设备为精馏塔。经典的乙醇蒸馏工艺采用两塔或三塔式蒸馏。

本章小结

甘油的生产方法有三种：皂化法、化学合成法和微生物发酵法。甘油发酵生产的菌种多为酵母菌，原料可用淀粉、纤维素或糖。微生物发酵生产甘油的方法有亚硫酸盐法、碱性法、耐高渗压酵母的二步发酵法。二步发酵法分为前期的好氧发酵和后期厌氧发酵两个阶段，产物为酒精和少量甘油。

丙酮、丁醇通过丙酮丁醇梭菌发酵生产。发酵产物中丙酮、丁醇、乙醇的比例因发酵原料、菌种特性、培养温度、菌龄、生产方式及添加物的不同而变化。发酵过程分三个阶段：前发酵期、主发酵期和后发酵期。

乙醇的生产有化学合成法和发酵法两大类。与发酵法生产乙醇相关的微生物主要有糖化菌和乙醇发酵微生物两大类，淀粉质、糖质和纤维质均可作为发酵原料，发酵工艺因原料不同略有差异，发酵液需经蒸馏及精馏才能得到乙醇成品。以淀粉质为原料，生产乙醇的工艺包括原料预处理、蒸料、糖化剂制备、糖化、酵母制备、乙醇发酵和蒸馏等阶段。

复习题

1. 图示二步发酵法生产甘油的工艺流程。
2. 丙酮、丁醇的发酵生产分为哪几个阶段，各阶段有何特点？
3. 与乙醇发酵有关的微生物主要有哪两大类？分别有什么作用？
4. 简述以淀粉质为原料生产乙醇的工艺。

主要参考文献

曹军卫，马辉文，张甲耀. 2007. 微生物工程. 2 版. 北京：科学出版社
胡洪波，彭华松，张雪洪. 2006. 生物工程产品工艺学. 北京：高等教育出版社
李艳. 2006. 发酵工业概论. 北京：中国轻工业出版社
梅乐和，姚善泾，林东强. 2007. 生化生产工艺学. 2 版. 北京：科学出版社
韦革宏，杨祥. 2008. 发酵工程. 北京：科学出版社